L'IRRÉLIGION DE L'AVENIR

ÉTUDE SOCIOLOGIQUE

OUVRAGES DU MÊME AUTEUR

Esquisse d'une morale sans obligation ni sanction. 1 vol. in-8°. *Bibliothèque de philosophie contemporaine*...................... 5 »

Les Problèmes de l'esthétique contemporaine. 1 vol. in-8°. *Bibliothèque de philosophie contemporaine*.......................... 5 »

La Morale anglaise contemporaine. 2ᵉ édition. 1 vol. in-8°. *Bibliothèque de philosophie contemporaine*......................... 7 50

La Morale d'Épicure et ses rapports avec les doctrines contemporaines. 3ᵉ édition (Couronné par l'Académie des sciences morales). *Bibliothèque des grands philosophes*............. 7 50

Vers d'un philosophe. 1 vol. in-12............................ 3 50

Étude sur la philosophie d'Épictète et traduction du Manuel d'Épictète. 1 vol. in-12........................ 2 50

Paris. — Imp. E. Capiomont et V. Renault, rue des Poitevins, 6.

L'IRRÉLIGION DE L'AVENIR

ÉTUDE SOCIOLOGIQUE

PAR

M. GUYAU

PARIS
ANCIENNE LIBRAIRIE GERMER BAILLIÈRE ET Cⁱᵉ
FÉLIX ALCAN, ÉDITEUR
108, BOULEVARD SAINT-GERMAIN, 108
—
1887
Tous droits réservés.

INTRODUCTION

I. — Fond sociologique de la religion. Sa définition. — II. — Lien de la religion avec l'esthétique et la morale. — III. — Désorganisation nécessaire de tout système de dogmes religieux; état d'« irréligion » vers lequel semble tendre l'esprit humain. — Sens exact dans lequel il faut entendre l'irréligion par rapport aux prétendues « religions de l'avenir. » — IV. — Valeur et utilité provisoire des religions; leur insuffisance finale.

I. — Nous rencontrerons, le long de notre travail, bien des définitions différentes qu'on a données de la religion. Les unes sont empruntées surtout au point de vue physique, les autres au point de vue métaphysique, d'autres au côté moral, presque jamais au côté social. Et pourtant, si on y regarde de plus près, l'idée d'un *lien de société* entre l'homme et des puissances supérieures, mais plus ou moins semblables à lui, est précisément ce qui fait l'unité de toutes les conceptions religieuses. L'homme devient vraiment religieux, selon nous, quand il superpose à la société humaine où il vit une autre société plus puissante et plus élevée, une société universelle et pour ainsi dire cosmique. La *sociabilité*, dont on a fait un des traits du caractère humain, s'élargit alors et va jusqu'aux étoiles. Cette sociabilité est le fond durable du sentiment religieux, et l'on peut définir l'être religieux un être sociable non seulement avec tous les vivants que nous fait connaître l'expérience, mais avec des êtres de pensée dont il peuple le monde.

Que toute *religion* soit ainsi l'établissement d'un *lien*, d'abord mythique, plus tard mystique, rattachant l'homme aux forces de l'univers, puis à l'univers même, enfin au principe de l'univers, — c'est ce qui ressort de toutes les études religieuses ; mais, ce que nous voulons mettre en lumière, c'est la façon précise dont ce lien a été conçu. Or, on le verra mieux à la fin de cette recherche, le lien religieux a été conçu *ex analogia societatis humanæ*: on a d'abord étendu les relations des hommes entre eux, tantôt amis, tantôt ennemis, à l'explication des faits physiques et des forces naturelles, puis à l'explication métaphysique du monde, de sa production, de sa conservation, de son gouvernement ; enfin on a universalisé les lois sociologiques et on s'est représenté l'état de paix ou de guerre qui règne entre les hommes, entre les familles, les tribus, les nations, comme existant aussi entre les volontés qu'on plaçait sous les forces naturelles ou au delà de ces forces. Une sociologie mythique ou mystique, conçue comme contenant le secret de toutes choses, tel est, selon nous, le fond de toutes les religions. Celles-ci ne sont pas seulement de l'anthropomorphisme, d'autant plus que les animaux et les êtres fantastiques ont joué un rôle considérable dans les religions ; elles sont une extension universelle et imaginative de toutes les relations bonnes ou mauvaises qui peuvent exister entre des volontés, de tous les rapports sociaux de guerre ou de paix, de haine ou d'amitié, d'obéissance ou de révolte, de protection et d'autorité, de soumission, de crainte, de respect, de dévouement ou d'amour : la religion est un *sociomorphisme* universel. La société avec les animaux, la société avec les morts, la société avec les esprits, avec les bons et les mauvais génies, la société avec les forces de la nature, avec le principe suprême de la nature, ne sont que des formes diverses de cette sociologie universelle où les religions ont cherché la raison de toutes choses, aussi bien des faits physiques comme le tonnerre, la tempête, la maladie, la mort, que des relations métaphysiques, — origine et destinée, — ou des relations morales, —vertus, vices, loi et sanction.

Si donc nous étions obligé d'enfermer la théorie de ce livre dans une définition nécessairement étroite, nous dirions que la religion est une *explication physique, métaphysique* et *morale* de toutes choses par analogie avec la société humaine, sous une forme imaginative et symbolique. Elle est, en deux mots, une *explication sociologique universelle, à forme mythique*.

Pour justifier cette conception, passons en revue les définitions qu'on a essayées du sentiment religieux ; nous verrons qu'elles ont besoin d'être complétées l'une par l'autre, et toutes par le point de vue social.

Parmi ces définitions, celle qui a été peut-être le plus souvent adoptée dans ces derniers temps, avec des modifications diverses, par Strauss, par Pfleiderer, par Lotze, par M. Réville, c'est celle de Schleiermacher. Selon lui, l'essence de la religion consiste dans le sentiment que nous avons tous de notre dépendance absolue. Les puissances dont nous nous sentons ainsi dépendants, nous les nommons divinités. D'autre part, selon Feuerbach, l'origine, l'essence même de la religion, c'est le désir : si l'homme n'avait pas de besoins et de désirs, il n'aurait pas de dieux. Si la douleur et le mal n'existaient pas, dira plus tard M. de Hartmann, il n'y aurait pas de religion ; les dieux mêmes n'ont été dans l'histoire que les puissances dont l'homme croyait recevoir ce qu'il ne possède pas et voudrait posséder, dont il attendait la libération, le salut, la félicité. Les deux définitions de Schleiermacher et de Feuerbach prises à part sont incomplètes, et il est au moins nécessaire, comme le remarque Strauss, de les superposer. Le sentiment religieux est tout d'abord le sentiment d'une dépendance, mais ce sentiment de dépendance, pour donner vraiment naissance à la religion, doit provoquer de notre part une réaction, qui est le désir de délivrance. Sentir notre faiblesse, prendre conscience des déterminations de toute sorte qui limitent notre vie, puis désirer d'augmenter notre puissance sur nous-mêmes et sur les choses, élargir notre sphère d'action, reconquérir une indépendance relative en face des nécessités de toute sorte qui nous enveloppent, telle est la marche de l'esprit humain en face de l'univers.

Mais ici une objection se présente : la même marche semble suivie exactement par l'esprit pour l'établissement de la science. Dans la période scientifique, l'homme se sent aussi fortement *dépendant* que dans la période religieuse, et d'autre part ce sentiment de dépendance n'est pas accompagné d'une *réaction* moins vive dans la science que dans la religion : le savant et le croyant travaillent également à s'affranchir, mais par des moyens différents. Faut-il donc se contenter ici d'une définition tout extérieure et négative et dire avec M. Darmesteter : « La religion embrasse tout le savoir et tout le pouvoir non scientifique[1] »? Un savoir non scientifique n'a guère de sens, et quant au pouvoir non scientifique, il faudrait le distinguer d'une manière positive du pouvoir que confère la science : or, si l'on s'en tient aux faits, le pouvoir de la religion c'est celui qu'on n'a réellement pas, tandis que le pouvoir de la science est celui qu'on possède et qu'on prouve. — On pourrait, il est vrai, faire intervenir dans la définition l'idée de *croyance* pour l'opposer à la *certitude* scientifique; mais le savant, lui aussi, a ses croyances, ses préférences pour telle ou telle hypothèse cosmologique, qui pourtant ne sont pas proprement des croyances religieuses. La « foi » religieuse et morale, telle qu'elle s'affirme aujourd'hui en prétendant s'opposer à l'« hypothèse » scientifique, est une forme ultime et très complexe du sentiment religieux, que nous examinerons plus tard, mais qui ne peut rien nous révéler sur sa primitive origine.

Selon nous, c'est toujours au point de vue *social* qu'il en faut revenir. Le sentiment religieux commence là où le déterminisme mécanique paraît faire place dans

---

1. Voir un compte-rendu des *Prolégomènes* de M. Albert Réville, par M. Darmesteter, *Revue philosophique*, septième année, t. I, p. 76.

le monde à une sorte de *réciprocité morale et sociale*, là où nous concevons un *échange* possible de *sentiments* et même de *désirs*, une sorte de *sociabilité* entre l'homme et les puissances cosmiques, quelles qu'elles soient. L'homme ne croit plus alors pouvoir exactement mesurer d'avance le contre-coup mécanique, le choc en retour d'une action, — par exemple d'un coup de hache donné à un arbre sacré ; — car, au lieu de considérer l'action brute, il lui faut désormais regarder aux sentiments ou aux intentions qu'elle exprime, et qui peuvent provoquer des sentiments favorables ou défavorables chez les dieux. Le sentiment religieux devient alors le sentiment de dépendance par rapport à des *volontés* que l'homme primitif place dans l'univers et qu'il suppose elles-mêmes pouvoir *être affectées agréablement ou désagréablement* par sa volonté propre. Le sentiment religieux n'est plus seulement le sentiment de la dépendance physique où nous nous trouvons par rapport à l'universalité des choses ; c'est surtout celui d'une dépendance psychique, morale et en définitive sociale. Cette relation de dépendance a en effet deux extrémités, deux termes réciproques et solidaires : si elle rattache l'homme aux puissances de la nature, elle rattache celles-ci à l'homme ; l'homme a plus ou moins prise sur elles, il peut les blesser moralement, comme il peut en être lui-même frappé. Si l'homme est dans la main des dieux, il peut pourtant forcer cette main à s'ouvrir ou à se fermer. Les divinités mêmes dépendent donc de l'homme, peuvent de son fait souffrir ou jouir.

C'est seulement plus tard que cette idée de dépendance réciproque deviendra toute métaphysique : elle aboutira alors au concept de l'« absolu » et au sentiment d'adoration ou de pur « respect ».

Outre la conscience de notre dépendance et le besoin corrélatif de libération, nous trouvons encore dans le sentiment religieux l'expression d'un autre besoin social non moins important, celui d'affection, de tendresse, d'amour. Notre sensibilité, développée par l'instinct héréditaire de sociabilité et par l'élan même de notre imagination, déborde par delà ce monde, cherche une personne, une grande âme à qui elle puisse s'attacher, se confier. Nous éprouvons dans la joie le besoin de bénir quelqu'un, dans le malheur, celui de nous plaindre à quelqu'un, de gémir, de maudire même. Il est dur de se résigner à croire que nul ne nous entend, que nul ne sympathise de loin avec nous, que le fourmillement de l'univers est entouré d'une immense solitude. Dieu est l'ami toujours présent de la première et de la dernière heure, celui qui nous accompagne partout, que nous retrouverons là même où les autres ne peuvent nous suivre, jusque dans la mort. A qui parler des êtres qui ne sont plus et que nous avons aimés? Parmi ceux qui nous entourent, les uns se souviennent à peine d'eux, les autres ne les ont même pas connus; mais en cet être divin et omniprésent nous sentons se reformer la société brisée sans cesse par la mort. *In eo vivimus,* en lui nous ne pouvons plus mourir. A ce point de vue, Dieu, objet du sentiment religieux, n'apparaît plus seulement comme un tuteur et un maître ; il est mieux encore qu'un ami : c'est un véritable père. D'abord un père rude et tout-puissant, comme les très jeunes enfants se représentent le leur. Les enfants croient facilement que leur père peut tout, qu'il fait des miracles : une parole de lui, et le monde est remué ; *fiat lux*, et le jour naît ; sa volonté fait le bien et le mal, sa défense violée entraîne le châtiment. Ils jugent sa puissance par leur faiblesse vis-à-vis de lui. De même les premiers hommes. Plus tard se produisit une conception supérieure ; l'homme, en grandissant, grandit son Dieu, il lui donna un caractère plus moral : ce dieu est le nôtre. Nous avons besoin d'un sourire de lui après un sacrifice; sa pensée nous soutient. La femme surtout, qui est plus jeune sous ce rapport que l'homme, a eu plus besoin du père qui est aux cieux. Quand on nous ôte Dieu, quand on veut nous affranchir de la tutelle céleste, nous nous trouvons tout à coup orphelins. On pourrait voir une vérité profonde dans le grand symbole du Christ, du Dieu mourant dont la mort doit affranchir la pensée humaine : ce nouveau drame de la passion ne s'accomplit que dans la conscience, et il n'en est pas moins déchirant; on s'indigne, on y songe de longs jours, comme on songe au père qui est mort. On sent moins l'affranchissement promis que la protection et l'affection perdues. Carlyle, ce pauvre génie bizarre et malheureux, ne pouvait manger que le pain préparé par sa femme même, fait de ses propres mains et un peu avec son cœur : nous en sommes tous là ; nous avons besoin d'un pain quotidien mêlé d'amour et de tendresse; ceux qui n'ont pas de main adorée dont ils puissent le recevoir, le demandent à leur dieu, à leur idéal, à leur rêve; ils se font une famille pour leur pensée, ils inventent un cœur dans l'infini.

Le besoin social de protection et d'amour n'a évidemment pas été aussi élevé chez les peuples primitifs. La fonction de tutelle attribuée aux divinités fut d'abord bornée aux accidents plus ou moins vulgaires de la vie. Plus tard elle eut pour objet la libération morale et s'étendit au delà même du tombeau. Le besoin de protection et d'affection finit alors par toucher aux problèmes de la destinée de l'homme et du monde. C'est ainsi que la religion, presque physique à l'origine, aboutit à une métaphysique.

II. — Le livre qu'on va lire se relie étroitement aux deux autres que nous avons publiés sur l'esthétique et sur la morale. Pour nous, le sentiment esthétique se confond avec la *vie* arrivée à la conscience d'elle-même, de son intensité et de son harmonie intérieure : le beau, avons-nous dit, peut se définir une perception ou une action qui stimule la vie sous ses trois formes à la fois (sensibilité, intelligence, volonté), et qui produit le plaisir par la conscience immédiate de cette stimulation générale. D'autre part, le sentiment moral se confond, pour nous, avec la *vie* la plus intensive et la plus extensive possible, arrivée à la conscience de sa *fécondité pratique*. La principale forme de cette fécondité est l'action pour autrui et la sociabilité avec les autres hommes. Enfin, le sentiment religieux se produit lorsque cette conscience de la *sociabilité de la vie*, en s'élargissant, s'étend à l'universalité des êtres, non seulement des êtres réels et vivants, mais aussi des êtres possibles et idéaux. C'est donc dans l'idée même de la vie et de ses diverses manifestations individuelles ou sociales que nous cherchons l'unité de l'esthétique, de la morale et de la religion.

Dans la première partie de cet ouvrage, nous montrerons l'origine et l'évolution de la mythologie sociologique. Dans les autres parties, nous nous demanderons si, une fois écarté, l'élément mythique ou imaginatif qui est essentiel à la religion et qui la distingue de la philosophie, le *point de vue sociologique* ne pourra pas rester encore le plus large et le plus vraisemblable pour l'*explication métaphysique de l'univers*[1].

---

[1]. On sait l'importance attribuée par Auguste Comte à la sociologie; mais, dans son horreur pour la métaphysique, le fondateur du positivisme a exclu de cette science toute portée vraiment universelle et cosmique pour la réduire à une valeur exclusivement humaine. MM. Spencer, de Lilienfeld, Schaeffle et Espinas, élargissant la sociologie de Comte, ont étendu les lois sociales et montré, que tout organisme vivant est une société embryonnaire, que toute société, réciproquement, est un organisme. Mais on peut aller plus loin encore, avec un philosophe contemporain, et attribuer à la sociologie une portée métaphysique. « Puisque, dit M. Alfred Fouillée, la biologie et la sociologie se tiennent si étroitement, les lois qui leur sont communes ne nous révéleraient-elles pas les lois les plus universelles de la nature et de la pensée? L'univers entier n'est-il point lui-même une vaste société en voie de formation, une vaste union de consciences qui s'élabore, un concours de volontés qui se cherchent et peu à peu se trouvent? Les lois qui président dans les corps au groupement des invisibles atomes sont sans doute les mêmes que celles qui président dans la société au groupement des individus ; et les atomes eux-mêmes, prétendus indivisibles, ne sont-ils point déjà des sociétés? S'il en était ainsi, il serait vrai de dire que la science sociale, couronnement de toutes les sciences humaines, pourra nous livrer un jour, avec ses plus hautes formules, le secret même de la vie universelle... La sociologie peut fournir une représentation particulière de l'univers, un type universel du monde conçu comme une société en voie de formation, avortant ici et réussissant ailleurs, aspirant à

III. — Il est essentiel de ne pas se méprendre sur cette *irréligion* de l'avenir que nous avons voulu opposer à tant de travaux récents sur la *religion de l'avenir*. Il nous a semblé que ces divers travaux reposaient sur plusieurs équivoques. D'abord, on y confond la religion proprement dite tantôt avec la métaphysique, tantôt avec la morale, tantôt avec les deux réunies, et c'est grâce à cette confusion qu'on soutient la pérennité nécessaire de la religion. N'est-ce pas par un abus de langage que M. Spencer, par exemple, donne le nom de religion à toute spéculation sur l'inconnaissable, d'où il lui est facile de déduire l'éternelle durée de la religion, ainsi confondue avec la métaphysique? De même, beaucoup de philosophes contemporains, comme M. de Hartmann, le théologien de l'Inconscient, n'ont point résisté à la tentation de nous décrire une religion de l'avenir,

---

changer de plus en plus la force mécanique en justice, et la lutte pour la vie en fraternité. S'il en était ainsi, la puissance essentielle et immanente à tous les êtres, toujours prête à se dégager dès que les circonstances lui donnent accès à la lumière de la conscience, pourrait s'exprimer par ce seul mot : sociabilité. » (Alfred Fouillée, *La Science sociale contemporaine*, 2ᵉ édition, introduction et conclusion). M. Fouillée n'a pas fait à la religion l'application de cette théorie, dont il a seulement montré la fécondité métaphysique et morale ; nous croyons et nous montrerons qu'elle n'est pas moins féconde au point de vue religieux.

Notre livre était terminé et en partie imprimé quand ont paru dans la *Revue philosophique* d'intéressants articles de M. Lesbazeilles sur les *bases psychologiques de la religion*. Quoique l'auteur se soit placé surtout, comme l'indique le titre même, au point de vue psychologique, il s'est occupé aussi des relations sociales et des « conditions de l'adaptation collective » comme préfigurées, anticipées, sanctifiées par les mythes et rites religieux. C'est là, croyons-nous, confondre trop la religion avec la morale : la morale porte en effet sur les conditions de la vie collective humaine; mais la religion porte encore sur la vie collective universelle, où elle cherche tout à la fois une explication physique et métaphysique des choses. Nous verrons qu'à leur début les religions n'ont été qu'une physique superstitieuse dans laquelle les forces étaient remplacées par des volontés, et qui prenait ainsi une forme sociologique.

qui vient se résoudre simplement dans leur système propre, petit ou grand. Beaucoup d'autres, surtout parmi les protestants libéraux, conservent le nom de religion à des systèmes rationalistes. Sans doute il y a un sens dans lequel on peut admettre que la métaphysique et la morale sont une religion, ou du moins la *limite* à laquelle tend toute religion en voie d' « évanouissement. » Mais, dans beaucoup de livres, la « religion de l'avenir » est une sorte de compromis quelque peu hypocrite avec les religions positives. A la faveur du symbolisme cher aux Allemands, on se donne l'air de conserver ce qu'en réalité on renverse. C'est pour opposer à ce point de vue le nôtre propre que nous avons adopté le terme plus franc d'irréligion de l'avenir. Nous nous éloignerons ainsi de M. Hartmann et des autres prophètes qui nous révèlent point par point la religion du cinquantième siècle. Quand on aborde un objet de controverses si ardentes, il vaut mieux prendre les mots dans leur sens précis. On a fait tout rentrer dans la philosophie, même les sciences, sous prétexte que la philosophie comprit à l'origine toutes les recherches scientifiques; la philosophie, à son tour, rentrera dans la religion, sous prétexte qu'à l'origine la religion embrassait en soi toute philosophie et toute science. Étant donnée une religion quelconque, fût-ce celle des Fuégiens, rien n'empêche de prêter à ses mythes le sens des spéculations métaphysiques les plus modernes; de cette façon, on laisse croire que la *religion* subsiste, quand il ne reste plus qu'une enveloppe de termes religieux recouvrant un système tout métaphysique et purement philosophique. Bien mieux, avec cette méthode, comme le christianisme est la forme supérieure de la religion, tous les philosophes finiront par être des chrétiens; enfin, l'universalité, la catholicité étant l'idéal du christianisme, nous serons tous catholiques sans le savoir et sans le vouloir.

Pour celui qui, sans nier les analogies finales, tient à prendre pour point de départ les différences spécifiques (ce qui est la vraie méthode), toute religion positive et historique a trois éléments distinctifs et essentiels : 1° un essai d'explication *mythique* et non scientifique des phénomènes naturels (action divine, miracles, prières efficaces, etc.), ou des faits historiques (incarnation de Jésus-Christ ou de Bouddha, révélations, etc.). — 2° un système de *dogmes*, c'est-à-dire d'idées symboliques, de croyances imaginatives, imposées à la foi comme des vérités absolues, alors même qu'elles ne sont susceptibles d'aucune démonstration scientifique ou d'aucune justification philosophique; — 3° un *culte* et un système de *rites*, c'est-à-dire de pratiques plus ou moins immuables, regardées comme ayant une efficacité merveilleuse sur la marche des choses, une vertu propitiatrice. Une religion sans mythes, sans dogmes, sans culte ni rites, n'est plus que la *religion naturelle*, chose quelque peu bâtarde, qui vient se résoudre en hypothèses *métaphysiques*. Par ces trois éléments différentiels et vraiment organiques, la religion se distingue nettement de la philosophie. Aussi, au lieu d'être aujourd'hui, comme elle l'a été autrefois, une philosophie populaire et une science populaire, la religion dogmatique et mythique tend à devenir un système d'idées antiphilosophiques et antiscientifiques. Si ce caractère n'apparaît pas toujours, c'est à la faveur du symbolisme dont nous avons parlé, qui conserve les noms en transformant les idées et en les adaptant aux progrès de l'esprit moderne.

Les éléments qui distinguent la religion de la métaphysique ou de la morale, et qui la constituent proprement *religion positive*, sont, selon nous, essentiellement caducs et transitoires. En ce sens, nous rejetons donc la *religion de l'avenir* comme nous rejetterions l'*alchimie de l'avenir* ou l'*astrologie de l'avenir*. Mais il ne s'ensuit pas que l'*irréligion* ou l'*a-religion*, — qui est simplement la négation de tout dogme, de toute autorité traditionnelle et surnaturelle, de toute révélation, de tout miracle, de tout mythe, de tout rite érigé en devoir, — soit synonyme d'impiété, de mépris à l'égard du fond métaphysique et moral des antiques croyances. Nullement ; être *irréligieux* ou *a-religieux* n'est pas être *anti-religieux*. Bien plus, comme nous le verrons, l'irréligion de l'avenir pourra garder du sentiment religieux ce qu'il y avait en lui de plus pur : d'une part, l'admiration du Cosmos et des puissances infinies qui y sont déployées ; d'autre part, la recherche d'un idéal non seulement individuel, mais social et même cosmique, qui dépasse la réalité actuelle[1]. Comme on peut soutenir cette thèse que la chimie

---

1. Voir 3ᵉ partie, ch. I.

moderne est la véritable alchimie, — une alchimie reprise de plus haut, avant les déviations qui ont causé son avortement, — comme on peut faire, avec l'un de nos grands chimistes contemporains, l'éloge convaincu des alchimistes anciens et de leurs merveilleuses intuitions, de même on peut affirmer que la vraie « religion », si on préfère garder ce mot, consiste à ne plus avoir de religion étroite et superstitieuse. L'absence de religion positive et dogmatique est d'ailleurs la forme même vers laquelle tendent toutes les religions particulières. En effet, elles se dépouillent peu à peu (sauf le catholicisme et le mahométisme turc) de leur caractère sacré, de leurs affirmations antiscientifiques; elles renoncent enfin à l'oppression qu'elles exerçaient par la tradition sur la conscience individuelle. Les développements de la religion et ceux de la civilisation ont toujours été solidaires; or, les développements de la religion se sont toujours faits dans le sens d'une plus grande indépendance d'esprit, d'un dogmatisme moins littéral et moins étroit, d'une plus libre spéculation. L'irréligion, telle que nous l'entendons, peut être considérée comme un degré supérieur de la religion et de la civilisation même.

L'absence de religion, ainsi comprise, ne fait qu'un avec une métaphysique raisonnée, mais hypothétique, traitant de l'origine et de la destinée. On pourrait encore la désigner sous le nom d'indépendance ou d'*anomie* religieuse, d'individualisme religieux[1]. Elle

---

1. Voir 3ᵉ partie, ch. II.

a d'ailleurs été prêchée, dans une certaine mesure, par tous les réformateurs religieux, depuis Çakia-Mouni et Jésus jusqu'à Luther et Calvin, car ils ont tous soutenu le libre examen et n'ont retenu de la tradition que ce qu'ils ne pouvaient pas ne pas admettre, dans l'état d'impuissance où était alors la critique religieuse. Le catholicisme, par exemple, a été fondé en partie par Jésus, mais aussi en partie malgré Jésus; l'anglicanisme intolérant a été fondé en partie par Luther, mais aussi en partie malgré Luther. L'homme sans religion peut donc donner toute son admiration et sa sympathie aux grands fondateurs de religions, non seulement en tant que penseurs, métaphysiciens, moralistes et philanthropes, mais aussi en tant que réformateurs des croyances établies, ennemis plus ou moins avoués de l'autorité religieuse, ennemis de toute affirmation qui serait celle d'un corps sacré, non d'un individu. Toute religion positive a pour caractère essentiel de se transmettre d'une génération à l'autre en vertu de l'autorité qui s'attache aux traditions domestiques ou nationales : son mode de transmission est ainsi tout différent de celui de la science et de l'art. Les religions nouvelles ont elles-mêmes besoin de se présenter le plus souvent comme de simples réformes, comme un retour à la rigueur des enseignements et des préceptes antiques, pour ne choquer qu'à demi le grand principe d'autorité; mais, malgré ces déguisements, toute religion nouvelle lui a porté atteinte : le retour à l'autorité prétendue primitive était une marche réelle vers la liberté finale. Il existe donc au sein de toute grande religion une force dissolvante, celle même qui a servi le plus puissamment à la constituer d'abord à la place d'une autre : l'indépendance du jugement individuel. C'est sur cette force qu'on peut compter pour amener, avec la décomposition graduelle de tout système de croyances dogmatiques, l'absence finale de religion [1].

Outre la confusion de la métaphysique éternelle et de la morale éternelle avec la perpétuité de la religion positive, il y a une autre tendance de nos contemporains contre laquelle nous avons voulu réagir. C'est la croyance que beaucoup professent à l'*unification* finale des religions actuelles dans leur « religion de l'avenir », soit judaïsme perfectionné, soit christianisme perfectionné, soit bouddhisme perfectionné. A cette « unité religieuse » de l'avenir nous opposerons plutôt la pluralité future des croyances, l'*anomie* religieuse [2]. La prétention à l'universalité est sans doute le caractère de toutes les grandes religions; mais l'élément dogmatique et mythique qui les constitue religions positives est précisément inconciliable, même sous la forme élastique du symbole, avec cette universalité à laquelle elles aspirent. Une telle universalité ne peut même pas se réaliser dans le domaine métaphysique et moral, car l'élément insoluble et inconnaissable qui n'en peut être éliminé entraînera toujours des divergences d'opinion. L'idée d'un dogme actuellement *catholique*,

---

1. Voir 3ᵉ partie, ch. ɪ.
2. Voir 3ᵉ partie, ch. ɪɪɪ.

c'est-à-dire universel, ou même d'une croyance catholique, nous semble donc le contraire même du progrès indéfini auquel chacun de nous doit travailler selon ses forces. Une pensée n'est réellement personnelle, n'*existe* même à proprement parler et n'a le droit d'exister qu'à condition de ne pas être la pure répétition de la pensée d'autrui. Tout œil doit avoir son point de vue propre, toute voix son accent. Le progrès même des intelligences et des consciences doit, comme tout progrès, aller de l'homogène à l'hétérogène, ne chercher l'idéale unité qu'à travers une variété croissante. Reconnaîtrait-on la puissance absolue d'un chef sauvage ou d'un monarque oriental dans le gouvernement républicain fédératif qui sera probablement, après un certain nombre de siècles, celui des nations civilisées? Non ; cependant l'humanité est passée de l'une à l'autre par une série de degrés quelquefois à peine visibles. Nous croyons qu'elle s'acheminera de même graduellement de la religion dogmatique à prétention universelle, « catholique » et monarchique, — dont le type le plus curieux est précisément arrivé de nos jours à son achèvement avec le dogme de l'infaillibilité, — vers cet état d'individualisme et d'*anomie* religieuse que nous considérons comme l'idéal humain, et qui d'ailleurs n'exclut nullement les associations ou fédérations diverses, ni le rapprochement progressif et libre des esprits dans les hypothèses les plus générales.

Le jour où les religions positives auront disparu, l'esprit de curiosité cosmologique et métaphysique qui s'y était fixé et engourdi pour un temps en formules prétendues immuables sera plus vivace que jamais. Il y aura moins de foi, mais plus de libre spéculation; moins de contemplation, mais plus de raisonnement, d'inductions hardies, d'élans actifs de la pensée : le dogme religieux se sera éteint, mais le meilleur de la vie religieuse se sera propagé, aura augmenté en intensité et en extension. Car celui-là seul est religieux, au sens philosophique du mot, qui cherche, qui pense, qui aime la vérité. Le Christ aurait pu dire : — Je suis venu apporter non la paix dans la pensée humaine, mais la lutte incessante des idées, non le repos, mais le mouvement et le progrès de l'esprit, non l'universalité des dogmes, mais la liberté des croyances, qui est la première condition de leur expansion finale [1].

IV. — Aujourd'hui, où l'on en vient à douter de plus en plus de la valeur de la religion pour elle-même, la religion a trouvé des défenseurs sceptiques, qui la soutiennent tantôt au nom de la poésie et de la beauté esthétique des légendes, tantôt au nom de leur utilité pratique [2]. Il se produit par moments dans les intelligences modernes une revanche de la fiction contre la réalité. L'esprit humain se lasse d'être le miroir trop passivement clair où se réflètent les choses ; il prend alors plaisir à souffler sur sa glace pour en obscurcir et en déformer les images. De là vient que

---

1. Voir 3ᵉ partie, ch. I et II.
2. Voir 2ᵉ partie, ch. IV.

certains philosophes raffinés se demandent si la vérité et la clarté auront l'avantage dans l'art, dans la science, dans la morale, dans la religion; ils en arrivent même à préférer l'erreur philosophique ou religieuse comme plus esthétique. Pour notre part, nous sommes loin de rejeter la poésie et nous la croyons excessivement bienfaisante pour l'humanité, mais à la condition qu'elle ne soit pas dupe de ses propres symboles et n'érige pas ses intuitions en dogmes. A ce prix, nous croyons que la poésie peut être très souvent plus vraie et meilleure que certaines notions trop étroitement scientifiques ou trop étroitement pratiques. Nous ne nous ferons pas faute, pour notre compte, de mêler souvent dans ce livre la poésie à la métaphysique. En cela nous conserverons, dans ce qu'il a de légitime, un des aspects de toute religion, le symbolisme poétique. La poésie est souvent plus « philosophique » non seulement que l'histoire, mais que la philosophie abstraite; seulement, c'est à la condition d'être sincère et de se donner pour ce qu'elle est.

— Mais, nous diront les partisans des « erreurs bienfaisantes, » pourquoi tant tenir à dissiper l'illusion poétique, à appeler les choses par leur nom ? N'y a-t-il pas pour les peuples, pour les hommes, pour les enfants, des erreurs utiles et des illusions permises[1] ? — A coup sûr, on peut considérer un grand nombre d'erreurs comme ayant été nécessaires dans l'histoire de l'humanité; mais le progrès ne con-

---

1. Voir 2ᵉ partie, ch. IV.

siste-t-il pas précisément à restreindre pour l'humanité le nombre de ces erreurs utiles ? Il y a dans les races des organes qui, en devenant superflus avec le temps, ont disparu ou se sont profondément altérés (tels sont les muscles qui servaient sans doute à nos ancêtres pour remuer les oreilles). Il existe évidemment aussi dans l'esprit humain des instincts, des sentiments et des croyances correspondantes qui se sont déjà atrophiés, d'autres qui sont destinés à disparaître ou à se transformer. Ce n'est pas montrer la nécessité et l'éternité de la religion que de montrer ses profondes racines dans l'esprit humain, car l'esprit humain se transforme incessamment. « Nos pères, disait Fontenelle, en se trompant, nous ont épargné leurs erreurs ; » en effet, avant d'arriver à la vérité, il faut bien essayer un certain nombre d'hypothèses fausses : découvrir le vrai, c'est avoir épuisé l'erreur. Les religions ont rendu à l'esprit humain cet immense service, d'épuiser tout un ordre de recherches *à côté* de la science, de la métaphysique, de la morale : il fallait passer par le merveilleux pour arriver au naturel, par la révélation directe ou l'intuition mystique pour s'en tenir enfin à l'induction et à la déduction rationnelles. Toutes les idées fantastiques et apocalyptiques dont la religion a peuplé l'esprit humain ont donc eu leur utilité, comme les ébauches inachevées et souvent bizarres dont sont remplis les ateliers des artistes ou des mécaniciens. Ces égarements de la pensée étaient des sortes de reconnaissances, et tout ce jeu de l'imagination constituait un véritable travail, un travail préparatoire; mais les produits de ce travail ne sauraient être présentés comme définitifs. Le faux, l'absurde même a toujours joué un si grand rôle dans les affaires humaines qu'il serait assurément dangereux de l'en exclure du jour au lendemain : les transitions sont utiles, même pour passer de l'obscurité à la lumière, et l'on a besoin d'une accoutumance même pour la vérité. C'est pour cela que la vie sociale a toujours reposé sur une large base d'erreurs. Aujourd'hui cette base va se rétrécissant. Une épouvante s'empare alors des « conservateurs », qui craignent que tout l'équilibre social ne soit compromis; mais, encore une fois, cette diminution du nombre des erreurs est précisément ce qui constitue le progrès, ce qui le définit en quelque sorte. Le progrès, en effet, n'est pas seulement une amélioration *sensible* de la vie; il en est aussi une meilleure formule *intellectuelle*, il est le triomphe de la logique : progresser, c'est arriver à une plus complète conscience de soi et du monde, par là même à une plus grande conséquence de la pensée avec soi. A l'origine, non seulement la vie morale et religieuse, mais la vie civile et politique reposait sur les plus grossières erreurs, monarchie absolue et de droit divin, castes, esclavage; toute cette barbarie a eu son utilité, mais c'est justement parce qu'elle a été utile qu'elle ne l'est plus : elle a servi de moyen pour nous faire arriver à un état supérieur. Ce qui distingue le mécanisme de la vie des autres mécanismes, c'est que les rouages extérieurs travaillent à s'y rendre eux-mêmes inutiles, c'est que le mouvement, une fois produit, est perpétuel. Si nous avions des moyens de projection assez puissants pour rivaliser avec ceux de la nature, nous pourrions faire à la terre un satellite éternel avec un boulet de canon, sans avoir besoin de lui imprimer le mouvement une seconde fois. Un résultat donné dans la nature l'est une fois pour toutes. Un progrès obtenu, s'il est réel et non illusoire, et si de plus il est pleinement conscient de lui-même, rend impossible le retour en arrière.

Au dix-huitième siècle, l'attaque contre les religions fut surtout dirigée par des philosophes partisans de principes *a priori* et persuadés que, dès qu'une croyance a été démontrée absurde, on en a fini avec elle. De nos jours, l'attaque est surtout menée par ces historiens qui ont un respect absolu pour le fait et sont portés à l'ériger en loi, qui passent leur existence d'érudits au milieu de l'absurdité sous toutes ses formes, et pour qui l'irrationnel, au lieu d'être une condamnation des croyances, devient parfois une condition de durée. De là les deux points de vue si différents où l'on s'est placé au dix-huitième siècle et au dix-neuvième pour apprécier les religions. Le dix-huitième siècle les hait et veut les détruire, le second les étudie et finit par ne plus se résoudre à voir disparaître un si bel objet d'étude. L'historien a pour devise : « Ce qui a été, sera » ; il est naturellement porté à calquer sur le passé sa conception de l'avenir. Témoin de l'impuissance des révolutions, il ne comprend pas toujours qu'il peut y avoir de complètes évolutions transformant les choses jusqu'en leur racine, métamorphosant les êtres humains et leurs croyances de manière à les rendre méconnaissables[1].

Un des maîtres de la critique religieuse, M. Renan, écrivait à Sainte-Beuve : « Non, certes, je n'ai pas voulu détacher du vieux tronc une âme qui ne fût pas mûre. » Pas plus que M. Renan, nous ne sommes de ceux qui croient avoir tout fait quand ils ont secoué des arbres et jeté sur la terre toute une récolte meurtrie ; mais, si l'on ne doit pas au hasard faire tomber des fruits verts, on peut chercher à les faire mûrir sur la branche. Notre cerveau est de la chaleur solaire transformée ; il s'agit de répandre cette chaleur, de redevenir rayon de soleil. Cette ambition est très douce, elle n'a rien d'exorbitant, si l'on songe combien un rayon de soleil est peu de chose, combien il s'en perd dans l'infini ; il a pour-

---

[1]. « Vous vous occupez de la religion, m'écrit un homme d'esprit, incrédule d'ailleurs : il y a donc encore une religion ! tant mieux pour ceux qui ne peuvent s'en passer. » Cette boutade résume exactement la situation d'esprit d'une bonne partie des Français éclairés : ils s'étonnent profondément que la religion soit encore debout, et de leur étonnement même ils tirent la conviction qu'elle est nécessaire. Leur surprise devient alors du respect, presque de la religiosité. — Assurément les religions positives existent en fait et existeront longtemps encore, et, puisqu'elles existent, elles ont des raisons d'exister ; mais il faut bien aussi que ces raisons diminuent de jour en jour, puisque de jour en jour le nombre des croyants diminue. Au lieu de s'incliner devant le fait comme devant un droit, il faut se dire qu'en modifiant le fait, on modifie et on supprime les raisons d'être de ce fait ; en faisant reculer devant soi les religions, l'esprit moderne démontre qu'elles ont de moins en moins droit à la vie. Que certaines gens ne puissent s'en passer encore, rien de plus vrai ; mais, tant qu'ils ne pourront pas s'en passer, la religion existera pour eux : nous n'avons aucune inquiétude à avoir de ce côté ; à mesure qu'en eux-mêmes la certitude s'ébranlera, ce sera la preuve que leur intelligence s'est assez élargie pour n'avoir plus besoin d'une règle autoritaire. De même pour les peuples. Rien de plus naïf que de s'appuyer sur la nécessité même des transitions pour nier le progrès : c'est comme si, en considérant la petitesse des pas humains, on voulait en conclure l'impossibilité de la marche en avant, l'immobilité sur place de l'homme, semblable à celle du coquillage attaché à la pierre, du mytilus fossile figé pour toujours dans le rocher même auquel il s'était lié.

tant suffi d'une portion relativement très petite de ces rayons errants dans l'espace pour façonner la terre et l'homme.

Je rencontre souvent près de chez moi un missionnaire à la barbe noire, à l'œil dur et aigu, traversé parfois d'un éclair mystique. Il semble entretenir une correspondance avec les quatre coins du monde; il travaille assurément beaucoup, et il travaille à édifier précisément ce que je cherche à détruire. Nos efforts en sens contraire se nuisent-ils? Pourquoi? Pourquoi ne serions-nous pas frères et tous deux très humbles collaborateurs dans l'œuvre humaine? Convertir aux dogmes chrétiens les peuples primitifs, délivrer de la foi positive et dogmatique ceux qui sont arrivés à un plus haut état de civilisation, ce sont là deux tâches qui se complètent, loin de s'exclure. Missionnaires et libres-penseurs cultivent des plantes diverses dans des terrains divers; mais au fond, les uns et les autres ne font que travailler à la fécondité incessante de la vie. On dit que Jean Huss, sur le bûcher de Constance, eut un sourire de joie suprême en apercevant dans la foule un paysan qui, pour allumer le bûcher, apportait la paille du toit de sa chaumière: *sancta simplicitas!* Le martyr venait de reconnaître en cet homme un frère en sincérité; il avait le bonheur de se sentir en présence d'une conviction vraiment désintéressée. Nous ne sommes plus au temps des Jean Huss, des Bruno, des Servet, des saint Justin ou des Socrate; c'est une raison de plus pour nous montrer tolérants et sympathiques, même envers ce que nous regardons comme une erreur, pourvu que cette erreur soit sincère.

Il est un fanatisme antireligieux qui est presque aussi dangereux que celui des religions. Chacun sait qu'Érasme comparait l'humanité à un homme ivre hissé sur un cheval et qui, à chaque mouvement, tombe tantôt à droite, tantôt à gauche. Bien souvent les ennemis de la religion ont commis la faute de mépriser leurs adversaires : c'est la pire des fautes. Il y a dans les croyances humaines une force d'élasticité qui fait que leur résistance croît en raison de la compression qu'elles subissent. Autrefois, quand une cité était atteinte de quelque fléau, le premier soin des notables habitants, des chefs de la cité, était d'ordonner des prières publiques ; aujourd'hui qu'on connaît mieux les moyens pratiques de lutter contre les épidémies et les autres fléaux, on a vu cependant à Marseille, en 1885, au moment où le choléra existait, le conseil municipal presque uniquement occupé d'enlever les emblèmes religieux des écoles publiques : c'est un exemple remarquable de ce qu'on pourrait appeler une contre-superstition. Ainsi les deux espèces de fanatisme, religieux ou antireligieux, peuvent également distraire de l'emploi des moyens vraiment scientifiques contre les maux naturels, emploi qui est, après tout, la tâche humaine par excellence : ce sont des paralyso-moteurs dans le grand corps de l'humanité.

Chez les personnes instruites, il se produit une réaction parfois violente contre les préjugés religieux, et cette réaction persiste souvent jusqu'à la mort ;

mais chez un certain nombre, cette réaction est suivie, avec le temps, d'une contre-réaction : c'est seulement, comme l'a remarqué Spencer, lorsque cette contre-réaction a été suffisante, qu'on peut formuler en toute connaissance de cause des jugements moins étroits et plus compréhensifs sur la question religieuse. Tout s'élargit en nous avec le temps, comme les cercles concentriques laissés par le mouvement de la sève dans le tronc des arbres. La vie apaise comme la mort, réconcilie avec ceux qui ne pensent pas ou ne sentent pas comme nous. Quand vous vous indignez contre quelque vieux préjugé absurde, songez qu'il est le compagnon de route de l'humanité depuis dix mille ans peut-être, qu'on s'est appuyé sur lui dans les mauvais chemins, qu'il a été l'occasion de bien des joies, qu'il a vécu pour ainsi dire de la vie humaine : n'y a-t-il pas pour nous quelque chose de fraternel dans toute pensée de l'homme ?

Nous ne croyons pas que les lecteurs de ce livre sincère puissent nous accuser de partialité ou d'injustice, car nous n'avons cherché à dissimuler ni les bons ni les mauvais côtés des religions, et nous avons même pris plaisir à mettre les premiers en relief. D'autre part, on ne nous taxera sans doute pas d'ignorance à l'égard du problème religieux, patiemment étudié par nous sous toutes ses faces. Peut-être nous reprochera-t-on d'être un peu trop de notre pays, d'apporter dans les solutions la logique de l'esprit français, de cet esprit qui ne se plie pas aux demi-mesures, veut tout ou rien, n'a pu s'arrêter au protestantisme et, depuis deux siècles, est le foyer le plus ardent de la libre-pensée dans le monde. Nous répondrons que, si l'esprit français a un défaut, ce défaut n'est pas la logique, mais plutôt une certaine légèreté tranchante, une certaine étroitesse de point de vue qui est le contraire de l'esprit de conséquence et d'analyse : la logique, après tout, a toujours eu le dernier mot ici-bas. Les concessions à l'absurde, ou tout au moins au relatif, peuvent être parfois nécessaires dans les choses humaines, — c'est ce que les révolutionnaires français ont eu le tort de ne pas comprendre, — mais elles sont toujours transitoires. L'erreur n'est pas le but de l'esprit humain : s'il faut compter avec elle, s'il est inutile de la dénigrer d'un ton amer, il ne faut pas non plus la vénérer. Les esprits logiques et larges tout ensemble sont toujours sûrs d'être suivis, pourvu qu'on leur donne les siècles pour entraîner l'humanité ; la vérité peut attendre : elle restera toujours aussi jeune et elle est toujours sûre d'être un jour reconnue. Parfois, dans les longs trajets de nuit, les soldats en marche s'endorment, sans pourtant s'arrêter ; ils continuent d'aller dans leur rêve et ne se réveillent qu'au lieu d'arrivée, pour livrer bataille. Ainsi s'avancent en dormant les idées de l'esprit humain ; elles sont parfois si engourdies qu'elles semblent immobiles, on ne sent leur force et leur vie qu'au chemin qu'elles ont fait ; enfin le jour se lève et elles apparaissent : on les reconnaît, elles sont victorieuses.

L'IRRÉLIGION
DE L'AVENIR

PREMIÈRE PARTIE
LA GENÈSE DES RELIGIONS
DANS LES SOCIÉTÉS PRIMITIVES

CHAPITRE PREMIER
LA PHYSIQUE RELIGIEUSE

Importance du problème de l'origine des religions. — Universalité des croyances religieuses ou superstitieuses. — Variabilité des religions et évolution religieuse.
I. — Théorie idéaliste qui attribue l'origine des religions à l'idée d'infini. — *Hénothéisme* de M. Max Müller et de M. de Hartmann. — *Instinct du divin* de M. Renan.
II. — Théorie du culte des morts et du *spiritisme*. — Herbert Spencer. — Objections de Spencer à la doctrine de l'animation des forces naturelles.
III. — Réponse aux objections. — Physique religieuse à forme sociologique, où les rapports des forces sont remplacés par des rapports de volontés bienfaisantes ou malfaisantes. — *Sociomorphisme* des peuples primitifs.

La genèse des religions a une importance plus grande que toute autre question historique : ce n'est pas seulement la vérité de faits et d'événements passés qui s'y trouve engagée, c'est la valeur de nos idées et de nos croyances actuelles. Chacun de nous a quelque chose en jeu dans ce débat. Les raisons qui ont jadis produit une croyance sont encore le plus souvent celles qui la maintiennent de nos jours ; se rendre compte de ces raisons, c'est donc, sans le vouloir, porter un jugement favorable ou défavorable sur la croyance elle-même. L'histoire, si elle était jamais complète, posséderait ici le pouvoir d'effacer dans l'avenir ce qu'elle n'aurait pas justifié dans le passé. Fixer parfaitement l'origine des religions, ce serait, du même coup, ou les condamner, ou au contraire les raffermir et les sauver.

Il est un premier point acquis par la critique contemporaine. Après les travaux de M. Roskoff, de M. Réville, de M. Girard de Rialle, il est impossible de soutenir qu'il existe aujourd'hui, sur la surface de la terre, des peuples absolument dépourvus de religion ou de superstition (ce qui revient au même quand il s'agit des non-civilisés)[1]. L'homme est devenu un être superstitieux ou religieux par cela seul qu'il était un être plus intelligent que les autres. En outre, dès les temps préhistoriques, les monuments mégalithiques (menhirs, cromlechs, dolmens), les sépultures, les amulettes sont des indices certains de religiosité, auxquels il faut sans doute ajouter les *rondelles crâniennes*, ces fragments d'os détachés intentionnellement du crâne et percés parfois de trous de suspension[2]. La religiosité humaine remonte ainsi, d'une manière indiscutable, à l'âge de la pierre polie. Enfin, pour passer des faits aux hypothèses, on peut aller plus loin et imaginer que, dès le commencement des temps quaternaires — il y a peut-être deux cent cinquante mille ans — l'homme nourrissait déjà des superstitions vagues et élémentaires, quoiqu'il ne parût pas éprouver à l'égard de ses morts un respect suffisant pour leur creuser une sépulture et qu'on n'ait pas retrouvé ses fétiches.

Il est un second point que nous pouvons regarder comme également admissible et qui a des conséquences importantes pour la méthode même de nos études. La religion, n'ayant pas une origine miraculeuse, a dû se développer lentement, d'après des lois régulières et universelles; elle doit tirer son origine d'idées simples et vagues, accessibles aux intelligences les plus primitives. C'est de là qu'elle a dû s'élever, par une évolution graduelle, aux conceptions très complexes et très précises qui la caractérisent aujourd'hui. Les religions ont beau se croire immuables, elles ont toutes été emportées à leur insu par l'évolution universelle. Le grand sphinx d'Égypte, accroupi dans le désert

---

1. M. Roskoff, *Das Religionswesen der rohesten Naturvælker* (Leipzig, 1880). M. Girard de Rialle, *Mythologie comparée* (Paris, 1878). M. Réville, *Les religions des peuples non civilisés* (Paris, 1880).

2. Voir M. G. de Mortillet, *Le préhistorique. Antiquité de l'homme* (Paris, 1883).

depuis quatre mille ans, pourrait lui aussi se croire immobile ; pourtant il n'a pas cessé un instant de se mouvoir, entraîné par la terre même, qui, à la suite du soleil, le porte à travers des cieux toujours nouveaux.

Reste à déterminer ces idées premières qui ont été, pour ainsi dire, le fond universel des religions. Ici commence le désaccord entre les principaux représentants de la science religieuse. Les uns expliquent la naissance des religions par une sorte d'intuition mystérieuse de la vérité suprasensible, par une divination de Dieu ; les autres l'expliquent par une erreur de l'expérience, par une fausse démarche de l'intelligence humaine. Les premiers voient dans la religion un élan immense de la raison hors du monde physique où nous sommes enfermés, les seconds la croient née tout d'abord d'une interprétation inexacte des phénomènes les plus ordinaires de ce monde, des objets de nos sens ou de notre conscience ; pour les uns elle est plus que de la science, pour les autres, elle est une pseudo-science. Tous les idéalistes, les Strauss, les Renan, les Matthew Arnold, retrouvent dans les religions le germe de leur idéalisme raffiné et s'inclinent devant elles avec un respect qui pourrait paraître ironique, s'il ne se déclarait lui-même très sincère ; ils voient en elles ce que l'esprit humain a produit de plus noble et de plus éternel. Les esprits positifs, au contraire, n'aperçoivent, avec Auguste Comte, à l'origine des religions que les croyances grossières du fétichisme.

On voit que le problème de l'origine des religions, sous la forme nouvelle où il se pose aujourd'hui, reste toujours aussi grave ; on se demandait autrefois si la religion était révélée ou naturelle ; on va aujourd'hui jusqu'à se demander si la religion est conforme à la vraie *nature*, si elle n'est pas le produit d'un égarement de l'esprit, d'une sorte d'illusion d'optique nécessaire que la science corrige en l'expliquant ; si enfin le dieu des religions mythiques et symboliques n'est pas encore une idole agrandie.

I. — La théorie positiviste des religions semblait bien près de triompher il y a quelques années [1]. Beaucoup l'avaient acceptée, sans d'ailleurs en tirer toujours toutes les conséquences. En ce moment elle est, au contraire, fortement

---

1. Nous la trouvons adoptée, ou à peu près, même par des spiritualistes comme M. Vacherot, *La Religion* (Paris, 1869).

contestée ; des éléments nouveaux ont été introduits dans les données du problème, et la question doit être soumise à un nouvel examen. M. Max Müller, principalement, a tenté un effort en quelque sorte désespéré pour sauver le caractère objectif et rationnel de la religion, compromis par les positivistes [1]. En se plaçant à un point de vue tout différent, M. Herbert Spencer a aussi, dans sa *Sociologie*, fait la critique des théories qui considèrent le fétichisme ou le « naturisme » comme le principe de la religion.

Suivant M. Max Müller, la notion du divin (surtout sous la forme de la notion d'infini), aurait précédé celle des dieux. Les dieux ne seraient qu'une personnification postérieure de cette grande idée naturelle à l'homme : nos ancêtres se sont agenouillés même avant de pouvoir nommer celui devant qui ils s'agenouillaient. De nos jours encore, où nous finissons par reconnaître pour vains tous les noms qui ont été donnés au dieu inconnu, il nous est possible de l'adorer en silence. La religion, qui a fait les dieux, pourra donc leur survivre. Nous disons : *la* religion ; et en effet, d'après M. Max Müller, toutes les religions se réduisent à l'unité, car elles se ramènent toutes, dans leur long développement à travers les âges, à l'évolution d'une seule et même idée, celle d'*infini*, qui, dès l'abord, a été présente à l'esprit de tous les hommes. Cette idée universelle, selon M. Max Müller, n'aurait pourtant rien de mystique ni d'inné au vieux sens du mot. Il accepte volontiers l'axiome : *Nihil in fide quod non antea fuerit in sensu* [2]. Mais, selon lui, dans la perception des choses finies par les sens est contenue la perception même de l'infini, et c'est cette idée d'infini, à la fois sensible et rationnelle, qui va devenir le vrai fondement de la religion. Avec les cinq sens du sauvage, M. Max Müller se charge de lui faire sentir, ou du moins *pressentir* l'infini, le désirer, y aspirer. Prenons le sens de la vue, par exemple : « L'homme voit jusqu'à un certain point, et là son regard se brise ; mais, précisément au point où son regard se brise, s'impose à lui, qu'il le veuille ou non, la perception de l'illimité, de l'infini. » Si l'on peut dire, ajoute M. Max

---

1. Voir l'*Origine et le développement de la religion étudiés à la lumière des religions de l'Inde* (traduit de l'anglais par J. Darmesteter, 1 vol. in-8°, 1879, Reinwald).

2. *Orig. et dével. de la relig.*, p. 213.

Müller, que ce n'est pas là une perception au sens ordinaire du mot, encore moins est-ce un pur raisonnement : « S'il semble trop hardi de dire que l'homme voit réellement l'invisible, disons qu'il *souffre* de l'invisible, et cet invisible n'est qu'un nom particulier de l'infini. » Non seulement l'homme saisit nécessairement l'infini en dehors du fini, comme l'enveloppant, mais il l'aperçoit à l'intérieur même du fini, comme le pénétrant ; la divisibilité à l'infini est d'évidence sensible, même lorsque la science semble demander comme postulat l'existence de l'atome. Et ce qu'on vient de dire pour l'espace s'applique au temps, à la qualité et à la quantité. « Par delà le fini, derrière le fini, au-dessous du fini, au sein même du fini, l'infini est toujours présent à nos sens. Il nous presse, nous déborde de toutes parts. Ce que nous appelons le fini, dans le temps et dans l'espace, n'est que le voile, le filet que nous jetons nous-mêmes sur l'infini. » Qu'on n'objecte pas que les langues primitives n'expriment en aucune façon cette idée de l'infini, de l'au delà, qui est donnée avec toute sensation bornée : est-ce que les langues anciennes savent désigner les nuances infinies des couleurs? Démocrite ne connaissait que quatre couleurs : le noir, le blanc, le rouge, le jaune. Dira-t-on donc que les anciens ne voyaient pas le bleu du ciel? Le ciel était bleu pour eux comme pour nous, mais ils n'avaient pas trouvé la formule de leur sensation. Ainsi de l'infini, qui existe pour tous, même pour ceux qui n'arrivent pas à le nommer. Or, qu'est-ce que l'infini, si ce n'est pas l'objet dernier de toute religion? L'être religieux, c'est celui qui n'est pas satisfait de telle ou telle sensation bornée, qui cherche partout l'au delà, en face de la vie comme en face de la mort, en face de la nature comme en face de soi-même. Sentir un *quelque chose* qu'on ne peut pas se traduire tout entier à soi-même, se prendre de vénération pour cet inconnu qui tourmente, puis chercher à le nommer, l'appeler en bégayant, voilà le commencement de tout culte religieux. La religion de l'infini comprend et précède donc toutes les autres, et, comme l'infini est lui-même donné par les sens, il s'ensuit que « la religion n'est qu'un développement de la perception des sens, au même titre que la raison [1]. »

Du point de vue où il s'est placé, M. Max Müller critique également les positivistes, qui voient dans le fétichisme la

---

1. *Orig. et dév. de la relig.*, p. 21.

religion primitive, et les orthodoxes, qui trouvent dans le monothéisme le type naturel et non encore altéré de la religion. Suivant lui, nous le savons, nommer un Dieu ou des dieux, c'est déjà avoir l'idée du divin, de l'infini; les dieux ne sont que des formes diverses, plus ou moins imparfaites d'ailleurs, dont les divers peuples revêtent l'idée religieuse, une chez tous : la religion est pour ainsi dire un langage par lequel les hommes ont cherché à traduire une même aspiration intérieure, à se faire comprendre du grand être inconnu ; si leur bouche ou leur intelligence a pu les trahir, si la diversité et l'inégalité des cultes est comparable à la diversité et à l'inégalité des langues, cela n'empêche pas au fond que le véritable principe et le véritable objet de tous ces cultes et de toutes ces langues ne soit à peu près le même. Selon M. Max Müller, un fétiche, au sens propre du mot (*factitius*), n'est qu'un symbole qui présuppose une idée symbolisée ; d'un fétiche ne peut pas sortir l'idée de dieu si elle n'y était déjà attachée. « Des objets quelconques, des pierres, des coquillages, une queue de lion, une mèche de cheveux, ne possèdent pas par eux-mêmes une vertu théogonique et productrice des dieux. » Donc les phénomènes du fétichisme ont toujours des antécédents historiques et psychologiques. Les religions ne commencent pas par le fétichisme, mais il est plus vrai de dire qu'elles y aboutissent ; il n'en est pas une qui se soit maintenue pure sous ce rapport. Les Portugais catholiques, qui reprochaient aux nègres leur *feitiços*, n'étaient-ils pas les premiers à avoir leurs chapelets, leurs croix, leurs images bénites par les prêtres avant le départ de la patrie ?

Si, d'après M. Max Müller, le fétichisme, entendu comme il l'entend, n'est pas la forme primitive de la religion, si le monothéisme conscient ne l'est pas davantage, il sera plus exact de dire que la religion première, du moins aux Indes, a consisté dans le culte de divers objets pris tour à tour isolément comme représentation d'*un* dieu (εἷς), non d'un Dieu unique et *seul* (μόνος). C'est ce que M. Max Müller appelle, d'un nom forgé par lui, l'*hénothéisme* (εἷς, ἑνός, par opposition à μόνος), ou mieux encore le *kathénothéisme*[1]. Dans le polythéisme ordinaire, les dieux ont des hiérarchies, des rangs divers ; l'ordre règne en ce ciel

---

1. Ce mot a fait fortune en Allemagne. M. de Hartmann prend aussi pour point de départ l'*hénothéisme*.

imaginaire; mais au début cet ordre ne devait pas exister : chaque dieu devenait le plus puissant pour celui qui l'invoquait; Indra, Varuna, Agni, Mitra, Soma, recevaient tour à tour les mêmes épithètes. C'est l'anarchie précédant la monarchie. « Parmi vous, ô dieux, dit le **Rishi Manu Vaivasvata**, il n'en est pas de grands, il n'en est pas de petits, il n'en est pas de vieux ni de jeunes; tous, vous êtes grands en vérité. » C'est que tous étaient des symboles divers exprimant une même idée, celle de l'adoration pour ce qui dépasse l'esprit, pour l'infini fuyant que nos sens nous prouvent en nous le cachant.

Il faut voir M. Max Müller s'efforçant de nous retracer l'évolution de la pensée hindoue bien avant la naissance du bouddhisme, qui fut le protestantisme de l'Inde. Le savant philologue est porté à voir dans le développement de la religion aux Indes l'un des types essentiels du développement des religions humaines. Peut-être même, suivant lui, les Hindous, partis d'aussi bas que nous, se sont-ils parfois élevés plus haut. Assistons donc avec lui à cette recherche des dieux, qui nulle part ne fut plus anxieuse et plus **infatigable** que dans ce grand pays de méditation, et figurons-nous que nous embrassons d'un coup d'œil comme le raccourci de l'histoire humaine.

Πάντες δὲ θεῶν χατέουσ' ἄνθρωποι, disait Homère. Ces dieux, l'Inde ne les chercha guère dans le domaine de ce qui est entièrement *tangible;* par là M. Max Müller entend ce qu'on peut palper sous tous ses côtés, pierres, coquillages, os, etc.; il voit naturellement dans ce fait (si contestable d'ailleurs) un nouvel argument contre la théorie fétichiste. — Au contraire, en présence de ces grandes montagnes neigeuses, dont notre plate Europe ne peut même pas nous donner l'idée, de ces fleuves immenses et bienfaisants, avec leurs chutes d'eau grondantes, leurs soudaines colères, leurs sources ignorées, de l'océan où l'œil se perd, l'Hindou se sentait devant des choses qu'il ne pouvait toucher et comprendre qu'à moitié, dont l'origine et la fin lui échappaient : c'est le domaine du *semi-tangible* auquel l'Inde emprunta ses *semi-divinités*. En s'élevant encore d'un degré, la pensée hindoue devait arriver dans le domaine de l'*intangible*, c'est-à-dire de ces choses qui, quoique visibles, échappent pourtant entièrement à notre portée, du ciel, des étoiles, du soleil, de la lune, de l'aurore : ce furent là, pour l'Inde, comme pour la plupart des peuples,

les vraies divinités ; ajoutons-y le tonnerre, qui lui aussi descend du ciel en « hurlant, » le vent si terrible parfois, qui pourtant, dans les jours brûlants de l'été, « verse le miel » sur les hommes, et enfin la pluie, la pluie bienfaisante qu'envoie le « dieu pleuvant » Indra. Après avoir ainsi créé leurs dieux et peuplé le ciel un peu au hasard, les Hindous ne tardent pas, comme les autres peuples, à les distribuer en classes et en familles, à établir entre eux des généalogies. Quelques tentatives se font pour établir dans ce ciel, comme dans l'Olympe des Grecs, un gouvernement, une autorité suprême ; dans plusieurs hymnes, l'idée du Dieu Un, créateur et maître du monde, est clairement exprimée : c'est lui « le père qui nous a engendrés, qui connaît les lois et les mondes, l'*Un* en qui reposent toutes les créatures. »

Mais l'esprit hindou devait s'élever tout à la fois au dessus du polythéisme grec et du monothéisme hébreu par une évolution nouvelle : il est beau de diviniser la nature, mais il y a quelque chose de plus religieux encore : c'est de la nier. La ferme croyance en la réalité de ce monde, en la valeur de cette vie, entre peut-être comme élément essentiel dans la croyance en un dieu personnel, supérieur au monde et distinct de lui, tel que le Javeh des Hébreux. Précisément, le trait caractéristique de l'esprit hindou, c'est le scepticisme à l'égard de ce monde, la persuasion de la vanité de la nature ; le dieu hindou ne pouvait donc rien avoir de commun avec Jupiter ou Javeh. Qui ne voit dans les forces de la matière qu'un jeu des sens, ne verra dans les puissances qui sont censées diriger ces forces qu'un jeu de l'imagination ; la foi dans le créateur s'en va avec la foi dans la création. C'est en vain que les poètes hindous réclament pour leurs dieux la *çraddhâ*, la foi. Indra surtout, le plus populaire des dieux, à qui l'on donnait l'épithète suprême de *Viçarkarman* (artisan universel), est le plus mis en doute. « Il n'y a pas d'Indra, disent certains. Qui l'a vu, qui louerions-nous ? » (Rig., VII, 89, 3.) Il est vrai que le poète, après ces paroles amères, fait apparaître tout à coup Indra lui-même, comme dans le livre de Job. « Me voici, ô mon adorateur ! Regarde-moi, me voici ! en grandeur je dépasse toute créature. » Mais la foi du poète et du penseur ne se ranime que pour un instant ; nous entrons dans une période de doute, que M. Max Müller désigne sous le nom d'*adévisme* et qu'il distingue soigneusement de l'athéisme proprement dit. Les

Hindous en effet ne rejettent pas l'idée même d'un Dieu, le Θεός des Grecs; seulement ils cherchent ce Dieu par delà toutes les divinités personnelles et capricieuses qu'ils avaient adorées jusqu'alors; toutes ces divinités ne sont plus pour eux que des *noms*, mais des noms qui nomment quelque chose, quelque être inconnu. « Il n'y a qu'un être, bien que les poètes l'appellent de mille noms. » Le bouddhisme lui-même, qui vint plus tard et ne fit que développer des tendances déjà existantes dans le brahmanisme, ne fut pas originairement athée, selon M. Max Müller. L'*adévisme* ne fut pour l'Inde, à quelques exceptions près, qu'une période de transition, et ce grand peuple sut la traverser pour s'élever plus haut. Pourtant quelle anxiété, quelle incertitude dans certains hymnes qui appartiennent sans doute à cette époque inquiète! Les poètes védiques y cessent de glorifier le ciel et l'aurore, ils ne célèbrent plus la vaillance d'Indra ou la sagesse de Viçarkarman et et de Prajâpati. « Ils vont, disent-ils eux-mêmes, comme enveloppés d'un brouillard et de paroles vides. » — « Mes oreilles s'évanouissent, dit un autre, mes yeux s'évanouissent, et aussi la lumière qui habite dans mon cœur; mon âme, avec ses aspirations lointaines m'abandonne; que dirai-je? que penserai-je? » — « D'où vient cette création, et si elle est l'œuvre d'un créateur ou non? — Celui qui contemple du haut du firmament, celui-là le sait. Peut-être lui-même ne le sait-il pas. » (Rig. X, 129.) Quelle profondeur dans ce dernier mot, et comme, dès cette époque, le problème de la création avait été sondé par l'esprit humain! Mais l'évolution d'idées qu'indiquent ces passages des hymnes se continue, s'achève dans les *Upanishads*, qui sont les dernières œuvres de la littérature védique, où toute la philosophie religieuse de cette période se trouve condensée, où l'on entrevoit déjà les doctrines modernes des Schopenhauer et des Hartmann. Après avoir longtemps cherché, l'Hindou croit pouvoir s'écrier enfin : j'ai trouvé. M. Max Müller nous cite l'étonnant dialogue entre Prajâpati et Indra, où ce dernier acquiert, après un long effort, la connaissance de ce « moi caché dans le cœur », de l'Atman, que Kant, appellera le « moi nouménal. » Indra croit d'abord apercevoir ce moi en apercevant son image dans l'eau, son corps couvert de vêtements brillants. Mais non, car, quand le corps souffre ou périt, l'Atman périrait. « Je ne vois rien de bon dans cette doctrine. » Ensuite Indra croit que l'Atman se révèle dans le rêve, dans cet état où l'esprit flotte en proie à je ne sais quelle puissance invisible et oublie les douleurs de la vie. Mais non; car dans le rêve on pleure encore, on souffre encore. Alors l'Atman, le moi suprême, ne serait-ce pas l'homme endormi sans rêve, « reposant du repos parfait? » Ce fut toujours la grande tentation de l'Orient que de placer son idéal dans le repos, l'oubli, le sommeil profond et doux. Mais non : ce n'est pas encore l'Atman, « car celui qui dort ne se connaît pas, il ne peut pas dire *Moi*; il ne connaît aucun des êtres qui sont, il est plongé dans le néant. Je ne vois rien de bon dans cette doctrine. » C'est après avoir franchi tous ces degrés successifs, que la pensée hindoue arrive enfin à formuler ce qui lui paraît être tout ensemble la plus profonde réalité et le suprême idéal : l'Atman, c'est le moi sortant de son propre corps, s'affranchissant du plaisir et de la peine, prenant conscience de son éternité (*Upan.*, VIII, 7-12); c'est « l'Être antique, insaisissable, enfoncé dans le mystère... plus petit que le petit, plus grand que le grand, caché dans le cœur de la créature. » (II, 12, 20.) Cet Atman, la « personne suprême » que le sage finit par percevoir en soi, qui fait le fond de nous-mêmes, c'est aussi le fond de tous les autres êtres; et ainsi l'*Atman*, le moi subjectif, est identique à *Brahma*, le moi objectif. Brahma est en nous, et nous sommes en toutes choses; les distinctions des êtres s'évanouissent, la nature et ses dieux rentrent dans Brahma, et Brahma est « l'éther même de notre cœur. » « Tu es cela, *tat twam*, » tel est le mot de la vie et du monde entier. Se retrouver en toutes choses et sentir l'éternité de tout, voilà la religion suprême; ce sera la religion de Spinosa. « Il y a un penseur éternel qui pense des pensées non éternelles; un, il remplit les désirs de beaucoup... Le Brahma ne peut être atteint par la parole, par l'esprit, ni par l'œil. Il ne peut être saisi par celui qui dit : *Il est.* » Ce Brahma, en qui tout s'évanouit comme un rêve, est « la grande terreur, ainsi qu'une épée tirée; » mais il est aussi la joie suprême pour celui qui l'a une fois pénétré : il est l'apaisement du désir et de l'intelligence. « Qui le connaît devient immortel. »

Nous sommes enfin arrivés, avec M. Max Müller, « au terme du long voyage que nous avons entrepris. » Nous avons vu la religion hindoue, ce type des religions humaines, se développer graduellement, chercher à saisir l'infini sous ses formes les plus diverses, jusqu'à ce qu'enfin elle soit parvenue à le nommer de son nom le plus sublime,

Brahma, l'éternel penseur, dont le monde n'est qu'une pensée fugitive. Maintenant les dieux sont morts, les sacrifices, les rites, les observances de toutes sortes sont devenues inutiles; le seul culte qui convienne à l'infini, c'est la méditation et le détachement. Tous les débris des premières religions vont-ils donc disparaître, les temples élevés jadis tomberont-ils en poussière; Agni, Indra, tous ces noms lumineux seront-ils à jamais oubliés? Nullement; et ici, suivant M. Max Müller, nous pouvons trouver dans l'histoire des religions de l'Inde une leçon pour nous, une leçon de tolérance et de largeur. Les brahmanes ont compris que, « comme l'homme grandit de l'enfance à la vieillesse, l'idée du Divin doit grandir en nous du berceau à la tombe... Une religion qui ne peut vivre et grandir avec nous est une religion morte. » Les Hindous ont donc conservé dans la vie individuelle des périodes distinctes, des *açramas*, comme ils disent; dans les premiers açramas, le croyant invoque les dieux, leur offre des sacrifices, leur envoie ses prières; plus tard seulement, quand il a accompli jusqu'au bout ces devoirs naïfs et attiédi son âme au long contact des jeunes croyances, sa raison mûrie s'élève au dessus des dieux, regarde enfin tous les sacrifices et les cérémonies comme des formes vaines, et ne cherche plus le culte que dans la science suprême, devenue pour lui la religion suprême, le Védânta. Ainsi, dans une même existence, diverses religions trouvent moyen de se superposer sans se détruire. Encore de nos jours, dans une famille de brahmanes, on voit le grand-père, arrivé au terme de l'évolution intellectuelle, regarder sans dédain son fils, qui accomplit chaque jour ses devoirs sacrés, et son petit-fils, qui apprend par cœur les hymnes anciens. Toutes ces générations vivent en paix l'une à côté de l'autre. De même font les diverses castes, dont chacune suit la croyance adaptée à la portée de son esprit. Tous adorent au fond un même dieu, mais ce dieu se fait accessible à chacun d'eux, s'abaisse jusqu'aux plus infimes. C'est que, dit M. Max Müller, « une religion qui veut être le trait d'union entre le sage et le pauvre d'esprit, entre les vieux et les jeunes, doit être souple, doit être haute, profonde et large; elle doit tout supporter, être ouverte à toutes les croyances et à toutes les espérances. Soyons donc tolérants, nous aussi, comme nos pères de l'Inde; ne nous indignons pas contre les superstitions au-dessus desquelles nous nous sommes élevés, et qui nous ont servi de degrés pour parvenir où nous nous trouvons. Sachons découvrir ce qu'il y a de bon et de vrai dans tous les *credo* de l'humanité. Peut-être toutes les religions humaines, dégagées des légendes qui les altèrent, peuvent-elles, aux esprits élevés, fournir une religion vraiment complète ; peut-être leurs fondations les plus profondes, comme jadis les catacombes ou les cryptes de nos cathédrales, serviront-elles encore une fois d'asile « à ceux qui, dans un *credo* ou dans l'autre, aspirent à quelque chose de meilleur, de plus pur, de plus vrai que ce qu'ils trouvent dans les rites, les offices, les sermons des temps où le hasard les a jetés. »

Cette haute théorie est-elle exacte? D'abord elle cherche à tort dans la civilisation hindoue le type des religions primitives. En outre, elle intervertit l'ordre de l'évolution en plaçant au début des notions élevées, symboles profonds, dont l'expression par le langage aurait induit en erreur les générations ultérieures [1]. Mais le défaut capital de cette théorie, c'est qu'elle place l'origine des religions dans une des idées métaphysiques les plus vagues et en même temps les plus modernes : l'infini. S'il fallait en croire M. Müller, cette idée nous serait fournie par les sens mêmes : son système se présente ainsi comme un essai de conciliation entre les sensualistes et les idéalistes. Mais la doctrine qui fait provenir des sens mêmes la notion d'infini et s'efforce ainsi de lui fournir un fondement objectif, nous paraît reposer sur une véritable confusion. Autre chose est le sentiment du *relatif*, autre chose le sentiment de l'*infini;* qu'il y ait des objets très grands, des objets très petits, que chacun soit même grand ou petit selon le terme de comparaison, voilà ce que nous disent les sens ou plutôt la mémoire ; mais si la raison subtile d'un savant moderne ne leur souffle rien, ils n'en diront pas davantage. M. Müller semble croire que la perception de l'espace nous fournit directement la perception de l'infini ; mais, outre l'inexactitude de cette psychologie, elle est contraire à toutes les données historiques. L'infinité de l'espace est une idée à laquelle ne

---

[1]. M. Müller, on le sait, est allé jusqu'à croire que les auteurs des premiers mythes auraient eu conscience qu'ils s'exprimaient par images ; la méprise des générations suivantes aurait ensuite personnifié les figures et les noms du divin ; la mythologie serait une « maladie du langage, *a disease.* »

se sont élevés qu'assez tard les seuls métaphysiciens. L'horizon paraît physique et borné ; l'enfant s'imagine toujours qu'il ira au bout de l'horizon, qu'il touchera du doigt le point où s'abaisse le dôme céleste ; les anciens se figuraient le ciel comme une voûte de cristal semée de points lumineux [1]. Pour nous, à qui l'on a dit dès l'enfance que les astres sont des mondes plus grands que notre terre, séparés de nous par une distance au-dessus de notre imagination, la vue du ciel éveille, par une association nécessaire, l'idée de l'incommensurable et de l'infini. Il ne faut pas juger par analogie de ce qui se passe dans l'esprit de l'homme primitif quand il lève les yeux là-haut. Ce dernier n'a pas du tout l'idée que son regard puisse s'affaiblir, s'éteindre par impuissance à un certain point du ciel, à une voûte toujours la même, et que cependant il y ait encore

---

1. Parmi les pensées à la fois les plus ingénieuses et les plus contestables de l'ouvrage de M. Max Müller, nous citerons le paragraphe consacré à la divinité védique *Aditi*, l'un des noms de l'aurore. « Vous serez surpris, dit-il, comme je l'ai été moi-même la première fois que le fait s'est présenté à moi, quand je vous dirai qu'il y a réellement dans le Véda une divinité appelée l'infini, Aditi. *Aditi* dérive de *diti* et de la négation *a*. *Diti* est un dérivé régulier de la racine *dâ* (dyati), lier, d'où le participe *dita*, lié, et le substantif *diti*, « action de lier » et « lien ». *Aditi* a donc signifié d'abord « qui est sans lien, non enchaîné, non enfermé », d'où : « sans limites, infini, l'Infini. »
Cette étymologie nous semble très propre à montrer au contraire que l'idée d'infini n'est point primitive, et que, lorsque les Hindous ont pour la première fois invoqué l'aurore sous le nom d'Aditi, ils étaient fort loin de penser au fini ou à l'infini. La nuit était pour eux une prison, le jour la délivrance. On sait qu'ils figuraient les journées sous l'image de vaches lumineuses qui sortent lentement de l'étable nocturne pour s'avancer à travers les prairies du ciel et de la terre. Ces vaches sont dérobées parfois, enfermées dans des cavernes sombres ; l'Aurore elle-même est retenue dans les abîmes du Rita : alors la nuit menace de régner sans fin ; mais les dieux se mettent en quête ; Indra arrive, délivre l'Aurore ; avec son aide on retrouve les vaches mugissantes qui, du fond des cavernes, appellent la liberté. Il nous semble qu'en s'inspirant de ces antiques légendes, il est facile de déterminer le sens primitif d'Aditi ; c'est l'aurore qui, retenue on ne sait où, réussit tout à coup à faire tomber ses liens et, radieuse, apparaît dans le ciel grand ouvert ; délivrée, elle délivre tout, elle brise le cachot dans lequel la nuit avait plongé le monde. Aditi, c'est l'aurore libre et en même temps libératrice. Par extension, ce sera la lumière immortelle et impérissable, que nulle puissance ne peut voiler ni cacher plus d'un jour, tandis que Diti signifiera ce qui est mortel, périssable, enchaîné dans les liens de la matière. Il semble que cette étymologie est bien simple, et que de plus elle se trouve confirmée par les légendes auxquelles nous venons de faire allusion ; après l'avoir présentée dans la *Revue philosophique* (décembre 1879), nous la voyons adoptée par M. Réville, *Prolégomènes à l'histoire des religions*, 1881.

quelque chose au delà; par habitude, il place toujours la fin du monde aux extrémités de ses rayons visuels, qui forment une sphère apparente et immobile. Il a de la peine à comprendre que l'espace céleste soit infiniment plus grand que le monde visible. Il ne pense pas davantage que des objets puissent le dépasser en quelque sorte infiniment par leur petitesse; la divisibilité à l'infini, où M. Max Müller voit une évidence pour les sens, est le résultat du raisonnement le plus abstrait : naturellement, nous sommes portés à croire que la petitesse de la nature s'arrête où nous nous arrêtons, c'est-à-dire à l'atome visuel, au *minimum visibile*.

Quant à cette « souffrance de l'invisible » dont parle M. Max Müller, c'est un mal tout moderne, qui, au lieu de provoquer l'idée de l'infini, est au contraire le produit tardif de cette idée acquise à force de raisonnement et de science; loin de marquer l'origine des religions, la « souffrance de l'inconnu » en marque l'insuffisance, elle en annonce la fin. L'homme primitif s'inquiète fort peu de l'infinité de la nature et du silence éternel des espaces; il a bientôt fait de se tailler un monde à sa mesure et de s'y enfermer. Il ne souffre guère que du monde visible; c'est là qu'il trouve pour son activité physique et intellectuelle un objet plus que suffisant : ses dieux, il ne va pas les chercher bien loin, il les rencontre pour ainsi dire sous sa main, il croit les toucher du doigt, il vit en société avec eux. Ils lui sont d'autant plus redoutables qu'ils sont plus voisins de lui. Pour son intelligence encore grossière, la grandeur des dieux ne se mesure pas à leur infinité intrinsèque, mais à la puissance de leur action sur lui; si le ciel avec ses soleils ne l'éclairait ni ne le réchauffait, ce ne serait pas le père universel, le *Dyaush-pitár*, le Ζεύς, le *Jupiter*. Nous ne voulons pas dire avec Feuerbach que la religion ait simplement sa racine dans l'intérêt grossier, dans l'égoïsme brutal; en ses relations avec les dieux comme avec ses semblables, l'homme est moitié égoïste, moitié altruiste : ce que nous maintenons, c'est que l'homme n'est pas rationaliste à la façon de M. Müller, que la notion de l'infini s'est développée indépendamment de la foi religieuse; bien plus, qu'elle ne tarde pas à entrer en lutte avec celle-ci et à la dissoudre. Lorsque, par le progrès de la pensée humaine, le monde en vient à être conçu comme infini, il déborde les dieux, il les dépasse. C'est ce qui s'est produit en Grèce au temps de Démocrite et d'Épicure. Les religions vraiment positives veulent un monde borné : les peuples n'élèvent pas leurs premiers temples à l'infini pour l'y loger. M. Müller loue les Hindous de s'en être tenus à l'*adévisme ;* est-ce bien à l'idée de l'infini qu'ils doivent cette sagesse, si c'en est une ; et cette idée, si elle eût été seule présente à leur pensée, ne les aurait-elle pu mener aussi bien à l'*athéisme ?* Lorsqu'on apprend à voir se dérouler sans fin et sans temps d'arrêt la chaîne éternelle des phénomènes, on n'espère plus modifier par une prière ce déterminisme inflexible ; on se contente de le contempler par la pensée ou d'y entrer soi-même par l'action. La religion se fond dans la science ou dans la morale. Il reste, il est vrai une hypothèse suprême à laquelle on peut se rattacher : on peut essayer de diviniser l'infini, de lui prêter, à la manière des brahmanes, des bouddhistes anciens ou modernes, des Schopenhauer et des Hartmann, une mystérieuse unité d'essence ; la prière alors expire en méditation, en extase, en un bercement monotone de la pensée au mouvement du monde phénoménal : c'est la religion du *monisme*. Mais cette religion dernière ne provient pas de l'idée de l'infini, elle s'y ajoute : l'homme cède encore à un besoin, sinon de personnifier, du moins d'individualiser et d'unifier l'infini, tant l'homme veut à toute force projeter sa propre individualité dans le monde ! On donne une sorte d'âme à ce grand corps qu'on appelle la nature, on en fait quelque chose de semblable à notre organisme vivant : n'est-ce-pas là un dernier anthropomorphisme ?

C'est seulement plus tard que la pensée humaine, emportée dans un voyage sans terme analogue à ces migrations qui jetaient au loin les peuples primitifs, après avoir traversé tout l'espace visible et franchi son propre horizon intellectuel, est arrivée devant cet océan de l'infini qu'elle ne pouvait sonder même du regard. L'infini a été pour elle une découverte, comme l'était la mer pour les peuples venus des plaines ou des montagnes. De même que, pour l'œil qui commence à voir, les divers plans de l'espace sont indistincts et également rapprochés ; que c'est le toucher qui, peu à peu, fait reculer l'espace et nous donne l'idée du lointain ; qu'ainsi, avec notre main, nous ouvrons pour ainsi dire l'horizon devant nous ; de même, pour l'intelligence encore non exercée, tout semble fini, borné ; ce n'est qu'en avançant qu'elle voit s'agrandir son domaine, c'est la pensée en marche qui ouvre devant elle-même la grande perspective de l'infini. Au fond, cette idée de l'infini est moins empruntée aux choses qu'au sentiment même de notre activité personnelle, à la croyance dans « l'essor toujours possible de notre pensée »; agir, voilà ce qui, comme on l'a dit [1], est vraiment infini, ou du moins ce qui paraît tel. En ce sens, on peut bien admettre qu'il y a dans toute action, dans toute pensée humaine un pressentiment vague de l'infini, parce qu'il y a la conscience d'une activité qui ne s'épuise pas dans cet acte ni dans cette pensée; se sentir vivre, c'est donc en quelque sorte se sentir infini : illusion ou réalité, cette idée se mêle à toutes nos pensées, on la retrouve dans toute espèce de science; mais elle ne produit pas la science, elle en naît; elle ne produit pas la religion, qui fut la science des premiers âges, elle en sort. L'idée de l'infini ressemble, sous beaucoup de rapports, à l'ignorance socratique, ignorance raffinée qui cache le plus haut développement de l'intelligence. Un des caractères antiscientifiques des religions actuelles est précisément qu'elles n'ont pas encore assez le sentiment de toute notre ignorance devant l'inconnaissable, qu'elles n'ont pas assez d'ouverture sur l'infini. Si peu à peu, comme nous le verrons, la physique religieuse est devenue une métaphysique, si les dieux ont reculé de phénomène en phénomène jusque dans la sphère suprasensible, si le ciel s'est séparé de la terre, cependant les religions positives ont toujours craint d'ouvrir en tous sens à la pensée de l'homme une perspective vraiment infinie : elles ont toujours arrêté ses regards devant un être plus ou moins déterminé, un créateur, une unité où l'esprit pût se reposer, se délasser de l'infini. Leur métaphysique, comme leur physique, est restée plus ou moins anthropomorphique, et aussi plus ou moins fondée sur le miracle, c'est-à-dire sur ce qui limite et suspend l'intelligence. Et, comme l'objet de la plupart des religions n'est rien moins que l'infini, de même la foi religieuse elle-même aboutit au besoin d'arrêter l'essor de l'esprit et de lui imposer une borne immuable; elle aboutit à la négation de l'infinité et de la progressivité indéfinie de la pensée humaine. Frappées d'un arrêt de développement, la plupart des religions positives se sont attachées à jamais aux premières formules qu'elles avaient trouvées; elles en ont fait l'objet pratique du culte, en laissant dans

---

1. Alfred Fouillée, *La liberté et le déterminisme*, 2ᵉ partie.

le vague et comme dans l'inutilité l'idée de l'infini insaisissable.

Pas plus que l'idée d'infini, nous ne pouvons placer au début de la pensée religieuse, une autre notion voisine de la première : celle d'unité embrassant la pluralité, de l'*un tout*. Cette notion panthéiste et *moniste*, à en croire M. de Hartmann, serait le point de départ des religions. A moitié disciple de Hegel, à moitié de Schopenhauer, M. de Hartmann ne pouvait manquer d'attribuer à l'humanité et d'appliquer à l'histoire les formules de sa dialectique. « L'hénothéisme, dit-il, a son fondement dans l'*identité positive* que l'on reconnaît être à la base de *toutes* les divinités de la nature, identité qui permet d'honorer, dans la *personne* de chaque dieu, principalement dans celle de chacun des principaux dieux admis *dès l'origine*, la *divinité au sens absolu*, le *divin*, Dieu. Par suite il devient *indifférent*, en quelque mesure, d'adorer la divinité sous tel de ses *aspects* particuliers plutôt que sous tel autre : la fantaisie, quand elle se représente Indra sous la forme d'un buffle, ne prétend pas exclure par là la possibilité de le représenter l'instant d'après sous la figure d'un aigle ou d'un faucon ; quand elle offre ses hommages à la divinité suprême sous le nom du dieu de la tempête Indra, elle ne veut pas exclure par là la possibilité de l'adorer l'instant d'après, soit comme Surya, dieu du soleil, soit comme Rudra-Varuna, dieu du ciel. L'hénothéisme ne doit donc pas sa naissance au défaut d'association d'idées et à l'oubli que montreraient des polythéistes qui, en adressant leurs hommages à Surya comme au dieu suprême, perdraient de vue, par une incroyable faiblesse de mémoire, qu'il y a encore d'autres dieux, adorés par d'autres gens, et qu'eux-mêmes naguère invoquaient. » — Se figure-t-on l'humanité primitive déjà au courant de la philosophie de l'unité, avec son symbolisme de puissances diverses prises tour à tour pour les manifestations de l'unité fondamentale ? Même pour l'Inde, cette terre de la métaphysique panthéiste, une telle philosophie est le produit tardif d'une civilisation déjà raffinée. Jamais les peuples n'ont commencé à penser par des abstractions. Ils n'ont pu d'abord concevoir la divinité en général, pour la représenter ensuite par Indra, Surya ou Rudra-Varuna, comme par des aspects dont aucun ne l'épuise, — sorte de litanie où l'Un-Tout prendrait successivement les noms les plus divers. Une telle subtilité de conception panthéiste est un produit ultérieur de la spéculation métaphysique. A l'origine, on ne distinguait pas la figure du dieu et le dieu lui-même. C'est à grand'peine que l'humanité est arrivée à la conception de la différence de l'esprit et du corps; *a fortiori* est-ce beaucoup plus tard qu'elle a pu en venir à se représenter l'unité de l'esprit suprême sous la multiplicité de ses modes.

Une dernière forme de ce vague idéalisme qui a inspiré MM. Max Müller et de Hartmann, comme il avait déjà inspiré Strauss, c'est la théorie de M. Renan sur « l'instinct religieux », sur la « révélation de l'idéal ». M. Renan entend par là quelque chose de mystérieux et de mystique, une voix du ciel s'élevant en nous, une révélation subite et presque sacrée. « La religion dans l'humanité, écrit-il, est l'équivalent de la nidification chez l'oiseau. Un instinct s'élève tout à coup mystérieusement chez un être qui ne l'avait jamais senti jusque-là. L'oiseau qui n'a jamais pondu ni vu pondre sait d'avance la fonction naturelle à laquelle il va contribuer. Il sert, avec une sorte de joie pieuse et de dévotion, à une fin qu'il ne comprend pas. La naissance de l'idée religieuse dans l'homme se produit d'une manière analogue. L'homme allait inattentif. Tout à coup un silence se fait, comme un temps d'arrêt, une lacune de la sensation :—Oh! Dieu! se dit-il alors, que ma destinée est étrange! Est-il bien vrai que j'existe? Qu'est-ce que le monde? Ce soleil, est-ce moi? Rayonne-t-il de mon cœur?... O père, je te vois par delà les nuages! — Puis le bruit du monde extérieur recommence ; l'échappée se ferme ; mais, à partir de ce moment, un être en apparence égoïste fera des actes inexplicables, éprouvera le besoin de s'incliner et d'adorer[1]. » Cette belle page, où l'on retrouve les onctions et les extases des Gerson et des Fénelon, nous semble résumer fort bien l'opinion de ces nombreux modernes qui s'efforcent de substituer au respect des religions chancelantes le respect du sentiment religieux. Par malheur M. Renan nous raconte ici un véritable mythe. Jamais à l'origine l'homme n'a rien éprouvé de semblable. M. Renan semble confondre complètement les idées et les sentiments qu'il a pu éprouver lui-même, his-

---

1. *Dialogues philosophiques*, p. 39.

torien des religions et penseur raffiné, avec ceux de l'homme primitif. Ce doute suprême élevé sur notre propre existence et celle du monde, ce sentiment de l'étrangeté de notre destinée, cette communion de l'âme avec la nature entière, ce débordement d'une sensibilité excitée et tourmentée par la vie moderne, tout cela n'a rien de commun avec le sentiment religieux primitif, avec la foi robuste et grossière reposant sur des faits palpables, sur des miracles sautant aux yeux. Tout ce mysticisme, loin d'expliquer l'origine des religions, en marque plutôt la décomposition. Un mystique est quelqu'un qui, sentant vaguement l'insuffisance et le vide d'une religion positive et bornée, cherche à compenser par la surabondance du sentiment, l'étroitesse et la pauvreté du dogme Les mystiques, substituant plus ou moins le sentiment personnel et les élans spontanés du cœur à la foi dans l'autorité, ont toujours été dans l'histoire des hérétiques qui s'ignoraient. Les époques sentimentales furent des époques d'inaction, de concentration sur soi, d'indépendance relative de la pensée. Au contraire, à l'origine des religions, rien de sentimental ou de méditatif, mais un emportement de toutes les âmes dans un même tourbillon de craintes ou d'espoirs : nul ne sait alors penser par lui-même; c'est moins du sentiment proprement dit que de la sensation et de l'action que les religions sont nées. La religion primitive n'est pas une échappée hors de ce monde, une percée à travers les nuages, les premiers de nos dieux n'avaient rien d'éthéré; ils possédaient des muscles solides, un bras dont on sentait les coups. Expliquer par un idéalisme naissant l'origine des croyances primitives, c'est donc les expliquer par le sentiment qui leur est le plus opposé. On devient idéaliste quand on commence à ne plus croire; après avoir rejeté toutes les prétendues réalités, on se console en adorant ses propres rêves : l'esprit des anciens peuples est beaucoup plus positif. L'anxiété de l'infini, le vertige divin, le sentiment de l'abîme manquent à l'homme des premiers âges. Nos esprits modernes, éclairant toutes choses d'une plus vive lumière, voient parfois s'ouvrir dans la nature des perspectives sans fond, où notre regard se perd avec angoisse; nous nous sentons portés sur un abîme : tels les navigateurs qui, aux Antilles, sous la lumière intense du soleil, voient apparaître à leurs yeux toute la profondeur des mers transparentes et mesurent le gouffre au-dessus duquel ils sont suspendus. Mais pour des intelligences moins éclairées la nature redevient opaque, le regard se brise à la surface de l'océan des choses, et l'on se laisse porter avec confiance par le flot qui passe sans se demander ce qu'il y a au-dessous.

Pour éprouver le besoin de croyances mystiques, il faut ou bien avoir été élevé dans la foi, ou bien avoir été élevé dans le doute; or, ces deux états de l'âme sont également étrangers aux esprits neufs et simples. Ou plutôt ils connaissent fort bien la foi, mais la bonne et naïve foi des yeux et des oreilles; ils ont la parfaite confiance que tout être sentant possède dans ses cinq sens. En cela rien de religieux. Je me souviens de l'étonnement que j'éprouvai dans mon enfance lorsque je rencontrai pour la première fois sous mes yeux ces mots : le doute, la foi; c'était dans une pièce de vers où le poète chantait avec beaucoup d'éloquence toutes les horreurs du doute. Je comprenais bien ce que c'était que douter d'un fait ou y croire, mais je me creusais en vain la tête pour découvrir ce que pouvait être ce sentiment effrayant : *le doute*. Qu'y avait-il de terrible à douter de ce qu'on ne savait pas? Le mot *foi* ne m'offrait pas un sens plus clair, car je m'imaginais ne croire qu'à des choses certaines. Ainsi est l'homme primitif. Il n'a pas plus le « besoin » mystique de « croire » qu'il ne peut avoir celui de s'enivrer avant de connaître la vigne. Le sentiment religieux n'apparaît pas en lui brusquement, par un coup de théâtre, au milieu du cours interrompu des sensations; point de « lacune » dans l'âme humaine, où tout s'enchaîne avec une invincible continuité. Un tel sentiment doit naître graduellement, par la lente adaptation de l'esprit à des idées inexactes que lui imposent ses sens mêmes. L'homme, s'imaginant vivre au sein d'une société de dieux, ne peut pas ne pas se transformer pour s'accommoder à ce milieu nouveau. Toute société humaine ou divine façonne l'individu à son image : le laboureur devenu soldat, le villageois devenu citadin, acquièrent nécessairement des gestes et des sentiments nouveaux, qu'ils perdent plus ou moins en retournant dans leur premier milieu. Il n'en peut être autrement pour l'homme devenu religieux. Étant le plus sociable des animaux, l'homme est aussi celui qui subit le plus l'influence des êtres avec lesquels il vit ou croit vivre. Les dieux, que nous avions faits plus ou moins à notre image, ont dû ensuite, par une inévitable réaction, nous modeler à la leur. L'instinct religieux, tel que M. Renan le décrit, est en grande partie l'œuvre de cette sorte de réaction et de l'éducation ; s'il a dans notre être des racines profondes, c'est qu'il se rattache à des impressions d'enfance, c'est qu'il nous parle avec la voix de nos jeunes années et semble nous rajeunir nous-mêmes ; souvent un mot, une pensée qui nous avait frappés autrefois sans que nous puissions bien la comprendre, se réveille tout à coup, retentit en nous ; ce n'est qu'un écho, et il nous semble que ce soit une voix. On a notablement exagéré la part de l'hérédité dans la formation des caractères et des sentiments ; l'influence de l'éducation n'est pas, à notre époque, appréciée à son entière valeur [1]. Même chez les animaux, l'instinct sans l'éducation s'émousse facilement. Sans doute l'oiseau n'a pas besoin d'avoir vu pondre pour s'acquitter avec « dévotion » de cette fonction nouvelle ; cela s'apprend tout seul ; mais quand il s'agit de construire le nid, ce n'est plus aussi facile : les oiseaux élevés en cage et qui n'ont jamais vu de nid sont souvent fort embarrassés comment faire ; l'instinct leur chuchote encore quelque chose à l'oreille, mais sa voix n'est déjà plus claire, l'image nette du nid ne se présente plus à leurs yeux. La « dévotion » de la nature est en défaut. Ajoutons que ces instincts, si « mystérieux » selon M. Renan, agissent souvent sur l'être par des ressorts bien grossiers, et qu'il suffit de mettre la main sur ces ressorts pour exciter l'instinct ou le suspendre : pour transformer, par exemple, des chapons en poules couveuses, on leur arrache simplement les plumes du ventre ; ils se couchent avec volupté sur des œufs, — ou sur des cailloux. Il y a déjà bien assez de mystère dans la nature sans en mettre plus qu'il n'y en a ; il n'est pas philosophique de ramener tout à des instincts, pour voir ensuite dans les instincts des intentions inconscientes, dans ces intentions la preuve d'un plan, dans ce plan la preuve d'un dieu. En continuant ainsi, M. Renan ne tarderait pas à trouver dans l'instinct religieux une démonstration péremptoire de Dieu même.

Selon nous, il n'y eut à l'origine d'autre *instinct* en jeu que l'instinct de conservation personnelle et l'instinct social, étroitement lié au premier. En même temps, le procédé *intellectuel* qui était à l'œuvre chez les hommes primitifs n'était autre que l'association des idées par contiguïté et similarité, avec le raisonnement inductif ou analogique qui en est inséparable. Ce procédé intellectuel est

---

1. Voir notre *Morale anglaise contemporaine*, 2ᵉ partie.

celui même qui, mieux dirigé, donnera naissance à l'explication scientifique des choses. La religion nous le montrerons tout à l'heure a pour origine, comme la science, l'étonnement de l'*intelligence* en face de certains phénomènes, la crainte et le désir *sensibles* qui en résultent, enfin la réaction *volontaire* qui les suit.

II. — Presque à l'antipode de M. Max Müller se trouve M. Herbert Spencer qui, par un retour réfléchi à l'évhémérisme, fait des dieux de simples héros transfigurés par le souvenir, ramène la religion au culte des ancêtres, et ainsi nie d'une manière implicite que le sentiment du divin ou de l'infini en ait été l'origine. Néanmoins MM. Müller et Spencer, malgré de telles divergences, s'accordent à rejeter la théorie qui attribue la naissance des religions à l'étonnement mêlé de crainte que l'homme, être intelligent, éprouve en face de certains phénomènes naturels, au besoin d'explication et de protection qu'il éprouve devant ce qui est puissant ou terrible.

Nous accorderons volontiers à M. Spencer que le culte des ancêtres a eu sa part dans la formation des croyances humaines; on a déifié des héros non seulement après leur mort, mais de leur vivant même. Seulement, pourquoi ramener à ce seul principe quelque chose d'aussi complexe que les religions? pourquoi vouloir le retrouver en tout, là même où aucun fait positif ne semble y autoriser? Le système de M. Spencer, qui réduit toutes nos croyances à une seule, ne rappelle-t-il pas un peu trop la *Genèse*, qui fait sortir tous les hommes du premier couple d'Adam et d'Ève, après avoir tiré Ève elle-même d'une côte d'Adam? S'il est excellent de chercher dans une conception primitive, vague et homogène, l'origine de toutes les croyances hétérogènes et postérieures, il **faut du moins que cette conception primitive soit suffisamment large pour pouvoir à l'avance contenir en soi toutes les autres,** M. Spencer est trop porté à confondre l' « homogénéité » d'une notion avec son amplitude; c'est par un prodige d'artifice qu'il parvient à faire sortir de son principe une théorie religieuse de l'univers.

M. Spencer essaye d'abord de prouver par *trois* exemples que le culte des morts existe chez des peuplades très abruties, où l'on n'a pas remarqué d'autre religion; il en conclut que le culte des morts est antérieur à tout autre culte. Ces exemples sont très contestables, mais, ne le fussent-ils pas, il ne s'ensuivrait nullement que tous les autres cultes proviennent du culte des morts. La mort est sans doute un fait tellement fréquent et brutal qu'il s'impose de bonne heure à l'attention des peuples primitifs ; l'idée de la sépulture se retrouve en germe jusque chez les animaux : n'a-t-on pas vu souvent, après leurs batailles, les fourmis remporter les cadavres de leurs soldats? Mais, de ce que l'intelligence des hommes a dû être nécessairement portée de ce côté, faut-il en conclure que ce soit la seule direction où elle se soit jamais engagée? Pour faire un dieu, il faudrait, suivant M. Spencer : 1° un mort ; 2° la conception du « double d'un mort », c'est-à-dire d'un esprit ; 3° la croyance que cet esprit peut prendre pour siège non seulement le corps qu'il occupait précédemment, mais un autre corps, une effigie inanimée, un arbre, une pierre, etc. Quelle complication! On sait de quelle façon ingénieuse et surprenante M. Spencer explique le culte des arbres : tantôt c'est le culte des âmes des morts qui paraissent, pour une raison ou pour une autre, s'y être fixées ; tantôt il provient d'une légende mal comprise : une tribu sortie des forêts, *venue des arbres*, finit par croire qu'elle est réellement née des arbres, qu'elle a des arbres pour ancêtres. — En vérité, cela nous paraît bien artificiel. Un grand arbre est par lui-même vénérable ; je ne sais quelle « horreur sacrée » est répandue dans les profondes forêts. La nuit et l'obscurité entrent pour une notable part dans la formation des religions ; or la forêt, c'est la nuit éternelle, avec son imprévu, ses frissons, le gémissement du vent dans les branches, qui semble une voix, le cri des bêtes fauves, qu'on dirait quelquefois sortir des arbres eux-mêmes. Puis, quelle vie intense et silencieuse circule dans l'arbre, pour celui qui y regarde d'assez près! L'animal n'observe pas assez pour voir les plantes grandir, la sève monter ; mais quel ne dut pas être l'étonnement de l'homme lorsqu'il remarqua que les racines des arbres s'enfonçaient jusque dans le roc, que leurs troncs faisaient craquer toute entrave, qu'ils s'élevaient d'année en année, et que leur pleine vigueur commençait avec sa vieillesse! La végétation de la forêt est une vie, mais si différente de la nôtre, qu'elle devait naturellement inspirer l'étonnement, le respect à nos ancêtres. Rappelons encore que la sève de certains arbres, lorsqu'elle s'épanche d'une blessure, a la couleur du sang, d'autres fois la couleur et presque le goût du lait.

De même, qu'y a-t-il besoin d'aller chercher le culte des ancêtres pour expliquer la *zoolâtrie ?* Quoi de plus naturel, par exemple, que l'universelle vénération pour le serpent, cet être mystérieux qui se glisse dans l'ombre, apparaît et disparaît, et dont une petite blessure donne la mort? Autre exemple : au lieu du serpent, considérons le lion ou tout autre animal féroce. Il vient s'établir dans un pays, faisant force dégats au milieu des troupeaux : on le poursuit, mais, pour une raison ou pour une autre, aucun trait ne l'atteint ; c'est sans doute qu'il est invulnérable. Il devient de plus en plus audacieux et terrible ; il disparaît pendant plusieurs semaines, on ne sait pas où il est allé ; il reparaît soudain, on ne sait pas d'où il vient ; il se moque toujours des chasseurs, montrant cette majesté que prennent par moments les bêtes fauves dans la pleine conscience de leur force. Voilà un véritable dieu.

On sait le culte dont les chevaux, importés en Amérique par les Espagnols, furent l'objet de la part des indigènes : selon Prescott, ceux-ci aimaient mieux attribuer aux chevaux qu'aux Espagnols eux-mêmes l'invention des armes à feu. C'est que les Espagnols étaient des hommes comme eux, on voyait mieux leur mesure ; au contraire, un animal inconnu paraissait armé d'un pouvoir indéfini. Les hommes n'adorent que ce qu'ils ne connaissent pas bien. C'est pour cela que, quoi qu'en dise M. Spencer, la nature, si longtemps mal connue, nous paraît avoir offert à la religion un aliment beaucoup plus large et plus inépuisable que l'humanité.

Au fond, la véritable confirmation que M. Spencer croit trouver de sa doctrine, c'est la façon même dont il la systématise : elle est pour lui un exemple de la loi universelle et une conséquence d'évolution. Par cette doctrine, tout semble se ramener à l'unité, tout s'absorbe en une même croyance « homogène », celle d'une puissance plus ou moins vague exercée par les esprits des morts ; cette croyance, une fois donnée, passe par toute une série d'intégrations et de différenciations, et devient finalement la croyance en l'action régulière d'une puissance inconnue universelle[1]. — M. Spencer nous paraît avoir raison de chercher la croyance une, « homogène », d'où proviennent toutes les autres par voie d'évolution ; mais la formule qu'il donne de cette croyance nous paraît tout à fait

---

1. Voir notre *Morale anglaise contemporaine,*, p. 579.

étroite et insuffisante. Si l'on veut découvrir une idée qui domine à la fois le culte des morts et le culte des dieux, on la trouvera dans cette persuasion naturelle à l'homme que rien n'est absolument ni définitivement inanimé, que tout vit ou revit, conséquemment a des intentions et des volontés. L'homme a déifié les phénomènes de la nature, comme il a immortalisé ses ancêtres, par cette seule raison que, pour un être vivant et voulant, ce qu'il y a eu primitivement de plus difficile à comprendre, c'est le déterminisme régulier des phénomènes et la complète inertie semblable à la mort.

L'adoration des forces naturelles, conçues comme plus ou moins analogues à des puissances vivantes et à des volontés, a été nommée par les uns *fétichisme*, par les autres *naturisme*. MM. Müller et Spencer s'accordent à faire du fétichisme une des formes postérieures de la religion, et ne veulent rien y trouver de primitif. En ce débat de haut intérêt, une chose nous paraît faire totalement défaut de part et d'autre : c'est la précision des formules et l'entente sur le sens exact des termes. Les mots *fétiche*, *être animé*, *être inanimé*, etc., nous semblent donner lieu à une foule de méprises, où sont tombés à la fois ceux qui défendent la théorie fétichiste et ceux qui l'attaquent. Citons des exemples. M. Max Müller s'est efforcé de définir le mot fétichisme : comme il convenait à un philologue, il en a cherché l'étymologie, et il a trouvé, après Tylor, que *fétichisme* (du portugais *feitiço*, dérivé lui-même du latin *factitius*, *artificiel*), ne pouvait pas désigner autre chose qu'un respect superstitieux ressenti ou témoigné pour de véritables *brimborions*, sans titre apparent à une telle distinction honorifique. La définition de Tylor et de M. Max Müller peut être exacte philologiquement ; le malheur est que, parmi les philosophes qui ont placé le fétichisme à l'origine des religions, aucun n'a jamais pris ce mot dans le sens étroit et rigoureux où le prend M. Max Müller; ils entendent par là, avec de Brosses et A. Comte, la tendance primitive à concevoir les objets extérieurs comme animés d'une vie analogue à celle de l'homme. Ils comprennent en outre dans le fétichisme ce que M. Müller en distingue avec soin sous les noms de *physiolâtrie*, ou culte rendu à des objets naturels autres que des brimborions, et de *zoolâtrie*, ou culte rendu aux animaux. La conséquence, c'est que les réfutations de M. Max Müller n'atteignent pas réellement la doctrine qu'il veut réfuter et à laquelle il oppose sa doctrine propre. De même pour les définitions de M. Réville [1]. Démontrer que le « culte des brimborions » n'a pas été l'origine première et unique des religions humaines, cela n'avance à rien, et le problème reste toujours entier. Considérons donc non les mots, mais la théorie même de l'animation de la nature, et voyons, les objections qui lui ont été faites.

D'après M. Spencer comme d'après M. Max Müller, on ne peut comparer le sauvage à l'enfant qui prend sa poupée bien habillée pour un être vivant, qui frappe la porte à laquelle il s'est heurté; le sauvage n'est pas aussi naïf. L'enfant même est loin d'avoir toutes les naïvetés qu'on lui prête et en général il distingue parfaitement l'animé de l'inanimé; quand il parle à ses joujoux et les choie comme s'ils étaient vivants, il n'est point dupe de ce qu'il dit : il compose un petit drame où il est acteur, il fait de la poésie et non de la mythologie. « Si la poupée venait à mordre, il ne serait pas moins stupéfait qu'un adulte [2]. » C'est ainsi qu'un chien joue avec un bâton la comédie de la chasse : il le mord, il le met en pièces, il s'anime à cet amusement, qui n'est cependant pour lui qu'un amusement. Même le fameux exemple des colères enfantines contre les portes ou les chaises, exemple reproduit par tous ceux qui ont écrit sur la religion [3], est fortement mis en doute par M. Spencer : suivant lui, les mères et les bonnes suggèrent

---

1. Le fétichisme, dit aussi M. Réville, ne saurait être que postérieur. « Le fétiche est un objet vulgaire, sans aucune valeur en lui-même, mais que le noir garde, vénère, adore, parce qu'*il croit qu'il est la demeure d'un esprit*. Le choix dudit objet n'est pourtant point absolument arbitraire. Le fétiche a ceci de très particulier qu'il est la propriété de celui qui l'adore. C'est dans ce caractère de *propriété de l'individu*, de la famille, de la tribu, que l'on voit clairement apparaître la différence entre l'*objet de la religion naturiste* et le *fétiche* proprement dit. Quelque humble qu'il soit, arbre, rocher, ruisseau, le premier est indépendant, est accessible à tous, aux étrangers comme aux indigènes, à la seule condition de se conformer à ses exigences en matière de rituel ou de culte. Le soleil luit pour tout le monde, la montagne est à la portée de tous ceux qui en parcourent les flancs, la source rafraîchit le passant, quelle que soit sa tribu, l'arbre lui-même qui pousse en plein désert ne demande au voyageur qu'une marque de déférence et ne s'inquiète pas de son origine. On ne peut s'approprier individuellement l'objet naturel. Il en est tout autrement du fétiche. Une fois adopté par une famille, il est en quelque sorte au service de cette famille, et n'a rien à faire avec les autres. » Ce sens donné par M. Réville au fétichisme est tout à fait spécial, et n'atteint en rien le *fétichisme primitif* conçu comme projection de volontés en toutes choses.
2. H. Spencer, *Principes de sociologie*, trad. Cazelles, t. I, p. 188.
3. V. entre autres M. Vacherot, *La religion*.

à l'enfant des idées absurdes qu'il n'aurait pas sans cela ; ce sont elles qui, s'il s'est heurté à un objet inanimé, affectent de prendre parti pour l'enfant contre l'objet, et s'efforcent de le distraire de sa souffrance en excitant en lui la colère. Nous assistons, ici encore, à une petite scène de comédie où l'enfant n'a même pas l'initiative. En tout cas, il y a là un phénomène psychologique mal observé et sur lequel on ne peut, jusqu'à nouvel ordre, édifier aucune théorie.

De même, d'après M. Spencer, on ne peut pas tenir compte des erreurs que commet le sauvage quand on lui montre certains produits raffinés des arts et de la civilisation : il croit ces objets vivants, mais comment en pourrait-il être autrement ? S'il se trompe, c'est plutôt la faute de notre art trop parfait pour lui que de son intelligence même. Lorsque les naturels de la Nouvelle-Zélande aperçurent le navire de Cook, ils le prirent pour une « baleine à voile. » Anderson raconte que les Boschimans supposaient qu'une voiture était un être animé et qu'il lui fallait de l'herbe ; la complexité de sa structure, la symétrie de ses parties, ses roues mobiles, ne pouvaient assurément se concilier avec l'expérience qu'ils avaient des choses inanimées. De même, des Esquimaux crurent qu'une boîte à musique et un orgue de Barbarie étaient des êtres vivants, et que la boîte était l'enfant de l'orgue. Toutes ces erreurs sont, jusqu'à un certain point, rationnelles ; mais elles ne pouvaient se produire chez l'homme primitif. Croire que ce dernier fut poussé par une tendance naturelle à assigner la vie à des choses non vivantes, s'imaginer qu'il va se mettre à confondre ce que des animaux d'une intelligence moins vive distinguent parfaitement, c'est « supposer le cours de l'évolution interverti. »

Il est encore, selon M. Spencer, d'autres préjugés sur l'homme primitif dont nous devons nous débarrasser. Nous le croyons volontiers occupé, comme l'enfant moderne, à demander sans cesse le *pourquoi* de toutes choses, nous l'imaginons toujours en quête pour satisfaire sa curiosité toujours en éveil. Malheureusement, si nous en croyons nos expériences sur les races humaines inférieures, il semble que le sentiment de la curiosité décroît à mesure qu'on descend vers l'état sauvage. Pour éveiller la curiosité, il faut la surprise ; c'est avec raison que Platon voyait dans l'étonnement le principe de la philosophie. Or, ce qui produit l'étonnement, c'est un dérangement imprévu dans l'ordre de causation des phénomènes ; mais, pour une intelligence primitive, qui n'est pas encore arrivée à la période de maturité scientifique, « il n'y a pas d'idée de causation naturelle, donc pas de surprise fondée en raison[1]. » Les Fuégiens, les Australiens montrent la plus complète indifférence en présence de choses absolument nouvelles pour eux, et réellement étonnantes. Suivant Dampier, les Australiens qu'il avait à son bord ne firent attention à rien dans le vaisseau qu'à ce qu'ils auraient à manger. Les miroirs mêmes ne réussissent pas à étonner les sauvages de race inférieure ; ils s'en amusent, mais ne témoignent ni surprise ni curiosité. Quand Park demandait aux nègres : « Que devient le soleil pendant la nuit ? Est-ce le même soleil que nous voyons le lendemain, ou un autre ? » ils ne lui faisaient aucune réponse et trouvaient la question puérile. Spix et Martius nous rapportent « qu'on n'a pas plus tôt commencé à questionner l'Indien du Brésil sur sa langue, qu'il montre de l'impatience, se plaint de mal de tête, et prouve qu'il est incapable de supporter le travail d'esprit. De même, les Abipones, lorsqu'ils ne peuvent comprendre quelque chose à première vue, se montrent bientôt fatigués de l'examiner et s'écrient : « Qu'est-ce, après tout, que cela ? » — Il semble, dit sir John Lubbock, que l'esprit du sauvage se balance dans une sorte de va-et-vient sans sortir de sa faiblesse, sans se fixer jamais sur une chose déterminée. Il accepte ce qu'il voit, comme fait l'animal ; il s'adapte spontanément au monde qui l'entoure ; l'étonnement, l'admiration, condition de toute adoration, est au-dessus de lui. Accoutumé à la régularité de la nature, il attend patiemment la succession des phénomènes qu'il a déjà observés : l'habitude machinale étouffe chez lui l'intelligence.

En somme, selon M. Spencer, tous les faits d'observation sur lesquels repose la vieille théorie fétichiste seraient entachés d'inexactitude ; ils seraient empruntés aux récits des premiers voyageurs, qui ne s'étaient guère trouvés en contact qu'avec des races déjà dégrossies et à demi-civilisées. « Peu à peu, dit-il, l'idée que le fétichisme est primordial a pris possession de l'esprit des hommes, et comme la prévention fait les neuf dixièmes de la croyance, elle est restée maîtresse du terrain à peu près sans conteste ; je

---

1. M. Spencer, *Princ. de sociologie*, t. I, p. 128.

l'ai moi-même acceptée, bien que, je m'en souviens, avec un vague sentiment de mécontentement. Ce mécontentement devint un doute quand je fus mieux renseigné sur les idées des sauvages. Du doute je passai à la négation, quand j'eus rangé, sous forme de tableau, les faits empruntés aux races les plus dégradées. »

M. Spencer entreprend même de démontrer *a priori* la fausseté de l'hypothèse fétichiste. Qu'est-ce qu'un fétiche, selon lui? Un objet inanimé qu'on suppose contenir un être autre que celui que les sens nous font connaître. Combien une telle conception est complexe et au-dessus de la portée des esprits primitifs! Le sauvage est tellement incapable d'abstraction qu'il ne peut ni concevoir ni exprimer une couleur à part des divers objets colorés, une lumière à part de celle des astres ou du feu, un animal qui ne serait pas un chien, un bœuf ou un cheval, et on lui demande de se représenter un agent animé dans une chose inanimée, une puissance invisible présente dans un objet visible, un *esprit*, en un mot! C'est bien la conception d'un esprit que présupposerait, suivant M. Spencer, toute conception fétichiste; or, l'homme primitif ne peut certainement pas arriver à la notion d'un esprit par la seule observation de la nature. Avant de projeter cette idée complexe dans les choses, il faut qu'il l'ait préalablement construite et pour cela, d'après M. Spencer, il faut qu'il se soit fait un système sur la mort, qu'il ait imaginé la survivance de l'âme au cadavre, conçu enfin comme possible la séparation d'un corps et de son principe moteur. C'est à ses idées sur la mort que l'homme aurait emprunté sa conception de la vie dans la nature. Tout fétiche est un esprit, tout esprit ne peut être, pour une intelligence primitive, que l'esprit d'un mort. Il a donc fallu que le culte des morts, le *spiritisme*, précédât le fétichisme; ce dernier n'en est qu'une extension, un « produit aberrant [1]. »

III. Telle est la théorie de M. Spencer. Il aurait raison si les partisans du fétichisme primitif entendaient comme lui, par fétiche, un objet matériel où l'adorateur imagine la présence d'un agent mystérieux *distinct de cet objet même*. Mais une telle distinction est-elle donc nécessaire, du moins à l'origine du fétichisme, ou, comme on dit aujourd'hui, du « naturisme? » Voici une roche qui,

---

1. M. Spencer, *Princ. de sociologie*, t. I, p. 415.

se détachant brusquement de la montagne, a roulé jusqu'auprès de la hutte d'un sauvage ; elle s'est arrêtée tout à coup au moment où elle allait l'écraser ; elle est restée là, debout, menaçante, comme prête à recommencer d'un instant à l'autre sa course folle : le sauvage tremble à sa vue. Croirez-vous qu'il a eu besoin de supposer dans cette pierre la présence d'un agent étranger, d'une âme, d'un esprit d'ancêtre, pour en faire un objet de crainte et de respect ? — Nullement. C'est bien le rocher même qui est son fétiche, c'est devant cette pierre qu'il s'incline ; il la vénère, précisément parce qu'il est loin de la supposer comme vous foncièrement inerte et à jamais passive ; il lui prête des intentions possibles, une volonté bonne ou mauvaise. Il se dit : « elle dort aujourd'hui, mais elle s'est réveillée hier ; hier elle a pu me tuer, et elle ne l'a pas *voulu*. » Que la foudre tombe trois fois de suite, à un mois de distance, sur la hutte mal située du même sauvage, il reconnaîtra aisément que le tonnerre lui *veut* du mal, et il n'aura nul besoin de placer en lui quelque esprit échappé d'un corps pour se mettre à vénérer et à conjurer le tonnerre. M. Spencer ne s'aperçoit pas qu'il commence par prêter à l'homme primitif une conception de la nature analogue au mécanisme abstrait de Descartes ; une telle conception donnée, il est clair que, pour se faire d'un objet ou d'un phénomène naturel un objet de culte, il faudra l'intervention d'une idée nouvelle, et cette idée ne pourra être que celle d'un esprit. M. Spencer, comme il le dit lui-même, assimile entièrement le fétichisme antique à ces superstitions modernes qui voient dans les tables tournantes ou les oscillations des chaises l'œuvre des esprits ; mais rien n'est plus arbitraire, ce semble, que cette assimilation. Un homme primitif ne peut être, en face d'aucun phénomène naturel, dans la même situation que nous : comme il ne possède point l'idée métaphysique et moderne d'une matière inerte, il n'a pas besoin d'inventer des esprits chargés de lui donner la « chiquenaude ». Un sauvage, voyant une table tourner, se dirait que la table tourne et qu'elle veut sans doute tourner ; il n'en chercherait pas plus long et si, par hasard, il avait quelque chose de bon ou de mauvais à attendre de la table, celle-ci ne tarderait pas à devenir pour lui un fétiche. Ainsi la conception d'un fétiche ne présuppose en aucune manière, comme le soutient M. Spencer, la conception d'un esprit ; il n'y a rien de si métaphysique dans le fétichisme, et c'est pour cela que cette forme de la religion a dû précéder le spiritisme, qui s'appuie toujours sur une métaphysique rudimentaire.

Pour les animaux et les sauvages, comme pour les très jeunes enfants, la nature est, croyons-nous, absolument le contraire de ce qu'elle apparaît de nos jours à l'œil du savant ou du philosophe : ce n'est pas un milieu froid et neutre où l'homme seul a un but et plie tout à ce but, un cabinet de physique où il y a des instruments inertes et une seule pensée pour s'en servir. Loin de là, la nature est une société, les peuples primitifs voient des intentions derrière les phénomènes. Des amis ou des ennemis les entourent ; la lutte de la vie devient une bataille en règle avec des alliés imaginaires contre des adversaires souvent trop réels. Comment pourraient-ils comprendre l'unité profonde de la nature, qui exclut, dans la chaîne des choses, toute individualité, toute indépendance? La cause qui produit chez eux le mouvement étant un désir, ils supposent que tout mouvement dans la nature, comme le mouvement des hommes et des animaux, s'explique également par quelque désir, quelque intention, et qu'on peut modifier par la prière ou les offrandes les intentions des divers êtres avec lesquels on se trouve en rapport et en société. Leur conception de la nature est ainsi anthropomorphique et sociomorphique, comme le sera celle qu'ils se feront de Dieu même. Rien de plus inévitable que cette façon de se représenter le fond des choses extérieures sur le type intérieur fourni par la conscience, et le rapport des choses sur le type des relations de société.

Si, pour désigner cette marche primitive de l'esprit, le mot *fétichisme* est trop vague et donne lieu à des confusions, qu'on en cherche un autre : le mot *panthélisme*, s'il n'était un peu barbare, exprimerait mieux cet état de l'intelligence humaine, qui place tout d'abord dans la nature non pas des « esprits », plus ou moins distincts des corps, mais simplement des intentions, des désirs, des volontés inhérentes aux objets mêmes.

Ici on nous interrompra peut-être pour nous rappeler, avec M. Spencer, que la distinction entre les choses inanimées et les êtres animés est déjà très claire pour la brute : à plus forte raison le sera-t-elle pour l'homme ; il n'attribuera donc pas de désir ou de volonté à une chose qu'il sait inanimée. — *Animé, inanimé*, en présence de quels mots vagues nous nous trouvons encore! Sous chacun de ces termes, l'homme moderne sous-entend une foule d'idées absolument inaccessibles à l'homme primitif et à l'animal. Pour notre part, nous nions que la distinction entre l'animé et l'inanimé existe à l'origine de l'évolution intellectuelle. Certes l'animal et le sauvage savent fort bien diviser les objets de la nature en deux classes : l'une est composée des objets qui leur veulent et leur font du bien ou du mal, l'autre de tous ceux qui ne leur veulent ou ne leur font ni bien ni mal ; voilà la grande distinction primitive. Quant à savoir ce que c'est que l'animé ou l'inanimé, ils l'ignorent ; ils s'en tiennent, sur ce point comme sur tous les autres, à l'expérience des sens la plus grossière. Les sens leur apprennent que certains objets sont des êtres tout à fait inoffensifs, qui ne mangent personne, et, d'autre part, ne sont pas bons à manger ; on ne s'en occupe donc point, ces objets n'éveillent point l'attention ; ils restent pour l'esprit dans l'ombre, comme s'ils n'existaient point. Je demandais un jour à une paysanne le nom d'une petite plante du pays ; elle me regarda avec un étonnement non simulé, et me répondit en hochant la tête : « *Ce n'est rien* ; cela ne se mange pas. » Cette femme était au niveau de l'homme primitif. Aux yeux de ce dernier, comme aux yeux de l'animal, il y a une partie des choses de la nature qui *ne sont rien*, qui ne comptent point ; c'est à peine s'il les voit. Les fruits d'un arbre, au contraire, se mangent. Le sauvage, malgré le cas qu'il en fait, ne tarde pourtant pas à voir que le fruit ne résiste jamais sous sa dent ; il le considère comme indifférent sous tous les rapports, excepté sous un seul, celui de la nourriture. S'il y a des fruits qui empoisonnent, il commencera à les craindre et à les vénérer. De même chez les animaux ; les pierres et les plantes sont, pour le carnivore, aussi étrangères, aussi lointaines que la lune ou les étoiles. L'herbivore, lui, ne fait cas que de l'herbe. Les objets de la nature étant ainsi rangés en deux classes, les uns indifférents et inoffensifs, les autres utiles ou nuisibles, l'animal apprend bientôt à reconnaître que, parmi les seconds, les plus importants sont ceux qui ont la spontanéité du mouvement. Mais à ses yeux, — et ceci est capital, — la spontanéité du mouvement n'est pas le signe exclusif de la *vie*, de l'activité intérieure : c'est le signe d'une *utilité* ou d'un *danger* pour lui. Il en tire des conséquences subjectives et pratiques, il n'en conclut rien de certain relativement à l'objectif : il ne spécule pas. Aussi les objets mêmes qui se meuvent lui deviennent-ils vite aussi indifférents que ceux qui restent immobiles, s'ils n'affectent pas plus qu'eux sa sensibilité. Les animaux s'habituent assez rapidement au passage des trains de chemin de fer sur les voies ferrées : les vaches paissent tranquillement dans les champs voisins, les perdrix qui se trouvent sur la pente des remblais lèvent à peine la tête; pourquoi? Se seraient-ils rendu compte que la locomotive est un mécanisme inanimé[1]? Nullement, ils ont seulement observé que la locomotive ne se dérange jamais de son chemin pour venir les inquiéter dans leur domaine. Ils ne s'occupent pas davantage du cheval qui passe sur la grande route en traînant une charrette. Le désintéressement spéculatif est tout à fait inconnu aux animaux et aux sauvages; ils vivent enfermés dans leurs sensations et leurs désirs, ils tracent spontanément un cercle autour de leur moi, et tout ce qui reste en dehors de ce cercle reste aussi en dehors de leur intelligence.

Étant donnée cette conception primitive du monde, nous croyons que, plus un être non civilisé sera capable d'observer et de raisonner, plus il devra acquérir la conviction que les objets qui lui paraissaient d'abord indifférents ne sont pas réellement *inanimés*, qu'ils lui veulent tantôt du bien, tantôt du mal, qu'ils possèdent enfin sur lui une puissance fort respectable. En d'autres termes, plus un animal ou un sauvage sera intelligent, plus il deviendra superstitieux. Ainsi devra peu à peu s'effacer, par les progrès mêmes de l'évolution mentale, cette distinction primitive entre deux classes d'objets, les uns tout à fait indifférents et en dehors de notre société, les autres plus ou moins dignes d'attention, plus ou moins en relation avec nous; l'évolution mentale a marché, croyons-nous, à l'inverse de ce que pense M. Spencer.

Parlons d'abord des animaux les plus intelligents avant de passer à l'homme. Ceux-ci se voient très souvent forcés de diriger leur attention sur la classe des objets en apparence indifférents et de modifier les idées superficielles qu'ils s'en étaient faites d'abord. En général, les objets de ce genre sont immobiles; si ce n'est pas là, nous l'avons vu, leur caractère essentiel, c'est du moins un de leurs principaux caractères. L'instinct de conservation d'un être ne

---

[1]. Selon M. Spencer, le mouvement du train n'apparaît pas aux animaux comme spontané parce qu'il est continu ; c'est pour cela qu'il ne les effraie pas.—S'il en était ainsi, les animaux qui se trouvent près des stations devraient s'effrayer de l'arrivée et du départ des trains. Il n'en est rien.

peut pas ne pas s'émouvoir devant tout mouvement qui paraît se diriger vers lui. Or l'animal est bientôt forcé de reconnaître à des objets indifférents, dans certaines circonstances, la propriété de se mouvoir, propriété qui est pour lui d'un intérêt si vital. Je me rappelle la surprise d'un très jeune chat le jour où il vit, par une tempête, toutes les feuilles mortes se lever autour de lui et se mettre à courir; il se sauva d'abord, puis il revint, poursuivit les feuilles; il les sentait, les palpait. Darwin raconte qu'un jour un chien était couché près d'un parasol ouvert planté sur la pelouse : la brise soufflant, le parasol s'agita; aussitôt le chien se mit à aboyer, à gronder furieusement, et il recommençait toutes les fois que le parasol remuait. Évidemment le chien de Darwin n'avait pas encore constaté ce phénomène, qu'un objet tel qu'un parasol pût changer de place sans l'intervention visible de personne; toutes ses classifications se trouvaient donc dérangées, il ne savait plus s'il fallait classer le parasol au nombre des êtres indifférents ou des êtres nuisibles. Il eût éprouvé une impression analogue s'il avait vu se lever tout à coup un paralytique jusqu'alors assis immobile dans son fauteuil. La surprise des animaux est plus forte encore lorsque l'objet, regardé jusqu'alors comme indifférent, vient à leur manifester son activité en leur infligeant quelque douleur soudaine. J'ai été témoin de l'épouvante d'un chat qui, ayant vu une braise rouge rouler du fourneau à terre, s'était élancé pour jouer avec; il en approcha à la fois la patte et le museau, poussa un cri de douleur, et s'enfuit tellement frappé qu'il ne reparut plus pendant deux jours à la maison. M. Spencer lui-même cite un autre exemple qu'il a observé. Il s'agit d'une formidable bête, demi-mâtin, demi-braque, qui jouait avec une canne; il sautait et gambadait en la tenant par le bout inférieur; tout d'un coup la poignée de la canne porta sur le sol, et le bout que le chien avait dans la gueule se trouva poussé vers son palais. L'animal gémit, laissa tomber la canne et s'enfuit à quelque distance; là il manifesta, paraît-il, un effroi vraiment comique chez une bête d'un air aussi féroce. Ce n'est qu'après s'en être approché plusieurs fois avec prudence et beaucoup d'hésitation qu'il se laissa tenter encore et ressaisit la canne. M. Spencer, qui nous fournit ce fait avec beaucoup d'impartialité, en conclut comme nous que la « conduite insolite » de la canne suggéra au chien « l'idée d'un être animé; » mais, s'empresse-t-il d'ajouter, pour que « l'idée vague d'animation ainsi éveillée chez l'animal se précise chez l'homme, il faut absolument l'intervention de la théorie spiritiste. » — En vérité on se demande ce que vient faire ici le spiritisme [1].

On peut, par l'exemple qui précède, se représenter à peu près l'idée que les animaux se font des instruments inertes dont ils nous voient nous servir et avec lesquels nous les frappons souvent. La notion d'instrument est relativement moderne, elle est tout à fait inconnue au début de l'évolution. L'instrument, pour l'animal comme pour l'homme primitif, est presque un compagnon et un complice ; tous deux ne comprennent guère la causalité que comme une coopération, un accord muet entre deux êtres associés. Un lion, manqué par Livingstone, alla d'abord mordre la pierre sur laquelle était venue frapper la balle partie à son adresse ; c'est seulement ensuite qu'il se jeta sur le chasseur : la balle, le fusil, le chasseur étaient autant d'ennemis distincts qu'il voulait punir successivement. C'est ainsi que, dans les pénalités anciennes, on coupait la main aux guerriers, la langue aux blasphémateurs, les oreilles aux espions. En ce moment, j'ai près de moi mon chien : le fouet avec lequel je l'ai corrigé ce matin est resté sur une chaise ; le chien tourne autour avec défiance et respect, en reniflant à petits coups ; je ne crois pas qu'il osât y toucher du bout des dents. Il sait pourtant que, lorsque le fouet l'a blessé naguère, les circonstances étaient tout autres, que je tenais à la main cet objet dangereux et que c'est de moi qu'est partie la volonté première du châtiment. Néanmoins il n'est pas rassuré comme il le serait en face d'un objet inerte. Je comparerais volontiers l'impression qu'il semble éprouver à celle d'un enfant regardant un serpent derrière un bocal de verre ; l'enfant sait bien que, dans les circonstances données, il est à l'abri, mais il ne peut s'empêcher de se dire : — Si les circonstances étaient autres [2] !... Rappelons-nous

1. *Principes de sociologie*, p. 595.
2. Ajoutons que, lorsque l'animal ou l'homme primitif ont constaté une propriété particulière dans un certain objet, ils ont souvent de la peine à étendre cette propriété aux objets simplement analogues : un jour que je faisais courir un jeune chat, comme un petit chien, après une boule de bois que je lançais, la boule vint à le blesser ; il cria, je l'apaisai, puis je voulus recommencer le jeu : il courut volontiers après les pierres les plus grosses que je jetai, mais il refusa obstinément de courir de nouveau après la boule. Ainsi c'était bien à la boule seule qu'il avait attaché la propriété de blesser ; il la regardait peut-être de mauvais œil ; peut-être la considérait-il comme un être méchant, qui ne se prêtait pas au jeu ; faute de généraliser

que l'Australien sauvage traite le fusil du blanc comme un être vivant et puissant, qu'il l'adore, le couronne de fleurs, le supplie de ne pas le tuer. La légende attribue toujours un pouvoir magique aux épées des grands capitaines, aux Joyeuse ou aux Durandal. De nos jours même,

suffisamment son induction, il avait créé une sorte de fétiche qu'il n'adorait pas sans doute, mais qu'il craignait, ce qui est déjà quelque chose.

M. Spencer lui-même admet chez les sauvages une certaine inaptitude à généraliser. Cette opinion, qui a paru un paradoxe, est peut-être une vérité importante. Si les intelligences primitives, comme l'a remarqué entre autres M. Taine, sont très promptes à saisir les ressemblances superficielles des objets, ce n'est pas toujours un signe de véritable perspicacité, car la ressemblance aperçue entre deux sensations peut s'expliquer moins par la généralisation de l'intelligence que par une sorte de confusion des sensations mêmes; que deux sensations soient analogues ou indistinctes, elles se fondront naturellement sans que l'intelligence y soit pour rien. De là le peu de portée de beaucoup d'exemples tirés du langage. La vraie généralisation semble surtout consister dans la réduction des faits en lois, c'est-à-dire dans l'abstraction réfléchie des différences, dans la conscience du déterminisme fondamental qui lie les choses et qui, précisément, échappe si souvent aux sauvages comme aux animaux.

Constatons enfin que la plupart des animaux et des sauvages, lorsqu'ils se sont une fois trompés, sont assez lents à revenir de leurs erreurs, gardent même longtemps un sentiment de défiance envers l'objet qui les a trompés. Un chien des Pyrénées, rentrant le soir à la maison, aperçut à une place inaccoutumée un tonneau vide; il eut une peur extrême, aboya longtemps; au jour seulement, il osa approcher assez près de l'objet d'épouvante, l'examina, tourna autour et finit, comme les grenouilles de La Fontaine, par reconnaître que ce soliveau était inoffensif. Si le tonneau en question avait disparu pendant la nuit, le chien eût évidemment gardé le souvenir d'un être redoutable aperçu la veille dans la cour. Un singe, à qui je laissai un mouton en carton pendant toute une journée, ne put jamais se persuader entièrement qu'il était inanimé; je crois pourtant que cette persuasion fût venue à la fin, car le singe commençait à lui arracher les poils et à le traiter un peu trop familièrement. Mais la nature nous laisse rarement la possibilité d'un aussi long tête-à-tête avec les objets qui nous épouvantent.

MM. Spencer et Max Müller nous feront observer, il est vrai, que la nature ne nous montre pas de moutons en carton, pas plus que d'orgues de barbarie, de montres, etc. Nous leur répondrons que la nature nous fait voir des choses bien plus étonnantes encore, des rochers et des forêts qui parlent (l'écho), des sources d'eaux chaudes, des fontaines intermittentes. M. Fergusson (*Tree and serpent worship*), raconte que, dans l'Inde, il vit de ses yeux un arbre qui saluait le lever ou le coucher du soleil en relevant ses rameaux ou en s'inclinant devant l'astre. Déjà des temples étaient élevés à l'entour, le peuple accourait de toutes parts pour voir l'arbre merveilleux. Cet arbre était un vieux dattier à moitié pourri, qui pendait sur la route : pour pouvoir passer dessous, on l'avait tourné de côté et attaché; mais, pendant cette opération, les fibres qui composaient le tronc s'étaient tordues comme les fils d'une corde. Ces fibres se contractaient vers midi, à la chaleur du soleil; l'arbre se détordait alors et se relevait; elles se relâchaient à la rosée du soir, ce qui faisait retomber le dattier (V. M. Girard de Rialle, *Mythologie comparée*, t. 1).

on voit souvent les combattants s'acharner non seulement contre leurs ennemis, mais aussi contre tout ce qui leur appartient : il semble que quelque chose d'eux ait passé à ce qu'ils possédaient. Rien de plus difficile à se figurer que la profonde indifférence de la nature.

M. Spencer, qui nie que l'enfant soit porté spontanément à frapper le meuble où il s'est blessé, n'ignore pourtant point que tel sauvage, l'Indien Tupis, par exemple, s'il vient à heurter du pied contre une pierre, entre en fureur contre elle et la mord comme un chien. M. Spencer ne voit dans les faits de ce genre qu'un phénomène tout physique, le besoin de décharger sa colère sous forme de violentes actions musculaires ; mais ce besoin même ne peut que favoriser la naissance d'une illusion psychologique, dont la ténacité sera proportionnée à l'intensité du sentiment. Le physique et le moral sont trop liés pour qu'une décharge physique de la colère ne produise pas au moral une croyance correspondant à cette action : si un instinct puissant vous porte à traiter une pierre comme un ennemi, vous en viendrez à voir très réellement un ennemi dans cette pierre.

M. Romanes a imaginé des expériences, du même ordre que celles de M. Spencer, sur un terrier de Skye fort intelligent. Ce terrier avait, comme beaucoup d'autres chiens, l'habitude de jouer avec des os desséchés, les jetant en l'air et leur donnant l'apparence de la vie afin d'avoir le plaisir de courir après. « Une fois, j'attachai un long et mince fil à un os dénudé, et lui donnai cet os pour s'en amuser. Après qu'il eut joué quelque temps, je choisis un moment opportun, lorsque cet os fut tombé à terre à quelque distance et que le terrier allait le rejoindre, et j'éloignai doucement l'os en tirant sur le fil. Aussitôt l'attitude du terrier changea entièrement. L'os qu'il avait fait semblant de considérer comme vivant lui paraissait réellement tel, et son étonnement n'avait pas de bornes. Il commença à s'en approcher nerveusement et avec précaution, comme le décrit M. Spencer; mais le lent mouvement de l'os continuait ; et le chien devenait de plus en plus certain que ce mouvement ne pouvait être expliqué par un restant de l'impulsion qu'il avait lui-même communiquée à l'os : son étonnement devint de la terreur, et il courut se cacher sous des meubles pour contempler à distance ce spectacle déconcertant d'un os desséché revenant à la vie. »

Une autre expérience de M. Romanes sur le même chien

montra que le sentiment du mystérieux était, chez cet animal, assez puissant pour expliquer à lui seul sa conduite. Après avoir amené le terrier dans une chambre garnie d'un tapis, M. Romanes fit des bulles de savon qu'un courant d'air intermittent entraînait à ras du sol. Le chien prit un grand intérêt à la chose et semblait ne pouvoir décider si l'objet était vivant ou non. « Tout d'abord il fut très prudent et il ne suivait les bulles qu'à distance ; mais, comme je l'encourageai à les examiner de plus près, il s'approcha, oreilles dressées, queue basse, avec beaucoup d'appréhension évidemment : dès que la bulle s'agitait, il reculait. Après un certain temps, cependant, durant lequel j'avais toujours au moins une bulle sur le sol, il gagna du courage et, l'esprit scientifique prenant le dessus sur le mystérieux, il devint assez courageux pour s'approcher lentement de l'une d'elles et puis mettre la patte dessus, non sans quelque anxiété. Naturellement, la bulle éclata aussitôt, et je n'ai certainement jamais vu étonnement plus vif. Je fis encore des bulles, mais je ne pus persuader le chien d'approcher, pendant un assez long temps : il finit cependant par le faire et recommença à mettre la patte dessus avec précaution. Le résultat fut le même qu'avant. Après cette seconde tentative, impossible de l'amener à s'approcher de nouveau des bulles : en insistant, je n'arrivai qu'à lui faire quitter la chambre, dans laquelle aucune caresse ne put le faire rentrer. » La même expérience, ayant été refaite par le professeur Delbœuf sur son chien Mouston, a donné un résultat plus marquant encore. « A la quatrième bulle qui éclatait, sa fureur ne connut plus de bornes ; mais il ne chercha pas à la saisir ; il se contenta d'aboyer contre elle avec tous les accents de la colère, jusqu'à ce qu'elle s'éclipsât à son tour. J'aurais voulu recommencer le jeu, et je l'ai tenté ; mais, à mon grand regret, je dus m'en abstenir, parce que l'état dans lequel je mettais mon chien était vraiment inquiétant. Dès que je prenais le vase contenant l'eau de savon, il n'écoutait plus ma voix. Cet état était évidemment dû, chez lui, à une contradiction mentale entre le fait et cet axiome d'expérience : Tout ce qui est coloré est tangible. L'inconnu se dressait devant lui avec ses mystères et ses menaces, l'inconnu, source de la peur et des superstitions. »

Selon M. Romanes, la peur que beaucoup d'animaux ont du tonnerre est due à quelque sentiment du mystérieux. « J'avais une fois un *setter* qui n'entendit le tonnerre pour la première fois qu'à l'âge de dix-huit mois, et qui faillit en mourir de peur, ainsi que je l'ai vu pour d'autres animaux dans diverses circonstances. L'impression que lui laissa sa terreur fut si forte que, lorsque dans la suite il entendait les exercices du tir d'artillerie, confondant ce bruit avec celui du tonnerre, il prenait un aspect pitoyable; si l'on était à la chasse, il cherchait à se cacher ou à gagner la maison. Après avoir entendu de nouveau le tonnerre à deux ou trois reprises, son horreur pour le canon devint plus grande que jamais, si bien que, malgré son amour pour la chasse, il fut désormais impossible de le tirer du chenil, tant il craignait que les exercices du canon ne commençassent lorsqu'il serait loin de la maison. Mais le gardien, qui avait une grande expérience en ce qui concerne l'éducation des chiens, m'assura que, si je permettais que celui-ci fût une fois amené à la batterie pour y apprendre la véritable cause du bruit analogue à celui du tonnerre, il pourrait redevenir apte à chasser. Je doute peu que tel n'eût été le cas, car une fois, lorsqu'on déchargeait des sacs de pommes dans le fruitier, le bruit dans la maison rappelant celui du tonnerre éloigné, le *setter* en fut fort inquiet, mais, lorsque je l'eus mené au fruitier et que je lui eus montré la vraie cause du bruit, sa terreur l'abandonna : en rentrant à la maison, il écouta le sourd grondement avec une parfaite quiétude d'esprit. »

A examiner les choses de près, on est étonné de voir combien de causes portent incessamment à placer dans tels ou tels objets réellement passifs l'activité, la vie, et une vie ou une activité d'un caractère extraordinaire, mystérieux. Ces mêmes causes agirent évidemment avec beaucoup plus de force sur le sauvage, sur l'homme primitif, sur l'homme des temps quaternaires ou sur l'anthropoïde encore inconnu dont on retrouve les instruments dans les terrains tertiaires. Les animaux vulgaires, en effet, sont à peu près dépourvus d'attention, ce qui fait que, pour créer en eux une idée durable, il faut la répétition prolongée d'une même sensation, il faut une habitude. Aussi, dans leur intelligence encore grossière ne se gravent que les faits les plus fréquents; il ne connaissent le monde extérieur que par des moyennes. Les faits exceptionnels les frappent un instant, mais glissent bientôt sur leur cerveau sans s'y fixer. Dans cette machine imparfaite, l'usure est très rapide et fait vite disparaître les traces des phénomènes particuliers qui ne peuvent se fondre avec tous les autres. Si les animaux ont la mémoire des sens les plus grossiers, ils manquent tout à fait de la mémoire de l'intelligence : ils sont capables d'étonnement, mais ils ne se souviennent pas de s'être étonnés. Pour faire naître chez eux un souvenir vivace, il faut une douleur ou un plaisir, et même alors, s'ils se rappellent la sensation qu'ils ont éprouvée, ils en oublient aisément les raisons. Ils sentent passivement, au lieu d'observer. Du moment où, avec l'homme, l'esprit d'observation entre en scène, tout change. Un fait exceptionnel, par la même raison qu'il doit s'effacer rapidement de l'intelligence de l'animal, doit pénétrer plus avant dans celle de l'homme. En outre, l'homme a une sphère d'action beaucoup plus étendue que l'animal, conséquemment un champ d'expérience beaucoup plus vaste ; plus il modifie la nature, plus il est capable de reconnaître et d'observer les modifications qui s'y produisent sans son intervention. Il acquiert une notion toute nouvelle, inconnue à l'animal, celle des choses *artificielles*, des résultats obtenus de propos délibéré par une volonté sachant ce qu'elle fait. On se rappelle que *fétiche* vient de *factitius*, artificiel. L'homme, connaissant l'art du feu, verra, par exemple, d'un tout autre œil que l'animal une forêt embrasée par la foudre : l'animal se sauvera sans autre sentiment que l'épouvante ; l'homme supposera naturellement l'existence d'un *allumeur* procédant en grand comme il procède lui-même. De même, si tous deux rencontrent une source d'eau bouillante, ce phénomène dépassera trop l'intelligence de l'animal pour le frapper vivement ; au contraire l'homme, habitué à faire chauffer l'eau sur le feu, imaginera un chauffeur souterrain. Tous les phénomènes *naturels* tendent ainsi à apparaître comme *artificiels*, pour l'être qui s'est une fois familiarisé avec les procédés de l'art. J'ai assisté récemment, avec quelques personnes du peuple, au jaillissement d'une source intermittente : parmi les assistants, personne ne voulait croire que la chose fût naturelle, ils y voyaient l'effet d'un mécanisme, d'un artifice. La même croyance s'est produite évidemment chez les peuples primitifs, avec cette différence qu'*artificiel*, au lieu d'être pour eux synonyme de *scientifique* et de *mécanique*, impliquait l'idée d'une puissance plus qu'humaine et merveilleuse.

Ainsi, de même que l'animal voit toutes choses sous l'aspect de la vie et de l'activité, l'homme tend à voir tout sous l'aspect de l'art et de l'intelligence. Pour l'un, les phénomènes surprenants sont des *actions* inexplicables ; pour l'autre, ce sont les effets complexes d'une volonté délibérante, ce sont des *chefs-d'œuvre*. Mais l'idée d'activité, loin de s'effacer, ne fait ainsi que se fortifier et se préciser. Étant donnée l'expérience incomplète de l'homme primitif, il avait parfaitement raison d'attribuer la conscience et l'intelligence à la nature, il ne pouvait faire autrement : son esprit se trouvait enfermé dans une impasse dont la superstition était la seule issue. A un moment donné de l'évolution humaine, la superstition fut parfaitement rationnelle.

De nos jours même, les savants sont fort embarrassés de dire où l'inanimé devient animé ; comment les hommes primitifs auraient-ils pu connaître où l'animé devenait inanimé, où mourait la vie ? Comment distinguer, par exemple, ce qui dort de ce qui est inanimé ? Pendant toute une période de la vie, pendant le sommeil, les corps vivants offrent l'aspect des corps inertes ; pourquoi les corps inertes ne prendraient-ils pas aussi, par moments, l'aspect des corps vivants ? La nuit surtout, tout se transforme, tout s'anime, un simple frisson du vent suffit pour faire tout palpiter ; il semble que la nature se réveille de son sommeil du jour ; c'est l'heure où les bêtes fauves vont en quête de leur proie, et des rumeurs étranges emplissent la forêt. L'imagination la plus calme crée du fantastique. Une nuit que je me promenais au bord de la mer, je vis distinctement une bête gigantesque se mouvoir à quelque distance : c'était un rocher parfaitement immobile au milieu des autres ; mais les flots, qui tour à tour le couvraient et le découvraient en partie, lui prêtaient leur mouvement à mes yeux. Que de choses dans la nature empruntent ainsi au milieu, au vent, à une lumière plus ou moins incertaine l'apparence de la vie [1] ! Là où les yeux

---

[1]. M. H. Russel, l'explorateur des Pyrénées, remarque aussi les effets fantastiques que produisent les rayons lunaires dans les montagnes. « A mesure que la lumière remplaçait l'ombre sur la face ou aux angles des rochers, » dit-il dans le récit d'une ascension au pic d'Eristé, « ils avaient tellement l'air de remuer que plus d'une fois je les pris pour des ours. Aussi j'avais mon revolver chargé à côté de mon sac. » Le même explorateur remarque aussi les transformations étonnantes que subissent les objets de la nature dans le passage du jour à la nuit ou de la nuit au jour : à l'aube, il se fait une sorte de tressaillement universel qui semble tout animer : « Le bruit de la cascade voisine changeait souvent : à l'aube, après avoir gémi et tonné tour à tour, elle se mit à gronder. Car le matin, dans les montagnes, les sons grandissent, ils s'enflent, et les torrents surtout élèvent

seuls ne pourraient pas tromper s'ajoute l'influence de ces terreurs folles si fréquentes chez les enfants et chez les êtres habitués à la vie sauvage. La susceptibilité émotionnelle se développe d'autant plus chez eux qu'elle est fréquemment pour eux le salut. Aussi l'homme primitif est-il beaucoup plus porté que l'homme moderne à ces sortes d'hallucinations causées par la terreur, qui ne créent pas toujours de toutes pièces un être fantastique, mais transforment d'une façon fantastique les données réelles des sens. Le voyageur Park, rencontrant deux nègres à cheval, les vit s'enfuir au galop, emportés à sa vue par la plus vive terreur; ces deux nègres, ayant rencontré dans leur fuite la suite du voyageur, lui firent un récit effrayant. « Dans leur effroi, ils m'avaient vu revêtu de la robe flottante des esprits redoutables; l'un d'eux affirma que, lorsque je lui étais apparu, il s'était senti enveloppé d'une bouffée de vent froid venue du ciel, qui lui avait causé l'impression d'un jet glacé. » Supprimez dans ce passage le mot *esprit*, qui implique une croyance aux esprits déjà existante, et vous verrez comment les hallucinations de la terreur peuvent donner naissance à des persuasions d'autant plus tenaces qu'elles ont un certain fondement dans la réalité.

Les rêves ont joué aussi un rôle considérable dans la formation des superstitions; c'est ce qu'avaient entrevu Épicure et Lucrèce, c'est ce que confirment les travaux de MM. Tylor et Spencer. Le langage primitif ne permet pas de dire : « J'ai rêvé que je voyais », mais : « j'ai vu. » Or, dans ces rêves que le sauvage distingue à grand peine de la réalité, il ne voit que métamorphoses perpétuelles, transformation de l'homme en bête féroce, des bêtes féroces en hommes; il ramasse une pierre, et cette pierre devient vivante dans sa main; il regarde un lac immobile, et ce lac devient tout à coup un fouillis de crocodiles et de serpents[1]. Comment après cela M. Spencer soutiendra-t-il que l'homme primitif distingue à coup sûr l'animé de l'inanimé? Non seulement pendant le rêve, mais pendant la veille, tout lui suggère l'idée de changements de substance, de métamorphoses magiques : les œufs,

---

la voix comme s'ils s'impatientaient. A l'arrivée du jour l'air devient plus sonore, et on entend de bien plus loin. Ce sentiment étrange me frappe toujours, mais je n'en comprends pas la cause. » (*Club alpin*, année 1877.)

1. M. H. Spencer, *Sociologie*, t. I, p. 201.

chose inanimée, deviennent oiseaux ou insectes, la chair morte se change en vers vivants, une effigie, sous l'influence du souvenir qui en ranime les traits, semble respirer et revivre [1].

L'animal n'est pas assez maître de ses sensations pour en suivre les modifications successives; il n'assiste pas, comme l'homme, au progrès, au mouvement perpétuel qui transforme toutes choses. La nature est pour lui une série de tableaux détachés dont il ne saisit pas les contrastes et les visibles discordances. Quand l'homme, au contraire, accompagne du regard l'évolution plus ou moins lente des choses, il voit s'effacer toute différence fondamentale entre l'animé et l'inanimé, il assiste au travail sourd qui fait jaillir la vie des objets les plus inertes en apparence. Dans cette naïveté même avec laquelle il interprète la nature, n'y a-t-il pas quelque chose de profond, de rationnellement justifiable? La poésie est souvent la plus pénétrante des philosophies. Qui de nous ne s'est demandé parfois si une vie puissante et cachée ne circule pas à notre insu dans les grandes montagnes dressées vers le ciel, dans les arbres immobiles, dans les mers éternellement agitées, et si la nature muette ne pense pas à quelque chose d'inconnu pour nous? Puisque, encore aujourd'hui, nous en sommes là, croit-on qu'il nous serait facile de convaincre de ses erreurs un de ces hommes primitifs qui crurent sentir palpiter ce que les Allemands appellent le « cœur de la nature? » Après tout, cet homme avait-il tort? Tout vit autour de nous, rien n'est inanimé qu'en apparence, et l'inertie est un mot; la nature est une tension, une aspiration universelle. La science moderne peut seule mesurer plus ou moins les degrés de cette activité répandue en tout, nous montrer qu'elle est ici diffuse, là concentrée et consciente, nous faire con-

1. Les sauvages prétendent voir remuer les yeux des portraits. J'ai vu un enfant de deux ans, habitué à jouer avec des gravures, ranger pourtant un jour brusquement et avec effroi le doigt de sa grand'mère posé sur l'image d'une bête féroce : « Grosse bête mordre bonne maman ! » — Ces idées, qui suppriment toute différence profonde et définitive entre l'animé et l'inanimé, sont maintenant encore ancrées dans les esprits : un homme d'une éducation distinguée me soutenait un jour fort sérieusement que certaines sources pétrifiantes des Pyrénées avaient la propriété de changer en serpents les bâtons qu'on y plantait. Pour celui qui s'imagine ainsi qu'un bout de bois peut devenir un serpent, quoi d'étonnant à penser que le bois vit (même le bois mort), que la source vit (surtout les sources de propriétés si merveilleuses), enfin que la montagne vit? Tout s'anime à ses yeux et se revêt d'un pouvoir magique.

naître la différence qui sépare les organismes supérieurs des organismes inférieurs, et ceux-ci des mécanismes, des assemblages rudimentaires de la matière. Pour l'homme primitif, à qui toutes ces distinctions, toutes ces graduations sont impossibles, il n'y a qu'une chose évidente, c'est que la nature tout entière vit ; et il conçoit naturellement cette vie sur le type de la sienne, comme accompagnée d'une conscience, d'une intelligence d'autant plus étonnante qu'elle est plus mystérieuse ; encore une fois il est homme et il *humanise* la nature ; il vit en société avec d'autres hommes, et il étend à toutes choses les relations *sociales* d'amitié ou d'inimitié.

De là à diviniser la nature, il n'y a plus qu'un pas ; essayons de le franchir. Qui dit un dieu, dit un être vivant et fort, particulièrement digne de crainte, de respect ou de reconnaissance. Nous avons déjà la notion de vie ; il nous faut maintenant celle de puissance, seule capable d'inspirer le respect à l'homme primitif. Cette notion ne semble pas d'abord difficile à obtenir, car celui qui place vie et volonté dans la nature ne peut tarder à reconnaître en certains grands phénomènes la manifestation d'une volonté beaucoup plus puissante que celle des hommes, conséquemment plus redoutable et plus respectable. Cependant, ici encore, nous rencontrons les objections sérieuses de M. Spencer, celles d'anthropologistes comme M. Le Bon : la question va de nouveau se compliquer.

Selon M. Spencer, nous l'avons vu, les phénomènes les plus importants de la nature, entre autres le lever et le coucher du soleil, sont précisément ceux qui ont dû frapper le moins l'homme primitif ; il n'y voyait rien d'*extraordinaire* puisque cela arrive tous les jours ; il n'éprouvait donc en face d'eux ni étonnement, ni admiration. Cet argument, fort ingénieux, n'est-il pas aussi un peu sophistique ? Si on le poussait jusqu'au bout, il reviendrait à soutenir qu'il n'y a rien dans la nature d'inattendu, rien qui rompe les associations d'idées préconçues, rien qui semble manifester l'intervention subite de puissances fortes ou violentes. Or, tout au contraire, la nature est à notre égard pleine de surprises et de terreurs. La journée était belle ; tout d'un coup les nuages s'assemblent, le tonnerre éclate. On sait le tremblement qui saisit les animaux au bruit du tonnerre ; dans les montagnes surtout, les roulements qui se répercutent leur causent une terreur indicible ; les troupeaux de bœufs sont affolés, se perdent souvent en se jetant tête baissée dans les précipices. C'est à grand peine si la présence et les exhortations du berger réussissent à maintenir le troupeau dans le calme; probablement les animaux voient dans le berger un ami puissant, capable de les protéger contre cet être terrible que les Hindous appelaient le « hurleur. » Si les animaux tremblent ainsi devant la foudre, il est bien invraisemblable que l'homme n'y voie rien que de normal et d'ordinaire. De même pour l'ouragan, qui semble une respiration immense, un souffle haletant. De même pour la tempête. On connaît le proverbe basque : « Si tu veux apprendre à prier, va sur mer. » C'est que tout homme qui se met aux mains d'un ennemi victorieux est porté à demander grâce. Qu'au moment de la tempête ou de l'orage le calme se produise tout à coup, que le soleil reparaisse comme une grande figure souriante, chassant les nuages avec ses « flèches d'or, » victorieux en se montrant, ne semblera-t-il pas un bienfaisant auxiliaire, ne l'accueillera-t-on pas avec des cris de joie et d'enthousiasme? Sans cesse la nature nous montre ainsi des changements de décor imprévus, des coups de théâtre qui ne peuvent pas ne pas nous faire croire qu'un drame se joue, dont les astres et les éléments sont les vivants acteurs. Et que de choses étranges se passent au ciel, pour ceux dont l'attention est une fois attirée là-haut! Les éclipses de lune ou de soleil, les simples phases de la lune sont bien faites pour étonner ceux mêmes que MM. Spencer ou Max Müller déclarent « incapables d'étonnement. » Remarquons que la simple vue des astres, la nuit, provoque la plus vive admiration chez celui qui est habitué au sommeil sous un abri; je me rappelle encore ma surprise d'enfant lorsque, veillant pour la première fois un soir, je levai par pur hasard les yeux en haut et aperçus le ciel étincelant d'étoiles : c'est une des choses qui m'ont le plus frappé dans ma vie[1]. En

---

[1]. Rappelons à ce propos que, d'après Wuttke, J.-G. Müller et Schultze, le culte de la lune et des astres nocturnes aurait précédé celui du soleil, contrairement aux opinions admises jusqu'ici. Les phases de la lune étaient très propres à frapper les peuples primitifs, et elles durent éveiller de très bonne heure leur attention. Toutefois il faut se garder, en ces questions, de généraliser trop vite et de croire que l'évolution de la pensée humaine a suivi partout la même voie. Les milieux sont trop différents pour n'avoir pas, dès l'origine, diversifié à l'infini les conceptions religieuses. En Afrique, par exemple, il est évident *a priori* que le soleil ne possède pas tous les caractères d'une divinité; il ne se fait jamais désirer ni regretter, comme dans les pays du Nord; il est plutôt malfaisant que bienfaisant; aussi les Africains adoreront-ils de préférence la lune et les astres nocturnes, dont la

somme, la terre et surtout le ciel réservent sans cesse aux hommes des impressions nouvelles, capables d'aviver les imaginations les plus lentes et d'exciter tous les sentiments humains et sociaux : crainte, respect, reconnaissance. Avec ces trois éléments, nous pouvons facilement composer le sentiment religieux [1]. Si donc nos ancêtres ont adoré l'aurore, nous ne croirons pas, avec M. Max Müller, que ce soit parce qu'en « ouvrant les portes du ciel » elle semblait ouvrir au regard un accès sur l'infini devenu visible ; nous n'admettrons pas plus, avec M. Spencer, que le culte des astres se ramène à une simple méprise de noms, ne soit qu'une branche du culte des ancêtres, qu'on ait simplement enveloppé dans la même adoration l'âme d'un ancêtre appelé métaphoriquement le soleil et l'astre qui portait le même nom. Il nous semble qu'on peut fort bien révérer le soleil et les astres pour eux-mêmes, ou plutôt pour leur relation avec nous.

En résumé, la conception la plus simple, la plus primitive que l'homme puisse se former de la nature, c'est d'y voir non pas des phénomènes dépendants les uns des autres, mais des volontés plus ou moins indépendantes et douées d'une puissance extrême, pouvant agir les unes sur les autres et sur nous ; le déterminisme scientifique ne devait être qu'une conception postérieure, incapable de venir d'abord à la pensée de l'homme. Le monde étant ainsi conçu comme un ensemble de volontés physiquement très puissantes, l'homme a *qualifié* moralement et socialement ces volontés selon la manière dont elles se conduisaient envers lui. « La lune est méchante ce soir, me disait un

---

douce lumière éclaire sans brûler, rafraîchit, délasse du jour. La lune sera considérée par eux comme un être mâle et tout-puissant, dont le soleil est la femelle. C'est surtout lorsque, morte à son dernier quartier et disparue de l'horizon, la lune y remonte soudain pour recommencer ses phases, qu'elle sera saluée et fêtée par des cris et des danses. Les noirs du Congo verront même en elle un symbole de l'immortalité (M. Girard de Rialle, *Mythologie comparée*, p. 148). Au contraire, l'Amérique a été le centre du culte du soleil. En général, il semble que l'agriculture ait dû amener le triomphe de ce dernier culte sur celui de la lune, car le laboureur a plus besoin du soleil que le chasseur ou le guerrier. Selon J.-G. Müller, les races sauvages et guerrières ont de préférence adoré la lune.

1. Comme on l'a remarqué, l'adoration des forces naturelles s'est produite sous deux formes. Elle s'est adressée tantôt aux phénomènes réguliers et calmes (Chaldéens, Égyptiens), tantôt aux phénomènes changeants et perturbateurs (Juifs et Indo-Européens). Elle a abouti presque partout à la personnification de ces forces.

enfant ; elle ne veut pas se montrer. » L'homme primitif a dit aussi que l'ouragan était méchant, le tonnerre méchant, etc., tandis que le soleil, la lune, le feu étaient, quand il leur plaisait, bons et bienfaisants. Maintenant, voici des volontés tantôt bonnes, tantôt méchantes, armées d'une puissance irrésistible, faciles d'ailleurs à irriter, promptes à la vengeance, comme l'est l'homme lui-même : ne sont-ce pas là des dieux, et que faut-il de plus? Et si nous avons les dieux, n'aurons-nous pas la religion même, la *société* avec des dieux? Pour créer la religion, nous n'avons plus besoin en effet que d'ajouter une dernière idée à celles dont nous avons déjà vu l'éclosion, l'idée qu'il est possible de modifier par telle ou telle conduite, par des offrandes, par des actions de grâces ou des supplications, les volontés supérieures des êtres de la nature. Cette idée, qui nous semble toute simple, n'a pourtant pris naissance qu'à une phase relativement avancée de l'évolution mentale. L'animal sauvage ne connaît guère, comme moyens d'action sur les autres êtres, que les coups de dents, les grondements et la menace; si ces moyens échouent, il ne compte plus que sur la fuite : une souris n'espère changer en aucune manière la conduite du chat à son égard; quand elle est entre ses pattes, elle sait bien qu'elle n'a qu'une ressource, celle de se sauver. Si cependant l'animal finit, surtout à l'époque des premiers rapprochements sexuels, par apprendre la puissance des caresses et des prévenances, il n'emploie guère ces moyens qu'à l'égard des individus de même espèce. Encore faut-il que l'animal soit sociable pour que cette mimique expressive arrive à un certain degré de développement ; elle se réduit généralement aux coups de langue, aux frôlements de la tête, aux frétillements de la queue. De plus, l'animal ne peut évidemment employer de tels moyens qu'à l'égard d'êtres animés faits comme lui, ayant de la peau et des poils ; il ne léchera pas une pierre ou un arbre, même s'il vient à leur attribuer quelque pouvoir insolite. La brute eût-elle, comme le veut Auguste Comte, des conceptions fétichistes plus ou moins vagues, elle serait donc dans une complète incapacité de témoigner d'une façon ou d'une autre à ses fétiches naissants sa volonté prévenante. La crainte superstitieuse est un élément de la religion qui peut, après tout, se rencontrer jusque chez l'animal, mais cette crainte ne sera pas chez lui assez féconde pour produire même l'embryon d'un culte. Il ignore tous les moyens de toucher, de captiver, le langage infiniment complexe de l'affection et du respect. Peu accessible lui-même à la pitié, il ne sait comment s'y prendre pour l'exciter chez autrui ; l'idée de *don*, d'*offrande*, si essentielle dans les rapports des êtres entre eux et des hommes avec les dieux, lui est, sauf de rares exceptions, presque inconnue. Le culte le plus primitif est toujours la contrefaçon d'un état social avancé, l'imitation, dans le commerce imaginaire avec les dieux, du commerce d'hommes unis par des liens déjà très complexes. La religion implique un art social naissant, une première connaissance des ressorts qui font mouvoir les êtres en société ; il y a de la rhétorique dans la prière, dans les génuflexions et les prosternations. Tout cela est beaucoup au-dessus de la moyenne des animaux. On peut cependant découvrir chez les animaux supérieurs les traces de l'évolution qui doit amener l'homme jusque-là. C'est surtout en domesticité que se perfectionne la mimique des animaux. Leur société avec un être supérieur est ce qui, dans la nature, ressemble le plus à la société où l'homme primitif croit vivre avec les dieux. Le chien semble adresser, par moments, une véritable prière au maître qui le frappe, quand il se traîne à ses pieds en gémissant. Toutefois cette attitude, provoquée par l'attente et la crainte du coup, n'est-elle pas en grande partie instinctive, a-t-elle le but réfléchi d'exciter la pitié? La vraie prière du chien consiste à lécher la main qui le blesse ; on connaît l'histoire de ce chien qui léchait les doigts de son maître pendant que ce dernier pratiquait impitoyablement sur lui une opération de vivisection. J'ai pu observer moi-même un fait analogue chez un énorme chien des Pyrénées dont je dus un jour cautériser l'œil malade : il aurait pu me briser la main, il se contentait de me la lécher fiévreusement. Il y a là un exemple de soumission presque religieuse ; le sentiment qui se révélait en germe chez ce chien est celui qui se développera dans les Psaumes et le livre de Job. Nul autre être que l'homme ne peut faire éprouver un tel sentiment aux animaux. Quant à l'homme lui-même, il ne peut l'éprouver qu'en face des dieux, d'un chef absolu ou d'un père. Si profond que soit parfois ce sentiment chez l'animal, l'expression en est encore bien imparfaite ; je me rappelle pourtant des cas où l'action de lécher, si familière aux chiens, devient presque le baiser humain. Au moment où j'embrassais ma mère sur la porte de notre maison, prêt à partir en voyage, mon chien des Pyrénées accourut et, posant ses pattes sur nos deux épaules, nous embrassa littéralement tous les deux. Depuis ce temps, nous en fîmes l'expérience, il ne pouvait nous voir nous embrasser entre nous sans venir demander sa part du baiser.

Un autre fait bien connu et très digne de remarque est le suivant : quand un chien ou même un chat a commis quelque acte pendable, mangé quelque rôt ou fait une maladresse, on le voit bientôt arriver vers vous en vous faisant mille prévenances ; j'en étais venu à deviner les peccadilles de mon chien rien qu'en observant de sa part des démonstrations insolites d'amitié. L'animal espère donc, à force de bonnes grâces, empêcher son maître de lui en vouloir, compenser la colère que sa conduite coupable doit éveiller par la bienveillance que lui concilieront ses témoignages de soumission et d'affection. Cette idée de *compensation* entrera plus tard comme élément important dans le culte religieux. Le brigand napolitain qui porte un cierge à l'autel de la vierge, le seigneur du moyen âge qui, après avoir tué son proche parent, fait construire une chapelle en l'honneur de quelque saint, l'ermite qui se déchire la poitrine de son cilice afin d'éviter les souffrances bien autrement redoutables de l'enfer, ne font pas autre chose que d'obéir au raisonnement de mon chien : ils cherchent comme lui à se concilier leur juge et, pour tout dire, à le corrompre ; car la superstition repose en grande partie sur la croyance à la corruption possible de Dieu.

La notion la plus difficile à découvrir chez l'animal est celle de don volontaire et conscient. La solidarité si remarquable qu'on observe chez certains insectes, comme la fourmi, et qui leur fait mettre tout en commun, est encore trop instinctive et irréfléchie ; le don véritable doit s'adresser à une personne déterminée, non au corps social tout entier ; il doit avoir un caractère de spontanéité excluant le pur instinct ; enfin il doit être, autant que possible, un signe d'affection, un symbole. Plus il aura un caractère symbolique, plus il sera religieux ; les offrandes religieuses, en effet, sont surtout un témoignage symbolique de respect ; la piété n'y a guère de part ; on ne croit pas, en général, qu'elles répondent à un réel besoin des dieux ; on pense qu'elles seront plutôt agréées par eux qu'acceptées avec avidité. Elles supposent donc un sentiment déjà assez délicat et raffiné. Précisément nous trouvons ce sentiment en germe chez un chien observé par M. Spencer. Ce chien (un épagneul très intelligent et très bon), rencontra un matin, après une absence de quelques heures, une personne qu'il aimait beaucoup; à son salut ordinaire il en joignit d'abord un qui n'était pas habituel : il écartait ses lèvres de manière à dessiner une sorte de sourire ou de ricanement; puis, une fois dehors, il voulut faire d'autres démonstrations de fidélité. En tant que chien de chasse, il était habitué à rapporter le gibier à son maître. Il aurait bien voulu, sans doute, avoir en ce moment du gibier à aller chercher pour montrer toutes ses bonnes intentions; mais, comme il n'y en avait point, il se mit en quête et, au bout d'un instant, saisissant une feuille morte, il l'apporta avec un redoublement de manifestations amicales[1]. Évidemment la feuille n'avait pour le chien qu'une valeur symbolique; il savait que son devoir était de rapporter, que l'action de rapporter faisait plaisir à son maître, et il voulait accomplir cette action sous ses yeux; quant à l'objet même, il lui importait peu : c'est sa bonne volonté qu'il voulait montrer. A ce titre, la feuille morte était une véritable offrande, elle avait une sorte de valeur morale.

Ainsi les animaux peuvent acquérir, au contact de l'homme, bon nombre de sentiments qui entreront comme éléments dans la religion humaine. Le singe, sur ce point comme sur tous les autres, semble de beaucoup en avant; même à l'état sauvage, plusieurs simiens ont des gestes de supplication pour détourner le coup de l'arme à feu qui les vise[2] : ils possèdent donc déjà le sentiment de la pitié, puisqu'ils le projettent chez les autres. Qui sait s'il n'y a pas dans cette prière muette plus de véritable sentiment religieux qu'il n'en existe parfois dans le psittacisme de certains croyants? En général, les animaux emploient à l'égard de l'homme le maximum des moyens d'expression dont ils disposent, et ce n'est pas leur faute s'ils n'en possèdent pas davantage; ils semblent considérer l'homme comme un être vraiment royal, à part dans la nature[3]. Faut-il en conclure, comme on l'a fait parfois, que l'homme soit aux yeux de l'animal un véritable dieu? Pas tout à fait; en général l'animal voit l'homme de trop près; une religion, même embryonnaire, a besoin pour se maintenir de ne pas toucher son Dieu du doigt; dans la religion, comme dans

---

1. H. Spencer, *Appendice aux principes de sociol.*, t. I, p. 596.
2. Brehm, *Revue scientifique*, p. 974, 1874.
3. Espinas, *Sociétés animales*, p. 181.

l'art, il faut de la perspective. Mon chien et moi nous vivons de pair à compagnon ; il a ses jalousies, ses bouderies ; j'ai le malheur de n'être nullement à ses yeux sur un piédestal. Du reste, il y a évidemment des exceptions, des cas où le maître peut garder tout entier son prestige. Je crois que, dans certaines circonstances, l'homme est apparu à l'animal comme doué d'une puissance si extraordinaire qu'il a pu éveiller en lui quelque vague sentiment religieux ; si l'homme est quelquefois un dieu pour l'homme, rien n'empêche qu'il ne le soit aussi pour l'animal. Je sais qu'aux yeux de certains philosophes et même de certains savants, la religion est exclusivement l'apanage du règne humain ; mais nous n'avons trouvé jusqu'ici dans la religion primitive qu'un certain nombre d'idées simples, dont aucune, prise à part, n'est au dessus de l'animal. De même que l'industrie, l'art, le langage et la raison, la religion peut donc avoir ses racines dans la conscience confuse et nébuleuse de l'animal. Seulement il ne s'élève à de telles idées que par moments, il ne peut s'y maintenir, en faire la synthèse, les réduire en système. Il a l'esprit trop mobile pour régler sur elles sa conduite. L'animal, fût-il presque aussi capable de concevoir un dieu que l'est le dernier des sauvages, reste toujours incapable d'avoir un culte religieux.

Nous avons vu que la naissance de la religion n'est pas une sorte de coup de théâtre dans la nature, que chez les animaux supérieurs tout la prépare, que l'homme même y arrive graduellement et sans secousse. Dans cette genèse rapide des religions primitives, nous n'avons eu nul besoin d'introduire les idées d'*âme*, d'*esprit*, d'*infini*, de *cause première*, ni même aucun sentiment métaphysique. Ces idées se sont développées postérieurement : elles sont sorties des religions plutôt qu'elles ne les ont produites. La religion a d'abord une base toute positive et toute naturelle ; c'est une physique mythique et sociomorphique ; c'est seulement par son sommet, à un degré d'évolution avancé qu'elle touche à la métaphysique. Les religions sont en dehors et à côté de la science. La superstition, au sens strict du mot, fut leur première origine, et ce n'est pas sans raison que Lucrèce rapprochait ces deux choses : *relligio*, *superstitio*. Assister à la naissance des religions, c'est voir comment une conception scientifique erronée peut entrer dans l'esprit humain, se souder à d'autres erreurs ou à des vérités incomplètes, faire corps avec elles, puis se subordonner peu à peu tout le reste. Les premières religions furent des superstitions systématisées et organisées. Nous ajouterons que, pour nous, la superstition consiste dans une induction scientifique mal menée, dans un effort infructueux de la raison ; nous ne voudrions pas qu'on entendît par là la simple fantaisie de l'imagination et qu'on crût que, selon nous, les religions ont leur principe dans une sorte de jeu de l'esprit. Combien de fois a-t-on attribué la naissance des religions à un prétendu besoin du merveilleux, de l'extraordinaire, qui saisirait les peuples jeunes comme les enfants ! Raison bien artificielle d'une tendance plus naturelle et plus profonde. A vrai dire, ce que les peuples primitifs ont cherché en imaginant les diverses religions, c'était déjà une explication, et l'explication la moins étonnante, la plus conforme à leur intelligence encore grossière, la plus rationnelle *pour eux*. Il était infiniment moins merveilleux pour un ancien de supposer le tonnerre lancé par la main d'Indra ou de Jupiter que de le croire produit par une certaine force appelée électricité ; le mythe était une explication beaucoup plus satisfaisante : c'était ce qu'on pouvait trouver de plus plausible, étant donné le milieu intellectuel d'alors. Si donc la science consiste à lier les choses entre elles, on peut dire que Jupiter ou Jéhovah étaient des essais de conceptions scientifiques. C'est maintenant qu'ils ne le sont plus, parce qu'on a découvert des lois naturelles et régulières qui rendent leur action inutile. Quand une besogne se fait toute seule, on renvoie l'employé par qui on la faisait faire ; mais il faut se garder de dire qu'il ne servait à rien auparavant, qu'il était là par caprice ou par faveur. Si nos dieux ne semblent plus maintenant que des dieux honoraires, il en était tout autrement jadis. Les religions ne sont donc pas l'œuvre du caprice ; elles correspondent à cette tendance invincible qui porte l'homme, et parfois jusqu'à l'animal, à se rendre compte de tout ce qu'il voit, à se traduire le monde à soi-même. La religion est la science naissante, et ce sont des problèmes purement physiques qu'elle a tout d'abord essayé de résoudre. Elle a été une physique *à côté*, une *paraphysique*, avant de devenir une science *au delà*, une *métaphysique*.

CHAPITRE II

LA MÉTAPHYSIQUE RELIGIEUSE

I. — L'ANIMISME OU POLYDÉMONISME. — Formation de l'idée dualiste d'*esprits séparés.* — *Société avec les esprits.*

II. — LA PROVIDENCE ET LE MIRACLE. — Comment s'est développée l'idée dualiste de providence spéciale. — Idée du miracle. — Le surnaturel et le naturel. — Explications scientifiques et miracles. — Modification du caractère moral et social de l'homme par la croyance à un rapport de *société* constante avec une *providence* spéciale. — Sentiment croissant d'irresponsabilité, de passivité et de « dépendance absolue. »

III. — LA CRÉATION. — Comment s'est formée l'idée de création. Reste de dualisme dans cette idée. — Notion ultérieure du monisme.

Classification des métaphysiques religieuses. Critique de la classification proposée par M. de Hartmann. Critique de la classification proposée par Auguste Comte.

I. — L'ANIMISME

Ce qui ressort du livre précédent, c'est que toute religion, à son début, enveloppait une physique erronée ; entre la physique erronée et certaines formes de métaphysique il n'y a eu parfois qu'une simple différence d'extension. Agrandissez une erreur scientifique quelconque, réduisez-la en système, faites-lui dominer le ciel et la terre : ce sera de la métaphysique, — non pas la bonne, il est vrai. Tout ce qu'on *universalise*, erreur ou vérité, acquiert une valeur métaphysique, et peut-être est-il plus facile d'universaliser ainsi le faux que le vrai : le vrai a toujours un caractère plus concret et conséquemment plus particulier, plus résistant. Qu'un savant moderne développe sa science et élargisse le cercle des phénomènes connus, il ne pourra jamais, tant qu'il s'en tiendra à la rigueur des méthodes scientifiques, passer d'un saut de la sphère phénoménale à la sphère des choses en soi. Le savant rigoureux est enfermé dans sa science, et sa pensée n'a point d'issue.

Mais qu'il se trompe et brise la chaîne des théorèmes qui le liait, aussitôt le voilà libre : son idée fausse va se développer d'autant plus aisément qu'elle se développera en dehors de la réalité : il se trouvera bientôt en pleine métaphysique. C'est qu'on peut arriver à la métaphysique de deux façons, soit en se trompant tout de suite et en élargissant son erreur, soit en suivant la chaîne des vérités connues jusqu'au point où elle se perd dans la nuit et en cherchant à aller encore au delà par l'hypothèse : dans le premier cas, la métaphysique n'est qu'un simple développement logique de l'erreur, qui gagne en extension ce qu'elle perd de réalité, elle est une illégitime négation de la science; dans le second cas, elle est un prolongement hypothétique de la vérité, une sorte de légitime supplément de la science.

Il est donc venu un moment où la physique religieuse s'est fondue en métaphysique, où les dieux ont reculé de phénomène en phénomène jusque dans une sphère supra-sensible, où le ciel s'est séparé de la terre; mais, en somme, ce qui caractérise encore aujourd'hui la religion, c'est le mélange incohérent de physique et de métaphysique, de croyances anthropomorphiques ou sociomorphiques sur la nature et sur l'au delà de la nature. Le raisonnement qui fait le fond de toute religion primitive est le raisonnement par analogie, c'est-à-dire le procédé logique le plus vague et le moins sûr : plus tard seulement cet amas d'analogies naïves essaye de se constituer en système et en a recours à des tentatives d'inductions ou de déductions régulières.

L'homme, nous l'avons vu, commence par établir une société entre lui et tous les objets de la nature, animaux, plantes, minéraux mêmes, auxquels il prête une vie semblable à la sienne : il se croit avec eux en communication de volontés et d'intentions, comme avec les autres hommes et avec les animaux. Mais, en projetant ainsi dans les objets extérieurs quelque chose de semblable à sa propre vie, à sa propre volonté et à ses rapports sociaux, il ne songe pas d'abord à séparer le principe animateur du corps même qu'il anime, car il n'a point fait encore pour lui-même cette séparation. Le premier moment de la métaphysique religieuse est donc, non pas une sorte de monisme vague relativement au principe divin, à la *divinité*, τὸ θεῖον, comme le prétendent MM. Müller et de Hartmann, mais un monisme vague relativement à l'âme et au corps, qui tout d'abord ne font qu'un. Le monde entier est une société de corps vivants.

La conception la plus voisine de la précédente, c'est celle d'âmes distinctes, de souffles animant les corps, d'esprits capables de quitter leur demeure. C'est ce que les historiens des religions appellent l'*animisme*. Ce qui est remarquable dans cette conception, c'est son caractère dualiste. L'opposition du corps et de l'âme y est en germe. Cette conception dualiste se forme lentement par un groupement d'analogies naïves. Les premières sont tirées de la respiration. Le *souffle* animateur des corps vivants, ne l'entend-on pas sortir dans le dernier soupir? D'autres analogies sont tirées de l'*ombre;* ne semble-t-il pas qu'on voie l'esprit marcher à côté des corps sous cette forme de l'ombre, changer de place, même quand les corps sont immobiles? L'ombre a joué un grand rôle dans la paraphysique de tous les peuples primitifs, et les « ombres » ont fini par peupler les enfers. En troisième lieu, pendant le sommeil, il est incontestable pour les peuples primitifs que l'esprit fait quelquefois de longs voyages, car le dormeur se rappelle souvent avoir erré, chassé ou guerroyé dans les pays lointains, alors que personne n'a vu son corps bouger. En quatrième lieu, l'évanouissement semble encore un cas où, tout à coup, quelque chose qui nous animait fait une absence, puis revient. La chose est encore plus frappante dans la léthargie. En cinquième lieu, les visions du délire, les hallucinations de la folie ou même du rêve ont pour objet des êtres qui sont invisibles à autrui, êtres fantastiques qui paraissent aux sauvages aussi réels que les autres. On sait d'ailleurs que les fous et les *innocents* ont longtemps passé, jusque chez les peuples modernes, pour inspirés et sacrés. Les autres maladies nerveuses, hystérie, possession des démons, somnambulisme, ne pouvaient manquer de rendre plus précise encore la conception d'esprits animant le corps, s'y introduisant, le quittant, le tourmentant, etc.

Ainsi se formait par degrés la conception d'êtres subtils, échappant au tact et habituellement même à la vue, capables d'avoir une vie indépendante des corps et plus puissante. L'homme se trouvait en société avec des êtres autres que ceux qui tombent tout d'abord et ordinairement sous ses sens : c'était la société des esprits.

Ce n'est pas tout. De bonne heure le problème de la mort

s'est présenté aux premiers peuples. Ils l'ont envisagé sous une forme toute physique. Ils l'ont résolu, ainsi que l'ont montré MM. Tylor et Spencer (après Lucrèce), par des inductions tirées du sommeil, de la léthargie et du rêve. Un corps endormi se réveille, donc un corps mort se réveillera : voilà le raisonnement. D'autre part, nous revoyons les morts en rêve ou dans les demi-hallucinations de la nuit et de la peur, donc ils *reviennent*. La conception moderne de purs esprits a été une conséquence indirecte et postérieure de l'idée d'immortalité, elle n'en est point le principe. Le culte des morts, des « dieux mânes, » comme les appelaient les Romains, s'explique en partie par des raisons morales ou psychologiques, par exemple le prolongement du respect filial et la crainte, en partie par des raisons toutes matérielles et fort grossières. C'est une théorie naïve appuyée sur un sentiment; elle est encore semi-physique et semi-psychologique. La nature de l'âme des morts a été conçue de façons très diverses. Chez les Dakotas de l'Amérique du Nord, l'âme se subdivise après la mort; une partie reste sur la terre, l'autre va en l'air, une troisième rejoint les esprits, une dernière reste près du corps; c'est l'exemple d'une théorie déjà très compliquée formée avec des éléments tout primitifs. En général, on croit que les âmes vont rejoindre les ancêtres dans un autre monde, le plus souvent dans la terre lointaine d'où la tribu a émigré autrefois. Il y a donc là encore un lien social qui survit à la mort. Les Grecs et les Romains croyaient que, si les corps ne reçoivent pas de sépulture, les ombres ne peuvent pénétrer dans leur séjour habituel : elles restent sur terre à poursuivre les vivants; c'est un reste des antiques croyances qui aboutissaient à la nécessité de la sépulture et au maintien des bonnes relations avec la société des morts [1].

On se conciliait les morts par les mêmes moyens que les vivants : supplications et dons. Ces dons étaient ceux mêmes qui plaisent aux vivants, aliments, armes, costumes, chevaux, serviteurs. Au Dahomey, quand un roi meurt, on lui crée une garde du corps, en immolant cent de ses soldats. De même chez les Incas du Pérou. A Bali, on immolait au sultan défunt toutes les femmes de son harem. Dans Homère, Achille égorge aux funérailles de Patrocle

---

1. Voir notre *Morale d'Épicure* (Des idées antiques sur la mort), 3ᵉ édition, p. 105.

des prisonniers troyens, avec les chevaux et les chiens de son ami. Les Fidjiens immolaient un homme au pied de chaque pilier de la case d'un chef, pour attacher un esprit à la conservation de l'édifice. De nos jours, les esprits sont encore si nombreux aux yeux de certains peuples, que l'Arabe, en jetant une pierre devant lui, demande pardon aux esprits qu'il a pu frapper[1]. La société anthropomorphique finit donc par envahir l'univers.

On confiait aux esprits le soin de ses vengeances. D'après Tylor, deux brahmanes, croyant qu'un homme leur avait volé cinquante roupies, prirent leur propre mère et, de son consentement, lui coupèrent la tête, afin que son ombre pût tourmenter et poursuivre le voleur jusqu'à sa mort. Chez les Alfourous des Moluques on enterre des enfants vivants jusqu'au cou, et on les laisse là, en plein soleil, en leur introduisant du sel et du poivre dans la bouche pour exciter leur soif jusqu'à leur mort, de façon à les mettre en fureur et à pouvoir lancer leur esprit exaspéré contre l'ennemi à punir. C'est toujours un rapport social, c'est le sentiment de la haine, de la vengeance, de la punition, qui cherche à se satisfaire dans la sphère des esprits.

En somme, il résulte de tous les travaux historiques que l'*animisme* ou *polydémonisme* a été universel chez les peuples : il a succédé immédiatement au fétichisme ou naturisme concret, dans lequel on ne distinguait pas l'esprit animateur du corps animé.

La croyance aux esprits séparés, le « spiritisme » comme dit M. Spencer (qui contient en germe, sans s'y ramener, la croyance particulière aux *revenants*), est l'origine primitive du système métaphysique plus raffiné appelé *spiritualisme*. Ce dernier système, également fondé sur la notion d'une *dualité* en nous et en tout être vivant, aboutit à la notion d'une société *spirituelle*.

Voyons maintenant comment l'animisme ne pouvait manquer de devenir un théisme et sous quelle forme.

II. — LA PROVIDENCE ET LE MIRACLE

De l'idée d'un esprit à celle d'une divinité, il n'y a qu'un pas. Il suffit de concevoir l'esprit comme assez puissant et

---

[1]. Voir Le Bon, l'*Homme et les Sociétés*, t. II.

assez redoutable pour nous mettre, en une large mesure, sous sa *dépendance*. Esprits, mânes, dieux, tout se confond à l'origine dans un sentiment indistinct de terreur. Dès que les esprits peuvent se séparer des corps et exercer des actions mystérieuses dont nous sommes incapables, ils commencent à se diviniser; c'est pour cette raison que la mort peut nous changer en des espèces de dieux.

Les esprits non seulement sont *puissants*, mais ils sont *voyants*, *prévoyants;* ils connaissent des choses que nous ne connaissons pas. De plus, ils nous sont *bienveillants* ou *hostiles :* ils ont avec nous des rapports sociaux. Ce sont là les éléments qui, plus tard, en se réunissant, aboutiront à l'idée de divinité *providentielle*. La seconde idée semi-métaphysique qui est en germe au fond de toute religion fut donc celle d'esprits perspicaces, de dieux favorables ou défavorables, de *providences*. « Cet être me veut du bien ou du mal, et il pourra m'en faire ou ne pas m'en faire » : telle est la première formule naïve de la Providence. Il n'y faut pas encore chercher, à l'origine, la notion d'une intelligence générale ordonnatrice, mais bien celle d'un rapport social entre des volontés particulières bienfaisantes ou malfaisantes. La providence a été d'abord, comme toutes les autres idées religieuses, une superstition. Un sauvage a rencontré un serpent sur sa route : il réussit dans son entreprise, donc c'est le serpent qui lui a porté bonheur : voilà une rencontre providentielle. Les joueurs, de nos jours, ont aussi de singuliers porte-bonheur. La providence du fétichisme subsiste encore à notre époque sous la forme des médailles, des scapulaires, etc[1]. Par l'ob-

---

1. La croyance aux *reliques*, poussée à un si haut point par les premiers chrétiens et par tant de catholiques d'aujourd'hui, est aussi une forme de la foi aux fétiches et aux amulettes. Dès les premiers temps du christianisme, les fidèles allaient jusqu'en terre sainte puiser l'eau du Jourdain, ramasser la poussière du sol que les pieds du Christ avaient foulé, briser des fragments de la vraie croix, qui, dit saint Paulin de Nole, « garde dans sa matière insensible une force vitale et, réparant toujours ses forces, *demeure intacte*, bien qu'elle distribue tous les jours son bois à des fidèles innombrables. » Les reliques passaient pour guérir non seulement le corps, mais l'âme de ceux qu'elles touchaient : Grégoire le Grand envoie à un roi barbare les chaînes qui avaient servi à lier l'apôtre Pierre, en lui donnant l'assurance que ces mêmes chaînes qui ont lié le corps du saint peuvent délivrer le cœur de ses péchés.

Cette superstition des reliques, commune à tout le moyen âge, a été traduite dans toute sa naïveté par l'évêque Grégoire de Tours. Il nous raconte qu'un jour où il souffrait de douleurs aux tempes, le contact de la tenture qui masquait le tombeau de saint Martin suffit à le guérir. Il répéta trois fois

servation, des liens de causalité ne pouvaient manquer de s'établir entre les phénomènes; seulement, pour les esprits primitifs, toute coïncidence devient une cause : *post hoc, propter hoc.* L'objet de cette coïncidence est un objet favorable et bon à garder, une providence souvent portative et comme mobilière. L'idée d'une *destinée*, c'est-à-dire d'un ordre de phénomènes aboutissant au bonheur ou au malheur, se forme ainsi, se superpose à la conception d'une nature *animée* et peuplée d'*esprits*. Le *post hoc, ergo propter hoc*, c'est-à-dire la croyance en l'influence des phénomènes successifs ou concomitants les uns sur les autres et en l'action du présent sur l'avenir, est à la fois le germe des superstitions sur la providence et sur le *destin*. De l'idée de *destinée*, de *fortune*, de *nécessité*, devait sortir la notion scientifique du déterminisme réciproque universel.

Peu à peu, par le progrès de l'expérience, l'homme en vient à concevoir une subordination des diverses volontés supérieures les unes aux autres, une sorte d'unification des providences, enfin une organisation plus ou moins régulière du monde. Alors, il fait remonter la responsabilité des événements à une cause de plus en plus lointaine, à une volonté de plus en plus puissante; mais il persiste à croire que chaque événement est le signe, l'expression d'une volonté. Là encore nous retrouvons l'idée dualiste : un monde soumis à des volontés supérieures qui le dirigent, suspendant au besoin le cours ordinaire des choses.

A ce moment prend naissance l'idée de miracle. Le miracle est une notion d'abord très vague dans les religions primitives; l'instant où cette notion commence à s'élucider marque un moment nouveau dans le développe-

---

l'expérience avec un égal succès. Une autre fois, nous dit-il, il était atteint d'une dysenterie mortelle : il boit un verre d'eau dans lequel il a fait dissoudre un peu de poussière recueillie sur le tombeau du grand saint, la santé lui est rendue. Un jour qu'une arête lui était entrée dans le gosier, il va prier et gémir, prosterné devant le tombeau; il étend la main vers la tenture, la touche, et l'arête disparaît. « Je ne sais pas ce qu'est devenu l'aiguillon, dit-il, car je ne l'ai ni vomi, ni senti passer dans mon ventre. » Un autre jour encore sa langue devient énorme et se tuméfie, il lèche la barrière qui entoure le tombeau de saint Martin, et sa langue revient au volume naturel. Les reliques de saint Martin guérissaient jusqu'aux maux de dents. « O thériaque inénarrable! (s'écrie Grégoire de Tours), ineffable pigment! admirable antidote! céleste purgatif! supérieur à toutes les habiletés des médecins, plus suave que les aromates, plus fort que tous les onguents réunis! tu nettoies le ventre aussi bien que la scammonée, le poumon aussi bien que l'hysope, tu purges la tête aussi bien que le pyrèthre! »

ment des religions. Si, en effet, le merveilleux a été de tout temps un élément essentiel dans la constitution de toute religion, il n'avait pas, pour les premiers fondateurs, le même caractère que pour nous : il ne se distinguait pas nettement du *naturel*. L'intelligence humaine n'avait point encore, pour distribuer les phénomènes, les deux divisions du déterminisme *scientifique* et de l'ordre *surnaturel*. Un phénomène *naturel* ! voilà une idée presque moderne ; cela veut dire un phénomène tombant sous des lois fixes, enserré dans un ensemble d'autres phénomènes, formant avec eux un tout régulier. Quelle conception complexe et au-dessus de la portée d'une intelligence primitive ! Ce que nous appelons un miracle est une chose « naturelle » pour un sauvage : il en observe à tous moments ; il n'observe même dans l'univers, à proprement parler, que les miracles, c'est-à-dire les choses étonnantes. L'homme primitif, en effet, ne remarque autour de lui que ce qui l'étonne (l'étonnement, a-t-on dit, est le père de la science), et ce qui l'étonne a immédiatement pour lui un caractère intentionnel, voulu[1]. Cela ne le choque pas plus qu'un vrai philosophe n'est choqué d'un paradoxe. Le sauvage ne connaît pas assez les lois de la nature, il ne les sait pas assez universelles, pour refuser d'admettre une dérogation à ces lois. Le miracle est donc simplement, pour lui, le signe d'une puissance comme la sienne, mais agissant par des voies à lui inconnues et produisant des effets plus grands qu'il ne pourrait en produire. Ces effets sont-ils *infiniment* plus grands ? Cela n'entre pas en question : il suffit qu'ils le dépassent pour le faire s'incliner et adorer.

L'idée du miracle, si antiscientifique aujourd'hui, a pourtant marqué un progrès considérable dans l'évolution intellectuelle : elle fut, en effet, une limitation de l'intervention divine à un petit nombre de phénomènes extraordinaires. C'est le moment où le déterminisme universel passe de l'état tout à fait inconscient à une demi-conscience de lui-même. Le dualisme, la séparation des esprits et des corps, s'affirmant toujours davantage, devient une séparation des *pouvoirs*.

---

[1] Étymologiquement, *miracle* signifie simplement *chose étonnante*. Les Hindous n'ont même pas de mot pour exprimer l'idée de surnaturel : *miracle* et *spectacle* se confondent dans leur langue. Le surnaturel, c'est pour eux l'objet même de la contemplation et de l'admiration, c'est ce qui éclate dans la trame monotone de la vie de chaque jour, ce qui attire les yeux et la pensée.

La foi en un pouvoir distribuant miraculeusement les biens et les maux, en une providence, est ce qu'il y a de plus nécessaire à la religion. L'acte important de toute religion, en effet, c'est la propitiation et la conjuration; or, cet acte ne s'adresse pas à Dieu en général, mais à une divinité providentielle, à une puissance capable de nous devenir favorable. Aussi de grandes religions orientales ont-elles pu se constituer en laissant dans le vague la notion de Dieu et en n'insistant que sur celle de providence distributrice : l'imagination populaire ne tarde pas à faire accomplir cette distribution des biens et des maux par des génies, des esprits bons ou mauvais; elle n'a pas besoin d'aller plus loin, et de pénétrer jusqu'au « grand être », jusqu'à « l'infini », sorte de « noumène » et d'« abîme », qui en somme lui est indifférent. Même dans les religions de source chrétienne, surtout dans le catholicisme et l'église grecque, on ne s'adresse pas toujours à Dieu directement; on invoque bien plus souvent ses « saints », ses anges, les médiateurs, la Vierge, le Fils, le Saint-Esprit. Dieu le père a quelque chose de vague et d'obscur qui épouvante; c'est le créateur du ciel et de l'enfer, le grand principe, quelque peu ambigu, d'où part le bien et aussi, en un certain sens, le mal. On pourrait y voir la personnification indirecte de la nature en son germe, si indifférente à l'homme, si dure, si inflexible. Le Christ, au contraire, c'est la personnification de la volonté humaine en ce qu'elle a de meilleur. La responsabilité des lois féroces, des malédictions, des châtiments éternels, retombe sur la vieille divinité biblique, cachée derrière son nuage, qui ne se révèle que par les éclairs et la foudre, qui règne par la terreur et qui a besoin de son fils même pour victime expiatoire. Au fond le véritable dieu adoré par le christianisme, c'est Jésus, c'est-à-dire une providence médiatrice chargée de réparer la dureté des lois naturelles, une providence qui ne donne rien que le bien et le bonheur, tandis que la nature distribue les biens et les maux avec une pleine indifférence. C'est Jésus que nous invoquons, et c'est devant la personnification de la providence, plutôt que devant celle de la cause première du monde, que l'humanité s'est agenouillée depuis deux mille ans.

Les idées de miracle et de providence, en se développant dans les sociétés humaines, ont fini par s'opposer de plus en plus à l'ordre de la nature. L'homme a fini par ne plus voir qu'un procédé pour améliorer sa destinée et celle des autres : l'intervention du providentiel. Alors le sacrifice et la prière sont devenus ses grands moyens d'action sur le monde. Il vivait suspendu au surnaturel. A l'origine de toute religion existe toujours un certain sentiment du mal, une souffrance et une terreur; pour corriger ce mal, le croyant ne trouvait rien que le miracle. La providence fut ainsi la seule formule primitive du progrès, et la première espérance des hommes n'a été que dans le surhumain.

Sentiment ou crainte d'un mal et croyance qu'il peut être guéri par l'intervention divine, telle fut l'origine de la prière. Une religion positive ne peut guère, de nos jours même, se contenter de représenter Dieu comme veillant de loin sur nous et ayant réglé d'avance, depuis le commencement des temps, nos biens et nos maux; il faut absolument qu'elle le montre présent au milieu de nous, qu'elle nous fasse voir en ce moment même une main prête à se tendre pour nous soutenir, une puissance capable de suspendre à notre profit le cours de la nature. Pour exciter la piété du moment présent, il faut que la religion habitue l'esprit à la pensée du miracle présentement possible, qu'elle nous persuade qu'il y en a eu dans le *temps*, qu'il y en a même sans cesse, qu'il suffit parfois de les demander pour les obtenir. Ainsi le croyant en vient à opposer au déterminisme ordinaire de la nature une volonté toujours capable de le suspendre, à compter sur cette volonté, à attendre son intervention, à espérer dans les moyens surnaturels, non moins que dans les moyens naturels, à négliger parfois ceux-ci pour ceux-là.

Comme l'a remarqué Littré, la pensée peut se comporter de trois manières à l'égard des miracles: les adorer, les rejeter comme une mystification, ou les expliquer par des moyens naturels. Les temps primitifs, l'antiquité et le moyen âge ne pouvaient manquer d'adorer les miracles; le dix-huitième siècle les rejeta comme des impostures et s'en moqua. C'est alors que fit fortune la théorie qui voyait dans les fondateurs de la religion de simples mystificateurs. L'une des péripéties les plus nécessaires et les plus sérieuses du grand drame humain n'apparut plus que comme une comédie. On oubliait qu'il n'y a guère de vie d'homme vouée en sa totalité au mensonge;

on faisait une erreur de psychologie en même temps que d'histoire. Un homme, — même un comédien ou un politique ! — est toujours sincère par quelque côté ; il s'échappe, un moment ou l'autre, à articuler le fond de sa pensée. Même certaines palinodies, provoquées par l'intérêt, s'expliquent souvent par une déviation inconsciente des idées sous l'influence des passions plutôt que par un mensonge tout à fait conscient ; même quand on ment de tout son cœur, on en vient à s'attraper soi-même, à croire tout bas une partie de ce qu'on dit si haut. Le reproche d'hypocrisie, de comédie et de fausseté a été lancé cent fois dans l'histoire, le plus souvent à tort. Au dix-huitième siècle, les mêmes hommes qui ont préparé et fait la révolution française aimaient à accuser de feinte et de tromperie les apôtres ou les prophètes, ces révolutionnaires d'autrefois. Aujourd'hui, où l'on ne songe plus sérieusement à soutenir contre les livres saints une accusation de ce genre, ce sont les hommes mêmes du dix-huitième siècle qu'on accuse d'hypocrisie. Pour M. Taine, par exemple, presque tous les hommes de la révolution française ont été des comédiens, et le peuple même qu'ils ont soulevé était mû non par les idées qu'ils mettaient en avant, mais par les intérêts les plus grossiers qu'ils savaient éveiller en lui. C'est qu'il y a toujours deux points de vue d'où on peut regarder les grands événements historiques : celui des intérêts personnels, qui se cachent et disparaissent autant que possible dans les discours ; celui des idées générales et généreuses, qui, au contraire, s'étalent avec complaisance dans les paroles et dans les écrits. S'il est utile pour l'historien de deviner les mobiles intéressés qui ont contribué à une action, il n'en est pas moins irrationnel de se refuser à croire entièrement aux mobiles élevés qui l'ont justifiée, et qui ont très bien pu unir leur influence à celle de l'intérêt. Le cœur humain n'a pas qu'une seule fibre. Les révolutionnaires ont eu foi dans la révolution, dans les droits qu'ils revendiquaient, dans l'égalité et la fraternité ; ils ont cru même parfois à leur propre désintéressement, comme les protestants ont cru à la Réforme, comme le Christ et les Prophètes ont cru eux-mêmes à l'inspiration d'en haut qui les soulevait, comme de nos jours encore, par une superstition déplacée dans l'ordre des temps, le pape croit à son infaillibilité. Il y a toujours dans toute foi quelque chose de la naïveté des enfants, en même temps que de ces petites ruses inconscientes qui font que leurs caresses sont aussi des demandes et que leur sourire est l'épanouissement du désir satisfait. Mais, sans une foi réelle, sans une certaine part de réelle naïveté, il ne se crée pas de religion, il ne se fait pas de révolution, aucun changement important ne saurait se produire dans l'humanité. L'affirmation intellectuelle et l'action sont toujours proportionnées l'une à l'autre : agir, c'est croire, et croire, c'est agir.

De nos jours on commence à expliquer scientifiquement les miracles. Ce sont des phénomènes comme tous les autres; fort souvent ils ont été vus et racontés de bonne foi, mais mal interprétés. Chacun connaît, par exemple, le miracle biblique d'Isaïe qui « fait rétrograder » l'ombre de dix degrés sur le cadran solaire ; on est parvenu à reproduire cette expérience bien capable de frapper d'étonnement les spectateurs. M. Guillemin[1] démontre, par des raisonnements géométriques, qu'en inclinant légèrement le cadran sur l'horizon on peut obtenir une rétrogradation plus ou moins grande de l'ombre. — De même, les apparitions successives de Jésus ressuscité ont leur pendant dans ce fait récent arrivé aux États-Unis : un condamné à mort, à l'exécution duquel avaient assisté tous les détenus de la même prison, leur apparut successivement à tous le lendemain ou le surlendemain. C'est là un cas bien remarquable d'hallucination collective, qui nous montre qu'un groupe d'individus vivant dans le même courant d'émotions peuvent être frappés en même temps des mêmes visions, sans qu'il y ait de leur part aucune fraude consciente ou inconsciente. — Un troisième miracle, d'un genre tout différent, a aussi reçu une explication scientifique : il s'agit de la coloration de la toison dans les troupeaux de Laban et de Jacob ; cette coloration s'obtenait par un procédé de zootechnie très connu des Égyptiens et signalé par Pline. — M. Matthew Arnold croit que les guérisons miraculeuses ne sont pas non plus de la pure légende, qu'elles témoignent simplement de l'influence toujours très grande du moral sur le physique. Jésus a réellement chassé, exorcisé des « démons », à savoir « les passions folles qui hurlaient autour de lui ». Ainsi on peut comprendre en leur vrai sens ces paroles : « Que je te dise : Tes péchés te sont pardonnés, ou que je te dise : Lève-toi et marche, il n'im-

---

1. Actes de la Société helvét. des sc. nat., août 1877.

porte guère. » Et encore : « Te voilà guéri, ne pèche plus. » Jésus lui-même devait avoir conscience, comme Socrate et Empédocle, mais à un plus haut degré encore, de posséder une puissance à la fois morale et physique, une « vertu » dont il ne se rendait pas compte à lui-même et qui lui semblait un don divin. D'une part il se sentait, en un sens moral et symbolique, le guérisseur des sourds, des aveugles et des paralytiques, le médecin des âmes ; d'autre part des guérisons d'hystériques, plus ou moins temporaires mais réelles, le forçaient à s'attribuer encore un autre pouvoir surhumain sur les corps eux-mêmes.

La science du système nerveux, qui s'est formée de nos jours seulement, apparaît à un certain point de vue comme une constatation perpétuelle et un commentaire du miracle. Peut-être un quart des faits merveilleux observés et révérés par l'humanité rentrent-ils dans le domaine et sous la compétence de cette science nouvelle. Le médecin ou l'observateur entouré de ses « sujets » est dans la situation du prophète : ceux qui l'entourent sont forcés sans cesse de reconnaître en lui une puissance occulte qui les dépasse et qui le dépasse lui-même ; les uns et les autres vivent dans l'extraordinaire. Les faits d'insensibilité partielle, de catalepsie suivie d'un réveil par lequel le mort semble ressusciter, de suggestion mentale même à distance, tous ces faits qui seront connus et expliqués chaque jour davantage sont encore pour nous en ce moment sur les confins du miracle : nous les sentons se détachant à peine de la sphère religieuse pour tomber dans la sphère scientifique. L'observateur qui constate pour la première fois qu'il peut envoyer un commandement presque invincible dans un regard, dans une pression de la main, et même, semble-t-il, à distance, par la simple tension de sa volonté traversant l'espace, doit éprouver une sorte d'étonnement, de frayeur même, de trouble presque religieux à se sentir armé d'un tel pouvoir. Il doit comprendre comment l'interprétation mystique et mythique de ces faits n'est, pour ainsi dire, qu'une affaire de nuances que les intelligences primitives ne pouvaient pas saisir.

Même les miracles qui ne se rattachent pas directement aux phénomènes cachés du système nerveux apparaissent de plus en plus à l'historien et au philosophe comme ayant un fondement objectif; ce qui est subjectif, c'est le merveilleux, le providentiel. Ils se produisent réellement, mais dans le cœur : au lieu d'engendrer la foi, ils en procèdent et s'expliquent par elle. Un missionnaire anglais[1], de voyage en Sibérie, raconte qu'au moment où il arrivait à Irkustk, un incendie consuma les trois quarts de la ville : une chapelle seule ayant été épargnée, le clergé russe vit dans ce fait un miracle ; le missionnaire anglais l'explique par la bonne raison que toute la ville était en bois et la chapelle seule en briques. Mais le pasteur qui vient de nier sur ce point toute intervention providentielle l'admet le même jour sur un autre point, car il nous raconte que, sans la fuite d'un de ses chevaux, il serait arrivé trop tôt à Irkurtsk, et aurait eu son bagage brûlé dans l'incendie ; il rend donc grâces à Dieu de ce que son cheval a eu l'inspiration de rompre ses traits. Les mêmes causes naturelles qui suffisent, selon cet excellent missionnaire, à expliquer pourquoi l'église russe a été sauvée, ne suffisent plus quand il s'agit de son petit bagage à lui, missionnaire anglican, protégé spécialement par son Dieu. Chaque croyant se trouve fondé ainsi à interpréter d'une manière miraculeuse les faits qui lui sont arrivés à lui-même. Du haut d'une stalle d'église ou d'une chaire on voit les événements de ce monde sous un angle particulier, mais en passant dans la chaire d'un autre temple le coup d'œil change ; il faudrait, pour avoir la vérité scientifique, passer successivement du point de vue d'une foi au point de vue d'une autre foi, en faisant aussi la contre-épreuve, — à moins qu'on ne rejette toute foi d'un seul coup.

Les religions créent le miracle par le besoin même qu'elles en ont, parce qu'elles se prouvent par lui ; il entre comme élément nécessaire dans l'évolution mentale qui les engendre. La « parole de Dieu » se reconnaît en ce qu'elle dérange d'une manière ou d'une autre l'ordre des phénomènes. Le mahométisme seul s'est introduit dans le monde sans s'appuyer sur aucun témoignage visible et grossier, en éclatant non aux yeux, mais aux esprits, comme dirait Pascal ; sous ce rapport il avait peut-être à son origine une élévation intellectuelle plus grande que le judaïsme et le christianisme. Mais, si Mahomet s'est refusé le don des miracles, avec une bonne foi que Moïse ne semble pas avoir eue, ses disciples se sont empressés de le lui restituer en entourant sa vie et sa mort d'une merveilleuse légende. Il faut bien avoir des raisons de croire, il faut bien que l'en-

---

1. *Through Siberia*, by Henry Lunsdell, with illustrations and maps ; Londres, 1882.

voyé de Dieu ait un signe visible auquel on le reconnaisse.

On le voit, la providence ou protection divine devait commencer par être conçue comme toute *spéciale*, non comme agissant d'après des lois générales. C'était une continuelle intervention dans le cours des choses et dans les affaires des hommes : les divinités se trouvaient mêlées à la vie humaine, à celle de la famille et de la tribu. Ce résultat était en rapport avec le caractère même de l'humanité primitive : l'homme primitif, qui est le plus crédule, est évidemment aussi celui qui a le moins le sentiment de la responsabilité : incapable de se gouverner lui-même, il est toujours prêt à s'abandonner aux mains d'autrui; en toute circonstance il a besoin de se décharger sur quelqu'un de la part de responsabilité qui lui incombe. Qu'un malheur lui arrive, il s'en prend à tout, excepté à lui-même, tout répond à sa place. Ce trait de caractère, qu'on remarque chez bien des hommes, est surtout visible et accentué chez les enfants et les peuples enfants. Ils n'ont pas la patience de suivre, sans sauter un anneau, la chaîne des causes; aussi ne comprennent-ils pas comment une action humaine a pu produire un grand effet, et en général ils sont toujours frappés de la disproportion qui existe entre les effets et les causes. Une telle disproportion ne s'explique à leurs yeux que par l'intervention d'une cause étrangère. De là ce besoin, si frappant chez certains esprits faibles, de chercher toujours à un phénomène une explication autre que l'explication réelle; il n'est pas pour eux de raison vraiment « suffisante. » Pour un soldat vaincu, la défaite n'est jamais expliquée suffisamment par des raisons scientifiques, par exemple sa propre lâcheté, la mauvaise disposition des corps d'armée, l'ignorance des chefs; pour que l'explication soit complète, il faut toujours qu'il y ajoute l'idée de trahison. De même, qu'un homme du peuple se donne une indigestion, il n'accordera pas qu'il avait absorbé une quantité de nourriture trop grande, il dira que les aliments étaient de mauvaise qualité et peut-être même qu'on a voulu l'empoisonner. Au moyen âge, quand il y avait la peste, c'était la faute des Juifs; à Naples, le peuple bat ses saints quand la moisson n'est pas bonne. Tous ces faits s'expliquent de la même manière : un esprit encore inculte ne peut pas consentir à accepter un résultat qu'il n'a pas voulu, il ne peut se résoudre à se voir soudain déconcerté par les choses, à dire avec Turenne à qui on demandait comment il avait perdu une bataille : « Par ma faute. »

L'idée de providence spéciale vient fort à propos en aide à ce penchant naturel : elle permet à l'homme de se décharger sur elle, de se laver les mains en face des événements. Un résultat qui coûterait trop à prévoir et à obtenir par des moyens naturels, on le demande à la providence, on l'attend au lieu de le produire ; et si on est déçu dans son attente, on s'en prend au caprice divin. Dans la Bible, les rois ne commettent jamais de faute qu'envers Dieu ; leur incapacité n'est que de l'impiété ; or il est toujours plus facile d'être pieux que d'être capable.

En même temps que l'irresponsabilité naïve des peuples primitifs s'accommodait du gouvernement providentiel des dieux, elle s'accommodait non moins bien du gouvernement despotique d'un monarque ou d'une aristocratie. Le principe du despotisme est identique au fond à celui de la providence surnaturelle et extérieure : c'est une sorte de renoncement à la direction des événements, d'abdication. On se laisse aller, on se confie ; on ignore par ce moyen les déceptions les plus cruelles, celles de la volonté vaincue : un autre veut à votre place. On se borne à désirer, à espérer, et les oraisons ou les placets remplacent l'action, le travail. On flotte au cours des choses, dans une molle détente ; si les choses vont mal, on a toujours quelqu'un à accuser, à maudire ou à fléchir ; — si au contraire tout va bien, le cœur s'épanche en bénédictions, sans compter qu'en soi-même (l'homme est ainsi fait) on s'attribue encore une certaine part dans le résultat obtenu ; au lieu de se dire : j'ai voulu, on se dit : j'ai demandé, j'ai prié. Il est si facile de croire que l'on contribue à mener l'Etat ou la terre quand on a murmuré deux mots à l'oreille d'un roi ou d'un dieu, et, comme la mouche du coche, bourdonné un instant autour de la grande machine roulante du monde. La prière propitiatoire a une puissance d'autant plus immense qu'elle est plus vague, elle semble pouvoir tout précisément parce qu'elle ne peut rien de précis. Elle relève l'homme à ses propres yeux en lui faisant obtenir le maximum d'effets avec le minimum d'efforts. Quelle tentation exercèrent toujours sur les peuples les providences et les « hommes providentiels ! » Comme tous les plébiscites en faveur de ces hommes ont été prêts à rallier les suffrages des masses ! Le sentiment de soumission aux décrets de la providence, nouveau destin personnifié, a été l'excuse de toutes les paresses, de toutes les routines. Lorsqu'on le pousse jusqu'au bout, qu'est-ce autre chose que le sophisme paresseux des Orientaux? Il est vrai qu'on corrige habituellement la parole : « le ciel t'aidera, » par le précepte : « aide-toi toi-même. » Mais, pour s'aider soi-même efficacement, encore faut-il avoir l'initiative et l'audace, encore faut-il se révolter contre les événements au lieu de se courber devant eux ; il ne faut pas se contenter de dire : « Que la volonté de Dieu soit faite, » mais : « Que ma volonté soit faite; » il faut être comme un rebelle au sein de la multitude passive des êtres, une sorte de Prométhée ou de Satan. Il est difficile de dire à quelqu'un « Tout ce qui arrive, tout ce qui est, est par l'irrésistible et spéciale volonté de Dieu, » et d'ajouter cependant : « Ne te soumets pas à ce qui est. » Les hommes du moyen âge, sous la tyrannie et dans la misère, se consolaient en pensant que Dieu même les frappait, et n'osaient se lever contre leurs maîtres, crainte de se lever contre Dieu. Pour conserver l'injustice sociale, il a souvent fallu la diviniser : on a fait un droit divin de ce qui n'était plus un droit vraiment humain et réel.

Le sentiment d'initiative, comme celui de responsabilité, est tout moderne et ne pouvait se développer dans l'étroite société où l'homme a longtemps vécu avec les dieux. Se dire : « je puis, moi, entreprendre quelque chose de nouveau ; j'aurai l'audace d'introduire un changement dans le monde, d'aller de l'avant ; dans le combat contre les choses, je lancerai la première flèche, sans attendre, comme le soldat antique, que les devins aient fini d'interroger les dieux et donnent eux-mêmes le signal; » voilà une chose qui eût paru énorme aux hommes d'autrefois, eux qui ne faisaient point un pas sans consulter leurs dieux et les portaient devant eux pour s'ouvrir la route. L'initiative semblait alors une offense directe à la providence, un empiétement sur ses droits; frapper le rocher, comme Aaron, avant d'avoir reçu l'ordre du dieu, c'était s'exposer à sa colère. Le monde était une propriété particulière du Très-Haut. Il n'était pas permis à l'homme de se servir à son gré des forces de la nature, comme il n'est pas permis aux enfants de jouer avec le feu; encore n'était-ce pas pour la même raison, car nous ne sommes pas «jaloux» des enfants. La jalousie des dieux est une conception qui s'est propagée jusqu'à nos jours, quoiqu'elle cède et recule sans cesse devant le progrès de l'initiative humaine. La machine, cette œuvre de l'âge moderne, est la plus puissante atteinte portée à l'idée de providence extérieure et de finalité extérieure. On sait comment l'innocente vanneuse à blé fut maudite par les prêtres et regardée de mauvais œil par les paysans, parce qu'elle mettait au service de l'homme et employait à un travail dégradant cette force providentielle : le vent. Mais les malédictions furent inutiles, le vent ne put refuser de trier le blé, la machine vainquit les dieux. Là, comme partout, l'initiative humaine l'emporta. La science se trouvait, par sa direction même, opposée à l'intervention spéciale de la providence, puisqu'elle s'efforçait d'approprier les forces naturelles à un but en apparence non naturel et non divin. Un savant était un perturbateur dans la nature, et la science semblait une antiprovidence.

Avant les premiers développements de la science, l'homme primitif se trouvait, par l'effet de son imagination, dans un état de domesticité analogue à celui où il réduit lui-même certains animaux; or cet état influe profondément sur les habitudes des animaux, leur ôte certaines capacités pour leur en donner d'autres. Tels d'entre eux, comme certains oiseaux, deviennent, en domesticité, presque incapables de trouver par eux-mêmes la nourriture qui leur est nécessaire. Des animaux plus intelligents, comme le chien, qui pourraient à la rigueur se suffire, contractent cependant auprès de l'homme une habitude de sujétion qui crée un besoin correspondant : mon chien n'est tranquille que quand il me sait près de lui; si par hasard je m'éloigne, il est inquiet, nerveux; au moindre danger, il accourt entre mes jambes au lieu de se sauver au loin, ce qui serait l'instinct primitif. Ainsi tout animal qui se sait surveillé et protégé dans le détail par un être supérieur perd nécessairement de son indépendance primitive, et si on vient à lui rendre cette indépendance, il est malheureux, il éprouve des craintes mal définies, le sentiment vague d'un affaiblissement. De même pour l'homme primitif et inculte; une fois qu'il s'est habitué à la protection des dieux, cette protection devient pour lui un véritable besoin; s'il vient à en être privé, il peut tomber dans un état de malaise et d'inquiétude inexprimables. Ajoutons que, dans ce cas, il ne s'en laissera pas priver longtemps : pour échapper à la solitude intolérable que fait en lui le doute, il courra bientôt se réfugier près de ses dieux ou de ses fétiches, poussé par un sentiment identique à celui qui ramène l'animal entre les jambes de son maître. Pour comprendre toute la force d'un tel sentiment chez les premiers individus humains, il faut songer que la surveillance des dieux sur les hommes apparaissait comme beaucoup plus étendue encore et plus méticuleuse que ne l'est celle de l'homme même sur les animaux domestiques, du maître sur ses esclaves. L'homme primitif sent son dieu ou son génie derrière lui dans toutes ses démarches, dans toutes les circonstances de la vie ; il s'habitue à n'être jamais seul, à entendre quelqu'un marcher partout avec lui ; il se persuade que tout ce qu'il dit ou fait a un témoin et un juge. L'animal domestique lui-même n'est pas accoutumé par nous à une telle sujétion ; il remarque très bien que notre protection n'est pas toujours efficace, que d'ailleurs nous nous trompons sur son compte, que nous le caressons quand il mériterait d'être puni, etc. Les chats, par exemple, savent que l'homme n'y voit pas la nuit : un soir, un chat blanc s'apprêtait à commettre à deux pas de moi quelque abominable méfait, ne se doutant pas que sa couleur le trahissait, même dans l'ombre, pour un œil attentif. Les anciens hommes avaient quelquefois de ces ruses à l'égard de leurs dieux ; ils ne croyaient pas encore à l'entière souveraineté, à l'ubiquité de la providence. Mais, par une évolution logique, la providence finit par s'étendre à tout, par envelopper la vie entière ; la crainte de Dieu finit par être la perpétuelle défense de l'homme contre la passion, l'espoir en Dieu son perpétuel recours dans le malheur. La religion et la science ont ceci de commun, qu'elles aboutissent à nous envelopper également dans un réseau de nécessités ; mais ce qui distingue la science, c'est qu'elle nous fait connaître l'ordre réel de causation des phénomènes, et par là nous permet de modifier cet ordre quand il nous plaît : en nous montrant notre dépendance, elle nous donne l'idée et le moyen de conquérir une liberté relative ; dans la religion, au contraire, l'élément mythique et miraculeux fait intervenir au milieu des événements un facteur imprévu, la volonté divine, la providence spéciale ; par là, il trompe sur les vrais moyens de modifier le cours des choses. Quand on croit dépendre de Jupiter ou d'Allah, on accorde toujours plus d'efficacité à la propitiation qu'à l'action ; il s'ensuit que, plus on voit sa dépendance, plus elle est sans remède ; plus on se soumet à son Dieu, plus on est soumis aux choses. Le sentiment d'une dépendance imaginaire vis-à-vis d'êtres supra-naturels accroissait donc la dépendance réelle de l'homme vis-à-vis de la nature. Ainsi entendue, l'idée de providence spéciale, de tutelle divine a eu pour résultat de maintenir longtemps l'âme humaine dans une minorité véritable; cet état de minorité à son tour rendait nécessaire l'existence et la surveillance des protecteurs divins. Quand donc l'homme religieux se refusait à sortir de la dépendance où il s'était placé volontairement, c'est qu'il avait le sentiment vague de sa propre insuffisance, de son irrémédiable minorité; c'est ainsi que l'enfant n'ose s'écarter bien loin du toit paternel et ne se sent pas le courage de marcher seul dans la vie. L'enfant qui montrerait une indépendance hâtive, et de bonne heure irait courir les chemins, aurait grande chance d'être tout simplement un « mauvais sujet; » sa précocité pourrait bien n'être que de la dépravation. De même dans l'histoire, les irréligieux, les sceptiques, les athées n'ont été fort souvent que des enfants gâtés, en avant sur leur âge, et dont les libertés d'esprit étaient des gamineries. Le genre humain a eu longtemps besoin, comme l'individu, de grandir en tutelle; tant qu'il a éprouvé ce besoin, nous voyons qu'il ne pouvait manquer de s'appuyer sur l'idée d'une providence extérieure à lui et à l'univers, capable d'intervenir dans le cours des choses et de modifier les lois générales de la nature par ses volontés particulières. Puis, par le progrès de la science, on s'est vu forcé d'enlever chaque jour à la Providence quelqu'un de ses pouvoirs spéciaux et miraculeux, quelqu'une de ses prérogatives surnaturelles. Grâce à l'évolution de la pensée, la piété s'est transformée; elle tend aujourd'hui à faire un objet d'affection filiale de celui qui était naguère un objet de terreur, de conjuration, de propitiation. La science, enveloppant la Providence du réseau de plus en plus serré de ses lois inflexibles, l'immobilise pour ainsi dire et la paralyse. Elle ressemble à ces grands vieillards que l'âge a rendus incapables de se mouvoir, qui, sans notre aide, ne peuvent soulever un seul de leurs membres, qui vivent par nous, et qui cependant peuvent être d'autant plus aimés, comme si leur existence nous devenait plus précieuse à mesure qu'elle est plus oisive.

III. — LA CRÉATION

Après l'idée de Providence il faut mentionner, parmi les principes métaphysiques de la religion, l'idée du Dieu *créateur*, qui a acquis de nos jours une importance qu'elle n'avait pas jadis. Cette idée, comme celle de l'âme et celle de la providence, s'est présentée d'abord sous la forme du *dualisme*. Les hommes ont conçu à l'origine un dieu façonnant un monde plus ou moins indépendant de lui, une matière préexistante. C'est seulement plus tard que ce dualisme s'est raffiné par l'idée de création *ex nihilo*, qui, d'une unité primitive, fait encore sortir la dualité traditionnelle, — Dieu et un monde tout à fait différent de lui.

J'ai eu un exemple de métaphysique naïve dans la conversation suivante, dont je puis garantir l'authenticité. Les deux interlocuteurs étaient une petite paysanne de quatre ans, qui n'était jamais sortie de sa campagne, et une jeune fille de la ville, la propriétaire de la ferme. Toutes deux étant descendues au jardin, où depuis le matin de nombreuses fleurs s'étaient épanouies, la petite paysanne entra dans une vive admiration et, s'adressant à la jeune fille, pour laquelle elle avait depuis longtemps une sorte de culte : « Dites-moi, maîtresse, s'écria-t-elle, c'est vous, n'est-ce pas, qui avez fait ces fleurs? » Cette interrogation ne sortait pas du domaine physique; elle attribuait seulement un pouvoir inconnu à un être connu, visible et palpable. La maîtresse répondit en riant : « Non, ce n'est pas moi, je n'en ai pas le pouvoir. — Qui est-ce alors ? » demanda l'enfant. On voit la persistance avec laquelle les intelligences primitives veulent expliquer les choses par l'action directe d'une volonté, placer *quelqu'un* derrière les événements. — « C'est le bon Dieu, répliqua la jeune maîtresse. — Où est-il, le bon Dieu? l'avez-vous vu quelquefois ? » Sans doute la petite paysanne, qui se faisait de la ville une idée étonnante, supposait qu'on pouvait y voir Dieu face à face. D'ailleurs Dieu ne représentait encore pour elle rien de supra-physique. Mais dans quelles circonstances favorables elle se trouvait pour qu'une métaphysique plus ou moins bâtarde commençât à pénétrer dans son cerveau ! — « Je n'ai pas vu Dieu, lui répondit sa maîtresse, et personne ne l'a jamais vu ; il est au ciel, et en même temps il est près de nous ; il nous voit et nous écoute ; c'est lui qui a fait les fleurs, qui t'a faite toi-même, et moi, et tout ce qui existe. » — Je ne rapporterai pas les réponses de l'enfant, car je crois qu'elle était trop étonnée pour rien dire ; elle se trouvait dans une situation semblable à celle de ces sauvages à qui un missionnaire vient parler tout à coup de Dieu, être suprême, créateur de toutes choses, esprit dépourvu de corps. Parfois ils refusent de comprendre et montrent leur tête en disant qu'ils en souffrent ; d'autres fois ils croient qu'on se moque d'eux. Chez nos enfants mêmes, il y a des étonnements longs et muets, qui font place peu à peu à l'habitude. Ce qui est frappant dans la petite conversation que nous rapportions tout à l'heure, c'est de voir comment le mythe métaphysique jaillit nécessairement de l'erreur scientifique. Une induction inexacte donne d'abord la notion d'un être humain agissant par des moyens inconnus et insaisissables pour nous : cette notion, une fois obtenue, prend corps dans tel ou tel individu, objet d'une vénération particulière ; puis elle ne tarde pas à reculer de cet individu à un autre plus lointain, de la campagne à la ville, de la terre au ciel, enfin du ciel visible au fond invisible des choses, au *substratum* omniprésent du monde. En même temps l'être doué de pouvoirs merveilleux prend un caractère de plus en plus vague et abstrait. L'intelligence emploie, en développant sa conception de l'être supra-naturel, la méthode que les théologiens désignaient sous le nom de *méthode négative*, et qui consiste à lui enlever successivement chacun des attributs à nous connus. Si les hommes et les peuples ont toujours procédé ainsi, c'est moins par un raffinement de pensée que par une nécessité qui s'imposait à eux. En approfondissant la nature, ils voyaient fuir devant eux la trace de leurs dieux : tel un mineur qui pense avoir reconnu la présence de l'or sous ses pas creuse le sol, et, ne trouvant rien, ne peut pourtant se résoudre à croire que la terre ne cache aucun trésor ; il fouille toujours plus avant, dans une espérance éternelle. De même, au lieu de renoncer à ses dieux, l'homme les porte devant lui, les rejetant plus loin à mesure qu'il avance. En général, ce que la nature exclut tend à prendre un caractère métaphysique ; toute erreur qui se prolonge malgré les progrès de l'expérience finit par se subtiliser d'une étonnante manière et par se réfugier au ciel, dans une sphère de plus en plus inaccessible. Ainsi l'origine un peu grossière des religions n'est pas inconciliable avec les spéculations raffinées de leur période de développement. L'intelligence humaine, une fois lancée dans les espaces, n'a pu que décrire une orbite de plus en plus grande autour de la réalité. Une religion mythique n'est pas une construction complètement rationnelle et *a priori*; elle s'appuie toujours sur de prétendues expériences, sur des observations et analogies qui sont précisément entachées d'erreurs; elle repose donc sur un faux *a posteriori*, et c'est ce qui place le mythe dans une divergence invincible de la vérité.

Les hommes conçurent plutôt à l'origine un dieu ordonnateur que créateur, un ouvrier façonnant une matière préexistante; nous trouvons cette notion encore prédominante chez les Grecs. Voici comment elle a pu prendre naissance. Qui suppose un dieu, suppose que le monde devient un instrument entre ses mains; Dieu *se sert* du tonnerre, du vent, des astres, comme l'homme se sert de ses flèches et de sa hache; de là, n'en doit-on pas venir à croire que Dieu *façonne* lui-même ces merveilleux instruments comme l'homme façonne les siens? Si la petite paysanne dont nous parlions tout à l'heure n'avait pas vu son père réparer ou fabriquer ses outils de travail, faire le feu, faire le pain, labourer la terre, elle ne se serait pas demandé qui avait fait les fleurs du jardin. Le premier *pourquoi* de l'enfant enveloppe ce raisonnement : — Quelqu'un a agi sur cette chose comme j'ai agi moi-même ou vu agir sur telle autre chose; qui est-ce donc?—L'idée abstraite de causalité est la conséquence même du développement pratique de notre causalité : plus on fait, et plus on est porté à s'étonner de voir une chose faite par d'autres d'une façon plus soudaine ou plus grande. Plus on a de *procédés*, plus on admire ce qui se produit tout à coup, brusquement, par une puissance qui semble extraordinaire. L'idée de miracle naît ainsi de l'art bien plus que de l'expérience brute, et n'est pas d'ailleurs originairement opposée à la science naïve des premiers observateurs. Toute interrogation suppose une action préalable de notre part; on ne demande la cause d'un événement que lorsqu'on a été soi-même la cause consciente de tel ou tel autre événement. Si l'homme n'avait aucune action sur le monde, il ne se demanderait pas qui a fait le monde; la truelle du maçon et la scie du charpentier peuvent revendiquer une bien grande part dans la formation de la métaphysique religieuse.

Maintenant, remarquons combien, même de nos jours, il est facile de confondre le mot faire et le mot *créer*, qui d'ailleurs n'existait pas à l'origine. Comment distinguer nettement ce qu'on façonne de ce qu'on crée? Il y a toujours en toute action une certaine création ; parfois cette création prend un caractère magique et semble sortir *ex nihilo*. Quelle merveille, par exemple, que le feu qui jaillit de la pierre et du bois, et où les Hindous voyaient le symbole de la génération! Avec le feu, les premiers peuples touchaient du doigt le miraculeux. En apparence, le caillou qu'on frappe ou le bois sec qu'on frotte pour en faire jaillir l'étincelle féconde ne se consument pas eux-mêmes, ils donnent sans perdre, ils créent ; le premier qui a saisi le secret du feu semble avoir introduit quelque chose de vraiment nouveau dans le monde, avoir ravi le pouvoir des dieux. En général, ce qui distingue le véritable artiste du simple ouvrier, c'est le sentiment d'être arrivé à un résultat dont il ne s'était pas rendu compte, d'avoir fait plus qu'il ne voulait faire, de s'être soulevé au-dessus de lui-même ; le génie n'a pas dès l'abord la pleine conscience de ses ressources, comme le simple talent ; il sent en lui de l'imprévu, une force qui n'est pas calculable et mesurable d'avance, une puissance créatrice : c'est ce qui fait d'ailleurs l'orgueil des vrais artistes. Même quand il s'agit d'un déploiement de force purement physique, une surexcitation nerveuse peut appeler au jour une épargne d'énergie musculaire dont on n'avait pas conscience : l'athlète, pas plus que le penseur, telle circonstance étant donnée, ne sait de quel tour de force, de quelle merveille il sera capable. Chacun de nous a ainsi, à certaines heures de son existence, la conscience d'une création au moins apparente, d'un appel de forces tirées brusquement du néant ; il sent qu'il a produit par sa volonté un résultat dont son intelligence ne peut pas saisir toutes les causes et qu'elle ne peut rationnellement expliquer. Là est le fondement et, en une certaine mesure, la justification de la croyance aux miracles, au pouvoir extraordinaire de certains hommes et, en dernière analyse, à la faculté de créer. Cette puissance indéfinie que l'homme croit parfois sentir en soi, il la transportera naturellement chez ses dieux. Puisqu'il les conçoit comme agissant sur le monde d'une manière analogue à lui-même, il les concevra aussi comme capables de faire surgir quelque chose de nouveau dans le monde, et cette idée de pouvoir créateur, une fois introduite, ira se développant jusqu'au jour où on en viendra, d'induction en induction, à supposer que le monde tout entier est une *œuvre* divine, que la terre et les astres ont été tout ensemble façonnés et créés par une volonté supranaturelle. Si l'homme peut faire sortir le feu d'un caillou, pourquoi Dieu ne ferait-il pas sortir le soleil du firmament? La conception d'un *créateur*, qui semble d'abord la conséquence lointaine d'une suite de raisonnements abstraits, est ainsi une des manifestations innombrables de l'anthropomorphisme ; c'est une de ces idées qui, au moins par leur origine, semblent plutôt *paraphysiques* que métaphysiques. Elle repose, au fond, sur l'ignorance de la transformation toujours possible des forces les unes dans les autres, grâce à laquelle toute création apparente se réduit à une équivalence substantielle et les prétendus miracles à un ordre immuable.

En somme, le pouvoir de création dans le temps attribué à Dieu est, selon nous, une extension du pouvoir providentiel, qui, lui-même, est une notion empiriquement obtenue. Quand les théologiens, aujourd'hui, commencent par poser la création pour en déduire la providence, ils suivent une marche précisément inverse de celle qu'a suivie l'esprit humain. C'est seulement grâce à l'essor toujours croissant de la pensée abstraite et aux spéculations métaphysiques sur la cause première, que l'idée d'un Dieu créateur a acquis ainsi une sorte de prépondérance et constitué, de nos jours, un élément essentiel des grandes religions. Le dualisme, nous l'avons vu, subsiste encore dans cette idée ; il est la forme principale sous laquelle ont été conçues l'union de l'âme et du corps, l'union de la providence et des lois naturelles, l'union du créateur et de la créature. Pourtant, dès l'antiquité, la notion d'une unité suprême au fond de toutes choses a été entrevue d'une manière plus ou moins vague. A cette notion se rattachent les religions panthéistes, monistes, principalement celles de l'Inde. Le brahmanisme et le bouddhisme tendent à ce que l'on a appelé l'*illusionisme* absolu, au profit d'une unité où l'être prend pour nous la forme du non-être.

C'est une naturelle tentation que celle de classer systématiquement les diverses métaphysiques religieuses et de les faire évoluer selon une loi régulière, conformément à des cadres plus ou moins déterminés ; mais il faut ici se défier de deux choses : 1° l'esprit de système, avec les *abstractions* métaphysiques auxquelles il aboutit; 2° la prétention de trouver partout un *progrès* régulier, constant vers l'unité religieuse. Les philosophes allemands ont donné dans ces deux écueils. Hegel, par exemple, ne pouvait manquer d'imposer à l'histoire des religions la trilogie monotone de ses thèses, antithèses et synthèses. L'esprit hégélien survit encore, combiné avec l'influence de Schopenhauer, chez M. de Hartmann. Nous avons vu ce dernier emprunter à Max Müller la conception tout abstraite du *divin* à la fois *un et multiple*, sorte de synthèse primitive d'où sortiraient les religions en se différenciant. De l'*hénothéisme*, comme d'une matière encore informe, surgiraient d'abord le *polythéisme*, puis, « par dégénérescence, » le polydémonisme ou animisme, et enfin le fétichisme [1]. Cet ordre de développement, d'après ce que nous avons vu, est le contraire même de la vérité. Le fétichisme, entendu comme projection de la vie dans les objets, est primitif. L'animisme ou conception d'esprits vient ensuite. Le polythéisme, d'un certain nombre d'objets de culte analogues, comme les arbres de la forêt, sépare un dieu de la forêt, tandis que le fétichisme s'en tenait à l'animation de chaque arbre. Enfin l'hénothéisme, ou conception vague du divin en toutes choses, est ultérieur et dérivé. C'est

---

[1] « L'hénothéisme, dit M. de Hartmann, repose sur une contradiction. L'homme cherche la divinité et trouve les dieux : il s'adresse successivement à chacun de ces dieux comme s'il était la divinité cherchée, et lui confère des prédicats qui mettent en question la divinité des autres dieux. Ayant à se tourner vers différents dieux pour leur adresser des demandes différentes, il ne peut s'en tenir à une divinité naturelle unique ; il change l'objet de son rapport religieux et agit chaque fois avec le dieu particulier comme s'il était la divinité par excellence, sans remarquer qu'il dénie lui-même la divinité à tous les dieux en la leur attribuant à chacun tour à tour. Ce qui rend possible l'origine de la religion, c'est que cette contradiction reste sans être remarquée dans les premiers temps ; la persistance à méconnaître une pareille contradiction au milieu des progrès de la civilisation n'est possible, de son côté, que dans le cas où une extrême intensité du sentiment religieux empêche de faire à l'objet du rapport religieux l'application d'une critique rationnelle. Mais une pareille intensité du sentiment religieux ne se rencontre ni partout ni toujours, et il suffit d'un esprit de critique intellectuelle surgissant dans les intervalles de dépression pour rendre à la longue intenable le point de vue de l'hénothéisme. Deux voies se présentent alors pour faire disparaître la contradiction signalée. On peut maintenir l'unité aux dépens de la pluralité, ou, au contraire, la pluralité au détriment de l'unité. Par la première voie, on va au monisme abstrait, par la seconde, au polythéisme. Du polythéisme, par dégénérescence, sortent le polydémonisme ou animisme, puis le fétichisme. »

un commencement soit de panthéisme moniste, soit de monothéisme.

Remarquons en outre que M. de Hartmann, qui cherche un monisme vague au début même des religions, voit dans les Védas « la première forme de la religion naturelle, dont toutes les mythologies gardent plus ou moins les traces. » C'est oublier que, pour un anthropologiste, les Védas sont des compositions toutes modernes, et que la littérature hindoue est déjà des plus raffinées. La métaphysique de l'unité peut être le but vers lequel tendent les religions, elle n'en est pas le point de départ. Enfin, M. de Hartmann a voulu établir entre les religions un lien de filiation logique, un *progrès*. Ce progrès n'existe que dans les abstractions réduites en système par M. de Hartmann, non dans l'histoire : il est dialectique et non historique. Les divers points de vue religieux ont très souvent coïncidé dans l'histoire; parfois même un point de vue supérieur a précédé un inférieur.

Une autre classification, moins suspecte que celle de M. de Hartmann, est la célèbre progression comtiste du fétichisme au polythéisme et du polythéisme au monothéisme. Ici, ce ne sont plus des abstractions métaphysiques qui servent de cadres, ce sont des nombres. Mais les nombres ont aussi leur côté artificiel et superficiel : ils n'expriment pas ce qu'il y a de plus fondamental dans les idées religieuses. D'abord, il est bien difficile de voir une différence radicale entre le fétichisme naturiste et le polythéisme : la multiplicité des divinités est un caractère commun à ces deux âges. La seule différence que Comte puisse établir, c'est que, dans le polythéisme, on n'a plus qu'une seule divinité pour toute une classe d'objets, par exemple pour tous les arbres d'une forêt, ou pour toute une classe de phénomènes, comme la foudre, les orages. Mais ce commencement d'abstraction et de généralisation est bien moins important, bien plus extérieur et plus purement *logique*, que la progression psychologique et métaphysique qui va du naturisme concret et grossièrement unitaire à l'animisme dualiste. Cette dernière progression est le germe des métaphysiques naturaliste et spiritualiste, qui ont plus d'importance qu'un système de numération mathématique et de généralisation logique. De même, le passage du polythéisme au monothéisme est encore conçu par Comte trop mathématiquement. Le polythéisme a de bonne heure entrevu une subordination des dieux à un dieu plus puissant : Jupiter, Destin, etc. ; d'autre part, le monothéisme a toujours laissé subsister des divinités secondaires, anges, démons, esprits de toute sorte ; sans compter les conceptions *trinitaires* de l'unité divine. La question de chiffres, ici, recouvre des problèmes plus profonds et plus vraiment métaphysiques ou moraux.

Au point de vue métaphysique, la grande question est celle du rapport qui existe entre la divinité et le monde ou l'homme ; rapport d'immanence ou de transcendance, de dualité ou d'unité. Nous avons vu que, à ce point de vue, les religions ont passé d'une immanence primitive, extrêmement vague, à un rapport de transcendance et de séparation, pour revenir ensuite, tantôt de bonne heure (comme dans l'Inde), tantôt très tard (comme dans les nations chrétiennes) à l'idée d'un dieu immanent où nous avons l'être, le mouvement et la vie.

A cette différence de conceptions se rattache nécessairement la part différente faite, dans les diverses religions, au déterminisme des lois naturelles et à l'arbitraire de la volonté divine ou des volontés divines. Il s'agit là de ce qui sera plus tard le conflit de la religion et de la science. A l'origine, la science n'existant pas, il n'y a point de conflit : on place partout des volontés arbitraires. Puis, peu à peu, on remarque la régularité de certains phénomènes, leur déterminisme, leur ordre. Les divinités, au lieu d'être des princes absolus, deviennent des gouvernements plus ou moins constitutionnels. De là cette loi de l'évolution religieuse, bien plus importante que la loi de Comte : l'humanité progressivement a restreint le nombre des phénomènes où intervenait la puissance surnaturelle des dieux ; en revanche, elle a accru progressivement la part des lois naturelles. Le catholique, aujourd'hui, ne croit plus qu'une déesse fasse mûrir ses moissons ou qu'un dieu particulier lance la foudre, quoiqu'il soit encore très porté à croire que Dieu bénit ses moissons ou le punit en foudroyant sa demeure : l'arbitraire tend donc à se concentrer dans une volonté unique, placée au-dessus de la nature. A un degré supérieur de l'évolution, cette volonté est conçue comme s'exprimant par les lois mêmes de la nature, sans exception miraculeuse à ces lois ; la providence, la divinité devient immanente à l'ordre scientifique et au déterminisme du monde. Sous ce rapport les Hindous et les Stoïciens étaient déjà en avant sur beaucoup de catholiques.

La restriction du nombre des cultes particuliers au profit

CLASSIFICATION DES MÉTAPHYSIQUES RELIGIEUSES. 81

de cultes de plus en plus *généraux* a été la conséquence du même progrès scientifique. L'humanité a commencé par des adorations toutes spéciales de dieux tout particuliers. A en croire certains linguistes, il est vrai, les choses de la nature, le soleil, le feu, la lune, auraient été d'abord adorés comme des êtres *impersonnels;* ils n'auraient été ensuite personnifiés que parce qu'on prit à la lettre les expressions figurées qui les désignaient, comme le *Brillant* (Ζεύς). Certains mythes ont pu sans doute prendre ainsi naissance : *nomina, numina;* mais l'humanité ne va pas du général au particulier. La religion primitive, au contraire, s'est d'abord éparpillée en cultes de toutes sortes; c'est seulement plus tard que se sont opérées les simplifications et généralisations. Le passage du culte fétichiste au culte polythéiste et au culte monothéiste n'a été que la conséquence d'une conception des choses de plus en plus scientifique, d'une absorption progressive des puissances transcendantes dans une puissance immanente aux lois mêmes de l'univers.

Mais ce qui est plus important encore que cette évolution à la fois métaphysique et scientifique, c'est l'évolution sociologique et morale des religions. Ce qui importe en effet, c'est moins la notion qu'on se forme du rapport d'une substance première à ses manifestations dans l'univers, que la façon dont on se représente les attributs de cette substance et ceux mêmes des êtres de l'univers. En d'autres termes, quel genre de *société* est l'univers? quel genre de liens sociaux entre les divers êtres, par cela même de liens plus ou moins moraux, dérive du lien fondamental qui les rattache à un principe commun et immanent? Voilà le grand problème dont les autres ne sont que la préparation. Il s'agit là de se représenter le vrai *fond* des *êtres* et de l'*être*, indépendamment des rapports numériques, logiques et même métaphysiques. Or, une telle représentation du fond des choses ne pouvait être que psychologique et morale. Psychologiquement, c'est la *puissance* qui a été le premier et essentiel attribut des divinités, et cette puissance était surtout conçue comme redoutable. L'*intelligence*, la science, la prévoyance n'est devenue que plus tard un attribut des dieux. Enfin la *moralité* divine, sous la double forme de la justice et de la bonté, est une conception très ultérieure. Nous allons la voir se développer avec la morale même des religions.

CHAPITRE III

LA MORALE RELIGIEUSE

I. — Des lois qui règlent la société des dieux et des hommes. — La moralité et l'immoralité dans les religions primitives. — Extension des relations d'amitié et d'inimitié à la société avec les dieux. — Impossibilité pour la conscience primitive, comme pour l'art primitif, de distinguer le *grand* du *monstrueux*.
II. — De la sanction dans la société des dieux et des hommes. — Le patronage des dieux. — Comment toute intervention divine tend à se régler sur les lois mêmes de la société humaine et à en devenir une sanction.
III. — Le culte et le rite. — Principe de l'*échange des services* et de la *proportionnalité*. — Le *sacrifice*. — Principe de la *coercition* et de l'*incantation*. — Principe de l'*habitude* et son rapport avec le rite. — La sorcellerie. — Le *sacerdoce*. — Le *prophétisme*. — Le culte extérieur. — La *dramatisation* et l'esthétique religieuse.
IV. — Le culte intérieur. — Adoration et amour. — Leur origine psychologique.

I. — LOIS QUI RÈGLENT LA SOCIÉTÉ DES DIEUX ET DES HOMMES

Nous sommes aujourd'hui portés à voir surtout dans la religion la morale, depuis que Kant a fait de l'éthique le but et l'unique fondement de toute véritable idée de Dieu. Il n'en était point ainsi à l'origine. D'après ce que nous avons vu dans les chapitres précédents, la religion a été d'abord une explication physique des événements, surtout des événements heureux ou terribles pour l'homme, au moyen de *causes* agissant pour une *fin*, comme la volonté humaine : c'était donc à la fois une explication par les causes efficientes proprement dites et par les causes finales : la *théologie* a été un développement de la *téléologie primitive*. L'homme s'est placé, par l'imagination, en société avec des êtres bienfaisants ou malfaisants, d'abord visibles et tangibles, puis de plus en plus invisibles et séparés des objets qu'ils hantent : voilà, avons-nous dit, le début de la religion. Celle-ci n'a été d'abord que l'agrandissement de la *société*, l'explication des choses par des volontés analogues aux volontés avec lesquelles l'homme vit, mais d'un autre *ordre* et d'un autre degré de *puissance*.

Or, les volontés sont tantôt bonnes, tantôt mauvaises, tantôt amies, tantôt ennemies : l'amitié et la haine, voilà donc les deux types sous lesquels l'homme ne pouvait manquer de se représenter les puissances supérieures avec lesquelles il croyait être en rapport. La moralité n'était nullement le caractère propre de ces puissances favorables ou défavorables ; l'homme leur attribuait tout aussi bien la méchanceté que la bonté, ou plutôt il sentait vaguement que ses règles propres de conduite n'étaient pas nécessairement les règles de ces êtres à la fois analogues aux hommes et différents. Aussi, dans la société avec les dieux, avec les puissances de la nature, il ne croyait nullement que les règles de la société humaine, de la famille, de la tribu, de la nation, fussent toujours et de tout point applicables. De là vient que, pour se rendre les dieux propices, l'homme recourait à des pratiques qu'il eût blâmées au nom de la morale *humaine :* sacrifices humains, anthropophagie, sacrifice de la pudeur, etc. [1].

Si on se souvient que les lois morales sont en grande partie l'expression des nécessités mêmes de la vie sociale, et que la généralité de certaines règles tient à l'uniformité des conditions de la vie sur la surface du globe, on comprendra que la société avec les dieux, c'est-à-dire avec des êtres d'imagination, n'étant pas dominée aussi directement que la société humaine par les nécessités de la vie pratique, fût réglée par des lois beaucoup plus variables, fantaisistes, renfermant ainsi un germe visible d'immoralité. La société avec les dieux était un grossissement de la société humaine, mais ce n'était pas un perfectionnement de cette société. C'est la *crainte physique*, *timor*, ce n'est pas le *respect moral* qui a fait les premiers dieux. L'imagination humaine, travaillant ainsi sous l'empire de la crainte, devait aboutir beaucoup plus souvent au prodi-

---

1. On a remarqué que des peuples qui, depuis des siècles, avaient renoncé à l'anthropophagie, ont persisté longtemps à offrir pour pâture à leurs dieux des victimes humaines; que des milliers de femmes ont fait, dans certains sanctuaires, le douloureux sacrifice de leur chasteté à des divinités de la sensualité furieuse. Les dieux du paganisme sont dissolus, arbitraires, vindicatifs, impitoyables, et cependant leurs adorateurs s'élèvent peu à peu à des notions de pureté morale, de clémence, de justice. Javeh est vindicatif, exterminateur, et c'est sur ce terrain du judaïsme « que germera la morale par excellence de la mansuétude et du pardon. » Aussi la moralité réelle des hommes ne fut-elle jamais proportionnelle à l'intensité de leurs sentiments religieux, souvent fanatiques. — Voir M. Réville (*Prolégomènes*), p. 281.

gieux et au difforme qu'à un idéal quelconque. Pour la conscience primitive, comme pour l'art primitif, le *grand* ne se distingue pas d'ailleurs du *monstrueux*. L'immoralité est donc en germe, comme la moralité même, au début de toute religion. Et, encore une fois, ce serait une erreur de croire que les religions soient immorales en tant qu'anthropomorphiques et sociomorphiques ; c'est plutôt le contraire : elles ne sont morales que comme manifestations de l'instinct social, du sentiment naturel des conditions de la vie collective. Telle mutilation religieuse, par exemple, telle cruauté, telle obscénité, est une pratique d'origine étrangère aux idées directrices de la conduite humaine. On peut vérifier, pour toutes les religions, ce qu'on observe dans le christianisme, où le dieu vraiment moral est précisément le dieu-homme, Jésus, tandis que Dieu le père, qui sacrifie son fils sans pitié, est un type antihumain et immoral par cela même qu'il est surhumain.

En somme, nous voyons de nouveau se confirmer notre proposition fondamentale : la religion est une *sociologie* conçue comme explication *physique*, *métaphysique* et *morale* de toutes choses ; elle est la réduction de toutes les forces naturelles et même supra-naturelles à un type *humain* et de leurs relations à des relations *sociales*. Aussi le progrès de la religion a-t-il été exactement parallèle au progrès des relations sociales, qui lui-même a dominé et entraîné le progrès de la moralité *intérieure*, de la conscience. Les dieux se sont d'abord partagés en deux camps, les bienfaisants et les malfaisants, qui ont fini par être les *bons* et les *méchants ;* puis, ces deux légions se sont absorbées dans leurs chefs respectifs, dans Ormuzd et Ahriman, dans Dieu et Satan, dans un principe de bien et dans un principe de mal. Ainsi, par un dualisme nouveau, on dédoublait les esprits et on les rangeait en deux classes, comme on avait déjà séparé les esprits des corps. Enfin, le principe du bien a subsisté victorieusement sous le nom de Dieu : il est devenu la personnification de la loi morale et de la sanction morale, le souverain législateur et le souverain juge, en un mot, la *loi vivante* dans la société universelle, comme le roi est la loi vivante dans la société humaine. Aujourd'hui, Dieu tend à devenir la conscience même de l'homme, élevée à l'infini, adéquate à l'univers. Pour les derniers et les plus subtils représentants du sentiment religieux, Dieu n'est plus même que le symbole de la moralité et de l'idéal. On peut voir, dans cette évolution des idées religieuses, le triomphe graduel du sociomorphisme, puisqu'elle est caractérisée par l'extension à l'univers de rapports sociaux qui vont se perfectionnant sans cesse entre les hommes.

II. — LA SANCTION DANS LA SOCIÉTÉ DES DIEUX ET DES HOMMES

A la personnification de la *loi*, la morale religieuse ne pouvait manquer de joindre celle de la sanction, qui joue un rôle si capital dans toute société humaine. Le gouvernement céleste a toujours été une projection du gouvernement humain, avec une pénalité d'abord terrible, puis de plus en plus adoucie. A vrai dire, la théorie de la sanction est une systématisation de celle de la providence; un être providentiel se reconnaît en ce qu'il frappe ou récompense, en ce qu'on peut s'attirer ou éviter sa colère par telle ou telle conduite. Donc, du moment où l'homme admet une puissance divine agissant sur lui, cette puissance ne tardera pas à lui apparaître comme exerçant un contrôle sur ses actes, comme les sanctionnant. Ce contrôle ne s'exercera d'abord que dans les rapports personnels de l'individu humain avec les dieux; mais l'individu ne tardera pas à comprendre que, si les dieux s'intéressent à lui, ils peuvent s'intéresser à titre égal aux autres membres de la tribu, pourvu que ceux-ci sachent se les rendre propices; léser les autres clients des dieux, ce sera donc léser indirectement les dieux mêmes et s'attirer leur colère. Tous les membres de la tribu se trouvent alors protégés les uns vis-à-vis des autres par leur association avec les dieux; la religion devient un appui pour la justice sociale, et quiconque viole celle-ci s'attend à une intervention divine pour la rétablir à ses dépens. Cette attente devait d'ailleurs se trouver le plus souvent confirmée par les faits, car, si les actes antisociaux et injustes avaient réussi habituellement parmi les hommes, la vie sociale eût été impossible. L'injustice a donc toujours porté *en moyenne* sa sanction avec elle, et cette sanction devait apparaître comme l'œuvre directe des dieux, jugeant du haut des cieux les débats entre leurs clients, comme faisaient à Rome les patrons assis sous les colonnes de l'atrium.

A mesure que les religions se mêlèrent et s'étendirent, la qualité de *client* d'un dieu, d'abord restreinte à la tribu, s'étendit aussi. Des hommes de toute origine purent devenir citoyens de la cité céleste, de l'association surhumaine qui conférait un titre nouveau à chacun de ses membres. Alors la sanction divine tendit à se confondre de plus en plus avec la sanction morale : on comprit que les dieux voulaient la justice non seulement au sein de la tribu, mais encore au sein de l'humanité.

Tandis que, dans la sanction, l'idée sociomorphique du monde tend ainsi à devenir une idée morale, la morale elle-même devait tendre, pour réparer son insuffisance, à faire appel aux idées religieuses. La société humaine, impuissante à se faire toujours respecter de tous ses membres, ne pouvait manquer d'invoquer l'appui de la société supérieure des esprits, qui l'enveloppait de toutes parts. L'homme, étant essentiellement un animal sociable, ζῶον πολιτικόν, ne peut pas se résigner au succès définitif d'actes antisociaux ; là où il semble que de tels actes ont *humainement* réussi, la nature même de son esprit le porte à se tourner vers le surhumain pour demander réparation et compensation. Si les abeilles, enchaînées tout à coup, voyaient l'ordre de leurs cellules détruit sous leurs yeux, sans avoir l'espérance d'y porter jamais remède, leur être tout entier serait bouleversé, et elles s'attendraient instinctivement à une intervention quelconque, rétablissant un ordre aussi immuable et sacré pour elles que peut l'être celui des astres pour une intelligence plus large. L'homme, par sa nature morale (telle que la lui a fournie l'hérédité), est ainsi porté à croire que le dernier mot ne doit pas rester au méchant dans l'univers ; il s'indigne toujours contre le triomphe du mal et de l'injustice. Cette indignation se constate chez les enfants avant même qu'ils sachent bien parler, et on en retrouverait des traces nombreuses chez les animaux mêmes. Le résultat logique de cette protestation contre le mal, c'est le refus de croire au caractère définitif de son triomphe [1].

L'homme, pour lequel la société des dieux correspondait si étroitement à celle des hommes, ne pouvait manquer, sans doute, d'y imaginer des êtres antisociaux, des Ahrimane et des Satan, protecteurs du mal dans les cieux et sur

---

[1] V. notre *Esquisse d'une morale*, l. III, *Besoin psychologique d'une sanction*.

la terre, mais il devait toujours donner, en fin de compte au « principe du bien » la victoire sur le « principe du mal. » Ce qui lui répugne le plus à croire, c'est que le fond des choses soit indifférent au bien comme au mal : il supposera volontiers une divinité colérique, capricieuse, méchante même parfois, avec des retours au bien ; il ne peut comprendre une nature impassible et froide.

Les plus puissants des dieux ont servi ainsi à mettre d'accord, pour l'esprit humain, la force et la justice, une justice barbare appropriée à l'esprit des premiers hommes.

Grâce à l'idée de sanction entée sur celle de providence, la religion prend un caractère vraiment systématique ; elle vient se rattacher aux fibres mêmes du cœur humain. Devenus les instruments du bien dans l'univers, les dieux, au moins les dieux souverains, servent à rassurer notre moralité, ils deviennent en quelque sorte la moralité vivante. Leur existence n'est plus seulement constatée physiquement, elle est justifiée moralement par l'instinct social qui s'y attache comme à sa sauvegarde suprême. Le pouvoir des dieux devient légitime. La royauté divine, comme la royauté humaine, exige une certaine consécration mystique ; c'est la religion qui sacre les rois des hommes, mais c'est la morale qui sacre le roi des dieux.

L'idée d'une intervention divine pour rétablir l'ordre social, pour punir ou récompenser, fut d'abord tout à fait étrangère à l'idée d'une continuation de la vie après la mort : elle ne s'introduisit que beaucoup plus tard. Même chez un peuple aussi avancé que les Hébreux dans l'évolution religieuse, les peines et les récompenses au delà de la vie ne jouent aucun rôle, et cependant il n'est guère de peuple qui se soit représenté avec plus de force la volonté de Dieu comme dirigeant et domptant celle de l'homme ; mais, à leurs yeux, la victoire de Dieu s'achevait dès cette vie même ; ils n'avaient donc pas besoin d'une immortalité morale[1].

---

1. On a discuté longuement pour savoir si les Hébreux croyaient à l'immortalité ; on a reproché à M. Renan ses négations à ce sujet, mais M. Renan n'a jamais nié l'existence d'un séjour d'ombres ou de mânes chez les Hébreux ; toute la question est de savoir si les Hébreux admettaient une punition morale ou une récompense morale après la mort, et M. Renan a eu raison de soutenir que c'est là une idée étrangère au judaïsme primitif. Elle semble également étrangère à l'hellénisme primitif. Bien qu'on cherchât à se concilier les faveurs des mânes, on n'enviait point leur sort, qui semblait inférieur, même pour les justes, au sort des vivants. « Ne cherche pas à me consoler de la mort, noble Ulysse, dit Achille descendu aux enfers,

Plus tard seulement, quand le sens critique a été plus développé, on a reconnu que la sanction ne venait pas toujours dès cette vie; le châtiment suspendu sur les coupables, les récompenses espérées par l'homme de bien, ont ainsi reculé peu à peu de l'existence présente dans une autre plus lointaine. L'enfer et le ciel se sont ouverts pour corriger cette vie dont l'imperfection devenait trop manifeste. L'immortalité a pris ainsi une importance extraordinaire, à tel point qu'il semble que la vie moderne se dissoudrait si on lui ôtait cette idée, dont la vie antique s'est pourtant passée sans peine. Au fond, la notion claire et réfléchie de l'immortalité morale est une déduction très complexe et très lointaine de l'idée de sanction.

La sanction religieuse, étant au fond l'extension des rapports sociaux aux rapports avec les dieux, a pris successivement les trois formes de la pénalité humaine. Au début, elle n'est que *vengeance*, comme chez l'animal et l'homme voisin de la brute. C'est le mal rendu pour le mal. Le sentiment de vengeance a subsisté et subsiste encore au fond de toute religion qui admet une sanction divine; la vengeance est reportée à Dieu, elle lui est confiée, elle n'en est que plus terrible. « Ne vous vengez point *vous-même*, dit St-Paul, mais laissez agir la *colère* (de Dieu), car il est écrit : à moi la *vengeance*, à moi les rétributions, dit le Seigneur. Mais, si ton ennemi a faim, donne-lui à manger; s'il a soif, donne-lui à boire ; car en agissant ainsi, ce *sont des charbons ardents que tu amasseras sur sa tête.* » — « Notre patience, écrivait saint Cyprien, nous vient de la certitude d'être vengés; elle *amasse des charbons ardents* sur la tête de nos ennemis. Quel jour que celui où le Très-Haut comptera ses fidèles, enverra les coupables à la gehenne et fera flamber nos persécuteurs au brasier des feux éternels! Quel spectacle immense, quels seront mes transports, mon admiration et mon rire ! » Et par un raffinement, l'un des martyrs de Carthage disait aux païens de le bien regarder au visage, afin de le reconnaître au jugement dernier, à la droite du Père, dans l'instant où ils seraient, eux, précipités aux flammes infernales [1].

L'idée de la vengeance, en se subtilisant, en passant pour

---

j'aimerais mieux cultiver comme mercenaire le champ d'un pauvre homme sans patrimoine que de régner sur la foule entière des ombres légères. » (Voir notre *Morale d'Épicure*, 3ᵉ éd., *Des idées antiques sur la mort*).

1. On sait que, dans les théologiens les plus orthodoxes, la peine du *feu* désigne une flamme véritable et sensible.

ainsi dire du domaine de la passion dans celui de l'intelligence, devient l'idée d'expiation, qui est exclusivement *religieuse* quoique des philosophes spiritualistes croient y voir une notion rationnelle et morale. L'expiation est une sorte de compensation naïve par laquelle on s'imagine qu'on peut contrebalancer le mal *moral* en y ajoutant le *mal sensible*. C'est une peine qui n'a aucune *utilité* comme *amendement* du coupable ou comme amendement de ceux qui pourraient suivre son exemple; elle n'est ni *corrective*, ni *préventive*, elle est une prétendue satisfaction de la règle et de la loi, une symétrie rétablie en apparence pour le plus grand plaisir de l'intelligence, en somme une pure et simple *vindicte*. Dans un curieux passage des *Pensées chrétiennes*, le père Bouhours a très bien et très innocemment mis en relief cette inutilité de l'expiation religieuse : « Pénitence des damnés, que tu es rigoureuse, mais que tu es inutile!... La colère de Dieu peut-elle aller plus loin que de punir des plaisirs qui durent si peu par des supplices qui ne finiront jamais? Quand un damné aura répandu autant de larmes qu'il en faudrait pour faire tous les fleuves du monde, n'en versât-il qu'une chaque siècle, il n'aura pas plus avancé, après tant de millions d'années, que s'il ne commençait qu'à souffrir... Et quand il aura recommencé autant de fois qu'il y a de grains de sable sur les bords de la mer, tout cela sera compté pour rien... » Le dernier degré de l'idée d'expiation, c'est en effet celle de la *damnation* éternelle. Dans cette théorie de la peine du dam et de la peine du feu, sans fin possible, on reconnaît l'antique barbarie des supplices infligés à l'ennemi par le vainqueur, ou au rebelle par le chef de tribu. Une sorte d'atavisme attache, à la religion même de l'*amour* ce perpétuel *héritage* de *haine*, ces mœurs d'une société sauvage monstrueusement érigées en institution éternelle et divine.

III. — LE CULTE ET LE RITE

Le culte, qui n'est pour ainsi dire que la religion devenue visible et tangible, a comme elle-même son principe le plus primitif dans une relation sociologique : l'*échange des services* entre les hommes vivant en société. L'homme, qui croit *recevoir* des dieux, se sent aussi obligé de leur *donner* quelque chose en échange. Il imagine ainsi une certaine réciprocité d'action entre la divinité et l'homme, un retour possible de bons ou de mauvais procédés : il a quelque prise sur les dieux, il est capable de leur procurer de la satisfaction ou de leur causer de la peine, et les dieux répondront en lui rendant au centuple cette peine ou ce plaisir.

On sait combien le culte était grossier à l'origine. C'était une simple application pratique de l'économie sociale : on offrait à boire ou à manger aux dieux; l'autel était une boutique de boucher ou de marchand de vin, et le culte un véritable commerce entre le ciel et la terre, une sorte de marché dans lequel l'homme offrait des agneaux ou des brebis pour recevoir en échange la richesse ou la santé. De nos jours, le culte s'est raffiné; l'échange est devenu de plus en plus symbolique; le don n'est plus, de la part de l'homme, qu'un hommage moral et n'attend plus de retour immédiat; néanmoins le principe du culte est toujours le même : on croit à une action directe de l'homme sur la volonté de Dieu, et cette action s'exerce au moyen d'offrandes ou de prières formulées d'avance.

Un autre principe du culte primitif, c'était la *proportionnalité* des échanges. On ne peut attendre d'un autre qu'en proportion de ce qu'on lui a donné; inclinez-vous trois fois devant lui, il sera mieux disposé que si vous vous inclinez une seule fois ; offrez-lui un bœuf, il vous aura plus de reconnaissance que pour l'offrande d'un œuf. Donc, pour les esprits incultes et superstitieux, la quantité et le nombre doivent régler nos rapports avec les dieux comme ils règlent nos rapports entre nous : multipliez les prières, vous multiplierez vos chances favorables; trois *pater* valent mieux qu'un, une douzaine de cierges produiront un effet bien supérieur à un seul; une prière que vous allez dire au temple, en grande évidence, un cantique chanté d'une voix sonore attirera plus l'attention qu'une demande silencieuse formulée du fond du cœur. De même, si on veut obtenir la pluie ou le soleil pour les récoltes, c'est dans les champs qu'il faudra aller demander la chose, en une longue file bariolée et chantante : il est toujours bon de montrer du doigt ce qu'on désire et de se montrer soi-même. Afin de fixer mieux la prière au sein même de l'idole, les premiers hommes lui enfonçaient un clou dans les membres, et la coutume des épingles enfoncées au corps des saints se conserve encore de nos jours en Bretagne. Les absents ont tort, même auprès des dieux ou des saints. Il serait contraire, pour les esprits simples, au principe de la proportion des échanges qu'une simple *pensée*, une prière mentale pût nous valoir aussi sûrement, de la part des dieux, une *action* en retour.

Toute religion réclame un culte extérieur bien déterminé, une manifestation précise de la croyance; elle tâche de s'incorporer dans un certain nombre d'habitudes et de rites d'autant plus nombreux et plus imprescriptibles que la religion est plus primitive. L'universalité du culte extérieur dans les diverses religions est la conséquence et la preuve la plus frappante de leur origine toute sociomorphique. L'homme a toujours cru qu'il pouvait directement être utile et agréable à ses dieux, tant il les concevait comme ses semblables et ses voisins.

Ajoutons qu'à l'idée de séduire les dieux ne tarde pas à se joindre celle de les contraindre d'une manière ou d'une autre. A la conception d'un échange de services s'ajoute aussi celle d'une *coercition* exercée d'une manière vague, par l'intermédiaire de quelque dieu ami, ou même de la simple formule magique qui a réussi une première fois et une première fois procuré l'objet demandé! Les formules consacrées par l'habitude, apparaissent comme enchaînant les dieux à l'égal des hommes. Aussi le culte, d'abord abandonné plus ou moins à l'arbitraire, a-t-il fini par devenir cette chose minutieusement réglée qu'on retrouve dans toute bonne religion, le *rite*. Le rite, en ce qu'il a d'inférieur et d'élémentaire, n'est que la tendance à répéter indéfiniment l'acte qui a paru une première fois rendre propice le dieu ou le fétiche. Après la propitiation vient l'habitude mécanique. Religion, comme l'a bien dit Pascal, c'est en grande partie habitude. Le rite naît du besoin de reproduire le même acte dans les mêmes circonstances, besoin qui est le fond de l'accoutumance et sans lequel toute vie serait impossible. Aussi y a-t-il quelque chose de sacré dans toute habitude, quelle qu'elle soit; d'autre part, tout acte quel qu'il soit, tend à devenir une habitude, et par là à prendre ce caractère respectable, à se consacrer en quelque sorte lui-même. Le rite tient donc, par ses origines, au fond même de la vie. Le besoin du rite se manifeste de très bonne heure chez l'enfant : non seulement l'enfant imite et s'imite, répète et se répète lui-même, mais il exige une scrupuleuse exactitude dans ces répétitions ; en général, il ne sépare pas la fin poursuivie en agissant du milieu dans lequel l'acte s'est accompli : il n'a pas encore l'intelligence assez exercée pour comprendre que la même action peut aboutir au même résultat par des voies différentes et dans des milieux différents. J'observe un enfant d'un an et demi à deux ans ; si j'ai, assis dans un fauteuil, exécuté pour son amusement tel ou tel petit tour, il veut, pour recommencer le jeu, que je revienne m'asseoir exactement au même endroit, il ne s'amuse plus autant si le jeu est fait ailleurs. Il est habitué à manger de toutes les mains ; cependant, si je lui ai donné une ou deux fois une même chose, par exemple du lait à boire, et qu'une autre personne lui présente ensuite du lait, il n'est pas satisfait et demande que ce soit toujours la même main qui lui donne le même aliment. Si, en sortant, je prends par mégarde la canne d'une autre personne, l'enfant me l'ôte pour la rendre ; il n'admet pas non plus qu'on garde son chapeau dans la maison, ni qu'on oublie de le mettre une fois dehors. Enfin je l'ai vu accomplir une véritable *cérémonie* pour elle-même. C'était lui qu'on chargeait d'appeler la domestique du haut de l'escalier de service ; un jour que la domestique était dans la même pièce que lui, on lui dit de l'appeler : il la regarde, puis lui tourne le dos, va se placer sur l'escalier de service où il l'appelait d'habitude et, là seulement, crie son nom à haute voix. En somme, tous les actes de la vie, les plus importants comme les plus insignifiants, sont classés dans la petite tête de l'enfant, définis rigoureusement d'après une formule unique et représentés sur le type du premier acte de ce genre qu'il a vu accomplir, sans qu'il puisse jamais distinguer nettement la *raison* d'un acte et sa *forme*. Cette confusion de la raison et de la forme existe à un degré non moins frappant chez les sauvages et les peuples primitifs. C'est sur cette confusion même que s'appuie le caractère sacré des rites religieux.

Le trouble de l'enfant et de l'homme inculte devant tout ce qui dérange les associations d'idées établies, on l'a expliqué par l'horreur pure et simple du nouveau. M. Lombroso a même forgé un mot pour désigner cet état psychologique, il l'a appelé *misonéisme*. Mais ne confondons pas deux choses bien distinctes, l'horreur de toute *désaccoutumance* proprement dite et l'horreur du *nouveau;* il est des perceptions et des habitudes nouvelles qui peuvent se surajouter aux perceptions et aux habitudes déjà existantes sans les déranger ou en ne les dérangeant que fort peu ; celles-là, ni le sauvage ni l'enfant ne les redoutent. Si l'enfant ne se lasse pas d'écouter cent fois le même conte et s'irrite lorsqu'on vient à y changer le moindre détail, il n'en écoutera pas moins passionnément un conte nouveau ; un joujou nouveau, une promenade nouvelle lui plaira. Même goût chez les sauvages pour les nouveautés, dans la mesure où elles augmentent leurs connaissances acquises sans les troubler : l'homme primitif est comme l'avare qui ne veut pas qu'on touche à son trésor, mais qui ne demande qu'à l'accroître. Il est naturellement curieux, mais il n'aime pas à pousser la curiosité jusqu'au point où elle pourrait contredire ce qu'il sait déjà ou croit savoir. Et il a raison dans une certaine mesure, il ne fait qu'obéir à un instinct puissant de conservation intellectuelle : son intelligence n'est pas assez souple pour défaire et refaire constamment les nœuds ou associations qu'elle établit entre ses idées. Un noir avait voulu accompagner Livingstone en Europe, par attachement pour lui ; il devint fou au bout de peu de jours sur le bateau à vapeur. C'est donc par une sorte d'instinct de protection intellectuelle que les peuples primitifs tiennent tant à leurs coutumes et à leurs rites ; mais ils ne s'en approprient pas moins volontiers ceux des autres peuples, toutes les fois que ces rites ne sont pas directement opposés aux leurs. Les Romains avaient fini par accepter les cultes de tous les peuples du monde, sans pourtant renoncer à leur culte national ; nous avons encore aujourd'hui les fêtes du paganisme : on acquiert les superstitions et les habitudes beaucoup plus facilement qu'on ne les perd.

La puissance de l'exemple contribue aussi à affermir le culte public : chaque habitude individuelle se fortifie en se retrouvant chez autrui. De là ce grand lien, l'adoration en commun. On se distinguerait en n'adorant pas. Le culte public, c'est le vote à bulletin ouvert. Tout le monde se fait votre juge, tous ceux qui vous connaissent sont prêts à se faire vos accusateurs et vous avez pour ennemis les hommes avant les dieux. Ne pas penser comme tout le monde, cela pourrait encore se comprendre, mais ne pas agir comme tout le monde ! Vouloir briser la grande servitude de l'action qui, une fois faite, tend d'elle-même à se reproduire. A la fin, la machine se plie. On « s'abêtit ».

Même chez les esprits supérieurs, la force de l'habitude est incroyable. Dans les heures de doute de sa jeunesse, M. Renan écrivait à son directeur : « Je récite les psaumes avec cœur, je passerais, si je me laissais aller, des heures dans les églises... J'ai de vifs retours de dévotion... Je parviens, par moments, à être catholique et rationaliste. » Quand on arrache de soi de telles croyances, devenues une seconde nature, il semble que tout votre passé s'en va avec elles. On les a vécues en quelque manière, et on s'est attaché à elles comme à sa propre vie ; il faut se résoudre à mourir à soi-même. Il semble que toute votre force venait d'elles, qu'on va être faible comme un enfant quand on les aura perdues : c'est la chevelure de Samson. Heureusement, elle repousse.

Le sacerdoce est la conséquence du rite. Le prêtre est l'homme jugé le plus capable d'agir sur la divinité par l'observation minutieuse et savante des rites consacrés. Le rite, en effet, dès qu'il se complique par une accumulation de diverses habitudes, ne peut plus être observé avec assez d'art par l'homme ordinaire : il faut une éducation spéciale pour parler aux dieux, dans la langue complexe qu'ils entendent seul, selon les formules qui, « enchaînent » leur volonté. Celui qui possède cette éducation, c'est le magicien ou le sorcier. Aussi le sacerdoce est-il sorti de la sorcellerie, dont il a été l'organisation régulière[1].

Le culte est resté encore aujourd'hui, surtout dans les religions catholique et grecque, un ensemble de formules traditionnelles, inflexibles, dont l'effet n'est sûr que si on n'y change rien : certaines cérémonies sont de véritables formules d'incantation. Les rites ressemblent à ces liens invisibles avec lesquels Faust enveloppait le démon ; mais c'est Dieu lui-même qu'on s'efforce ainsi d'enchanter, de charmer, de retenir. Au fond, la croyance qui fait tourner au bonze son « moulin à prières, » celle qui fait égrener son chapelet à la dévote, celle qui fait feuilleter au prêtre son

---

1. « *La sorcellerie* purement individuelle et fantaisiste, dit M. Réville, se change graduellement en sacerdoce. Devenue par là une institution publique permanente, la sorcellerie sacerdotale se régularise, organise un rituel qui devient traditionnel, impose à ceux qui aspirent à l'honneur d'en faire partie des conditions d'initiation, des épreuves, un noviciat, reçoit des privilèges, les défend s'ils sont attaqués, cherche plutôt à les augmenter. C'est l'histoire de toutes les institutions sacerdotales, qui sont certainement un progrès sur la sorcellerie capricieuse, fantastique, désordonnée des âges antérieurs. »

bréviaire ou lui fait dire des messes salariées pour des gens inconnus, celle qui, dans le midi de la France, fait payer aux gens riches des mendiants chargés de marmotter des prières sur le devant de leur porte, toutes ces croyances n'ont qu'un seul et même principe : elles affirment toutes la vertu du rite, de la formule traditionnelle, quelle que soit la bouche qui la prononce. L'efficacité de la prière intéressée ne semble pas dépendre seulement de la légitimité de ce qu'on demande, mais de la forme qu'on emploie en le demandant; et cette forme elle-même est déterminée, au fond, par l'expérience : la plupart des dévots font des expériences minutieuses sur la vertu comparée des prières individuelles, des messes, des offrandes, des pèlerinages, des eaux miraculeuses, etc.; ils amassent le résultat de leurs observations et le transmettent à leurs enfants. L'invocation à certaines madones privilégiées, comme celle de Lourdes, est encore aujourd'hui un vestige de la sorcellerie primitive. Le prêtre hérite de toutes ces expériences naïves des croyants sur les conditions propres à faire naître le miracle, et il les systématise. Les prêtres étant les hommes les plus capables dans la fonction qui était regardée comme la plus utile de toutes à la conservation sociale, ils devaient finir par se constituer en une caste vraiment supérieure et par devenir personnellement l'objet du culte qui passait à travers leurs mains. Le type le plus accompli du privilège sacerdotal est le sacerdoce héréditaire, tel qu'il a existé dans l'ancien judaïsme, et tel qu'il existe encore dans les Indes; tout brahmane y est prêtre-né et n'a plus besoin que d'une éducation spéciale. Les trente-sept grands prêtres de Vichnou, dans le Guzerate, sont honorés aujourd'hui encore comme l'incarnation visible de Vichnou [1].

Le prêtre a toujours eu dans l'histoire pour rival, — parfois pour adversaire, — le *prophète*, depuis Bouddha jusqu'à Isaïe et Jésus. Le prophète n'est pas un prêtre lié à un sanctuaire, esclave d'une tradition, c'est une individualité : « le prophétisme, dit M. Albert Réville, est dans l'ordre

---

1. C'est un honneur payé très cher que celui de leur consacrer son âme, son corps, l'âme et le corps de sa femme. On paye cinq roupies pour les contempler, vingt pour les toucher, treize pour être fouetté de leur main, dix-sept roupies pour manger le bétel qu'ils ont mâché, dix-neuf roupies pour boire l'eau dans laquelle ils se sont baignés, trente-cinq roupies pour leur laver le gros orteil, quarante-deux roupies pour les frotter d'huile parfumée, de cent à deux cents roupies pour goûter dans leur compagnie l'essence du plaisir.

religieux ce que le lyrisme est en poésie. » Le prophète et le poète lyrique, en effet, parlent tous deux au nom de leur propre cœur. Le prophète est souvent un révolutionnaire ; le prêtre est essentiellement conservateur ; l'un représente plutôt l'innovation, l'autre la coutume.

Le culte extérieur et le rite, en se liant à des sentiments élevés, ont pris dans toutes les grandes religions un caractère *symbolique* et *expressif* qu'ils n'avaient pas dans les pratiques de la sorcellerie primitive ; par là, ils sont devenus *esthétiques*, et c'est ce qui a rendu le culte durable. Pour qui regarde les cérémonies religieuses les plus vieillies avec un œil d'artiste, elles deviennent la reproduction, aujourd'hui trop machinale et trop inconsciente, d'une œuvre d'art d'autrefois qui avait son sens et sa beauté ; tel un orgue de Barbarie jouant un air admirable d'un maître ancien. Pfleiderer, dans sa Philosophie de la religion, a montré que ce qui domine dans le culte, c'est l'élément *dramatique*, la « *dramatisation* » de quelque scène mythologique ou légendaire. C'est surtout chez les Aryens que cet élément prédomine : les Aryens avaient l'amour des grandes épopées et des grands drames. Les Sémites sont plutôt lyriques, et de là vient l'importance du prophétisme chez eux. Toutefois, l'élément lyrique se retrouve aussi chez les poètes grecs et chez les pythonisses. L'élément dramatique, d'autre part, est visible dans certaines cérémonies symboliques du judaïsme ou du christianisme. La messe a été autrefois un véritable « drame de la Passion » où les spectateurs étaient acteurs en même temps ; les processions, demi-païennes et demi-chrétiennes, ont encore aujourd'hui pour la foule l'attrait de décors d'opéra. La communion des fidèles est une dramatisation de la *Cène*. Le catholicisme surtout offre un caractère dramatique et esthétique trop souvent grossier, qui explique, non moins que les raisons historiques, sa victoire sur le protestantisme chez les nations du midi, plus artistes que celles du nord, mais aussi plus sensuellement artistes. La supériorité esthétique d'une religion n'est pas à dédaigner pour le penseur ; en tout rite c'est, nous le verrons, son caractère esthétique qui reste la chose la plus respectable. Le sentiment religieux a été d'ailleurs toujours uni au sentiment esthétique ; il s'est trouvé être un des facteurs importants de son développement ; c'est ainsi que les drames et les épopées ont d'abord mis en jeu des dieux ou des demi-dieux plutôt que des hommes ; les premiers romans ont été des légendes religieuses ; les premières odes, des chants sacrés et des psaumes. La musique et la religion ont toujours été ensemble. Mais l'élément esthétique finit par s'affaiblir pour laisser place à une sorte de routine machinale, à mesure que la religion perd la vivacité de ses sentiments primitifs. En Orient, plus encore que chez nous, le phénomène est manifeste. Tout y devient rite monotone, cérémonie interminable. Tandis que les parsis, représentants de la plus vieille religion, passent six heures par jour en prières, voici, d'après l'*Indian-Mirror*, le récit de la *fête du Seigneur* dans le Brahmaïsme, cette religion pourtant toute moderne et purement déiste, fondée par Râm Mohun Roy et Keshub. « A six heures précises, un hymne fut entonné en chœur dans la galerie supérieure du *mandir*, pour annoncer la solennité du jour. D'autres suivirent, avec accompagnement d'harmonium ; et ainsi, d'hymne en hymne, on atteignit le moment de l'office, qui, en y comprenant le sermon, dura de sept à dix heures. Une partie de la congrégation se retira alors pour prendre quelque repos, mais le reste entonna le *vêdi* pour demander au ministre des éclaircissements sur divers points de son sermon. A midi, comme l'assemblée se retrouvait au complet, quatre pandits vinrent successivement réciter des textes sanscrits. A une heure, le ministre donna une conférence ». — Vinrent alors plusieurs thèses philosophiques et religieuses exposées par leurs auteurs. Des hymnes, des méditations et des prières en commun conduisirent l'assistance jusqu'aux approches de sept heures, où devait se célébrer l'initiation de sept nouveaux brahmaïstes. Cette cérémonie, entrecoupée d'un sermon, ne se prolongea pas moins de deux heures, et l'assemblée qui, à en croire le chroniqueur, ne donnait aucun signe de fatigue après ces quinze heures de dévotion continue, se sépara en chantant qu'elle n'en avait pas encore assez. « *The heart wishes not to return home!* »

IV. — LE CULTE INTÉRIEUR — ADORATION ET AMOUR

Le culte intérieur a été un progrès et un raffinement du culte extérieur, qui, à l'origine, avait beaucoup plus d'importance aux yeux des hommes. A l'incantation, à l'offrande matérielle, aux sacrifices des victimes a succédé la *prière* intérieure, avec l'offrande tout intérieure de l'amour, avec le sacrifice tout intérieur des passions égoïstes. Aux hommages externes, aux témoignages de crainte et de respect par lesquels on reconnaît la puissance supérieure des divinités, comme on s'incline devant celle des rois, a succédé l'adoration mentale où Dieu est reconnu la Toute-Puissance, mais aussi la Toute-Bonté. L'inclination mentale de l'âme entière devant Dieu est le dernier reste du rite, et le rite même, dans les religions supérieures, est devenu le simple signe ou le symbole de cette adoration [1]. Ainsi, le caractère primitivement sociomorphique du culte est allé se subtilisant de plus en plus : la société semi-matérielle avec les dieux est devenue une société toute morale avec le principe même du bien, qui continue cependant d'être représenté comme une personne, comme un maître, comme un père, comme un roi.

La plus haute forme du culte intérieur est l'amour de Dieu, où sont venus se résumer tous les devoirs de la morale religieuse. L'adoration ne répond encore qu'au respect des puissances ; l'amour est une union plus intime. L'amour de Dieu est une manifestation partielle du besoin d'aimer qui se produit chez toute créature humaine. Ce besoin est assez grand pour ne pas se trouver toujours satisfait dans le milieu réel au sein duquel nous vivons ; il tend donc à sortir de ce milieu et, ne rencontrant pas sur terre d'objet qui lui suffise pleinement, il en cherche un par delà le ciel. L'amour de Dieu apparaît ainsi comme une surabondance de l'amour humain. Notre cœur se sent par moments plus grand que le monde, et cherche à le dépasser. N'oublions pas, d'ailleurs, que le monde a été étrangement rapetissé par l'ignorance, l'intolérance et les préjugés religieux ; la sphère dans laquelle pouvait s'exercer le besoin d'aimer était autrefois bien étroite : il n'est pas étonnant qu'on tendît les bras vers un être céleste et supra-naturel.

C'est encore ce qui arrive quand les affections humaines dépérissent en nous, perdent leur objet, ne trouvent plus à qui s'attacher. En France, comme en Angleterre et en Amérique, on a constaté depuis longtemps la dévotion

---

1. Chez les Hindous, le *tapas*, c'est-à-dire le *feu*, l'*ardeur de la dévotion et du renoncement volontaire*, désignait simplement à l'origine l'incantation ayant pour objet de contraindre les dévas à l'obéissance et de leur dérober une partie de leur pouvoir. D'une conception grossière est sortie la conception la plus raffinée. Voir M. Tiele, *Manuel de l'Histoire des religions*, p. 19 (trad. Maurice Vernes).

habituelle des vieilles filles, des « tantes, » qui coïncide souvent avec une certaine sécheresse de cœur. En notre siècle, une fille non mariée et d'une bonne conduite est pour ainsi dire prédestinée à la dévotion : l'amour divin est pour elle une revanche nécessaire (je parle en moyenne, bien entendu). Remarquons aussi que les vieillards sont, en général, plus inclinés que les jeunes gens à la dévotion. Il y a sans doute bien des raisons à cela, l'approche de la mort, l'affaiblissement du corps et de l'intelligence, le besoin croissant d'un appui, etc. ; mais il en existe aussi une raison plus profonde : le vieillard, toujours plus isolé que le jeune homme et privé des excitations de l'instinct sexuel, est réduit à une moindre dépense d'affection et d'amour. Ainsi s'accumule en lui un trésor d'affection non utilisé, qu'il est libre d'appliquer à tel ou tel objet ; or l'amour de Dieu est celui qui coûte le moins d'efforts, qui s'accommode le mieux à l'indolence naturelle des vieillards, à leur souci d'eux-mêmes ; ils deviennent donc dévots, moitié par égoïsme, moitié par besoin de préoccupations désintéressées. Dans notre cœur à tous brûle toujours quelque grain d'encens dont nous laissons le parfum monter à Dieu quand nous ne pouvons plus le donner à la terre. Signalons aussi la perte des êtres aimés, les malheurs de toute sorte, les infirmités irréparables, comme provoquant naturellement une expansion vers Dieu. Au moyen âge, la misère a été parfois un des plus importants facteurs de la piété ; qu'il arrive à un homme un très grand malheur immérité, il y a toute chance pour qu'il devienne croyant et religieux, à moins qu'au contraire il ne se fasse athée : cela dépend souvent de sa force d'esprit, de ses habitudes, de son éducation. Quand on frappe un animal, il peut arriver également qu'il vous morde ou qu'il se couche à vos pieds. Toutes les fois que notre cœur est violemment refoulé, il se produit en nous une réaction inévitable ; il faut que nous répondions du dedans aux coups venus du dehors : cette réponse est tantôt la révolte, tantôt l'adoration. Tous les faibles, tous les déshérités, tous les souffrants, tous ceux à qui le malheur ne laisse même pas la force nécessaire pour s'indigner, n'ont qu'un recours : l'humilité douce et consolante de l'amour divin. Quiconque sur terre n'aime pas assez et n'est pas assez aimé, cherchera toujours à se tourner vers le ciel : cela est régulier comme le parallélogramme des forces.

De même que nous avons vu dans les erreurs des sens un

des principes objectifs de la physique religieuse, peut-être pourrait-on voir dans l'amour dévié, trahi, un des principes subjectifs les plus essentiels du mysticisme. C'est par l'amour que s'explique cette onction, cette pénétrante douceur qui fait tressaillir les mystiques « jusque dans la moelle des os. » L'amour profond, même le plus terrestre, tend toujours à envelopper de respect, de vénération l'objet aimé ; cela tient à beaucoup de causes, et entre autres à cette loi psychologique qui fait que le désir grandit l'objet désiré. Aimer, c'est toujours adorer un peu. Si l'amour s'applique à un être humain, cette divinisation provisoire sera maintenue dans certaines limites ; mais, que l'amour se trouve repoussé de la terre, il ne perdra rien de la puissance d'imagination et d'effusion qu'il possède : alors l'âme, cherchant au loin quelque vague objet auquel s'attacher, s'emportera en élans mystiques, se ravira en extases. Elle personnifiera son idéal, lui donnera une figure, une parole : c'est Jésus, les pieds cachés sous la chevelure de Madeleine ; c'est la Vierge pleurant au pied de la croix ; c'est Moïse, le front dans les nuages ; c'est Bouddha enfant, devant lequel les statues des dieux se lèvent pour le saluer. Ainsi naissent les religions mystiques, faites de grandes images et de sentiments passionnés, faites surtout du cœur même de l'homme, dont elles détournent parfois la sève à leur profit. La foi la plus intellectuelle en apparence n'est souvent que de l'amour qui s'ignore. L'amour le plus terrestre est souvent une religion qui commence. Henri Beyle, visitant les mines de sel de Salzbourg, trouva dans un couloir une branche couverte de diamants incomparables, scintillants à la lumière : c'était un brin de bois mort oublié là, sur lequel le sel s'était posé et cristallisé ; dans la branche sèche et nue ainsi transformée Beyle vit le symbole de ce qui se passe au fond de tout cœur aimant : tout objet qu'on y jette s'y pare d'un éclat extraordinaire, d'une merveilleuse beauté. Il appelle ce phénomène *cristallisation* ; nous aimerions mieux l'appeler *divinisation*. Oui, l'amour divinise toujours son objet, — partiellement et provisoirement, quand cet objet est placé sur terre et près de ses yeux, d'une façon définitive quand cet objet se perd dans le lointain du ciel. Nos dieux sont comme ces êtres mystérieux qui, dans les légendes, naissent d'une goutte de sang généreux, d'une larme aimante tombant sur la terre. C'est avec notre propre substance que nous les nourrissons ; leur beauté, leur bonté vient de notre amour, et si nous les aimons ainsi, c'est qu'il faut bien aimer toujours quelque chose, faire entendre un suprême appel à tous les coins de l'horizon, même aux plus sourds. La parenté de l'amour et du sentiment religieux éclate de la façon la plus visible chez les esprits exaltés, aussi bien au moyen âge qu'à nos jours. La vraie originalité de la littérature chrétienne, c'est qu'on y trouve pour la première fois l'accent sincère et chaud de l'amour, à peine deviné çà et là par les grands génies de la littérature païenne, les Sappho et les Lucrèce. Dans une page de saint Augustin se révèle une ardeur beaucoup plus franche et profonde que toutes les mignardises d'Horace ou les langueurs de Tibulle. Rien dans l'antiquité païenne n'est comparable au chapitre de l'*Imitation* sur l'amour. La passion ainsi contenue et détournée monte à des hauteurs jusqu'alors inconnues, comme un fleuve qu'on entrave ; elle n'en reste pas moins toujours elle-même. Que dirons-nous des mystiques visionnaires, des sainte Thérèse, des Chantal et des Guyon ? La piété ici, dans son exagération, touche à la folie de l'amour ; sainte Thérèse eût pu être une courtisane de génie, comme elle a été une sainte. Les physiologistes et les médecins ont souvent observé de nos jours des cas pathologiques analogues, où l'effusion religieuse n'est pour ainsi dire qu'une méprise [1].

Dans le christianisme, la conception de Jésus, ce jeune homme beau et doux, incarnant l'esprit sous la forme la plus pure et la plus idéale, favorise plus que dans toute autre religion cette déviation de l'amour. C'est la croyance la plus *anthropomorphique* qui existe, car c'est celle qui, après s'être fait de Dieu l'idée la plus élevée, l'abaisse, sans l'avilir, dans la condition la plus humaine. Par un paganisme bien plus raffiné, bien plus profond que le paganisme antique, la religion chrétienne réussit à faire de Dieu l'objet d'un amour ardent sans cesser d'en faire un objet de respect. Mythe bien plus séduisant et plus poétique que celui même de Psyché : nous voyons Dieu, le vrai Dieu, descendu sur la terre comme un blond et souriant jeune homme ; nous l'entendons parler tout bas à l'oreille de Madeleine, au soir naissant ; puis cette vision disparaît soudain, et nous n'apercevons plus dans l'ombre que deux bras déchirés qui se tendent vers nous, un cœur qui saigne pour l'humanité. Dans cette légende tous les ressorts de l'imagination sont mis en jeu, toutes les fibres intérieures

---

1. Ribot, *de l'Hérédité*, 361 ; Moreau de Tours, *Psych. morbide*, 259.

sont remuées : c'est une œuvre d'art accomplie. Quoi d'étonnant à ce que le Christ ait été et soit encore le grand séducteur des âmes? Chez la jeune fille son nom éveille à la fois tous les instincts, jusqu'à celui de la mère, car on représente souvent Jésus sous la forme d'un enfant, avec les mêmes traits bouffis et roses sous lesquels les Grecs peignaient Eros. Le cœur de la femme est ainsi pris de tous les côtés à la fois : son imagination incertaine et craintive s'arrête tour à tour sur le chérubin, sur l'éphèbe, sur le crucifié pâle, dont la tête retombe le long de la croix. Peut-être, depuis la naissance du christianisme jusqu'à nos jours, n'y a-t-il pas eu de femme d'une piété un peu exaltée dont le premier battement de cœur étouffé et à peine conscient n'ait été pour son dieu, pour son Jésus, pour le type le plus aimable et le plus aimant qu'ait jamais conçu l'esprit humain.

Toutefois, à côté de l'élément en quelque sorte sentimental, l'amour de Dieu comprenait encore un élément moral, qui est allé se détachant de plus en plus avec le progrès des idées. Dieu étant le principe même du bien, l'idéal moral personnifié, l'amour de Dieu a fini par être l'amour moral proprement dit, vertu à son premier degré, sainteté à son achèvement. L'*acte intérieur de charité* est ainsi devenu l'acte religieux par excellence, où s'identifient la moralité et le culte intérieur : les œuvres et le culte sont la simple traduction au dehors de l'acte moral. En même temps, dans les plus hautes spéculations de la théologie philosophique, la charité a été conçue comme embrassant à la fois tous les êtres dans l'amour divin, par conséquent comme commençant à réaliser une sorte de société parfaite où « tous sont en un et un en tous. » Le caractère social et moral de la religion atteint ainsi son plus haut degré de perfectionnement, et Dieu apparaît comme une sorte de réalisation mystique de la société universelle *sub specie æterni*.

DEUXIÈME PARTIE
DISSOLUTION DES RELIGIONS
DANS LES SOCIÉTÉS ACTUELLES

CHAPITRE PREMIER
LA FOI DOGMATIQUE

I. — La foi dogmatique étroite. — Crédulité de l'homme primitif : 1° La foi spontanée aux *sens* et à l'*imagination;* 2° La foi au *témoignage* des hommes supérieurs; 3° La foi à la *parole divine*, à la révélation et aux textes sacrés. — Caractère *littéral* de la foi dogmatique. — *Intolérance* inévitable de la foi dogmatique étroite. — Comment les idées de dogme, de révélation, de salut et de damnation aboutissent à l'intolérance. — D'où vient l'esprit de tolérance moderne.

II. — La foi dogmatique large. — Le protestantisme orthodoxe. — Dogmes qui subsistent dans le protestantisme orthodoxe. Conséquences rationnelles de ces dogmes. — Caractère illogique du protestantisme orthodoxe.

III. — Dissolution de la foi dogmatique dans les sociétés modernes. — Raisons qui rendent cette dissolution inévitable. — Influence comparée des diverses sciences; influence de l'instruction publique, des voies de communication, de l'industrie même et du commerce, etc. — Disparition déjà constatable de la croyance aux oracles et aux prophéties. — Disparition graduelle de la croyance aux miracles, aux démons, etc.

I. — LA FOI DOGMATIQUE ÉTROITE

Si la foi n'a pas beaucoup varié en elle-même et comme sentiment subjectif, les objets auxquels elle s'applique ont changé d'une génération à l'autre. De là ses diverses formes, que nous allons passer en revue pour en montrer l'évolution et la dissolution.

La foi, dans les religions primitives, était tout expérimentale, physique; elle ne s'opposait pas à la croyance scientifique, qui, à vrai dire, n'existait pas. C'était plutôt une crédulité qu'une foi, et la foi religieuse est encore de nos jours une crédulité ayant une force obligatoire, qui s'est appuyée d'abord sur l'autorité des hommes supérieurs, puis sur celle de Dieu même.

On a attribué l'origine de la foi religieuse au seul besoin du merveilleux, de l'extraordinaire ; nous avons déjà montré que les religions font, au contraire, ce qu'elles peuvent pour régler la marche de l'imagination, tout en l'excitant, et pour ramener l'inconnu au connu. Il faut que le merveilleux soit un moyen de rendre une chose compréhensible en apparence; il faut que l'invisible se fasse toucher du doigt. Ce que les peuples primitifs ont cherché dans la conception des diverses religions, c'était moins le « merveilleux » au sens moderne que sa suppression partielle : ils cherchaient une explication, et l'explication par des puissances supérieures, par des esprits, par des vertus occultes, leur semblait plus claire qu'une loi scientifique.

Du reste, une explication quelconque lui étant une fois donnée, l'homme primitif ne songera plus à la discuter jamais : il est essentiellement un «homme de foi.» Pas plus que l'enfant, il ne connaît ces nuances délicates que nous désignons sous les noms de vraisemblance, de probabilité, de possibilité. La suspension volontaire du jugement que nous appelons doute marque un état d'esprit extrêmement avancé. Chez l'enfant et le sauvage, la pensée affirme son objet en pensant; ils ne savent pas réserver leur approbation, se défier de leur propre intelligence ou de celle des autres. Il faut une certaine humilité dont sont incapables les esprits trop jeunes pour dire : cela peut être, mais aussi cela peut ne pas être, — en d'autres termes : je ne sais pas. Il faut aussi de la patience pour vérifier avec soin ce qu'on croit, et la patience est le plus difficile des courages. Enfin l'homme éprouve toujours le besoin de déclarer réel ce qui est attrayant, ce qui satisfait son esprit : quand on a dit à l'enfant un conte séduisant, il vous demande : « C'est vrai, n'est-ce pas ? » S'agit-il, au contraire, d'une histoire plus ou moins triste dont le dénouement le mécontente, il s'écrie : « Ce n'est pas vrai! » Un homme du peuple à qui on démontrait, pièces en mains, qu'une chose qu'il croyait vraie était fausse, répondait en secouant la tête : « Si ce n'est pas vrai, ce doit l'être. » Tous les peuples primitifs en sont là. Dans un mémoire sur le *Développement de l'in-*

telligence et du langage chez les enfants, E. Egger analyse cet état d'esprit « rebelle à la notion du douteux et à celle de la simple probabilité. » Le jeune Félix (un enfant de cinq ans et demi) s'intéresse vivement à l'Histoire sainte, mais il ne comprend pas qu'on y laisse des lacunes, qu'on y marque d'un doute des faits incertains. « L'état actuel de son esprit, ajoute E. Egger, correspond alors à peu près à celui de l'esprit grec dans la période où l'on s'essayait péniblement à débrouiller le chaos des vieilles légendes. » Deux ans plus tard, l'enfant en question reçoit en cadeau un recueil de contes. Il voit dans la préface que l'auteur donne ces aventures pour des faits véritables; il n'en demande pas davantage, et il s'étonne qu'autour de lui on paraisse en douter. « Son esprit confiant ne va pas au delà de la déclaration qu'il a lue, d'autant plus que les récits sont pour lui suffisamment vraisemblables. » — Je me rappelle, par ma propre expérience, que rien n'irrite un enfant comme l'incertitude; il faut pour lui qu'une chose soit vraie ou fausse, et il préfère généralement qu'elle soit vraie. Du reste, il ne connaît pas les limites de sa propre puissance, encore moins celle des autres; aussi n'a-t-il pas le sentiment net du merveilleux et de l'invraisemblable. Un enfant qui voyait passer un cheval au galop me dit très sérieusement : « Je courrais bien aussi vite. » Ainsi encore, la petite fermière dont nous avons parlé demandait à sa maîtresse pourquoi elle n'aurait pas fait les fleurs du jardin. Le sens du possible manque aux intelligences primitives : lorsque vous semblez à un enfant ou à un sauvage pouvoir plus que lui, il en vient à croire que vous pouvez tout. Aussi ce que nous appelons le miracle n'apparaît-il aux peuples enfants que comme le signe visible et nécessaire d'une supériorité de puissance, à tel point que, pour eux, tout homme supérieur doit pouvoir faire des miracles; on les lui demande comme une chose due, on s'indignerait au besoin qu'il n'en fît pas, comme un enfant s'indigne si on ne l'aide pas à porter un fardeau trop lourd pour son bras. Les Hébreux attendaient des miracles de Moïse et le forçaient pour ainsi dire d'en faire. Les peuples *croient* en leurs grands hommes, et la croyance au miracle n'est que le corollaire de cette confiance en un homme.

La foi atteint d'ailleurs, chez les nations primitives, un degré qu'elle est bien loin d'avoir chez les intelligences plus cultivées : on croit sans mesure des choses qui n'ont pas non plus de mesure; le juste milieu, l'*inter utrumque* manque dans la croyance comme dans l'objet de la croyance. M. Spencer cite, dans sa *Sociologie*, l'exemple d'une femme qui attribuait à une certaine amulette la vertu magique de la préserver des coups et blessures; elle se croyait invulnérable comme Achille. Le chef de la peuplade, émerveillé qu'il existât une amulette si précieuse et voulant sans doute en faire l'acquisition, demanda à en vérifier de ses yeux la vertu. On fait venir la femme, un guerrier prépare sa hache; la femme, en toute confiance, tend son bras : la hache s'abaisse, la femme pousse un cri d'étonnement autant que de douleur, et sa main coupée vole par terre. Qui, de nos jours, aurait une foi si entière? Bien peu d'entre nous voudraient donner leur vie ou seulement leur main pour soutenir tel ou tel dogme. Cette femme était de la race des martyrs; sa crédulité intense confinait à l'héroïsme.

La foi dans le témoignage des hommes inspirés, dans leur autorité, tout humaine d'abord et qui finit par prendre un caractère surhumain, a son origine dans la confiance naturelle de l'homme à l'égard des autres hommes, toutes les fois que ceux-ci ne lui paraissent pas avoir intérêt à le tromper. C'est là un sentiment social qui devait jouer un grand rôle dans le *sociomorphisme* religieux. Autant l'homme primitif est défiant quand il s'agit de ses intérêts matériels, autant il l'est peu quand il s'agit de remettre entre les mains de quelqu'un la direction de son esprit. En outre, il ne connaît guère ce que nous appelons l'*erreur*, et ne sait pas la distinguer de la tromperie; il croit sur parole ses sens et aussi ceux des autres hommes. Quand vous lui affirmez quelque chose d'extraordinaire, il s'imagine bien d'abord que vous voulez vous railler de lui; mais il lui vient peu à l'esprit que vous vous trompiez vous-même, que vous raisonniez faux : sincérité et vérité se confondent à ses yeux. Il nous a fallu toutes les expériences de la vie moderne pour distinguer nettement ces deux choses, pour vérifier même les affirmations de ceux dont nous estimons le plus le caractère, pour contredire, sans les offenser, ceux qui nous sont le plus chers. L'homme primitif ne sépare pas sa croyance à la « loi » de sa confiance dans les « prophètes » : ceux qu'il estime et admire lui paraissent nécessairement avoir raison. Ajoutons que l'homme est toujours porté à faire grand cas des signes, de tout ce qui est une représentation matérielle, de tout ce qui parle à ses yeux et à ses oreilles; aussi la parole sacrée, les écrits qui la transmettent, tout cela n'est pas seulement pour lui un symbole, c'est une *preuve* même de sa foi. J'entendais dire un jour dans une église : — Une preuve incontestable que Moïse s'est entretenu sur la montagne avec le Seigneur, c'est que le mont Sinaï existe encore. — Cette sorte d'argument a toujours prise sur les peuples. Livingstone raconte que les nègres ne tardaient pas à l'écouter et à le croire du moment où il leur montrait la Bible, en leur disant que le Père céleste avait marqué sa volonté sur ces feuilles de papier ; ils touchaient les feuilles et ils acquéraient la foi.

En somme, confiance aveugle en une parole, en un signe, induction précipitée par laquelle on infère de la réalité du signe la réalité de la chose signifiée ; autre induction selon laquelle une doctrine relativement élevée au point de vue moral ou social et mise en avant par des hommes respectés apparaît comme vraie, fût-elle irrationnelle sur beaucoup de points, — voilà les principaux éléments de la foi primitive à la *révélation*. Cette foi encore très grossière s'est pourtant transmise jusqu'à nos jours. Elle s'impose par les yeux et les oreilles : c'est ce qui fait sa force. Elle est beaucoup moins mystique qu'on ne pourrait le croire ; elle a pris corps, elle vit dans ses monuments, ses temples, ses livres ; elle marche et respire dans un peuple de prêtres, de saints, de dieux : nous ne pouvons regarder autour de nous sans la voir s'exprimer d'une façon ou d'une autre. Grande puissance pour une pensée humaine, quelque fausseté qu'elle renferme, d'avoir pu s'exprimer ainsi, façonner les objets à son image, pénétrer la pierre et le marbre : elle est ensuite renvoyée, réfléchie vers nous par tous ces objets extérieurs ; comment ne pas y croire, puisqu'elle est devenue visible et tangible ?

La foi au témoignage et à l'autorité finit par devenir la foi à un texte saint à la lettre même de ce texte. C'est alors ce qu'on a appelé la foi *littérale*. Ce genre de foi subsiste encore, de nos jours, chez un grand nombre de peuples civilisés. Il constitue le fond du catholicisme des masses. « Afin de faire taire les esprits inquiets », dit le concile du Vatican après le concile de Trente, « il est décrété que nul ne peut, dans l'interprétation des saintes Ecritures,... s'écarter du sens donné par l'Eglise pour chercher une explication prétendue plus éclairée. » La foi devient alors la renonciation de la pensée, qui abdique sa liberté : elle s'impose à elle-même une règle non pas seulement de logique, mais de morale, et élève les dogmes au-dessus de soi comme principes immuables. Elle renferme d'avance l'intelligence dans des limites précises, et elle lui impose une direction générale avec le devoir de n'en pas dévier. C'est alors que la foi s'oppose véritablement à la croyance scientifique, dont elle fut à l'origine un substitut. Suivant la définition même donnée par le concile du Vatican, celui qui a la foi ne croit pas « à cause de la vérité intrinsèque » des choses révélées, mais « à cause de l'*autorité* divine qui les a révélées. » Raisonnez avec un tel homme, il vous écoute, vous comprend et vous suit, — mais jusqu'à un certain point seulement ; là, il s'arrête, et rien au monde ne pourra le faire passer outre. Bien plus, de ce point il se déclare absolument inexpugnable, il vous soutient que vous n'avez aucune prise sur lui. Et en effet, aucun raisonnement scientifique ou philosophique ne pourra le faire se départir de sa croyance, puisqu'il place l'objet de cette croyance dans une sphère supérieure à la raison et fait de sa foi une affaire de « conscience. » Rien ne peut obliger un homme à penser juste quand il ne se propose pas comme but suprême la rectitude de la pensée ; d'autre part, rien ne peut l'obliger à faillir s'il croit faire une faute dès qu'il met en question certains dogmes ou certaines autorités. La foi donne ainsi un caractère sacré et inviolable à ce qu'elle adopte : c'est une arche sainte qu'on ne peut, sans sacrilège et sans danger, ni regarder de trop près ni toucher du doigt, même pour la soutenir lorsque parfois elle semble près de tomber. La libre pensée et la science ne considèrent jamais une chose comme vraie que jusqu'à nouvel ordre et tant qu'elle n'est sérieusement mise en doute par personne ; la foi dogmatique, au contraire, affirme comme vrai non pas ce qui est incontesté, mais ce qui, selon elle, est en droit incontestable, ce qui se trouve par cela même au-dessus de la discussion. D'où il suit que, si les raisons de croire diminuent, la foi ne doit pas diminuer pour cela. C'est ce que Pascal s'était donné à tâche de démontrer. En effet, moins une croyance semble rationnelle à notre esprit borné, plus il y a de mérite à l'embrasser sur la foi de « l'autorité divine : » il serait trop simple d'affirmer ce qu'on voit ou même ce qui semble probable ; affirmer l'improbable, croire à ce qui semble impossible, voilà qui est bien plus méritoire. Le cœur se hausse à mesure que la pensée s'abaisse et s'humilie ; plus on paraît « absurde, » et plus on est grand: « *credo quia ineptum ;* » le devoir étant alors plus difficile, il faut plus de courage pour l'accomplir. Aussi la force de la foi se mesure-t-elle, pour le mysticisme d'un Pascal, à la faiblesse même des « raisons. » L'idéal, dans ce système, ce serait de n'avoir plus qu'une toute petite raison de croire, le plus faible des motifs, un rien ; ce serait de n'être plus rattaché à l'objet suprême de l'affirmation que par le lien le plus ténu. Les prêtres albigeois, les *parfaits* portaient comme emblème de leurs vœux un simple fil blanc passé autour de la taille : ce fil, toute l'humanité l'a porté ; il est en réalité plus solide et souvent plus lourd que toutes les chaînes.

Tandis que le scepticisme aboutit à une entière indifférence de la pensée à l'égard de toutes choses, la foi dogmatique produit une indifférence partielle et bornée à certains points, déterminés une fois pour toutes : elle ne s'inquiète plus de ces points, elle se repose et se complaît dans le dogme établi. Le sceptique et l'homme de foi s'enferment ainsi dans une sorte d'abstention de la pensée plus ou moins étendue. La foi religieuse est un besoin de *suspendre l'essor de l'esprit*, de limiter la sphère de la pensée. Qui ne connaît la légende orientale du monde soutenu par un éléphant debout sur une tortue géante, la tortue nageant dans une mer de lait? Le croyant doit toujours s'abstenir de demander *qui soutient la mer de lait*. Il ne doit jamais s'apercevoir du point où l'explication cesse ; il doit se répéter indéfiniment à lui-même la pensée inachevée qu'on lui fournit sans oser comprendre qu'elle est incomplète. Dans la rue où je passe tous les jours, un merle siffle sans cesse la même phrase mélodique : la phrase est inachevée, tourne court, et depuis des années j'entends l'oiseau enfler sa voix, lancer à toute volée son bout de phrase, puis s'arrêter d'un air satisfait, sans avoir jamais besoin de compléter d'une manière ou d'une autre cette pensée musicale interrompue, que je ne puis entendre sans quelque impatience. Ainsi fait le vrai croyant, habitué dans les plus hautes questions à demeurer sur la note sensible, qu'il prend pour la tonique, accoutumé à l'incuriosité de l'au-delà, redisant sa chanson monotone sans songer qu'il y manque quelque chose, que son chant est coupé comme ses ailes et que le monde étroit de sa foi n'est pas l'univers.

Les personnes qui s'en tiennent encore à ce genre de foi représentent l'esprit antique cherchant à se perpétuer sans aucune transaction au sein des sociétés modernes, l'âge barbare ne voulant rien concéder au progrès des idées et des mœurs ; si ces personnes formaient la majorité d'une nation, elles constitueraient le plus grand des dangers pour la raison humaine, pour la science, pour la vérité. La foi littérale fait en effet de la vérité toute nue une sorte d'objet de pudeur, de telle sorte que vous n'osez jamais la regarder en face et soulever le voile sacré dont on a couvert sa beauté. Une conspiration vous enveloppe : de toutes parts des êtres mystérieux se dressent autour de vous, vous mettant la main devant les yeux et un doigt sur la bouche. Le dogme vous tient, vous possède, vous maîtrise malgré vous ; il s'est fixé dans votre cœur et immobilise votre pensée : ce n'est pas sans raison qu'on a comparé la foi à l'ancre qui arrête le vaisseau dans sa route et le retient enchaîné sur quelque banc de terre, tandis que l'immense et libre océan s'étend au loin à perte de vue et l'appelle. Comment faire pour arracher entièrement cette ancre de votre cœur ? Quand vous l'ébranlez par un côté, la foi se rétablit en vous par un autre : vous avez mille points faibles par où elle vous ressaisit. Vous pouvez abandonner complètement une doctrine philosophique : vous ne pouvez absolument vous défaire d'un ensemble de croyances où domine la foi aveugle et littérale ; il en reste toujours quelque chose, vous en portez les cicatrices et les marques comme l'esclave affranchi portait encore sur sa chair le signe de la servitude ; vous, c'est au cœur même que vous êtes marqué, vous vous en ressentirez toujours. Vous aurez par moment des craintes, des frissons, des élans mystiques, des défiances à l'égard de la raison, des besoins de vous représenter les choses autrement qu'elles ne sont, de voir ce qui n'est pas et de ne pas voir ce qui est. La chimère implantée de bonne heure dans votre âme vous semblera même parfois plus douce que la saine et rude vérité : vous vous en voudrez de savoir ce que vous savez.

On connaît l'histoire de ce brahmane qui parlait devant un Européen de sa religion et, entre autres dogmes, du respect scrupuleux dû aux animaux ; la loi, disait-il, non seulement défend de faire du mal volontairement au moindre d'entre eux et de manger sa chair, mais même elle nous ordonne de marcher en regardant à nos pieds et de nous détourner au besoin pour ne pas écraser quelque innocente fourmi. L'Européen, sans essayer de réfuter sa foi naïve, lui mit dans la main un microscope; le prêtre regarda à travers l'instrument, et voici que, sur tous les objets qui l'entouraient, sur les fruits qu'il s'apprêtait à manger, dans la boisson qu'il allait prendre, partout où il voulait mettre la main et poser le pied, il vit s'agiter et fourmiller une mouvante multitude de petits animaux dont il ignorait l'existence, d'êtres qui pour lui n'avaient jamais compté dans l'univers. Stupéfait, il rendit le microscope à l'Européen. « Je vous le donne », dit celui-ci. Alors le prêtre, avec un mouvement de joie, saisissant l'instrument, le brisa par terre; puis il s'en alla satisfait, comme si du même coup il avait anéanti la vérité et sauvé sa foi. Heureusement on peut, sans grand dommage à notre époque, briser un instrument d'optique ou de physique qu'il n'est pas difficile de remplacer; mais que serait-il advenu d'une intelligence remise entre les mains de ce croyant fanatique? Ne l'eût-il pas écrasée au besoin comme cet instrument de verre, en la sacrifiant d'autant plus gaiement qu'une plus limpide lueur de vérité eût filtré à travers elle? Nous avons aux Indes l'exemple d'une doctrine philosophique bien inoffensive en apparence et soutenue à diverses reprises par de grands penseurs, celle de la transmigration des âmes, qui, devenue dogme religieux, produit comme conséquence indirecte l'intolérance, le mépris de la science et tous les effets habituels d'un dogme aveugle. C'est que la foi dogmatique et absolutiste, sous toutes les formes où elle se manifeste, tend toujours à arrêter la pensée dans sa marche en avant. De là l'intolérance qui résulte de la foi dogmatique étroite; c'est une conséquence qui mérite d'être mise en lumière et sur laquelle nous devons insister.

L'intolérance n'est que l'extension au dehors de la domination exclusive exercée au dedans de nous par la foi dogmatique. La croyance en une *révélation*, sur laquelle s'appuie toute religion dogmatique, est le contraire même de la *découverte* progressive; partout où l'on affirme que la première existe, la seconde devient inutile; plus qu'inutile, dangereuse : elle finira donc par être condamnée. L'intolérance, d'abord théorique, puis pratique, dérive de la foi à l'absolu sous ses diverses formes. L'absolu a pris d'abord, en toute religion révélée, la forme du *dogme*. Il a pris en second lieu celle du *commandement* dogmatique et catégorique. Il y a toujours eu des choses qu'il fallait croire et des pratiques qu'il fallait accomplir sous peine de perdition. On a pu étendre ou rétrécir la sphère des dogmes et des rites sacrés; on a pu, avec les uns, se contenter de pratiques larges; on a pu, avec les autres, soumettre à la réglementation jusqu'au régime diététique, mais il a toujours fallu admettre un minimum de dogmes absolus et de pratiques absolument nécessaires, sans lesquelles il n'y aurait plus eu d'église vraiment religieuse. Ce n'est pas tout. La sanction théologique a toujours été présentée comme également absolue; il ne s'agit de rien moins que d'un bien absolu d'une part, et d'un mal absolu d'autre part. Enfin, ce bien et ce mal ont été également conçus sous l'idée d'éternité. Ces principes posés, quand il s'agissait d'un bien absolu et éternel, d'un mal absolu et éternel, comment les croyants, dominés par l'exclusive préoccupation d'une foi ardente et profonde, eussent-ils hésité à employer au besoin la contrainte? Le libre arbitre, pour eux, ne valait que par son usage, par sa fin, qui est la volonté divine. En face d'une éternité de peines à éviter tout semblait permis, tous les moyens semblaient bons pourvu qu'ils pussent réussir. Avec cette certitude intime qui est inséparable d'une foi absolue et exclusive, quelle âme enthousiaste eût résisté devant l'emploi de la contrainte? Aussi toute religion jeune et forte est-elle intolérante. La tolérance, quand elle apparaît, marque l'affaiblissement de la foi; une religion qui en comprend une autre est une religion qui se meurt. On ne peut pas croire une chose « de tout son cœur » sans un sentiment de pitié et parfois d'horreur pour ceux qui ne croient pas comme vous. Si j'étais absolument certain de posséder la vérité suprême et dernière, hésiterais-je à bouleverser le monde pour la faire triompher? On met des œillères aux chevaux qu'on attelle pour les empêcher de voir à droite et à gauche; ils n'aperçoivent qu'un seul point, et courent vers ce point avec la hardiesse et la vigueur de l'ignorance, sous le fouet autoritaire qui les mène : les partisans du dogme absolu marchent ainsi dans la vie. « Toute religion positive, toute forme immuable, a dit Benjamin Constant, conduit par une route directe à l'intolérance, si l'on raisonne conséquemment. »

On a répondu à Benjamin Constant qu'autre chose était de croire qu'on connaît la voie du salut, et autre chose de contraindre les autres à marcher dans cette voie. Le prêtre se considère comme le médecin de l'âme; vouloir guérir par la force l'âme malade, « c'est, dit-on, comme si le médecin, pour être plus sûr de guérir son malade, le faisait condamner à mort ou aux travaux forcés, en cas de désobéissance à ses prescriptions[1]. » Assurément il serait contradictoire que le médecin qui veut guérir le corps le tuât; mais il n'est nullement contradictoire que celui qui se croit le médecin de l'âme cherche à exercer quelque contrainte sur le corps. L'objection tombe donc d'elle-même. D'ailleurs, ne nous y trompons pas, si les médecins du corps laissent à leurs malades toute liberté, c'est parfois qu'ils ne peuvent pas faire autrement; dans certains cas graves, ils tiennent à avoir leurs malades sous leur main, dans l'hôpital, — qui est après tout une sorte de prison. Si un médecin européen avait à soigner un de ces Peaux-rouges qui, atteints de la petite vérole et d'une fièvre de quarante degrés, ont l'habitude d'aller se plonger dans de l'eau glacée pour se rafraîchir, il commencerait par les attacher sur leur grabat. Et tout médecin souhaiterait de pouvoir procéder de la même manière, même en Europe, même de nos jours, à l'égard de certains imprudents qui se sont tués en partie par leur faute, comme les Gambetta, les Mirabeau et tant d'autres moins illustres.

De plus, il ne faut pas raisonner comme si le croyant pouvait s'isoler et n'agir que pour lui seul. Par exemple, qu'est-ce que la liberté absolue de l'éducation pour le catholique? c'est le droit des parents à faire damner leurs fils. Ce droit est-il pour eux admissible? Voici des livres propres à détruire la foi, qu'ils viennent d'un Voltaire, d'un Strauss ou d'un Renan, des livres qui, s'ils se répandent, perdront des âmes, « chose plus grave encore que la mort des corps », comme dit Théodore de Bèze avec saint Augustin; une nation vraiment pénétrée de la charité chrétienne laissera-t-elle ces livres se répandre, sous prétexte que la foi doit avoir son principe dans la seule volonté? Non. Avant tout, il faut délivrer la volonté même des liens de l'hérésie ou de l'erreur; c'est à ce prix seulement qu'elle est libre. De plus, il faut empêcher la volonté corrompue de corrompre les autres. L'intolérance charitable, on le voit, se justifie au point de vue exclusivement théologique. Elle s'appuie sur des raisonnements logiques dont le point de départ seul est vicieux [2].

---

1. M. Franck, *Des rapports de la religion et de l'État.*
2. On comprend les hautes autorités ecclésiastiques qui, dans le catholicisme, ont érigé en acticle de foi le droit de réprimer l'erreur. Rappelons les pages bien connues où saint Augustin raconte comment il a constaté le

Pour comprendre combien l'intolérance religieuse se légitime à son propre point de vue, il faut songer avec quelle entière quiétude nous interdisons et punissons les actes directement contraires aux conditions actuelles de notre vie sociale (par exemple l'outrage public aux bonnes mœurs, etc.). Or toute religion, nous le savons, superpose une autre société à la société réelle ; elle conçoit la vie au milieu des hommes comme enveloppée et débordée par la vie au sein de la divinité : elle doit donc chercher à maintenir cette société surnaturelle avec non moins d'énergie que nous cherchons à maintenir notre société humaine, et les conditions de cette vie supérieure viendront multiplier toutes les règles prohibitives que nous imposent déjà les conditions de l'existence réelle. Des murs imaginaires ne peuvent manquer de s'ajouter aux murs et aux fossés qui entravent déjà la circulation sur la surface de la terre : vivant avec les dieux, il faut que nous

---

bon emploi de la contrainte en matière religieuse. « Plusieurs, ramenés à l'unité du christianisme par la répression, se réjouissaient fort d'avoir été tirés de leur ancienne erreur, lesquels, pourtant, par je ne sais quelle force de la coutume, n'auraient jamais songé à changer en mieux si la crainte des lois n'avait remis leur esprit en présence de la vérité... Il faut faire marcher ensemble le bon enseignement et la crainte utile, de façon que non seulement la lumière de la vérité chasse les ténèbres de l'erreur, mais que la charité brise les liens de la mauvaise coutume, et que l'on ait alors à se réjouir du salut de plusieurs... Il est écrit : *Contraignez d'entrer tous ceux que vous rencontrerez...* Dieu lui-même n'a pas épargné son fils, et l'a livré pour nous aux bourreaux. » C'est le mot que Schiller prête au grand inquisiteur dans *Don Carlos*. Voir saint Augustin, *Epist.* CXIII, 17, 5. — Saint Paul, *Ephes.* VI, 5, 6, 9. — Rappelons enfin les décisions raisonnées des docteurs et des conciles. « Le gouvernement humain, dit saint Thomas, *dérive du gouvernement divin* et doit *l'imiter*. Or Dieu, bien que tout-puissant et infiniment bon, *permet* néanmoins que dans l'univers il se fasse du mal qu'il pourrait empêcher ; il le permet de peur qu'en l'empêchant, de plus grands biens ne soient supprimés ou de plus grands maux provoqués. De même donc, dans le gouvernement humain, *les chefs tolèrent avec raison quelque mal, de crainte de mettre obstacle à un bien ou de causer un plus grand mal,* comme le dit saint Augustin dans le traité de l'*Ordre*. C'est ainsi que les *infidèles*, bien qu'ils pèchent dans leurs rites, peuvent être *tolérés, soit à cause de quelque bien venant d'eux, soit pour éviter quelque mal.* Les Juifs observent leurs rites, dans lesquels la vérité de la foi que nous gardons était autrefois préfigurée : il en résulte cet avantage que nous avons le témoignage de nos ennemis en faveur de notre foi, et que l'objet de notre croyance nous est, pour ainsi dire, représenté en image. Quant au culte des autres infidèles, qui sont contraires en tout à la vérité et complètement inutiles, *ils ne mériteraient pas de tolérance*, si ce n'est toutefois pour éviter quelque mal, comme le scandale ou *le trouble qui pourrait résulter de la suppression de ce culte ; ou encore un empêchement au salut de ceux qui, à la faveur de cette tolérance, reviennent peu à peu à la foi.*

nous attendions à être coudoyés par eux et réprimés en leur nom. Cet état de choses ne peut disparaître entièrement que quand nous cessons de croire en une société très réelle avec nos dieux, quand nous les voyons se fondre en de simples idéaux. Les idéaux n'ont jamais le caractère exclusif et intolérant des réalités.

Il faut en somme distinguer deux sortes de vertus, sur lesquelles les religions ont une action. Les premières sont ces vertus que l'on peut appeler positives, actives, d'instinct et de cœur, comme la charité et la générosité ; celles-là, de tout temps et en tout pays, ont existé parmi les hommes ; les religions les exaltent, le christianisme a l'honneur de les avoir portées à leur plus haut degré. La seconde sorte de vertus, celles qui sont plus intellectuelles et retiennent dans l'action plutôt qu'elles n'y poussent, celles de possession de soi, d'abstention et de tolérance, celles-là sont plus modernes et proviennent de

car c'est pour cela que l'Église a toléré quelquefois même le culte des hérétiques et des païens, quand la multitude des infidèles était grande. (*Summa theol.*, 2 a ; q. x, a. 11.) » On voit de quelle nature est la *tolérance* ainsi entendue ; elle ne reconnaît nullement le *droit* de ses contradicteurs ; si elle ne sévit pas contre eux, c'est simplement pour *éviter un plus grand mal*, ou plutôt parce qu'elle n'a pas en main une force suffisante et que la multitude des infidèles est trop grande.

Un professeur de théologie à la Sorbonne a voulu récemment contester l'intolérance catholique (dont M. Alfred Fouillée venait de parler dans sa *Science sociale*). Il l'a fait par des raisons qui peuvent être citées comme une preuve de plus. « Ni aujourd'hui, ni jamais, à aucune époque de son histoire, l'Église catholique n'a prétendu *imposer la vérité du dehors par la violence*. Tous les grands théologiens ont enseigné que l'acte de foi est un acte volontaire, qui présuppose une illumination de l'esprit ; *mais ils ont enseigné aussi que la contrainte peut favoriser cette illumination* et surtout *préserver les autres* du mauvais exemple ou de la contagion des ténèbres. L'église chrétienne n'a pas eu besoin de l'épée pour évangéliser les nations : si elle a versé du sang pour triompher, elle a versé *le sien*. » — N'en a-t-elle donc jamais versé d'autre ? Si on comptait tous les meurtres commis par l'intolérance au nom des dogmes absolus, dans tous les pays du monde, si on mesurait tout le sang versé, si on amoncelait tous les cadavres, ne verrait-on point ce monceau s'élever plus haut que la flèche des cathédrales et le dôme des temples où les hommes vont encore, avec une inaltérable ferveur, invoquer et bénir le « Dieu de bonté ? » La foi en un Dieu qui parle et agit, qui a son histoire, sa Bible, ses prophètes et ses prêtres, finit toujours par être intolérante. En adorant le dieu jaloux et vengeur, on se fait à la fin son complice. On approuve tacitement tous les crimes commis en son nom et souvent, si on en croyait les livres saints, commandés par lui-même. Il est des choses qu'il faut tâcher d'oublier quand elles sont trop souillées de sang et de boue : on a rasé des monuments, on a purifié et transformé les lieux auxquels s'attachaient de trop sanglants souvenirs ; les partisans de certains dogmes auraient aussi besoin de laver leur cœur à l'eau lustrale.

l'extension de la science, qui a amené une connaissance plus nette de ses limites mêmes. La tolérance est une vertu très complexe, beaucoup plus intellectuelle que la charité ; c'est une vertu de tête plus que de cœur, et ce qui le montre, c'est que charité et intolérance se sont rencontrées bien souvent, en s'alliant au lieu de se combattre. La tolérance, quand elle n'est pas philosophique et toute de raison, prend l'aspect d'une simple débonnaireté qui ressemble fort à de la faiblesse morale. Pour montrer la grandeur de la tolérance, il faut mettre en avant des raisons objectives tirées de la relativité de la connaissance humaine, non des raisons subjectives tirées de notre propre cœur[1]. Jusqu'à présent on avait fondé la tolérance sur le *respect* de la personne et de la volonté : « il faut, disait-on, que l'homme soit libre, libre de se tromper et même de mal faire, au besoin ; » rien de plus vrai ; mais il est un autre fondement encore plus solide de la tolérance, qui tend à se faire reconnaître de plus en plus à mesure que se dissout la foi dogmatique. C'est la *défiance* à l'égard de la pensée humaine et aussi de la volonté, qui ne sont même pas libres de ne pas se tromper et dont tout article de *foi* absolue doit être nécessairement aussi un article d'erreur.

Aussi, dans les sociétés actuelles, la tolérance devient non plus seulement une vertu, mais une simple affaire d'intelligence ; plus on va, plus chacun comprend qu'il ne comprend pas tout, que la croyance d'autrui est comme un complément de la sienne propre, qu'aucun de nous ne peut avoir raison tout seul et à l'exception des autres. Par le seul développement de l'intelligence, qui fait entrevoir à chacun l'infinie variété du monde et l'impossibilité de donner une solution unique des problèmes éternels, chaque opinion individuelle prend une valeur à nos yeux : c'est un témoignage, rien de plus ni de moins, dans l'enquête tentée par l'homme sur l'univers, et chaque témoin comprend qu'il ne peut pas à lui seul formuler un jugement définitif, une conclusion dogmatique et sans appel.

---

1. Voir A. Fouillée, *Systèmes de morale contemporains*.

II. — LA FOI DOGMATIQUE LARGE

La plupart des gens, comme dit un écrivain anglais, « se donnent pour but de traverser la vie en dépensant le moins de pensée possible; » mais qu'arrivera-t-il pour ceux qui pensent et, en général, pour tout homme intelligent? — Même sans s'en douter, on finira par se permettre une interprétation plus ou moins large des textes auxquels on prétend accorder une foi étroite et *littérale*. Il n'est guère de parfait orthodoxe. L'hérésie entre par une porte ou par une autre et, chose remarquable, c'est précisément là ce qui permet à la foi traditionnelle de se maintenir devant les progrès de la science. Une foi absolument et immuablement littérale serait trop choquante pour subsister longtemps. Ou l'orthodoxie tue les nations chez qui elle étouffe entièrement la liberté de penser, ou elle tue la foi même. L'intelligence ne peut rester à jamais immobile : c'est un éclair qui marche, comme celui que jettent sous le soleil les rames ruisselantes d'une barque lancée à force de bras.

Les partisans de l'interprétation littérale et autoritaire finissent tôt ou tard par apparaître comme accumulant deux hypothèses irrationnelles au lieu d'une seule : il ne leur suffit pas qu'il y ait eu une certaine révélation d'en haut, ils veulent que les termes mêmes qui expriment la pensée divine soient divins, sacrés, immuables, d'une entière exactitude. Ils divinisent les langues des hommes. Ils ne songent pas aux difficultés qu'éprouverait quelqu'un qui, sans être un dieu, serait simplement un Descartes, un Newton ou un Leibniz, pour exprimer sa haute pensée dans une langue encore informe et à demi-sauvage. Le génie est toujours au-dessus de la langue dont il se sert et les mots sont généralement pour beaucoup dans les erreurs où tombe sa pensée même; une « inspiration divine » réduite à nos langues serait peut-être encore plus embarrassée qu'une inspiration tout humaine. Rien ne paraît donc plus étrange, à ceux qui examinent la chose de sang froid, que de voir des nations civilisées chercher l'expression pleine et entière de la pensée divine chez des peuples anciens, encore à demi-barbares, dont la langue et l'esprit étaient infiniment au-dessous de notre langue et de notre esprit; leur dieu parlant et dictant obtiendrait à peine de nos jours un certificat d'études primaires. C'est là le plus grossier des anthropomorphismes, qui consiste à concevoir la divinité non sur le type de l'homme idéal, mais sur le type de l'homme barbare. Aussi, non seulement la foi littérale, forme primitive de toute foi révélée, finit par apparaître comme entièrement irrationnelle, mais ce caractère va sans cesse s'accentuant, par la raison que la foi fait effort pour rester immobile, tandis que l'humanité marche.

Sans un certain nombre d'hérésies qui naissent et circulent chez eux, sans un courant perpétuel de libre pensée, les peuples attachés à une religion littérale seraient un *caput mortuum* dans l'histoire, à peu près, dit M. de Hartmann, « comme les fidèles Thibétains du Dalaï-lama. » Les religions littérales ne peuvent de nos jours durer et se perpétuer que par une série de compromis. Dans l'esprit du croyant sincère et intelligent, il y a toujours des périodes d'avancement et de réaction, des pas en avant suivis de pas en arrière. Les confesseurs connaissent bien toutes ces péripéties, qu'ils ont charge de régler et de maintenir dans certaines limites. Eux-mêmes y sont sujets : combien d'entre eux s'imaginent croire et sont quelque peu suspects d'hérésie ! Si nous pouvions lire au fond des consciences, que d'accommodements nous y remarquerions, que de complaisances secrètes ! Il y a toujours en chacun de nous quelqu'un qui *proteste* contre la foi littérale, et quand cette protestation n'est pas explicite, elle n'en est souvent que plus réelle: personne ne croit lire plus exactement un texte que celui qui lit entre les lignes; quand on y admire et vénère tout, c'est généralement qu'on ne le comprend même pas. Beaucoup d'intelligences aiment le vague et s'en accommodent, elles croient en gros et arrangent les détails à leur guise; quelquefois même, après avoir pris tout en bloc, elles éliminent chaque chose en détail. En somme, on pourrait peut-être diviser en trois classes ceux qui prétendent de nos jours posséder la foi littérale : des indifférents, des aveugles, des protestants qui s'ignorent.

Le protestantisme de Luther et de Calvin, c'est le compromis remplaçant le despotisme, c'est la foi large, quoique toujours dominatrice et orthodoxe. Car il y a encore dans le protestantisme des choses qui ne peuvent pas être l'objet d'un compromis; il y a encore des *dogmes* qu'il est impie de rejeter et qui, pour les libres-penseurs, ne sembleront guère moins contraires à la froide raison que ceux du catholicisme; il y a un système de thèses métaphysiques ou historiques ayant un caractère divin et non pas seulement humain. Ce qu'il y a de plus désirable dans une religion qui veut être progressive, c'est l'ambiguïté des textes; or les textes bibliques ne sont pas encore assez ambigus. Comment douter, par exemple, de la mission divine de Jésus-Christ? Comment douter des miracles? L'idée d'un Christ et les miracles sont le fondement même de toute religion chrétienne; ils se sont imposés à Luther et, de nos jours encore, ils pèsent de tout leur poids sur le protestantisme orthodoxe. Dès lors, toute la liberté dont on semblait jouir au premier abord paraît bien peu de chose. On se meut dans un cercle si restreint! Le protestant est toujours attaché à quelque chose; la chaîne est seulement plus longue et plus flexible. Le protestantisme a rendu au droit et à la liberté de conscience des services dont on ne saurait trop relever l'importance; mais, à côté des principes de liberté qu'il renferme, il en contenait d'autres d'où pouvait se déduire logiquement l'emploi de la contrainte charitable. Ces dogmes, essentiels au vrai protestantisme, sont le péché originel, conçu comme plus radical encore que dans le catholicisme et comme destructeur du libre arbitre, la rédemption, par laquelle il a fallu la mort de Dieu le Fils pour racheter l'homme des vindictes de Dieu le Père, la prédestination dans toute sa rigueur, la grâce et l'élection sous leur forme la plus fataliste et la plus mystique, enfin et surtout l'éternité des peines sans purgatoire! Si tous ces dogmes ne sont que des mythes philosophiques, le nom de chrétien devient alors un titre tout verbal, et on pourrait aussi bien se dire païen, car tous les mythes de Jupiter, de Saturne, de Cérès, de Proserpine et les « divinités de Samothrace » sont susceptibles aussi de devenir des symboles de haute métaphysique : lisez Jamblique ou Schelling. Nous devons donc supposer que le protestant orthodoxe admet un enfer, une rédemption, une grâce. Or, dans ces conditions, toutes les conséquences que nous avons déduites de ces dogmes redeviennent inévitables. Aussi les Luther, les Calvin, les Théodore de Bèze ont-ils prêché et pratiqué l'intolérance par les mêmes raisons que les catholiques. Ils n'ont réclamé le libre examen que pour eux-mêmes et dans la mesure où ils en avaient besoin; ils ne l'ont jamais élevé au rang de doctrine orthodoxe. Calvin a brûlé Servet ; les puritains d'Amérique, jusqu'en 1692, ont puni de mort les sorciers et les blasphémateurs.

Si le protestantisme a servi finalement la liberté de conscience, c'est que toute hérésie est un exemple de liberté et d'affranchissement qui entraîne après lui une série d'autres hérésies. En d'autres termes, l'hérésie est une conquête du doute sur la foi. Par le doute, le protestantisme sert la liberté ; par la foi, il cesserait de la servir et la menacerait, s'il était logique. Mais le caractère de certains esprits est précisément de s'arrêter en toutes choses à moitié chemin, entre l'autorité et la liberté, entre la foi et la raison, entre le passé et l'avenir.

Outre les dogmes admis en commun, le vrai protestantisme réclame encore un culte extérieur une manifestation déterminée de la croyance ; il tâche, lui aussi, de s'incorporer dans un certain nombre d'habitudes et de rites, qui deviennent un besoin permanent et ravivent sans cesse la foi prête à s'éteindre ; il exige des temples, des prêtres, un cérémonial. Sous le rapport du culte extérieur comme des dogmes, les protestants orthodoxes se croient aujourd'hui bien supérieurs aux catholiques ; ils ont rejeté en effet avec bon nombre de croyances naïves, bon nombre de pratiques inutiles souvent empruntées au paganisme. Il faut entendre par exemple un protestant exalté, dans ses disputes avec les catholiques, parler de la messe, cette superstition dégradante, par laquelle on interprète « en un sens aussi matériel qu'un sauvage pourrait le faire » la parole du Christ : — Celui qui se nourrit de moi vivra par moi. — Mais ce même protestant n'admet-il donc pas comme le catholique le miracle du sacrifice expiatoire, du Christ se donnant aux hommes pour les sauver? Du moment où on admet un miracle, pourquoi s'en tenir là, pourquoi ne pas le mutiplier à l'infini? « Entrez dans cet ordre d'idées, dit M. Matthew Arnold, sera-t-il possible de rien imaginer de plus beau que ce miracle répété chaque jour, Jésus-Christ offert en holocauste à mille lieux différents, le croyant mis partout à même de voir se renouveler l'œuvre de la rédemption, de s'unir au corps dont le sacrifice le sauve? » C'est là, dites-vous, une conception très belle à titre de légende, mais vous refusez d'y croire parce qu'elle choque la raison ; — alors rejetez du même coup toutes les autres choses irrationnelles dont est rempli le christianisme. Si le Christ s'est donné au genre humain, pourquoi ne se donnerait-il pas à moi? s'il est venu au devant du monde qui ne l'appelait point, pourquoi ne descendrait-il pas en moi qui l'appelle et crie vers lui? si Dieu s'est fait chair, s'il a été présent dans un corps humain, que trouvez-vous d'étrange dans sa présence réelle en mon sang et en ma chair? Vous voulez bien du miracle, mais à condition de ne pas le voir; que signifie cette fausse pudeur? Quand on croit à quelque chose, il faut vivre au sein de cette croyance, il faut la voir et la retrouver partout; quand on a un Dieu, c'est pour qu'il marche et respire sur la terre : il ne faut pas reléguer celui qu'on adore dans un coin du ciel, lui interdire de paraître au milieu de nous, se moquer de ceux qui le voient, le sentent, le touchent. Les libres-penseurs peuvent sourire, quand ils en ont le courage, du prêtre convaincu qui croit Dieu présent à l'hostie qu'il tient entre ses mains, présent au temple où il officie; ils peuvent aussi se railler de l'enfant des campagnes qui croit voir les Saints ou la Vierge lui apparaître et lui confier leurs volontés; mais un vrai croyant ne peut que prendre tout cela au sérieux. Les protestants prennent bien au sérieux le baptême et pensent qu'il est de toute nécessité pour le salut. Luther croyait bien au diable; il le voyait partout, dans la grêle, dans les incendies, dans le tumulte qui se faisait parfois sur son passage, dans les interruptions qui éclataient pendant ses sermons; il l'apostrophait, il menaçait tous les démons, « fussent-ils aussi nombreux que les tuiles des toits. » Un jour même il exorcisa si bien le Mauvais, qui manifestait sa présence par les vociférations des assistants, que le sermon commencé au milieu du plus grand trouble put s'achever tranquillement : le diable avait eu peur. Pourquoi donc le protestant orthodoxe, surtout de nos jours, veut-il s'arrêter dans sa foi? Pourquoi s'imaginer que Dieu ou le diable soient apparus seulement il y a deux mille ans? Pourquoi croire aux guérisons de l'Évangile et ne pas croire aux légendes naïves qu'on raconte sur la communion, ou encore aux miracles de Lourdes? Tout se tient dans la foi, et si vous voulez renoncer à votre raison, pourquoi ne pas avoir ce mérite jusqu'au bout? Comme l'observe M. Matthew Arnold, la doctrine protestante orthodoxe, en admettant que le Fils de Dieu peut se substituer comme victime expiatoire aux hommes condamnés pour la faute d'Adam, — en d'autres termes qu'il peut souffrir pour un crime qu'il n'a pas commis à la place de gens qui ne l'ont pas commis non plus, — ne fait elle-même qu'expliquer littérairement et grossièrement ce passage : « Le Fils de l'homme est venu pour donner sa vie en rançon pour plusieurs. » Du moment où on veut s'en tenir sur un texte au sens littéral, pourquoi ne pas le faire aussi pour les autres textes? Le protestantisme, en introduisant une certaine dose de liberté dans la foi, y a introduit aussi l'esprit d'inconséquence : c'est là sa qualité et son défaut. Quelqu'un me disait un jour : « Si je voulais tout croire, je ne croirais plus à rien. » Voilà le raisonnement de Luther; il a voulu faire la part du feu dans les dogmes, et il a espéré conserver la foi en la limitant. Ces limites sont artificielles. Il faut voir comment Pascal, avec l'esprit logique d'un Français qui est en même temps un mathématicien, se moque du protestantisme : « Que je hais ces sottises! s'écrie-t-il : ne pas croire à l'Eucharistie, etc. Si l'Évangile est vrai, si Jésus-Christ est Dieu, quelle difficulté y a-t-il là? » Nul mieux que Pascal n'a vu, comme il dit, ce qu'il y a d' « injuste, » dans certains dogmes chrétiens, ce qu'il y a de « choquant, » les « choses tirées par les cheveux, » les « absurdités » : il a vu tout cela, et il l'a accepté. Il voulait tout ou rien : quand on a fait un marché avec la foi, on ne choisit pas ce qu'il y a de meilleur pour laisser le reste, on prend tout et on donne tout. C'est encore Pascal qui a dit que l'athéisme était signe de force d'esprit, mais d'une force déployée sur un point seulement : on peut retourner la parole et dire qu'on est catholique par force d'esprit au moins sur un point. Le protestantisme, quoique d'un ordre plus élevé dans l'évolution des croyances, demeure pourtant aujourd'hui une marque de faiblesse d'esprit chez ceux qui persistent à s'y arrêter après les premiers pas faits vers la liberté de la pensée : c'est un arrêt à moitié chemin. Au fond, les deux orthodoxies rivales qui, de notre temps, se disputent les nations civilisées, étonnent également celui qui a été élevé en dehors d'elles.

III. — DISSOLUTION DE LA FOI DOGMATIQUE DANS LES SOCIÉTÉS MODERNES

La foi dogmatique, étroite ou large, peut-elle subsister indéfiniment devant la science moderne? Nous ne le pensons pas. Il y a dans la science deux parties : l'une, constructive, l'autre destructive. La partie constructive est déjà assez avancée, dans nos sociétés modernes, pour répondre à certains desiderata de l'esprit humain que le dogme se chargeait jadis de satisfaire. Sur la genèse du monde, par exemple, nous avons aujourd'hui des renseignements plus étendus et plus détaillés que ne le sont les imaginations bibliques. Sur la filiation des espèces, nous arriverons par degrés à un certain nombre de certitudes. Enfin tous les phénomènes célestes ou terrestres les plus saillants aux yeux des foules sont déjà complétement expliqués. Le pourquoi définitif n'est pas donné sans doute; on se demande même s'il y en a un. Quant à la réponse au *comment*, elle est déjà poussée très loin. Il ne faut pas oublier que les religions ont commencé par la physique, que la physique est restée longtemps en elles la partie essentielle et prépondérante; aujourd'hui elles sont forcées de s'en séparer et perdent ainsi une grande partie de leur attrait, qui a passé à la science.

La science n'a pas moins d'importance par son influence dissolvante et destructive. D'abord les sciences physiques et astronomiques. Toutes les anciennes superstitions sur les tremblements de terre, les éclipses, etc., qui étaient une occasion constante d'exaltation religieuse, sont détruites ou bien près de l'être jusque dans les masses populaires. La géologie a renversé d'un seul coup les traditions de la plupart des religions. La physique a tué les miracles. De même pour la météorologie, si récente et qui a tant d'avenir. Dieu, pour l'homme du peuple, est resté trop souvent encore celui qui fait la pluie et le beau temps, l'Indra des Hindous. Un prêtre me disait l'autre jour, le plus sérieusement du monde, que les prières de ses paroissiens avaient donné au pays trois jours de soleil. Dans les villes dévotes, si la pluie tombe un jour de procession et s'arrête un peu avant le départ du cortège, on ne manque jamais de voir là un miracle. Les populations de marins, dont le sort dépend si étroitement des perturbations atmosphériques, sont plus portées que d'autres aux pratiques superstitieuses. Du moment où l'on pourra d'avance prévoir à peu près le temps et se prémunir, toutes ces superstitions tomberont. C'est ainsi que la crainte du tonnerre s'efface rapidement de nos jours : or cette crainte était entrée comme un important facteur dans la formation des religions antiques. Franklin, en inventant le paratonnerre, a fait plus pour la destruction des sentiments superstitieux que n'aurait fait la propagande la plus active.

On pourrait déjà de nos jours, comme M. Renan l'a remarqué, démontrer scientifiquement la non-intervention du miracle dans les affaires de ce monde et l'inefficacité des demandes à Dieu pour en modifier le cours naturel ; on pourrait, par exemple, soigner les mêmes malades selon les mêmes méthodes, dans deux salles d'hôpital voisines l'une de l'autre : pour les malades de l'une des salles, un prêtre prierait ; il serait possible de voir si la prière modifie d'une manière appréciable la moyenne des guérisons. Le résultat de cette sorte d'expérience sur le pouvoir providentiel est d'ailleurs facile à deviner, et il est douteux qu'aucun prêtre instruit voulût s'y prêter.

Les sciences physiologiques et psychologiques ont le rôle très important de nous expliquer d'une manière naturelle une foule de phénomènes du système nerveux où l'on était forcé, jusqu'alors, de voir du merveilleux ou de la supercherie, du divin ou du diabolique.

Enfin, les sciences historiques attaquent les religions non pas seulement dans leur objet, mais en elles-mêmes, dans leur formation naturelle, montrant toutes les sinuosités et les incertitudes de la pensée qui les a construites, les contradictions primitives, bien ou mal corrigées par la suite, les dogmes les plus précis formés par la juxtaposition lente d'idées vagues et hétérogènes. La critique religieuse, dont les éléments se répandront tôt ou tard jusque dans l'enseignement, est l'arme la plus redoutable dont on se soit servi contre le dogmatisme religieux ; elle a eu et elle aura surtout son effet dans les pays protestants, où la théologie passionne même les foules. La foi religieuse tend à être remplacée par la curiosité des religions : nous comprenons mieux ce à quoi nous croyons moins, et nous nous intéressons davantage à ce qui ne nous effraie plus d'une horreur sacrée. Mais l'explication des religions positives apparaît comme tout le contraire de leur justification : faire leur histoire, c'est faire leur critique. Quand on veut approcher du point d'appui qu'elles semblaient avoir dans la réalité, on voit ce point reculer peu à peu, puis disparaître, comme lorsqu'on approche du lieu où paraissait se poser l'arc-en-ciel : on avait cru trouver dans la religion un lien rattachant le ciel à la terre, un gage d'alliance et d'espérance ; c'est un jeu de lumière, un effet d'optique que la science corrige en l'expliquant.

L'instruction primaire, dont on se moque quelquefois aujourd'hui, est aussi une institution toute nouvelle dont il n'y avait guère trace autrefois, et qui modifie profondément tous les termes du problème social et religieux. Le simple bagage d'instruction élémentaire qu'emporte l'écolier moderne, surtout si on y ajoute quelques notions de l'histoire religieuse humaine, peut suffire à le mettre en garde contre bien des superstitions. Autrefois, le soldat romain embrassait successivement la religion de tous les pays où il campait longtemps; revenu chez lui, il bâtissait un autel aux dieux lointains qu'il avait fait siens, Sabazius, Adonis, la déesse de Syrie ou la Bellone asiatique, le Jupiter de Baalbek ou celui de Dolica. Aujourd'hui, nos soldats et nos marins ne rapportent guère de leurs voyages qu'une tolérance incrédule, un sourire doucement irrespectueux à l'égard de tous les dieux.

Le perfectionnement des voies de communication est aussi un des grands obstacles au maintien des croyances dogmatiques : rien n'abrite la foi comme le creux profond d'une vallée ou les méandres d'un fleuve non navigable. Les derniers croyants des religions antiques furent les paysans, *pagani*; d'où le nom de païens. Mais aujourd'hui les campagnes s'ouvrent, les montagnes se percent : la circulation toujours plus active des choses et des gens fait circuler les idées, nivelle la foi, et ce niveau ne peut aller qu'en s'abaissant au fur et à mesure des progrès de la science. De tout temps les peuples, en voyageant, ont vu s'altérer leurs croyances; aujourd'hui cette altération se fait sur place : les horizons changent sans qu'on ait besoin de changer de lieu. Les Papin, les Watt, les Stephenson ont fait autant pour la propagation de la libre-pensée que les philosophes les plus hardis. De nos jours mêmes, le percement de l'isthme de Suez aura probablement plus contribué à élargir l'hindouisme que les efforts consciencieux de Râm Mohun Roy ou de Keshub.

Parmi les causes qui tendront, dans les sociétés futures, à éliminer l'ancien dogme de la providence spéciale, notons le développement de tous les arts, celui du commerce même et de l'industrie, qui n'en est encore qu'à ses débuts. Le commerçant, l'industriel s'habitue déjà à ne compter que sur soi, sur son initiative, sur son ingéniosité personnelle; il sait que travailler, c'est prier, non pas en ce sens que le travail aurait une sorte de valeur mystique, mais parce qu'il est la valeur réelle et à notre portée ; il acquiert par là un sentiment vif et croissant de responsabilité. Que l'on compare par exemple le métier d'aiguilleur (état industriel) à celui de soldat (état guerrier), on verra que les actions du premier sont forcément réfléchies et développent chez lui l'esprit de responsabilité, tandis que le second, habitué à aller sans savoir où, à obéir sans savoir pourquoi, à être vaincu ou à vaincre sans savoir comment, est dans une situation d'esprit très propre à l'envahissement des idées d'irresponsabilité, de chance divine ou de hasard. Aussi l'industrie, là où elle ne traite pas l'ouvrier comme une machine, mais au contraire le force à agir avec conscience et réflexion, est extrêmement propre à affranchir l'esprit. Disons la même chose du commerce. Toutefois, dans le commerce, la part de l'attente, de la passivité est un peu plus grande : le marchand attend le client, et il ne dépend pas toujours de lui qu'il vienne. De là des idées superstitieuses qui s'affaibliront à mesure que, dans le commerce même, la part de l'initiative et de l'activité personnelle deviendra plus grande. Il y a une trentaine d'années, dans une ville très dévote, existaient de petits commerçants qui regardaient comme un devoir de n'examiner leur livre de compte qu'à la fin de l'année : « Ce serait, disaient-ils, se méfier de Dieu que de constater trop souvent si on est en perte ou en profit ; cela porte malheur ; au contraire, moins on calcule ses revenus, plus ils s'accroissent. » Ajoutons que, grâce à de tels raisonnements, qui d'ailleurs n'étaient pas tout à fait dépourvus d'une logique naïve, les commerçants dont nous parlons ne firent pas de très brillantes affaires. Dans le commerce moderne, l'esprit positif, l'intelligence toujours éveillée et en quête, le calcul qui chasse de partout le hasard tendent à devenir les vrais et seuls éléments du succès ; quant aux risques qui, malgré toutes les précautions, subsistent encore, c'est à l'assurance qu'on s'adressera pour les couvrir.

L'assurance, voilà encore une conception toute moderne, qui substituera l'action directe de l'homme à l'intervention de Dieu dans les événements particuliers et qui permettra de compenser un malheur avant même qu'il ne se soit produit. Il est probable que l'assurance, qui ne date que de quelques années et va s'étendant rapidement, s'appliquera un jour à presque tous les accidents qui peuvent frapper l'homme, se pliera à toutes les circonstances de la vie, nous accompagera partout, nous enveloppera d'un réseau protecteur. Alors l'agriculture même, la marine, tous les métiers et tous les arts où l'initiative humaine a une part moindre, où il faut attendre la « bénédiction particulière du ciel » et où le succès final reste toujours aléatoire, se verront devenir de plus en plus indépendants et libres. On peut croire qu'un jour l'idée de providence particulière sera complètement éliminée de la sphère économique : tout ce qui, d'une manière ou d'une autre, pourra s'estimer en argent, sera couvert par une assurance, mis à l'abri du sort, retiré à la faveur divine.

Reste la sphère purement sensible et affective, les accidents physiques ou moraux qui peuvent nous arriver, les maladies qui peuvent tomber sur nous et sur les nôtres. C'est là que la volonté du grand nombre des hommes se sent le plus impuissante, leur perspicacité le plus en défaut. Il suffit d'avoir entendu quelques personnes du peuple raisonner physiologie ou médecine pour se rendre compte combien est grand sur ce point l'abaissement de leur intelligence. Souvent même des hommes d'une éducation plus distinguée n'en savent pas plus qu'eux sur ce point. En général, notre ignorance de l'hygiène et des notions les plus élémentaires de la médecine est telle, que nous sommes désarmés devant tout mal physique tombant sur nous ou sur les nôtres. A cause de cette impuissance où nous nous voyons d'agir là où précisément nous voudrions le plus agir, nous cherchons une issue pour notre volonté comprimée, pour notre espérance inquiète, et nous la trouvons dans la demande adressée à Dieu. Bien des gens n'ont jamais songé à prier que dans la maladie, ou lorsqu'ils voyaient des êtres chers malades autour d'eux. Comme toujours, le sentiment d'une « dépendance absolue » provoque ici le retour du sentiment religieux. Mais, plus l'instruction se répandra, plus les sciences naturelles tomberont dans le domaine commun, mieux nous nous sentirons armés d'une certaine puissance même en face des accidents physiques. Dans les familles très pieuses, le médecin n'apparaissait guère autrefois que comme un instrument de la providence spéciale ; on avait confiance en lui moins à raison de son talent que de sa religiosité ; cette confiance était absolue, on se déchargeait sur lui de toute responsabilité, comme les peuples primitifs sur les sorciers et les prêtres-médecins. Maintenant on commence à voir dans le médecin un homme comme un autre, qui tire ce qu'il sait de son propre fonds, ne reçoit aucune inspiration d'en haut, doit être par conséquent choisi avec soin, aidé, soutenu dans sa tâche. On comprend que les remèdes employés par lui n'ont rien de mystérieux, que leur action est régulière, que tout est une question d'intelligence dans l'application et le dosage ; au lieu de se remettre comme une matière passive entre ses mains, on tâche de coopérer à la fin qu'il poursuit, on agit davantage. Quand nous entendons quelqu'un appeler au secours et que nous pouvons courir à lui, songeons-nous à nous agenouiller ? Non ; nous considérerions même une prière passive comme un homicide déguisé. L'époque est passée où Ambroise Paré s'écriait modestement : « Je le pansai, Dieu le guérit. » Toujours est-il que Dieu ne guérit pas ceux qu'on panse mal. Le progrès des sciences naturelles est une sorte d'assurance préventive, qui n'est plus renfermée dans la sphère purement économique ; un jour on pourra, avec quelques précautions, s'assurer non seulement contre les conséquences économiques de tel ou tel accident, mais contre cet accident même ; on en viendra à le prévoir et à l'éviter, comme on prévoit et évite souvent la misère. Enfin, à l'égard même des maux qui n'auront pu être évités, chacun ne comptera que sur la science et sur l'effort humain.

Grâce à toutes les causes précédemment énumérées, que de pas faits depuis l'antiquité et le moyen âge ! D'abord, on ne croit plus aux oracles et aux prédictions. La loi, du moins, n'y croit pas et punit même ceux qui cherchent à spéculer sur la naïveté de quelques ignorants. Les devineresses de nos jours ne sont plus logées dans des temples ; en tous cas elles n'ont plus les philosophes et les hauts personnages pour clients. Nous sommes loin du temps où Socrate et ses disciples allaient consulter les oracles, où les dieux parlaient, donnaient des conseils, réglaient la conduite des hommes, tenaient lieu d'avocats, de médecins, de juges, décidaient de la paix ou de la guerre. Si on eût affirmé à un païen qu'un jour les hommes pourraient se passer de l'oracle de Delphes, il eût été aussi surpris qu'un chrétien l'est aujourd'hui quand on lui dit qu'un jour nous n'aurons plus besoin de cathédrales, de prêtres et de cérémonies religieuses.

On sait le rôle que jouaient aussi les prophéties dans la religion des Hébreux. Au moyen âge, on a fait l'expérience publique et malheureuse de certaines prophéties, comme celle qui touchait l'an mille. Depuis ce temps la religion dogmatique, pour ne pas se compromettre, s'est tenue à l'écart de tout oracle et de toute prophétie, préférant plus de sécurité à moins d'influence. Ainsi, par degrés, la religion autoritaire a renoncé à une des portions les plus importantes de la vie humaine, qu'elle prétendait autrefois connaître et régler : l'avenir. Elle se contente aujourd'hui du présent. Ses prédictions, de plus en plus vagues, ne portent plus que sur l'au-delà de la vie, et elle se contente de promettre le ciel à ses fidèles. Dans la religion catholique elle le leur assure même, en une certaine mesure, par l'absolution. Aussi peut-on voir dans le confessionnal un succédané de la divination d'autrefois. Le prêtre, de sa main, ouvre ou ferme les cieux au fidèle agenouillé dans l'ombre. C'est une puissance plus grande, à certains égards, que celle de la pythonisse fixant d'un mot le sort des batailles. Toutefois, la confession même a disparu dans les religions les plus fortes et les plus jeunes issues du christianisme. Dans le protestantisme orthodoxe, on est soi-même juge de son avenir et c'est notre seule conscience individuelle, avec toutes ses incertitudes, qui peut nous dire le mot de notre destinée. Par cette transformation, la foi dogmatique en la parole du prêtre ou du prophète tend à devenir une simple foi dans la voix de la conscience, qui elle-même va se mitigeant, s'atténuant par le doute. La croyance aux oracles et au doigt de la providence visible dès ce monde devient simplement aujourd'hui la croyance, un peu hésitante, à « l'oracle intérieur » et à une providence toute transcendante : c'est un des points sur lesquels on peut considérer l'évolution religieuse comme déjà presque accomplie, l'individualisme religieux comme prêt à remplacer l'obéissance au prêtre, la négation du merveilleux comme substituée aux superstitions antiques.

La force de la croyance dans le Dieu personnel des religions fut de tout temps proportionnée à la force de la croyance au diable, et nous venons d'en voir un exemple dans Luther. En effet, ces deux genres de foi sont corrélatifs : ce sont les deux faces diverses d'un même anthropomorphisme. Or, de nos jours, la foi au diable va s'affaiblissant d'une façon incontestable; cet affaiblissement est même très caractéristique; il ne s'est jamais produit comme à notre époque. Il n'est pas de personne éclairée qui ne soit portée à sourire du diable. C'est là, croyons-nous, un signe des temps, une preuve manifeste de la décroissance du sentiment religieux dogmatique ; là où ce sentiment est, par exception, resté assez fort encore et même fécond en dogmes nouveaux, comme en Amérique, la peur du diable est demeurée entière ; dans les régions plus éclairées, où cette peur n'existe plus qu'à l'état de symbole et de mythe, l'intensité et la fécondité du sentiment religieux ne peuvent pas ne pas diminuer dans la même proportion. Le sort de Javeh et celui de Lucifer sont liés ; anges et diables se tiennent par la main comme dans les rondes fantastiques du moyen âge : le jour où Satan et les siens seraient définitivement vaincus et anéantis dans l'esprit du peuple, les puissances célestes ne leur survivraient guère.

En somme, sous tous les rapports, la foi dogmatique, surtout celle qui est étroite, autoritaire, intolérante et en contradiction avec l'esprit de la science, semble destinée à disparaître ou à se concentrer dans un petit nombre de fidèles. Toute doctrine, fût-elle très morale et très élevée, nous paraît même aujourd'hui cesser de l'être et se dégrader du moment où elle prétend s'imposer à la pensée comme un *dogme*. Heureusement le dogme, cette cristallisation de la croyance, est un composé instable : comme certains cristaux complexes, un rayon concentré de lumière, tombant sur lui peut le faire éclater, s'en aller en poussière. La critique moderne fournit ce rayon. Si le catholicisme, poursuivant l'unité religieuse, devait logiquement aboutir à la doctrine de l'infaillibilité, la critique moderne, en montrant la relativité des connaissances humaines et la faillibilité essentielle à toute intelligence, tend à l'individualisme religieux et à la dissolution de tout dogme universel ou « catholique ». Par là le protestantisme orthodoxe est lui-même menacé de ruine comme le catholicisme orthodoxe, car il a, lui aussi, conservé dans le dogme, outre l'irrationalité, un élément de catholicité, par cela même d'intolérance, sinon pratique et civile, au moins théorique et religieuse.

CHAPITRE II

LA FOI SYMBOLIQUE ET MORALE

I. — Substitution du *symbolisme métaphysique* au dogme. — Le *protestantisme libéral*. — Comparaison avec le *brahmaïsme*. — Substitution du *symbolisme moral* au symbolisme métaphysique. — La *foi morale*. — Kant. — Mill. — Matthew Arnold. Explication *littéraire* de la Bible substituée à l'explication *littérale*.

II. — Critique de la foi symbolique. — Inconséquence du protestantisme libéral. — Jésus est-il un type plus divin que les autres grands génies. — La Bible a-t-elle plus d'autorité *morale* que les autres chefs-d'œuvre de la poésie. — Critique du système de Matthew Arnold. — Absorption finale des religions dans la morale.

Toute position illogique étant instable pour les esprits vraiment fermes, l'inconséquence même d'une religion la force à une évolution perpétuelle, qui la rapproche sans cesse de l'irréligion finale, mais par des degrés presque insensibles. Aussi le protestant ne connaît-il point les déchirements du catholique, forcé de tout prendre ou de tout rejeter : il ignore les grandes révolutions et les coups d'état intérieurs, il a l'art instinctif des transitions, son *credo* est élastique. Il peut passer par tant de confessions diverses, qu'il a tout le temps d'habituer son esprit à la vérité avant de la confesser pour son compte. Le protestantisme est la seule religion, au moins en occident, où l'on puisse devenir athée sans s'en apercevoir et sans se faire à soi-même l'ombre d'une violence : le théisme subjectif de M. Moncure Conway, par exemple, ou de tel unitaire ultra-libéral, est tellement voisin de l'athéisme idéaliste qu'on ne peut véritablement pas l'en distinguer, et cependant les unitaires, qui en fait sont souvent des libres-penseurs, croient, pour ainsi dire, croire encore. C'est que les croyances aimées gardent longtemps leur charme, même quand nous sommes persuadés que ce sont des erreurs et que nous les pensons mortes en nous; nous caressons ces illusions refroidies sans pouvoir nous résoudre à les abandonner tout à fait, comme dans les pays slaves on embrasse encore le visage pâle des morts jusque dans le cercueil ouvert, avant de jeter sur eux les poignées de terre qui brisent définitivement tous les liens visibles de l'amour.

Bien avant le christianisme les autres grandes religions, le brahmanisme et le bouddhisme, beaucoup plus larges et moins arrêtées dans leur dogme, avaient suivi l'évolution qui transforme la foi littérale en foi symbolique. Elles s'étaient conciliées successivement avec toutes les métaphysiques. Ce mouvement séculaire ne pouvait que recommencer avec une nouvelle force sous la domination anglaise. Aujourd'hui Sumangala, le grand-prêtre bouddhiste de Colombo, interprète en un sens symbolique la doctrine profonde et naïve tout ensemble de la transmigration; il prétend rejeter les miracles; d'autres bouddhistes éclairés acceptent la plupart des doctrines modernes, depuis Darwin jusqu'à Spencer. D'autre part, au sein de l'hindouisme, s'est formée une véritable religion nouvelle et toute théiste, celle des brahmaïstes [1]; Râm Mohun Roy avait fondé au commencement de ce siècle une foi très symbolique et très large; ses successeurs en sont arrivés, avec Debendra Nàth Tàgore, à nier l'authenticité même des textes, qu'on s'efforçait d'abord de tirer en tout sens. Ce dernier pas s'est fait brusquement, dans des circonstances qui méritent d'être rapportées parce qu'elles résument en quelques traits l'histoire de toute pensée religieuse. C'était vers 1847. Depuis longtemps les disciples de Râm Mohun Roy, les *brahmaïstes*, discutaient sur les Védas et, fort semblables à nos protestants libéraux, persistaient à se rattacher aux textes, où ils voulaient voir l'expression nette de l'unité de Dieu; ils se tiraient d'affaire avec tous les passages suspects en niant leur authenticité. Enfin, pris d'inquiétude, ils envoyèrent à Bénarès quatre pandits chargés de collationner les textes sacrés : c'était à Bénarès que, suivant la tradition, était conservé l'unique manuscrit soi-disant complet et authentique. Pendant deux ans que dura le travail des pandits, les Hindous attendaient la vérité comme les Hébreux au pied du Sinaï. Enfin la version authentique ou prétendue telle leur fut apportée; ils avaient la formule définitive de la révélation.

---

1. Voir M. Goblet d'Alviella, *Évolution religieuse contemporaine*.

Leur déception fut grande. Cette fois ils prirent leur parti et, réalisant d'un seul coup la révolution que poursuivent graduellement au sein du christianisme les protestants libéraux, ils rejetèrent définitivement les Védas et l'antique religion des brahmanes pour proclamer une religion théiste, qui ne s'appuyait sur aucune révélation. La nouvelle foi devait se développer, non sans hérésie ni schisme, mais ses adhérents représentent aujourd'hui dans l'Inde un important parti de progrès et d'action.

De nos jours, des hommes très estimables ont essayé, eux aussi, de pousser le christianisme dans une voie toute nouvelle. En accordant à l'homme le droit d'interprétation et de libre examen, Luther lui avait rendu le droit de glisser sa propre pensée sous les formules antiques du dogme et sous le texte des livres saints. De telle sorte que, par une révolution curieuse, la « parole, » qui était considérée d'abord comme l'expression fidèle de la pensée divine, a tendu à devenir l'expression de notre pensée propre. Le sens des mots étant à notre disposition, le langage le plus barbare peut à la rigueur nous servir pour traduire les idées les plus nobles. Par cet ingénieux expédient tous les textes deviennent flexibles, les dogmes s'approprient plus ou moins au milieu intellectuel où on les place, la « barbarie » des livres sacrés s'adoucit ; à force de vivre en compagnie du peuple de Dieu, nous le civilisons, nous lui prêtons nos idées, nos aspirations. Chacun commente à sa façon la vieille Bible et il arrive que les commentaires, s'étendant sans cesse, finissent par recouvrir et cacher à demi le texte primitif ; nous ne lisons plus qu'à travers un voile qui nous dérobe les laideurs en nous laissant voir les beautés. Au fond, le véritable Verbe, la parole sacrée, ce n'est plus Dieu qui la prononce et la fait retentir, éternellement la même, à travers les siècles ; c'est nous qui la prononçons, nous la lui soufflons tout au moins, — car qu'est-ce qui fait la valeur d'une parole, si ce n'est le sens qu'on y met ? Et c'est nous qui donnons ce sens. L'esprit divin passe donc dans le croyant et, par moments du moins, il semble que notre pensée soit le vrai Dieu. C'est un chef-d'œuvre d'habileté que cet essai de conciliation entre la foi et la libre-pensée. La première semble toujours un peu en arrière ; néanmoins l'autre, en s'ingéniant, finit par trouver moyen de la tirer à elle. Ce sont des arrangements, des compromis perpétuels, quelque chose comme ce qui se passe entre un sénat conservateur et une chambre progressiste, qui cherchent tous deux de bonne volonté un « *modus vivendi.* »

Par un procédé auquel n'aurait jamais osé songer Luther, les protestants ont imaginé d'étendre jusqu'aux dogmes essentiels cette faculté d'interprétation symbolique que Luther avait restreinte aux textes d'importance secondaire. Le plus essentiel des dogmes, celui dont dépendent tous les autres, est le dogme de la révélation. Si, depuis Luther, un protestant orthodoxe peut discuter tout à son aise sur le sens de la parole sacrée, il ne met pas en doute un seul instant que cette parole ne soit sacrée en effet et ne renferme un sens divin : quand il tient la Bible, il se croit certain de tenir dans sa main la vérité ; il ne lui reste plus qu'à la découvrir sous les mots qui la renferment, à fouiller le livre saint dans tous les sens comme les fils du laboureur fouillèrent le champ où ils croyaient un trésor caché. Mais est-ce donc bien sûr que ce trésor soit authentique, que la vérité se trouve toute faite dans les feuillets du livre ? Voilà ce que se demande le protestantisme *libéral*, qui, déjà répandu en Allemagne, en Angleterre, aux États-Unis, possède en France même bon nombre de représentants. Tous les chrétiens s'accordaient jusqu'alors à croire qu'il y avait réellement un Verbe ; de nos jours cette foi même semble tendre à devenir symbolique. Sans doute Jésus a quelque chose de divin, mais ne sommes-nous pas tous divins par quelque endroit ? « Comment, écrit un pasteur libéral, comment serions-nous surpris de voir en Jésus un mystère, quand nous en sommes un à nous-mêmes ? » Selon les nouveaux protestants, il ne faut plus rien prendre au pied de la lettre, même ce qu'on avait considéré jusqu'alors comme l'esprit du christianisme. Pour les plus logiques d'entre eux, la Bible est presque un livre comme les autres ; la coutume l'a consacré : on y trouve Dieu quand on l'y cherche, parce qu'on trouve Dieu partout, et qu'on l'y met, si par hasard il n'y est pas. Le Christ perd son auréole divine, ou plutôt il la partage avec tous les anges et tous les saints. Il perd sa pureté toute céleste, ou plutôt il nous la partage à tous ; car le péché originel n'est lui aussi qu'un symbole et nous naissons tous les fils innocents du Dieu bon. Autres symboles, que les miracles qui représentent d'une manière grossière et visible la puissance intérieure de la foi. Nous n'avons plus d'ordres à recevoir directement de Dieu ; Dieu ne nous parle plus seulement par une seule voix, mais par toutes les voix de l'univers, et c'est au milieu du grand concert de la nature que nous pouvons saisir et distinguer le véritable Verbe. Tout est symbole, excepté Dieu, qui est l'éternelle vérité.

Et encore, pourquoi s'arrêter à Dieu? La liberté de pensée qui sans cesse tourne le dogme et l'adapte à ses progrès peut faire encore un pas. La foi immuable est de plus en plus resserrée et enfermée dans un cercle mouvant qui se rétrécit sur elle; il ne restait plus pour le protestant libéral qu'un point fixe où elle puisse s'attacher : ce dernier va s'ébranler. Pourquoi Dieu même ne serait-il point un symbole? Qu'est-ce que cet être mystérieux, si ce n'est la personnification populaire du divin, ou même de l'humanité idéale, en un mot de la moralité?

Ainsi au symbolisme métaphysique se substitue un symbolisme purement moral. On aboutit alors à la conception Kantienne d'une foi au devoir entraînant comme simple postulat, ou même comme simple représentation à l'usage de l'homme, la foi en un principe capable d'assurer l'accord final de la moralité et du bonheur. La foi morale ainsi entendue a été adoptée par beaucoup d'Allemands comme base de la foi religieuse. Les hégéliens ont fait de la religion une morale symbolique. Strauss définit la morale l' « harmonisation » de l'homme avec son espèce, et la religion celle de l'homme avec l'univers; cette définition, qui semble d'abord impliquer une différence de généralité et une certaine opposition entre la morale et la religion, a en réalité pour but de montrer leur unité : l'idéal de l'espèce se confond avec celui de l'univers, et si par hasard il s'en distinguait, ce serait l'idéal le plus universel que la morale nous ordonnerait de poursuivre. M. de Hartmann, lui aussi, malgré ses tendances mystiques, conclut qu'il n'y a de religion possible que celle qui consacrera l'autonomie morale de l'individu, son salut *par lui-même*, non *par autrui* (l'autosotérisme, par opposition à l'hétérosotérisme). D'où il suit que, selon M. de Hartmann, la reconnaissance et l'adoration de la divinité doivent avoir pour principe le respect de ce qu'il y a en nous-mêmes d'essentiel et d'impersonnel ; en d'autres termes, la piété n'est qu'une des formes de la moralité et du renoncement absolu.

En France, on sait que M. Renouvier suit Kant et fonde la religion sur la foi morale. M. Renan, lui aussi, fait de la religion une morale idéaliste : « L'abnégation, le dévouement, le sacrifice du réel à l'idéal, telle est, dit-il, l'essence même de la religion. » Et ailleurs : « Qu'est-ce que l'État, sinon l'égoïsme organisé ? Qu'est-ce que la religion, sinon l'organisation du dévouement ? » M. Renan oublie d'ailleurs ici qu'un État purement égoïste, c'est-à-dire purement immoral, ne pourrait vivre. Il serait plus juste de dire que l'État est l'organisation de la justice ; comme justice et dévouement ont au fond le même principe, il s'ensuit que l'État repose, ainsi que la religion même, sur la morale : la morale est la base même de la vie sociale.

En Angleterre, nous voyons également se produire la transformation de la foi religieuse en foi purement morale. Kant, par l'intermédiaire de Coleridge et de Hamilton, a exercé une grande influence sur la pensée anglaise et sur cette transformation de la foi. Coleridge a ramené le « royaume de Dieu » sur la terre, et le règne de Dieu est devenu pour lui comme pour Kant celui de la moralité. Pour Stuart Mill, placé à un autre point de vue que Coleridge, ce qui ressort de l'étude des religions, c'est aussi que leur valeur essentielle a toujours consisté dans les préceptes moraux qu'elles donnaient : le bien qu'elles ont fait doit être attribué plutôt au sentiment moral provoqué par elles qu'au sentiment religieux proprement dit. Toutefois, ajoute Stuart Mill, les préceptes moraux fournis par les religions ont le double inconvénient, 1° d'être intéressés et d'agir sur l'individu par les promesses ou les menaces relatives à la vie à venir sans l'arracher entièrement à la préoccupation du *moi*; 2° de produire une certaine « apathie intellectuelle » et même une « déviation du sens moral », en ce qu'ils attribuent à une perfection absolue la création d'un monde aussi imparfait que le nôtre et, en une certaine mesure, divinisent ainsi le mal même. « On ne saurait adorer un tel dieu de bon cœur, à moins que le cœur n'ait été préalablement corrompu. » La vraie religion de l'avenir, selon Stuart Mill, sera une morale élevée, dépassant l'utilitarisme égoïste et nous portant à poursuivre le bien de l'humanité entière, le bien même de l'ensemble des êtres. Cette conception d'une « religion de l'humanité », qui n'est pas sans analogie avec la conception des positivistes, pourra se concilier, ajoute Stuart Mill, avec la croyance en une puissance divine, en un « principe du bien » présent à l'univers. La foi en Dieu n'est immorale que si elle suppose un Dieu tout-puissant, car elle rejette alors sur lui la responsabilité du mal : Dieu ne peut exister qu'à condition d'être partiellement impuissant, de rencontrer dans la nature, comme l'humanité même, des obstacles qui l'empêchent de faire tout le bien qu'il voudrait. Une fois Dieu ainsi conçu, le devoir pourra se formuler ainsi : « Aide Dieu », travaille avec lui au bien, prête-lui « le concours dont il a besoin puisqu'il n'est pas omnipotent »; travaille aussi avec tous les grands hommes, les Socrate, les Moïse, les Marc-Aurèle, les Washington, fais comme eux tout ce que tu pourras et rien que ce que tu dois. Cette collaboration désintéressée de tous les hommes entre eux et avec le « principe du bien », de quelque manière d'ailleurs qu'on se figure et qu'on personnifie ce principe, telle sera, selon Stuart Mill, la religion suprême. Ce n'est, on le voit, qu'une morale agrandie et érigée en loi universelle du monde. Qu'est-ce que nous appelons le divin, sinon ce qu'il y a en nous de meilleur? « Dieu est bon, » avait écrit Feuerbach, « signifie : la bonté est divine ; Dieu est juste signifie : la justice est divine. » Au lieu de dire : il y a des douleurs divines, des morts divines, on a dit : Dieu a souffert, Dieu est mort. « Dieu, c'est le cœur humain divinisé[1]. »

Une thèse analogue a été soutenue avec éclat dans un livre qui a eu un grand retentissement en Angleterre, la *Littérature et le dogme* de Matthew Arnold. Ce dernier s'accorde d'abord avec tous les critiques des religions pour constater l'état de tension toujours croissante où est arrivé, de nos jours, le conflit entre la science et le dogme. « Une révolution inévitable va atteindre la religion dans laquelle nous avons été élevés ; nous en reconnaissons tous les signes avant-coureurs. » Et M. Arnold a raison. Jamais, en aucun temps, le parti de l'incrédulité ne parut avoir plus de raisons en sa faveur ; les antiques arguments contre la providence, le miracle et les causes finales, par lesquels les Épicuriens convainquirent autrefois tant d'esprits, ne semblent rien auprès des arguments fournis de nos jours par les Laplace, les Lamarck et tout récemment par Darwin, l'« homme qui a chassé le miracle », selon le mot de Strauss. Un des prophètes sacrés que

---

[1]. M. Seeley, dans son ouvrage intitulé *Natural Religion* (1882), s'efforce aussi d'établir que, des trois éléments qui peuvent fournir une idée religieuse, l'amour du vrai ou la science, le sentiment du beau ou l'art, la notion du devoir ou la morale, il n'y a plus que le troisième qui puisse se concilier aujourd'hui avec le christianisme.

M. Arnold aime à citer disait autrefois : « Un temps viendra où il y aura sur cette terre une famine, non la famine du pain ni la soif de l'eau, mais la famine et la soif d'ouïr les paroles de l'Éternel; les hommes courront d'une mer à l'autre, du nord à l'orient, pour chercher la parole de l'Éternel, mais ils ne la trouveront point. » Ces temps prédits par le prophète, M. Arnold pourrait en reconnaître la venue ; n'est-ce pas de notre époque qu'on peut dire en vérité que la « parole de l'Éternel » lui manque ou va lui manquer bientôt. Un nouvel esprit anime notre génération : non seulement on doute que l' « Eternel » ait jamais parlé ou parle jamais à l'homme, mais beaucoup ne croient même plus à d'autre éternité qu'à celle de la nature muette et indifférente, qui ne révèle point son secret à moins qu'on ne le lui ravisse. Il y a bien encore aujourd'hui quelques serviteurs fidèles dans la maison du seigneur ; mais le maître, lui, semble parti pour les pays lointains du passé, d'où le souvenir seul revient. En Russie, dans les antiques domaines seigneuriaux, une plaque de fer est accrochée à la muraille ; quand le maître est revenu et passe en son domaine la première nuit du retour, le serviteur court à la plaque de fer, puis, dans le silence de la maison endormie mais peuplée désormais, il frappe le métal, il le fait résonner pour annoncer sa vigilance et la présence du maître. Qui fera vibrer ainsi la grande voix des cloches pour annoncer le retour en son temple du dieu vivant, la vigilance réveillée de tous les fidèles? Aujourd'hui le tintement des cloches est triste comme un appel dans le vide ; il sonne la maison de Dieu déserte, il sonne l'absence du seigneur et le glas des croyances mourantes. Comment donc faire rentrer Dieu dans le cœur de l'homme? Il n'y a qu'un moyen : en faire le symbole de la moralité, toujours vivante au fond de ce cœur. C'est à ce parti que, lui aussi, M. Arnold s'arrête. Mais il ne se contente pas de la moralité purement philosophique, il espère conserver la religion, et en particulier la religion du christianisme. Pour cela, il met en avant une nouvelle méthode d'interprétation, la méthode « *littéraire* » et esthétique, qui cherche dans les textes seulement ce qu'il y a de plus beau et de meilleur moralement, en se disant que c'est peut-être encore là ce qu'il y a de plus vrai ; il essaie de reconstituer les notions primitives du christianisme dans ce qu'elles avaient de vague, d'indécis et en même temps de profond, pour les opposer au sens précis et grossier où la naïveté populaire les a prises. Quand il s'agit de métaphysique ou de religion, il n'y a rien de plus absurde que de vouloir trop préciser : ces vérités ne s'enferment pas dans un mot. Il faut donc que le mot, au lieu de définir pour nous la chose, ne soit qu'un moyen de nous rappeler son infinité. De même que la vérité déborde les mots, elle déborde aussi les personnalités ou les figures sous lesquelles l'humanité se l'est représentée. Quand une idée est conçue avec force, elle tend à prendre des traits, un visage, une voix; nos oreilles croient entendre, nos yeux croient voir ce que sent notre cœur. « L'homme ne saura jamais, a dit Gœthe, combien il est anthropomorphiste. » Quoi d'étonnant à ce que l'humanité ait fini par personnifier ce qui l'a de tout temps émue, l'idée du bien et de la justice? L'Éternel, l'Éternel juste, le Tout-Puissant qui met d'accord la réalité avec la justice, le grand distributeur du bien et du mal, le grand être qui pèse toutes les actions, qui fait tout avec nombre et mesure, ou plutôt qui est lui-même le nombre et la mesure, voilà le dieu du peuple juif, voilà le Javeh du judaïsme adulte, tel qu'il finit par apparaître dans le vague de l'inconnu. De nos jours il est devenu une simple notion morale qui, en s'imposant avec force à l'esprit, a fini par prendre une forme, par se personnifier, par s'allier à une foule de superstitions que la « fausse science des théologiens » en considérait comme inséparables et qu'une interprétation plus délicate, moins *littérale* et plus « *littéraire* », doit en séparer. Dieu étant devenu la loi morale, on pourra aller plus loin encore dans cette voie et dire que le Christ qui s'immole pour sauver le monde est le symbole moral du sacrifice de soi-même, le type sublime dans lequel nous trouvons réunies toutes les douleurs de la vie humaine et toute la grandeur idéale de la moralité. En lui l'humain et le divin sont réconciliés : il est homme, car il souffre, mais son dévouement est si grand qu'il le fait Dieu. Qu'est-ce maintenant que le *ciel*, réservé à ceux qui suivent le Christ et continuent sans interruption la série des sacrifices? C'est la perfection morale. L'enfer, c'est le symbole de la corruption définitive où, par hypothèse, finiraient par tomber ceux qui, à force de choisir le mal, perdraient jusqu'à la notion du bien. Quant au paradis terrestre, c'est le charmant symbole de l'innocence primitive de l'enfant : il n'a rien fait de mal encore, mais il n'a rien fait de bien ;

sa première désobéissance marque sa première faute; quand le désir s'est éveillé en lui pour la première fois, sa volonté a été vaincue, il a failli, il est tombé, mais cette chute est précisément la condition de son relèvement, de sa rédemption par la loi morale; le voilà condamné au travail, au dur travail de l'homme sur lui-même, à la lutte contre la passion; sans cette lutte qui le fortifie, jamais il ne verrait descendre en lui le dieu, le christ sauveur, l'idéal moral. Ainsi, « c'est dans l'évolution de la conscience humaine qu'il faut chercher l'explication des symboles chrétiens[1]. » Il faut dire d'eux ce que le philosophe Salluste dit de toutes les légendes religieuses dans son *Traité des dieux et du monde* : cela n'est jamais arrivé, et cela est éternellement vrai. La religion est la morale du peuple; elle nous montre à tous, réalisés, divinisés, les types supérieurs de conduite que nous devons nous efforcer d'imiter ici-bas; les rêves dont elle peuple les cieux sont des rêves de justice, d'égalité dans le bien, de fraternité : le ciel est une revanche de la terre. N'employons donc plus les noms de Dieu, de Christ, de résurrection qu'à titre de symboles, vagues comme l'espérance. Alors, selon M. Matthew Arnold et ceux qui soutiennent la même thèse, nous nous mettrons à aimer ces symboles, notre foi trouvera à quoi se prendre dans la religion, qui auparavant semblait n'être qu'un tissu d'absurdités grossières. Derrière le dogme, qui n'en est que la surface, nous trouverons la loi morale, qui en est le fond. Cette loi, il est vrai, y est devenue concrète; elle a pris, pour ainsi dire, une forme et une couleur. C'est que les peuples sont des poètes : ils ne pensent que par images, on ne les soulève qu'on leur montrant du doigt quelque chose. Après tout, qu'y a-t-il de mauvais à ce que les apôtres, entr'ouvrant l'éther bleu, aient montré tout là haut aux nations ébahies des trônes d'or, des séraphins, des ailes blanches et la multitude des élus agenouillés? Ce spectacle a fasciné le moyen âge et parfois, quand nous fermons les yeux, nous croyons encore l'apercevoir. Cette poésie répandue sur la loi morale lui donne un attrait qu'elle n'avait pas tout d'abord en son austérité. Le sacrifice devient plus doux quand il apparaît couronné d'une auréole. Les premiers chrétiens n'aimaient pas à se représenter le Christ

---

[1]. Outre M. Matthew Arnold, voir M. L. Ménard, *Sources du dogme chrétien* (*Critique religieuse*, janvier 1879).

saignant sous les épines, mais plutôt transfiguré et triomphant ; ils préféraient voiler ses souffrances. Des tableaux comme ceux qui ornent nos églises leur eussent fait horreur : leur foi encore jeune aurait été ébranlée par cette « image de la douleur sur du bois » qui causait à Gœthe une sorte de répulsion. Quand ils représentaient la croix, elle ne portait plus son dieu, et ils avaient soin d'en recouvrir le bois même de fleurs et d'ornements de toute sorte. C'est ce que nous montrent les figures naïves, les dessins et les sculptures trouvés dans les catacombes. Cacher une croix sous des fleurs, voilà la merveille réalisée par la religion. Quand on regarde les religions de ce point de vue, on ne dédaigne plus toutes les légendes qui constituent la matière de la foi populaire; on les comprend, on les aime, on se sent envahi « d'une tendresse infinie » pour cette œuvre spontanée de la pensée en quête du bien, en attente de l'idéal, pour ces contes de fée de la moralité humaine, plus profonds et plus doux que les autres. Il fallait bien que la poésie religieuse préparât sur cette terre, longtemps d'avance, la venue du mystérieux idéal, embellît le lieu où il devait descendre, comme la mère de la belle au bois dormant, voyant s'alourdir pour un sommeil de cent ans les paupières de sa fille, plaçait avec confiance au pied du lit de l'endormie le coussin brodé où s'agenouillerait un jour le lointain amoureux qui devait la réveiller d'un baiser.

Comme nous sommes loin maintenant de l'interprétation servile des « prétendus savants, » qui se penchent sur les textes et perdent de vue la pensée générale et primitive! Quand on veut voir l'ensemble d'un tableau, il ne faut pas s'approcher trop près, ou la perspective disparaît et toutes les couleurs se dégradent ; il faut se mettre à une certaine distance, dans un jour favorable : alors éclate l'unité de l'œuvre en même temps que la richesse des nuances. Ainsi devons-nous faire à l'égard des religions. Quand nous nous plaçons assez loin et assez haut, nous en venons à perdre toute prévention, toute hostilité à leur égard : leurs livres saints finissent même par mériter à nos yeux le nom de saints ; nous y retrouvons, dit M. Arnold, un « secret » providentiel qui est le « secret de Jésus. » Pourquoi, ajoute M. Arnold, ne pas reconnaître que la Bible est un livre inspiré, dicté par l'esprit divin ? Après tout, ce qui est spontané est toujours plus ou moins divin, providentiel ; ce qui jaillit des sources mêmes de la pensée humaine est infiniment vénérable. La Bible est un livre unique, correspondant à un état d'esprit tout particulier, et qu'on ne peut pas plus refaire ou corriger qu'une œuvre de Phidias ou de Praxitèle. Malgré ses lacunes morales et son fréquent désaccord avec la conscience de notre époque, ce livre est le complément nécessaire du christianisme; il manifeste l'esprit général de la société chrétienne, il en représente la tradition et rattache les croyances du présent avec celles du passé[1]. La Bible et les dogmes, après avoir été jadis le point de départ de la foi religieuse, finissent sans doute par avoir besoin, devant la foi moderne, d'une justification; mais cette justification, ils l'obtiennent : ce qu'on comprend est déjà pardonné.

Si l'Évangile contient une doctrine morale plus ou moins réfléchie, c'est assurément celle de l'amour. La charité ou pour mieux dire la justice aimante (toute charité est une justice au point de vue absolu), tel est le « secret » de Jésus. L'Évangile peut donc être considéré, selon la pensée de M. Arnold, comme étant avant tout un traité de morale symbolique. La véritable supériorité de l'Évangile sur le paganisme et sur la philosophie païenne était une supériorité morale : c'est pour cela qu'il a vaincu. Il n'y a pas de théologie dans l'Évangile, si ce n'est la théologie juive; or la religion juive n'eût pas pu conquérir le monde. La puissance de l'Évangile était dans sa morale; c'est elle qui, de nos jours mêmes, survit plus ou moins transformée par le progrès des temps. Aussi est-ce sur la morale évangélique que doivent nécessairement s'appuyer les chrétiens des sociétés modernes, c'est en elle qu'ils peuvent puiser leur vraie force : elle est le principal argument qu'ils puissent invoquer pour démontrer la légitimité même de la religion et pour ainsi dire la légitimité de Dieu.

M. Matthew Arnold et le groupe de critiques libéraux qui se sont comme lui inspirés de l' « esprit des temps » (*Zeit Geist*), semblent avoir ainsi conduit la foi au point extrême où elle pouvait aller sans rompre entièrement avec le passé, avec les textes et les dogmes. La pensée religieuse n'est plus rattachée par eux aux symboles qu'à l'aide du plus mince des liens. Au fond, pour qui y regarde de près, les chrétiens libéraux suppriment la religion proprement dite pour la remplacer par une *morale religieuse*. Le véritable croyant d'autrefois affirmait Dieu d'abord et faisait

---

1. Voir M. L. Ménard, *ibid.* (*Crit. relig.*, 1879).

de la volonté de Dieu la règle de sa conduite; le croyant libéral de nos jours affirme d'abord la loi morale, et la divinise ensuite. Il traite d'égal à égal, comme M. Arnold, avec le grand Javeh et lui tient à peu près ce langage: Es-tu une *personne*, je n'en sais rien; as-tu eu des prophètes, un Messie, je ne le crois plus; m'as-tu créé, j'en doute un peu; veilles-tu sur moi en particulier, fais-tu des miracles, je le nie; mais il y a une chose, une seule, à laquelle je crois, c'est ma moralité; si tu veux bien t'en porter garant et mettre la réalité d'accord avec mon idéal, nous ferons un traité d'alliance: en affirmant ma propre existence comme être moral, j'affirmerai la tienne par-dessus le marché. — Nous sommes loin de l'antique Javeh, puissance avec laquelle on ne pouvait marchander, Dieu jaloux qui voulait que toutes les pensées de l'homme fussent pour lui seul, et qui ne faisait avec son peuple de traité d'alliance qu'en se réservant d'en dicter en maître les conditions.

Les plus distingués des pasteurs allemands, anglais ou américains finissent par rejeter tellement dans l'ombre la théologie au profit de la morale pratique, qu'on pourrait leur appliquer à tous ces paroles d'un journal américain, la *North american review* : « Un païen désireux de connaître les doctrines du christianisme pourrait fréquenter pendant une année entière nos églises les plus fashionables et ne pas entendre un mot sur les tourments de l'enfer ou sur le courroux d'un Dieu offensé. Quant à la chute de l'homme et aux souffrances expiatoires du Christ, on ne lui en dira que juste assez pour ne pas porter ombrage au disciple le plus fanatique de l'évolution. Écoutant et observant par lui-même, il arrivera à cette conclusion que la voie du salut consiste à confesser sa foi dans quelques doctrines abstraites, atténuées autant que possible par le prédicateur et par le fidèle, à fréquenter assidûment l'église ainsi que les réunions extrareligieuses, à laisser tomber une obole chaque dimanche dans la sébile, et à imiter l'attitude de ses voisins. » On relâche tellement le sens des termes qu'on en vient à considérer comme chrétiens tous ceux qui ont été formés par la civilisation chrétienne, tous ceux qui ne sont pas restés totalement étrangers au mouvement d'idées suscité dans l'Occident par Jésus et Paul. C'est un pasteur américain parti des dogmes étroits de Calvin[1] qui, après avoir employé sa longue vie à s'en dé-

---

1. M. Henry Ward Beecher.

gager toujours davantage, trouvait à soixante-dix ans cette large formule de sa foi : « Nul ne doit être rangé parmi les infidèles qui voit dans la justice la grande foi de la vie humaine et qui poursuit une soumission toujours plus complète de sa volonté à son sens moral. »

II. — Quelle peut être la valeur et quelle peut être la durée du symbolisme métaphysique et moral auquel on essaye ainsi de réduire la religion?

Parlons d'abord des protestants libéraux. Le protestantisme libéral, qui ramène les dogmes mêmes à de simples symboles, est sans doute en progrès par rapport au protestantisme orthodoxe, comme ce dernier par rapport au catholicisme. Mais, autant il semble l'emporter au point de vue moral et social, autant au point de vue logique, il est inférieur. On a appelé irrévérencieusement le catholicisme « un cadavre embaumé à la perfection » une momie chrétienne admirablement conservée sous les chasubles dorées et les surplis qui l'enveloppent; avec le protestantisme de Luther ce corps se déchire et s'en va en lambeaux ; avec le protestantisme dit libéral il tombe en poussière. Conserver le *christianisme* en supprimant le *Christ*, le fils ou tout au moins l'envoyé de Dieu, c'est là une entreprise dont étaient seuls capables des esprits peu portés, par leur nature même, à tenir grand compte de ce que nous appelons la logique. Qui n'admet pas la révélation doit se dire franchement philosophe et ne pas tenir plus de compte de la Bible et de l'Évangile que des dialogues de Platon ou des traités d'Aristote, des Védas ou du Talmud. Les protestants libéraux, comme le remarque M. de Hartmann, un de leurs adversaires les plus acharnés, s'emparent de toutes les idées modernes pour les « faire voyager sous le pavillon chrétien. » Ce n'est pas très conséquent. Quand on veut absolument se ranger autour d'un drapeau, au moins que ce soit le vôtre et non celui d'autrui. Mais les protestants libéraux veulent, de très bonne foi d'ailleurs, être et rester protestants ; en Allemagne ils s'obstinent à demeurer dans l' « Église évangélique unie » de Prusse ; ils y sont à leur place « comme un moineau dans un nid d'hirondelle. » M. de Hartmann, qui à leur égard est d'une verve intarissable, les compare à des hommes dont la maison craque en maint endroit et menace ruine ; ils s'en aperçoivent, font tout ce qu'ils peuvent pour l'ébranler encore davantage, et cependant ils continuent tranquillement d'y dormir, ils y appellent même les passants en leur offrant le vivre et le couvert. Ils ressemblent encore, — toujours selon M. de Hartmann, — à quelqu'un qui s'assied avec confiance sur une chaise après en avoir au préalable scié les quatre barreaux. Déjà Strauss avait dit : « Quand on ne regarde plus Jésus que comme un homme, on n'a plus aucun droit de le prier, de le conserver comme centre d'un culte, de prêcher toute l'année sur lui, sur ses actions, ses aventures et ses maximes, surtout si les plus importantes de ses actions et de ses aventures ont été reconnues pour fabuleuses, et si ses maximes ont été démontrées incompatibles avec nos vues actuelles sur le monde et la vie. » Pour s'expliquer ce qu'il y a d'étrange dans la plupart des communions libérales, qui s'arrêtent toujours à mi-chemin de la liberté, il faut remarquer qu'elles sont généralement l'œuvre d'ecclésiastiques rompant avec l'Église dominante ; ces derniers, qui ont été prêtres, en gardent toujours quelque chose, l'habitude les a pliés une fois pour toutes, ils ne peuvent pas plus penser sans les formules du dogme que nous ne pouvons parler sans les mots de notre langue ; même quand ils font effort pour apprendre un langage nouveau, il leur reste toujours un accent qui décèle leur origine. D'ailleurs ils sentent instinctivement qu'ils empruntent au nom du Christ une autorité, et ils ne peuvent pas renoncer à cette action spirituelle qu'ils veulent exercer en vue du bien. En Allemagne et en France même, outre les protestants libéraux que nous comptons en petit nombre, d'anciens catholiques ont cherché à sortir du catholicisme orthodoxe, mais ils n'ont pas osé sortir du christianisme. On connaît le père Hyacinthe [1]. En vain, entraînés par la logique, ceux qui

---

[1]. Un autre, dont le nom a failli devenir célèbre il y a quelques années, le D` Junqua, avait entrepris lui aussi de fonder une Église, l'*Église de la liberté* : tous ceux qui devaient y entrer étaient libres de croire à peu près ce qu'ils voulaient, l'athée même à la rigueur pouvait y être admis. L'Église en question devait avoir des attributs purement symboliques : — le baptême, c'est-à-dire le « symbole de l'initiation à la civilisation chrétienne, » la confirmation, c'est-à-dire le « symbole de l'enrôlement dans la milice de la liberté, » l'eucharistie ou agape religieuse, c'est-à-dire le symbole de fraternité humaine ; — ajoutons que ces sacrements n'avaient rien d'obligatoire et qu'on pouvait s'en abstenir entièrement si on voulait. Néanmoins on devait faire partie d'une Église, d'une communion ; on pouvait désigner sa foi propre sous un nom commun ; on était enfin en relations avec un prêtre, qui commenterait devant vous les maximes de l'Évangile, qui vous parlerait du Christ comme si vous croyiez en lui et comme s'il y croyait lui-même. L'Église du D` Junqua eût facilement réussi en Angleterre à côté de M. Moncure Conway et des sécularistes.

sont nés chrétiens font effort pour se débarrasser de leurs croyances : ils font songer involontairement à la mouche prise dans une toile d'araignée, qui tire une aile, une patte, et pourtant reste encore paralysée sous ses invisibles liens.

Essayons pourtant d'entrer plus avant dans la pensée de ceux qu'on pourrait appeler les néo-chrétiens, et cherchons quelle part de vérité peut contenir leur doctrine tant critiquée. — Si Jésus n'est qu'un homme, disent-ils, c'est du moins le plus extraordinaire des hommes ; il a du premier coup, par une intuition naturelle et divine tout ensemble, découvert la vérité suprême dont l'humanité devait se nourrir ; il a devancé les temps ; il ne parlait pas seulement pour son peuple ni pour son siècle, ni même pour quelques dizaines de siècles : sa voix va plus loin, elle franchit le cercle restreint de ses auditeurs et des douze apôtres, elle s'élève au-dessus de ce peuple de Judée prosterné devant lui, elle arrive jusqu'à nous, elle retentit à nos oreilles des éternelles vérités, elle nous trouve encore attentifs à l'écouter, à la comprendre, incapables de la remplacer. « En Jésus, écrit le pasteur Bost dans son ouvrage sur le *Protestantisme libéral*, la rencontre du divin et de l'humain s'est faite dans des proportions qui n'ont pas été vues ailleurs. Son rapport à Dieu est le rapport normal et typique de l'humanité avec son créateur... Jésus demeure à jamais notre modèle. » Le professeur Hermann Schultz, dans une conférence faite à Göttingue il y a quelques années, exprime aussi cette idée que Jésus est bien réellement le *Messie*, au sens propre que les Juifs attachaient à ce mot : il a fondé le royaume de Dieu, non pas, il est vrai, par des exploits merveilleux comme ceux de Moïse ou d'Élie, mais par un exploit plus grand encore, par le sacrifice de l'amour, le don volontaire de soi. Les apôtres et tous les chrétiens en général ne crurent pas au Christ à cause des miracles ; ils acceptèrent ses miracles grâce à leur foi préalable en lui : cette foi ne trouve son vrai fondement que dans la supériorité morale du Christ, et elle subsiste même si on nie les miracles. Le professeur Schultz conclut, contre Strauss et M. Renan, que « la foi au Christ est entièrement indépendante des résultats de l'examen historique de sa vie. » Toutes les actions de Jésus peuvent être de la légende, il nous reste sa parole et sa pensée, qui rencontrent en nous un écho toujours prêt à s'éveiller. Il est des choses qu'on trouve une fois pour toutes : celui qui a trouvé l'amour n'a pas fait une découverte illusoire et passagère. N'est-il pas juste que les hommes se groupent autour de lui, se rangent sous son nom ? Lui-même aimait à s'appeler le « Fils de l'homme » : c'est à ce titre que l'humanité doit le vénérer. — « Ce n'est pas une destruction, c'est une reconstruction qui sort de l'exégèse biblique contemporaine », disait aussi en 1883 un des représentants de l'unitarisme anglais, le Révérend A. Armstrong. Nous aimons davantage Jésus en le sentant mieux notre frère, en ne voyant dans les légendes merveilleuses dont on l'environne que le symbole d'un autre amour plus naïf que le nôtre, celui de ses disciples. La croyance par les miracles n'est qu'une forme dernière de la tentation, à laquelle doit échapper l'humanité. Dans le récit symbolique de la tentation au désert, Satan lui parle ainsi : « Dis que ces pierres deviennent du pain ; » n'est-ce pas lui conseiller le miracle, la prestidigitation, dont usèrent si souvent les anciens prophètes pour éblouir l'imagination des peuples. Mais Jésus refuse. Ailleurs il dit au peuple d'une voix indignée : « Si vous ne voyez des prodiges et des miracles, vous ne croyez pas » ; et aux pharisiens : « Hypocrites, vous savez bien discerner les apparences du ciel et de la terre...; et pourquoi ne connaissez-vous pas aussi de vous-mêmes ce qui est juste ? » C'est de nous-mêmes, disent les néo-chrétiens, c'est par notre propre conscience et par notre propre raison que nous trouvons la justice dans la parole du Christ et que nous la révérons : cette parole n'est pas vraie parce qu'elle est divine, elle est divine parce qu'elle est vraie.

Ainsi compris, le protestantisme libéral est une doctrine qui mérite d'être discutée ; seulement il ne se distingue plus par aucun caractère spécial des nombreuses sectes philosophiques qui, dans le cours de l'histoire, ont voulu se rattacher à l'opinion d'un homme, l'identifier avec la vérité, lui donner enfin une autorité plus qu'humaine. Pythagore fut pour ses disciples ce que Jésus est pour les protestants libéraux. On connaît aussi le respect traditionnel des Épicuriens pour leur maître, l'espèce de culte qu'ils lui rendaient, l'autorité qu'ils accordaient à ses paroles[1]. Pythagore avait mis en lumière une grande idée, celle de l'harmonie qui gouverne le monde physique

---

1. Voir notre livre sur la *Morale d'Épicure et ses rapports avec les doctrines contemporaines*, p. 186.

et moral; Épicure, celle du bonheur qui doit être le but rationnel de la conduite, la règle du bien et du vrai même : pour leurs disciples ces deux grandes idées, au lieu d'être un des éléments de la vérité, étaient la vérité tout entière; il n'y avait rien à chercher par delà. De même, de nos jours, les positivistes voient dans Auguste Comte non pas seulement un profond penseur, mais quelqu'un qui a mis pour ainsi dire le doigt sur la vérité définitive, qui, d'un seul élan, a parcouru tout le domaine de l'intelligence et en a tracé les limites. Il est strictement exact de dire qu'Auguste Comte est une sorte de Christ pour certains positivistes étroits, un Christ un peu plus récent et qui n'a pas eu le bonheur de mourir sur la croix. Chacune de ces sectes repose sur la croyance suivante : avant Pythagore, Épicure ou Comte, personne n'avait vu la vérité ; après eux, personne ne la verra sensiblement mieux. Une telle croyance est une négation implicite : 1° de la continuité historique, qui fait qu'un homme de génie est toujours plus ou moins l'expression de son siècle et qu'il ne faut pas rapporter à lui seul tout l'honneur de sa propre pensée; 2° de l'évolution humaine, qui fait qu'un homme de génie ne peut pas être l'expression de tous les siècles, que son intelligence sera nécessairement dépassée un jour ou l'autre par la pensée humaine en marche, que la vérité découverte par lui n'est pas la vérité tout entière, mais un simple moyen pour découvrir des vérités nouvelles, un anneau dans une chaîne sans fin. On comprend encore un : *deus dixit*, ou, si on ne comprend pas, du moins on s'incline ; mais reproduire en faveur de quelqu'un, fût-ce de Jésus, le *magister dixit* du moyen âge, voilà qui semble étrange. Les géomètres ont toujours eu le plus grand respect pour Euclide, néanmoins chacun d'eux s'est efforcé d'ajouter quelque nouveau théorème à ceux qu'il avait déjà démontrés; en est-il donc pour les vérités morales autrement que pour les vérités mathématiques? Un seul homme peut-il tout comprendre et tout dire ? l'autocratie doit-elle régner sur les esprits ? Les protestants libéraux nous parlent du « secret de Jésus », mais il y a bien des secrets dans ce monde, chacun a le sien; qui dira le secret des secrets, le dernier mot, l'explication suprême ? Probablement personne en particulier : la vérité est l'œuvre d'une immense coopération, il faut que tous les peuples et toutes les générations y travaillent. On ne peut ni parcourir d'un seul coup l'horizon ni le supprimer; pour l'apercevoir tout entier, il faut marcher sans cesse : alors chaque pas qu'on fait en avant est une perspective qui s'ouvre. Vivre, c'est pour l'humanité apprendre : pour pouvoir nous dire le grand secret, il faudrait qu'un seul homme eût vécu la vie de l'humanité, la vie de tous les êtres et même de toutes ces choses qui semblent à peine mériter le nom d'êtres; il faudrait qu'un homme eût concentré en lui l'univers. Il ne peut donc y avoir de religion d'un homme; un homme, fût-il Jésus, ne peut pas retenir autour de lui l'esprit humain comme autour d'un centre immuable. Les protestants libéraux croient en avoir fini avec la critique des Strauss et des Renan parce qu'ils auront concédé une fois pour toutes que Jésus n'était pas un dieu; mais la critique leur objectera que le « Messie » non surnaturel qu'ils se figurent est lui-même une imagination. Selon l'exégèse rationaliste, la doctrine du Christ appartient plus ou moins, comme sa vie même, au domaine de la légende. Jamais Jésus n'eut l'idée de la rédemption, c'est-à-dire précisément l'idée qui fait le fond du christianisme; jamais il ne conçut la Trinité. Si l'on en croit les travaux peut-être un peu terre à terre de Strauss, de F.-A. Müller, du professeur Weiss, de M. Havet, Jésus était un Juif, et avait encore l'étroitesse d'esprit des Juifs. Son idée dominante était la fin prochaine du monde, la réalisation sur une terre nouvelle du royaume national attendu par les Juifs et qui n'était pour eux qu'une théocratie toute terrestre; la fin du monde étant proche, il ne valait plus la peine de vaquer à un établissement sur la terre pour le peu de temps qu'elle avait à subsister; il fallait uniquement s'occuper de pénitence et d'amendement pour n'être pas, au jour du jugement, dévoré par le feu et exclu du royaume fondé sur la nouvelle terre. Aussi Jésus prêchait-il le dédain de l'État, de l'administration, de la justice, de la famille, du travail et de la propriété, bref de tous les ressorts essentiels de la vie sociale. La morale évangélique elle-même n'apparaît aux critiques de cette école que comme un mélange sans unité des préceptes mosaïstes sur l'amour désintéressé avec la doctrine d'Hillel plus ou moins fondée sur l'intérêt bien entendu. L'originalité évangélique serait moins dans le lien logique des idées que dans une certaine onction répandue sur toutes les paroles, dans une éloquence persuasive qui remplace souvent le raisonnement. Ce que le Christ a dit, d'autres l'avaient dit auparavant, mais non avec le même accent. En somme, la critique historique de l'Allemagne, tout en professant la plus grande admiration pour les fondateurs multiples du christianisme, entraîne ses partisans bien loin de l'homme-type que se figurent les néo-chrétiens, comme de l'homme-dieu qu'adoraient les chrétiens primitifs. Nous n'avons donc plus de raison pour admettre un reste de révélation ou un reste d'autorité sacrée qui appartiendrait aux Évangiles plutôt qu'aux Védas ou à tout autre livre religieux. Si la foi est symbolique, on peut alors aussi bien prendre pour symboles les mythes de l'Inde que ceux de la Bible. Les brahmaïstes contemporains, avec leur éclectisme souvent confus et mystique, sont même plus près de la vérité que les protestants libéraux, qui cherchent encore l'abri unique et le salut sous l'ombre toujours plus diminuée de la croix.

En renonçant à attribuer une autorité sacrée aux livres saints et à la tradition chrétienne, leur prêtera-t-on du moins une autorité morale supérieure ? Laissera-t-on subsister, avec M. Arnold, un symbolisme purement esthétique et moral auquel la Bible servira de texte ?

On peut apprécier de deux manières le symbolisme purement moral, selon qu'on se place au point de vue concret de l'histoire ou au point de vue abstrait de la pensée philosophique. Historiquement, rien n'est plus inexact que la méthode de M. Arnold : elle consiste à prêter les idées les plus raffinées de notre époque aux peuples primitifs. Elle laisse entendre, par exemple, que le Javeh des Hébreux n'était pas une personne parfaitement définie, une puissance transcendante bien distincte du monde et s'y manifestant par des actes d'une volonté capricieuse, un Roi des cieux, un Seigneur des armées donnant à son peuple la victoire ou la défaite, l'abondance ou la famine, la santé ou la maladie. Il suffit de lire une page de la Bible ou de l'Évangile pour se convaincre que jamais les Hébreux n'ont douté un seul instant de la personnalité de Javeh. — Soit, dira M. Arnold, mais Javeh n'était à leurs yeux que la personnification de la justice parce qu'ils y croyaient fortement. — Il serait plus exact de dire qu'ils n'avaient pas encore une idée très philosophique de la justice, qu'ils se la représentaient comme un ordre reçu du dehors, un commandement auquel il était dangereux de désobéir, une volonté s'imposant à la nôtre par la force. Rien de plus naturel ensuite que de personnifier cette volonté. Mais est-ce bien là ce que nous entendons de nos jours par justice, et M. Arnold ne semble-t-il pas jouer sur les mots quand il veut nous le faire croire? Crainte du Seigneur n'est pas justice. Il est des choses qu'on ne peut pas exprimer sous forme de légendes lorsqu'on les a une fois conçues, et dont la vraie poésie consiste dans leur pureté même, dans leur simplicité. Personnifier la justice, la rejeter au dehors de nous sous la forme d'une puissance menaçante, ce n'est pas en avoir une « idée élevée, » ce n'est pas du tout en être « embrasé, illuminé, » comme dit M. Matthew Arnold ; c'est au contraire ne pas concevoir encore la justice véritable. Ce qu'on prend pour l'expression la plus sublime d'un sentiment moral tout moderne, en est, au contraire, la négation partielle. M. Arnold veut faire, dit-il, de la critique « littéraire ; » mais la méthode littéraire consiste à replacer les grandes œuvres du génie humain dans le milieu où elles ont été conçues, à y retrouver l'esprit du temps, — non pas de notre temps à nous. Si nous voulions interpréter l'histoire avec nos idées modernes, nous n'y comprendrions rien. M. Arnold se moque de ceux qui veulent voir dans la Bible des allusions à des événements contemporains, à telle ou telle coutume de notre âge, à tel ou tel dogme inconnu des temps primitifs. Un exégète, dit-il, trouve la fuite en Égypte annoncée dans la prophétie d'Isaïe : « L'Éternel viendra en Égypte sur un nuage léger ; » ce léger nuage est le corps de Jésus né d'une vierge. Un autre, plus fantaisiste, remarquant ces paroles : — Malheur à ceux qui tirent l'iniquité avec des cordes de mensonge, — y voit une malédiction de Dieu sur les cloches d'église. Assurément, c'est là une méthode étrange d'interpréter les textes ; mais au fond il n'est pas plus logique de chercher dans les livres saints nos idées actuelles, bonnes ou mauvaises, que d'y chercher l'annonce de tel événement lointain ou le commentaire de tel trait des mœurs contemporaines. Pour pratiquer la méthode vraiment littéraire, — et scientifique en même temps, — il faut s'oublier un peu, soi, sa nation et son siècle, vivre de la vie des temps passés, se faire Grec en lisant Homère, Hébreu en lisant la Bible, ne pas vouloir que Racine soit un Shakspeare, ni Boccace un saint Benoît, ni Jésus un libre-penseur, ni Isaïe un Épictète ou un Kant. Chaque chose et chaque idée est bien dans son temps et dans son milieu. Les cathédrales gothiques sont magnifiques, nos petites maisons d'aujourd'hui sont très confortables, rien ne nous empêche d'admirer les unes et d'habiter les autres; mais ce qui est inexcusable, c'est de vouloir absolument que les cathédrales ne soient pas des cathédrales.

Si on n'examine plus la doctrine de M. Arnold au point de vue historique, mais au point de vue purement philosophique, elle nous apparaîtra comme beaucoup plus séduisante, puisqu'elle consiste précisément à nous faire retrouver nos idées dans les livres anciens comme dans un miroir. Rien de mieux, mais en somme avons-nous bien besoin de ce miroir? Avons-nous besoin de retrouver nos conceptions modernes plus ou moins altérées par le mythe? Avons-nous besoin de repasser volontairement par l'état d'esprit où sont passés les peuples primitifs? Avons-nous besoin de nous pénétrer de l'idée parfois étroite qu'ils se faisaient de la justice et de la morale afin de concevoir une justice plus large et une morale plus digne de ce nom? N'est-ce pas comme si, pour apprendre la physique aux enfants, on commençait par leur enseigner sérieusement les préjugés antiques sur l'horreur du vide, l'immobilité de la terre, etc.? Les auteurs du Talmud disaient dans leur foi naïve que Javeh, rempli de vénération pour le livre qu'il avait dicté lui-même, consacrait les trois premières heures de chaque jour à étudier la loi sacrée; aujourd'hui les Juifs les plus orthodoxes n'astreignent plus leur dieu à cette méditation régulière: ne pourrait-on sans danger permettre à l'homme de faire la même économie de temps? M. Arnold, cet esprit si délié, mais si peu droit et si peu logique, critique quelque part ceux qui ont besoin de fonder leur foi sur des fables, des interventions surnaturelles, des légendes merveilleuses. « Bien des hommes religieux, dit-il, ressemblent à ceux qui ont nourri leur esprit de romans ou aux fumeurs d'opium : la réalité leur est insipide, bien qu'elle soit vraiment plus grande que le monde fantastique des romans et de l'opium. » M. Arnold ne s'aperçoit pas que, si la réalité est, comme il le dit, ce qu'il y a de plus grand et de plus beau, nous n'avons plus aucun besoin de la légende, même interprétée à sa façon: le monde réel, j'entends le monde moral comme le monde physique, devra suffire pleinement à notre pensée.

« Ithuriel, dit M. Arnold, a frappé de sa lance le miracle; » du même coup n'a-t-il point frappé le symbole? Nous aimons mieux voir la vérité toute pure qu'habillée de vêtements multicolores : la vêtir, c'est la dégrader. M. Arnold compare la foi trop entière à l'ivresse : nous le comparerons volontiers, lui, à Socrate, qui pouvait boire plus qu'aucun convive sans s'enivrer. Ne pas s'enivrer, c'était pour les Grecs une des prérogatives du sage : sous cette réserve, ils lui permettaient de boire; de nos jours les sages tiennent peu à user de la permission; ils admirent Socrate sans l'imiter, et trouvent que la sobriété est encore le plus sûr moyen de garder sa raison. Nous en dirons autant à M. Arnold. La Bible, avec ses scènes de massacre, de viol et de représailles divines, est selon lui la nourriture de l'esprit : « l'esprit ne peut s'en passer, pas plus que nous ne pouvons nous passer de manger; » nous lui répondrons que, s'il faut l'en croire, c'est là une nourriture bien dangereuse, et qu'il vaut mieux parfois jeûner un peu que de s'empoisonner.

Du reste, si on persistait à chercher dans les livres sacrés des anciens âges l'expression de la moralité primitive, ce n'est pas dans la Bible, c'est plutôt dans les livres hindous qu'une interprétation « littéraire » ou philosophique trouverait la formule la plus extraordinaire du symbolisme moral. Le monde entier apparaît aux bouddhistes comme la mise en œuvre de la loi morale, puisque, selon eux, les êtres se classent eux-mêmes dans l'univers par leurs vertus ou leurs vices, montent ou descendent dans l'échelle de la vie selon qu'ils s'élèvent moralement ou se rabaissent. Le bouddhisme est, à certains égards, la moralité érigée en explication du monde.

Malgré les inconséquences partielles que nous avons signalées dans le symbolisme moral, une conclusion se dégage logiquement des livres que nous venons d'examiner et surtout du livre de M. Arnold, c'est que le fond le plus solide de toute religion est une morale plus ou moins imparfaite; c'est que la morale fait la force du christianisme comme du bouddhisme et que, si on la supprime, il ne reste plus rien des deux grandes religions « universalistes » enfantées par l'intelligence humaine. La religion sert, pour ainsi dire, d'enveloppe à la morale; elle en protège le développement et l'épanouissement final; mais, une fois que les croyances morales ont pris une force suffisante, elles tendent à sortir de cette enveloppe comme la fleur brise le bouton. On a beaucoup discuté, il y a quelques années, sur ce qu'on appelait alors la « morale indépendante; » les défenseurs de la religion soutenaient que la morale lui est intimement liée et qu'on ne peut l'en séparer sans la corrompre. Ils avaient peut-être raison de rattacher intimement ces deux choses, mais ils se trompaient en soutenant que c'est la morale qui dépend de la religion : il faut renverser les termes et dire que la religion dépend de la morale, que celle-ci est le principe et l'autre la conséquence. L'Ecclésiaste dit quelque part : « L'homme porte le monde dans son cœur. » C'est pour cela que l'homme doit d'abord regarder dans son cœur et qu'il doit d'abord croire en soi-même. La foi religieuse peut, plus ou moins logiquement, sortir de la foi morale; mais elle ne saurait la produire, et si elle la contredisait, elle se condamnerait elle-même. L'esprit religieux ne s'accommode donc aux temps nouveaux qu'en abandonnant d'abord tous les dogmes d'une foi littérale, puis tous les symboles d'une foi plus large, pour ne retenir que le principe fondamental qui fait la vie des religions et en domine l'évolution historique, c'est-à-dire la foi morale. Si le protestantisme, malgré toutes ses contradictions, a introduit dans le monde un principe nouveau, c'est celui-ci, que la conscience n'est pas responsable devant autrui, mais devant elle-même, que l'initiative individuelle doit se substituer à toute autorité générale [1]. Un tel principe contient comme conséquence logique, non seulement la suppression des dogmes révélés et des mystères, mais encore celle des symboles précis et déterminés, en un mot de tout ce qui prétendrait s'imposer à la conscience comme une vérité toute faite. Le protestantisme, à son insu, renferme ainsi en germe la négation de toute religion positive qui ne s'adresse pas exclusivement et sans intermédiaire à la conscience personnelle, à la conscience

---

1. Sur la fin de sa vie, Luther découragé sentait l'inquiétude le gagner au sujet de la réforme inaugurée par lui : « C'est par de sévères lois et la superstition, écrivait-il avec amertume, que le monde veut être conduit. Si je pouvais en prendre la responsabilité devant ma conscience, je travaillerais plutôt à ce que le pape, avec toutes ses abominations, redevînt notre maître. » — Responsabilité devant la conscience personnelle, telle est bien en effet l'idée fondamentale de Luther, celle qui justifie la réforme aux yeux de l'histoire, comme elle l'avait justifiée aux yeux mêmes de son auteur.

morale. De nos jours, l'homme ne veut plus croire simplement ce qu'on lui dit de croire, mais ce qu'il se commande à lui-même de croire : il pense que le danger de cette liberté n'est qu'apparent, que, dans le monde intellectuel comme dans le monde du droit, de la liberté même naît la plus respectable autorité. La révolution qui tend ainsi à remplacer la foi religieuse fondée sur l'autorité des textes ou des symboles par la foi morale fondée sur la conscience personnelle rappelle la révolution accomplie, il y a trois siècles, par Descartes, qui substitua dans la philosophie l'évidence et le raisonnement à l'autorité. L'humanité veut de plus en plus raisonner ses croyances, voir par ses propres yeux ; la vérité cesse d'être exclusivement renfermée dans des temples, elle s'adresse à tous, elle a pour tous des enseignements et, en instruisant, elle permet d'agir. Dans le culte de la vérité scientifique chacun, comme aux premiers temps du christianisme, peut officier tour à tour ; il n'y a pas, dans le sanctuaire, de place réservée ni de dieu jaloux, ou plutôt les temples du vrai sont ceux que chacun lui élève dans son propre cœur. Ces temples-là ne sont pas plus chrétiens qu'hébraïques ou que bouddhistes. L'absorption de la religion dans la morale, c'est la dissolution de toute religion positive et déterminée, de toute « symbolique » traditionnelle et de toute « dogmatique. » La foi, disait profondément Héraclite, est une « maladie sacrée », ἱερὰ νόσος ; pour nous autres modernes, il n'est plus de maladie sacrée, il n'en est plus dont on ne veuille se délivrer et guérir.

CHAPITRE III

DISSOLUTION DE LA MORALE RELIGIEUSE

I. — Premier élément durable de la morale religieuse : le *respect*. — Altération du *respect* par l'idée de la *crainte de Dieu* et de la *vengeance divine*.

II. — Deuxième élément durable de la morale religieuse : l'*amour*. — Altération de cet élément par les idées de grâce, de prédestination, de damnation. — Éléments caduques de la morale religieuse. — La *mysticité*. — Antagonisme de l'amour divin et de l'amour humain. — L'*ascétisme*. — Excès de l'ascétisme, surtout dans les religions orientales. — L'idée du *péché* pour l'esprit moderne.

III. — Le *culte intérieur et la prière*. — L'idée de la prière au point de vue de la science moderne et de la philosophie. — L'*extase*. — Ce qui restera de la prière.

Après avoir vu la dissolution des dogmes et des symboles religieux, nous devons rechercher ce que devient de nos jours la morale religieuse, qui s'appuyait sur ces dogmes et sur la foi. Il y a dans la morale religieuse des éléments durables, d'autres caduques, qui se distinguent et s'opposent entre eux de plus en plus par le progrès des sociétés humaines. Les deux éléments stables de la morale religieuse, dont nous devons nous occuper d'abord, sont le respect et l'amour; ce sont les éléments mêmes de toute morale, ceux qui ne sont point liés à la forme mythique ou symbolique et qui s'en séparent progressivement.

I. — Kant a fait du respect le sentiment moral par excellence; la « loi morale, » d'après lui, est une loi de « respect, » non d'amour, et c'est là ce qui lui donne un caractère d'universalité : si c'était une loi d'amour, on ne pourrait pas l'imposer à tous les êtres raisonnables. Je puis exiger que vous me respectiez, non que vous m'aimiez. — Dans la sphère sociale, Kant a raison; la loi ne peut ordonner d'aimer autrui, mais seulement de respecter le droit. En est-il de même dans l'ordre moral, et les deux grandes religions universalistes, le bouddhisme et le christianisme, n'ont-elles pas eu raison de placer dans l'amour le principe supérieur de l'éthique? Le respect n'est que le commencement de la moralité idéale; dans le respect, l'âme se sent restreinte, contenue, gênée. Qu'est-ce que le respect, en définitive? On pourrrait le définir : le rapport d'une possibilité de violation avec le droit d'inviolabilité. Or il est un autre sentiment qui supprime même la possibilité de la violation, qui, par conséquent, est plus pur encore que le respect, c'est l'amour : le christianisme l'a compris. Qu'on le remarque d'ailleurs, le respect est nécessairement impliqué dans l'amour bien entendu et *moral;* l'amour est supérieur au respect non parce qu'il le supprime, mais parce qu'il le complète. L'amour vrai ne peut pas ne pas se donner à lui-même la forme du respect; mais cette idée de respect, si on la prend seule, reste une forme vide et sans contenu : on ne la remplit qu'avec de l'amour. Ce qu'on respecte dans la dignité d'autrui, n'est-ce pas une puissance individuelle et encore fermée, une sorte d'atome moral? Aussi peut-on concevoir un respect froid et dur, dont l'idée n'est pas dégagée de tout élément mécanique. Ce qu'on aime, au contraire, dans la dignité d'autrui, c'est ce par quoi elle n'est exclusive de rien, ce par quoi elle vous appelle et vous embrasse; pourrait-on concevoir comme froid le véritable amour? Le respect est une sorte d'arrêt, l'amour est un élan. Le respect est l'acte par lequel la volonté mesure la volonté; l'amour, lui, ne mesure point, il ne compte point, il n'hésite point; il se donne tout entier.

Nous ne reprocherons donc pas au christianisme d'avoir vu dans l'amour le principe même de tout rapport entre les êtres raisonnables, de toute loi morale et de toute justice. « Celui qui aime les autres, dit Paul avec raison, accomplit la loi. En effet, les commandements : Tu ne commettras point d'adultère, tu ne tueras point, tu ne convoiteras point, et ceux qu'il peut encore y avoir, se résument dans cette parole : Tu aimeras ton prochain comme toi-même. » **Le défaut du christianisme, — défaut** qu'on ne retrouve pas dans l'autre religion parallèle de l'Orient, le bouddhisme, — c'est que l'amour des hommes y est conçu comme s'absorbant en dernière analyse dans l'amour de Dieu. L'homme n'est aimé qu'en Dieu et pour Dieu, et la société humaine tout entière n'a plus ses fondements et sa règle que dans la société des hommes avec Dieu. Or, si l'amour bien entendu de l'homme pour l'homme même implique le respect et l'observation du droit, il n'en est pas ainsi au même degré de l'amour de l'homme pour Dieu et en vue de Dieu. La conception d'une société fondée sur l'amour de Dieu contient en germe le gouvernement théocratique avec tous ses abus.

En outre, si, dans la morale chrétienne, l'amour de l'homme se résout dans l'amour de Dieu, ce dernier est toujours mêlé d'un sentiment qui le fausse, la crainte, sur laquelle insiste avec tant de complaisance l'Ancien Testament. « La crainte du Seigneur » joue un rôle important dans l'idée de sanction ou de justice céleste, essentielle elle-même au christianisme, et qui vient brusquement s'opposer au sentiment de l'amour, parfois le paralyser. C'est ainsi que, après avoir ramené à l'amour le sentiment même du *respect* et de la *justice*, le christianisme replace tout à coup ce sentiment au premier rang, et cela sous sa forme primitive et même sauvage, sous la forme de *crainte* dans l'homme et de *vengeance* en Dieu.

La sanction, nous l'avons vu, est une forme particulière de l'idée de providence : ceux qui admettent une providence distribuant les biens ou les maux finissent, en effet, par admettre que cette répartition divine se produit conformément à la conduite de chacun, aux sentiments de bienveillance ou de malveillance que cette conduite inspire à la divinité. L'idée de providence, en se développant, devient ainsi celle d'une *justice distributive*, et celle-ci, d'autre part, ne fait qu'un avec l'idée de *sanction*. Cette dernière idée a paru jusqu'ici une des plus essentielles de la morale ; il semble au premier abord que la religion et la morale y coïncident, que leurs exigences mutuelles s'y accordent, bien plus que la morale s'y complète par la religion : l'idée morale de justice distributive appelle naturellement l'idée religieuse d'un justicier céleste ? Mais nous avons montré, dans un précédent travail, que les idées de sanction proprement dite et de pénalité divine n'ont rien de vraiment moral ; que, loin de là, elles ont plutôt un caractère immoral et irrationel ; qu'ainsi la religion vulgaire ne coïncide nullement avec la morale la plus haute et que son idée fondamentale lui est plutôt contraire [1]. Les fondateurs des religions ont cru que la loi la plus sainte devait être la loi la plus forte : mais l'idée de force se résout logiquement dans le rapport d'une puissance à une résistance, et toute force physique est moralement une faiblesse. On ne peut donc considérer le bien suprême comme une force de ce genre. Si une loi humaine, si une loi civile ne peut se passer de sanction physique, c'est en tant qu'elle est civile et humaine. Il n'en est pas ainsi de la « loi morale, » qu'on se représente comme immuable, éternelle, impassible en quelque sorte : on ne peut être *passible* devant une loi *impassible*. La force ne pouvant rien contre elle, elle n'a pas besoin de lui répondre par la force. La seule sanction pour celui qui croit avoir renversé la loi morale, avons-nous dit ailleurs, doit être de la retrouver toujours en face de lui, comme Hercule voyait sans cesse se relever sous son étreinte le géant qu'il croyait avoir renversé pour jamais. Être éternel, voilà, à l'égard de ceux qui le violent, la seule vengeance possible du Bien, personnifié ou non sous la figure d'un Dieu [2]. Dans les sociétés humaines, l'homme le plus

---

1. Voir notre *Esquisse d'une morale sans obligation ni sanction*, p. 188 et suivantes.

2. « Si Dieu avait créé des volontés d'une nature assez perverse pour lui être indéfiniment contraires, il serait réduit en face d'elles à l'impuissance, il ne pourrait que les plaindre et se plaindre lui-même de les avoir faites. Son devoir ne serait pas de les frapper, mais d'alléger le plus possible leur malheur, de se montrer d'autant plus doux et meilleur qu'elles seraient pires : les damnés, s'ils étaient vraiment inguérissables, auraient en somme plus besoin des délices du ciel que les élus eux-mêmes. De deux choses l'une : ou les coupables peuvent être ramenés au bien ; alors l'enfer prétendu ne sera pas autre chose qu'une immense école où l'on tâchera de dessiller les yeux de tous les réprouvés et de les faire remonter le plus rapidement au ciel ; ou les coupables sont incorrigibles comme des maniaques inguérissables (ce qui est absurde) ; alors ils seront aussi éternellement à plaindre, et une bonté suprême devra tâcher de compenser leur misère par tous les moyens imaginables, par la somme de tous les bonheurs sensibles. De quelque façon qu'on l'entende, le dogme de l'enfer apparaît ainsi comme le contraire même de la vérité.

« Au reste, en *damnant* une âme, c'est-à-dire en la chassant pour jamais de sa présence ou, en termes moins mystiques, en l'excluant pour jamais de la vérité, Dieu s'exclurait lui-même de cette âme, limiterait lui-même sa puissance et, pour tout dire, se damnerait aussi dans une certaine mesure. La peine du *dam* retombe sur celui même qui l'inflige. Quant à la peine du sens, que les théologiens en distinguent, elle est évidemment bien

civilisé se reconnaît à ce qu'il est plus difficile de l' « offenser, » à ce qu'il voit moins d'outrages et de sujets de colère dans toutes les actions qu'amènent les rapports sociaux. Quand il s'agit d'un être absolument aimant et personnifiant la loi même d'amour, l'idée d'*offense* devient encore plus déplacée. Il est impossible à tout esprit philosophique d'admettre qu'on puisse « offenser Dieu, » ni s'attirer, suivant les paroles bibliques, sa « colère » ou sa « vengeance. » La crainte d'une sanction extérieure à la loi même de la conscience est donc un élément que le progrès de l'esprit moderne tend à faire disparaître de la morale. La Bible a beau dire que la crainte du Seigneur est le commencement de la sagesse, la moralité ne commence vraiment que là où la crainte cesse, la crainte n'étant, comme dit Kant, qu'un *sentiment pathologique*, non moral. La crainte de l'enfer a pu avoir jadis son utilité sociale, mais elle est par essence étrangère à la société moderne et, à plus forte raison, aux sociétés futures. Aussi tend-on de plus en plus à séparer de toute crainte le respect du bien universel, ou plutôt de l'universalité des personnes et des volontés, de la société universelle. Ce respect, mêlé d'amour et engendré même par l'amour, devient alors un sentiment tout moral et tout philosophique, pur d'éléments mystiques et proprement religieux.

II. — Après avoir vu comment l'idée de respect se corrompt facilement dans le christianisme, cherchons ce qu'y devient l'idée même d'amour. Si l'honneur du christianisme est dans l'importance qu'il a donnée à ce principe, le christianisme n'a-t-il pas conçu le Dieu en qui il réalise l'amour infini de manière à compromettre cet amour universel qu'il devait fonder? Le Dieu des chrétiens, tout au moins des chrétiens orthodoxes, est une notion d'amour *absolu*, qui tend à se contredire elle-même

---

plus insoutenable encore, même si on la prend en un sens métaphorique. Au lieu de damner, Dieu ne peut qu'appeler éternellement à lui ceux qui s'en sont écartés ; c'est surtout pour les coupables qu'il faudrait dire avec Michel-Ange que Dieu ouvre tout grands ses deux bras sur la croix symbolique. Nous nous le représentons comme regardant tout de trop haut pour qu'à ses yeux les réprouvés soient jamais autre chose que des malheureux ; or les malheureux ne doivent-ils pas être, en tant que tels, sinon sous les autres rapports, les préférés de la bonté infinie? » (*Esquisse d'une morale sans obligation ni sanction*, p. 189.)

et à détruire la vraie fraternité. Elle tend à se contredire elle-même, car l'amour prétendu absolu se trouve en fait borné, puisqu'il aboutit à un monde misérable où subsiste le mal, — mal métaphysique, mal sensible, mal moral. Cet amour n'est même pas universel, puisqu'il est conçu comme une grâce plus ou moins arbitraire donnée aux uns, refusée aux autres : il y a prédestination. La doctrine de la grâce, sur laquelle les théologiens ont amassé tant de subtilités, ajoute au principe le plus haut de la morale, au principe d'*amour*, la notion la plus grossière de l'anthropomorphisme, celle de *faveur*. Dieu est toujours conçu sur le modèle des rois absolus, qui accordent des grâces selon leur caprice ; il y a là un rapport *sociomorphiste* des plus vulgaires, qu'on a érigé en rapport du créateur aux créatures. Les deux éléments de l'idée de grâce sont contradictoires : l'amour absolu appelle l'universalité, la grâce appelle la particularité. Il y a des êtres qui finissent par être exclus de l'amour universel : le *dam* est cette exclusion même. Ainsi entendue, la charité divine détruit la vraie fraternité, la vraie charité, puisque Dieu ne l'a pas lui-même et ne nous en donne point l'exemple. Si nous croyons que Dieu hait et damne, il aura beau nous défendre la vengeance personnelle, il nous fera épouser ses haines et ne supprimera pas le principe même de la vengeance, qui sera simplement reporté en lui. Quand saint Paul nous dit : « Ne te laisse pas vaincre par le mal, mais surmonte le mal par le bien, » le précepte est admirable, mais il est malheureux que Dieu soit le premier à le violer, à ne pas surmonter le mal par le bien. Faites ce que je vous dis, non ce que je fais moi-même. N'est-ce pas au milieu d'une sorte d'hymne à la charité et au pardon que détonne tout à coup cette phrase caractéristique de saint Paul, déjà citée plus haut : « Si ton ennemi a faim, donne-lui à manger, car ce sont des charbons ardents que tu amoncelleras sur sa tête. » Ainsi le pardon apparent devient une vengeance raffinée, qui ne se remet à Dieu que pour être plus effrayante, et qui sous forme de bienfaits, peut-être de baisers, « amoncelle » sur la tête d'autrui des flammes vengeresses. On allume le feu de l'enfer pour les autres avec sa propre charité. Cette note d'indélébile barbarie, qui éclate au milieu des paroles les plus aimantes, ce retour offensif de l'instinct animal de vengeance transporté à Dieu, montre le danger de l'élément théologique introduit dans la morale de l'amour.

Un autre danger de la morale religieuse fondée sur l'amour divin, c'est la mysticité, sentiment de plus en plus opposé à l'esprit moderne et qui tend par cela même à disparaître. Le cœur de l'homme, malgré sa fécondité en passions de toute sorte, s'est cependant concentré toujours autour d'un petit nombre d'objets, qui se font équilibre. Dieu et le monde sont deux pôles entre lesquels notre sensibilité est partagée : on choisit plus ou moins entre eux. Aussi, de tout temps, les sectes religieuses ont senti une opposition possible entre l'amour absolu de Dieu et l'amour des hommes. Dans beaucoup de religions, Dieu s'est montré « jaloux » de l'affection vouée aux autres êtres de la nature, affection qui lui était pour ainsi dire dérobée. Il ne trouvait pas suffisant de recevoir ainsi le surplus du cœur humain, il cherchait à accaparer l'âme entière. Chez les Hindous, la suprême piété consistait, nous le savons, dans le détachement du monde, la solitude au milieu des grandes forêts, le rejet de toute affection terrestre, l'indifférence mystique à l'égard de toute chose mortelle. En Occident, quand le christianisme survint, on sait cette soif de solitude, cette fièvre du désert, qui, de nouveau, saisit les âmes; par milliers les hommes s'enfuyaient dans les endroits perdus, quittant leurs familles et leurs cités, reniant tous leurs autres amours pour celui de Dieu, se sentant plus près de lui quand ils étaient plus loin des autres êtres. Tout le moyen âge a été tourmenté par cette lutte entre l'amour divin et l'amour humain. En fait, l'amour humain l'a emporté chez la majorité des hommes. Il n'en pouvait pas être autrement; l'Église même ne pouvait prêcher à tous un détachement complet, sous peine de ne se voir écoutée par personne. Mais, chez les âmes scrupuleuses et rigoristes, comme l'opposition entre l'amour divin et l'amour humain reparaît vite, comme elle éclate dans toutes les circonstances de la vie! On se rappelle les confidences de madame Périer sur Pascal. Elle était toute surprise de voir parfois son frère la repousser, lui montrer des froideurs soudaines, se détourner d'elle quand elle s'approchait pour le distraire dans ses souffrances; elle en vint à penser qu'il ne l'aimait pas, elle s'en plaignit à sa sœur, qui chercha à la détromper, mais n'y put parvenir. Enfin cette énigme lui fut expliquée le jour même de la mort de Pascal par un ami du grand homme, Domat. Elle apprit que, dans la pensée de Pascal, « l'amitié la plus innocente, » la plus fraternelle est néanmoins une faute, sur laquelle on ne s'examine pas assez, parce qu'on n'en conçoit pas assez la grandeur : « en fomentant et en souffrant ces attachements, on occupe un cœur qui ne doit être qu'à Dieu seul ; c'est lui faire un larcin de la chose du monde qui lui est la plus précieuse. » Il est impossible d'exprimer mieux l'opposition mystique de l'amour divin et de l'amour humain. Ce principe était « si avant dans le cœur de Pascal, » que, pour l'avoir toujours présent, il l'avait écrit de sa main sur un petit papier : « Il est injuste qu'on s'attache à moi, quoiqu'on le fasse avec plaisir et volontairement. Je tromperais ceux à qui j'en ferais naître le désir, car je ne suis la fin de personne, et n'ai pas de quoi les satisfaire... *Je suis donc coupable de me faire aimer*, et si j'attire les gens à s'attacher à moi.... Il faut qu'ils passent leur vie et leurs soins à plaire à Dieu et à le chercher. » Du moment où Dieu est une personne, non un simple idéal, il s'établit ainsi entre lui et les autres personnes, dans les âmes mystiques, une inévitable rivalité. Comment l'absolu admettrait-il un partage? Il faut qu'il soit seul au fond de notre âme comme au fond de ses cieux.

La rivalité aperçue entre l'amour divin et l'amour humain par les Jansénistes, comme par beaucoup de premiers chrétiens et par tous les mystiques, existe encore maintenant pour bon nombre d'esprits. On sait que, dans certaines pensions religieuses, on interdit aux enfants toute démonstration trop affectueuse même à l'égard de leurs parents; on leur fait un cas de conscience d'un baiser fraternel ou filial. Si l'éducation et les coutumes protestantes diffèrent sur ce point de l'éducation et des coutumes catholiques, c'est que le protestantisme, comme nous l'avons déjà fait observer, n'aime pas à pousser la logique jusqu'au bout. Le catholicisme, au contraire, garde en général un respect scrupuleux de la logique. Pour ne citer qu'un exemple, l'interdiction du mariage aux prêtres par le catholicisme ne se déduit-elle pas logiquement d'une religion qui pose en principe l'idée de chute et se déclare essentiellement anticharnelle? L'amour d'une femme est bien absorbant et bien exclusif pour coexister chez un prêtre avec le plein amour de Dieu. De tous les sentiments de l'âme, l'amour est celui qui la remplit le plus : il est, sous ce rapport, en opposition avec le sentiment théologique, qui consiste dans la conscience d'une sorte de vide intérieur, d'insuffisance personnelle. Deux amants sont, dans toute la nature, les êtres qui peuvent le plus se suffire à eux-mêmes : ce sont donc ceux qui peuvent le moins éprouver le besoin de Dieu. Or, pour les mystiques, tout amour qui n'est pas donné directement à Dieu est autant d'amour perdu. Le moindre écran suffit à voiler à jamais pour eux le « soleil intelligible. » Un tel Dieu se trouve relégué au-dessus du monde et comme exilé des âmes ; il y a des amours qui ne le trouvent pas et ne le trouveront jamais ; il m'appelle, et si je ne me tourne pas juste en face de lui pour le voir, je le perds.

Le détachement absolu des mystiques aboutit à une autre conséquence également contraire aux tendances modernes : c'est de traiter comme zéro un être qui a du moins la valeur de l'unité, à savoir le *moi*. Si je veux le bien de tous les êtres, sans distinction de personnes, je dois aussi vouloir le mien, qui est compris dans le bonheur universel et auquel je puis mieux travailler que tout autre. Notre *moi* compte pour quelque chose en ce monde, il est une unité dans la somme totale. Le pur amour du mystique, au contraire, compte le *moi* pour rien. Il ne faut pourtant pas faire comme ce muletier qui, voulant compter ses mules, oubliait toujours celle qu'il montait ; la mule manquante ne se retrouvant que quand il descendait et marchait à pied, il se résolut à marcher à pied. On pourrait comparer la morale transcendante et chimérique du mysticisme à la politique purement humanitaire ; elle est même encore plus abstraite : le patriotisme s'appuie sans doute sur une illusion quand il fait de la patrie le centre du monde, mais l'humanitarisme ne repose-t-il point lui-même sur une série d'illusions ? En fait d'illusions, il faut ici-bas se contenter de la moins fausse et de la plus utile ; or il n'est probablement pas inutile pour l'univers que chaque nation agisse pour elle-même ; si chacune voulait agir exclusivement pour l'univers et par amour de l'universalité pour l'universalité, ou elle n'agirait pas, ou elle concevrait pratiquement l'avenir de l'univers sur le type de son avenir propre, et elle s'exposerait à se tromper du tout au tout. Fort souvent, dans le monde, la collaboration est bien plus efficace lorsqu'elle est inconsciente, indirecte, qu'elle revêt même la forme d'une concurrence. Les hommes produisent souvent plus de force vive en rivalisant pour atteindre des buts rapprochés, mais auxquels s'adaptent bien leurs efforts et leur espoir, qu'en s'unissant pour atteindre un but trop éloigné qui les décourage. En morale et en politique, on n'a pas seulement à résoudre ce problème : quelle est la meilleure façon de *combiner* les forces humaines ; mais celui-ci : quel est le meilleur moyen de *susciter* les efforts humains ; sous ce rapport, l'amour du clocher a du bon. Un clocher, cela ne se perd pas de vue ; on sait où l'on va, on ne peut pas tirer à côté ; on a l'espoir d'y arriver, parfois la certitude, et ce sont là de grandes forces. Il en est de même de l'amour bien entendu pour soi et pour les siens. C'est précisément ce que le mysticisme méconnaît et par où il se met en contradiction avec l'esprit scientifique. Pour lui, il n'y a pas de compromis possible entre la réalité et un idéal qui en est la négation. Pour être logique, le mystique doit appeler de ses vœux l'anéantissement total, comme les Schopenhauer et les Hartmann. Que le monde se vaporise pour ainsi dire, se sublimise, comme ces cadavres que les adorateurs du soleil exposaient à ses rayons pour faire monter en vapeur et rentrer dans la lumière tout ce qui pouvait y rentrer !

Ce qui est excessif tend à se détruire soi-même. Si la volupté aboutit au dégoût, le mysticisme a aussi son mal dans ce désenchantement de Dieu même, dans cette nostalgie de joies inconnues, dans cette tristesse des cloîtres que les chrétiens ont été forcés de désigner par un mot nouveau ajouté à la langue latine, *acedia*. Lorsque, au moyen âge, toutes les préoccupations et toutes les affections étaient tournées vers le ciel, c'était autant de force enlevée à la terre et aux tendresses humaines. L'évolution intellectuelle et morale amène de nos jours un effet contraire : l'amour de Dieu tend à perdre de sa puissance. D'autre part l'amour des hommes et en général de tous les êtres vivants tend chaque jour à s'accroître. Ne voit-on pas dès à présent une sorte de substitution de l'un à l'autre ? Ne semble-t-il pas que la terre profite à son tour de ce qui est enlevé au ciel, que beaucoup de force auparavant dépensée en adorations vaines, dispersée dans les nuages, se trouve de plus en plus employée au service pratique de l'humanité et peut servir à féconder le monde ?

Autrefois, les idées de fraternité humaine et d'égalité aimante ont eu surtout les chrétiens pour promoteurs. Cela s'explique facilement par ce fait que, Dieu étant conçu par eux comme un père réel, un « genitor », les hommes leur semblaient une seule famille, ayant un commun ancêtre.

Par là l'amour divin et l'amour humain se trouvaient rattachés l'un à l'autre. Ajoutons que le christianisme, s'étant répandu dans le monde par les basses classes, avait tout intérêt à mettre en avant les idées de fraternité et d'égalité; il se gagnait ainsi le peuple, qui fut longtemps son principal soutien. Mais, du moment où il put s'appuyer sur les classes élevées de la société, on sait combien vite changea son langage. Maintenant, la position du christianisme se trouve absolument contraire à celle qu'il occupait vis-à-vis de la société antique. Les propagateurs ardents des idées de fraternité sont bien souvent des adversaires de la religion, des libres-penseurs, quelquefois des athées décidés. Le système qui fondait l'amour mutuel des hommes sur une communauté d'origine est rejeté presque universellement. Les doctrines sociales, si souvent imprégnées jadis du socialisme de l'Évangile, commencent à se construire et à se répandre indépendamment de toute croyance religieuse, souvent contre toute croyance de ce genre. La religion apparaît même parfois comme un obstacle de plus au rapprochement des hommes, en ce qu'elle crée entre eux des divisions nouvelles bien plus tenaces que celles des classes et même des langues. Par une évolution inévitable, l'esprit religieux en est venu à représenter aujourd'hui, dans certaines nations, l'esprit de caste et d'intolérance, conséquemment de jalousie et d'inimitié, tandis que « l'irréligion » s'y trouve maintenant chargée de défendre et de propager les idées d'égalité sociale, de tolérance, de fraternité. Derrière Dieu se rangent, à tort ou à raison, comme derrière leur défenseur naturel, les partisans des vieux régimes, des privilèges, des haines héréditaires: il semble que, dans les cœurs dévots, aux élans d'amour mystique pour Dieu correspondent, aujourd'hui comme autrefois, l'anathème et la malédiction à l'égard des hommes. Il y a longtemps qu'on l'a remarqué d'ailleurs, ceux qui savent le mieux bénir sont aussi ceux dont la bouche, au besoin, sait le mieux maudire; les plus mystiques sont les plus violents. Rien n'égale la violence du doux Jésus lui-même quand il parle aux Pharisiens, dont les doctrines avaient au fond tant d'analogie avec les siennes. Quiconque a cru sentir sur son front passer le souffle de Dieu, devient facilement intraitable et amer quand il se retrouve au milieu des hommes : il n'est plus fait pour eux. La notion de divin, de surnaturel et de surhumain tend alors vers celle d'*antinaturel* et d'*antihumain*.

Le but du progrès, dans les sociétés modernes, est de ramener la paix au dedans comme au dehors, de supprimer du même coup le mysticisme, de concentrer dans l'univers réel, présent ou à venir, toutes nos affections, d'unir les cœurs en un si étroit faisceau qu'ils se suffisent à eux-mêmes et que le monde humain, agrandi par l'amour, ramène à soi tous les sentiments. Tout d'abord l'amour de la famille, qui existait à peine dans les temps antiques et qui, au moyen âge, se trouvait à peu près absorbé par les idées d'autorité et de subordination, n'a guère pris que de nos jours un rôle véritable dans la vie humaine. C'est seulement depuis le dix-huitième siècle et ses théories égalitaires que le père de famille, surtout en France, a cessé de se considérer comme une sorte de souverain irresponsable, qu'il tend à traiter la femme en égale et à n'exercer sur les enfants que le minimum d'autorité possible. Lorsque la femme recevra une instruction à peu près équivalente à celle de l'homme, l'égalité morale entre elle et l'homme sera consacrée, et comme l'amour est toujours plus partagé, plus complet et plus durable entre des êtres qui se considèrent comme moralement égaux, il s'ensuit que l'amour au sein de la famille ira se développant de plus en plus, attirant à soi la plus grande partie des désirs et des aspirations de l'individu. Par l'opposition même de la religion, qui croyait le combattre en le restreignant, l'amour de la femme a atteint peu à peu une intensité qu'il n'avait jamais eue dans l'antiquité : il suffit de lire nos poètes pour s'en convaincre. Il grandira encore par l'agrandissement intellectuel de la femme, qui permettra aux époux une plus étroite union, une plus complète pénétration mutuelle. Enfin l'association de l'homme et de la femme, pouvant devenir ainsi une sorte d'association intellectuelle et de collaboration, aura pour résultat une fécondité d'un nouveau genre ; l'amour n'agira plus seulement sur l'intelligence comme le plus puissant des excitants, il y ajoutera aussi des éléments inconnus jusqu'alors. On ne sait pas quelles œuvres peut arriver à produire le travail combiné de l'homme et de la femme, lorsqu'ils ont l'un et l'autre un fonds d'éducation à peu près égal. J'ai eu sous les yeux des exemples de cette fécondité intellectuelle. En notre siècle, les hommes et les femmes de talent tendent déjà à se rapprocher : je pourrais citer les noms de Michelet et de Mme Michelet, de John Stuart Mill et de sa femme, de Lewes et de George Elliot, d'autres noms encore. Laissons de côté ces grands talents, qui sont après tout des exceptions dans la race humaine, et constatons que, du haut en bas de l'échelle sociale, la famille tend à former un tout de plus en plus un, un organisme de plus en plus parfait, où l'homme pourra un jour déployer toutes ses puissances et son activité sans avoir autant besoin d'en sortir. L'importance de la famille s'accroît à mesure que diminue celle de la cité et que se relâche la tutelle despotique de l'État. Cette importance, presque nulle dans les sociétés purement militaires (dont Lacédémone était le type accompli), devient de plus en plus grande dans les sociétés libres et industrielles, qui sont celles de l'avenir. Ainsi s'ouvre une issue nouvelle pour l'activité et la sensibilité humaines. Nous croyons que l'amour de l'homme et de la femme l'un pour l'autre et de tous deux pour leurs enfants, multiplié par le sentiment croissant de l'égalité, crée peu à peu une sorte de religion nouvelle et non mystique, celle de la famille. Si l'un des premiers cultes a été celui des « dieux lares, » peut-être aussi sera-ce le dernier : le foyer de la famille a par lui-même et par lui seul quelque chose de sacré, de *religieux*, puisqu'il relie autour d'un même centre des êtres si divers d'origine et de sexe. Ainsi la famille égalitaire moderne nous semble, par son esprit même et par les sentiments qu'elle excite, en opposition croissante avec la religiosité mystique. Le vrai type du prêtre, quoi qu'en puissent dire les protestants, c'est l'homme solitaire, missionnaire du ciel ici-bas et se donnant tout à Dieu ; le type du philosophe pratique et du sage moderne, c'est l'homme aimant, pensant, travaillant, se donnant aux siens.

Nous voyons se produire une rivalité analogue entre le sentiment mystique et le sentiment civique. Le citoyen qui sait que le sort de sa patrie est entre ses mains, qui aime son pays d'un amour actif et sincère, a une sorte de religion sociale. Les grands politiques ont presque toujours été des esprits larges et libres. Les républiques anciennes étaient très peu religieuses relativement à leur temps ; la disparition de la monarchie coïncide en général chez les peuples avec l'affaiblissement de la foi. Lorsque chacun se sentira également citoyen et pourra se vouer avec un égal amour au bien de l'État, il n'y aura plus autant d'activité non employée, de sensibilité en réserve prête à se détourner vers les choses mystiques. D'ailleurs, agrandissons encore la sphère de l'activité humaine : non seulement la famille et l'État nous demandent aujourd'hui une part toujours plus grande de notre *moi*, mais le genre humain lui-même est de plus en plus présent à l'esprit de chacun de nous. Notre pensée a bien plus de peine à s'isoler, à se retrancher en soi ou à s'absorber en Dieu. Le monde humain est devenu infiniment plus pénétrable qu'autrefois ; toutes les limites qui séparent les hommes (religion, langue, nationalité, race) apparaissent déjà aux esprits supérieurs comme artificielles ; le règne humain lui-même se fond avec le règne animal, le monde entier s'ouvre pour la science, pour l'amour, laissant entrevoir aux cœurs mystiques la perspective d'une sorte de fraternité universelle. A mesure que notre univers s'agrandit ainsi, il nous devient moins insuffisant ; cette surabondance d'amour qui allait chercher un objet transcendant trouve mieux à se répandre sur la terre même, sur les astres réels de nos cieux. Si la tendance mystique de l'homme ne peut complètement disparaître en ce qu'elle a de légitime, elle peut du moins changer de direction, et elle en change peu à peu. Les chrétiens n'avaient nullement tort de trouver la société antique trop étroite et le monde ancien trop comprimé sous sa voûte de cristal ; la raison d'être du christianisme était dans cette conception vicieuse de la société et de la nature. Il faut dire aujourd'hui : élargissez le monde jusqu'à ce qu'il satisfasse l'homme ; qu'il s'établisse un équilibre entre l'univers et le cœur humain. L'œuvre de la science n'est pas d'éteindre le besoin d'aimer qui constitue en si grande partie le sentiment religieux, mais de lui donner un objet réel ; ce n'est pas d'arrêter les élans du cœur, mais de les justifier.

Remarquons-le d'ailleurs, si l'amour du Dieu personnel mystiquement conçu tend à s'effacer dans les sociétés modernes, il n'en est pas ainsi de l'amour du Dieu idéal conçu comme un type pratique d'*action*. L'idéal, en effet, ne s'oppose pas au monde, il le dépasse simplement ; il est au fond identique à notre pensée même, qui, tout en sortant de la nature, va de l'avant, prévoit et prépare de perpétuels progrès. Dans la *vie* se trouvent conciliés le réel et l'idéal, car la vie tout ensemble est et devient. Qui dit vie dit *évolution ;* or l'évolution est l'échelle de Jacob appuyée à la fois sur la terre et sur le ciel ; à la base nous nous sentons brutes, au sommet nous nous devinons dieux. Le sentiment religieux ne s'oppose donc pas au sentiment scientifique et philosophique; il le complète, ou plutôt il lui est au fond identique. Nous avons dit que la religion est de la science qui commence, de la science encore inconsciente et diffuse; de même la science est de la religion qui retourne à la réalité, qui reprend sa direction normale, qui se retrouve pour ainsi dire. La science dit aux êtres : pénétrez-vous les uns les autres ; la religion dit aux êtres : unissez-vous les uns aux autres ; ces deux préceptes n'en font qu'un.

En somme, il tend à se faire une substitution dans nos affections. Nous aimerons Dieu dans l'homme, le futur dans le présent, l'idéal dans le réel. L'homme de l'évolution est vraiment l'Homme-Dieu du christianisme. Et alors cet amour de l'idéal, concilié avec celui de l'humanité, au lieu d'être une contemplation vaine et une extase, deviendra un ressort d'action. Nous aimerons d'autant plus Dieu que nous le ferons pour ainsi dire. S'il y a au fond du cœur de l'homme quelque instinct mystique persistant, il sera employé comme facteur important dans l'évolution même : épris de nos idées, plus nous les adorerons, plus nous les réaliserons. La religion, se transformant en ce qu'il y a de plus pur au monde, l'amour de l'idéal, deviendra en même temps ce qu'il y a de plus réel et en apparence de plus terre à terre, le travail.

Le complément naturel et pratique du mysticisme est l'ascétisme : c'est là encore un élément de la morale religieuse qui va diminuant de plus en plus dans l'esprit moderne.

Il y a deux sortes d'austérités, l'une d'origine toute mystique, méprisant l'art, la beauté, la science; l'autre qui a son principe dans un certain stoïcisme moral, dans le simple respect de soi-même. Celle-ci n'a rien d'ascétique, elle est faite en majeure partie de l'amour même pour la science et pour l'art, mais c'est l'art le plus haut qu'elle aime, et c'est la science pour la science qu'elle poursuit. L'excès d'austérité, auquel aboutissent si souvent les religions, est à la vertu simple ce que l'avarice est à l'économie. L'austérité ne constitue pas *par elle-même* un mérite et une supériorité. La vie peut même être plus douce, plus sociable, meilleure sous beaucoup de rapports chez un peuple aux mœurs libres, comme étaient les Grecs, que chez celui qui prend l'existence durement et sèchement, avec la brutalité de la foi, et ignore l'allègement du sourire ou la mollesse des larmes. On aimerait peut-être mieux encore vivre avec des prodigues qu'avec des avares. Seulement l'avarice, comme état de transition chez une famille ou chez un peuple, est bien supérieure économiquement et moralement à la prodigalité. De même pour le rigorisme. Ce sont des défauts utiles par leurs conséquences, qui amoindrissent la vie pour lui donner ensuite plus de résistance et de force. Mieux vaut pour la race, sinon toujours pour l'individu, s'économiser à l'excès que se dépenser avec intempérance : les courants resserrés ont plus d'énergie et de vitesse, ils renversent tout obstacle. L'austérité, comme l'avarice, est un moyen de défense et de protection, une arme. Les conquérants ont eu souvent dans l'histoire des pères avares, qui leur ont amassé de l'argent et du sang à répandre. De temps en temps, il est bon de se traiter soi-même en ennemi, de vivre et de coucher en cotte de mailles. D'ailleurs, il est des tempéraments entiers, qui ne peuvent se plier que sous des règles de fer, qui ne voient pas de milieu entre l'eau pure et l'alcool, entre un lit de roses et une ceinture d'épines, entre la loi morale et la discipline militaire, entre un moraliste et un caporal. Ce qu'on ne peut faire, c'est de représenter cet état de guerre comme l'idéal. L'ascète se hait lui-même ; mais il ne faut haïr personne, pas même soi ; il faut comprendre et régler. La haine de soi vient d'une impuissance de la volonté à diriger les sens ; celui qui se possède assez lui-même n'a pas lieu de se mépriser. Au lieu de se maudire ainsi soi-même, il faut s'élever. Il peut y avoir un certain rigorisme légitime dans toute morale, une certaine discipline intérieure ; mais cette discipline doit être raisonnée, expliquée par un but qui la justifie : il s'agit non pas de briser le corps, mais de le façonner, de le plier. Le savant, par exemple, doit prendre pour but de développer son cerveau, d'affiner son système nerveux, de réduire au nécessaire la part du système circulatoire et nutritif. Voilà de l'ascétisme, si l'on veut, mais de l'ascétisme fécond, utile : c'est, au fond, de l'hygiène morale, qui a d'ailleurs besoin d'être contenue par l'hygiène physique. Le chirurgien sait que, pour garder toute sa précision de main, il est tenu à une vie sévère et continente : il ne peut venir en aide aux autres qu'à condition de se priver lui-même dans une certaine mesure ; il doit choisir. Il n'a pas besoin, pour faire ce choix, du commandement d'une religion, mais d'une libre décision de sa conscience. Il lui suffit de connaître assez d'hygiène morale pour prévoir de loin les résultats de ses actes, et d'avoir assez d'esprit de suite pour rester conséquent avec lui-même. C'est ainsi qu'en raisonnant sa vie d'après des lois scientifiques on peut la régler, la rendre parfois presque aussi dure que celle du moine le plus croyant. Toute profession qu'on choisit est par elle-même une discipline qu'on s'impose. Quant à l'absence de profession, à l'oisiveté voulue, elle est en soi une immoralité, et elle aboutit nécessairement à l'immoralité, quelle que soit la religion qu'on prétende professer.

La dernière conséquence d'un rigorisme extrême est l'obsession du péché. Cette obsession est, avec la peur de l'an mille, une des plus grandes tortures inutiles que se soit infligées l'humanité. Il est dangereux de grossir ses vices comme ses vertus; se croire un monstre n'est pas plus exempt d'inconvénient que de se croire parfait. Le péché, en lui-même et philosophiquement considéré, est une conception difficile à concilier avec l'idée moderne du déterminisme scientifique, qui, expliquant tout, est bien près non pas de justifier tout, mais de pardonner tout. Nous ne pouvons plus avoir ni les affres, ni la vanité du péché, étant à peine sûrs aujourd'hui que nos péchés soient bien les nôtres. La *tentation* nous apparaît comme l'éveil en nous de penchants héréditaires, qui ne remontent pas seulement au premier homme, mais à ses ancêtres dans la vie animale et, pour mieux dire, à la vie même, à l'univers, au Dieu immanent qui s'agite dans le monde ou au Dieu transcendant qui l'a créé; ce n'est pas le diable qui nous tente, c'est Dieu même. Comme Jacob, dont nous parlions tout à l'heure, il nous faut vaincre Dieu, soumettre la vie à la pensée, c'est-à-dire faire dominer en nous les formes supérieures de cette vie sur les formes inférieures. Si nous sommes blessés dans cette lutte, si nous portons la marque du péché, si nous montons en boitant les degrés du bien, nous ne devons pas en être épouvantés à l'excès : l'essentiel est de monter. La tentation n'est pas par elle-même une souillure, elle peut être une marque de noblesse, — aussi longtemps qu'on n'y cède pas. Nos premiers pères n'avaient pas de *tentation* proprement dite, parce qu'ils cédaient à tous leurs désirs et qu'il n'y avait même pas en leur cœur de lutte intestine. Le péché ou mal moral s'explique : 1° par la lutte des instincts et de la réflexion ; 2° par la lutte des instincts égoïstes et des instincts altruistes. Cette double lutte de l'inconscient et du conscient, de l'égoïsme et de l'altruisme, est une nécessité de toute vie arrivée à la connaissance de soi, et c'est une condition du progrès : se connaître, c'est sentir le tiraillement plus ou moins douloureux des diverses tendances dont l'équilibre mouvant constitue la vie même ; se connaître et en général connaître, c'est être tenté. Vivre, c'est toujours plus ou moins pécher, car on ne peut ni manger, ni même respirer sans quelque affirmation des instincts bas et égoïstes. Aussi l'ascétisme aboutit-il logiquement à la négation de la vie ; les ascètes les plus conséquents sont les Yoghis de l'Inde, qui en viennent à vivre sans respirer et sans manger, à entrer vivants dans le tombeau[1]. Seulement, en croyant ainsi avoir réalisé la renonciation absolue, c'est l'égoïsme entier qu'ils ont réalisé, car les derniers vestiges de la vie végétative qui circule en eux ne circulent que pour eux, et pas un frisson de leur cœur engourdi n'a pour objet un autre être qu'eux ou une idée supérieure : en appauvrissant et en annihilant la vie, ils ont supprimé cette générosité que produit le trop-plein de la vie ; en voulant tuer le péché,

---

1. Le fait est constaté par les autorités anglaises de l'Inde, et il a été commenté par le physiologiste W. Preyer (*Ueber die Erforschung des Lebens*, Iéna, et *Sammlung physiologischer Abhandlungen*). Des Yoghis arrivés au plus haut degré de la perfection, insensibles au froid et à la chaleur, ayant enfin contracté par une suite de pratiques empiriques l'habitude de ne presque plus respirer, ont pû être enterrés vivants et ressusciter au bout de plusieurs semaines. On a noté au réveil l'élévation de la température, comme dans le réveil des mammifères hibernants, et c'est en effet des phénomènes de sommeil hibernal que se rapproche le plus cet étrange sommeil volontaire, ce retour mystique à la vie végétative, cet anéantissement dans l'inconscient où le Yoghi espère trouver Dieu. Pour en arriver à cet état, les Yoghis diminuent par degrés bien ménagés la quantité d'air et de lumière nécessaires à la vie ; ils vivent dans des cellules où l'air et le jour ne pénètrent que par une seule fente, ils ralentissent tous leurs mouvements pour ralentir la respiration, ne parlent qu'intérieurement pour répéter douze mille fois par jour le nom mystique d'Om, restent de longues heures dans une immobilité de statue. L'air rejeté par l'expiration, ils s'exercent à le garder pour le respirer de nouveau, et plus ils mettent de temps entre une respiration et une expiration, plus ils sont parvenus haut dans les degrés de la sainteté ! Enfin, ils bouchent soigneusement toutes les ouvertures de leur corps avec de la cire ou du coton, ferment la glotte avec la langue, que des incisions permettent de replier en arrière, et tombent finalement dans une léthargie où les mouvements de la respiration peuvent être suspendus sans que la vie soit définitivement brisée.

ils ont tué la charité. Le véritable idéal moral et religieux ne consiste pas à tout retrancher de soi pour en retrancher le péché. Il n'y a rien d'absolument mauvais en nous toutes les fois qu'il n'y a rien d'excessif; quand nous taillons à vif dans notre cœur, nous ne devons avoir qu'un but, celui qu'on a en émondant les arbres : augmenter encore la fécondité. Nos penchants multiples doivent donc être satisfaits à leur heure ; nous devons faire comme la mère qui, voyant son fils mourant, trouve le courage de manger au milieu de ses larmes, pour avoir la force de le veiller jusqu'au bout. Il ne doit pas bouder avec la vie, celui qui veut vivre pour autrui : pour celui qui a le cœur assez grand, nulle fonction de la vie n'apparaît comme impure. Toute règle morale ne doit être qu'une conciliation de l'égoïsme et de l'altruisme, du péché originel et de la sainteté idéale; pour accomplir cette conciliation, il suffit de montrer que chacun des penchants contraires qui entraînent notre être, s'il est abandonné à lui-même, se contredit lui-même; que nos penchants ont besoin les uns des autres; que la nature, lorsqu'elle veut s'élever brusquement trop haut, retombe et s'écrase. Se gouverner, c'est, comme dans tout gouvernement, concilier des partis. Ormuzd et Ahrimane, l'esprit et la nature ne sont pas aussi ennemis qu'on semble le croire, et même ils ne peuvent rien l'un sans l'autre ; ce sont deux dieux dont l'origine première est la même, ils sont immortels, et il faut que les choses immortelles trouvent moyen de s'accommoder ensemble. Le sacrifice entier et sans retour ne peut jamais être une règle de vie, mais seulement une exception sublime, un éclair traversant l'existence individuelle, la consumant parfois, puis disparaissant, pour laisser de nouveau en présence les deux grands principes dont l'équilibre fait le monde et dont l'accord réfléchi constitue la morale moyenne de toute vie.

La nature même des idées confirme ce que nous venons de dire sur les tentations et le péché. Toute idée est toujours, directement ou indirectement, une suggestion, une excitation à agir; elle tend même à s'implanter en nous, à repousser les autres, à devenir une idée fixe, une « idée force », à se réaliser par nous, souvent malgré nous; mais, comme notre pensée embrasse toutes les choses de l'univers, les basses comme les hautes, elle est incessamment sollicitée à agir dans tous les sens; la *tentation*, à ce nouveau point de vue, devient donc la loi de la pensée, comme elle est la loi de la sensibilité. Aussi les ascètes et les prêtres ont-ils essayé de lutter contre la tentation en restreignant la pensée humaine, en l'empêchant de s'appliquer aux choses de ce monde. C'est impossible, car les choses de ce monde sont précisément celles qui, toujours présentes, sollicitent le plus la pensée, se reflètent en elle constamment; et plus la pensée fait effort pour chasser ces images, plus elle leur donne de force attractive. Ce qu'on voudrait ne pas regarder est toujours ce qu'on voit le mieux, ce qu'on voudrait ne pas aimer est ce qui fait battre le cœur avec le plus d'emportement. Non, le remède à la tentation, si redoutée des esprits religieux, ce n'est pas de restreindre la pensée, mais au contraire de l'élargir. On ne peut pas faire disparaître le monde visible, c'est folie que de l'essayer; mais on peut l'agrandir à l'infini, y faire sans cesse des découvertes, compenser le péril de certains points de vue par l'attrait de points de vue nouveaux, enfin abîmer l'univers connu dans l'immensité de ce que nous ne connaissons pas. La pensée a son remède en elle-même; une science assez grande est plus sûre que l'innocence, une curiosité sans limites guérit d'une curiosité bornée. L'œil qui voit jusqu'aux étoiles ne se pose pas longtemps sur rien de bas : il est sauvegardé par l'étendue et la lumière de son regard, car la lumière est une purification. En rendant la « tentation » infinie, on la rend salutaire et vraiment divine. Se dessécher par l'ascétisme ou au contraire se flétrir dans la fausse maturité des mœurs dissolues, cela revient souvent au même. Il faut garder en son cœur un coin de verdure et de jeunesse, un petit coin où l'on n'ait rien récolté encore, où l'on puisse toujours semer quelque plante nouvelle. « Je ne me suis point fait homme avant l'âge, » disait Marc-Aurèle. L'ascétisme et la débauche font tous deux les vieillards précoces, qui ne savent plus aimer, s'enthousiasmer pour les choses de ce monde; Cérigo et la Thébaïde sont des déserts semblables, des terres également desséchées. Rester jeune longtemps, rester enfant même, par la spontanéité et l'affectuosité du cœur, garder toujours non dans ses dehors, mais au fond même de soi, quelque chose de léger, de gai et d'ailé, c'est le meilleur moyen de dominer la vie; car quelle force plus grande y a-t-il que la jeunesse? Il ne faut ni se roidir et se hérisser contre la vie, ni s'y abandonner lâchement; il faut la prendre comme elle est, c'est-à-dire, suivant la parole populaire, « comme elle vient, » avec un bon sourire d'enfant qui s'éveille et qui regarde, — sans autre souci que de se posséder soi-même en tout événement, pour posséder les choses.

III. — La morale et le culte sont inséparables dans toutes les religions, et l'acte essentiel du culte intérieur, le rite fondamental commandé par la morale religieuse, c'est la prière.

Analyser tous les sentiments qui entrent en jeu dans la prière serait chose très complexe. La prière peut être l'accomplissement presque mécanique du rite, le marmottement de paroles vaines : à ce titre elle est méprisable, même au point de vue religieux. Elle peut être une demande égoïste, et sous cet aspect elle reste mesquine. Elle peut être un acte de foi naïve en des croyances plus ou moins populaires et irrationnelles; à ce compte elle n'a encore qu'une valeur négligeable. Mais elle peut être aussi l'élan désintéressé d'une âme qui croit servir autrui en quelque façon, agir sur le monde par l'explosion de sa foi, faire un don, une offrande, dévouer quelque chose de soi-même à autrui. Là est la grandeur de la prière : elle n'est plus alors qu'une des formes sous lesquelles s'exerce la charité et l'amour des hommes. Mais enfin, s'il vient à être démontré que cette forme particulière de l'action charitable est illusoire, croit-on que la charité même, en son principe, sera par là atteinte et diminuée ?

On a apporté en faveur de la prière bien des arguments, dont la plupart sont tout extérieurs et trop superficiels. — La prière, dit-on d'abord, comme demande à une providence spéciale, est souverainement « consolante; » elle est une des plus douces satisfactions de la foi religieuse. Une personne convertie à la libre-pensée me disait dernièrement : « Je ne regrette qu'une chose dans mes croyances d'autrefois, c'est de ne plus pouvoir prier pour vous et m'imaginer que je vous sers. » — Assurément il est triste de perdre une croyance qui vous consolait; mais supposez quelqu'un qui aurait cru posséder la baguette des fées entre ses mains et pouvoir sauver le monde : un matin on le détrompe, il se retrouve seul, avec la seule force de ses dix doigts et de son cerveau; il ne peut pas ne pas regretter sa puissance imaginaire, il travaillera cependant à en acquérir une réelle et la perte de ses illusions deviendra un excitant pour sa volonté. Il est toujours dangereux de croire à un pouvoir qu'on n'a pas, car il vous empêche, en une certaine mesure, de connaître et d'exercer ceux qu'on possède. Les hommes qui autrefois, du temps des monarchies absolues, approchaient de l'oreille des princes, possédaient réellement une puissance analogue à celle que s'imaginent encore avoir bien des croyants agenouillés dans les temples ; ce pouvoir sur les rois, ils l'ont perdu par suite de révolutions purement terrestres : ont-ils été par là diminués dans leur être moral? Non, un homme est moralement plus grand comme citoyen que comme courtisan ; on est plus grand par ce qu'on fait ou tente soi-même que par ce qu'on cherche à obtenir d'un maître.

L'individu pourra-t-il jamais se passer de la prière conçue comme une communication constante avec Dieu, comme une confession journalière en lui et devant lui? — Il n'y renoncera probablement que s'il devient capable de s'en passer. Tous les arguments d'utilité pratique qu'on fait valoir en faveur de la communication directe avec l'idéal vivant, on les a fait valoir aussi en faveur de la confession catholique devant le prêtre réalisant l'idéal moral, lui donnant une oreille et une voix. Cependant les protestants, en supprimant la confession, ont plutôt développé chez beaucoup l'austérité morale : la moralité des peuples protestants, défendue seulement en eux par la conscience, n'est pas inférieure à celle des nations catholiques [1]. Est-il plus nécessaire, pour scruter ses fautes et s'en guérir, de s'agenouiller devant Dieu personnifié et anthropomorphisé que devant le confessionnal, sous le pilier de l'église? L'expérience seule pourra répondre, et cette expérience, nombre d'hommes semblent l'avoir déjà faite avec succès : l'examen de conscience philosophique leur suffit.

Enfin on a dit que la prière, même conçue comme ne produisant aucun effet objectif, s'exauçait pourtant elle-même en réconfortant l'âme ; on a tenté de la justifier ainsi par des raisons purement subjectives. Mais la prière risque précisément de perdre le pouvoir pratique qu'elle a sur l'âme quand on ne croit plus à son efficacité comme demande. Si personne ne nous entend, qui continuera de demander, uniquement pour se soulager? Si l'orateur est

---

1. Voir plus loin, ch. IV.

soulevé, entraîné par l'assemblée qui l'écoute, s'ensuit-il qu'il éprouvera le même effet en parlant tout seul dans le vide, avec le sentiment que sa pensée, ses paroles, son émotion sont perdues et ne font rien vibrer autour de lui?

Pour que la prière s'exauce vraiment elle-même, il faut qu'elle ne soit pas une « demande » adressée à quelque être extérieur, mais qu'elle soit un acte d'amour intérieur, ce que le christianisme appelle un « acte de charité ». La charité, voilà ce qu'il y a d'éternel dans la prière. Demander pour soi est chose peu justifiable; demander pour autrui, c'est du moins un commencement d'action désintéressée. — On dirait que tes prières s'allongent de jour en jour, grand'mère ! — C'est que le nombre de ceux pour lesquels je prie va tous les jours croissant. — A ce caractère « charitable » de la prière se lie une certaine beauté, et ce caractère ne disparaîtra pas avec les superstitions qui s'en détachent. La beauté morale de la prière tient aux sentiments humains très profonds qui viennent s'y associer : on prie pour quelqu'un qu'on aime, on prie par pitié ou par affection, on prie dans le désespoir, dans l'espoir, dans la reconnaissance. Tout ce qu'il y a de plus élevé dans les sentiments humains vient donc parfois se fondre avec la prière et la colorer. Cette tension de tout l'être se traduit alors sur le visage et le transfigure : de là, dans certaines prières parties du cœur, une expression intense du visage que les peintres ont pu saisir et fixer[1]. Ce qu'il y a de plus beau et probablement aussi de meilleur dans la prière, c'est donc surtout ce qu'il y a d'humain et de moral. S'il est ainsi une charité essentielle à la vraie prière, la charité des lèvres ne suffit pas; il y faut joindre celle du cœur et des mains, qui finit toujours par substituer l'action à la prière même.

La prière par amour et charité deviendra de plus en plus action : on pourrait trouver de ce fait une vérification dans l'histoire même. Autrefois, en un moment de détresse, une femme païenne eût tenté d'apaiser les dieux irrités par un sacrifice sanglant, par le meurtre de quelque être innocent de la grande nature; au moyen âge, elle eût fait

---

1. Toutefois ce caractère expressif de la prière est assez exceptionnel : dans une église, pendant les offices, la moyenne des visages reste inexpressive, parce que le côté mécanique de la prière domine toujours chez le plus grand nombre des fidèles.

un vœu, bâti une chapelle, — choses encores vaines et impuissantes à alléger la moindre misère de ce monde ; de nos jours, elle songera plutôt, si elle a quelque élévation d'esprit, à répandre des aumônes, à fonder un établissement pour l'instruction des pauvres ou le soulagement des infirmes. On voit le progrès dans les idées religieuses : il viendra un moment où de telles actions ne seront plus accomplies dans un but directement intéressé, comme une sorte d'échange avec la divinité et de troc contre un bienfait ; elles feront partie du culte même, le culte sera charité. Pascal se demande quelque part pourquoi Dieu a donné, a commandé à l'homme la prière ; et il répond avec profondeur : « Pour lui laisser la dignité de la causalité. » Mais, si celui qui demande des biens par la prière possède déjà la dignité de la causalité, que sera-ce de celui qui, par sa volonté morale, les tire de soi ? et si causer ainsi soi-même ses propres biens, c'est l'essence de la prière, ce qui rapproche l'homme de Dieu, ce qui l'élève à lui, ne pourra-t-on dire que la plus désintéressée et la plus sainte, la plus humaine et la plus divine des prières, c'est l'acte moral ? Selon Pascal, il est vrai, l'acte moral supposerait deux termes : — le devoir, le pouvoir, — et l'homme ne peut pas toujours ce qu'il doit. Mais il faut se défier ici de l'antique opposition établie par le christianisme entre le sentiment du devoir et l'impuissance de l'homme réduit à ses forces propres, privé de la grâce. En réalité, le sentiment du devoir est déjà par lui-même la première conscience vague d'une puissance existant en nous, d'une force qui, toute seule, tend à se réaliser[1]. Dans l'homme viennent donc s'unir la conscience de sa puissance du bien et celle de l'idéal qui doit être, car cet idéal n'est que la projection, l'objectivation du plus haut pouvoir intérieur, la forme qu'il prend pour l'intelligence réfléchie. Toute volonté n'est au fond qu'une puissance en travail, une action germant, un enfantement de la vie : la volonté du bien, si elle est consciente de sa force, n'a donc pas besoin d'attendre du dehors la grâce : elle est à elle-même sa propre grâce ; en naissant, elle était déjà efficace ; la nature, en voulant, crée. Pascal conçoit trop la fin morale que nous propose le « devoir » comme une sorte de but physique et extérieur à nous, qu'on serait capable de voir sans être capable de l'atteindre. « On dirige sa vue en haut,

---

1. Voir sur ce point notre *Esquisse d'une morale sans obligation*, p. 27.

dit-il dans ses *Pensées*, mais on s'appuie sur le sable, et la terre fondra, et on tombera en regardant le ciel. » Mais, pourrait-on répondre, le ciel dont veut ici parler Pascal, le ciel que nous portons en notre âme n'est-il pas tout différent de celui que nous apercevons sur nos têtes? Ne faut-il pas dire ici que voir c'est toucher et posséder; que la vue du but moral rend possible et commence la marche vers ce but; que le point d'appui qu'on trouve dans la bonne volonté, — le plus invincible de tous les vouloirs, — ne peut fondre; qu'on ne peut tomber en allant toujours au bien, et qu'en ce sens, regarder le ciel, c'est déjà y monter?

Reste un dernier aspect sous lequel on peut considérer la prière : elle peut être regardée comme une *élévation* vers l'être infini, une communion avec l'univers ou avec Dieu[1]. On a de tout temps glorifié la prière comme un moyen de faire ainsi monter l'être tout entier à un ton qu'il ne peut atteindre en temps normal : le plus précieux de nous-mêmes, a dit récemment Amiel, ne trouve issue et n'arrive en partie à notre conscience que dans la prière.

Il faut se défier ici de bien des illusions et distinguer soigneusement deux choses très diverses : l'extase religieuse et la méditation philosophique. Une des conséquences de notre connaissance plus approfondie du système nerveux, c'est un dédain croissant de l' « extase » et de tous ces états d'ivresse nerveuse ou même intellectuelle qui apparaissaient autrefois à la foule, parfois aux philosophes, comme au-dessus de la condition humaine et vraiment divins. L'extase dite religieuse peut être un phénomène si complètement physique qu'il suffit de l'application d'un peu d'huile volatile de laurier-cerise pour la déterminer chez certains tempéraments, pour emplir de béatitude extatique, faire prier, pleurer, se prosterner une hystérique, courtisane endurcie d'origine juive; pour lui donner même des visions déterminées, comme celle de la vierge aux cheveux blonds et en robe bleue avec des étoiles d'or[2]. L'ivresse des Dionysiaques en Grèce, comme celle des has-

---

[1]. « O Dieu, disait Diderot à la fin de son *Interprétation de la nature*, « je ne sais si tu es, mais je penserai comme si tu voyais dans mon âme, « j'agirai comme si j'étais devant toi... Je ne te demande rien dans ce « monde, car le cours des choses est nécessité par lui-même si tu n'es pas, « ou par ton décret si tu es. »

[2]. *Rapport de MM. Bourru et Burot au Congrès scientifique de Grenoble*, 18 août 1885.

chichins, n'était qu'un moyen violent de produire l'extase et d'entrer en commerce avec le monde surnaturel [1]. Dans l'Inde [2] et chez les chrétiens, on s'est servi du jeûne pour atteindre le même but, à savoir l'excitation morbide du système nerveux. Les macérations de l'anachorète étaient, dit Wundt, une « orgie de solitaire », à la suite de laquelle moines et nonnes serreraient ardemment dans leurs bras les images fantastiques de la Vierge et du Sauveur. D'après une légende du krishnaïsme, la reine d'Udayapura, Mira Bai, pressée d'abjurer son Dieu, vint se jeter aux pieds de la statue de Krishna, et lui fit cette prière : « J'ai quitté pour toi mon amour, mes biens, ma royauté; je viens à toi, ô mon refuge; prends-moi. » La statue écoutait, impassible; tout d'un coup elle s'entrouvrit, et Mira disparut dans ses flancs. S'évanouir comme cette femme dans le sein de son dieu, n'est-ce pas là, exprimé dans une seule image, tout l'idéal des plus hautes religions humaines? Toutes ont proposé à l'homme de mourir en Dieu, toutes ont cru voir la vie supérieure dans l'extase, par laquelle on redescend au contraire à la vie inférieure et végétative; cette apparente fusion en Dieu n'est qu'un retour vers l'inertie primitive, vers l'impassibilité du minéral, une pétrification de statue. On peut se croire soulevé bien haut par l'extase, et prendre tout simplement pour l'exaltation de la pensée ce qui n'est qu'une stérile exaltation nerveuse. C'est que, ici, tout moyen manque pour mesurer la force réelle et l'étendue de la pensée. Ce moyen, en temps normal, est l'action; celui qui n'agit pas est toujours porté à croire à la supériorité de sa pensée. Amiel n'y a pas échappé. Cette supériorité disparaît du moment où la pensée cherche à s'exprimer d'une manière ou d'une

---

[1]. Un défenseur du haschich manié scientifiquement, M. Giraud, qui imagine la possibilité de l'extase à volonté provoquée par la thérapeutique et réglée par doses médicales, nous écrit avec enthousiasme : « Un peu de cette matière dispense des pénibles entraînements mystiques pour faire pénétrer dans l'extase. Plus besoin d'ascétisme! C'est l'ivresse, mais l'ivresse sacrée qui n'est autre chose que le surcroît d'activité dans les centres supérieurs. » Nous croyons que toute ivresse, loin d'avoir un caractère sacré, constituera toujours pour la science un *état morbide*, nullement enviable au point de vue rationnel pour un individu de santé normale : l'emploi constant d'un excitant du système nerveux l'userait et le détraquerait, comme l'usage quotidien de la noix vomique épuiserait à la longue un estomac sain.

[2]. Voir plus haut ce que nous avons déjà dit des Yoghis et de l'ascétisme.

autre. Le rêve qu'on raconte devient absurde. L'extase dans laquelle on cherche à reprendre pleine conscience de soi, à se traduire à soi-même les sentiments confus qu'on éprouve, s'évanouit bientôt en ne nous laissant qu'une fatigue et une sorte d'obscurcissement intérieur, comme ces crépuscules d'hiver qui, lorsqu'ils pâlissent, laissent sur les vitres une buée interceptant les derniers rayons de la lumière. Mes plus beaux vers ne seront jamais écrits, a dit un poète; de mon œuvre

> Le meilleur demeure en moi-même [1].

C'est là une illusion, par laquelle ce qu'on rêve semble toujours supérieur à ce qu'on pense; c'est une illusion du même genre qui nous fait attacher tant de prix à certaines heures d'exaltation religieuse. En vérité, les meilleurs vers du poète sont ceux qu'il a écrits de sa propre main, ses meilleures pensées sont celles qui ont été assez puissantes pour trouver leur formule et leur musique : il est bien tout entier dans ses poèmes. Et nous aussi, nous sommes tout entiers dans nos actions, dans nos discours, dans l'éclair d'un regard ou l'accent d'un mot, dans un geste, dans la paume de notre main ouverte pour donner : il n'y a pas d'autre manière d'être que d'agir, et la pensée qui ne peut se traduire ou se fixer d'aucune manière est elle-même une pensée avortée, qui n'a pas vécu réellement et ne méritait pas de vivre. De même le véritable dieu est aussi celui qu'on peut retenir auprès de soi, qui ne fuit pas la conscience réfléchie, qui ne se montre pas seulement en rêve, qu'on n'évoque pas comme un fantôme ou un démon. Notre idéal ne doit pas être seulement une apparition passagère et fantastique, mais une création positive de notre esprit; il faut que nous puissions le contempler sans le détruire, en nourrir nos yeux comme d'une réalité. D'ailleurs cet idéal de bonté et de perfection persistant ainsi sous le regard intérieur n'a pas besoin d'une existence objective, en quelque sorte matérielle, pour produire sur l'esprit tout son attrait. L'amour le plus profond subsiste pour ceux qui ont été comme pour ceux qui sont ; il va aussi vers l'avenir comme vers le présent. Il peut même, dans une certaine mesure, devancer l'existence, deviner et aimer l'idéal qui sera. Un modèle pour

---

1. M. Sully-Prudhomme.

l'être moral, ici comme ailleurs, c'est l'amour maternel, qui souvent n'attend pas pour s'attacher l'existence de l'être aimé : la mère forme dans sa pensée et aime, longtemps avant qu'il naisse, l'enfant auquel elle donnera sa vie; elle la lui donne même d'avance, se sent prête à mourir pour lui et par lui avant même de le connaître.

Pour les esprits vraiment élevés, elles resteront fécondes ces heures consacrées à former et à faire vivre intérieurement leur idéal, ces heures de recueillement, de méditation non seulement sur ce qu'on sait et ce qu'on ne sait pas, mais encore sur ce qu'on espère, sur ce qu'on tentera, sur l'idée qui veut être par vous, qui s'appuie sur votre cœur à le briser. La manière la plus haute de prier, ce sera encore de penser. Toute méditation philosophique a, comme la prière, quelque chose de consolant, non par elle-même, car elle peut porter sur de bien tristes réalités, mais indirectement, parce qu'elle élargit le cœur en élargissant la pensée. Toute ouverture sur l'infini nous donne cette impression rude et pourtant rafraîchissante de l'air du large, dans lequel la poitrine se dilate. Nos tristesses se fondent dans l'immensité comme les eaux venues de la terre se fondent dans l'eau bleue des mers, où elles viennent se pénétrer de ciel.

Quant à ceux qui ne se sentent pas de taille à penser par eux-mêmes, il sera toujours bon de repenser les pensées d'autrui qui leur paraissent les plus hautes et les plus nobles. Sous ce rapport, la coutume protestante de lire et de méditer la Bible est excellente en son principe ; le livre seul est mal choisi. Mais il est bon qu'un certain nombre de fois par jour ou par semaine l'homme s'habitue à lire ou à relire autre chose qu'un journal ou un roman, qu'il puisse se tourner vers quelque pensée sérieuse et s'y complaire. Peut-être un jour viendra où chacun se fera à lui-même sa Bible, recueillera parmi les penseurs de l'humanité les passages qui lui paraîtront les plus profonds, les plus beaux, et les relira, se les assimilera. Lire un livre sérieux et élevé, c'est retourner en soi-même les grandes pensées humaines : admirer, cela aussi est prier, et c'est une prière à la portée de tous.

CHAPITRE IV

LA RELIGION ET L'IRRÉLIGION CHEZ LE PEUPLE

I. — *Le sentiment religieux est-il inné et impérissable dans l'humanité ?* — Confusion fréquente du sentiment religieux avec le sentiment philosophique et moral. — Renan. — Max Müller. — Différence entre les évolutions de la croyance dans l'individu et l'évolution de la croyance chez les peuples. — La disparition de la foi laissera-t-elle un vide ?

II. — *La dissolution de la religion entraînera-t-elle celle de la moralité populaire ?* — La religion est-elle la seule sauvegarde de l'autorité sociale et de la moralité publique ? — Christianisme et socialisme. — Rapport de l'irréligion et de l'immoralité d'après les statistiques.

III. — *Le protestantisme est-il une transition nécessaire pour les peuples entre la religion et la libre pensée ?* — Projets de « protestantiser » la France, Michelet, Quinet, de Laveleye, Renouvier et Pillon. Supériorité intellectuelle, morale et politique du protestantisme. — Caractère utopique du projet. — Inutilité morale de la substitution d'une religion à l'autre ? — La religion est-elle, pour un peuple, une condition *sine quâ non* de supériorité dans la lutte pour l'existence ? Objections faites à la France et à la Révolution française par Matthew Arnold : comparaison de la Grèce et de la Judée, de la France et des nations protestantes. — Examen critique de cette théorie. — La libre pensée, la science et l'art ne peuvent-ils trouver leur règle en eux-mêmes ?

Nous avons vu la dissolution qui menace, au sein des sociétés modernes, la dogmatique religieuse et même la morale religieuse. Des problèmes sociaux plus ou moins inquiétants se posent par cela même. Y a-t-il vraiment un péril dans l'affaiblissement graduel de ce qui a longtemps paru servir de base aux vertus sociales ou domestiques ? Certains esprits se plaisent à appliquer une sorte d'ostracisme aux neuf dixièmes du genre humain. On déclare d'avance le peuple, la femme et l'enfant incapables de s'élever à une conception où l'on reconnaît qu'un très grand nombre d'hommes sont déjà parvenus. Il faut, dit-on, un jouet pour l'imagination des masses populaires, comme pour celle de la femme et de l'enfant ; seulement on aura soin de choisir ce jouet le moins dangereux possible, de peur qu'il ne blesse ceux qui s'en servent. — Nous devons rechercher jusqu'à quel point on peut démontrer l'incapacité philosophique du peuple, de l'enfant, de la femme : cette recherche est d'autant plus nécessaire que nous ne séparons point, dans ce livre, l'étude des religions de la sociologie.

I. — LE SENTIMENT RELIGIEUX EST-IL INNÉ ET IMPÉRISSABLE DANS L'HUMANITÉ

De nos jours, remarquons-le bien, le sentiment religieux a trouvé des défenseurs parmi ceux qui, comme les Renan, les Taine et tant d'autres, croient le plus à l' « absurdité » des dogmes mêmes. Se placent-ils au point de vue purement intellectuel, c'est-à-dire en somme à leur point de vue propre, tout le contenu de la religion, tous les dogmes, tous les rites leur apparaissent comme autant d'étonnantes erreurs, comme un vaste système de duperie mutuelle inconsciente. Se placent-ils au contraire au point de vue de la sensibilité, c'est-à-dire au point de vue du vulgaire et des masses, tout se justifie à leurs yeux ; tout ce qu'ils attaquaient sans scrupule comme raisonnement, devient sacré comme sentiment ; par un étrange effet d'optique, l'absurdité des croyances religieuses semble grandir pour eux leur nécessité ; plus l'abîme qui les sépare des intelligences communes leur semble large, plus ils redoutent de voir cet abîme se combler ; s'ils n'ont aucun besoin pour leur compte des croyances religieuses, ils pensent, par cette raison même, qu'elles sont indispensables aux autres. Il se disent : comment le peuple peut-il avoir tant de croyances irrationnelles dont nous nous passons fort bien ! — Et ils en concluent : — Il faut donc que ces croyances soient bien nécessaires au fonctionnement de la vie sociale et qu'elles correspondent à un besoin réel pour avoir pu s'implanter ainsi [1].

---

1. Au reste, quand on a passé sa vie ou même quelques années de sa vie à une étude quelconque, on est porté à s'exagérer extrêmement l'importance de cette étude. Les professeurs de grec croient que le grec est nécessaire à l'humanité. Quand il s'agit de fixer un programme, si on interroge les professeurs, chacun veut donner le premier rang à la branche des sciences qu'il enseigne. Je me rappelle qu'après avoir fait des vers latins pendant plu-

Souvent, dans cette persuasion de la toute-puissance propre au sentiment religieux, il entre au fond un certain dédain pour ceux qui en sont le jouet ; ce sont les serfs de la pensée, il faut les laisser attachés à leur glèbe, enfermés dans la bassesse de leur horizon. L'aristocratie de la science est la plus jalouse de toutes, et certains de nos savants contemporains veulent porter leur blason dans leur cerveau. Ils professent envers le peuple cette charité un peu méprisante de le laisser tranquille à ses croyances, enfoncé dans ses préjugés comme dans le seul milieu où il puisse vivre. D'ailleurs ils se prennent quelquefois à l'envier, à désirer son ignorance éternelle, d'un désir platonique s'entend. Peut-être l'oiseau emporté dans son vol a-t-il quelquefois de ces désirs vagues, de ces regrets, quand il aperçoit d'en haut un petit ver qui se vautre tranquillement dans la rosée, oublieux du ciel ; en tous cas l'oiseau garde le privilège de ses ailes, et c'est ce qu'entendent bien faire nos savants hautains. Selon eux, certains esprits supérieurs peuvent bien sans inconvénient s'affranchir de la religion ; la masse ne le peut pas. Il est nécessaire de réserver pour une élite le libre examen et la libre pensée ; l'aristocratie de l'esprit doit s'enfermer dans un camp retranché. Comme il fallait du pain et le cirque au peuple romain, il faut des temples aux peuples modernes, et c'est parfois le seul moyen de leur faire oublier qu'ils n'ont pas assez de pain. Il faut que l'humanité adore Dieu pour subsister, et non pas même Dieu en général, mais un certain Dieu dont les commandements tiennent en une bible de poche. Un livre saint, tout est suspendu à cela. C'est le cas de dire avec M. Spencer que notre époque a encore gardé la superstition des livres et croit voir une vertu magique dans les vingt-quatre lettres de l'alphabet. Quand un enfant demande des explications sur la naissance de son petit frère,

sieurs années, je me serais rangé volontiers parmi les défenseurs du vers latin. Pour quiconque étudie quelque œuvre de génie, celle d'un individu ou à plus forte raison celle d'un peuple, Platon, Aristote ou Kant, les Védas ou la Bible, cette œuvre tend à devenir le centre même de la pensée humaine, ce livre devient le Livre. Aux yeux du prêtre, la vie tout entière se résume dans la croyance ; le savoir, dans la connaissance des pères de l'Église. Il n'est pas étonnant que les laïques mêmes, qui ont fait de la religion le principal objet de leur étude, soient portés à grandir son importance pour l'humanité, que l'historien de la pensée religieuse la voie envahir toute la vie humaine et acquérir, même indépendamment des idées de révélation, une sorte de caractère inviolable.

on lui raconte qu'on l'a trouvé sous un buisson du jardin : l'enfant se contente de cette histoire ; c'est ainsi, dit-on, qu'il faut faire à l'égard du peuple, ce grand enfant. Quand il s'inquiète de l'origine du monde, ouvrez devant lui la Bible : il y verra que le monde a été fait par un être déterminé, qui en a soigneusement ajusté ensemble toutes les parties ; il saura même le temps que cela a demandé : sept jours, ni plus ni moins ; c'est tout ce qu'il a besoin de connaître. On élève ensuite devant son esprit un bon mur, qu'on lui défend de franchir même du regard : c'est le mur de la foi. Son cerveau est fermé soigneusement, la suture se fait avec l'âge, et il n'y a plus qu'à recommencer la même opération pour la génération suivante.

Est-il donc vrai que la religion soit ainsi pour la masse ou un bien nécessaire, ou un mal nécessaire, attaché au cœur même de l'homme ?

La croyance à l'innéité et à la perpétuité du sentiment religieux naît de ce qu'on le confond avec le sentiment philosophique et moral ; mais, quelque étroit qu'ait été le lien de ces sentiments divers, ils sont cependant séparables et tendent à se séparer progressivement.

D'abord, si universel que paraisse le sentiment religieux, il faut bien convenir que ce sentiment n'est point inné. Les esprits qui ont été depuis leur enfance sans relation avec les autres hommes, par l'effet de quelque défaut corporel, sont dépourvus d'idées religieuses. Le docteur Kitto, dans son livre sur la *perte des sens*, cite une dame américaine sourde et muette de naissance qui, plus tard instruite, n'avait jamais eu la moindre idée d'une divinité. Le révérend Samuel Smith, après vingt-trois ans de contact avec les sourds-muets, dit que, sans éducation, ils n'ont aucune idée de la divinité. Lubbock et Baker citent un grand nombre de sauvages qui sont dans le même cas. D'après ce que nous avons vu de l'origine des religions, elles ne sont pas sorties toutes faites du *cœur* humain : elles se sont imposées à l'homme par le dehors, par les yeux et les oreilles, grossièrement ; rien de mystique à leurs débuts. Ceux qui font dériver la religion d'un sentiment religieux inné raisonnent à peu près comme si, en politique, on faisait dériver la royauté du respect inné pour une race royale. Ce respect est l'œuvre du temps, de l'habitude, des tendances sympathiques de l'homme longtemps dirigées d'un même côté ; en tout cela, rien de primitif, et cependant cet attachement du peuple à une race royale possède comme sentiment une force considérable. La Révolution s'en aperçut bien dans les guerres de la Vendée. Mais cette force s'use un jour ou l'autre ; le culte de la royauté disparaît avec la royauté même, d'autres habitudes se reforment, créant d'autres sentiments, et on est tout surpris de voir que le peuple, royaliste sous les rois, devient républicain sous la république. La sensibilité ne domine pas pour toujours l'intelligence, tôt ou tard elle est contrainte de se modeler sur elle : il est un milieu intellectuel auquel il faut bien que nous nous adaptions comme au milieu physique. En ce qui concerne le sentiment religieux, sa pérennité dépend de sa légitimité. Né de certaines croyances et de certaines habitudes, il peut s'en aller avec elles. Tant qu'une croyance n'est pas complètement compromise et dissoute, le sentiment a sans doute encore la force de la conserver, car le sentiment joue toujours, à l'égard des idées auxquelles il s'est lié, le rôle de principe conservateur. Ce fait se produit dans l'âme humaine comme dans la société. Les sentiments religieux ou politiques sont comme ces coins de fer enfoncés au cœur des murailles qui menacent ruine : reliant les pierres disjointes, ils peuvent soutenir encore un temps l'édifice ; mais, que les murs minés assez profondément s'écroulent enfin, tout tombera avec eux. Rien de plus sûr pour amener l'anéantissement complet d'un dogme ou d'une institution que de les conserver jusqu'à la dernière limite du possible ; leur chute devient un véritable écrasement. Il est des périodes de l'histoire où conserver n'est pas sauver, mais perdre plus définitivement.

La perpétuité de la religion n'est donc nullement démontrée. De ce que les religions ont toujours existé, on ne peut conclure qu'elles existeront toujours : avec ce raisonnement, on pourrait arriver aux conséquences les plus singulières. Par exemple l'humanité a toujours, en tous temps et en tous lieux, associé certains événements à d'autres qui s'y trouvaient liés par hasard ; *post hoc, propter hoc*, c'est le sophisme universel, principe de toutes les superstitions. De là la croyance qu'il ne faut pas être treize à table, qu'il ne faut pas renverser le sel, etc. Certaines croyances de ce genre, comme celles qui font du vendredi un jour néfaste, sont tellement répandues qu'elles suffisent pour modifier très sensiblement la moyenne des voyageurs transportés à Paris par les chemins de fer et les omnibus ; bon nombre de parisiens répugnent à se mettre en route le vendredi, ou ne vaquent alors qu'aux affaires les plus pressantes; n'oublions pas cependant que les cerveaux parisiens (du moins ceux des hommes) se classent, par leur développement, aux premiers rangs des cerveaux humains. Que conclure de là, si ce n'est que les superstitions sont toujours vivaces au sein de l'humanité et le seront probablement bien longtemps encore? Raisonnons donc à leur égard comme on veut raisonner à l'égard des religions mythiques : ne sera-t-il pas très légitime d'admettre que le besoin de superstition est inné à l'homme, que c'est une partie de sa nature, qu'il nous manquerait vraiment quelque chose si nous venions à cesser de croire qu'un miroir brisé annonce la mort d'une personne? Donc nous chercherons un *modus vivendi* avec les superstitions, et nous combattrons celles qui sont le plus nuisibles, non en leur opposant la raison, mais en les remplaçant par des superstitions contraires et inoffensives. Nous déclarerons même qu'il existe des *superstitions d'Etat*, nous les enseignerons aux enfants et aux femmes; nous persuaderons, par exemple, à tous les esprits faibles cet ingénieux aphorisme du Coran que la durée de notre vie est réglée d'avance et que le lâche ne gagne absolument rien à s'enfuir du champ de bataille ; s'il doit mourir, il mourra en rentrant chez lui. N'est-ce pas là une croyance bonne à entretenir dans les armées, plus inoffensive que beaucoup des croyances religieuses? Peut-être même y a-t-il là-dessous quelque grain de vérité.

On pourrait aller loin dans cette voie et découvrir bien des illusions prétendues nécessaires ou tout au moins utiles, bien des croyances prétendues indestructibles. — « Il est, dit M. Renan, plus difficile d'empêcher l'homme de croire que de le faire croire. » — Oui certes ; en d'autres termes, il est plus difficile d'*instruire* quelqu'un que de le *tromper*. Et sans cela, quel mérite y aurait-il dans la communication du savoir? Ce qu'on sait est toujours plus complexe que ce qu'on préjuge. Une instruction assez complète pour mettre en garde contre les défaillances du jugement demande des années de patience. Heureusement ce sont de longs siècles que l'humanité a devant elle, de longs siècles et des trésors de persévérance, car il n'est pas d'être plus persévérant que l'homme et, parmi les hommes, il n'est pas d'être plus obstiné que le savant. — Mais, dit-on encore, les mythes religieux, mieux adaptés que le pur savoir aux intelligences populaires, ont

après tout l'avantage de symboliser une partie de la vérité ;
à ce titre, du moins, on peut les laisser à la foule. —
C'est comme si l'on disait qu'il faut laisser le peuple
croire que le soleil tourne autour de la terre, parce qu'il est
incapable de se représenter les mouvements des astres dans
leur complexité infinie. Toute théorie, tout essai d'explication, quelque grossier qu'il soit, est cependant à quelque degré un symbole de la vérité. C'est un symbole du
vrai que la théorie de l'horreur du vide, du sang immobile
dans les artères, des rayons lumineux projetés en ligne
droite par émission. Toutes ces théories primitives sont
des vues incomplètes de la réalité, des manières plus ou
moins populaires de la traduire : elles reposent sur des
faits visibles, non encore percés à jour par l'observation
scientifique ; est-ce une raison pour respecter tous ces
symboles et pour condamner l'esprit populaire à s'en nourrir? Les primitives et mythiques explications ont servi à
édifier la vérité, elles ne doivent pas servir à la cacher
aujourd'hui : on ne laisse pas éternellement devant la
façade d'un édifice l'échafaudage qui a permis de l'élever.
Si certains contes sont bons pour amuser les enfants, du
moins a-t-on soin qu'ils ne les prennent pas trop au
sérieux. Ne prenons pas non plus tellement au sérieux les
dogmes vieillis, ne les regardons pas avec trop de complaisance et de tendresse : s'ils doivent être encore pour
nous un objet d'admiration quand nous les replaçons par
la pensée dans le milieu où ils ont pris naissance, qu'il
n'en soit plus ainsi quand ils cherchent à se perpétuer
dans le milieu moderne, qui n'est plus fait pour eux.

Comme M. Renan, M. Max Müller verrait presque un
exemple à suivre dans les castes établies par les Hindous
entre les intelligences comme entre les classes, dans les périodes régulières ou açramas par lesquelles ils obligeaient
l'esprit de passer, dans le luxe de religions dont ils surchargeaient l'esprit des peuples. Pour eux, l'erreur traditionnelle
devenait sacrée et vénérable ; elle devait servir de préparation à la vérité ; il fallait mettre d'abord un bandeau sur
les yeux, pour le faire tomber ensuite. L'esprit moderne
a des tendances bien contraires ; il aime à faire profiter les
générations qui viennent de toutes les vérités acquises par
les générations qui s'en vont, sans faux respect ni ménagement pour les erreurs remplacées ; il ne lui suffit pas
que la lumière entre par quelque fissure secrète, il ouvre
portes et fenêtres pour la répandre plus largement. Il ne

voit pas en quoi l'absurdité des uns peut être utile à la rectitude d'esprit des autres, en quoi il serait nécessaire de commencer par penser faux pour arriver à penser juste, de faire partir l'esprit de plus bas pour le faire arriver plus haut.

— Si le sentiment religieux vient à disparaître, objecte-t-on, il laissera un vide impossible à combler, et l'humanité, plus encore que la nature, a horreur du vide; elle satisfera donc n'importe comment, même avec des absurdités, cet éternel besoin de croire dont nous parlions tout à l'heure. Une religion détruite, une autre se reforme: il en sera toujours ainsi d'âge en âge, parce que le sentiment religieux aura toujours besoin d'un objet et s'en créera toujours un, malgré tous les raisonnements du monde. On ne peut pas pour longtemps dompter la nature; on ne peut pas faire taire un besoin qui s'élève en nous. Il est des périodes de l'existence où la foi s'impose, comme l'amour; on a soif d'embrasser quelque chose, de se donner, fût-ce à une chimère; c'est une fièvre de foi qui vous prend. Cela dure quelquefois toute une vie, d'autres fois quelques jours, quelques heures même; il en est que cette fièvre ne saisit que sur la fin de l'existence. Le prêtre a observé toutes ces vicissitudes: il est toujours là, patient, attendant avec tranquillité le moment où l'accès se déclarera, où le sentiment longtemps endormi s'éveillera enfin et parlera en maître; il a l'hostie prête, il a ses grands temples retentissants des prières sacrées, où l'homme, ramené enfin vers lui, y vient respirer Dieu et s'en nourrir.

— Nous répondrons que c'est un tort de juger l'humanité entière d'après ce qui se passe dans le cœur des croyants désabusés. On a souvent reproché aux libres-penseurs de vouloir détruire sans remplacer, mais on ne peut pas *détruire* une religion chez un peuple : elle tombe toute seule à un certain moment, quand ont disparu les évidences prétendues sur lesquelles elle s'appuyait; elle s'en va par voie d'extinction; elle ne meurt pas à proprement parler, elle cesse. Elle cessera définitivement quand elle sera devenue inutile, et on n'a pas à remplacer ce qui n'est plus nécessaire. Dans les masses, l'intelligence n'a jamais une grande avance sur la coutume : on n'adopte une idée nouvelle que quand on s'y est déjà habitué par degrés. Aussi la chose a lieu sans déchirement, ou le déchirement n'est que transitoire; c'est une crise qui passe, une blessure qui se referme vite et sans laisser de traces; les fronts des peuples ne portent pas de cicatrices. Les progrès attendent, pour se réaliser, le moment où ils seront le moins douloureux. Les révolutions mêmes ne réussissent que dans la mesure où elles sont un pur bienfait, où elles constituent une évolution avantageuse pour tous. Du reste, il ne s'accomplit pas, à proprement parler, de révolution ni de cataclysme dans la croyance humaine : chaque génération ajoute un doute de plus à ceux qui naissaient déjà dans l'esprit des parents, et ainsi la foi s'en va par débris, comme la rive d'un fleuve rongée par le courant; les sentiments qui y étaient liés s'en vont avec elle, mais ils sont sans cesse remplacés par d'autres, une onde nouvelle vient combler tous les vides et l'âme humaine s'élargit par ses pertes mêmes, comme le lit du fleuve. L'adaptation des peuples au milieu est une loi bienfaisante de la nature. On a souvent dit, avec juste raison, qu'il y a une « nourriture de l'esprit » comme une nourriture du corps; on pourrait poursuivre l'analogie en faisant remarquer qu'il est très difficile de faire changer à un peuple son alimentation nationale : depuis des siècles, les Bretons ne vivent-ils pas de leurs galettes de sarrasin insuffisamment cuites, comme ils vivent de leur foi simple et de leurs superstitions enfantines? Cependant on peut affirmer *a priori* qu'un jour viendra où la galette de sarrasin aura fait son temps en Bretagne, tout au moins sera mieux préparée et mêlée à des mets plus nourrissants; il est également rationnel d'affirmer que la foi bretonne ne durera aussi qu'un temps, que ces esprits chétifs s'alimenteront tôt ou tard d'idées et de croyances plus solides, que toute la vie intellectuelle se trouvera par degrés transformée, renouvelée.

Seuls les individus élevés dans une foi, puis désillusionnés, gardent, avec leurs sentiments primitifs, la nostalgie de l'état de foi qui correspondait à ces sentiments. C'est qu'ils sont brusqués dans le passage de la croyance à l'incrédulité. On a fait souvent l'histoire du désenchantement passager de la vie qu'éprouve le croyant dont la foi s'en va. « J'étais terriblement dépaysé, » dit M. Renan en nous racontant la crise morale par laquelle il a passé lui-même. « Les poissons du lac Baïkal ont mis, dit-on, des milliers « d'années à devenir poissons d'eau douce après avoir été « poissons d'eau de mer. Je dus faire ma transition en « quelques semaines. Comme un cercle enchanté, le catho- « licisme embrasse la vie entière avec tant de force que,

« quand on est privé de lui, tout semble fade et triste.
« L'univers me faisait l'effet d'un désert. Du moment que
« le christianisme n'était pas la vérité, le reste me parut
« indifférent, frivole, à peine digne d'intérêt ; le monde se
« montrait à moi médiocre, pauvre en vertu. Ce que je
« voyais me semblait une chute, une décadence ; je me
« crus perdu dans une fourmilière de pygmées. » Cette
douleur des métamorphoses, ce désespoir de renoncer à
tout ce qu'on a cru et aimé jusqu'alors, n'est pas propre
seulement au chrétien désabusé, il se produit à des degrés
divers — et M. Renan l'a bien vu — toutes les fois qu'un
amour quelconque se brise en nous. Pour celui qui, par
exemple, après s'être appuyé toute sa vie sur l'amour d'une
femme, se sent trahi par elle, la vie ne doit pas être moins
désenchantée que pour le croyant qui se voit abandonné
par son Dieu. Même de simples erreurs intellectuelles peuvent
produire un sentiment de défaillance analogue : sans
doute Archimède eût senti brusquement sa vie se suspendre,
s'il eût découvert d'irrémédiables solutions de continuité
dans l'enchaînement de ses théorèmes. Plus une religion
a personnifié et humanisé son Dieu, plus elle en a fait
un objet d'affection, et plus grande doit être la blessure
qu'en s'en allant elle laisse au cœur. Mais, quand même
cette blessure ne pourrait se guérir chez certaines âmes, on
ne saurait tirer de ce phénomène aucun argument en faveur
de la religion dans les masses, car un amour non justifié
peut faire autant souffrir, si on l'arrache de soi, que le plus
légitime amour. La dureté de la vérité tient moins à la vérité
même qu'à la résistance de l'erreur qui s'est installée
en nous. Ce n'est pas le monde qui est désert sans le Dieu
rêvé, c'est notre cœur, et nous ne pouvons nous en prendre
qu'à nous si nous n'avons rempli notre cœur qu'avec des
rêves. Au reste, chez la plupart des esprits, ce vide que
laisse l'écroulement de la religion n'est que passager : on
s'adapte à son nouveau milieu moral, on y redevient
heureux, non pas sans doute de la même manière, —
car nul bonheur humain ne se ressemble, — mais d'une
manière moins primitive, moins enfantine, avec un équilibre
plus stable. M. Renan en est un exemple : sa transformation
en « poisson d'eau douce » s'est accomplie
en somme assez tranquillement ; c'est à peine s'il rêve
encore quelquefois des mers salées de la Bible, et personne
n'a jamais déclaré avec tant de force qu'il était heureux.
On pourrait presque lui en faire un reproche et lui dire

que le bonheur le plus profond est parfois celui qui s'ignore: si toute foi absolue est un peu naïve, il n'est pas sans naïveté de trop croire même en son propre bonheur.

A la surprise et au désenchantement qu'éprouve l'ancien chrétien devant la vérité scientifique on pourrait opposer l'étonnement, plus profond encore, que ressent devant les dogmes religieux celui qui a été nourri exclusivement de la vérité scientifique. Il les comprend, car il en suit à travers les âges la naissance et le développement; mais il éprouverait, pour s'adapter à ce milieu étroit, pour faire entrer et tenir son intelligence dans ces constructions capricieuses de l'imagination populaire, la même difficulté qu'à pénétrer dans un palais des fées de Lilliput. A lui aussi le monde de la religion, avec l'importance ridicule qu'y prend la terre, centre du monde, avec les erreurs morales si palpables de la Bible, avec toutes ses légendes qui ne sont touchantes que pour qui les croit humaines, avec ses rites surannés, tout cela semble si pauvre, si impuissant à symboliser l'infini, qu'il est porté à voir dans ces rêves d'enfant plutôt le côté repoussant et méprisable que le côté attachant et élevé. Livingstone raconte qu'un jour, après avoir prêché les vérités de l'Évangile à une peuplade nouvelle, il se promenait dans les champs lorsqu'il entendit près de lui, derrière un buisson, un bruit étrange, qui ressemblait à un hoquet convulsif : il appela, rien ne répondit; il alla derrière le buisson, il y aperçut un jeune nègre qui, pris d'une envie de rire irrésistible à l'audition des légendes bibliques, s'était caché là par respect et, dans l'ombre du buisson, se tordait de rire, ne pouvant répondre même aux questions du digne pasteur. Certes ce n'est pas une gaieté de ce genre que peuvent causer les surprenantes légendes de la religion à celui qui a été élevé dans les faits de la science et dans les théories raisonnées de la philosophie; c'est plutôt l'amère déception qu'on éprouve devant toute faiblesse de l'esprit humain, car il y a une solidarité de tout homme devant l'erreur humaine comme devant la souffrance humaine. Si le dix-huitième siècle a raillé la superstition, si l'esprit humain, comme dit Voltaire, « dansait alors avec ses chaînes, » il appartient à notre époque de mieux sentir le poids de ces chaînes; et en vérité, quand on examine de sang-froid la pauvreté des essais populaires pour se représenter le monde et l'idéal de l'homme, on a souvent moins envie de rire que de pleurer.

Quoi qu'il en soit, il ne faut pas juger de l'évolution des croyances humaines par les révolutions douloureuses des croyances individuelles : dans l'humanité, les transformations sont soumises à une loi régulière. Les explosions mêmes de religiosité, parfois de fanatisme, qui se produisent encore et se sont produites à tant de reprises au milieu de la dissolution religieuse, entrent comme partie intégrante dans la formule de cette lente dissolution. Après avoir été si longtemps un des foyers les plus ardents de la vie humaine, la foi religieuse ne peut s'éteindre brusquement. Il en est de tout foyer de l'esprit humain comme de ces astres qui se refroidissent lentement, perdent leur éclat en même temps que leur chaleur, se recouvrent même d'une enveloppe déjà solide, puis, brusquement, par une révolte et un bouillonnement intérieur, brisent la légère cristallisation de leur écorce, se rallument tout entiers, reprennent un éclat qu'ils n'avaient plus depuis des centaines de siècles : cet éclat même est une dépense de chaleur et de lumière, une simple phase du refroidissement nécessaire. L'astre s'éteint de nouveau, au moins à la surface, et chaque fois qu'il se rallume encore, il est moins brillant, il meurt de ses efforts pour revivre. Un spectateur qui regarderait d'assez haut pourrait, dans une certaine mesure, se réjouir des triomphes mêmes que parait parfois remporter l'esprit de fanatisme et de réaction : ces triomphes provisoires l'affaiblissent pour longtemps, le rapprochent plus vite de l'extinction finale. De même qu'en voulant brusquer l'avenir on le retarde souvent et on l'éloigne, de même, en voulant ranimer le passé, on le tue. On ne réchauffe pas du dehors un astre qui s'éteint.

II. — LA DISSOLUTION DE LA RELIGION ENTRAINERA-T-ELLE CELLE DE LA MORALITÉ POPULAIRE ?

L'affaiblissement graduel de l'instinct religieux permettra de consacrer au progrès social une foule de forces distraites jusqu'alors et détournées par les préoccupations mystiques; mais on peut se demander si, par le doute religieux, d'autres forces nuisibles à la société, et que jusqu'ici compensait ou annulait l'instinct religieux, ne se trouveront pas tout à coup mises en liberté.

« Le christianisme, a dit Guizot, est nécessaire pour les peuples. En effet, il est une école de respect. » — Sans doute ; moins pourtant que les religions hindoues, qui ont fait respecter à l'humanité jusqu'à la séparation absolue des castes, si contraire à tous les sentiments naturels et au bon fonctionnement des lois sociales. Assurément une société ne peut subsister si on n'y respecte pas ce qui est respectable, et le respect est ainsi un élément même de la vie publique ; c'est ce que nous sommes trop portés à oublier en France ; mais d'autre part une société ne peut progresser si on y respecte ce qui n'est pas respectable, et le progrès est une condition de vie pour les sociétés. Dis-moi ce que tu respectes et je te dirai ce que tu es. Le progrès par lequel le respect de l'homme s'applique à des objets de plus en plus hauts est le symbole même de tous les autres progrès accomplis par l'esprit humain.

— Sans la religion, dit encore l'école de Guizot, la question sociale emportera les peuples : c'est l'Église qui maintient la propriété. — S'il y a une question sociale, ne cherchons pas à la dissimuler, mais travaillons sincèrement et activement à la résoudre. Qui trompe-t-on ici ? Dieu n'est-il plus qu'un moyen pour sauver le capitaliste ? Le problème social, du reste, ne se pose pas avec moins de force aujourd'hui devant les religions que devant la libre-pensée. Le christianisme, qui renferme implicitement dans ses principes le communisme, a répandu lui-même chez le peuple des idées qui ne peuvent pas ne pas germer dans la grande fermentation de notre époque. C'est ce que confesse un défenseur du christianisme libéral, M. de Laveleye. On sait que tout était commun entre les premiers chrétiens, et le communisme était la conséquence immédiate du baptême[1]. « Tout est commun parmi nous excepté les femmes, répètent Tertullien et saint Justin ; nous apportons et nous partageons tout[2]. » On sait avec quelle véhémence les Pères de l'Église ont attaqué la propriété. « La terre, dit saint Ambroise, a été donnée en commun aux riches et aux pauvres. Pourquoi, riches, vous en croyez-vous à vous seuls la propriété ? » — « La nature a créé le droit commun. L'usurpation a fait le droit privé. » — « L'opulence est toujours le produit d'un vol, » dit saint Jérôme. « Le riche est un larron, dit saint Basile ; c'est

---

1. *Act.* II, 44, 45 ; IV, 32, sqq.
2. Tertull. *Apolog.* c. 39, Justin., *Apolog.* I, 14.

l'iniquité qui fait la propriété privée, » dit saint Clément. « Le riche est un brigand, » dit saint Chrysostome. Enfin Bossuet lui-même s'écrie dans le sermon sur les *dispositions relatives aux nécessités de la vie :* « Les murmures des pauvres sont justes : pourquoi cette inégalité des conditions ? » Et dans le sermon sur l'*éminente dignité des pauvres :* « La politique de Jésus est directement opposée à celle du siècle. » Enfin Pascal, résumant dans une image toutes ces idées socialistes qui avaient fait le fond de la prédication chrétienne : « Ce chien est à moi, disaient ces pauvres enfants; c'est là ma place au soleil. Voilà le commencement et l'image de l'usurpation de toute la terre. » Ces pauvres enfants qui sont les hommes ne se sont pas toujours résignés à cette usurpation : de là, dès le moyen âge, des soulèvements et des massacres : les Pastoureaux et les Jacques en France, Watt Tyler en Angleterre, les anabaptistes et Jean de Leyde en Allemagne. Mais, ces grandes explosions apaisées, le prêtre chrétien avait alors pour dompter les foules la foi robuste qu'il pouvait leur inculquer dans les compensations célestes; toutes les béatitudes se résument en celle-ci : heureux les pauvres, car ils verront Dieu. De nos jours, par le progrès des sciences naturelles, la certitude des compensations célestes se trouve nécessairement altérée; le chrétien même, moins sûr du paradis, aspire à voir se réaliser dès cette vie la justice qu'on lui a représentée sous les traits de la justice céleste. Ce qui reste de plus durable dans le christianisme, c'est donc moins le frein qu'il savait imposer aux foules que le mépris de l'ordre établi qu'il avait semé en elles. La religion est obligée d'appeler aujourd'hui la science sociale à son aide pour lutter contre le socialisme. Le vrai principe de la propriété, comme de l'autorité sociale, ne peut pas être religieux : il est dans le sentiment même du droit de tous et dans la connaissance de plus en plus scientifique des conditions de la vie civile ou politique.

— Mais la moralité même des peuples, n'est-ce pas la religion qui en est la sauvegarde? — Il est vrai qu'on se représente d'habitude l'immoralité et le crime chez le peuple comme liés à l'irréligion et produits par elle; il n'est pourtant rien de plus contestable, les criminalistes l'ont bien montré. A considérer la masse des délinquants de tous les pays, l'irréligion n'est chez eux que l'exception, et une exception relativement rare. Dans les pays très religieux, comme l'Angleterre, les coupables ne sont pas moins nombreux, mais ils sont plus croyants ; la plupart, nous dit Mayhew, font profession de croire à la Bible. En France, où l'irréligion est si fréquente, il est naturel qu'elle soit fréquente aussi chez les délinquants, mais elle est loin d'être la règle ; elle se rencontre surtout chez les chefs de bande, les organisateurs du crime, tous ceux enfin qui sortent du commun, comme Mandrin au siècle dernier, La Pommerais, Lacenaire. Si les criminalistes se voient forcés d'accorder un véritable génie antisocial à quelques criminels, il n'est pas étonnant qu'on rencontre chez plusieurs d'entre eux une instruction et un talent suffisants pour se débarrasser des croyances superstitieuses de la foule, partagés par leurs compagnons de crime. Ni ce talent ni cette instruction n'ont pu arrêter leurs tendances mauvaises, mais ils ne les ont certes pas produites. Les criminalistes citent nombre de faits prouvant que la religiosité la plus minutieuse et la plus sincère peut s'allier avec les plus grands crimes. Despine raconte que Bourse venait à peine d'accomplir un vol et un homicide qu'il allait s'agenouiller à l'office religieux. La fille G., en jetant la mèche incendiaire sur la maison de son amant, s'écriait : « Que Dieu et la bienheureuse Vierge fassent le reste ! » La femme de Parency, au moment où son mari tuait un vieillard pour le voler, priait Dieu que tout allât bien. On sait combien était religieuse la marquise de Brinvilliers, qui put d'autant plus facilement être condamnée qu'elle avait écrit de ses mains une confession secrète de ses péchés, dans laquelle elle mentionnait, — en même temps que les parricides, fratricides, incendies, empoisonnements sans nombre, — le compte de ses confessions omises ou peu soigneuses [1]. La reli-

---

1. Il ne faut pas croire que la classe même des prostituées, si voisine de celle des délinquants, soit irréligieuse dans le fond. On cite nombre de prostituées qui se sont cotisées pour faire transporter, hors d'une maison mal famée où le prêtre ne pouvait pénétrer, une de leurs compagnes sur le point de mourir ; d'autres se sont cotisées afin de faire dire un grand nombre de messes pour l'âme d'une compagne défunte. En tout cas elles restent toutes superstitieuses, et la religion s'éparpille pour elles en croyances bizarres et absurdes.
En Italie, les criminels sont le plus habituellement religieux. Tout récemment, la famille de bouchers Tozzi, après avoir tué, dépecé un jeune homme, et vendu dans leur boutique son sang mêlé à du sang de mouton, n'en va pas moins faire ses dévotions à la Madone et baiser la statue de la Vierge. La bande Caruso, nous dit M. Lombroso, plaçait dans les bois

gion n'est pas plus que l'irréligion responsable de tous ces crimes ; car ni l'une ni l'autre ne peuvent, en ce qu'elles ont d'élevé, pénétrer dans la tête d'un criminel. Quoique le sens moral soit primitivement distinct du sentiment religieux, ils agissent et réagissent sans cesse l'un sur l'autre. On pourrait établir cette loi, que tout être chez lequel le sens moral est assez profondément oblitéré devient incapable d'éprouver en sa pureté le vrai sentiment religieux, tandis qu'au contraire il est plus apte qu'un autre à s'attacher aux formes superstitieuses des croyances et du culte. Le sentiment religieux le plus haut a toujours pour principe un sens moral affiné, quoique d'ailleurs, lorsqu'il s'exagère lui-même jusqu'au fanatisme, il puisse, en réagissant sur le sens moral, l'altérer à son tour. Chez celui qui manque de sens moral, la religion ne produit que des effets mauvais, fanatisme, formalisme et hypocrisie, parce qu'elle se trouve nécessairement incomprise et dénaturée.

Ce sont souvent les pays les plus catholiques qui fournissent le plus de criminels parce qu'ils sont les plus ignorants. En Italie, par exemple, les morts violentes, qui ont atteint parfois le chiffre de 16 pour 100 dans l'ancien État romain et dans l'Italie méridionale, sont de 3 et de 2 pour 100 seulement dans la Ligurie et le Piémont. La population de Paris n'est pas, prise en masse, plus immorale que celle de tous les autres grands centres de l'Europe, cependant elle est sans doute la moins religieuse ; quelle diffé-

---

et dans les grottes des images sacrées devant lesquelles elle allumait des cierges. Verzeni, qui étrangla trois femmes, fréquentait assidûment l'église et le confessionnal ; il sortait d'une famille non seulement religieuse, mais bigote. Les compagnons de La Gala, transportés à la prison de Pise, refusèrent obstinément de manger les vendredis de carême, et comme le directeur les y engageait, ils répondirent : — Est-ce que par hasard vous nous avez pris pour des excommuniés? Masini, avec les siens, rencontre trois habitants du pays, parmi lesquels un prêtre ; à l'un, il scie lentement la gorge avec un couteau mal effilé ; puis, la main encore sanglante, il force le prêtre à lui donner l'hostie consacrée. Giovani Mio et Fontana, avant de tuer leur ennemi, vont se confesser. Un jeune parricide napolitain, couvert d'amulettes, confie à M. Lombroso que, pour accomplir l'horrible forfait, il alla invoquer l'aide de la madone de la Chaîne. « Et qu'elle m'est venue en aide, je le conclus de ceci qu'au premier coup de bâton mon père tomba mort. Et pourtant je suis très faible. » Un autre meurtrier, une femme, avant de tuer son mari, se jette à genoux pour prier la bienheureuse vierge Marie de lui donner la force d'accomplir son crime. Un autre enfin, acceptant le plan d'un assassinat, dit à son compagnon : « Je viendrai et je ferai ce que Dieu m'inspire. »

rence par exemple entre Londres et Paris ! Les églises, temples et synagogues de Paris ne pourraient contenir le dixième de la population, et comme ils sont à moitié vides à l'heure des offices, un statisticien peut en conclure avec quelque raison que le vingtième seulement de la population « pratique ». Tandis que Paris ne compte que cent soixante-neuf lieux de culte, Londres en possédait en 1882 douze cent trente et un, — sans compter les assemblées religieuses qui se tiennent dans les parcs, sur les places publiques, jusque sous les viaducs de chemin de fer.

Nous objectera-t-on, en les mettant sur le compte de l'irréligion, les crimes de la Commune de Paris ou ceux de la Révolution française ? On pourrait avec plus de vérité rendre la religion responsable des massacres de la Saint-Barthélemy et des Dragonnades, car, dans les guerres des Huguenots, des Vaudois, des Albigeois, la religion était directement en question, tandis que la Commune était une guerre toute sociale : la religion n'y a été mêlée que très indirectement. Cette guerre a son analogue dans les troubles suscités autrefois à Rome par les lois agraires, dans les grandes grèves contemporaines si souvent accompagnées de troubles sanglants, enfin dans toutes les revendications brutales de l'ouvrier ou du paysan contre le possesseur de la terre ou du capital. Remarquons d'ailleurs que, dans toutes ces luttes, le parti le plus fort — qui représentait celui de la société et, prétend-on, celui de la religion — a commis dans la répression des violences comparables à celles des révoltés, parfois moins excusables encore.

Ce qui démoralise les peuples, ce n'est pas tant l'affaiblissement de la religion que le luxe et la paresse des uns, la misère révoltée des autres. Dans la société, la démoralisation vient à la fois du plus haut et du plus bas. Il y a, en effet, deux sortes de révoltés contre la loi du travail : le mauvais ouvrier qui la maudit tout en y obéissant, le noble oisif ou l'enrichi qui la viole. Les classes les plus riches de notre société sont souvent celles dont la vie comporte le minimum de dévouement, d'actions désintéressées et de réelle élévation morale. Pour une mondaine, par exemple, les obligations de la vie se réduisent trop souvent à des niaiseries ; elle ignore ce que c'est que peiner. Un enfant ou deux (dépasser le nombre trois, c'est le comble de l'immoralité, disait l'une d'elles), une nourrice à promener, un mari auquel il faut être fidèle au moins dans les limites de la coquetterie, voilà le devoir. Trop souvent, pour les classes hautes, le devoir se réduit à s'abstenir, à n'être pas aussi mauvais qu'on pourrait l'être. Les tentations de faire le mal vont croissant à mesure qu'on monte l'échelle de la vie, tandis que ce qu'on pourrait appeler les tentations de bien faire vont en diminuant. La fortune permet de s'acheter, pour ainsi dire, un remplaçant dans toutes les occasions du devoir : malades à soigner, enfants à nourrir, à élever, etc. La belle chose au contraire que d'avoir, suivant l'expression populaire et si vraie, à « payer de sa personne », sans repos ! La richesse produit trop souvent comme effet une avarice de soi, une restriction de la fécondité morale en même temps que de la fécondité physique, un appauvrissement de l'individu et de la race. La petite bourgeoisie est en fait la classe la moins immorale, et cela parcequ'elle a gardé des habitudes de travail ; mais elle est attirée sans cesse par l'exemple des classes les plus hautes, qui mettent leur amour-propre à être inutiles. Le reste de moralité qui existe dans la classe bourgeoise tient en partie à l'amour de l'argent; l'argent, en effet, a cela de bon, qu'il faut en général travailler pour l'acquérir. Nobles et bourgeois aiment l'argent, mais de deux façons différentes : les fils des hautes familles ne l'aiment que pour le dépenser et par prodigalité, la petite bourgeoisie l'aime pour lui-même et par avarice. L'avarice est une puissante sauvegarde pour les derniers restes de moralité d'un peuple. Elle coïncide, dans presque tous ses résultats, avec l'amour du travail ; elle n'exerce de mauvaise influence que sur les mariages, où la considération de la dot l'emporte sur toute autre, et sur les naissances, dont elle redoute le nombre. Malgré tout, entre la prodigalité et l'avarice, le moraliste est forcé de donner sa préférence à la seconde parce que, ne favorisant pas la débauche, elle ne tend pas à dissoudre la société; toutes deux sont des maladies qui engourdissent et peuvent nous tuer, mais la seconde est contagieuse et gagne de proche en proche. Ajoutons que l'amour de la dépense peut rarement servir à encourager un travail régulier ; il produit plutôt la tendance au jeu et même au vol : les coups de bourse, en certains cas, sont des vols purs et simples. De là un nouvel effet démoralisateur. Les prodigues seront nécessairement attirés par les spéculations financières plus ou moins véreuses où, sans travail proprement dit, on peut gagner plus que par le travail : l'avare, au contraire, hésitera, préférera l'effort au jeu, et son effort sera plus profitable pour la société. En somme, ce qui seul pourrait maintenir une société en bon état, ce serait *l'amour du travail pour le travail*, qu'il est si rare de rencontrer et qu'il faudrait travailler à développer ; mais cet amour du travail intellectuel et matériel n'est pas lié à la religion : il est lié à une certaine culture générale de l'esprit et du cœur qui rend l'oisiveté impossible à supporter.

De même pour les autres vertus morales et sociales qu'on nous représente comme inséparables de la religion. En tout temps il a fallu à l'humanité une certaine moyenne de vices comme de vertus ; les religions mêmes ont toujours dû se ployer devant les habitudes ou les passions. Si nous vivions au temps de la Réforme, nous verrions des prêtres catholiques soutenir le plus sérieusement du monde que, sans les dogmes catholiques et l'autorité du pape, la société se dissoudrait et périrait. Heureusement l'expérience a prouvé que la vie sociale pouvait se passer de ces dogmes et de cette autorité ; les consciences n'ont plus besoin d'un gardien et se gardent elles-mêmes. Un jour viendra, sans doute, où un Français ne se sentira pas plus le désir d'entrer dans une maison de pierre pour invoquer Dieu au son des cantiques qu'un Anglais ou un Allemand n'éprouve dès aujourd'hui le besoin de s'agenouiller devant un prêtre qui tend l'oreille.

III. — LE PROTESTANTISME EST-IL UNE TRANSITION NÉCESSAIRE POUR LES PEUPLES ENTRE LA RELIGION ET LA LIBRE PENSÉE ?

Outre les libres-penseurs proprement dits, il existe dans tout pays une classe d'hommes qui, tout en comprenant les défauts de la religion en honneur autour d'eux, n'ont cependant pas la force d'esprit nécessaire pour s'élever au-dessus de tout dogme révélé, de tout culte extérieur et de tout rite. Alors ils se prennent à envier la religion des peuples voisins. Celle-ci a toujours un avantage, c'est qu'on la voit de loin : à cette distance on ne distingue guère ses défauts, on la dote au contraire par l'imagination de toutes les qualités possibles. Que de choses et de personnes gagnent ainsi à être vues de loin! Quand on a un idéal en tête, il est bon quelquefois de ne pas l'approcher de trop près pour lui garder tout son culte. En Angleterre plus d'un esprit, s'indignant de la sécheresse de cœur et du fanatisme aveugle des protestants trop orthodoxes, jette un regard d'envie sur l'autre côté du détroit, où semble régner une religion plus amie de l'art, plus esthétique et plus mystique tout ensemble, capable de mieux satisfaire certains penchants humains. Parmi ces esprits assez favorables à un catholicisme bien entendu, nous citerons M. Matthew Arnold, nous rappellerons le nom du cardinal Newman ; on pourrait compter de ce nombre la reine même d'Angleterre. Chez nous, comme on devait s'y attendre, un effet contraire se produit. Fatigués de l'Église catholique et de son intolérance, nous voudrions échapper à sa domination : à côté des inconvénients du catholicisme qui nous sautent aux yeux, ceux du protestantisme nous paraissent peu de chose. Aussi une même idée s'est-elle présentée simultanément à beaucoup d'esprits distingués de notre époque et de notre pays : pourquoi la France resterait-elle catholique, au moins de nom? pourquoi n'adopterait-elle pas la religion du peuple robuste qui l'a récemment vaincue, de l'Allemagne, la religion de l'Angleterre, des États-Unis, de toutes les nations jeunes, fortes et actives? Pourquoi ne pas recommencer l'œuvre interrompue jadis par la Saint-Barthélemy et l'édit de Nantes? Même en supposant qu'on ne parvînt pas à convertir la masse du peuple français, il suffirait, suivant les partisans du protestantisme, d'entraîner vers la religion nouvelle l'élite de la population pour modifier d'une manière très sensible la marche générale de notre gouvernement, notre esprit national, notre code même. Les lois réglant les rapports de l'Église et de l'État ne tarderaient pas non plus à être corrigées : on en viendrait à leur faire protéger le développement de la religion protestante comme elles protègent en ce moment de mille façons le catholicisme vieilli. Enfin, le protestantisme finirait par être déclaré la religion nationale de la France, en d'autres termes celle vers laquelle elle doit tendre, celle qui constitue son véritable idéal et son seul avenir possible, celle qui est pour les nations latines l'unique moyen d'échapper à la mort et de se survivre en quelque sorte à elles-mêmes. Ajoutons que, d'après les auteurs de cette hypothèse, la religion protestante, mise en présence du catholicisme et luttant avec lui à armes égales, ne pourrait pas ne pas l'emporter assez vite : le pot de fer aurait bientôt fait de briser le pot de terre. Les partisans du protestantisme invoquent l'histoire : le protestantisme a été vaincu chez nous par la force, non par la persuasion ; sa défaite n'est donc pas nécessairement définitive. Partout où le catholicisme n'a pas eu pour se maintenir la violence, la persécution et le crime, il a toujours succombé ; il n'a eu raison qu'à condition de tuer ses contradicteurs. Aujourd'hui qu'il a perdu ce moyen commode d'avoir raison, il est condamné pourvu qu'on l'attaque. Il renferme d'ailleurs un vice essentiel, irrémédiable : la confession. Par la confession il a su s'attirer l'hostilité ouverte ou secrète de tous les maris et de tous les pères, qui voient le prêtre s'interposer entre eux et leurs femmes, entre eux et leurs enfants. Le confesseur est comme un membre surnuméraire dans toute famille, un membre qui n'a ni les mêmes intérêts ni les mêmes idées et qui, cependant, n'ignore rien de ce que font les autres, peut par mille moyens contrarier leurs projets et, au moment où ils s'y attendent le moins, se mettre en travers de leur chemin. Si on tient compte de cet état de guerre sourde qui existe souvent entre l'homme marié et le prêtre catholique, si on analyse toutes les autres causes de dissolution qui travaillent le catholicisme, si on songe par exemple que le dogme de l'infaillibilité est impossible à admettre sérieusement pour toutes les personnes dont la conscience n'est pas absolument faussée, on conviendra que le projet de « protestantiser » la France, si étrange au premier abord, est cependant digne d'examen.

Aussi n'est-il pas étonnant qu'il ait séduit beaucoup de personnes et provoqué un certain mouvement intellectuel. Michelet et Quinet eussent voulu que la France se fît protestante au moins « transitoirement. » En 1843, dans un voyage à Genève, Michelet discuta avec des pasteurs sur les moyens d'accélérer en France les progrès du protestantisme et de créer une église vraiment nationale. Deux hommes dont le nom est connu de tous ceux qui s'occupent de philosophie ou de science sociale, MM. Renouvier et de Laveleye, sont parmi les promoteurs de ce mouvement. Des libres penseurs convaincus, comme M. Louis Ménard, y acquiescent, en se réclamant de Turgot et de Quinet ; M. Pillon a également soutenu ce projet. Plusieurs pasteurs protestants y ont consacré toute leur activité, ont fondé des journaux, écrit dans les revues; des brochures, des ouvrages parfois remarquables ont été composés et répandus. Les protestants ont plus que les catholiques l'esprit de prosélytisme, précisément parce que leur foi est plus personnelle; ils sentent qu'ils forment dans un bon nombre de provinces un noyau important, qui peut s'accroître et faire la boule de neige. Déjà plusieurs villages de l'Yonne, de la Marne, de l'Aude, etc., ont été convertis; malgré tous les obstacles apportés par l'autorité civile et religieuse, malgré des vexations et des péripéties de toutes sortes, les néophytes ont fini par appeler un pasteur protestant parmi eux. Ces résultats sont minimes au point de vue matériel; ils pourraient avoir un jour de l'importance au point de vue moral. On ne se doute jamais combien, dans notre bonne et crédule humanité, il y a de gens prêts à écouter et à croire, d'autres à prêcher et à convertir. Il ne faudrait donc pas s'étonner de voir un jour des pasteurs protestants sortir de dessous de terre et parcourir nos campagnes. Le clergé catholique, maintenant formé presque tout entier d'incapacités, aurait peine à tenir contre un parti nouveau et ardent.

Les adversaires les plus sérieux d'une rénovation protestante ne sont pas, en France, les catholiques; ce sont les libres-penseurs. C'est au nom de la libre-pensée que nous examinerons la question suivante: — Notre pays doit-il se proposer pour idéal une religion quelconque, fût-elle supérieure à celle qu'il est censé professer actuellement? Prendre une religion comme but, n'est-ce pas précisément aller à l'encontre du grand mouvement qui entraîne la France depuis la Révolution?

On a dit que, si la Révolution française a été étouffée sans produire tous les résultats qu'on attendait d'elle, c'est précisément qu'elle a été faite non pas au nom d'une religion libérale, mais contre toute religion. La nation s'est soulevée tout entière contre le catholicisme, mais elle n'avait pas de quoi le remplacer: c'était un effort dans le vide, après lequel elle devait nécessairement retomber inerte sous la domination de son ennemi. — Adresser un tel reproche à la Révolution, c'est méconnaître précisément ce qui la rend unique dans le monde. Jusqu'à présent la religion avait été la plupart du temps mêlée aux dissensions politiques des hommes. La révolution d'Angleterre, par exemple, était en partie religieuse. Quand par hasard on se soulevait contre un culte établi, c'était en invoquant une autre religion : il fallait un dieu nouveau pour combattre l'ancien; sans Jésus ou quelque autre divinité inconnue, Jupiter trônerait encore dans l'Olympe. Aussi le résultat de ces révolutions religieuses était-il facile à prévoir : au bout d'un certain nombre d'années l'un des deux cultes adverses finissait par l'emporter, par s'installer partout, et ses prêtres nouveaux reproduisaient à peu de chose près l'intolérance de leurs prédécesseurs. La révolution avait « abouti », c'est-à-dire qu'elle était finie, que tout était rentré dans l'ordre, que tout était revenu à peu près dans le même état. On avait poursuivi un but bien déterminé et pas trop lointain, on l'avait atteint ; cela formait un petit chapitre de l'histoire universelle, après lequel on pouvait mettre un point et dire : c'est tout. Ce qui, dans la Révolution française, fait précisément le désespoir de l'historien, c'est l'impossibilité où il se trouve de dire: c'est tout, c'est fini. Le grand ébranlement dure encore et se propage aux générations futures. — « La Révolution française, répète-t-on, n'a pas abouti; » mais c'est peut-être qu'elle n'a pas avorté. Au fond, elle est encore à son début : si on ne peut savoir où nous allons, on peut affirmer hardiment que nous allons quelque part. C'est précisément l'incertitude et le lointain du but qui font la noblesse de certains efforts ; il faut se résigner à ne pas toujours très bien savoir ce qu'on veut quand on veut quelque chose de très grand. Il faut de plus se résigner à être mécontent de tout ce qui vous est donné et qui ne remplit pas l'idéal fuyant que vous poursuiviez. N'être jamais satisfait, voilà une chose inconnue à bien des peuples. Il y a eu en Chine, il y a quelques milliers d'années, des révolutions qui ont abouti à des résultats si précis et si incontestables, que depuis trois mille ans c'est toujours la même chose. La Chine serait-elle l'idéal de ceux qui veulent un peuple à jamais satisfait, ayant trouvé son équilibre, son milieu, sa forme et sa coquille? Certes l'esprit français est absolument l'opposé de l'esprit chinois. Nous avons jusqu'à l'excès l'horreur de la coutume, de la tradition, de ce qui est établi en dehors de la raison. Raisonner la politique, raisonner le droit, raisonner la religion, voilà précisément quel a été l'esprit de la Révolution française. Ce n'est pas chose facile et c'est même chose chimérique d'introduire partout à la fois la logique et la lumière; on se trompe souvent, on raisonne faux, on a des défaillances, on tombe dans les concordats et les empires. Malgré tant d'écarts passagers, on peut déjà connaître assez la direction vers laquelle la Révolution tend, pour affirmer que cette direction n'est pas religieuse; la Révolution française a même été, pour la première fois dans le monde, un mouvement libéral et égalitaire en dehors de toute religion. Vouloir avec Quinet que la Révolution se fît protestante, c'est ne pas la comprendre; républicaine dans l'ordre politique, la Révolution tendait aussi à affranchir la pensée de toute domination religieuse, de toute croyance dogmatique uniforme et irrationnelle. Elle n'a pas atteint ce but du premier coup, et surtout elle a imité l'intolérance même des catholiques; c'est sa grande faute, c'est son crime; nous en souffrons encore. Mais le remède n'est pas dans l'adoption d'une religion nouvelle, qui ne serait qu'un retour déguisé au passé.

Examinons cependant la substantielle apologie du protestantisme qu'a présentée M. de Laveleye. Il a montré la supériorité de la religion protestante sur trois points principaux : 1° elle est favorable à l'instruction; 2° elle est favorable à la liberté politique et religieuse; 3° elle ne possède pas un clergé vivant dans le célibat, hors de la famille et même hors de la patrie. Reprenons ces divers points. Dans le protestantisme, le besoin de s'instruire et pour cela de savoir lire est une nécessité, par cette raison que, comme on l'a remarqué souvent, le culte réformé repose sur un livre, la Bible. Le culte catholique au contraire repose sur les sacrements et sur certaines pratiques, comme la confession et la messe, qui n'exigent point la lecture. Aussi le premier et le dernier mot de Luther a été : « Instruisez les enfants, c'est un commandement de Dieu. » Pour le prêtre catholique, la lecture n'a pas d'avantage certain au point de vue religieux, et elle offre des dangers, car elle est la voie qui peut conduire à l'hérésie. L'organisation de l'instruction populaire date de la Réforme. La conséquence c'est que les États protestants sont beaucoup plus avancés sous le rapport de l'instruction populaire que les pays catholiques[1]. Partout où l'instruction est plus répandue, le travail sera

---

1. Tous les États protestants, Saxe, Danemark, Suède, Prusse, Écosse (sauf l'Angleterre), ont le minimum d'illettrés. Les pays catholiques les plus favorisés, comme la France et la Belgique, ont un tiers au moins d'ignorants. Dans ce contraste, la race n'est pour rien; on peut le vérifier en Suisse : les

dirigé avec plus d'intelligence et la situation économique sera meilleure : le protestantisme crée donc une supériorité non seulement sous le rapport de l'instruction, mais sous celui du commerce et de l'industrie, de l'ordre et de la propreté[1].

De même, dans l'ordre civil et politique, les protestants se sont toujours montrés partisans du *self-government*, de la liberté, de l'autonomie locale et de la décentralisation. En même temps que la Réforme se sont répandus en Suisse, en Hollande, en Angleterre et aux États-Unis, des principes de liberté qui sont devenus plus tard ceux mêmes de la Révolution française. Les Calvinistes, notamment, ont eu de tout temps un idéal libéral et égalitaire qui les rendit à bon droit suspects à la monarchie française ; ils ne

---

cantons purement latins, mais protestants, de Neuchâtel, de Vaud et de Genève sont au niveau des cantons germaniques de Zurich et de Berne, et ils sont très supérieurs à ceux du Tessin, du Valais ou de Lucerne.

1. En Suisse, les cantons de Neuchâtel, de Vaud et de Genève l'emportent d'une manière frappante sur ceux de Lucerne, du haut Valais et des cantons forestiers : ils sont non seulement plus instruits, mais plus industrieux, plus commerçants, plus riches ; enfin ils offrent une plus grande production littéraire et artistique. « Aux États-Unis, dit Tocqueville, la plupart des catholiques sont pauvres. » Au Canada, les grandes affaires, les industries, le commerce, les principales boutiques dans les villes sont aux mains des protestants. M. Audiganne, dans ses études sur *les populations ouvrières de la France*, remarque la supériorité des protestants dans l'industrie, et son témoignage est d'autant moins suspect qu'il n'attribue pas cette supériorité au protestantisme. « La majorité des ouvriers nimois, dit-il, notamment les taffetassiers, sont catholiques, tandis que les chefs d'industrie et du commerce, les capitalistes en un mot, appartiennent en général à la religion réformée. » — « Quand une même famille s'est divisée en deux branches, l'une restée dans le giron de la croyance de ses pères, l'autre enrôlée sous l'étendard des doctrines nouvelles, on remarque presque toujours, d'un côté, une gêne progressive et, de l'autre, une richesse croissante. » — « À Mazamet, l'Elbœuf du Midi de la France, dit encore M. Audiganne, tous les chefs d'industrie, excepté un, sont protestants, tandis que la grande majorité des ouvriers est catholique. Il y a moins d'instruction parmi ces derniers que parmi les familles laborieuses de la classe protestante. » Avant la Révocation de l'édit de Nantes, les réformés l'emportaient dans toutes les branches du travail, et les catholiques, qui ne pouvaient soutenir la concurrence, leur firent défendre, à partir de 1662, par plusieurs édits successifs, l'exercice de différentes industries où ils excellaient. Après leur expulsion de France, les protestants apportèrent en Angleterre, en Prusse, en Hollande leur esprit d'entreprise et d'économie ; ils enrichissaient le district où ils se fixaient. C'est à des latins réformés que les Germains doivent en partie leurs progrès. Les réfugiés de la Révocation ont introduit en Angleterre différentes industries, entre autres celle de la soie, et ce sont les disciples de Calvin qui ont civilisé l'Écosse. (Voir M. de Laveleye, *De l'avenir des peuples catholiques*.)

devaient réaliser cet idéal que par delà les mers, dans la Constitution américaine, qui marque en quelque sorte l'épanouissement des idées calvinistes. Dès 1633, un américain, Roger Williams, réclame la liberté pour tous et particulièrement la liberté religieuse; il revendique la complète égalité des cultes devant la loi civile, et sur ces principes il fonde la « démocratie » de Rhode Island et la ville de Providence. Les États-Unis, avec l'autonomie des provinces et la décentralisation, sont encore aujourd'hui le type de l'État protestant. Dans un tel État la liberté la plus grande existe, mais, à vrai dire, cette liberté se meut surtout au sein du christianisme : les fondateurs de la Constitution américaine n'avaient guère prévu le jour où on aurait besoin de sortir des limites de la foi chrétienne la plus large. Aussi serait-ce se faire des États-Unis une idée très fausse que de s'y représenter le pouvoir civil comme tout à fait étranger à la religion. La séparation de l'État et des églises est loin d'être aussi absolue chez les Américains qu'on se plaît souvent à nous le dire, et, sur ce point, M. Goblet d'Alviella corrige très justement les affirmations trop enthousiastes de Guizot et de M. de Laveleye[1].

Enfin, à la supériorité politique du protestantisme il faut ajouter la supériorité intellectuelle et morale de son clergé. La nécessité de lire et d'interpréter la Bible a pro-

---

1. « Les institutions publiques sont encore fort imprégnées de christianisme. Le Congrès et les législatures d'État ont leurs chapelains, ainsi que la flotte, l'armée et les prisons. On continue à lire la Bible dans un grand nombre d'écoles. L'invocation à la divinité est généralement obligatoire dans le serment judiciaire et même administratif. En Pensylvanie, la Constitution exige de quiconque veut remplir un emploi public la croyance à Dieu et aux rémunérations de la vie future. La Constitution du Maryland n'accorde la liberté de conscience qu'aux déistes. Ailleurs, les lois sur le blasphème n'ont jamais été formellement abrogées. Dans certains États, les tribunaux prêtent la main plus ou moins indirectement à l'observation du repos dominical. En 1880, une cour a décliné de reconnaître, même comme obligation naturelle, une dette contractée le dimanche, et un voyageur, blessé dans un accident de chemin de fer, s'est vu refuser des dommages-intérêts par ce considérant qu'il n'avait pas à prendre le train un jour du Seigneur. Enfin, les biens-fonds affectés au service du culte sont, dans une large proportion, soustraits à tout impôt. » (M. Goblet d'Alviella, *Évolution religieuse*, p. 233.)

De même, en Suisse, au mois de février 1886, le tribunal criminel de Glaris, chef-lieu de canton de 7000 habitants, à 130 kilomètres de Berne, rendait un curieux jugement. Un manœuvre, nommé Jacques Schiesser, occupé à travailler dans l'eau par une température excessivement froide, grelottant, les mains bleues, s'était emporté contre la température dans un

voqué dans les universités de théologie protestante, un travail d'exégèse qui aboutit à la formation d'une science nouvelle, la science des religions. Les pasteurs, plus instruits que nos prêtres catholiques, ont en outre une famille, des enfants, une vie semblable à celle de tous les citoyens; ils sont nationaux, parce que leur église est une église nationale; ils n'obéissent pas à un mot d'ordre venu de l'étranger; de plus ils n'ont pas dans leurs mains le terrible pouvoir que le prêtre catholique doit au confessionnal, pouvoir qui a coûté à la France la révocation de l'Édit de Nantes et tant d'autres mesures déplorables[1].

Ces divers avantages du protestantisme sont si incontestables que, s'il fallait absolument choisir entre deux religions, on ne saurait hésiter entre la foi protestante et la foi catholique. Mais un tel choix n'est pas nécessaire, et l'on peut briser les cornes du dilemme. La libre-pensée a encore plus besoin de l'instruction et elle est plus propre à la favoriser que le protestantisme, puisqu'elle repose sur l'instruction même; elle a plus besoin encore de la liberté dans l'ordre pratique, par cela même qu'elle est la complète liberté dans l'ordre théorique; enfin elle supprime le clergé, ou plutôt, pour redonner à un mot du moyen âge le sens large qu'il a eu si longtemps, elle remplace le prêtre par le *clerc*, c'est-à-dire par le savant, le professeur, le lettré, l'homme instruit, à quelque état qu'il appartienne. Le mot le plus juste sur la question du protestantisme en France a été dit par M. de Narbonne, causant avec Napoléon : « Il n'y a pas assez de religion en France pour en faire deux. » Au lieu d'une religion nationale, nous avons en France une sorte d'irréligion nationale : c'est là même ce qui constitue notre originalité au milieu des autres peuples. En France, les deux tiers au moins de la population mas-

---

mouvement d'impatience et avait proféré des paroles irrévérencieuses envers Dieu. Procès-verbal fut aussitôt dressé contre lui. Il comparut devant les juges, qui le condamnèrent, pour blasphème, à deux jours de prison. On est étonné de voir la Suisse ramenée ainsi aux coutumes du moyen âge par son vieux fonds de protestantisme.

1. « Par le confessionnal, dit M. de Laveleye, le prêtre tient le souverain, les magistrats et les électeurs, et par les électeurs les Chambres. Tant que le prêtre dispose des sacrements, la séparation de l'Église et de l'État n'est donc qu'une dangereuse illusion... L'absolue soumission de toute la hiérarchie ecclésiastique à une volonté unique, le célibat des prêtres et la multiplication des ordres monastiques, constituent pour les pays catholiques un danger que ne connaissent pas les pays protestants. »

culine vivent à peu près en dehors de la religion traditionnelle. A la campagne comme à la ville, l'église renferme un homme pour dix femmes, quelquefois un pour cent, quelquefois pas un. C'est une rareté, dans le plus grand nombre des départements, qu'un homme accomplissant les « devoirs religieux. » L'ouvrier des grandes villes est l'ennemi ouvert de la religion, le paysan est indifférent. Si le paysan garde pour la forme un certain respect du culte, c'est qu'il est forcé de compter avec le curé : il a avec lui des relations fréquentes, il le craint ou l'estime généralement assez pour ne sourire de lui que par derrière. On ne saurait arrêter dans notre pays le mouvement produit par la Révolution; il suffira à engendrer tôt ou tard l'entière liberté civile, politique et religieuse ; aujourd'hui même, dans le domaine politique, ce n'est pas par le manque de liberté que nous péchons, au contraire. Il est donc bien inutile, pour les Français, d'embrasser le protestantisme sous le prétexte qu'il favorise l'instruction, la diffusion des idées modernes, la liberté civile et politique.

Reste la considération de la moralité publique en France. Mais il est impossible de démontrer que la moralité des peuples protestants soit supérieure à celle des autres ; peut-être même, sur un certain nombre de points, les statistiques tendraient à prouver le contraire, — si on pouvait induire la moralité d'une statistique. L'ivrognerie, par exemple, est un fléau beaucoup moindre chez les peuples catholiques, qui habitent des climats plus tempérés où l'alcool est moins tentant. Les naissances illégitimes sont plus fréquentes en Allemagne qu'en France, peut-être à cause des lois qui règlent le mariage. La moyenne des délits et des crimes n'offre pas, d'un pays à l'autre, des variations très considérables; ou bien ces variations s'expliquent par des raisons de climat, de race, d'agglomération plus ou moins grande, non de religion. Aujourd'hui, grâce à la facilité croissante des communications, le niveau des vices tend à s'égaliser partout, comme celui des mers. Ils se propagent à la manière des maladies contagieuses ; tous les individus qui offrent un milieu favorable à leur développement sont contaminés tour à tour, à quelque race et à quelque religion qu'ils appartiennent. Les effets de telle religion sur la moralité de tel peuple ne sont certes pas négligeables, mais ils sont tout à fait relatifs au caractère de ce peuple et ne prouvent rien sur la vertu morale absolue de cette religion. Le mahométisme rend les plus grands services aux peuplades barbares en les empêchant de s'enivrer, et tous les voyageurs constatent la supériorité morale des tribus mahométanes sur les tribus converties au christianisme : les premières sont composées de pasteurs et de commerçants relativement honnêtes, les secondes d'ivrognes que l'alcool a transformés en bêtes brutes et en pillards. S'ensuit-il qu'il faille nous convertir au mahométisme, et même que les défenses du Coran, toutes puissantes sur un esprit sauvage, agiraient avec la même force sur un ivrogne de Londres ou de Paris? Hélas non. Sans quoi on pourrait essayer de ce moyen : la sobriété est plus importante encore pour les basses classes que la continence. son absence aboutit plus vite à la bestialité; d'ailleurs l'ouvrier, le paysan surtout, sont forcés d'abuser des femmes moins que du petit verre, par cette raison que les premières coûtent plus cher que les seconds; même parmi les croyants de Mahomet, les pauvres ne peuvent avoir qu'une femme.

En définitive les religions ne font pas à elles seules les mœurs; elles peuvent encore moins les refaire; elles peuvent seulement les maintenir quelque temps, renforcer l'habitude par la foi. La force de la coutume et du fait acquis est si considérable que la religion même ne peut guère la heurter de front. Lorsqu'une religion nouvelle pénètre chez un peuple, elle ne détruit jamais le fonds de croyances qui avait pris racine au cœur de ce peuple; elle le fortifie plutôt en se le subordonnant. Pour vaincre le paganisme, le christianisme a dû se transformer : il s'est fait latin dans les pays latins, germain dans les pays germains. Nous voyons le mahométisme de la Perse, de l'Hindoustan, de Java, ne servir que de vêtement et de voile aux vieilles croyances zoroastriennes, brahmaniques ou bouddhiques. Les mœurs, les caractères nationaux et les superstitions sont choses plus durables que les dogmes. Dans le caractère des hommes du Nord il y a toujours quelque chose de dur et de tout d'une pièce, qui produit dans les mœurs plus de régularité au moins extérieure, plus de discipline, parfois aussi plus de sauvagerie et de brutalité. Les hommes du Midi sont, au contraire, mobiles, malléables, faciles à toutes les tentations. Affaire de climat, non de religion. Le sapin rigide est un arbre du Nord, tandis que dans le Midi croissent les grands roseaux. La discipline de l'armée et des administrations prussiennes ne tient point à la religion de l'État, mais à la religion du règlement. Dans toute la vie du Nord, il est une certaine raideur qui se traduit dans les moindres choses, jusque dans la démarche, dans l'accent, dans le regard; la conscience aussi est brusque et âpre, elle commande, il faut obéir ou désobéir; dans le Midi elle parlemente. Si l'Italie était protestante, elle n'aurait probablement guère de quakers. Nous croyons donc qu'on prend souvent l'effet pour la cause, quand on attribue à la religion protestante ou catholique une influence prépondérante sur la moralité privée ou publique, par cela même sur la vitalité des peuples. Cette influence a été autrefois énorme, elle tend à diminuer de plus en plus, et c'est la science, aujourd'hui, qui tend à devenir le principal arbitre des destinées d'une nation.

S'il en est ainsi, que faut-il penser des inquiétudes que l'avenir de notre pays inspire à certains esprits? Ceux pour qui la religion est la condition *sine quâ non* de vie et de supériorité dans la lutte des peuples ne peuvent manquer de considérer la France comme en danger de disparaître; mais ce criterium de la vitalité nationale est-il admissible?

Nous nous retrouvons ici en présence de M. Matthew Arnold. Selon lui, les deux peuples qui ont fait le monde moderne tel qu'il est, les Grecs et les Juifs, représentent l'un et l'autre deux idées distinctes, presque opposées, qui se disputent encore l'esprit moderne. Pour la Grèce, cette nation brillante, un peu superficielle malgré sa subtilité d'esprit, l'art, la science étaient le tout de la vie. Pour les Hébreux, la vie se résumait dans un mot : la justice. Et par justice il ne faut pas entendre seulement le respect strict du droit d'autrui, mais le renoncement à son propre intérêt, à son propre plaisir, l'effacement du moi devant la loi éternelle du sacrifice, personnifiée dans Javeh. La Grèce, la Judée sont mortes ; la Grèce fidèle jusqu'au dernier moment à sa maxime, tout pour l'art et pour la science ; la Judée infidèle à sa maxime, tout pour la justice, et tombant à cause de cette infidélité même. M. Matthew Arnold figure ces deux nations dans un vieux récit biblique. C'était avant la naissance d'Isaac, ce véritable héritier des promesses divines, qui devait être humble, mais élu. Abraham regardait son premier fils Ismaël, jeune, vigoureux, brillant et hardi; et implorant son Dieu : « O Seigneur, disait-il, permets qu'Ismaël vive devant toi ! » Mais cela ne pouvait être. La Grèce, cet Ismaël parmi les peuples, a péri. Plus tard, la Renaissance se présente pour lui succéder ; elle est pleine d'avenir, on s'écrie de toutes parts en la voyant : le rêve, le sombre cauchemar est passé, plus d'ascétisme religieux, revenons à la nature. La Renaissance prend en horreur le moyen âge tonsuré et encapuchonné, dont l'esprit est le renoncement et la mortification ; pour elle, l'idéal est la plénitude de la vie, c'est l'élargissement de soi, c'est la satisfaction libre et joyeuse de tous nos instincts, c'est l'art, c'est la science, c'est le bien vivre ; notre Rabelais la personnifie. Hélas ! la Renaissance devait tomber comme la Grèce était tombée autrefois, et le successeur naturel de la Renaissance, suivant M. Matthew Arnold, c'est Georges Fox, le premier quaker, le contempteur déclaré des arts et des sciences. Enfin, de nos jours, un peuple en Europe a pris la succession de la Grèce ; cette Grèce moderne chère aux hommes éclairés de toutes les nations, amie de l'art et des sciences, c'est la France. « Que de fois, avec quelle ardeur, n'a-t-on pas adressé en sa faveur cette prière au Dieu du ciel : Laisse Ismaël vivre devant toi. La France, c'est l'homme sensuel moyen, Paris est sa ville ; qui de nous ne s'y sent attiré ? » Le Français a cette supériorité sur l'homme de la Renaissance qu'il y a dans notre esprit quelque chose de plus pondéré que dans celui des autres peuples ; aussi, quoique la France ait voulu donner la liberté à l'homme et l'affranchir de la règle austère du sacrifice, elle n'a point fait de l'homme quelque chose de monstrueux, et la liberté n'est point devenue folie. Nos idées se sont formulées dans un système d'éducation qui est le développement régulier, complet, mesuré de toutes les facultés humaines. Aussi l'idéal français ne choque pas les autres nations, il les séduit ; pour elles, notre pays s'appelle « la France du tact, de la mesure, du bon sens, de la logique ». Nous développons l'être entier « en toute confiance, sans douter, sans rien violenter. » De cet idéal nous avons tiré notre « fameux évangile des droits de l'homme ». Les droits de l'homme ne font que systématiser les idées grecques et françaises, consacrer la suprématie du moi, s'épanouissant en pleine liberté, sur l'abnégation et le sacrifice religieux. En France, dit M. Matthew Arnold, « on prend les désirs de la chair et les pensées courantes pour les droits de l'homme. » Tandis que nous poursuivions notre idéal, les autres peuples, plus étroitement enchaînés par les idées hébraïques, continuaient de cultiver la justice faite de renoncement. Par instants, tandis qu'ils menaient leur vie austère et terne, c'était avec envie, avec admiration qu'ils contemplaient l'idéal français, « si positif, si clair, si satisfaisant »; par moments ils eurent envie d'en essayer au lieu du leur. La France a exercé un attrait sur le monde entier. « Tous, dans la vie, à un instant ou à l'autre, nous éprouvons la soif de l'idéal français, nous désirons en faire l'essai. » Les Français apparaissent comme « le peuple chargé du beau, du charmant évangile de l'avenir, » et les autres nations s'écrient : puisse Ismaël vivre devant toi ; et Ismaël semble de plus en plus brillant, il grandit, il paraît sûr du succès, il va conquérir le monde. « Mais, à ce moment, toujours surviennent les désastres; quand il touche au triomphe, arrive la crise, le jugement de la Bible : *voici le jugement du monde.* » Le monde, pour M. Matthew Arnold, a été jugé en 1870 : les Prussiens remplaçaient Javeh. De nouveau Ismaël, et avec lui l'esprit de la Grèce, l'esprit de la Renaissance, l'esprit de la France, la Libre-Pensée et la Libre-Conduite ont été vaincus par Israël, par l'esprit biblique et l'esprit du moyen âge. La civilisation brillante, mais superficielle, a été écrasée au choc d'un ascétisme barbare et dur, d'une foi plus ou moins naïve. Javeh est encore aujourd'hui le Dieu des armées; et malheur au peuple, malheur aux individus qui ne croient pas, avec le peuple juif, que l'abnégation constitue les trois quarts de la vie, que l'art et la science en forment à peine le dernier quart.

Pour apprécier cette philosophie de l'histoire, plaçons-nous au point de vue même où s'est placé M. Arnold, et qui n'est pas sans une nuance de vérité. Assurément la Grèce et la Judée, quoique leurs idées se soient fondues dans le christianisme, sont pour ainsi dire deux nations antithétiques représentant deux conceptions opposées de la vie et du monde. Ces deux nations ont lutté perpétuellement l'une contre l'autre dans une lutte tout intellectuelle, et on peut accepter comme très honorable pour la France le rôle que lui assigne M. Arnold, d'être la Grèce moderne, de représenter la lutte de l'art et de la science contre la foi mystique ou ascétique. La Grèce et la France ont été vaincues, il est vrai; mais en conclure la défaite de l'esprit grec et français, la défaite de l'art et de la science par la foi, c'est aller un peu vite. Il y a une guerre engagée, l'issue définitive est encore bien incertaine. S'il fallait établir un calcul des probabilités, toutes les probabilités seraient pour la science : si nous avons été vaincus, ce n'est pas par la foi germanique, mais par la science germanique. En général, il est bien difficile de déclarer une doctrine inférieure parce que le peuple qui la soutenait a été vaincu dans l'histoire. L'histoire est une suite d'événements dont les causes sont si complexes qu'on ne peut jamais affirmer, étant donné un fait historique, connaître absolument toutes les raisons qui l'ont produit. Il y a d'ailleurs chez un peuple divers courants de pensées coulant les uns à côté des autres, quelquefois en sens contraires. La patrie de Rabelais est aussi celle de Calvin. Bien plus, chez d'autres nations, on voit une sorte de doctrine officielle, professée par une série de penseurs marquants, qui semble plus ou moins en opposition avec la doctrine populaire plus inconsciente, dans laquelle se résument la conduite et la pensée de la grande multitude. Quelle est, par exemple, la vraie doctrine du peuple Juif? Est-ce l'acte de foi passionné des Moïse, des Élie ou des Isaïe? Est-ce, au contraire, le doute de l'Ecclésiaste déjà annoncé par le livre de Job? Est-ce l'explosion des instincts sensuels éclatant dans le Cantique des Cantiques? Il est bien difficile de le décider. On pourrait affirmer sans invraisemblance que le tempérament de la nation juive, prise en masse, est plutôt encore sensuel que mystique; on pourrait voir dans la doctrine officielle que nous a léguée la Bible une réaction contre ces tendances populaires, réaction d'autant plus violente que les tendances étaient plus enracinées. En somme, les grands jours du peuple hébreu ont été bien plutôt ceux où, sous le règne de Salomon, florissaient les arts et la vie facile, que ceux où les prophètes pleuraient cette splendeur disparue. De même, quel a été le véritable esprit populaire du moyen âge? Peut-on le trouver dans les livres mystiques des moines du temps? D'ailleurs, le moyen âge est-il la grande époque? Même en supposant avec M. Matthew Arnold que tout âge brillant, comme la Renaissance, tout âge des lettres et de la science renferme en lui-même des germes de mort, est-ce une raison pour vouloir rabaisser des époques qui ont été des moments de vie intense, et ne vaut-il pas mieux pour un peuple avoir vécu, fût-ce

quelques années, que d'avoir dormi pendant des siècles ?
Rien n'est éternel. Lorsqu'une nation a brillé pendant un certain nombre d'années ou de siècles, lorsqu'elle a produit de grands artistes ou de grands savants, il vient nécessairement une période où elle s'arrête épuisée. Les religions aussi ont leur naissance, leur floraison, leur mort. Que faut-il accuser ? — Les lois mêmes de la vie, qui ne permettent pas que les plantes fleurissent éternellement et qui font qu'en général, dans tous les règnes de la nature, il n'y a rien de si fragile que ce qui ressemble à une fleur. Mais, si toutes les choses humaines n'ont qu'un temps, faire de l'éclosion de l'intelligence, faire de l'art et de la science le but suprême de la vie, c'est précisément poursuivre ce qu'il y a de moins périssable : l'art, la science, les résultats derniers auxquels aboutit l'intelligence humaine, ne passent pas; l'homme seul, l'individu disparaît, et nous revenons à l'antique parole : l'art est long, la vie est courte. Quant à la vraie « justice, » elle est à coup sûr éternelle, mais, si on entend par là « la loi dure de Jéhovah », le culte de cette loi a toujours correspondu aux époques inférieures de l'histoire, et précisément aux époques d'injustice et de barbarie. C'est pour cela que ce culte coïncide avec les temps où les peuples sont le plus solides, le plus difficiles à entamer : leurs mœurs sont farouches, leur vie est au fond tout le contraire de la justice idéale ; leur foi se ressent de ces mœurs, elle est violente et sauvage comme elles, elle les porte à l'intolérance, au fanatisme, aux massacres ; mais tous ces éléments d'injustice n'en constituent pas moins, chez le peuple où ils se trouvent réunis, des chances de victoire sur les autres peuples. Plus tard, quand les mœurs se policent, que la foi diminue, que l'art et la science naissent, la nation tout à l'heure si forte s'affaiblit souvent dans la proportion même où elle s'ennoblit : plus un organisme est supérieur, plus il est délicat, plus il est facile à briser. Le renoncement à soi, la soumission des faibles aux forts et des plus forts à un sacerdoce tout-puissant, cette hiérarchie que la Judée, l'Inde, le moyen âge nous ont offerte à un suprême degré, tout cela donnait autrefois à un peuple sur les autres la supériorité du roc sur la plante, du chêne sur la sensitive, du bœuf ou de l'éléphant sur l'homme ; mais est-ce là l'état idéal d'une société, est-ce là un but que nous puissions proposer à nos efforts ? L'art et la science, pour arriver à leur plus haut déve-

loppement, exigent une dépense considérable de force; ils usent donc, ils fatiguent le peuple chez lequel ils se produisent. Après ces époques d'effervescence en viennent d'autres où la nation se repose, recueille ses forces; c'est, pour ainsi dire, les époques de jachère dans la culture intellectuelle. Ces alternatives de repos et de production, de stérilité et de fécondité, se reproduiront dans le cours de l'histoire aussi longtemps qu'on n'aura pas trouvé un moyen de fertiliser l'esprit d'une manière continue, comme on fertilise la terre, et de faire pour ainsi dire monter indéfiniment la sève dans des fleurs indéfiniment épanouies. Peut-être y arrivera-t-on un jour ; peut-être trouvera-t-on dans l'éducation d'un peuple des procédés analogues à l'assolement, dont les agriculteurs se servent dans la culture des terres. Quoi qu'il en soit, dans l'histoire passée, la grandeur d'un peuple l'a trop souvent épuisé. Il ne s'ensuit pas qu'il faille prendre, pour ainsi dire, l'histoire à rebours et voir dans les périodes de tâtonnement, de barbarie, de despotisme, celles où la « loi de justice » a été le mieux observée et a sauvé les peuples.

Si la grandeur tue, il est beau de mourir par sa grandeur même; mais, quand il s'agit d'une nation, la mort n'est jamais que partielle. Qui est la plus vivante aujourd'hui, quoi qu'en dise M. Matthew Arnold, de la Grèce ou de la Judée? Qui sera la plus vivante demain, de la France abaissée aujourd'hui ou des nations qui semblent lui être supérieures? Si nous étions parfaitement sûrs que la France représentât mieux qu'aucun autre peuple l' « art » véritable et la véritable « science », nous pourrions affirmer en toute certitude qu'elle aura l'avenir, et dire avec confiance : Ismaël vivra. Il est vrai que, selon M. Matthew Arnold, Ismaël ne représente pas seulement le savant, mais le sensuel, « l'homme des désirs de la chair ». En vérité, il est étrange de voir des quakers dans ceux qui ont vaincu la France, et Paris n'est pas plus que Londres ou Berlin la Babylone moderne. Nous pourrions railler un peu à cet endroit les épouvantes mystiques de M. Matthew Arnold. Ce qu'il remarque très justement, c'est que le Français, dans la recherche même du plaisir, met plus de modération, plus de mesure, plus d'art que tout autre peuple; par là il se rapproche donc, sinon du fond, du moins de la forme de toute morale, qui est, comme l'a montré Aristote, un juste milieu, un équilibre entre les penchants. Seulement, pour M. Matthew Arnold, sous cette forme morale se cache cette immoralité suprême : chercher la règle de la conduite non en Dieu, mais dans la propre nature humaine, faite de tendances diverses, tantôt élevées et tantôt inférieures. Cette immoralité, à son tour, constitue une sorte de danger social, celui de l'amollissement, de l'affaiblissement d'un peuple. — Ce danger nous paraît illusoire, ou plutôt, si l'on peut ainsi parler, c'est une question qui regarde l'hygiène mieux que la morale : il faut que la science en vienne à tirer d'elle-même une règle de conduite. En réalité, les vrais savants sont encore ceux qui savent le mieux se diriger eux-mêmes dans la vie, et un peuple de savants ne laisserait guère à désirer sous le rapport de la « conduite ; » cela prouve bien qu'il y a dans la science même un élément de direction pour l'avenir. Remarquons qu'il existe scientifiquement une antinomie entre la dépense cérébrale et la violence des appétits physiques. Les défenses imposées par une loi mystique ne font bien souvent qu'aviver les désirs, comme il est facile de le montrer par les exemples tirés du clergé au moyen âge. Il y a quelque chose de bien plus sûr : c'est l'extinction du désir même, c'est une sorte de dédain intellectuel remplaçant la terreur religieuse. La religion mahométane défend le vin à ses adeptes ; mais les subtils distingueront entre le vin et l'alcool, que Mahomet n'a pu formellement défendre, faute de le connaître. Puis, la foi religieuse, comme elle a ses subtilités d'interprétation, a ses défaillances ; au contraire, ne faites aucune défense mystique à un homme, mais élevez-le à un certain degré de développement intellectuel : il ne désirera même pas boire ; la culture l'aura transformé plus parfaitement qu'une religion n'eût pu le faire. En réalité, loin de diminuer toujours la valeur que les individus accordent au plaisir, les religions l'augmentent dans des proportions considérables, puisque, en face de tel plaisir et comme en balance avec lui, elles placent une éternité de peines. Lorsqu'un dévot cède à une tentation quelconque, il se représente donc la jouissance convoitée comme ayant en quelque sorte une valeur infinie, comme condensant en un instant une éternité de jouissance qui peut faire équilibre à une éternité de souffrance. Il y a dans cette conception, qui domine inconsciemment toute la conduite du croyant, une immoralité fondamentale. La crainte du châtiment donne toujours, comme l'ont remarqué bien des fois les psychologues, une sorte de saveur particulière au plaisir ;

multipliez le châtiment, vous multipliez ce charme âcre du fruit défendu. C'est là une des explications de ce fait que, si un dévot est immoral, il l'est infiniment plus qu'un sceptique : il aura dans l'organisation de la jouissance des raffinements monstrueux, analogues à ceux qu'il prête à son Dieu dans l'organisation du châtiment ; d'autre part sa vertu étant faite en grande partie de crainte, a elle-même pour fond une certaine immoralité. Avec les époques de développement scientifique disparaît cette sorte de prix mystique et diabolique accordé au plaisir. Le savant connaît les causes de la jouissance, elles rentrent pour lui dans l'enchevêtrement général des causes et des effets : c'est un effet désirable dans une certaine mesure, mais en tant qu'il n'exclut pas tel ou tel autre effet également désirable. Le plaisir des sens prend ainsi son rang légitime dans l'échelle des fins. C'est chez l'homme intelligent et d'esprit large que le désir peut trouver son antagoniste naturel, son seul adversaire tout-puissant : le dédain.

En somme, Ismaël peut fort bien, indépendamment de Jéhovah, se fixer des lois de conduite ; « la justice est le salut », disait le peuple hébreu ; mais la science est aussi le salut, et c'est aussi la justice, une justice souvent plus juste et plus sûre que l'autre. Si Ismaël s'égare parfois dans le désert, perd sa route et tombe, il sait aussi se relever, il sait trouver dans son propre cœur assez de force pour se passer du Jéhovah qui l'a laissé seul dans l'espace infini, sans même envoyer à son secours l'ange dont parle la Bible. Si la France, comme le dit M. Arnold, a eu le mérite de formuler l'évangile nouveau d'Ismaël, cet évangile profondément humain survivra sans doute à l'autre, car il n'y a souvent rien de plus provisoire, de plus passager, de plus fragile que ce que les hommes ont décoré du nom de divin. Pour trouver l'éternel, le plus sûr est encore de s'en tenir à ce que l'humanité a de meilleur et de plus universel. Mais l'évangile des droits de l'homme, objecte M. Arnold, n'est que l'idéal de l'homme sensuel moyen. — Nous nous demandons ce que vient faire ici le mot sensuel, et ce qu'il y a de sensuel à ne pas vouloir sacrifier autrui, ni être sacrifié par autrui. Comme si le droit était une affaire de sensualité ! M. Arnold oublie que le droit même implique toujours, dans une certaine mesure, « le sacrifice. » Seulement, ce n'est pas le sacrifice disproportionné de tous pour un ou pour quelques-uns, — sacrifice stérile, dépense vaine de force ; c'est le sacrifice partiel de tous pour tous, c'est le renoncement, dans notre propre action, à tout ce qui pourrait entraver l'action d'autrui ; et alors, au lieu d'être une dépense vaine de force, c'est une multiplication des forces sociales. Le peuple dans la conduite duquel serait vraiment réalisé l'évangile des droits de l'homme ne serait pas seulement le plus brillant de tous les peuples, le plus enviable, le plus heureux, mais aussi le plus juste, d'une justice non seulement nationale et passagère, mais pour ainsi dire universelle et indestructible. Sa force ne pourrait se briser, même dans la main de Jéhovah, car il porterait en lui, avec le cœur même de l'humanité, la vraie force divine. La révolution française n'a pas eu ce caractère purement sensualiste et terre à terre que lui attribue M. Matthew Arnold. Elle a été une revendication, non des sens, mais de la raison. La déclaration des droits est une suite de formules *a priori*, constituant une sorte de métaphysique ou de religion du droit, fondée sur la révélation de la conscience personnelle. On comprend sans doute que des esprits positifs et empiriques, comme Bentham, Stuart Mill et Taine, blâment cette utopie religieuse d'un nouveau genre ; mais un esprit qui se pique d'être religieux ne doit pas la repousser, il doit même l'admirer. C'est ce que fait Parker, un chrétien non moins libéral que M. Matthew Arnold. Théodore Parker a écrit au sujet de la Révolution française : « Les Français ont été plus transcendantalistes que les Américains. A l'idée intellectuelle de liberté et à l'idée morale d'égalité, ils ont ajouté l'idée religieuse de fraternité, et ainsi ils donnent à la politique, comme à la législation, une base divine aussi incontestable que des vérités mathématiques. Ils déclarent que les droits et les devoirs précèdent et dominent toutes les lois humaines. L'Amérique dit : la Constitution des États-Unis est au-dessus du président ; la Cour suprême, au-dessus du Congrès. La France dit : la Constitution de l'Univers est au-dessus de la Constitution de la France. Voilà ce qu'ont déclaré quarante millions d'hommes. C'est la plus grande chose qu'une nation ait jamais proclamée dans l'histoire. »

Ce qu'on a raison de nous reprocher, ce n'est pas notre amour de l'art et de la science, mais notre amour de l'art trop facile et de la science trop superficielle. On a raison aussi de nous reprocher notre légèreté trop athénienne, notre manque de persévérance et enfin de sérieux. Certes, il ne faut pas faire comme ces Slaves superstitieux qui attribuent au diable les éclats involontaires du rire et qui, après avoir ri, crachent avec indignation, pour chasser le doux esprit de gaieté qu'ils prennent pour l'esprit mauvais. La gaieté française, si elle est une de nos faiblesses, est aussi un des principes de notre force nationale ; mais entendons-nous bien sur le sens des mots. La vraie et belle gaieté n'est autre chose que la fierté du cœur unie à la vivacité de l'esprit. Le cœur se sent assez fort, assez allègre pour ne point prendre les événements par leur côté misérable et douloureux. Toute chose a deux anses, disait la sagesse grecque ; pour qui la saisit par l'une de ces anses, elle est toujours légère et facile à soulever : c'est par celle-là, nous autres Français, que nous aimons souvent à prendre le sort, à soulever la fortune. Cette gaieté-là n'est qu'une des formes de l'espérance : les pensées qui « viennent du cœur », les grandes pensées sont souvent les plus souriantes. Ce qu'on appelle l'*à-propos*, ce trait rapide où se plaît le caractère français, est lui-même une preuve de liberté d'esprit, une affirmation du peu d'importance qu'ont au fond les choses qui paraissent au premier moment les plus énormes, une marque de bonne volonté à l'égard du sort : c'est le *non dolet* antique, moins théâtral. Un officier français, dans une guerre d'embuscades (à la Nouvelle-Calédonie, je crois), se sent tout à coup frappé d'une balle en pleine poitrine : « Bien visé pour un sauvage », dit-il en tombant. C'est là l'héroïsme français, ne s'exaltant pas au point de perdre le sentiment du réel, la juste appréciation des choses et des coups. Mais il y a une gaieté qu'on ne saurait trop blâmer et combattre dans l'éducation nationale, une gaieté sans subtilité et sans élévation de cœur, qui d'ailleurs est à la portée de tous les peuples aussi bien que du Français, — un gros rire qui éclate à la première balourdise, répercuté par les murs d'auberges ou de cafés chantants. Cette gaieté-là, c'est celle des paysans endimanchés, excités par la première pointe de vin, c'est celle des commis voyageurs trop gras discourant à la table d'hôte. Le Gaulois a trop de faible pour la « gaudriole », c'est incontestable. Je connais un jeune médecin d'avenir forcé de quitter Paris, où il se fût fait une place comme chirurgien des hôpitaux, contraint à émigrer au loin, à ne plus rien faire : dans un jour d'expansion, il me confia que ce qu'il regrettait le plus du temps jadis, c'était les bonnes soirées du Palais-Royal. Supposez des milliers de jeunes gens distingués soumis à cette éducation par la farce gauloise, il est impossible que quelque chose ne s'émousse pas en eux. Le Palais-Royal, le vaudeville, les cafés-concerts, ce sont les cabarets de l'art, où le goût se perd comme s'émousse le palais des buveurs d'eau-de-vie de bois dans l'assommoir. Il est bien difficile d'être un homme vraiment remarquable lorsqu'on possède un goût développé pour la grosse plaisanterie des petits théâtres. Cela est inconciliable. Il est donc triste de penser que le meilleur de la jeunesse française passe par là, vit plusieurs années dans ce milieu, s'y déforme le goût aussi sûrement qu'elle s'y fausse l'oreille. Tout ce qui est antiesthétique dans le rire est dégradant. Il faut que les plaisanteries dont on rit soient spirituelles pour élargir véritablement le cœur par une saine gaieté; il faut que le rire même embellisse le visage qu'il anime. *Nihil inepto risu ineptius est*: c'est que, dans ce cas, le rire est comme la fanfare même de la sottise. Le sage, dit l'Écriture, rit plutôt d'un rire intérieur. Le rire doit éclairer et non défigurer le visage, parce qu'il éclaire jusqu'à l'âme même et que cette âme doit apparaître comme belle; il doit ressembler à un éclat de franchise, à une illumination de sincérité. La beauté du rire tient en effet beaucoup à la sincérité de la joie, qui nous rend pour un moment transparents les uns aux autres. La pensée et le cœur humains, avec le monde entier qu'ils contiennent, peuvent se refléter dans un sourire comme dans une larme.

L'esprit parisien, qui semble à quelques-uns l'idéal même de l'esprit français, n'est à certains égards qu'un résumé de ses défauts: chez les ouvriers, c'est la gouaillerie, qu'ils nomment la « blague »; chez les mondains et les mondaines, un vernis superficiel, une impuissance de fixer l'esprit sur une suite logique d'idées. Dans les salons, la frivolité est érigée à la hauteur d'une convenance. Une mouche bourdonnait sur ma vitre, et m'amusa un instant. Ses ailes transparentes décrivaient des cercles sur la vitre lumineuse, qu'elles ne pouvaient franchir. Ce mouvement gracieux et vain me rappelait la conversation d'une parisienne que je venais d'entendre au salon, et qui, pendant une heure, avait tourné dans des cercles à peine plus grands, effleurant toutes les surfaces sans pénétrer rien. C'était en raccourci toute la frivolité parisienne que cette mouche miroitante et étourdie, ignorante de l'air libre, jouant avec quelques rayons perdus de la grande lumière des cieux sans jamais pouvoir monter vers elle.

Faut-il donc être sérieux jusqu'à l'ennui ? Non, sans doute, cela n'est pas nécessaire, ni dans notre tempérament. Reconnaissons-le pourtant, *savoir s'ennuyer* est une grande force chez certains peuples ; c'est le secret du travail lent, patient et méticuleux, qui ne laisse dans l'ombre aucun détail, qui donne à toutes les constructions de l'esprit les fondements obscurs les plus solides ; c'est le secret de la supériorité des hommes du nord sur ceux du midi. Dans le midi, pour ne pas s'ennuyer, on se disperse, on se prodigue, on ne va jamais dans les choses plus loin que là où finit la claire lumière, on ignore les tâtonnements dans l'obscur. Les besognes poursuivies avec obstination sans la certitude d'un succès proche, les travaux de cabinet infatigables, la lecture comprise comme une exhaustion complète de toute la substance des livres lus, tout cela est ignoré des esprits faciles qui d'un coup d'œil voient les ensembles, mais laissent échapper des détails essentiels. Certains peuples ne font que parcourir ; ils parcourent les livres, ils parcourent le monde, ils feuillettent la vie. Ce n'est point là ni l'art vrai ni la vraie science. « Soyons intérieurs », dit l'Imitation. C'est là l'idéal que doit poursuivre particulièrement le Français, trop porté à se gaspiller lui-même dans les mille riens du dehors. Mais la véritable « intériorité » n'est pas nécessairement la méditation stérile d'un dogme. Soyez intérieur, cela doit signifier : soyez sérieux, soyez personnel, original, indépendant et libre ; sentez en vous-même une puissance propre de pensée et prenez plaisir à la développer, prenez plaisir à être entièrement vous-même. Il faut fleurir en dedans comme certaines plantes, enfermer en soi son pollen, son parfum, sa beauté ; mais aussi il faut répandre ses fruits au dehors. La qualité d'expansion qui rend le Français si communicatif est une de ses puissances : elle n'est une faiblesse que quand il n'a rien de sérieux à répandre et à communiquer.

Nos défauts sont guérissables, et leur remède n'est pas dans une sorte d'ascétisme religieux, il est dans une plus profonde et plus complète intelligence de ces grands objets d'amour qui ont toujours séduit l'esprit français : science, art, droit, liberté et fraternité universelle. Il y a une légende japonaise selon laquelle une jeune fille, s'étant procuré des graines de fleurs, fut étonnée de trouver ces graines noires et hérissées ; elle en offrit à ses compagnes, qui n'en voulurent pas ; alors elle les sema, un peu inquiète. Et bientôt de chaque graine piquante une fleur sortit, superbe; et toutes les voisines, voyant ces fleurs, vinrent redemander les semences qu'elles avaient d'abord méprisées. Les vérités sérieuses de l'ordre scientifique et philosophique sont ces graines quelque peu hérissées, dédaignées d'abord, mais que les peuples finiront un jour par se passer de main en main.

CHAPITRE V

LA RELIGION ET L'IRRÉLIGION CHEZ L'ENFANT

I. — *Affaiblissement de l'éducation religieuse.* — Défauts de cette éducation, surtout dans les pays catholiques. — Moyens d'en atténuer les effets. — Le prêtre. — Action que l'État peut exercer sur le prêtre.

II. — *L'éducation donnée par l'État.* — Instruction primaire. — Le maître d'école. — Instruction secondaire et supérieure. — Faut-il introduire l'histoire des religions dans l'enseignement.

III. — *L'éducation dans la famille.* — Le père doit-il se désintéresser dans l'éducation religieuse des enfants. — Inconvénients d'une première éducation religieuse suivie de négations. — Question particulière de l'immortalité de l'âme : comment parler aux enfants de la mort.

I. — AFFAIBLISSEMENT DE L'ÉDUCATION RELIGIEUSE

L'éducation religieuse, donnée aux enfants par le prêtre, a des défauts et même des dangers qu'il importe de montrer tout d'abord et qui en expliquent l'affaiblissement graduel. Une opinion qui se divinise est une opinion qui se condamne au point de vue pédagogique comme au point de vue scientifique. La grande opposition qui existe entre la religion et la philosophie, malgré des ressemblances extérieures, c'est que l'une cherche et l'autre déclare avoir trouvé ; l'une prête l'oreille, tandis que l'autre a déjà entendu ; l'une essaye des preuves, l'autre formule des affirmations et des condamnations ; l'une croit de son devoir de se poser des objections et d'y répondre, l'autre de ne pas arrêter son esprit sur les objections et de fermer les yeux sur les difficultés. De là de profondes différences dans les méthodes d'enseignement. Le philosophe, le métaphysicien prétend agir sur les esprits par la *conviction*, le prêtre par l'*inculcation;* l'un enseigne, l'autre révèle ; l'un cherche à diriger le raisonnement, l'autre à le supprimer, tout au moins à le détourner des dogmes primitifs et fondamentaux ; l'un éveille l'intelligence, l'autre tend à l'endormir plus ou moins. Comment la révélation ne s'opposerait-elle pas à la spontanéité et à la liberté de l'esprit? Quand Dieu a parlé, l'homme doit se taire, à plus forte raison l'enfant. Aussi les erreurs, souvent inoffensives si c'est un philosophe qui les enseigne, deviennent graves et dangereuses si c'est un prêtre, parlant au nom de Dieu, qui les enfonce dans l'esprit. Avec le premier, le remède est toujours à côté du mal : ce qu'un raisonnement plus ou moins bon a fait admettre, un autre meilleur peut le faire rejeter ; vous avez entre les mains les poids et les mesures. Ce n'est pas toujours facile de démontrer et d'enseigner l'erreur par raisons et raisonnements : essayer de raisonner un préjugé, c'est un excellent moyen d'en faire à la fin éclater la fausseté. C'est toujours quand l'humanité a voulu se prouver à elle-même ses croyances qu'elle a commencé à les dissoudre : qui veut contrôler un dogme est bien près de le contredire. Aussi le prêtre, pour qui la contradiction est un manque de foi, se voit-il toujours obligé par la force même des choses à éviter le contrôle, à interdire un certain nombre de questions, à se retrancher dans le mystère. Quand le prêtre a fait entrer la foi dans le cerveau, il le ferme. Le doute et l'investigation, qui pour le philosophe sont un devoir, ne sont aux yeux du prêtre qu'une marque de défiance et de soupçon, un péché, une impiété ; il faut se frapper la poitrine quand on a osé penser par soi-même. Dieu est juge et partie tout ensemble : au moment où vous cherchez à vous convaincre de son existence, il vous commande de l'affirmer. Le croyant qui hésite devant le dogme est un peu comme le mouton de la fable, qui veut raisonner avec le loup et lui prouver que l'eau est claire : il le prouve en effet, seulement il est mangé ; il eût aussi bien fait de se taire et de se résigner. Aussi, rien de plus difficile que de secouer la foi quand elle s'est établie en vous dès l'enfance par la parole du prêtre, par l'habitude, par l'exemple, par la crainte. La crainte, voilà un bon gardien de la religion positive et de l'éducation religieuse, un gardien toujours en éveil et en alarme ; sans elle ce corps de croyances qu'on appelle le dogme se fragmenterait bientôt et tomberait en poussière. L'un rejetterait ceci, l'autre cela ; tous les esprits entreraient en révolte ouverte, chacun courant de son côté, gaiement, à travers champs, comme des écoliers en débandade : par bonheur, il y a toujours un surveillant qui observe et menace, fait rentrer les brebis dans le bercail. Quelle prise a le raisonnement sur quelqu'un qui en a peur? Comment verriez-vous quelque chose si on vous a habitué dès l'enfance à marcher les yeux fermés, sans regarder franchement devant vous? La vérité devient pour vous aussi variable et instable que votre propre sensibilité : en une heure d'audace vous niez ; le lendemain vous affirmez plus que jamais, et cela se comprend, car on n'est pas forcé d'être toujours brave. La conscience morale se met d'ailleurs elle-même de la partie : elle est conservatrice, comme tous les gouvernements ; elle n'aime pas les changements et les révolutions. De bonne heure on lui a fait la leçon : elle s'inquiète dès que vous voulez mettre en question un des articles de la charte ; vous ne pouvez faire un pas en avant sans que des voix intérieures s'élèvent en vous et vous crient : prends garde. Habitué que vous êtes à entendre anathématiser ceux qui ne pensent pas comme vous, vous frémissez à la pensée que de tels anathèmes vont aussi retomber sur votre tête. Le prêtre a su mettre d'accord avec lui tous les sentiments de votre âme, crainte, respect, remords : il a fait même votre âme, il a façonné votre caractère et votre moralité, de telle sorte que, si vous mettez en question votre religion, tout se trouve mis pour vous en question.

L'affaissement de la pensée, l'engourdissement de la liberté, l'esprit de routine, de tradition aveugle, d'obéissance passive, en un mot tout ce qui est contraire à l'esprit même de la science moderne, voilà donc les résultats d'une éducation trop exclusivement cléricale. Ces dangers, surtout en France, sont sentis de plus en plus vivement, trop peut-être. Aussi va-t-on jusqu'à demander que l'éducation religieuse disparaisse, et sans retard, comme hostile à l'esprit de liberté et de progrès. Il y a vers l'éducation laïque un mouvement qu'on ne peut arrêter et dont il faudra un jour ou l'autre que les catholiques prennent leur parti. Toutefois, il y a une mesure à garder et des transitions nécessaires. Supprimer d'un seul coup le clergé, qui a été longtemps le grand éducateur national et l'est encore en partie, ne doit pas être le but des libres-penseurs ; cette suppression se produira toute seule, par voie d'extinction graduelle. Au fond, ce n'est point une si mauvaise chose que cinquante-cinq mille personnes en France soient ou paraissent occupées d'autres soucis que de leurs soucis matériels. Sans doute on ne remplit jamais la tâche qu'on s'est donnée, et l'idéal désintéressement du prêtre est rarement une réalité ; pourtant il est bon que quelques hommes poursuivent ici-bas une tâche au-dessus de leurs forces : tant d'autres en poursuivent qui sont au-dessous d'eux !

Ce n'est pas d'ailleurs dans un pays exclusivement conquis à une religion, et où nul ne conteste la suprématie du prêtre, qu'il faut voir celui-ci à l'œuvre ; c'est tout au contraire dans les pays divisés entre plusieurs croyances, par exemple en partie protestants, en partie catholiques. Le pasteur se trouve alors en quelque sorte le concurrent du curé, et tous deux rivalisent d'activité et d'intelligence. C'est ce qui se produit dans telle région du Dauphiné, de l'Alsace, dans beaucoup de pays étrangers. Par cette lutte pour la vie des deux religions le zèle des prêtres est ranimé : c'est à qui fera le plus de bien parmi les siens ou donnera les meilleurs conseils pratiques, la meilleure instruction aux enfants. Le résultat, facile à prévoir, c'est que la population ainsi divisée en protestants et catholiques est plus instruite, plus éclairée, d'une moralité supérieure à celle de beaucoup d'autres contrées entièrement catholiques et romaines.

Un progrès désirable dans les pays catholiques, c'est d'abord que le prêtre jouisse d'une entière liberté civile, puisse quitter l'Église dès qu'il le voudra sans se trouver déplacé dans la société, qu'il soit libre de se marier et jouisse absolument de tous les droits du citoyen. La seconde chose essentielle est que le prêtre, qui est un des éducateurs du peuple, reçoive lui-même une éducation plus élevée que celle qu'il reçoit aujourd'hui. L'État, loin de chercher à diminuer le traitement des prêtres, — bien mince économie, — pourrait au besoin l'augmenter, mais en exigeant alors des diplômes analogues à ceux des instituteurs, des connaissances scientifiques et historiques étendues, des connaissances d'histoire religieuse[1]. Déjà quelques curés

---

1. Ne pourrait-on, dès maintenant, assigner des traitements plus élevés aux prêtres qui se trouveraient munis de certains diplômes laïques, comme celui de bachelier, de licencié, etc., et qui, par là même, seraient des éducateurs et des moralistes d'un esprit plus scientifique, plus moderne?

de campagne s'occupent de botanique, de minéralogie, d'autres de musique; il y a dans les rangs du clergé une quantité considérable de force vive stérilisée faute d'une éducation première suffisante, faute d'initiative, faute des habitudes de liberté. Les libres-penseurs, au lieu de chercher à séparer l'Église de l'État par une opération chirurgicale qui n'est rien moins qu'une guérison, pourraient s'appuyer sur le Concordat, profiter de ce que l'État a entre ses mains le traitement du clergé pour agir sur ce grand corps engourdi et chercher à le réveiller. En sociologie comme en mécanique, il ne faut pas toujours essayer de briser les forces qui font obstacle à la marche en avant; il faut savoir se servir d'elles. Tout ce qui est, est utile dans une certaine mesure; par cela même que l'éducation donnée par le clergé subsiste encore, on peut affirmer qu'elle joue encore un certain rôle dans l'équilibre social, fût-ce un rôle passif, un rôle de contrepoids. Seulement tout ce qui a un certain degré d'utilité peut acquérir un degré supérieur, tout ce qui est peut se transformer. Il faut donc chercher non à détruire le prêtre, mais à transformer son esprit, à lui donner des occupations théoriques ou pratiques autres, par exemple, que l'occupation mécanique du bréviaire. Entre la religion littérale, qu'enseigne seule encore la majorité du clergé français, et l'absence de religion positive qui est, croyons-nous, l'idéal national et humain, il existe des degrés innombrables qui ne peuvent se franchir que graduellement, par une lente élévation de l'esprit, par un élargissement presque insensible de l'horizon intellectuel. En attendant que le prêtre franchisse ces degrés successifs et en vienne à entrevoir sa propre inutilité, il est bon qu'il se rende utile dans la mesure où il croit pouvoir l'être encore : on ne doit exiger qu'une chose, c'est qu'il ne se rende pas nuisible en sortant des limites de son droit.

II. — L'ÉDUCATION DONNÉE PAR L'ÉTAT

La tâche de l'État qui substituera de plus en plus l'éducation laïque à celle du clergé, va croissant en importance. L'État doit sans doute rester neutre entre toutes les confessions religieuses ; mais, comme on l'a remarqué[1], il y

---

1. M. Goblet d'Alviella.

a deux manières d'observer cette neutralité, l'une passive pour ainsi dire, l'autre active. On peut rester neutre passivement en s'abstenant de réfuter ou d'appuyer les prétentions d'une théologie particulière ; on peut rester neutre activement en poursuivant sa tâche scientifique ou philosophique à côté et en dehors de tout problème purement dogmatique [1]. C'est à cette espèce de neutralité qu'on doit s'arrêter dans l'enseignement secondaire ou primaire, c'est elle qui doit être la règle même de conduite pour l'instituteur.

Le maître d'école a été de tout temps en butte aux railleries faciles, il a parfois des ridicules saisissables au premier coup d'œil ; aujourd'hui il est peu prisé par tous ceux qui prétendent à la hauteur de la pensée. Les Renan et les Taine, les partisans de l'aristocratie intellectuelle, ne voient pas sans un sourire ce représentant de la démocratie, d'une science mise à la portée des petits enfants. Les membres du haut enseignement n'ont pas d'excuse pour le pédantisme que laisse quelquefois paraître ce magister qui ne sait pas le grec. Tous les lettrés qui ont quelque velléité de poésie ou d'art trouvent bien prosaïque, bien utilitaire l'homme dont la principale ambition est de faire entrer dans quelques milliers de têtes de paysans l'alphabet, la grammaire, le nom des capitales de l'Europe et des lieux d'où nous vient le poivre ou le café. Et cependant ce maître d'école dédaigné, dont la tâche grandira tous les jours, est le seul intermédiaire entre les masses attardées et les esprits d'élite qui vont toujours de l'avant. Il a cette qualité d'être l'homme nécessaire par excellence, et ce défaut de le sentir parfois un peu trop ; dans le fond de son village, il lui arrive de produire sur lui-même le grand effet qu'il produit sur les petits enfants et sur les grossiers ignorants qui l'entourent : c'est là une illusion d'optique naturelle. Mais, si la conscience quelquefois exagérée de son rôle lui donne un peu de ce pédantisme tant reproché, et en somme assez inoffensif, elle peut aussi lui communiquer ce dévouement qui a si souvent élevé les humbles à la hauteur des circonstances où le hasard les plaçait. Puis, qui façonne et instruit le maître

---

[1] « L'enseignement laïque, disait aussi Littré, ne doit se désintéresser de rien qui soit essentiel ; or, quoi de plus essentiel, en fait de gouvernement moral des sociétés, que les religions, qui ont dominé ou dominent encore au sein des sociétés ? »

d'école, si ce n'est la société? et ne peut-elle faire monter le niveau de son esprit à mesure que s'élargit sa tâche? Peu de science rend pédant, beaucoup de science rend modeste. On trouvera toujours des maîtres aussi instruits qu'on pourra le désirer, pourvu qu'on ait soin d'élever les traitements dans la mesure où on élève les programmes. Il est étrange que la société ne mette pas tous ses soins à former ceux par qui elle est formée elle-même. La grande question de l'éducation populaire devient, sous certains rapports, une question de gros sous. Déjà l'instruction *pratique* du maître d'école s'est beaucoup perfectionnée : il est initié à la main-d'œuvre et comme à la cuisine de certaines sciences ; il a des notions d'agriculture et de chimie qui lui permettent de donner parfois d'excellents conseils aux paysans. Il serait facile de perfectionner un peu son éducation *théorique*, de lui faire prendre de plus haut les sciences qu'il regarde trop par leur petit côté; de lui donner des ouvertures sur l'ensemble des choses, de lui enlever l'adoration exclusive du petit fait isolé, de la vétille historique ou grammaticale. Un peu de philosophie en ferait un meilleur historien et un géographe moins ennuyeux. On pourrait l'initier aux grandes hypothèses cosmologiques, lui donner aussi des notions suffisantes sur la psychologie, principalement sur la psychologie de l'enfant. Enfin, un peu d'histoire des religions le familiariserait avec les principales spéculations métaphysiques que l'homme a tentées pour représenter l'au-delà de la science; il n'en deviendrait que plus tolérant à l'égard de toutes les croyances religieuses. Cette instruction plus étendue lui permettrait de suivre de loin les progrès des sciences; son intelligence ne se fermerait plus, ne se murerait plus pour ainsi dire entre l'*a b c* et la grammaire. De l'élévation de l'intelligence découle d'ailleurs l'élévation morale, qui se traduit dans les moindres actes de la vie, et quelquefois l'action la plus simple, une parole d'un maître influe sur un enfant pour toute l'existence. Plus un être est supérieur intellectuellement et surtout moralement, plus il a d'influence sur ceux qui l'entourent. Dès maintenant, le très mince savoir de l'instituteur lui a donné une influence très réelle dans son milieu : on croit en lui, on ajoute foi à ses paroles. Le paysan, ce saint Thomas de tous les temps, qui secoue aujourd'hui la tête en écoutant son curé, s'habitue à consulter l'instituteur, depuis que celui-ci lui a appris à faire pousser plus de grains de blé sur le même sillon : le branle d'un épi s'agitant au vent est pour l'homme du peuple la plus catégorique des affirmations ; faire vivre et en général faire, c'est prouver : l'action vaut un raisonnement. Le maître d'école démontre encore la puissance pratique de la science en façonnant les générations, en faisant des hommes. Il distribue à chacun la provision de savoir qu'il doit emporter à travers l'existence et qui fera sa force ; il donne le viatique à l'entrée de la vie comme le prêtre à l'entrée de la mort. C'est là pour l'instituteur sur le prêtre une grande supériorité aux yeux du paysan, de préparer à vivre plutôt qu'à mourir. Dans la vie comme dans la mort il y a un mystère, mais on est certain de pouvoir quelque chose sur le premier : le maître d'école détermine souvent l'avenir d'une manière visible; or qui sait ce que peut le prêtre? La croyance au pouvoir de ce dernier a diminué encore depuis que se sont transformées les idées sur l'expiation dans l'au-delà de la vie. Le prêtre tirait sa puissance des cérémonies, des sacrifices tantôt propitiatoires et tantôt expiatoires : la vertu des deux genres de sacrifices est aujourd'hui également mise en doute. On aime mieux savoir que prier, et le nom du prêtre perd par degrés son ascendant sur le peuple. Comme on raille assez souvent l'instituteur, on se moque aujourd'hui sans façon du curé de campagne, qu'on aimait tant à idéaliser au commencement de ce siècle. C'est là une réaction naturelle et dans une certaine mesure légitime : la perfection n'est point de ce monde, et ne saurait habiter ni l'église, ni l'école. Mais, quoi qu'on en dise, le rôle de ces deux hommes est considérable dans l'humanité, puisqu'ils sont les deux seuls intermédiaires entre la foule d'une part, et de l'autre la science ou la métaphysique. Nous avons vu combien il est à souhaiter que le prêtre, si ignorant aujourd'hui chez les nations catholiques, s'instruise, se crée à lui-même des raisons de subsister dans la société moderne : s'il reste trop en arrière du mouvement intellectuel, il disparaîtra, l'instituteur héritera de son influence. Après tout, il y a des apôtres de toute sorte, en blouse ou en redingote, comme sous l'étole ; il y en a dont le prosélytisme est fait de désintéressement mystique, d'autres d'un certain entendement pratique ; il y en a qui parcourent le monde, d'autres qui restent au coin du feu, et qui n'agissent pas moins pour cela. Ce qu'on peut affirmer, c'est que de tout temps les apôtres ont aimé à parler aux petits enfants encore plus qu'aux hommes. On peut remarquer aussi que le Vincent de Paul moderne a été un instituteur, Pestalozzi.

L'enseignement qui, dans les sociétés actuelles, se substitue par degrés à l'enseignement de toute religion déterminée, c'est celui de la morale. Le sentiment moral, nous le savons, est encore le plus pur du sentiment religieux moderne, et d'autre part les hypothèses métaphysiques sur le fondement ultime de la morale sont les dernières et les plus hautes hypothèses religieuses. Aux éléments de morale philosophique on a proposé de joindre, dans l'enseignement secondaire et même primaire, des notions sur l'histoire des religions[1]. Cette proposition, pour être acceptable, doit être réduite à de justes limites. Il ne faut pas se faire d'illusions : M. Vernes aurait tort de croire que le professeur et surtout l'instituteur pourront jamais, sans entrer en conflit avec le clergé, insister particulièrement sur l'histoire des Juifs, reprendre d'un point de vue vraiment scientifique les légendes qu'on a l'habitude de servir aux enfants sous le nom d'« Histoire sainte, » battre ainsi directement en brèche les fondements du christianisme. Pasteurs et curés ne le souffriraient pas et ils protesteraient, avec quelque raison d'ailleurs, au nom de la neutralité religieuse : la foi n'est pas pour eux moins certaine que la science et la foi ignorante de la plupart d'entre eux n'a encore été tempérée par aucune habitude de libre critique. Il faut donc considérer d'avance comme impossible tout enseignement vraiment historique qui *contredirait ouvertement* l'enseignement théologique. On ne peut et on ne doit ici donner de démenti à personne; seulement l'instruction peut fournir aux esprits un criterium de vérité et leur apprendre à s'en servir. Nous croyons donc que l'histoire des religions, si elle est jamais introduite dans l'enseignement, devra principalement porter sur *ce qui n'est pas l'histoire des Juifs;* elle devra fournir des renseignements très élémentaires sur la morale de Confucius, sur les idées morales et métaphysiques des religions indo-européennes, sur l'antique religion égyptienne, sur les mythes grecs, enfin sur toute cette atmosphère morale et religieuse qui baigne le christianisme et dont il s'est en quelque sorte nourri. Même aux élèves des écoles primaires il serait utile de faire connaître les noms de quelques grands sages de l'humanité,

---

[1]. M. Maurice Vernes (approuvé par Littré), et plus tard M. Paul Bert.

leurs figures historiques ou légendaires, les belles sentences morales qu'on leur attribue. Quel inconvénient pourrait-il y avoir à ce que de belles paroles de Confucius, de Zoroastre, de Bouddha, de Socrate, de Platon ou d'Aristote, traversant les âges, vinssent donner à nos générations quelque idée de ce qu'était la pensée humaine avant Jésus? On ne peut pas couper d'un seul coup l'arbre merveilleux aux antiques légendes, mais on peut, — ce qui aboutit au même résultat et est moins dangereux, — montrer d'où lui vient sa sève, et qu'il est fait comme tous les autres arbres de la forêt, et qu'il est plus jeune qu'eux, et que ses branches ne les dépassent pas toujours en hauteur.

Toute église n'a que deux moyens de propager ses dogmes chez les enfants; c'est d'abord le vieil argument de toute autorité paternelle ou ecclésiastique : cela est comme je le dis, puisque je le dis; c'est ensuite le témoignage des miracles. Les prêtres en sont encore là auprès des enfants et auprès des peuples. Ils perdent toute leur force si on les tire de ce cercle d'idées. Or, pour ébranler ces deux arguments, il suffit de montrer : 1° que d'autres hommes ont dit d'autres choses que l'église chrétienne, 2° qu'il y a eu d'autres miracles suscités par la volonté d'autres dieux, ou en d'autres termes qu'il n'y a eu aucun miracle constaté scientifiquement. Un certain nombre d'écoles françaises avaient été fondées en Kabylie et réussissaient; peu après, par degrés, elles furent abandonnées. En inspectant l'une d'elles, devenue déserte, on y retrouva les derniers devoirs des élèves : c'était une narration sur Frédégonde. C'est ainsi qu'on comprend l'histoire dans notre enseignement classique : — des faits, des faits souvent monstrueux et immoraux; non contents de les enseigner aux jeunes Français, nous allons les exporter jusqu'en Kabylie! D'idées, point. Mieux eût valu pourtant enseigner à l'enfant algérien ce que nous savons sur Mahomet et ses idées religieuses, sur Jésus et sur les autres prophètes dont Mahomet lui-même admettait l'inspiration divine. La moindre trace laissée dans son esprit encore sauvage par un enseignement vraiment rationnel eût été plus utile que la collection de faits absurde qu'on y a entassée. Au fond, même pour un enfant français, Mahomet ou Bouddha sont plus importants à connaître que Frédégonde : quoiqu'ils n'aient jamais vécu sur le sol français ou gaulois, ils agissent infiniment plus sur nous et nous sommes beaucoup plus solidaires d'eux que de Chilpéric ou de Lothaire.

La vraie place de l'histoire des religions est dans l'enseignement supérieur. Ce n'est pas assez de l'avoir introduite avec succès au Collège de France et de lui avoir fait récemment une petite part à l'École des hautes études. En remplaçant les facultés de théologie par des chaires de critique religieuse, nous ne ferions qu'imiter la Hollande [1]. On sait avec quel éclat M. Max Müller introduisit la science des religions à l'université d'Oxford. De même pour la Suisse. Lors de l'organisation de l'université de Genève, en 1873, il y a été créé, dans la Faculté des lettres, une chaire d'histoire des religions, bien que la même université comprenne une Faculté de théologie. En Allemagne enfin l'histoire indépendante des religions s'enseigne, notamment à l'université de Wurzbourg, sous le nom de *Symbolique comparée*. De même qu'un enseignement complet de la philosophie comprend les principes de la philosophie du droit et de la philosophie de l'histoire, il devra comprendre un jour aussi les principes de la philosophie des religions. Après tout, Bouddha et Jésus ont, même au pur point de vue philosophique, une importance beaucoup plus grande qu'Anaximandre ou Thalès [2].

---

[1]. On sait qu'il y a quelques années, en effet, le 1er octobre 1877, la Faculté de théologie des trois Universités de l'État, Leyde, Utrecht et Groningue, et de l'Université communale d'Amsterdam, était déclarée Faculté laïque, débarrassée de tous les liens avec les Églises, réduite à l'enseignement purement scientifique de la philosophie et de l'histoire religieuses, à l'exclusion des disciplines pratiques. (Voyez M. Steyn Parvé, *Organisation de l'instruction primaire, secondaire et supérieure dans le royaume des Pays-Bas*, Leyde, 1878, et M. Maurice Vernes, *Mélanges de critique religieuse*, page 305.)

Voici le programme de cette Faculté : 1° l'encyclopédie de la théologie ; 2° l'histoire des doctrines concernant la divinité ; 3° l'histoire des religions en général ; 4° l'histoire de la religion israélite ; 5° l'histoire du christianisme ; 6° la littérature des Israélites et la littérature chrétienne ancienne ; 7° l'exégèse de l'Ancien et du Nouveau Testament ; 8° l'histoire des dogmes de la religion chrétienne ; 9° la philosophie de la religion ; 10° la morale.

[2]. Comme le remarque M. Vernes, le personnel enseignant de l'histoire des religions pourra se former de la même manière et dans le même milieu que le personnel de la philosophie, de l'histoire et des lettres. Il faudrait lui donner à l'École normale, à la section philosophique de l'École des hautes études et aussi dans les diverses Facultés un cours préparatoire, un véritable cours *normal*. Dans ce cours, le professeur indiquerait les principes généraux de l'histoire des religions et se bornerait à des indications très sommaires sur les religions classiques (Grèce et Italie), dont l'éducation littéraire générale met l'étude à la portée des élèves ; il traiterait sans trop de détail des autres religions indo-européennes (Inde,

On a dit avec M. Laboulaye qu'un professeur d'histoire des religions devrait être à la fois archéologue, épigraphiste, numismate, linguiste, anthropologiste, versé dans les antiquités hindoues, phéniciennes, slaves, germaniques, celtes, étrusques, grecques et romaines, n'être enfin rien moins qu'un Pic de la Mirandole. Avec de tels arguments on pourrait montrer aussi qu'il est impossible d'enseigner dans les écoles et collèges l'histoire naturelle ou l'histoire politique de sept ou huit nations, peut-être même d'apprendre à lire aux enfants (l'art de lire est si difficile quand on veut le pousser jusqu'au bout !) L'historien des religions a-t-il donc besoin de posséder toutes les sciences historiques? Il n'a pas à découvrir des matériaux nouveaux, il a simplement à se servir de ceux que les philologues et les épigraphistes ont mis à sa disposition ; ces matériaux sont maintenant assez abondants et assez sûrs pour constituer le domaine d'un enseignement spécial. Il ne s'agit pas pour le maître d'approfondir tel ou tel coin particulier dans l'histoire générale des religions; il s'agit simplement de fournir, en une ou deux années, aux étudiants de nos universités une vue d'ensemble sur le développement des idées religieuses dans l'humanité. Le professeur rencontrera sans doute quelques difficultés à aborder les questions religieuses, à cause de la passion qui s'attache toujours à ce genre de problèmes, mais le même inconvénient se rencontre dans les autres cours qui touchent aux questions contemporaines; et ils y touchent presque tous. Le professeur d'histoire doit raconter les faits politiques contemporains, constater en France les changements successifs de la forme du gouvernement, etc. Le professeur de philosophie doit traiter les questions de théodicée de morale ; même dans la pure psychologie, il doit apprécier les théories matérialistes et déterministes. Il n'est pas jusqu'au simple professeur de rhétorique ou de seconde qui ne doive, à propos de la littérature, à propos de Voltaire, du dix-huitième et du dix-neuvième siècles, toucher à des questions souvent brûlantes. De même, le professeur des écoles de droit peut, en enseignant le Code, trouver cent façons de louer ou de blâmer, de faire la critique des lois de l'État.

Perse, etc.); des religions de l'Égypte, de l'Assyrie, de la Phénicie; de l'islamisme; enfin il consacrerait tout son effort à la critique du judaïsme et des origines du christianisme, à l'histoire des principaux dogmes chrétiens et de leur évolution.

A cause des périls de ce genre, qu'on rencontre pour ainsi dire à chaque pas dans l'enseignement, faut-il renoncer à parler aux élèves d'histoire, de philosophie, de droit ? Non, et nous ne croyons pas qu'on doive renoncer davantage à leur parler d'histoire religieuse. En tout ceci, il y a plutôt des questions de tact que de principes : au maître d'éviter toute digression hors du domaine de la pure science, de veiller à ce que ses constatations ne puissent jamais se transformer en appréciations favorables ou défavorables [1].

Cet impartial enseignement aurait pour but de rétablir chaque religion dans son cadre historique, de montrer comment elle est née, s'est développée, s'est opposée aux autres, de raconter sans nier. Introduire simplement la continuité historique dans la marche de la pensée religieuse, c'est un progrès considérable : ce qui est continu cesse d'être merveilleux ; le ruisseau qu'on voit grandir n'étonne pas : nos ancêtres adoraient surtout les grands fleuves, dont nul n'avait vu jaillir la source.

III. — L'ÉDUCATION DANS LA FAMILLE

On a souvent posé ce problème de conduite pratique : le père de famille doit-il avoir une religion, sinon pour lui-même, tout au moins pour ses enfants et sa femme ? Et si sa femme a une religion, doit-il se désintéresser de l'éducation de ses enfants pour l'abandonner à sa femme ?

---

[1]. Dans les bibliothèques des facultés trouveraient naturellement leur place les ouvrages de critique religieuse. A la bibliothèque pourrait s'adjoindre un musée plus ou moins riche, où les fétiches des sauvages commenceraient une galerie qui pourrait se continuer jusqu'à nos jours.

Pour la masse du public français, les résultats solides obtenus par la critique indépendante de la Bible sont une *terra incognita* ; il faudrait travailler à les vulgariser. L'entreprise de M. Lenormant, par exemple, pourrait servir d'exemple pour d'autres entreprises de ce genre. Afin de faire constater *de visu* comment le Pentateuque est formé par la combinaison et la fusion de deux sources antérieures, M. Lenormant a entrepris de publier une traduction sur l'hébreu, dans laquelle il distingue, par l'emploi de caractères typographiques différents, les morceaux où la critique reconnaît la provenance de l'une ou de l'autre source. Ainsi on a l'explication toute naturelle de la manière dont tous les épisodes de la Genèse se présentent répétés dans deux versions parallèles, quelquefois juxtaposées, d'autres fois enchevêtrées l'une dans l'autre.

Nous croyons que c'est un devoir pour le père de faire triompher dans la famille qui l'entoure les idées dont il est lui-même persuadé. Quelle que soit, dans le problème religieux, la solution à laquelle il est arrivé pour son propre compte, il ne doit s'efforcer de la cacher à personne, surtout à sa famille. Voudrait-il, d'ailleurs, tenir secrètes ses opinions, il ne le pourrait pas toute sa vie. Par cet essai dangereux de dissimulation, il ne ferait que créer le danger suivant : après avoir laissé, dans l'esprit de ses enfants, s'associer étroitement les préceptes moraux et les dogmes religieux, il risquerait, en ébranlant tôt ou tard les seconds, de faire douter des premiers. L'enfant est précisément l'être chez lequel il est le plus dangereux d'associer étroitement la religion et la morale. L'enfant est, de tous les êtres humains, le moins philosophe, le moins métaphysicien, le moins habitué aux idées scientifiques ; il est donc celui dont l'esprit est le moins difficile à fausser pour toujours, celui à qui il est le plus facile d'inculquer des notions fausses ou douteuses présentées comme certaines. En Chine, dans des conférences périodiques, certains mandarins développent ce thème devant les habitants notables : « Faites votre devoir de citoyen et défiez-vous des religions ; » c'est là précisément ce que le père de famille doit dire et redire à ses enfants. Un des principes de l'éducation est de *supposer* que l'enfant est raisonnable et de le traiter comme tel, précisément pour développer en lui la raison, sans hâter à l'excès ce développement. Ce qui manque à l'enfant, c'est beaucoup moins l'intensité de l'attention que sa durée. Très souvent parmi les gens de la campagne, et presque toujours parmi les races inférieures (comme chez les animaux), l'enfant est plus éveillé, plus curieux, plus agile d'esprit que l'homme fait ; seulement il faut saisir au vol ce petit esprit, fixer un moment l'oiseau qui passe. C'est la tâche de l'oiseleur, je veux dire de l'éducateur : il faut s'en prendre beaucoup plus souvent à lui qu'à l'enfant si ce dernier ne comprend pas, renonce à interroger, tombe dans l'inertie et la paresse d'esprit. L'éducation scientifique de l'enfant doit donc commencer avec sa première question : on lui doit la vérité, la vérité accessible à son intelligence. Du moment où, de lui-même, l'enfant pose une question, c'est qu'il est en état de comprendre *en partie* la réponse ; le devoir de celui qui est interrogé est alors de répondre dans la mesure où il juge l'enfant capable de le comprendre; s'il doit parfois laisser des lacunes, qu'il ne les remplisse jamais par un mensonge. Il est si facile de renvoyer l'enfant à plus tard, « quand il sera plus grand. » On ne doit pas craindre de développer la raison de l'enfant sous ses deux formes essentielles : l'instinct du *pourquoi* ou du *comment*, et l'instinct de la logique dans la *réponse au pourquoi* ou au *comment*. Il n'est point à redouter que l'enfant fasse usage de sa raison trop précoce pour se fatiguer le cerveau par des raisonnements abstraits : les Pascal se complaisant dès l'enfance aux théorèmes sont fort rares. Le danger n'est donc pas dans le développement prématuré de la raison, qu'il est d'ailleurs toujours facile de tempérer, mais dans celui de la sensibilité. Il ne faut pas qu'un enfant sente trop vivement. En le portant à des craintes folles, comme celle de l'enfer et du diable, ou à des visions béates et à des élans mystiques, comme ceux des petites filles lors de leur première communion, on lui fait plus de mal qu'en lui apprenant à raisonner juste, et, en lui donnant une certaine virilité d'esprit. Les races s'efféminent par un excès de sensibilité, jamais par un excès des facultés scientifiques et philosophiques.

On nous dira peut-être avec Rousseau que, s'il ne faut pas donner à l'enfant de préjugés religieux, le mieux serait d'attendre, pour lui fournir des notions raisonnées sur la religion, qu'il eût atteint son plein développement intellectuel. Nous répondrons que la chose est impossible dans notre société présente. Pendant le temps où le père s'abstient, l'esprit de l'enfant se laisse pénétrer et modeler par les préjugés qui l'entourent. Plus tard, pour délivrer l'esprit ainsi envahi par l'erreur, il faut provoquer une véritable crise, toujours douloureuse, dont l'enfant peut souffrir toute sa vie. Le grand art de l'éducation doit consister à éviter précisément les crises de ce genre dans la croissance intellectuelle. D'ailleurs le père qui remet de moment en moment à frapper un coup décisif, en vient un jour à s'épouvanter lui-même du mal qu'il sera forcé de faire à son enfant pour arracher l'erreur qu'il a laissée s'installer en lui.

M. Littré nous a raconté un cas de conscience de ce genre : après s'être volontairement abstenu dans l'éducation religieuse de sa fille jusqu'à ce qu'elle eût l'âge de raison, il la trouva à cet âge si sincèrement convaincue, si bien façonnée par la religion et pour la religion, qu'il recula devant un bouleversement de toute cette existence : tel un chirurgien dont la main paternelle tremblerait devant une opération à faire sur un corps que l'amour a rendu sacré pour lui ; tel un oculiste qui se demanderait si la lumière vaut certaines douleurs infligées à des yeux chéris. L'opérateur intellectuel n'a même pas la ressource du chloroforme pour endormir ceux qu'il délivre : c'est dans la pleine conscience, avivée encore par l'attention et la réflexion, qu'il doit déchirer leurs cœurs. Mieux vaut donc la médication abortive ou préventive que la médecine expectante, qui laisse se développer le mal pour le traiter ensuite. Le bon éducateur, comme le bon médecin, se reconnaît à ce qu'il sait éviter les opérations. C'est donc un mauvais calcul que de laisser l'enfant se bercer des légendes de la religion, vivantes encore autour de lui, sous prétexte qu'il s'en débarrassera quand il aura grandi. Oui, il s'en débarrassera, mais non sans regret ni sans effort ; assez souvent même cet effort donne un élan trop grand : on passe le but ; de trop de croyance, on arrive à l'indifférence sceptique, et on en souffre. La richesse en biens paradisiaques, c'est une richesse en assignats ; il est dur de le comprendre un jour, mieux vaut être toujours pauvre. On peut de bonne heure accoutumer l'enfant à l'idée de l'infini : il s'y fait comme il se fait à l'idée des antipodes, de l'absence de haut et de bas dans l'univers. La première pensée de celui à qui on révèle la sphéricité de la terre est une pensée de frayeur, l'inquiétude du vide, la crainte de s'abîmer dans l'espace ouvert. C'est la même crainte naïve qu'on retrouve encore souvent en approfondissant le sentiment religieux de certaines personnes. L'obstacle qu'on rencontre alors tient à des associations d'idées factices, qu'il dépend de l'éducation de former ou d'empêcher. Le poisson né dans son bocal de verre s'y accoutume, comme les anciens s'étaient accoutumés à la voûte de cristal qui fermait leurs cieux ; il serait dépaysé dans l'Océan. L'oiseau élevé en cage meurt le plus souvent si on le rend brusquement à la liberté. Il faut pour toute chose une période de transition, et la liberté des espaces intellectuels est comme celle des eaux ou des airs. L'humanité sans religion aura besoin d'une éducation sans religion, et cette éducation lui épargnera bien des souffrances par lesquelles passent ceux qui sont forcés de s'affranchir eux-mêmes, de briser de leurs mains leurs propres liens. Un fils de bûcheron n'éprouve aucun sentiment de frayeur dans la solitaire et obscure forêt où il est né, sous les perspectives infinies des grands dômes de feuillage ; un enfant de la ville qu'on y transporte s'y croit perdu et se met à pleurer. Cette forêt, c'est le monde de la science, avec ses dédales d'ombre, son étendue illimitée, avec les obstacles sans nombre qui barrent le passage et qu'on n'abat qu'un à un : celui qui y est né n'en a plus peur, il y vit heureux. Il faut se résoudre hardiment à être les fils des bûcherons.

De tous les problèmes d'éducation touchant la métaphysique religieuse, le plus intéressant, sans contredit, est le suivant : — Comment parler à l'enfant de la mort et de la destinée humaine? Faut-il, en traitant ces questions devant lui, employer une méthode rationnelle et vraiment philosophique? vaut-il mieux invoquer des dogmes? enfin, est-il indifférent de lui dire la première chose venue, la première légende naïve qui vient à l'esprit? — Ce problème a été posé dans la *Critique philosophique* par M. Louis Ménard, qui imaginait un enfant venant de perdre sa mère et posant à son père des interrogations. C'est là une façon ingénieuse, mais spécieuse de poser le problème. Lorsqu'un très jeune enfant perd sa mère, nous croyons que le premier devoir de son père est de le consoler et d'épargner à son organisme trop tendre des émotions trop fortes. Il y a là une question d'hygiène morale où la philosophie et la religion n'ont rien à voir, où l'âge et le tempérament sont la seule chose à considérer. La vérité n'a pas une égale valeur dans toutes les heures de la vie : on n'annonce pas brusquement à quelqu'un que sa femme vient de mourir ; encore moins le matérialiste le plus convaincu s'avisera-t-il d'affirmer à un enfant nerveux qu'il ne reverra plus jamais sa mère. D'ailleurs, le matérialiste en question aurait toujours tort d'émettre une affirmation si catégorique sur des choses où il ne peut y avoir que des probabilités : la façon de tromper la plus dangereuse est de présenter comme une certitude reconnue ce qui n'en est pas une. En tous cas, il est une forme subjective de l'immortalité, le souvenir; cette immortalité-là, nous pouvons la faire nous-mêmes, l'incruster pour ainsi dire dans l'esprit de l'enfant[1]. Le père ne doit pas cesser de parler de la mère

---

[1]. « Le souvenir, c'est l'affliction, sans doute, — pour l'homme bien plus que pour l'enfant, — mais c'est aussi la consolation. La culture du souvenir fournit de puissants moyens d'éducation morale pour tous les

morte à l'enfant orphelin. Il peut lui faire un souvenir de son propre et vivant souvenir. Que l'enfant se conduise bien ou mal, il peut lui dire : « Si ta mère était là! » Il l'habituera ainsi à trouver une récompense ou une peine dans l'approbation ou le blâme de la conscience maternelle reproduite en sa propre conscience [1].

Pour mieux poser le problème, supposons des circonstances un peu moins tragiques que celles où nous place M. Ménard, et demandons-nous comment, *en général*, il faut parler de la mort à l'enfant. Lorsque l'enfant commence à suivre un raisonnement un peu complexe, vers l'âge de dix à douze ans par exemple, j'avoue que je ne vois aucun inconvénient à répondre à ses questions comme on le ferait à celles d'une grande personne. A cet âge il ne croit plus aux fées, il n'a pas besoin de croire aux légendes, même à celles du christianisme : c'est le moment où l'esprit scientifique et philosophique se développe chez lui; il ne faut pas l'entraver, le fausser. Si son intelligence se porte vers les problèmes philosophiques, il faut s'en féliciter et tenir à son égard la même conduite que si elle se portait vers les problèmes historiques. J'ai vu un enfant très tourmenté de savoir si tel personnage historique était mort de sa mort naturelle ou avait été empoisonné; on lui répondit que la chose était douteuse, mais qu'il y avait probabilité de tel côté. Ainsi doit-on faire quand il s'agit de problèmes plus importants.

— Mais comment, dira-t-on, au sujet de l'au-delà, faire à l'enfant des réponses qu'il puisse comprendre? Le seul langage à sa portée n'est-il pas celui du christianisme, qui lui parle d'hommes enlevés au ciel, d'âmes bienheureuses siégeant parmi les anges et les séraphins, etc.? — Nous répondrons qu'en général on se fait une étrange idée de l'intelligence de l'enfant. On plie son esprit aux subtilités de grammaire les plus raffinées, aux subtilités de théologie les plus bizarres, et on craindrait de lui dire un mot de philosophie. Une petite fille de onze ans sut, à ma connaissance, répondre de la façon la plus ingénieuse à cette interrogation imprévue : « Quelle différence y a-t-il entre le parfait chrétien et un chrétien parfait? » Il est évident

---

âges, et pour les peuples comme pour les individus. Il est tout naturel que nous trouvions le culte des ancêtres à l'origine des sociétés. » Félix Henneguy, *Critique philosophique*, 8ᵉ année, t. II, page 218.

1. Voir *ibid.*

qu'elle n'eût pas éprouvé beaucoup plus de difficulté à résoudre un problème de métaphysique. Je me rappelle, pour mon compte, avoir suivi à l'âge de huit ans une discussion sur l'immortalité de l'âme; je donnai même intérieurement mon assentiment à celui qui soutenait la cause de l'immortalité. Notre système d'éducation est rempli de ces contradictions qui consistent, d'une part, à faire entrer mécaniquement dans l'esprit de l'enfant des choses qu'il ne peut comprendre, et, d'autre part, à écarter son intelligence des sujets qu'elle peut aborder. — « Mais, objectera M. Ménard, il ne faut pas que l'enfant puisse opposer la croyance de son père à celle de sa mère ou de sa grand'mère. » — Et quel inconvénient y a-t-il à cela? N'est-ce pas nécessairement ce qui arrive tous les jours? Sur toutes choses, il y a sans cesse au sein de la famille de petits désaccords, des discussions passagères, qui n'empêchent nullement la bonne harmonie; peut-il en être autrement quand il s'agit des questions les plus importantes et les plus incertaines? — Mais l'enfant perd ainsi le respect de ses parents. — Certes, il vaudrait beaucoup mieux pour lui perdre quelque chose de ce respect que de croire toujours ses parents sur parole, même quand ils se trompent. Par bonheur, le respect des parents n'est pas du tout la même chose que la croyance en leur infaillibilité. L'enfant fait de bonne heure usage de son libre examen; on peut lui apprendre à dégager la vérité des affirmations plus ou moins contradictoires en présence desquelles il se trouve : on peut éveiller son jugement, au lieu d'essayer de lui en donner un tout fait. L'essentiel est d'éviter de passionner son esprit, de le fanatiser. L'enfant a besoin de calme pour que ses facultés se développent en bonne harmonie; c'est une plante délicate qui ne doit pas être exposée trop vite aux coups de vent et à la tempête : il ne s'ensuit pas qu'on doive la tenir dans l'obscurité ou même dans la demi-lumière des légendes religieuses. Pour épargner à l'enfant le trouble de la passion et du fanatisme, le seul moyen est précisément de le placer en dehors de toute religion convenue, de l'habituer à examiner les choses froidement, philosophiquement, à prendre les problèmes pour ce qu'ils sont, c'est-à-dire pour de simples problèmes à solutions ambiguës [1]. Rien de mieux pour éveiller la spontanéité in-

---

1. Parmi les plus grandes causes de trouble pour l'enfant, signalons la suivante : son père est libre-penseur, sa mère catholique; il entend dire

tellectuelle de l'enfant que de lui dire : — Voilà ce que je crois, et voici les raisons pour lesquelles je le crois ; j'ai peut-être tort ; ta mère ou telle autre personne croit autre chose, et elle a aussi pour le croire certaines raisons, bonnes ou mauvaises. — L'enfant acquiert ainsi cette chose si rare, la tolérance. Le respect qu'il a pour ses parents s'attache aux doctrines diverses qu'il leur voit professer, et il apprend dès sa jeunesse que toute croyance sincère et raisonnée est au plus haut titre respectable. Je connais très intimement un enfant qui a été élevé d'après cette méthode, et il n'a jamais eu qu'à se louer de l'éducation qu'il a reçue. Ni sur la destinée humaine, ni sur la destinée du monde, on ne lui a jamais présenté aucune opinion qui ressemblât à un article de foi ; au lieu des certitudes de la religion, on ne lui a parlé que des possibilités, des probabilités de la métaphysique. Vers l'âge de treize ans et demi, le problème de la destinée se posa brusquement devant lui : la mort d'un vieux parent qui lui était bien cher le fit songer plus qu'on ne songe d'habitude à cet âge ; mais ses croyances philosophiques lui suffirent pleinement. Elles lui suffisent encore, quoiqu'il ait vu pour son propre compte, et à plusieurs reprises, la mort de très près. Je cite cet exemple comme une expérience humaine et personnelle qui a son importance dans la question.

En somme, comment parler de la mort à un enfant ? Je réponds hardiment : — Comme on en parlerait à une grande personne, sauf la différence du langage abstrait et du langage concret. Je suppose naturellement l'enfant déjà à demi-raisonnable, ayant plus de dix ans, capable de penser à autre chose qu'à sa toupie ou à sa poupée ; je crois qu'alors il faut déjà employer à son égard un langage viril, lui enseigner ce qui nous semble à nous-mêmes le plus probable sur ces terribles questions. Le libre-penseur qui penche vers les doctrines naturalistes dira à son fils ou à sa fille que, pour lui, la mort est sans doute une dispersion de l'être, un retour à la vie sourde de la nature, un

---

tous les jours à l'église que ceux qui ne pratiquent pas leurs devoirs religieux iront dans l'enfer : l'enfant fait donc ce raisonnement que, si son père meurt, il ne le verra plus, à moins d'aller en enfer avec lui, et encore, dans ce dernier cas, il ne reverrait plus sa mère. Une croyance pleine et entière dans l'anéantissement serait moins douloureuse et moins troublante que cette croyance dans la damnation éternelle. — Ajoutons que, sous ce rapport, beaucoup de pasteurs protestants, surtout en Angleterre et aux États-Unis, ne sont pas moins intolérants que les prêtres catholiques.

recommencement de la perpétuelle évolution; qu'il reste de nous le bien que nous avons fait, que nous vivons dans l'humanité par nos bonnes actions et nos grandes pensées; que l'immortalité est la fécondité de la vie. Le spiritualiste lui parlera de la distinction de l'âme et du corps, qui fait que la mort est une délivrance. Le panthéiste ou le moniste lui répétera la parole vieille de trois mille ans : *Tat twam asi*, Tu es cela, et l'enfant moderne se persuadera, comme le jeune brahmane, qu'il y a sous la surface des choses une unité mystérieuse dans laquelle l'individu peut rentrer et se fondre. Enfin le kantien tâchera de lui faire comprendre qu'il y a dans le devoir quelque chose d'antérieur et de supérieur à la vie présente : que prendre conscience du devoir, c'est prendre conscience de sa propre éternité. Chacun parlera ainsi à l'enfant selon ses opinions personnelles, en se gardant toutefois de prétendre que son opinion soit la vérité absolue. L'enfant, traité ainsi en homme, apprendra de bonne heure à *se faire* lui-même une croyance, sans la recevoir d'aucune religion traditionnelle, d'aucune doctrine immuable; il apprendra que la croyance vraiment sacrée est celle qui est vraiment raisonnée et réfléchie, vraiment personnelle; et si, par moments, lorsqu'il avance en âge, il ressent plus ou moins l'anxiété de l'inconnu, tant mieux : cette anxiété, où les sens n'ont point de part et où la pensée seule est en jeu, n'a rien de dangereux : l'enfant qui l'éprouve sera de l'étoffe dont on fait les philosophes et les sages.

CHAPITRE VI

LA RELIGION ET L'IRRÉLIGION CHEZ LA FEMME

Le *caractère de la femme* lui impose-t-il la *religiosité* et même la *superstition*. — Nature de l'*intelligence* féminine. Prédominance de l'imagination. Crédulité. Esprit conservateur. — Nature de la *sensibilité* féminine. Prédominance du sentiment. Tendance au *mysticisme*. — Le *sentiment moral*, chez la femme, n'a-t-il d'appui que dans la religion. — Influence de la religion et de l'irréligion sur la *pudeur* et sur l'*amour*. — Origine de la pudeur. — L'amour et la virginité perpétuelle. Paradoxes de M. Renan sur les vœux monastiques. — Comment les tendances naturelles de la femme peuvent être tournées au profit de la libre-pensée — Influence que peut exercer le mari sur la foi de sa femme. Exemple d'une conversion à la libre-pensée.

Parmi les libres-penseurs eux-mêmes, il en est qui croient la femme vouée par la nature de son esprit à la superstition et au mythe. L'incapacité philosophique de la femme est-elle mieux démontrée que celle de l'enfant, à qui on la compare si volontiers?

Nous n'avons pas à examiner si les facultés de la femme sont ou ne sont pas inférieures à celles de l'homme [1]. Nous

---

1. En règle générale, dit Darwin, l'homme va plus loin que la femme, qu'il s'agisse de méditation profonde, de raison ou d'imagination, ou tout simplement de l'usage des sens ou même des mains. D'après certaines statistiques, il paraît que le cerveau féminin moderne est resté presque stationnaire, tandis que le crâne de l'homme s'est développé dans de notables proportions. Le cerveau d'une parisienne n'est pas plus grand que celui d'une chinoise, et elle a sur celle-ci le désavantage de posséder un pied moins petit.

En admettant ces faits, on n'en peut pas inférer immédiatement une incapacité congénitale, car la manière dont les femmes ont été toujours traitées par l'homme et l'éducation qu'elles ont reçue ont dû laisser des résultats capables de devenir héréditaires. L'instruction des femmes a été de tout temps en retard sur celle des hommes, et leur esprit, peut-être naturellement moins scientifique, n'a jamais été développé par le contact direct avec

devons chercher seulement si, dans les limites de son étendue, l'esprit de la femme lui impose la religiosité et même la superstition. Ceux qui soutiennent que la femme est, en quelque sorte, condamnée à l'erreur, s'appuient sur les traits essentiels de son caractère ; examinons donc avec eux, d'abord la nature propre de son intelligence, puis celle de sa sensibilité. — Les femmes, dit-on d'abord, ont l'esprit moins abstrait que les hommes ; elles ont plus de goût pour tout ce qui frappe les sens et l'imagination, pour ce qui est beau, voyant, coloré : de là leur besoin de mythes, de symboles, de culte, de rites parlant aux yeux. — Nous répondrons que ce besoin n'a rien d'absolu : les femmes protestantes ne se contentent-elles pas d'un culte qui ne parle pas aux sens? D'autre part un esprit imaginatif n'est pas nécessairement un esprit superstitieux. La superstition est une affaire d'éducation, non de nature ; il y a une certaine maturité d'esprit à partir de laquelle on ne devient plus superstitieux. J'ai connu plusieurs femmes qui n'avaient pas une seule superstition et qui étaient incapables d'en acquérir ; rien sous ce rapport ne distinguait leur intelligence de l'intelligence virile : l'ordre des phénomènes, une fois bien saisi par l'esprit humain, y subsiste ensuite par sa propre force, sans secours étranger, le réel étant encore ce qu'il y a de plus solide.

Un second trait de l'intelligence féminine, que l'on a

---

le monde extérieur. En Orient et en Grèce, chez les peuples d'où nous vient notre civilisation, la femme (au moins celle de condition aisée et distinguée), fut précisément toujours réduite à un rôle subalterne, enfermée dans le gynécée ou soustraite à tout contact direct avec le monde réel. De là une sorte de tradition d'ignorance et d'abaissement intellectuel qui s'est propagée jusqu'à nous. Il n'y a rien de tel, aujourd'hui, qu'un cerveau de petite fille, élevée à l'ombre paternelle et maternelle, pour recueillir, sans en rien perdre, tout le résidu de la sottise bourgeoise, des préjugés naïfs et orgueilleux d'eux-mêmes, de l'ignorance s'étalant sans avoir conscience de soi, enfin des superstitions s'érigeant en règle de conduite. Mais changez l'éducation, et vous changerez en grande partie ces résultats. D'après la théorie même de Darwin, ce que l'hérédité et l'éducation ont fait, elles peuvent aussi le défaire à la longue. Quand même il resterait des différences générales d'intelligence en faveur du sexe masculin, et que la femme demeurât, comme le lui reproche Darwin, incapable de pousser l'*invention* aussi loin que l'homme, il n'en résulterait pas qu'on dût remplir l'intelligence et le cœur de la femme avec des idées et des sentiments d'un autre ordre que ceux de l'homme. Autre chose est d'inventer et d'agrandir le domaine de la science, autre chose est de s'assimiler des connaissances déjà acquises; autre chose est d'élargir l'horizon intellectuel, autre chose est d'adapter, dès sa naissance, ses yeux et son cœur à cet horizon déjà ouvert.

mis en avant, c'est sa crédulité, qui se prête si facilement à la foi religieuse. — La femme est plus *crédule* que l'homme, entendons-nous : elle a une certaine confiance dans l'autre sexe, plus fort et plus expérimenté ; elle ajoutera foi volontiers à ce que lui affirment des hommes graves qu'elle est habituée à vénérer, comme les prêtres. Sa crédulité est faite ainsi en grande partie de ce besoin naturel qu'elle a de s'appuyer sur l'homme. Supposez une religion construite et servie uniquement par des femmes, elle serait regardée avec beaucoup plus de défiance par le même sexe. Le jour où les hommes ne croiront pas, la crédulité de la femme même, surtout de la femme médiocre habituée à juger par les yeux et l'intelligence d'autrui, sera bien compromise. Je demandais à une domestique qui était restée trente ans dans la même maison quelles étaient ses croyances : — celles de mon maître, répondit-elle ; — son maître était athée. On posait la même interrogation à la femme d'un membre de l'Institut ; elle répondit : — j'étais catholique en me mariant, j'ai bientôt pu apprécier la supériorité d'esprit de mon mari et j'ai vu qu'il ne croyait pas à la religion, j'ai cessé moi-même entièrement d'y croire.

Un troisième trait du caractère féminin, c'est son esprit conservateur, qui se repose dans la tradition et est moins propre à l'initiative. Le respect du pouvoir et de l'autorité, dit Spencer, prédomine chez la femme, influençant ses idées et ses sentiments à l'égard de toutes les institutions. « Cela tend à fortifier les gouvernements politiques et ecclésiastiques. » Pour la même raison, la foi à tout ce qui se présente entouré d'un appareil imposant est particulièrement grande chez les femmes. « Le doute, la critique, la mise en question de ce qui est établi sont rares chez elles. » — Il est certain que la femme a un esprit plus conservateur que l'homme, soit en religion, soit en politique : on l'a constaté en Angleterre, où les femmes votent pour les questions municipales. C'est, selon nous, que le rôle de la femme ici-bas est précisément de conserver : d'abord, une fois jeune fille, se garder elle-même comme un trésor, être toujours en défiance contre je ne sais quoi qu'elle ne définit pas bien ; puis, une fois femme, garder l'enfant, la maison, le mari ; toujours conserver, retenir, défendre, toujours refermer ses bras sur quelque chose ou sur quelqu'un. Faut-il s'en plaindre ? N'est-ce pas à cet instinct que nous devons de vivre, et si la différence des sexes ou des fonctions afférentes au sexe entraîne des différences graves de caractère, faut-il voir là une incapacité religieuse ou civile sans remède? Non, l'esprit conservateur peut s'appliquer à la vérité comme à l'erreur : tout dépend de ce qu'on lui donne à conserver. Si on instruit la femme dans des idées plus philosophiques et plus scientifiques, sa force de conservation servira en bien et non en mal.

Un dernier trait de l'esprit féminin, très voisin du précédent, c'est que la femme, par sa nature d'esprit plus minutieuse et plus craintive, plus propre à saisir les détails particuliers que les ensembles et les idées générales, est toujours plus portée vers l'interprétation étroite et littérale : si elle entre dans une administration, par exemple, elle y appliquera le moindre règlement à la lettre, avec une conscience exagérée et pleine d'angoisses naïves. On en conclut qu'un tel tempérament a toujours été et sera toujours propre au maintien des religions littérales ou des pratiques superstitieuses. — Selon nous, cet esprit de minutie et de scrupule si fréquent chez la femme, pourra devenir tout au contraire un facteur important d'incrédulité lorsque la femme sera assez instruite pour prendre sur le fait les innombrables contradictions et ambiguïtés des textes. Le *scrupule* éclairé est plutôt encore un instrument de doute que de foi.

Nous ne voyons donc pas jusqu'à présent que les différences d'esprit, natives ou acquises, suffisent pour faire des femmes une sorte de caste vouée à la religion et aux mythes, tandis que les hommes pourraient s'en passer.

Examinons maintenant les raisons plus profondes tirées de la nature des sentiments chez la femme. — En général, dit-on d'abord, c'est le sentiment et non la raison qui domine chez la femme. Elle répond plus volontiers aux appels faits au nom des sentiments de pitié ou de charité, qu'à ceux faits au nom des idées d'équité. — Mais est-ce que le *sentiment* est l'apanage des religions? Parmi les hommes eux-mêmes, n'y a-t-il pas des hommes de sentiment et des hommes de pensée? Faut-il pour cela condamner les premiers à l'erreur tandis que les autres vivront de vérité?

On insiste et on dit que le sentiment, chez la femme, tend naturellement au mysticisme. Chez les Grecs, dit Spencer, les femmes étaient plus accessibles que les hommes à l'excitation religieuse[1]. — On peut répondre que les plus grands mystiques, après tout, n'ont point été des femmes : les sainte Thérèse sont beaucoup moins nombreuses que les Plotin (qui a le premier donné au mot ἔκστασις son sens actuel), les Porphyre, les Jamblique, les Denys l'Aréopagite, les saint Bonaventure, les Gerson, les Richard de Saint-Victor, les Eckart, les Tauler, les Swedenborg. La mysticité se développe en proportion du rétrécissement de l'activité. C'est une des raisons pour lesquelles la vie de la femme, moins active que celle de l'homme, donne plus de part aux élans mystiques et aux exercices de piété. Mais l'action guérit de la contemplation, surtout de la contemplation vide et vaine, à laquelle peuvent seuls se plaire les esprits moyens et ignorants. Aussi la religiosité féminine diminuera-t-elle dans la proportion où l'on ouvrira pour son esprit un champ plus vaste d'activité, en lui donnant une instruction intellectuelle et esthétique, en l'intéressant à toutes les questions humaines et à toutes les réalités de ce monde. On est allé jusqu'à vouloir rendre la vie politique accessible à la femme, pour lui restituer des droits qui lui ont été déniés jusqu'alors. M. Secrétan a soutenu récemment cette cause, déjà défendue par Stuart Mill. Ce serait là aujourd'hui placer directement toutes les affaires politiques dans la main du prêtre, qui, lui-même, tient la femme. Mais lorsque se produira par degré l'émancipation religieuse de la femme, il est possible qu'une certaine émancipation politique en soit la conséquence. En tous cas, son émancipation civile n'est qu'une affaire de temps. L'accession de la femme au droit civil commun est une conséquence nécessaire des idées démocratiques. Lorsqu'elle sera forcée ainsi de s'occuper plus activement des affaires de ce monde, cet emploi nouveau de son activité la protégera de plus en plus contre les ten-

---

1. Sir Rutherford Alcock nous dit aussi qu'au Japon « il est fort rare de voir dans les temples d'autres fidèles que des femmes et des enfants; les hommes qu'on y rencontre, toujours extrêmement peu nombreux, appartiennent aux basses classes. » On a compté que « les 5/6 au moins, et souvent les 9/10 » des pèlerins qui se rendent au temple de Jaggernaut, sont des femmes. On raconte aussi que chez les Sikhs, les femmes croient à plus de dieux que les hommes. Tous ces exemples empruntés à des races et à des époques différentes, montrent suffisamment, selon Spencer, que, lorsque nous retrouvons un fait analogue dans les pays catholiques et même, dans une certaine mesure, en Angleterre, il ne faut pas l'attribuer uniquement à l'éducation des femmes : « la cause est plus au fond, dans la nature. » (V. Spencer, *la Science sociale*, p. 408).

dances mystiques. Si une action lui est accordée sur la société, elle l'exercera sans doute dans le sens de la philanthropie ; or, la pitié sociale est un des plus puissants dérivatifs de la mysticité. Même parmi les ordres religieux, on remarquera combien ceux qui ont la philantropie pour but suscitent, chez leurs membres, une dévotion moins exaltée que ceux qui s'en tiennent à la contemplation stérile des cloîtres.

Si le sentiment mystique n'est point vraiment une chose plus essentielle à la femme qu'à l'homme, peut-on soutenir du moins que le sentiment moral, chez elle, ne trouve son appui que dans la religion? La femme a-t-elle une force morale moindre que l'homme et est-ce surtout dans des idées religieuses qu'elle puise cette force dont elle a besoin pour elle et pour autrui ? — Une mesure assez exacte de la force intérieure, c'est la résistance à la douleur physique ou morale ; or la femme montre, dans la maternité avec toutes ses conséquences, dans la grossesse, dans l'enfantement, dans l'allaitement accompagné de veilles et de soins continuels, une résistance à la douleur physique peut-être plus grande que celle de l'homme moyen. De même pour la résistance à la douleur morale. Bien des tristesses peuvent accompagner le point égal d'une aiguille de femme, mais le grand facteur de la force morale chez la femme, c'est l'amour et la pitié. En agrandissant la sphère de son intelligence, on ne pourra qu'élargir le champ où s'exerce déjà cette faculté d'aimer et d'alléger tout, qui est développée chez elle à un si haut point. Le véritable remède à toute souffrance est d'augmenter l'activité de l'esprit, ce qu'on fait en augmentant l'instruction. Agir empêche toujours de souffrir. De là la puissance de la charité pour calmer la souffrance personnelle, qui a toujours une couleur un peu égoïste. Le meilleur moyen de se consoler soi-même, pour la femme comme pour l'homme, ce sera toujours de soulager autrui : l'espérance renait dans le cœur qui la donne aux autres. Les douleurs s'adoucissent lorsqu'elles deviennent fécondes en bienfaits, car toute fécondité est un apaisement.

Enfin, par compensation, il y a d'autres points sur lesquels la femme souffrirait peut-être moins que l'homme de la disparition des croyances religieuses. De l'homme et de la femme, c'est celle-ci qui vit le plus dans le présent : elle a de la nature de l'oiseau qui secoue son aile et oublie la tempête au moment où elle vient de passer. La femme rit aussi facilement qu'elle pleure, et son rire a bientôt séché ses larmes : sa grâce est faite pour une part de cette divine légèreté. De plus elle a son nid, son foyer, toutes les préoccupations pratiques et tendres de la vie, qui l'absorbent plus entièrement que l'homme, qui la prennent plus au cœur. Le bonheur d'une femme peut être complet lorsqu'elle se croit belle et se sent aimée ; le bonheur d'un homme est chose beaucoup plus complexe et où entrent bien plus d'éléments intellectuels. La femme revit plus que l'homme dans sa génération : elle se sent, dès cette vie, immortelle dans les siens.

Parmi les sentiments très développés chez la femme, il y en a deux qui sont pour elle deux grands motifs de retenue : la pudeur, cette dignité de son sexe, et l'amour, qui est exclusif lorsqu'il est véritable. En dehors de ces deux puissantes causes, les motifs et mobiles religieux auraient toujours été peu de chose pour elle. Si la religion agit sur la femme, c'est en prenant pour leviers ces mêmes motifs : le plus sûr moyen d'être écouté de la femme, et presque le seul, ce sera toujours d'éveiller son amour ou de parler à sa pudeur, parce que se donner ou se refuser sont les deux plus grands actes qui dominent sa vie de femme. Aussi l'immoralité, chez elle, augmente-t-elle généralement en raison directe de la diminution de la pudeur. De là un nouveau et délicat problème : la pudeur, cette force et cette grâce tout ensemble, la pudeur, qui semble faite de mystère, n'est-elle point une vertu plutôt religieuse que morale ? ne risque-t-elle point, comme on l'a soutenu, de disparaître avec la religion, de s'affaiblir par une éducation de plus en plus scientifique et, en un certain sens, positive ? — Remarquons-le d'abord, si le point central de toute vertu chez la femme est la pudeur comme chez l'homme le courage, c'est une raison de plus pour éviter d'attacher la pudeur à la religion, pour ne pas laisser l'une s'altérer aux doutes qui nécessairement, dans notre société moderne, viendront tôt ou tard atteindre l'autre. Certes, la pudeur peut être une merveilleuse sauvegarde pour les croyances et même pour les croyances irrationnelles : elle empêche toujours de pousser le raisonnement, comme le désir, jusqu'au bout. Mais il y a une pudeur vraie et une fausse, une pudeur utile et une nuisible. La première, nous allons le voir, n'est réellement liée au sentiment religieux ni dans son origine, ni dans sa destinée.

D'abord, quelle est l'origine de la pudeur ? Il y a chez la jeune fille le sentiment vague qu'elle dispose d'un certain trésor, convoité souvent par plusieurs. Ce sentiment, qui se confond avec une conscience obscure de la sexualité, était nécessaire à la femme pour arriver, sans se donner, jusqu'au complet développement de son organisme. L'impudeur précoce ne peut guère, en effet, ne pas être accompagnée de quelque arrêt dans la croissance. Elle produirait facilement aussi une infécondité relative. La pudeur est ainsi une garantie pour l'espèce, un de ces sentiments que la sélection naturelle a dû conserver et accroître. Elle est en outre une condition de la sélection sexuelle : si la femme se donnait sans discernement à tous, l'espèce en souffrirait. Heureusement le désir rencontre chez elle cet obstacle, la pudeur, et il ne peut la vaincre qu'à condition d'être attiré fortement par quelque qualité notable dans l'objet désiré, qualité qui sera ensuite transmissible à l'espèce. Au point de vue de la sélection sexuelle, il y a aussi beaucoup de coquetterie dans la pudeur, une coquetterie oublieuse de son but, inconsciente, et qui prend parfois pour un devoir ce qui n'est qu'un manège. La coquetterie, cet art des refus provisoires et des fuites qui attirent, n'a pas pu ne pas se développer à un haut point chez les êtres supérieurs, car elle est un puissant moyen de séduction et de sélection. La pudeur s'est développée de même et n'est encore parfois qu'un moment fugitif dans l'éternelle coquetterie féminine. La coquetterie naît la première chez la jeune fille, trop ignorante pour être vraiment pudique, mais trop femme pour ne pas aimer déjà à attirer en se retirant; d'autre part elle reste la dernière pudeur des femmes qui n'en ont plus. Enfin, la pudeur est aussi composée pour une notable partie d'un sentiment de crainte fort utile à la conservation de la race. Chez les espèces animales, la femelle a toujours été quelque peu en danger auprès du mâle généralement plus fort : l'amour était non seulement une crise, mais un risque; il fallait donc adoucir l'amoureux avant de se livrer à lui, le séduire avant de le satisfaire. Même dans la race humaine, aux temps primitifs, la femme n'avait pas toujours lieu d'être rassurée près de l'homme. La pudeur est une sorte d'amour expectant, nécessaire dans l'état de guerre primitif, une épreuve, une période d'étude mutuelle. Lucrèce a remarqué que les enfants avaient contribué, par leur faiblesse même et leur fragilité, à l'adoucissement des mœurs humaines; la même remarque s'applique aux femmes, à ce sentiment de leur propre fragilité qu'elles éprouvent à un si haut degré dans la pudeur et qu'elles ont pu en partie communiquer à l'homme. Les frissons et les craintes de la femme ont fait la main de l'homme moins dure; sa pudeur s'est transformée chez lui en un certain respect, en un désir moins brutal et plus attendri : elle a civilisé l'amour. La pudeur est très analogue à cette crainte qui porte l'oiseau à fuir même les caresses, qui sont pour lui un froissement. Le regard même a quelque chose de dur et d'inquiétant comme la main; n'est-il pas un prolongement du toucher? Outre ces divers éléments, il y a dans la pudeur de la jeune fille ou de l'adolescent un sentiment plus élevé et plus proprement humain : la crainte de l'amour même, la crainte de ce quelque chose de nouveau et d'inconnu, la crainte de cet instinct si profond et si puissant qui s'éveille et parle en vous à un moment de votre existence après s'être tu jusqu'alors, qui entre brusquement en lutte avec toutes les autres forces de l'être, apporte la guerre en vous. L'adolescent, n'étant pas habitué à subir la domination de cet instinct, croit y sentir quelque chose de plus étranger et de plus mystérieux que dans tous les autres : c'est l'interrogation anxieuse de Chérubin [1].

En somme, le sentiment de la pudeur n'a pas son origine et son vrai point d'appui dans la religion; il n'y est lié que très indirectement. Même au point de vue de la pudeur, l'éducation religieuse n'est pas sans reproche. Chez les protestants, la lecture de la Bible est-elle toujours une bonne école? M. Bruston fait ressortir l'utilité de la lecture du *Cantique des Cantiques*, à une époque comme la nôtre, où les mariages se font souvent par intérêt plutôt que par inclination! Nous croyons en effet la lecture du *Cantique* propre à développer les inclinations chez les jeunes filles, mais sera-ce bien l'inclination au mariage

---

[1]. On considère d'habitude la pudeur comme constituée essentiellement par la honte; mais la honte n'a dû être qu'un des éléments de sa formation. Cette honte s'explique très bien par le sentiment de souillure qu'apportent certaines fonctions, surtout chez la femme, dont les hébreux exigeaient la purification périodique. Le vêtement une fois admis dans les mœurs, d'abord sous forme de simple ceinture, a envahi peu à peu tout le corps (même le visage chez les Orientaux). Il a progressivement développé la pudeur : en effet la pudeur et le vêtement réagissent l'un sur l'autre. L'habitude d'être couvert éveille très rapidement la honte d'être découvert. De petites négresses recueillies par Livingstone reçurent des chemises : peu de jours après s'être habituées à ce vêtement nouveau qui leur cachait le haut du corps, si on les surprenait le matin dans leur chambre, elles se couvraient prestement la poitrine.

réglementé et compliqué que leur conseille l'Église? Chez les catholiques, que de questions indiscrètes le confesseur fait à la jeune fille! Que de défenses dangereuses comme des suggestions! Au reste, même en fait de pudeur, l'excès est un défaut : un peu de liberté bien entendue dans l'éducation ou dans les mœurs ne serait point un mal. L'éducation catholique peut finir par fausser l'esprit de la femme en l'élevant trop à l'écart de l'homme, en l'habituant à être toujours intimidée et troublée par celui avec lequel elle doit passer son existence, en rendant sa pudeur trop indéterminée et trop farouche, en en faisant une sorte de religion.

Il se manifeste aussi parfois une déviation de la pudeur dans les tendances mystiques de la femme, plus fortes surtout à l'âge de la puberté. Ces tendances, exploitées par le prêtre, deviennent l'origine des couvents et des cloîtres. L'éducation catholique de la jeune fille est trop souvent une sorte de mutilation morale; on cherche à faire des vierges et on risque de faire de sottes femmes. Les religions ont trop de tendance à considérer l'union des sexes sous je ne sais quel aspect mystique et, au point de vue moral, comme une maculation. Oui, certes, la pureté est une force : c'est avec une petite pointe de diamant qu'on perce aujourd'hui les montagnes et les continents mêmes; mais le christianisme a trop confondu la chasteté avec la pureté. La vraie pureté est celle de l'amour. On peut dire que la chasteté véritable est dans le cœur, qu'elle survit à celle du corps, qu'elle cesse au contraire là où elle devient impuissance, restriction, obstacle au libre développement de l'être entier : un eunuque ou un séminariste peut n'avoir rien de chaste; le sourire d'une fiancée à son amant peut être infiniment plus virginal que celui d'une nonne. Rien d'ailleurs ne souille l'esprit comme une préoccupation trop exclusive, trop perpétuelle des choses du corps; l'attention attirée sans cesse de ce côté évoque nécessairement des images impudiques. Saint Jérôme, dans le désert, croyant, comme il le raconte, voir danser nues au clair de lune les courtisanes romaines, avait au fond le cœur et le cerveau moins purs que Socrate rendant sans façon visite à Théodora. La pudeur trop consciente devient nécessairement impudique. La virginité tire toute sa grâce d'une ignorance; lorsqu'elle devient assez savante pour se connaître elle-même, elle se flétrit : le printemps passé, on ne conserve les vierges, comme certains fruits, qu'en les desséchant. Deux choses transforment l'univers en y apparaissant, l'amour et le soleil. La pudeur est simplement une armure, qui suppose encore un état de guerre entre les sexes et a pour but d'empêcher la promiscuité aveugle; l'abandon mutuel de l'amour est plus chaste que l'inquiétude pudibonde et le soupçon impudique. Il s'établit entre deux amants une sorte de confiance qui fait qu'ils ne veulent, qu'ils ne peuvent rien retenir d'eux : la contrainte sur soi, le sentiment de défiance à l'égard d'un étranger, la conscience de l'état de lutte, tout cela disparaît. C'est assurément l'union la plus parfaite qui puisse exister ici-bas, et si, d'après la croyance platonicienne, le corps, la matière est ce qui divise les esprits, on peut dire, malgré l'apparence de paradoxe, que l'amour est l'état où le corps se fait moins opaque entre les âmes, se resserre et s'efface. Le mariage même conserve encore à la femme une sorte de virginité morale : sur le doigt jauni des vieux mariés, on reconnaît la petite place blanche occupée depuis trente ans par l'anneau des fiançailles, et qui est restée seule à l'abri des flétrissures de la vie.

La pudeur est un sentiment qui s'est perpétué, nous l'avons vu, parce qu'il était utile à la propagation de l'espèce; la mysticité le détourne et le corrompt en le faisant servir précisément contre la propagation de l'espèce. Entre une carmélite et une courtisane, une Ninon de Lenclos par exemple, le sociologiste peut parfois hésiter : au point de vue social elles sont toutes deux à peu près aussi inutiles, leur vie est aussi misérable et vaine; les macérations excessives de l'une sont folles comme les plaisirs de l'autre; le desséchement moral de l'une n'est pas parfois sans quelque rapport avec la corruption de l'autre. Les vœux ou les habitudes de chasteté perpétuelle, la vie monastique même ont pourtant trouvé de nos jours un défenseur inattendu dans M. Renan. Il se place, il est vrai, à un point de vue tout différent du christianisme. S'il exalte la chasteté perpétuelle, c'est au nom d'inductions purement physiologiques : il la considère comme un simple moyen d'accroître la production intellectuelle et la capacité du cerveau. Il ne blâme pas absolument l'impureté; il jouit intérieurement, comme il le dit lui-même, des joies du débauché, des ardeurs de la courtisane; il a la curiosité infinie, la parfaite impudeur du savant. N'importe, il croit voir une sorte d'antinomie entre le plein développement intellectuel et la fécondité de l'amour : le vrai savant doit concentrer toute sa force au cerveau, n'aimer que des abstractions ou des formes chimériques : par ce transport de toutes les puissances vitales vers la tête, son intelligence acquerra l'épanouissement des fleurs doubles, dont la beauté monstrueuse, produite par la transformation des étamines en pétales, est faite d'infécondité. L'amour est un impôt assez lourd payé aux vanités de ce monde, et la femme, dans le budget humain, représente presque exclusivement la dépense. Aussi la science, économe du temps et de la force, doit-elle aspirer à se débarrasser de la femme et de l'amour, laisser cette inutilité aux oisifs, aux inutiles. — Ces paradoxes de M. Renan ont leur origine dans un fait scientifique bien connu : c'est que les espèces les plus intelligentes sont aussi dans la nature celles qui pullulent le moins ; la fécondité est généralement en raison inverse de la dépense cérébrale. Mais il ne faut vraiment pas confondre l'amour avec le pullulement des races, sans quoi un humoriste pourrait tirer cette conséquence étrange que, parmi les espèces animales, les lapins sont ceux qui connaissent le mieux l'amour, et que, parmi les hommes, les Français sont ceux qui le connaissent le moins. De ce qu'un trop grand gaspillage de la force génésique paralyse l'intelligence, il ne s'ensuit pas du tout que le sentiment de l'amour ait le même effet et qu'on se diminue intellectuellement par l'élargissement du cœur.

Nous croyons qu'on peut réhabiliter l'amour au point de vue intellectuel comme au point de vue moral. S'il constitue à certains égards une dépense de force, il accroît tellement sous d'autres rapports toute l'énergie vitale, qu'il faut le regarder comme une de ces dépenses fructueuses inséparables de la circulation même de la vie. Vivre, après tout, dans le sens physique comme dans le sens moral, ce n'est pas seulement recevoir, c'est donner et surtout se donner, c'est aimer ; il est difficile de fausser sa vie dans sa direction la plus primitive sans fausser aussi son cœur et son intelligence. L'amour est par excellence un excitant de tout notre être et de notre cerveau même ; il nous prend et nous tend tout entiers, il nous fait vibrer comme une harpe, donner toute notre musique intérieure. On ne peut pas remplacer ce stimulant suprême par du café ou du haschich. La femme n'a pas seulement le pouvoir de nous compléter nous-mêmes, de former par le mélange de son existence avec la nôtre un être plus entier, plus total, pouvant offrir un raccourci achevé de toute vie ; elle est capable aussi, par sa simple présence, par un sourire, de doubler nos forces individuelles, de les porter au plus haut point qu'elles puissent atteindre : toute notre virilité est appuyée sur sa grâce. Quelle est la puissance de tous les autres mobiles qui peuvent pousser l'homme en avant : amour de la réputation, de la gloire, amour même de Dieu, comparés à l'amour de la femme, lorsque celle-ci comprend son rôle ? Même la passion la plus abstraite, la passion de la science a souvent besoin, pour acquérir toute sa force, de se mêler par une de ces combinaisons si étranges et si fréquentes à quelque amour féminin, qui réussit à faire sourire les graves alambics et met la gaieté de l'espoir dans l'inconnu des creusets. Rien n'est simple dans notre être, tout s'amalgame et se confond. Ceux qui ont inventé le moine ont eu la prétention de simplifier l'être humain, ils n'ont réussi qu'à le compliquer bizarrement ou à le mutiler.

L'amour ne joue pas seulement, à l'égard du savant même et du penseur, le rôle de stimulant. Outre qu'il excite chez de tels hommes le travail cérébral, il peut contribuer indirectement à le rectifier. Celui qui aime vit dans la réalité : c'est un grand avantage pour penser juste. Afin de bien comprendre le monde où nous sommes, il ne faut pas commencer par se transporter au dehors, par se construire un monde à soi, un monde froid et mesquin, capable de tenir dans la cellule d'un couvent. Qui veut faire l'ange fait la bête, disait Pascal ; non seulement il fait la bête, mais il s'abêtit dans une certaine mesure, il ôte de la précision et de la vivacité à son intelligence. Amoindrir le cœur, c'est toujours amoindrir la pensée. Celui qui pourrait connaître dans tous ses détails l'histoire des grands esprits serait bien étonné de découvrir quelque trace de l'amour jusque dans la hardiesse et l'élan des grandes hypothèses métaphysiques ou cosmologiques, jusque dans l'intuition pénétrante des vues d'ensemble, jusque dans la chaleur passionnée des démonstrations. Où l'amour ne va-t-il pas se nicher ? Comme il fait les recherches plus hardies dans le domaine de la pensée, il les fait aussi plus douces, plus légères, il porte toujours avec lui la confiance ; il a foi en lui-même, dans les autres, dans le mystérieux et muet univers. Il donne aussi cet attendrissement du cœur qui fait qu'on prend intérêt aux moindres choses, aux plus petits faits, et qu'on en découvre la place dans le Tout. Il y a beaucoup de bonté au cœur du vrai savant.

Puis, d'ailleurs, qu'est-ce que la science sans l'art? On a trouvé depuis longtemps les rapports les plus intimes entre les facultés du savant et celles de l'artiste[1]. Or l'art pourrait-il subsister sans l'amour? Ici l'amour devient la trame même de la pensée. Qu'est-ce que composer des vers ou de la musique, peindre ou sculpter, si ce n'est penser l'amour de différentes manières et sous ses diverses formes? Quoi qu'en puissent dire les défenseurs plus ou moins convaincus de l'esprit monastique et de la religiosité mystique, l'amour, vieux comme le monde, n'est pas prêt de le quitter; et c'est encore dans les plus grands cœurs doublés des plus hautes intelligences qu'il éclatera toujours le plus sûrement. « Faiblesse humaine », dira-t-on; non, mais ressort et force. Si l'amour est la science de l'ignorant, il ne sera jamais étranger à la science du savant : Éros, de tous les dieux, est celui dont Prométhée peut le moins se passer, car c'est de lui qu'il tient la flamme. Ce dieu éternel survivra, dans tous les cœurs et surtout dans le cœur de la femme, à toutes les religions.

Nous pouvons conclure de ce qui précède que les tendances caractéristiques de la femme peuvent être tournées au profit de la vérité, de la science, de la libre-pensée, de la fraternité sociale. Tout dépendra d'ailleurs de l'éducation qui lui sera donnée, puis de l'influence que l'homme qu'elle aura choisi pour époux saura prendre sur elle. Il faut agir sur la femme dès l'enfance. La vie d'une femme a plus d'ordre et de continuité que celle d'un homme; à cause de cela la force des habitudes d'enfance est plus grande. La vie féminine ne présente qu'une seule grande révolution, le mariage. Il est même des femmes pour qui cette révolution n'existe pas; il en est d'autres pour lesquelles elle est beaucoup atténuée (si par exemple le mari a la même façon de vivre, les mêmes croyances que le père et la mère). Dans un milieu tranquille comme la plupart des existences féminines, l'influence de l'éducation première peut donc se propager sans obstacle : on peut retrouver en elles sans grande altération, après des années, le petit nombre d'idées religieuses ou philosophiques qu'on y a mises. Le foyer est un abri, une sorte de serre chaude où croissent des plantes parfois impropres au grand air. La vitre et le rideau de mousseline derrière

---

1. Voir nos *Problèmes de l'esthétique contemporaine*, livre II.

lesquels la femme se place habituellement pour regarder dans la rue ne la protègent pas seulement contre la lumière ou la pluie : son âme comme son teint garde toujours quelque chose de la blancheur native.

La plupart du temps, en France, la femme qui se marie est encore une enfant ; c'est de plus une enfant portée à un certain respect craintif pour l'homme auquel la volonté de ses parents ou la sienne vient de la joindre. Aussi, dans les premiers temps du mariage l'homme peut, s'il le veut, avoir une influence décisive sur sa femme, pétrir suivant son désir ce jeune cerveau non encore parvenu à son plein développement, façonner cette intelligence presque aussi vierge que le corps. S'il attend, s'il temporise, il sera bien tard, — d'autant plus tard que la femme doit un jour reprendre sur son mari toute l'influence que ce dernier a pu avoir sur elle aux premiers jours. La femme, lorsqu'elle connaît pleinement la force de sa séduction, devient presque toujours la dominatrice dans le ménage ; si le mari ne l'a pas formée, si elle est restée avec tous les préjugés et toute l'ignorance de l'enfant, — souvent de l'enfant gâtée, — c'est elle qui un jour déformera le mari, le forcera à tolérer d'abord, puis à accepter de compte à demi ses croyances et ses enfantines erreurs ; peut-être un jour, profitant de l'abaissement de son intelligence avec l'âge, elle le convertira, arrêtant du même coup toute sa génération dans la voie du progrès intellectuel. Les prêtres comptent bien sur cette domination future et sans appel de la femme ; mais ce qu'ils ne sauraient empêcher, si le mari en a la volonté et la force, c'est la primitive influence qu'il peut exercer : une fois façonnée par lui, la femme ne pourra plus tard que lui renvoyer pour ainsi dire sa propre image, ses propres idées, et les projeter dans sa génération, dans l'avenir ouvert.

Le libre-penseur se trouve, il est vrai, dans une situation très inégale par rapport au croyant ou à la croyante qu'il s'efforce de convertir : un croyant peut toujours refuser de raisonner ; toutes les fois qu'un duel intellectuel lui semble désavantageux, il refuse de combattre. Aussi beaucoup d'indulgente ténacité et de prudence sont-elles nécessaires à l'égard de celui ou de celle qui se dérobe ainsi à la moindre alerte. Que faire en face d'un parti pris doux et obstiné de ne pas répondre, de se retrancher dans son ignorance, de laisser glisser les arguments sans en être entamé ? — Il me semblait, a écrit un romancier russe, que toutes mes paroles rejaillissaient loin d'elle comme si elles fussent tombées sur une statue de marbre. — « J'essaierai du mariage, dit une héroïne de Shakespeare, pour exercer ma patience. » Si la patience est en effet dans le ménage la grande vertu féminine, la vertu de l'homme doit être la persévérance, l'obstination active de celui qui veut façonner et créer, qui a son but et veut l'atteindre. J'ai interrogé une femme qui s'était mariée à un libre-penseur avec l'intention secrète de convertir son mari; le résultat contraire se produisit, et voici, telles qu'elle me les a racontées en propres termes, les péripéties de cette crise morale. Ce n'est qu'un exemple isolé, mais cet exemple peut éclairer sur le caractère de la femme et sur la plus ou moins grande facilité avec laquelle son esprit s'ouvre aux idées scientifiques ou philosophiques.

— « Le double but de toute chrétienne est celui-ci : sauver les âmes, sauver son âme. Aider le Christ à ramener au bercail les brebis égarées est le grand rêve, et, d'autre part, se garder soi-même est la préoccupation constante. Quand vint le moment pour moi d'essayer mes forces et de compter sur elles, une vive inquiétude me prit : — Amènerai-je sûrement à moi celui qui ne croit pas et à qui je vais unir ma vie, ou bien m'attirera-t-il à lui? Grande est la puisssance du mal; qui s'expose à la tentation périra. Mais si l'esprit du mal est puissant, Dieu, me dis-je, l'est plus encore, et Dieu n'abandonne jamais qui se confie en lui. Et j'eus confiance en Dieu. Convaincre des incrédules qui ont raisonné leur incrédulité n'était pas petite besogne; aussi n'espérais-je point le faire en un jour. Mon plan de conduite était celui-ci : rester fidèle au milieu des infidèles, immuable et confiante dans ma religion, qui est celle des humbles, des simples et des ignorants; faire le bien le plus possible, pour témoigner que c'est son premier commandement; l'observer en silence, mais en plein jour pourtant; la rendre enfin familière au foyer, afin que discrète, enveloppante, ce fût un combat lent et sourd de toutes les heures, de toute une vie. Après, il y avait l'immense miséricorde de celui qui peut tout.

« Dans ces dispositions d'esprit, je n'eus pas de peine à demeurer muette et impassible toutes les fois que mon mari s'attaqua à mes croyances : la première chose à prouver était l'inutilité de toute discussion, la fermeté de ma foi. D'ailleurs, pouvais-je répondre, il savait tant de choses, lui, et moi si peu. Ah! si j'avais été un docteur en théologie, oui, j'aurais accepté la lutte, j'aurais entassé preuve sur preuve ; ayant la vérité et Dieu pour moi, comment ne l'aurais-je pas convaincu ? Mais je n'avais rien d'un docteur, et il en résultait que, pelotonnée dans mon ignorance, j'écoutais sans trouble toutes les argumentations ; même, plus elles étaient vives, serrées, plus je demeurais convaincue de la vérité de ma religion, qui restait debout en moi au milieu de tant d'attaques si soutenues et si fortes, triomphant sans avoir besoin de combattre.

« Bien inébranlable étais-je en effet, et cela aurait pu durer de la sorte fort longtemps, si mon contradicteur ne s'était pas rendu compte de la force de ma position et n'avait changé de tactique. Il s'agissait de me forcer à raisonner, à suivre les objections, à les comprendre malgré moi, à les repenser. Il me dit qu'il avait besoin, pour ses travaux personnels, que je lui résumasse tantôt par écrit, tantôt de vive voix, un certain nombre d'ouvrages sur la religion. Il me mit alors entre les mains la *Vie de Jésus* de M. Renan, le petit livre si savant et si consciencieux de M. Albert Réville sur l'*Histoire du dogme de la divinité de Jésus-Christ*, d'autres ouvrages encore, souvent pleins de recherches abstraites, où la sincérité de la pensée était évidente et se communiquait de l'auteur au lecteur, même quand celui-ci eût voulu chercher des faux-fuyants[1]. Ces livres, je ne pouvais refuser de les lire sans renoncer à mon plus cher désir, qui était d'aider mon mari dans ses travaux. Il y avait là un scrupule de conscience (que je ne pouvais d'ailleurs soumettre à mon confesseur, car je me trouvais alors à l'étranger). En outre ma foi, quoique profonde, avait toujours prétendu être large et éclairée ; ce n'était pas un bon moyen de faire accepter ma religion que de la montrer intolérante : je lus ! Avec M. Renan je ne pus point trop crier au scandale : c'était encore un fidèle de Jésus qui parlait de Jésus. Son livre, qui a séduit beaucoup de femmes autant qu'un roman, m'attrista sans me révolter. J'avais pour tâche de résumer par écrit tout cet ouvrage ; je dus me mettre ainsi à la place de l'auteur, entrer dans son rôle, regarder avec ses yeux,

---

1. « Parmi les ouvrages de polémique sur le christianisme, j'en citerai un, peut-être un peu vieilli, mais précieux en ce qu'il résume avec assez d'impartialité la masse des objections séculaires et bon nombre d'objections modernes au christianisme, le livre de M. Patrice Larroque intitulé : *Examen critique des doctrines de la religion chrétienne.* »

penser avec sa pensée ; malgré moi je vis surgir désormais dans mon esprit, à côté du Christ-Dieu impeccable et triomphant, la figure de l'homme encore imparfait, souffrant, accablé, s'irritant et maudissant. Les autres livres, beaucoup plus abstraits, exigèrent beaucoup plus d'effort de ma part, mais l'effort même que je faisais pour comprendre me contraignait à m'assimiler mieux la pensée étrangère ainsi conquise. Chaque jour je me sentais perdre pied, et la foi tranquille d'autrefois se transformait peu à peu en une curiosité anxieuse de connaître, en l'espoir de me raffermir par une science plus complète.

« Brusquement, sans transition, un jour il me fut dit : — Tu ne refuseras pas de lire d'un bout à l'autre la Bible, la source même de la religion. Avec bonheur j'acceptai : je n'en étais plus à avoir besoin d'une autorisation ; il me semblait que la lecture de la Bible était le commencement de ce profond savoir que j'avais rêvé de dérober aux théologiens. Ce fut les doigts tremblants que j'ouvris le livre à la reliure sombre, aux petits caractères serrés, innombrables, — mots dictés par Dieu même, vibrants sans doute encore de la parole divine ! Là pourtant était la vérité, la raison de notre vie, l'avenir ; il me semblait qu'à moi aussi les tablettes du Sinaï venaient d'être remises, comme à la foule des Hébreux inclinés sous la montagne ; moi aussi, je me serais inclinée humblement. Mais, en avançant dans le livre, l'immoralité de certaines pages m'apparut si évidente que je me révoltai de toutes les forces de mon cœur. Je n'étais pas blasée dès l'enfance sur tous ces récits, comme les jeunes filles protestantes : l'éducation catholique, qui fait ce qu'elle peut pour écarter et voiler les livres prétendus saints, me paraît sous ce rapport (et sous ce rapport seulement) bien supérieure à l'éducation protestante. Elle permet en tout cas, pour l'esprit mis tout à coup en présence des textes sacrés, de mieux mesurer la profonde immoralité de la Bible, entrevue seulement derrière les réticences de l'histoire sainte. Le catholicisme fausse souvent l'intelligence, le protestantisme peut aller jusqu'à fausser le cœur. Devant ces monstruosités morales de la Bible les incrédules ont souvent raillé et plaisanté ; moi qui avais cru, je ne pouvais éprouver que de l'indignation, et je fermai avec dégoût le livre regardé jadis avec tant de respect.

« Oui, mais que conclure? Que croire? Alors les paroles d'amour et de charité infinie que contient l'Évangile me revinrent en foule. Si Dieu était quelque part, il devait être là, et de nouveau je rouvris le livre saint, ce livre qui a été si souvent une tentation pour l'humanité. Après tout, j'avais adoré jusqu'ici le Christ beaucoup plus que le « dieu des armées. » Mais je connaissais surtout l'Évangile de saint Jean, dont l'authenticité, je l'avais appris, était si contestable. Je relus tous les Évangiles d'un bout à l'autre. Même dans saint Jean je ne retrouvai plus l'homme-type et sans reproche, le dieu incarné, le Verbe divin : au milieu de sublimes beautés je constatais moi-même les contradictions sans nombre, les naïvetés, les superstitions, les défaillances morales. Désormais mes croyances n'existaient plus : j'étais trahie par mon dieu. Toute ma vie intellectuelle d'autrefois ne m'apparaissait plus que comme un rêve. Ce rêve avait pourtant ses beaux côtés ; je regrette parfois, aujourd'hui encore, tant d'impressions très douces et consolantes qu'il m'a données et que je ne pourrai plus ravoir. Toutefois, je le dis en toute sincérité, si j'étais libre de me rendormir du sommeil intellectuel d'autrefois, d'oublier ce que j'ai appris, de revenir me bercer aux mêmes erreurs, pour rien au monde je n'y consentirais ; je ne referais point un pas en arrière. Jamais le souvenir de certaines illusions perdues n'a ébranlé la série de raisonnements par lesquels j'en étais venue à les perdre. Le réel, lorsqu'on est arrivé une fois à le toucher, étreint l'âme par sa seule force et maintient l'imagination, parfois douloureusement, dans la voie droite. La dernière chose à laquelle un être humain puisse consentir de gaieté de cœur, c'est à se tromper. »

CHAPITRE VII

LA RELIGION ET L'IRRÉLIGION

DANS LEURS RAPPORTS AVEC LA FÉCONDITÉ ET L'AVENIR DES RACES

I. — Importance du *problème de la population et de la fécondité*. — Antagonisme du *nombre* et du *capital*. — Nécessité du *nombre* pour la race, pour son maintien et pour son progrès. — Nécessité de donner la force du nombre aux *races supérieures*. — Le problème de la *population en France*; son rapport avec celui de la *religiosité en France*. — Les raisons de la restriction des naissances sont-elles *physiologiques*, ou *morales et économiques*? Le *malthusianisme* en France. Le vrai péril national.

II. — *Les remèdes*. — *Le retour à la religion* est-il possible? Impuissance et tolérance progressive de la religion même en face du mal. — La *loi*. Action qu'elle pourrait exercer sur les causes de l'infécondité dans la famille. Énumération de ces causes. — Réforme de la *loi sur les devoirs filiaux* (entretien et nourriture des parents). — Réforme de la *loi sur les successions*. — Réforme de la *loi militaire* dans le but de favoriser les familles nombreuses et de permettre l'émigration aux colonies françaises.

III. — Influence de l'*éducation publique*; sa nécessité pour remplacer le sentiment religieux.

Un des problèmes les plus importants que soulève de nos jours l'affaiblissement graduel du sentiment religieux, c'est celui de la population et de la fécondité des races. Presque toutes les religions attachaient, en effet, une importance considérable à l'accroissement rapide des familles et de la race; en voyant l'influence des religions diminuer chez les peuples les plus avancés, ne verrons-nous pas s'effacer un facteur important de leur reproduction et de leur multiplication?

I. — A l'origine, pour les premiers groupements d'hommes, le nombre des individus était la condition même de la force et conséquemment de la sécurité. La puissance du capital, qui peut se concentrer dans une seule main, n'existait pour ainsi dire pas. De nos jours, le capital est devenu une puissance qui se suffit à elle-même et qu'on affaiblit souvent en l'éparpillant entre trop de mains. De là ce raisonnement des pères de famille d'aujourd'hui, tout contraire à celui des pères d'autrefois : « pour rendre une famille puissante, il me suffira de transmettre le capital que j'ai amassé en le divisant le moins possible, c'est-à-dire de diminuer le plus possible ma famille même. » Le capital, sous sa forme égoïste, est donc ennemi de la population, parce qu'il est ennemi du partage et que la multiplication des hommes est toujours plus plus ou moins une division de la richesse.

Pour contrebalancer cette puissance toute moderne, le capital, il y avait eu jusqu'alors la religion. Les religions chrétienne, hindoue ou mahométane, correspondent à un état de choses tout différent de l'état moderne, à une société où le nombre était la grande force, où les nombreuses familles étaient d'une utilité immédiate et visible. Aussi la plupart des grandes religions s'accordent-elles dans le précepte : « Croissez et multipliez. » Selon les lois de Manou, c'est une des conditions de salut qu'une nombreuse descendance mâle. Quant aux Juifs, on connaît sur ce point leur double tradition religieuse et nationale. Toute religion d'origine juive étant favorable à l'accroissement de la famille et défendant expressément la fraude dans les rapports conjugaux, il s'ensuit que, avec les mêmes conditions de bien-être, un peuple sincèrement chrétien ou juif se multipliera plus vite qu'un peuple libre-penseur. L'infécondité des races supérieures, outre qu'elle résulte ainsi en partie de l'opposition entre la religion et l'esprit moderne, est aussi la conséquence d'une sorte d'antinomie entre la civilisation d'une race et sa propagation : il n'est pas une civilisation hâtive qui ne soit accompagnée d'une certaine corruption proportionnelle. Il faut remédier à cette antinomie sous peine de périr. La vie est d'autant plus intense chez un peuple, qu'il est composé pour une majeure partie de générations plus jeunes, avides de vivre et de se faire une place au soleil; la lutte pour l'existence est d'autant plus féconde qu'elle se produit entre des jeunes gens, non entre des hommes fatigués qui n'ont plus l'enthousiasme du travail : une nation plus jeune et plus peuplée est donc un organisme plus riche et plus résistant; c'est comme une machine à vapeur sous une plus haute pression. La moitié, peut-être les trois quarts des hommes distingués appartiennent à de nombreuses familles: quelques-uns sont le dixième, le douzième enfant; restreindre les familles, c'est donc restreindre la production du talent et du génie, et cela dans une mesure beaucoup plus forte encore que ne l'aura été la restriction de la famille. En effet, un fils unique, loin d'avoir en moyenne plus de chances d'être un homme remarquable, en a moins, surtout s'il appartient à la classe aisée. « La mère, a-t-on dit, et même le père couvent ce premier rejeton, l'émasculent à force de petits soins superflus, et leur condescendance à ses volontés lui épargne toute gymnastique morale. » Tout enfant qui s'attend à être le seul héritier d'une petite fortune déploiera nécessairement moins d'ardeur dans la lutte pour la vie. Enfin, c'est un fait physiologique que les premiers nés sont souvent moins vigoureux ou moins intelligents: la maternité est une fonction qui, comme toute fonction, se perfectionne par la répétition et l'habitude; il est rare que les mères, comme les poètes, fassent leur chef-d'œuvre du premier coup. Limiter le nombre de ses enfants, c'est donc aussi, dans une certaine mesure, limiter leurs facultés physiques et intellectuelles.

De même qu'une plus grande fécondité augmente l'intensité de vie physique et mentale dans une nation, elle augmente aussi l'intensité de la vie économique, précipite la circulation des richesses, accroît enfin la somme des richesses publiques au lieu de la diminuer. C'est ce que nous voyons se produire sous nos yeux en Allemagne et en Angleterre, où la richesse publique s'est accrue parallèlement à la population. En Allemagne, dans une période de neuf ans (1872 à 1881), le revenu annuel moyen de chaque individu augmentait de 6 pour 100 en même temps que la population s'accroissait par millions. On voit combien est superficiel le calcul des économistes qui attribuent à la surabondance de la population la cause principale de la misère. Tant qu'il y aura sur terre une parcelle de sol occupable, peut-être même quand le sol sera cultivé tout entier (car la science aura pu créer alors de nouvelles sources de bien-être et même d'alimentation), un homme constituera toujours un capital vivant, de plus haut prix qu'un cheval ou un bœuf, et accroître la somme des citoyens d'une nation, ce sera accroître la somme de ses richesses [1].

Autrefois la lutte des races se terminait d'un seul coup par la violence : les vaincus étaient massacrés en majeure partie ou réduits en esclavage, et l'esclavage était la plupart du temps une extinction graduelle de la race inférieure, un massacre lent. La famine, produite par la dévastation méthodique, achevait d'ailleurs ce qu'avait fait la guerre. Des races entières ont disparu brusquement de la surface du globe sans presque laisser de trace : l'exemple le plus récent et le plus frappant a été celui des grands empires américains du Mexique et du Pérou. Ainsi les races les plus fortes et les plus intelligentes restaient seules debout et n'avaient, pour ainsi dire, qu'à s'affirmer par la victoire avec toutes ses conséquences pour déblayer le terrain devant elles. L'existence même était un monopole réservé aux forts. Il n'en est plus de même. Aujourd'hui on ne massacre plus les vaincus ; au contraire, si on conquiert un pays non civilisé encore, on lui impose de bonnes lois, des mesures de police et d'hygiène. Les races inférieures se multiplient sous la domination des races supérieures : ainsi les nègres au Cap, les Chinois et les nègres aux États-Unis, et même les derniers survivants des Peaux-Rouges, qui semblent aujourd'hui vouloir faire souche. Enfin l'Orient contient dans l'empire chinois un véritable réservoir d'hommes, qui se déversera tôt ou tard sur le monde entier. En face de ces foules compactes, qui vont

---

[1]. Ce qui reste établi par les économistes, et ce qu'ont raison de soutenir encore aujourd'hui MM. Maurice Block, Courcelles-Seneuil, Paul Leroy-Beaulieu, Othenin d'Haussonville, c'est qu'il est nuisible pour la société de procréer des non-valeurs, des êtres chétifs non faits pour le travail, des mendiants, des incapables, quels qu'ils soient ; or, la misère favorise la naissance de ces êtres qui sont à charge à la société, et la naissance de tels êtres augmente encore la misère : de là un cercle dont tant d'économistes ont cru sortir par les préceptes de Malthus. Malheureusement, s'il est un caractère universel de la misère, c'est sa fécondité. Dans toutes les nations, les misérables sont et seront toujours ceux qui ont le plus d'enfants. Malthus n'a jamais été écouté d'eux ; ceux dont il est écouté sont précisément ceux qui, au point de vue même d'une sage économie politique, devraient être féconds, parce qu'ils peuvent mener jusqu'au bout l'« élevage » et l'éducation des enfants : ce sont les paysans économes, les bourgeois, petits et grands. De telle sorte que la fécondité de la misère est absolument sans remède (sauf l'assistance, la charité, l'émigration) ; mais elle constitue en somme un mal beaucoup moins grand que l'infécondité totale d'une nation, et d'ailleurs elle n'est un mal définitif que parce qu'elle aboutit en dernière analyse à une réelle infécondité. La misère, surtout celle des villes, tue rapidement les races les plus prolifiques.

s'accroissant avec rapidité et dont la civilisation ne peut que protéger l'accroissement, quatre ou cinq grandes nations de l'Europe, avec les États-Unis et l'Australie, semblent peu de chose. L'avenir de l'humanité dépend mathématiquement de la proportion selon laquelle les races les plus intelligentes seront représentées dans ce mélange complexe qui constituera l'homme à venir. Aussi celui d'entre nous qui est le fils d'une des races du globe les mieux douées, comme la race française, allemande ou anglaise, commet-il une véritable faute en ne travaillant pas à la multiplication de cette race : il contribue à abaisser le niveau futur de l'intelligence humaine. Déjà les savants ont établi cette loi que la puissance génératrice décroît en raison de la dépense cérébrale, et que les races intelligentes se reproduisent plus difficilement ; augmenter cette difficulté naturelle par la restriction volontaire, c'est travailler de gaieté de cœur à l'abrutissement de la race humaine.

Les partisans de Malthus, supposant dès maintenant l'équilibre entre les vivres et la population, redoutent l'arrivée au monde des nouveaux venus : mais, en admettant que la lutte pour la vie fût déjà à cet état aigu, il faudrait souhaiter que, dans cette lutte, les plus intelligents fussent seuls à se reproduire et à se faire une place au soleil : la loi de Malthus devrait donc s'appliquer non aux hommes instruits de notre race, qui la connaissent seuls, mais aux nègres ou aux Chinois, qui l'ignorent absolument. Cette loi n'est pas faite pour nous ; en réalité, elle n'est faite pour personne : par cela même qu'on la connaît et qu'on a assez de prévoyance et de retenue pour pouvoir la mettre en pratique, on prouve qu'on ne doit pas la mettre en pratique. Les Malthusiens, qui cherchent à appliquer à la reproduction humaine les principes des éleveurs dans la reproduction des animaux, oublient que le principe dominant, dans tout élevage, c'est de favoriser la multiplication des races supérieures : mieux vaut un taureau de Durham que dix taureaux vulgaires. Eh bien, ce qui est vrai des bœufs et des moutons est encore plus vrai des hommes : un Français, avec les aptitudes scientifiques et esthétiques de sa race, représente en moyenne un capital social cent fois supérieur à un nègre, à un Arabe, à un Turc, à un Cosaque, à un Chinois. Nous supprimer nous-mêmes dans l'humanité future au profit des Cosaques ou des Turcs, c'est une absurdité au point de vue même de Malthus. Qu'on s'en souvienne, c'est dans le groupe aryen, et surtout chez les Grecs, que sont nés la haute science et le grand art ; c'est de là qu'ils ont passé à d'autres Aryens, puis aux autres races humaines.

Michelet comparait le trésor de science et de vérité amassé par l'esprit humain à cet œuf qu'un esclave portait dans les cirques de Rome, à la fin des fêtes, au milieu des grands lions repus et endormis. Si l'une des bêtes fauves rouvrait les yeux, se sentait prise d'une convoitise à la vue de cet homme porteur de l'œuf et symbole du génie humain, l'esclave était perdu. De nos jours, où le génie est infiniment moins persécuté qu'autrefois et ne court plus le risque des arènes ou du bûcher, il semble que l'intelligence humaine, l'œuf sacré d'où sortira l'avenir n'ait plus à craindre aucun danger ; c'est une erreur. Précisément parce que l'intelligence humaine s'enrichit sans cesse, son trésor devient si considérable, cette richesse intellectuelle devient si délicate à conserver tout entière, qu'on peut se demander s'il se trouvera une suite de peuples assez bien doués pour retenir et augmenter sans cesse les acquisitions de la science. Jusqu'alors, dans leur voyage sans fin à travers les âges, ces vérités-là ont seules survécu pour jamais qui étaient simples ; de nos jours la rapidité même du progrès scientifique peut nous donner des inquiétudes sur sa durée : la complexité extrême de la science peut faire craindre qu'il n'existe pas continuellement des peuples assez élevés dans l'échelle humaine pour l'embrasser tout entière, pour la faire progresser par des spéculations constantes. Supposez, par exemple, que le monde se trouve brusquement réduit à l'Afrique, à l'Asie, à l'Amérique du Sud, où la race espagnole n'a pas encore produit un seul génie scientifique, l'œuvre scientifique de notre siècle ne courrait-elle pas risque d'avorter? Heureusement il dépend des grandes nations de ne pas disparaître. Les races anglo-saxonnes et germaniques couvrent aujourd'hui le monde de leurs enfants et de leurs colonies. Mais il est triste de penser qu'un des trois ou quatre grands peuples européens, qui, à lui seul, compte pour un chiffre considérable dans les chances totales du progrès humain, travaille de gaieté de cœur à s'anéantir lui-même.

L'humanité arrivera tôt ou tard à une fusion des races : c'est cette fusion qui se produit déjà en Amérique, le perfectionnement des voies de communication la hâtera dans le monde entier. L'Europe déborde maintenant sur l'Amérique, l'Afrique, l'Australie ; un jour l'Asie débordera sur l'Europe et l'Amérique. Ce qui se passe aujourd'hui, cinquante ans après l'invention des chemins de fer, peut à peine nous donner l'idée du mélange et pour ainsi dire de la trituration des races les plus diverses qui aura lieu un jour sur le globe. Un tel mélange, en élevant à peine le niveau des races mal douées intellectuellement, pourra abaisser beaucoup celui des races mieux douées, si celles-ci restent dans une trop grande infériorité numérique.

On nous objectera, il est vrai, que les races supérieures peuvent demeurer isolées au milieu de la pullulation des autres branches humaines, dans une sorte d'aristocratie jalouse, servies et respectées par ceux qu'elles dominent de leur intelligence. C'est un des rêves de M. Renan, qui voyait par exemple dans les Chinois les esclaves futurs des Européens, esclaves doux, dociles, ayant juste la dose d'intelligence nécessaire pour être de merveilleuses machines industrielles. Par malheur, nous avons appris à nos dépens que les Chinois peuvent être aussi d'excellentes machines de guerre. En tous cas ils sont de très bons commerçants. Or ce qui constituera un jour l'aristocratie, dans la société industrielle dont nous nous rapprochons sans cesse, ce sera l'argent : dès aujourd'hui l'argent est la grande force et le vrai titre de noblesse. Pour thésauriser il n'est besoin que d'une certaine moyenne d'intelligence, à laquelle arriveront sans nul doute un grand nombre des peuples inférieurs de l'humanité : une fois riches, ils seront nos égaux ; s'ils sont plus riches, nos supérieurs et nos maîtres. Avec l'argent ils pourront acheter tous les droits, y compris même celui de se mêler à notre sang, d'épouser nos filles et de noyer notre race dans la leur. De quelque côté qu'on se tourne, un seul moyen se présente pour l'intelligence de garder la force, c'est de garder aussi le nombre : le génie même a besoin d'engendrer pour ne pas mourir, et, malgré le préjugé contraire, si nous devons être éternels, c'est encore plus par nos enfants que par nos « œuvres » toujours fragiles.

Les positivistes ont proposé de substituer aux religions prêtes à disparaître la religion de l'humanité ; il en est une autre plus accessible encore à toutes les intelligences, plus pratique et plus utile, qui a été l'une des premières religions humaines : je veux dire la religion de la famille, le culte de ce petit groupe d'êtres liés les uns aux autres par le sang et le souvenir, solidaires les uns des autres par le nom et l'honneur, qui sont après tout la patrie en germe; laisser s'éteindre ou diminuer sa famille, c'est travailler autant qu'il est en nous à diminuer la patrie et l'humanité même. Le nom de patriote dont on s'est moqué parfois, et qui pourtant est un beau nom, convient avant tout au père de famille. La paternité, dans son sens le plus entier, c'est-à-dire l'éducation jusqu'à l'âge d'homme d'une génération nouvelle, c'est, après tout, ce qu'il y a de plus sûr et de plus solide dans le patriotisme, c'est le patriotisme même à la portée de tous.

C'est surtout en France, nous l'avons vu, que le problème de la population se pose d'une manière inquiétante, et nous devons y insister. On a dit avec raison qu'il n'y a pas aujourd'hui pour la France plusieurs dangers, mais un seul, qui est le vrai péril national : celui de disparaître faute d'enfants[1]. Il existe pour une nation deux moyens de capitaliser : 1° faire des dépenses productives, et travailler de manière à gagner plus encore qu'on ne dépense ; 2° dépenser le moins possible, et travailler aussi le moins possible ; la France emploie le second moyen depuis le commencement de ce siècle : elle économise ses enfants, ralentit son courant de vie et de circulation. Elle a beaucoup thésaurisé de cette façon ; mais ses économies ont été consacrées en partie au payement d'une indemnité de cinq milliards, en partie aux emprunts du Mexique, de Turquie, d'Égypte, à des spéculations de toute sorte : quel a été le résultat final de ces économies faites à l'aveugle? Un appauvrissement graduel.

En dehors de ceux qui sont féconds par irréflexion et par un simple abandon au hasard, il n'y a plus guère en France que les croyants catholiques, protestants et juifs à maintenir une certaine fécondité de la race. Il existe sans doute, parmi les maris *français*, un très petit nombre de « bons vivants » qui entendent avoir toutes leurs aises et trouvent que restreindre la race est aussi limiter le plaisir; mais ces gens-là sont beaucoup plus rares qu'on ne pourrait le penser sur la vieille terre gauloise : Malthus y a aujourd'hui des disciples infiniment plus nombreux que Rabelais. Quant à ceux qui restent féconds non plus par plaisir ou par hasard, mais par patriotisme et par philosophie, ils sont tellement rares

---

1. M. Richet.

jusqu'à présent qu'ils constituent une quantité négligeable. Plus la propriété en France se morcelle, plus il y a de petits patrons et de petits propriétaires, moins il y a d'enfants. Dès 1866, l'enquête agricole signalait l'invasion du malthusianisme et les progrès de l'infécondité calculée dans presque tous les départements, *parallèlement au morcellement du sol*. Depuis lors, le mouvement n'a fait que s'étendre. « Dans certaines communes les noms de frère et sœur ne sont presque plus en usage ; on remplace la primogéniture abolie en 1789 par l'unigéniture[1]. » Les ouvriers seuls sont en général restés antimalthusiens par insouciance. Un malthusien prêchait un ouvrier dans la misère, père de douze enfants et qui avait l'ambition d'arriver au treizième ; ce dernier lui répondit : « Que voulez-vous ? c'est le seul plaisir au monde que je puisse avoir gratis ; je ne veux rien en retrancher. »

On a soutenu que la restriction plus ou moins grande des naissances a pour cause essentielle non la plus ou moins grande religiosité des nations, mais simplement leur plus ou moins grande prévoyance : quiconque ne vit pas borné à l'instant présent et escompte l'avenir sera toujours porté à restreindre le nombre de ses enfants selon le chiffre de ses revenus. — Il y a beaucoup de vrai dans cette remarque. Cependant, là où la foi est sincère et rigide, elle ne se laisse pas entamer par des questions de prévoyance économique. Nous voyons en Bretagne la prévoyance la plus attentive ne nuire ni à la religion, ni à la fécondité. Les fiancés, sachant qu'ils auront des enfants après le mariage, se bornent à retarder leur union jusqu'au moment où ils auront constitué une économie, acheté une maison ou un lopin de terre. Dans le département d'Ille-et-Vilaine les hommes ne contractent mariage, en moyenne, qu'à l'âge de trente-quatre ans, les femmes à vingt-neuf ans. Le mariage, plus tardif, dure conséquemment moins en Bretagne qu'en Normandie : il est en moyenne de vingt-sept ans et demi dans cette dernière province et de vingt et un ans en Bretagne ; néanmoins la fécondité de la femme bretonne est, par rapport à celle de la femme normande, presque comme 100 est à 60. En Bretagne, le résultat de l'esprit religieux et de la prévoyance avant le mariage est un accroissement constant de la population ; en Normandie, l'effet de l'esprit d'incrédulité et de

---

1. Toubeau, *la Répartition des impôts*, t. II.

la prévoyance après le mariage est une diminution constante de la population, plus vigoureuse pourtant et où, les naissances de jumeaux étant plus fréquentes, la fécondité normale devrait être plus grande[1].

La faiblesse de la natalité française viendrait-elle du nombre inférieur des mariages? Nullement. Ce chiffre est sensiblement le même en France qu'en Allemagne: huit environ par an sur 1000 habitants. On se marie donc en France à peu près autant qu'ailleurs. Il ne faut point ici accuser la légèreté des mœurs, mais la volonté bien arrêtée d'époux généralement rangés et honnêtes. Les naissances illégitimes sont moins nombreuses en France qu'en Italie, en Allemagne et surtout dans l'Allemagne catholique. A Paris on compte un peu plus de 25 pour 100 de naissances illégitimes; à Osmultz en Moravie, on en compte 70 pour 100. M. Bertillon a établi ce fait que, depuis le commencement de ce siècle, la nuptialité s'est maintenue stationnaire et a même plutôt augmenté que diminué jusqu'en 1865; mais la natalité a diminué d'une façon continue et régulière. D'après les statistiques, chaque mariage produit en moyenne cinq enfants en Allemagne, cinq en Angleterre, à quelques fractions près, et trois seulement en France.

Quelques savants se sont demandé si l'infécondité relative des Français ne tenait pas simplement à un développement plus grand du cerveau. Nous avons déjà signalé l'antagonisme qui existe, dans les espèces animales, entre la fécondité et le développement du système nerveux ou cérébral. Mais il y a quelque précipitation à appliquer à un groupe d'hommes ce qui est vrai des espèces; il y a aussi quelque vanité à imaginer que le cerveau du peuple français soit développé au point de produire, dans certaines provinces, non seulement une diminution de la fécondité, mais une dépopulation. On a fait, il est vrai, une statistique curieuse sur les membres de l'Institut, pour montrer qu'en moyenne ils n'ont pas plus d'un ou deux enfants; cette statistique prouve simplement que les membres de l'Institut n'en ont pas désiré davantage, et que leur conduite, étant généralement peu influencée par les idées religieuses, s'est conformée à leurs désirs. Quant à croire qu'un homme en bonne santé, qui pourrait engendrer à la rigueur une centaine d'enfants par an, voie ses

---

1. Voir M. Baudrillart, *les Populations rurales de la Bretagne*.

besoins génésiques diminuer sous l'influence du travail intellectuel de manière à n'en plus engendrer qu'un en quarante ans, cela devient de la fantaisie scientifique, plus à sa place dans un vaudeville que dans un livre sérieux. Remarquons, au contraire, que la fécondité est moins grande chez nos paysans, dont l'usure cérébrale est réduite au minimum, que dans nos villes, où l'usure est assurément plus forte ; la fécondité se trouve malheureusement, dans les villes, compensée par la mortalité. L'antagonisme entre la fécondité et le développement cérébral pourrait se soutenir avec bien plus de raison pour le sexe féminin ; mais précisément la femme française, dont l'éducation a été longtemps délaissée, ne paraît pas du tout posséder en moyenne une supériorité intellectuelle sur les femmes des autres pays. Enfin, parmi nos provinces, la plus inféconde est la Normandie, où cependant les femmes sont assez vigoureuses pour présenter plus que partout ailleurs des cas nombreux de gémellité.

C'est donc bien le malthusianisme qui est la cause du mal, et ce malthusianisme est un fléau pire que le paupérisme ; c'est en quelque sorte le paupérisme de la bourgeoisie. De même qu'une misère trop grande peut tuer toute une classe sociale, le malthusianisme tuera nécessairement la bourgeoisie. Il est rare en effet qu'un ménage bourgeois ait plus d'un ou deux enfants ; or, il faut deux enfants au moins pour remplacer le père et la mère, plus une fraction pour remplacer les célibataires et les époux stériles. Les bourgeois en viendront donc nécessairement à s'anéantir : le remède à leur restriction sera le suicide.

En somme, la question de la dépopulation française est purement et simplement une question de *morale* ; mais elle est liée plus que toutes les autres questions de ce genre à la religion, parce que la morale religieuse a été, jusqu'à présent, la seule qui ait osé aborder ces problèmes dans l'éducation populaire : la morale laïque a montré à cet endroit la plus blâmable négligence.

II. — La question ainsi posée, — retour aux religions traditionnelles ou extinction graduelle de la race, — les libres penseurs peuvent hésiter entre un certain nombre d'alternatives. Ils ont pour premier refuge la résignation : « après moi, le déluge. » C'est la morale de beaucoup de bourgeois français et même d'économistes à courte vue, pour qui l'avenir trop lointain de leur race ou de leur pays est parfaitement indifférent et qui ne voient que le « confortable » actuel. Une autre alternative plus radicale, c'est de se convertir : on peut déclarer que les religions catholique ou protestante, par exemple, malgré l'étrangeté de leurs légendes, sont utiles pour faire un peuple fort et nombreux, pour avoir des familles prolifiques, que les Français, plus qu'aucun autre peuple, ont besoin de la religion, et qu'au lieu de chercher à la ruiner il faut s'efforcer de la répandre. Ce parti-pris de faire revivre, en vue de l'utilité sociale, des croyances mortes déjà dans votre propre cœur, n'est pas sans quelque hypocrisie et quelque lâcheté. De plus, on affirme par là que l'erreur est à tout jamais ce qu'il y a de plus utile et que la vérité est inconciliable avec la vie des peuples, — affirmation bien précipitée. Enfin on poursuit une tâche parfaitement vaine, parce qu'on ne peut arrêter longtemps ni l'humanité, ni un peuple, ni même une famille sur la pente de l'incrédulité. S'il est des choses qu'on peut regretter d'avoir apprises, il est trop tard pour se remettre à les ignorer. Le peuple français surtout possède un fond d'incrédulité qui tient au caractère pratique et logique de son tempérament : il s'est soulevé en 1789 contre le clergé pour avoir la liberté ; aujourd'hui, pour avoir l'aisance, il luttera avec le même entêtement contre les prescriptions de la religion, contre les instincts mêmes de la nature, et se maintiendra infécond pour devenir riche sans excès de travail. Le retour à la religion est donc un remède hors de portée ; même parmi les hommes sincèrement religieux, les plus intelligents le comprennent. C'est un beau thème à déclamation que cette infécondité raisonnée, produite par le triomphe même de la raison sur les dogmes et les instincts naturels, mais de telles déclamations sont entièrement stériles. Elles ne datent pas d'hier ; elles se sont produites dès avant la Révolution, et elles n'ont réussi ni à augmenter la religiosité, ni à diminuer l'infécondité de la France. Dans son pamphlet sur les *erreurs de Voltaire*, l'abbé Nonotte écrivait déjà en 1766 : — « On travaille à la population avec une économie qui est aussi funeste aux mœurs qu'à l'État. On se contente d'un héritier. On a plus de goût pour une volupté libertine. On voit un grand nombre des premières maisons de Paris n'être appuyée que sur la tête d'un seul enfant. Les familles se soutenaient mieux *autrefois*, parce qu'on était assez sage pour ne pas craindre d'avoir un grand nombre d'enfants et assez réglé pour trouver le moyen d'en établir plusieurs. »

On ne peut guère compter non plus sur l'action du prêtre et du confesseur. Est-ce que le prêtre arrive, dans les pays mêmes où la dévotion est le plus répandue (comme la Bretagne), à empêcher les vices les plus grossiers, par exemple l'ivrognerie, et cela même chez les femmes? Quelle action exercer sur des hommes qui se confessent d'ordinaire une fois par an, au moment de Pâques? Comment le prêtre, dans ces conditions, pourrait-il être vraiment un *directeur de conscience* et surtout un redresseur de conscience? Il reçoit une confession générale de chacun de ses paroissiens ; il est pressé, il est obligé de s'en tenir aux fautes les plus énormes, et tout aboutit à une absolution suivie d'une communion. Quelques jours après, l'homme recommence à s'enivrer et continue toutes ses autres fautes, jusqu'à l'année suivante. Les préjugés et les mœurs sont plus forts que tout le reste.

Ceux qui, avec l'abbé Nonotte, voient dans la religion le remède à tous les maux, oublient d'ailleurs que la religion même est très malléable, qu'on peut y faire entrer bien des choses. Si la masse du peuple français se laissait persuader par les abbés Nonotte et leurs disciples de revenir à la religion traditionnelle, on verrait bientôt cette religion se faire moins austère. Les confesseurs deviendraient plus discrets. Ne sont-ils pas souvent obligés de tolérer aujourd'hui les polkas ou les valses dansées sous l'étreinte des jeunes gens, et qu'ils prohibaient si sévèrement autrefois? Si la lettre des religions reste la même, l'esprit des hommes change. Dès maintenant les jésuites ferment volontiers les yeux sur l'infécondité des ménages; on les a même accusés de donner parfois à l'oreille des conseils utiles pour la conservation de certains patrimoines placés entre de bonnes mains. Croit-on que les confesseurs du faubourg Saint-Germain posent à leurs pénitentes de trop embarrassantes questions? Il est avec le ciel des accommodements.

Cette tolérance ira s'accentuant, s'élargissant, comme toute tolérance. Même chez les familles protestantes, où l'on trouve en général plus de rigidité, l'esprit du siècle pénètre. Partout où l'orthodoxie se fait moins farouche, la fécondité diminue. Les pasteurs mêmes ne donnent plus autant qu'autrefois l'exemple du grand nombre des enfants. Une statistique à cet égard serait fort instructive :

il serait très possible qu'on vît, au sein du protestantisme, la fécondité diminuer en proportion du libéralisme des croyances. Si Darwin et Spencer ont pu avoir des partisans dans le haut clergé anglais, des sectateurs parmi les protestants américains, pourquoi Malthus n'en aurait-il pas? Malthus était du reste un homme grave et religieux.

La religion catholique a elle-même le tort de porter directement atteinte à la fécondité par le célibat religieux. En France, 130 000 personnes des deux sexes sont astreintes à ce célibat[1]. Il est à regretter que le catholicisme qui, durant plusieurs siècles — au temps où saint Sidoine Apollinaire, gendre de l'empereur Avitus, était évêque de Clermont-Ferrand — n'imposa nullement le célibat aux ecclésiastiques, ait cru plus tard devoir l'exiger, en soit venu à considérer la continence absolue et la viduité indéfinie comme bien supérieures à l'état de mariage, contrairement à toutes les lois physiologiques et psychologiques. « Ce métier de continence, dit Montesquieu, a anéanti plus d'hommes que les pestes et les guerres les plus sanglantes n'ont jamais fait. On voit dans chaque maison religieuse une famille éternelle où il ne naît personne, et qui s'entretient aux dépens de toutes les autres. Ces maisons sont toujours ouvertes comme autant de gouffres où s'ensevelissent les races futures. » Le célibat religieux a encore un autre inconvénient : les prêtres, sans constituer aujourd'hui l'élite de la société, n'en sont pas moins une des classes les plus intelligentes, où l'éducation est le plus répandue, où les passions antisociales sont le plus rares. Toute cette portion de l'humanité s'anéantit totalement de gaieté de cœur, se consume elle-même sans laisser de traces, comme elle brûlait autrefois les hérétiques. De là une saignée constante faite au corps social, qui n'est pas sans analogie avec celle que le fanatisme religieux fit subir à l'Espagne pendant tant d'années et qui contribua à mettre si bas la race espagnole. En comptant simplement les fils de pasteurs qui sont devenus des hommes distingués ou même de grands hommes, depuis Linné jusqu'à Wurtz et Emerson, on verra combien nous perdons au célibat de nos prêtres catholiques.

Du moment où la religion est aujourd'hui incapable d'arrêter la croissante infécondité, il reste comme moyens d'action la loi, les mœurs et l'éducation.

---

[1] Dr Lagneau, *Remarques démographiques sur le célibat en France.*

La religion est la loi des peuples primitifs ; lorsqu'elle s'affaiblit, deux parts se font dans ses prescriptions : les unes, considérées comme inutiles, sont négligées et perdent toute valeur ; les autres, considérées comme des garanties de la vie sociale, se formulent en lois morales ou civiles d'un caractère obligatoire. C'est ainsi que beaucoup de mesures d'hygiène prescrites par les religions orientales sont devenues purement et simplement des mesures de police sous le régime européen. Dans la question qui nous occupe, il est évident que la loi doit suppléer à l'influence décroissante de la religion, comme elle l'a fait ailleurs : le législateur doit se substituer au prêtre. Cette substitution avait déjà eu lieu chez les Grecs, dont l'organisation sociale était si avancée : la loi, intervenant dans la famille, prescrivait au citoyen d'avoir des enfants. On connaît la loi d'Athènes qui força Socrate à prendre une seconde femme. A Sparte, le jeune époux vivait à la caserne jusqu'à ce qu'il eût donné trois fils à l'État ; il n'était dispensé de tout service militaire que quand il en avait donné quatre[1]. Évidemment personne ne peut aujourd'hui songer à des lois aussi radicales. De plus, ce n'est pas une loi simple et visant directement la population qui peut nous guérir : il faut un système de lois se soutenant et se complétant l'une l'autre. Il faut connaître la série des raisons psychologiques qui peuvent pousser un père de famille à n'avoir pas de famille, ou à peu près ; ces raisons une fois connues, il faut une série de lois destinées à les supprimer ou à les contrebalancer par d'autres raisons. De cette sorte, partout où la stérilité représente un intérêt, un autre intérêt contraire sera créé en faveur de la fécondité, — intérêt conforme cette fois au devoir social. C'est donc d'abord dans la famille même qu'il faut agir, par les lois et par cette réforme progressive des mœurs à laquelle les lois peuvent si grandement contribuer.

Le père de famille renonce aujourd'hui à avoir beaucoup d'enfants pour des motifs assez variés, quelquefois contraires, qu'il importe de bien connaître avant de rechercher comment on pourrait modifier ses raisons d'agir. Il y a d'abord, mais bien rarement, des raisons physiques : la mauvaise santé de la mère, la crainte de la tuer par des grossesses répétées. Lorsque cette crainte est jus-

---

1. Arist., *Polit.*, II, 6, 13.

tifiée médicalement, elle devient respectable ; elle vaut, d'ailleurs, même au point de vue social, car les enfants nés dans ces conditions seraient malingres et peu viables. Mais, dans le nombre presque total des cas, les raisons de l'infécondité sont de l'ordre économique et sont plus ou moins égoïstes. La stérilité française est un phénomène économique bien plutôt qu'un phénomène physiologique. Le père de famille fait ce calcul qu'il doit parfois prendre sur son nécessaire pour élever une nombreuse famille, qu'au lieu d'épargner au moment où il est dans la force de l'âge, il devra dépenser pour ses enfants, qu'il condamnera peut-être ainsi sa vieillesse à la misère : il voit dans la fécondité une prodigalité. Notre budget de 4 milliards 200 millions représente une moyenne d'impôts de 113 francs par tête : avec de tels impôts il faut assurément, pour nourrir une nombreuse famille, ou une certaine fortune ou une bien savante organisation de la misère.

Autre raison. Le petit propriétaire a une sorte de fétichisme de la terre : son champ, sa maison sont pour lui comme des personnes qu'il veut confier en mains sûres. S'il a plusieurs enfants, il faudra partager ces trésors, peut-être les vendre au cas où on ne pourrait les diviser également. Le paysan n'admet pas cette division de la propriété, pas plus que le gentilhomme de vieille souche n'admet l'aliénation du château des ancêtres. Tous les deux aiment mieux mutiler leur famille que leur domaine. Élever un enfant, c'est pourtant créer un capital, et la fécondité est une forme comme une autre de l'épargne sociale. Les économistes et les paysans français admettent volontiers que l'élevage d'un veau ou d'un mouton constitue une richesse ; à plus forte raison devraient-ils l'admettre pour celui d'un enfant en bonne santé. Mais il y a une différence, c'est que le bœuf, une fois élevé, travaille uniquement pour l'éleveur, tandis que l'enfant, une fois homme, ne travaille plus pour le père de famille. Au point de vue égoïste du père, il y a avantage à élever des bœufs et des moutons ; au point de vue social, il y a un avantage incontestable à élever des hommes. Dans tous les pays neufs, la race française redevient prolifique, parce que le nombre des enfants n'apparaît plus alors comme une charge, mais comme un profit. Au Canada, soixante mille Français ont donné naissance à un peuple de deux millions et demi. En Algérie, la natalité est de 30 à 35 pour 1000, alors qu'elle n'est pas de 20 pour 1000 en Normandie. Enfin, un exemple frappant de l'influence de l'émigration a été tiré, en France même, du département des Basses-Pyrénées, où le courant de la natalité suit le courant de l'émigration : les naissances s'y sont graduellement relevées depuis que les départs en Amérique font des vides dans la population.

Occupons-nous maintenant des causes morales qui existent du côté féminin. Il est naturel que, dans un certain monde, les femmes aiment peu à être mères : c'est en effet le seul travail qui leur reste à accomplir, et cette dernière tâche leur est d'autant plus à charge que la fortune les a débarrassées de toutes les autres. Elles n'ont même plus à nourrir, le sein maternel peut se faire remplacer; elles n'ont plus à élever et à instruire, il y a des précepteurs; mais personne ne peut enfanter à leur place, et dans leur vie de frivolité il reste ce dernier acte sérieux à accomplir. Elles protestent, elles ont raison. L'ambition des femmes du grand monde étant trop souvent, comme on sait, de copier celles du demi-monde, il était bien qu'elles les imitassent sous ce rapport comme sous tous les autres, et qu'elles cherchassent à établir entre le mariage et la prostitution cette nouvelle ressemblance : l'infécondité.

Même chez les femmes du peuple la gestation et l'accouchement, étant le plus dur travail, est aussi celui qui est l'objet de la plus vive répulsion et des protestations de toute sorte. Je n'ai pas vu une femme du peuple qui ne se lamentât d'être enceinte, qui ne préférât même toute autre maladie à cette maladie de neuf mois. « Ah! nous ne faisons pas, nous recevons, me disait l'une d'elles; sans cela... » Elle résumait ainsi la situation physiologique et psychologique de la femme pauvre. Celles qui n'ont pas eu d'enfants, loin de s'en plaindre, s'estiment le plus souvent très heureuses. En tout cas, elles n'en désirent presque jamais plus d'un.

En Picardie et en Normandie, remarque M. Baudrillart, on se moque de la femme qui a beaucoup d'enfants. Ce qui sauve la fécondité de la femme dans les autres provinces — à défaut de la religion — c'est son ignorance. Elle ne connaît pas toujours Malthus. Elle ne trouve qu'un remède au mal qu'elle redoute : fuir son mari. Telle femme d'ouvrier préfère être battue que risquer d'avoir un nouvel enfant; mais, comme elle est la plus faible, elle reçoit souvent presque à la fois les coups et l'enfant. La crainte de l'enfant est plus fréquemment qu'on ne croit une cause de dissensions dans les ménages pauvres, comme d'ailleurs dans les ménages riches. Du moment où la femme raisonne au lieu de se laisser guider par la foi, elle ne peut pas manquer de sentir la très grande disproportion qui existe pour elle entre les joies de l'amour et les souffrances de la maternité. Il faudrait qu'une nouvelle idée intervînt ici, celle du devoir, et non pas seulement d'une obligation religieuse, dont le mari peut se railler, mais d'une obligation morale.

L'éducation catholique, nous l'avons déjà remarqué, a le grand tort d'élever les jeunes filles dans une fausse pudeur, ne leur parlant jamais des devoirs du mariage de peur d'éveiller leur imagination au sujet du mari futur. C'est exactement le résultat contraire qui est obtenu. La jeune fille ne voit dans le mariage que le mari futur et des plaisirs inconnus. Elle ne s'attend pas à des devoirs pénibles, elle n'y est pas résignée par avance; elle ne les considère même pas comme des devoirs, mais comme des nécessités; elle n'a qu'une ambition, celle de s'y soustraire. Il faudrait pourtant élever avant tout la mère dans la jeune fille ; notre éducation actuelle n'est vraiment adaptée qu'à la formation de religieuses ou de vieilles filles, — quelquefois de filles perdues, — puisque nous négligeons d'inculquer de bonne heure à la femme le sentiment de ce devoir essentiel qui constitue pour elle sa fonction propre et une bonne partie de sa moralité, le devoir maternel. Par bonheur la femme mariée ne peut pas se rendre inféconde de sa propre volonté, il lui faut un complice dans le mari : c'est ce dernier qui a ici toute la responsabilité. Si le mari, pour plaire à sa femme ou aux parents de sa femme, accepte d'être malthusien malgré lui, il joue là un rôle à peu près aussi ridicule que celui de Georges Dandin : l'homme qui se laisse imposer de n'avoir pas d'enfants est presque aussi débonnaire que celui qui accepte les enfants des autres.

Une autre cause morale qui explique la faiblesse de la natalité en France, c'est, chose étrange, que l'amour paternel ou maternel s'y montre plus tendre et plus exclusif que dans les autres pays. La famille française, quoi qu'on en ait dit, est beaucoup plus étroitement unie que la famille anglaise et allemande : il y a une sorte de fraternité dans les rapports des parents et des enfants.

Cette fraternité fait qu'on se sépare à regret et que l'idéal du père est d'avoir assez peu d'enfants pour pouvoir les garder tous près de lui. Nous sommes trop affinés, trop en avant sur la nature pour subir sans déchirement cette rupture que la puberté amène naturellement dans la famille animale, l'envolée du jeune oiseau qui a des plumes : nous n'avons pas la bravoure d'accepter ce déchirement, de le vouloir même comme une chose nécessaire et bonne. Cette affection a son côté égoïste, c'est par là qu'elle est stérile. Les parents élèvent un enfant moins pour lui que pour eux-mêmes.

Après avoir dégagé les causes principales qui, dans la famille française, restreignent le nombre des enfants, demandons-nous comment la loi et les mœurs pourraient réagir. Le système des réformes légales devrait porter avant tout sur ces principaux points : 1° réforme de la loi sur les devoirs filiaux (entretien et nourriture des parents) ; 2° réforme de la loi sur les successions ; 3° réforme de la loi militaire, dans le but de favoriser les familles nombreuses et de permettre l'émigration aux colonies françaises.

Élever des enfants étant une dépense considérable, il faudrait que cette dépense pût devenir pour les parents un profit possible, comme une sorte de placement à longue échéance. La loi peut y aider, et de diverses façons. Les législateurs français ont protégé les enfants contre la volonté du père en lui interdisant de les déshériter complètement ; il aurait fallu aussi mieux protéger le père contre l'ingratitude possible des enfants. Combien de fois arrive-t-il, à la campagne surtout, que de vieux parents, après avoir élevé à grand'peine une nombreuse génération, se voient à la charge de leurs fils ou de leurs beaux-fils, mal nourris, accablés de gros mots. La loi dit que les enfants doivent la nourriture à leurs parents, sans doute ; mais il y a une nourriture donnée de telle façon que c'est presque un empoisonnement. La loi, qui s'est occupée à établir l'indépendance morale des fils par rapport aux pères, aurait pu établir mieux l'indépendance morale des parents eux-mêmes. Si un père ne peut pas aujourd'hui dépouiller son fils, n'est-il pas choquant qu'un fils puisse dépouiller ses parents, prendre d'eux la vie, les aliments, l'éducation pour ne leur rendre qu'une hospitalité dérisoire, de mauvais propos, parfois des coups ? Parmi ceux qui ont habité au milieu du peuple et surtout dans les campagnes, il n'est personne qui n'ait été témoin de la situation déplorable où se trouvent réduits certains vieillards, contraints à mendier aux voisins ou même sur les grandes routes une existence qui leur est refusée dans leur propre maison. La loi française actuelle est tout à fait désarmée à l'égard d'une ingratitude filiale qui ne se traduit pas par des voies de fait, mais par de simples injures. Elle annule les donations faites à un ingrat, mais on ne peut pas annuler la donation de la vie, et les enfants ingrats bénéficient de cette situation. Le père devrait pouvoir compter au moins sur un minimum exigible de ses enfants, quel que fût leur caractère [1].

Si, comme il est probable, le principe de l'assurance sociale vient un jour à prévaloir, et si on forme, par une retenue régulière au profit de chaque travailleur et pour ses vieux jours un capital que le patron et l'État accroîtront eux-mêmes par une redevance, nous croyons qu'il sera équitable d'accroître plus fortement la masse attribuée au père de famille et de diminuer d'autant la masse attribuée au célibataire : le premier a en effet dépensé davantage pour l'État et lui a légué davantage ; il a capitalisé pour l'État en élevant pour lui une généra-

---

[1]. Nous n'avons pas à entrer ici dans les détails de l'application. Peut-être la loi ne serait-elle que juste en donnant aux parents dans le besoin le choix entre l'habitation chez leurs enfants, rendue si souvent très pénible, et une somme annuelle, proportionnelle au salaire ou aux ressources des enfants, dont elle fixerait le minimum. Cette somme pourrait être perçue par l'État ou la commune et payée par lui au vieillard. Tout père de famille ne tarderait pas à réfléchir que, s'il est un jour dans le besoin et s'il n'a qu'un enfant, il aura droit simplement à une somme donnée ; tandis que, avec dix enfants, il aura droit à la même somme décuplée, peut-être centuplée si quelqu'un d'entre eux s'est enrichi. Une nombreuse famille constituerait ainsi un gage d'indépendance pour le père ; d'autre part, plus celui-ci dépenserait en frais d'éducation, plus il aurait chance de retrouver plus tard l'équivalent. En travaillant à l'augmentation du capital social, il se serait créé à lui-même une sorte d'épargne pour ses vieux jours. — Même en supposant que l'application entière d'une loi de ce genre fût très difficile dans la pratique, il faudrait néanmoins que le droit des parents à une gratitude vraiment active fût reconnu et consacré par un article formel de la loi, traçant aux enfants une ligne de conduite, fixant même une certaine proportionnalité entre leur gain et leurs redevances annuelles à leurs parents. Il faudrait que la loi même contribuât à effacer du langage courant, surtout pour ceux qui ont rempli largement les devoirs de la paternité, ces mots honteux : « être à la charge de ses enfants » ; il faudrait qu'on s'habituât à considérer ce genre de charge non comme un accident pour les enfants, comme un malheur et presque une honte pour les parents, mais comme la conséquence même et l'exercice d'un droit légal.

tion nouvelle : il serait légitime que l'État lui restituât une minime portion des dépenses qu'il a faites d'une manière désintéressée et qui, infructueuses pour lui, sont fructueuses surtout pour l'État.

En attendant cette époque un peu lointaine, il y a une réforme immédiatement praticable, l'impôt sur les célibataires. Chaque fois qu'il a été question de cet impôt, tout le monde a raillé, parce que, suivant la remarque de M. Ch. Richet, on s'est représenté la chose comme une *amende*, une sorte de *punition* à celui qui n'a pas voulu ou pu se marier. C'est là se faire une idée très fausse d'une mesure qui ne serait que la plus stricte justice. En effet, à fortune égale, un célibataire paye évidemment à l'État moins d'impôts (impôts indirects, impôt des portes et fenêtres, etc.); enfin il se dispense de cette partie de l'impôt du sang qui est payée par la génération du père de famille, car en réalité ce dernier sert plusieurs fois son pays, par lui-même et par ses enfants. Le célibataire est donc dans une situation tout à fait privilégiée; il échappe d'un seul coup à presque toutes les charges sociales; par rapport à tous les impôts directs ou indirects, il jouit de dispenses qui ne sont pas sans analogie avec celles dont jouissaient autrefois les prêtres et les nobles. Les mêmes observations valent pour les ménages sans enfants; ils sont privilégiés et pour ainsi dire protégés, encouragés par la loi : c'est un état de choses qui ne doit pas, qui ne peut pas durer.

Par l'impôt sur les célibataires, on ne ferait que revenir aux idées de la révolution française. La révolution avait eu soin, par de nombreuses lois, de favoriser l'homme marié en imposant davantage le célibataire. Ainsi tout célibataire était rangé dans une classe supérieure à celle où son loyer l'eût placé s'il eût été marié; s'il réclamait des secours pour causes imprévues, il ne recevait que la moitié des sommes accordées à l'homme marié; s'il avait plus de trente ans, la loi l'obligeait à payer un quart en sus de toute contribution foncière; la valeur imposable de ses loyers était surhaussée de moitié. Le fabricant était tenu de déclarer pour la répartition de l'impôt s'il était célibataire ou marié. La loi considérait comme célibataire tout homme âgé de trente ans qui n'était ni marié, ni veuf[1].

---

1. Voir les *Études sur le célibat en France*, du D' G. Lagneau. (Académie des sciences morales et politiques, page 835, année 1885.)

Outre l'impôt particulier sur les célibataires, une plus équitable répartition de l'impôt dans les familles est réalisable. Comme le remarque avec raison M. Richet, si l'on ne peut soulager le père de famille des impôts indirects, il faudrait du moins que l'impôt direct payé par lui fût inversement proportionnel au nombre de ses enfants[1]. En outre la prestation, cet impôt si impopulaire qui est un dernier vestige de la *corvée*, pourrait sans doute être supprimée entièrement pour ceux qui sont pères de plus de quatre ou même de trois enfants [2].

Tout le monde est d'accord aujourd'hui pour reconnaître la mauvaise organisation d'un autre impôt, celui des héritages. Nous croyons que c'est surtout en modifiant l'assiette de cet impôt qu'on pourrait atteindre le malthusianisme. Il faudrait dégrever autant que possible toute succession qui est à partager entre un grand nombre d'enfants, et au contraire faire porter le poids des impôts sur les successions tombant dans une seule main. Le petit propriétaire qui n'avait qu'un enfant pour ne pas diviser son

---

[1] « Les contributions directes elles-mêmes, dit M. Javal, sont, pour une forte part, une taxe sur les enfants : les prestations frappent les fils avant l'âge adulte ; les portes et fenêtres sont un impôt sur l'air et la lumière, dont le poids s'aggrave à mesure que l'accroissement de la famille oblige le père à occuper un plus vaste appartement ; la patente elle-même, s'appliquant au loyer de l'habitation personnelle, est, pour une bonne part, proportionnelle aux charges et non pas aux ressources du contribuable. » (*Revue scientifique*, n° 18, 1er novembre 1884, p. 567). « On sait, dit M. Bertillon, que la ville de Paris paye à l'État l'impôt des locations inférieures à 400 francs. En principe, quoi de mieux? Mais voyons-en l'application : voici deux voisins ; l'un, garçon, a un logement confortable de deux pièces et leurs accessoires ; l'une de ces chambres ne lui sert à peu près à rien et n'est que pour sa commodité. Celui-là, la ville paye l'impôt à sa place. — A côté loge une famille de quatre enfants, dans trois pièces où ils sont fort à l'étroit et à peine proprement, mais le loyer en est de 500 francs, et il faut que ces malheureux payent : 1° six fois plus d'impôts de consommation que leur voisin ; 2° leur impôt mobilier ; 3° enfin, qu'ils contribuent à la générosité faite à leur voisin, l'heureux célibataire. Évidemment c'est le contraire qui devrait arriver. » (Bertillon, *La statistique humaine de la France*).

[2] En accordant au concours une bourse à l'un des sept enfants d'un père de famille (suivant une loi de la Révolution récemment reprise et corrigée), on ne fera sans doute qu'un acte de justice, presque de réparation ; mais il ne faut pas croire qu'on obtiendra par là un bien grand résultat pratique. D'une part, le profit qu'on propose au père de famille est trop aléatoire ; d'autre part, la perspective de cet avantage ne pourra toucher que celui qui a déjà six enfants et qui hésite à en avoir un septième ; mais celui qui a six enfants ne pratique pas la loi de Malthus et n'est pas porté à la pratiquer.

champ comprendra qu'il a fait un mauvais calcul si à cause même de cet unique héritier, la loi impose fortement sa succession. Au contraire, celui qui dépense beaucoup pour élever beaucoup d'enfants aura du moins cette satisfaction de penser que tout ce qu'il possède leur parviendra presque intégralement, que le trésor public en prélèvera peu de chose et que, si ses biens sont divisés, ils ne seront pas du moins amoindris : presque rien ne « sortira de la famille [1]. »

Au début de toute réforme des lois sur les héritages, il faut poser ce principe que deux motifs excitent seuls l'homme à amasser un patrimoine : son intérêt personnel ou celui de sa femme et de ses enfants. Aussi, toutes les fois qu'un homme est veuf et sans enfants, son héritage peut être frappé d'un impôt très élevé sans que la considération de cette perte d'argent puisse l'émouvoir beaucoup ni entraver cette soif de capitaliser que la société doit respecter chez tous en vue de son propre intérêt. Un impôt considérable sur la succession des célibataires et des ménages sans enfants serait donc une réforme d'une évidente équité. Pas plus ici que pour la taxe du célibat il ne s'agit d'une sorte de punition ou d'amende; il s'agit de ce simple fait qu'un homme qui n'a pas élevé d'enfants a dépensé beaucoup moins pour la société, et que la société a toujours le droit, soit de son vivant, soit à sa mort, de lui demander une compensation. Elle doit le faire en vertu même de la *proportionnalité* des charges.

Étant donnée la prépondérance que tend à prendre dans

---

1. Supposons, pour prendre un chiffre un peu au hasard, que la loi frappe d'un impôt équivalent à 20 pour 100 la succession destinée à un fils unique; elle pourrait frapper de 15 pour 100 seulement la succession destinée à deux enfants, de 10 pour 100 celle de trois, de 8 pour 100 celle de quatre, de 6 pour 100 celle de cinq, de 4 pour 100 celle de six, de 2 pour 100 celle de sept. Enfin les successions destinées à plus de sept enfants pourraient être entièrement déchargées de l'impôt. Remarquons que cette gradation approximative dans le chiffre des impôts existe dès maintenant, mais renversée. Voici en quel sens on pourrait le soutenir : plus la succession doit être morcelée entre un grand nombre d'enfants, plus les frais de vente et de partage deviennent considérables, plus d'autre part la propriété ainsi morcelée perd de sa valeur. On citerait des cas nombreux dans lesquels les successions, devant échoir à sept ou huit enfants, ont perdu par le partage et la transmission non-seulement vingt, mais vingt-cinq et même cinquante pour cent de leur valeur. Au contraire, l'héritage transmis à un seul héritier n'a à subir que l'impôt actuel, qui est au plus de dix pour cent. Ici, comme partout ailleurs, la loi protège en fait les familles infécondes, elle pousse à la stérilité.

nos sociétés modernes le capital sous sa forme massive, l'esprit religieux joint à l'esprit patriarcal avait trouvé, en imaginant le droit d'aînesse, un accommodement entre les nombreuses familles et le capital indivisible. Rétablir ce droit aujourd'hui chez les nations qui l'ont répudié, serait impraticable et injuste, reconnût-on que, sur ce point, les superstitions et les préjugés traditionnels n'étaient pas sans renfermer une certaine part de vérité. Mais, pour rassurer ceux qui redoutent le partage inévitable de leurs possessions territoriales, on pourrait atténuer les lois actuelles sur la réserve légale. Tout propriétaire d'un domaine territorial, d'une usine ou d'une maison de commerce pourrait rester libre de désigner celui de ses enfants qu'il considère comme le plus apte à lui succéder dans la possession de ces immeubles, et le partage légal s'effectuerait en respectant cette réserve créée par la volonté paternelle. — Ce serait une sorte de liberté de tester, restreinte à la famille. Les auteurs de notre Code civil ont brisé la ligne de succession des vieilles familles nobles ; on peut les approuver sur ce point, car ils ont forcé au morcellement un capital improductif et par là même ils l'ont rendu productif ; mais il est un autre point sur lequel on ne peut que les blâmer : c'est qu'ils ont rendu très difficile la transmission des grands établissements agricoles ou industriels. Ils ont morcelé ainsi des capitaux qui étaient beaucoup plus productifs à l'état massif pour ainsi dire ; grâce à eux, nous n'avons presque plus en France ces longues familles d'agriculteurs ou d'industriels qui, se transmettant de père en fils la même entreprise, pouvaient la porter à un plus haut point. Ce sont ces dynasties de commerçants ou de propriétaires qui ont fait la grandeur de l'Angleterre et de l'Allemagne. On n'improvise pas du jour au lendemain une maison de commerce ou un domaine agricole, et si, après votre mort, la nécessité du partage fait disparaître votre œuvre, c'est une perte sèche pour la patrie. On sait avec quelle force Le Play a peint le désespoir du cultivateur qui a constitué lentement un domaine, de l'industriel qui a créé une maison prospère, et qui sont menacés l'un et l'autre de voir leur œuvre anéantie s'ils se sont permis d'avoir de nombreux enfants. Ils n'ont qu'un souci : distraire de leur entreprise une quantité de valeurs mobilières suffisante pour que les enfants qui ne leur succéderont pas y trouvent cependant de quoi satisfaire à la réserve légale et ne fassent pas vendre leur établissement. Fort souvent le résultat de cette manœuvre est que l'héritier du principal établissement, n'ayant plus assez de fonds de roulement, ne peut plus continuer l'œuvre paternelle et se ruine là où le père s'était enrichi. La loi, pour accomplir le partage des produits du travail paternel, en vient trop souvent à anéantir ce travail même ; afin d'obtenir une plus grande équité apparente dans le partage des revenus, on en épuise la source. C'est l'éternelle histoire des sauvages coupant l'arbre pour en cueillir les fruits.

Le service militaire, — la charge peut-être la plus lourde que l'État fasse peser sur l'individu, — est aussi le principal moyen d'action que l'État ait sur lui. Le Normand le plus malthusien se convertirait soudain si on pouvait à volonté lui imposer ou lui retirer cinq ans de service militaire. Dès maintenant on dispense du service des vingt-huit jours le père de quatre enfants vivants (loi d'ailleurs peu connue, et qui devrait l'être) ; il faudrait faire plus et le dispenser absolument de tout service de réserve, même en temps de guerre. De même, comme on l'a demandé, une famille qui a fourni deux soldats devrait être quitte envers l'armée : les fils plus jeunes seraient exemptés définitivement par le passage de leurs deux frères sous les drapeaux. Actuellement, les familles où il y a plus de deux fils sont assez rares pour qu'une telle mesure diminue à peine les contingents annuels [1]. D'ailleurs les ressources budgétaires sont insuffisantes pour incorporer chaque classe en entier ; il est donc irrationnel de s'adresser au sort pour désigner la seconde partie du contingent. C'est là s'adresser à l'inégalité même et à la *grâce* sous prétexte d'égalité et de droit : l'avenir de toute société dépend de la part décroissante qu'on laissera aux injustices du hasard. Il faudrait donc régler la charge militaire incombant à chaque famille selon le nombre de ses enfants [2].

L'émigration tendant à augmenter la fécondité, il fau-

---

[1]. M. Javal, en 1885, a proposé à la Chambre de remplacer l'article 19 de la commission par un article aux termes duquel, quand une famille aurait deux ou trois fils sous les drapeaux, ils ne seraient tenus ensemble qu'à trois ans de service, et quand il y en aurait plus de trois, chacun ne ferait qu'un an de service. Cet amendement était inspiré par l'arrêt de la population en France.

[2]. On pourrait encore, comme le demande M. Richet, permettre le mariage aux jeunes soldats dans certaines conditions : ils ont l'âge où précisément la fécondité est la plus grande.

drait que la loi favorisât l'émigration. Dès maintenant d'après des calculs sérieux, on estime à 30 000 au moins, à 40 000 au plus, le nombre des Français qui s'expatrient chaque année; chiffre relativement restreint, mais avec lequel on pourrait cependant peupler d'importantes colonies[1]. Il est peu scientifique de soutenir, encore aujourd'hui, que la race française soit incapable de coloniser, alors qu'elle a aidé si puissamment à la formation de grandes colonies anglaises, le Canada, l'Inde, l'Égypte même; qu'elle est en train de créer l'Algérie et la Tunisie. Ce qui nous manque, ce n'est pas la *faculté de coloniser*, mais l'*habitude d'émigrer*. L'émigration, malgré l'importance relative qu'elle a déjà prise chez nous, existe surtout dans certaines contrées pauvres de la France; elle s'est trop insuffisamment généralisée pour avoir pu encore relever la masse de la natalité : il dépendrait de la loi de contribuer ici à corriger les mœurs. En Angleterre, sur quatre fils, on en compte le plus souvent un aux Indes, un autre en Australie, un autre en Amérique : rien d'étonnant à cela; c'est la coutume. Le sentiment des distances existe à peine de l'autre côté du détroit. En France, si un seul enfant s'expatrie, fût-ce par exemple comme secrétaire d'ambassade, on lui fait des adieux aussi solennels que s'il s'agissait d'un départ sans retour, de la mort même. Il y a beaucoup de préjugés et d'ignorance dans ces angoisses paternelles. Telle profession sédentaire, celle de médecin par exemple, a des périls que la statistique rend frappants et que nous ne redoutons cependant point pour nos enfants, précisément parce qu'ils sont plus voisins de nous et qu'il n'est pas nécessaire d'aller les chercher au bout du monde. Ces préjugés nationaux se guériront par l'instruction, par l'habitude croissante des voyages, par la circulation toujours plus précipitée dans les artères du grand corps social : les lois peuvent favoriser cette circulation. L'esprit d'entreprise et de colonisation, qui semble au premier abord si étranger à l'esprit de famille, s'y rattache pourtant; il en est à certains égards la condition même. Élever une nombreuse famille, c'est

---

1. Pour apprécier la puissance de colonisation de la France, il ne faut pas comparer ce chiffre avec celui de l'émigration dans les autres pays, mais avec le chiffre de l'excédent actuel de notre natalité. Par rapport à ce nouveau point de comparaison, le nombre de 40,000 émigrants (adopté par M. Paul Leroy-Beaulieu) devient considérable, puisque l'excédent annuel de nos naissances n'est pas de 100,000.

toujours en un certain sens coloniser, même quand on ne sort pas du sol natal ; c'est se lancer ou lancer ses enfants dans des voies inconnues : il faut pour cela de l'activité d'esprit, il faut une sorte de fécondité intellectuelle inséparable de l'autre. La création d'une famille nombreuse est une véritable *entreprise* sociale, comme la création d'une maison de commerce ou d'une ferme agricole est une entreprise économique. Pour faire réussir l'une comme l'autre, il faut des efforts constants, mais l'une comme l'autre peut rapporter des avantages de toute sorte à celui qui a réussi. Supposez dix enfants élevés dans le travail et l'honnêteté, il y a grande chance pour qu'ils forment autour des parents une sorte de phalange protectrice, pour qu'ils leur donnent, sinon des bénéfices directs et grossiers, tout au moins honneur et bonheur. Seulement, nous ne nous le dissimulons pas, élever une famille, c'est toujours courir un risque : toutes les fois qu'on entreprend quelque chose, on risque d'échouer. Il faut donc développer l'esprit d'entreprise et d'audace, si puissant autrefois dans la nation française. Aujourd'hui, beaucoup de gens restent célibataires pour les mêmes raisons qu'ils restent petits rentiers sans essayer d'accroître leur fortune dans le commerce ou l'industrie : ils ont peur de la famille, comme ils ont peur des risques commerciaux ; ils consomment au lieu de produire, parce que la production est inséparable d'une certaine mise de fonds et d'activité. De même encore beaucoup de gens, une fois mariés, tâchent de réduire pour ainsi dire le mariage au *minimum*, en évitant presque la famille ; ils n'osent pas avoir d'enfants : ils ont toujours peur de dépenser quelque chose d'eux-mêmes, en sortant de la coquille de leur égoïsme mal entendu.

L'émigration que la loi devrait surtout favoriser, c'est l'émigration dans les colonies françaises. De là une réforme nécessaire dans la loi militaire. En fait, et malgré la loi du 27 juillet 1872, le gouvernement est forcé d'amnistier les nombreux basques ou savoisiens qui émigrent pour échapper à la loi militaire. Aussi le seul courant d'émigration important qui existe en France va-t-il se perdre dans des colonies étrangères, y créer souvent des industries rivales de la nôtre, bien rarement y ouvrir des débouchés avantageux pour notre commerce. Ne serait-il pas urgent de mettre nos colonies dans une situation aussi avantageuse pour l'émigrant que tout autre pays étranger ?

Si le jeune homme de vingt ans qui va passer plusieurs années de sa vie à la Plata ou au Brésil se trouve *en fait* dispensé du service militaire, ne devrait-il pas l'être *en droit* lorsqu'il ira s'établir en Algérie, en Tunisie, au Tonkin, à Madagascar? Les colons sont des soldats à leur manière : ils défendent eux aussi, en les élargissant, les frontières de la patrie ; ils devraient donc être considérés précisément comme des soldats par une loi vraiment conséquente. C'est avec raison que 54 chambres de commerce de nos principales villes, « considérant qu'il est du plus grand intérêt d'encourager, par tous les moyens, l'émigration des jeunes gens instruits et intelligents disposés à s'établir dans nos colonies,... » ont demandé « d'accorder en temps de paix, aux jeunes gens séjournant aux colonies, un sursis d'appel de cinq ans, sursis qui se transformerait en exemption définitive après un nouveau séjour de cinq années consécutives. » Nous croyons que ce laps de dix ans pourrait être raccourci, et qu'un séjour de sept ans aux colonies, de cinq ans même dans certaines colonies éloignées, comme le Tonkin, pourrait être infiniment plus profitable à la mère patrie qu'un séjour de trois ans sous les drapeaux [1]. Nous avons beaucoup moins besoin, pour garder nos colonies, de soldats que de colons : elles sont trop souvent « des colonies sans colons ». De plus, nous ne voyageons pas assez, nous ne connaissons pas assez nos propres possessions : quiconque y aura passé cinq années, parmi les plus belles et les plus actives de sa vie, sera tenté d'y revenir ou d'y envoyer ses amis et ses parents. Un amendement visant cette dispense du service militaire a déjà été discuté à la Chambre des députés, en mai et juin 1884. Ce simple amendement, s'il passait un jour, pourrait avoir une influence considérable sur les destinées de la race française [2].

---

[1]. Il ne faut pas se figurer la durée minimum de séjour qu'exigerait la loi comme représentant la durée réelle : on ne revient pas de si loin comme on veut, à moins d'une fortune qui est chose rare; mais le législateur doit tenir compte de l'effet psychologique d'un chiffre, et se dire qu'un émigrant ne part que rarement avec la notion exacte du temps qu'il restera. La plupart des Basques qui émigrent en si grand nombre pour l'Amérique s'imaginent revenir bientôt au pays natal; les trois quarts ne tardent pas à devenir là-bas de bons citoyens de la république Argentine.

[2]. Parmi les causes secondaires qui tendent à diminuer la natalité française et que la loi peut atteindre, signalons l'avortement, qui se pratique en France non moins largement qu'en Allemagne, mais qui a des conséquences bien pires à cause du peu d'enfants que la France produit. Paris a réussi à

III. — Outre les lois, le grand moyen d'action sur les races est l'éducation publique ; c'est par là qu'on agit le plus sur les idées et les sentiments. Il faudrait donc éclairer les esprits sur les conséquences désastreuses de la dépopulation ; il faudrait, par tous les moyens possibles, susciter les sentiments de patriotisme, d'honneur, de devoir. On pourrait agir par l'instituteur, par le médecin, par le maire. On néglige trop une foule de ces moyens très pratiques d'instruction.

Il y a d'abord les conférences faites aux soldats. Des conférences d'une demi-heure avec des faits frappants, des exemples, un petit nombre de chiffres significatifs, pour-

se créer une réputation dans l'art de l'avortement, et des dames de divers pays y viennent pour se faire avorter. « Un des professeurs de notre école a dit cette année, en plein cours, qu'une sage-femme lui avait avoué faire en moyenne cent avortements par an. » (D' Verrier, *Revue scientifique*, 21 juin 1884). Pajot affirme que le chiffre des avortements est plus grand que celui des accouchements. Ne serait-il pas possible de remédier en partie à cet état de choses : 1° par le rétablissement des tours ; 2° par une surveillance plus constante sur les livres et les cabinets des sages-femmes et des accoucheurs, analogue à celle qui est exercée à Paris sur les logements garnis ?

Parmi les principales raisons qui empêchent les mariages, mentionnons les formalités, déjà beaucoup trop compliquées quand il s'agit de deux individus français, et qui deviennent sans nombre quand un français et un étranger sont en question. La loi relative au mariage entre français devrait être simplifiée le plus possible, afin que le temps perdu, l'ennui causé par les démarches ne pussent point entrer en considération. De plus, on devrait faire les plus grands efforts pour faciliter les mariages entre français et étrangers, unions dont les résultats sont généralement bons pour la race et qui rencontrent des obstacles dans les lois très arriérées de certains pays : cette dernière question rentre dans le ressort de la diplomatie.

D'autres causes, que la loi peut modifier, agissent encore en France, sinon pour diminuer la natalité, du moins, — ce qui revient au même, — pour augmenter la mortalité des enfants. En premier lieu il faut compter l'industrie des nourrices, qui pourrait être l'objet d'une surveillance beaucoup plus grande encore qu'elle ne l'est depuis la loi Roussel. En second lieu, la situation déplorable où se trouvent les enfants illégitimes, sur lesquels la mortalité est beaucoup plus grande en France que dans les autres pays : une partie est inscrite au nombre des mort-nés, par suite de crimes non constatés que les statistiques médicales rendent pourtant probables ; une autre partie meurt de faim dans la seconde semaine de la naissance, par suite de la négligence ou de la cruauté des mères. Le rétablissement des tours serait encore ici un premier remède. En troisième lieu, mentionnons la mortalité exceptionnelle qui frappe en France les adultes de 20 à 25 ans, et qui ne saurait guère avoir d'autre cause que l'administration inintelligente de l'armée. C'est sur tous les points à la fois que le politique, le législateur, l'administrateur, doivent porter leur attention pour lutter contre le courant qui entraîne la dépopulation de la France.

raient exercer une influence considérable sur l'armée, qui aujourd'hui est la nation même. Les conférences aux soldats seront certainement un jour un des grands moyens de la vulgarisation des connaissances; elles ont été récemment employées avec succès en Belgique, pendant les grèves, pour inculquer à l'armée des notions d'économie politique et la prémunir contre certaines naïvetés communistes.

Après les conférences aux soldats, mentionnons les affiches. Certains discours politiques de la Chambre ou du Sénat, qu'on placarde sur les murs du village le plus reculé, sont infiniment moins utiles à connaître que ne le serait tel ou tel renseignement statistique, économique, géographique. Outre l'affichage dans les campagnes, on peut indiquer encore la lecture à haute voix soit par un fonctionnaire important du village, soit même par le crieur public. Le *Bulletin des Communes*, rédigé avec plus de soin qu'il ne l'est, rempli d'exemples utiles, pourrait être lu chaque dimanche sur la place de la mairie. Si le maître d'école était chargé de ce soin, il y aurait là le germe d'une conférence hebdomadaire, instructive, qui aurait grande chance de réussir et d'attirer un public, dans le vide et la monotonie de la vie à la campagne. On pourrait de cette manière faire afficher, faire lire et commenter à haute voix des renseignements statistiques et économiques sur la dépopulation de certaines provinces, sur les dangers de cette dépopulation, sur l'accroissement énorme des peuples allemand, anglais, italien, sur les conséquences sociales de l'affaiblissement d'une race, enfin appeler l'attention de tous sur la ruine économique et politique qui nous menace. Là où diminue l'influence de l'instruction religieuse, il est essentiel d'y suppléer par une éducation morale et patriotique qui combatte les préjugés, l'égoïsme, l'imprévoyance ou la fausse prévoyance.

Une des illusions psychologiques les plus fréquentes qu'une meilleure éducation pourrait faire disparaître, c'est de se figurer le bonheur de ses enfants exactement sur le type de son propre bonheur. Un avare, qui n'est heureux qu'en amassant de l'argent, ne voit pas pour sa postérité de jouissance pareille à la possession d'un capital massif, non divisé entre plusieurs. Le paysan, qui a passé sa vie à *arrondir* son lopin de terre par un travail de chaque jour et par des stratagèmes sans nombre, ne conçoit pas pour son fils d'autre idéal que la culture et l'agrandissement de cette terre tant désirée : sa vue ne s'étend pas au delà de la haie de son pré, ou plutôt du pré voisin qu'il convoite. Un boucher de petite ville n'aura qu'un enfant afin d'en faire un boucher comme lui, son successeur; s'il en avait deux, le second serait peut être forcé de se faire boulanger, menuisier, serrurier : quel malheur, et comment vivre si l'on n'est pas boucher! Le rentier paresseux, dont la quarantaine se passe entre les femmes et les chevaux, ne rêve pour son héritier rien de meilleur que la paresse. Au contraire, ceux qui sentent vivement tel ou tel inconvénient inhérent à leur état s'imaginent qu'ils obtiendront, pour leur fils, le bonheur parfait par cela seul qu'ils supprimeront pour lui cet inconvénient. Le journalier laborieux, le petit commerçant, le fonctionnaire qui a travaillé toute sa vie dix ou douze heures sur vingt-quatre, et qui n'a jamais eu qu'un désir, se reposer, imagine que la vie de son fils sera nécessairement bien plus heureuse si ce fils peut travailler moins. Les quatre-vingt-quinze centièmes de l'humanité étant soumis à un dur travail, quatre-vingt-quinze hommes sur cent s'imaginent que le bonheur suprême consisterait à pouvoir ne rien faire. La plupart ignorent absolument que le bonheur, toutes circonstances égales, n'est jamais exactement proportionnel à la richesse et que, suivant un théorème de Laplace, si la fortune croît selon une progression géométrique, le bonheur croîtra tout au plus selon une progression arithmétique : le millionnaire n'a guère à sa portée qu'une fraction de bonheur de plus que le bon ouvrier gagnant assez pour vivre. Enfin la fortune n'a tout son prix que pour celui qui l'a acquise lui-même, qui sait ce qu'elle vaut, qui la regarde avec la satisfaction de l'artiste regardant son œuvre, du propriétaire contemplant sa maison, du paysan mesurant son champ. Aussi la fortune a-t-elle toujours un prix plus grand pour le père qui l'a faite que pour le fils, qui souvent la défera. S'il est un axiome dont les pères de famille devraient se pénétrer, c'est le suivant : un fils robuste et intelligent, muni de l'éducation aujourd'hui indispensable, a d'autant plus de chance d'être heureux qu'il sera plus occupé dans la vie, et il ne sera occupé que si une fortune ne lui tombe pas du ciel à sa majorité. Pour faire le bonheur d'un enfant, le plus sûr n'est donc pas de lui donner une *fortune,* mais de lui donner tous les *moyens* de l'acquérir, s'il le veut et s'il prend la fortune pour but [1].

1. Nous croyons par exemple qu'un père de famille, lorsqu'il dote son fils à vingt-cinq ans, pourrait souvent prendre pour mesure de sa générosité la

Le paysan et le bourgeois français, plus éclairés qu'ils ne le sont, en viendront facilement à comprendre que l'univers ne se borne pas à leur village ou à leur rue, que leurs enfants, une fois munis d'une instruction suffisante, auront des carrières multiples ouvertes devant eux, qu'enfin les colonies sont prêtes à les recevoir. Toutes les fois qu'une sphère d'action illimitée s'ouvre devant une race, celle-ci ne restreint plus le nombre de ses enfants. Pour ceux qui habitent auprès de terres non défrichées ou qui voient s'ouvrir des carrières nombreuses devant leurs enfants, il se produit ce qui a lieu chez les marins, placés au bord des richesses de l'Océan. D'où vient, en France même, la fécondité bien connue des pêcheurs ? On l'a attribuée à la différence de nourriture ; elle vient plus probablement, comme on l'a remarqué, de ce que le produit de la pêche est proportionnel au nombre des pêcheurs, et que la mer est assez large, assez profonde pour tous.

En résumé, le rapport des croyances religieuses avec le maintien du progrès des races est un des plus graves problèmes que soulève l'affaiblissement du christianisme. Si nous avons tenu à insister ainsi sur ce problème, c'est qu'il est à peu près le seul où ni la morale ni la politique n'ont encore sérieusement tenté de suppléer la religion. Devant ces questions la morale a eu peur jusqu'ici, elle n'a pas osé insister ; la politique a eu des négligences impardonnables. La religion seule n'a eu peur de rien et n'a rien négligé. Il faut pourtant changer cet état de choses ; il faut trouver une solution à ce problème vital, qui se posera avec d'autant plus de force que les instincts s'affaibliront dans l'humanité au profit de l'intelligence réfléchie[1]. Faudra-t-il donc en venir un jour à la solution la plus radicale, par laquelle on ferait élever, aux frais de ceux qui n'ont pas du tout ou pas assez d'enfants, les enfants de ceux qui en

---

somme que son fils peut épargner et épargne réellement en une année de travail. Libre au père de décupler, de centupler même cette somme ; mais il devrait la prendre pour base de ses calculs, au lieu de s'en rapporter exclusivement et grossièrement soit à des principes assez trompeurs d'égalité, soit à une affection qui peut être elle-même un principe d'inégalité. Nous connaissons un jeune homme qui, à vingt-huit ans, avait gagné par lui-même, après dix ans de travail, une quarantaine de mille francs : ses parents lui constituèrent une dot qui triplait cette somme.

1. Voir l'*Esquisse d'une morale sans obligation ni sanction*, p. 53, et la *Morale anglaise contemporaine*, 2e partie.

ont beaucoup? Non; avant d'en arriver à une extrémité pareille, bien des palliatifs doivent être tentés, et nous avons essayé d'en rappeler quelques-uns. Ce qui est essentiel, encore une fois, c'est que ni la politique, ni la morale, ni la pédagogie, ni l'hygiène ne se désintéressent de ces questions, dans lesquelles la religion commence à devenir et deviendra un jour impuissante. Il faut que la science fasse désormais ce que la religion fit jadis : il faut qu'elle assure, avec la fécondité de la race, sa bonne éducation physique, morale et économique.

TROISIÈME PARTIE
L'IRRÉLIGION DE L'AVENIR

CHAPITRE PREMIER
L'INDIVIDUALISME RELIGIEUX

I. Une rénovation religieuse est-elle possible. — 1° Peut-on espérer l'*unification* des grandes religions aujourd'hui existantes. — 2° Peut-on s'attendre à l'apparition d'une *religion nouvelle*. — Plus de miracles possibles. — Plus de *poésie* religieuse. — Plus d'*hommes de génie* capables de créer sincèrement et naïvement une religion nouvelle. — Plus d'*idée religieuse* originale à apporter aux hommes. — Plus de nouveau *culte* possible. Derniers essais de culte nouveau en Amérique, en France. Le culte des *Comtistes*. La religion de l'*éthique* d'Adler. — La religion peut-elle être renouvelée par le *socialisme*. Qualités et défauts des expériences socialistes.

II. — L'anomie religieuse et la substitution du doute a la foi. — I. L'absence de religion amènera-t-elle le scepticisme; le nombre des sceptiques s'accroitra-t-il par la disparition de la religion. — II. Substitution du doute à la foi. Caractère vraiment religieux du doute.

III. — Substitution des hypothèses métaphysiques aux dogmes. — Différence entre le sentiment religieux et l'instinct métaphysique. Caractère impérissable de ce dernier. Double sentiment des bornes de notre science et de l'infinité de notre idéal. — Essai de conciliation tenté par Spencer entre la religion et la science. Confusion de la religion et de la métaphysique.

I. — UNE RÉNOVATION RELIGIEUSE EST-ELLE POSSIBLE

Nous avons vu la dissolution des dogmes et de la morale religieuse dans les sociétés actuelles, mais une question se présente : cette période de dissolution religieuse que nous traversons ne sera-t-elle point suivie d'une rénovation religieuse ?

Une telle rénovation ne pourrait se faire que de deux manières : 1° par l'unification des religions; 2° par une religion nouvelle. Il ne faut plus songer aujourd'hui à l'unification des religions existantes : chacune se montre désormais impuissante à s'assimiler les autres. Non seulement les diverses confessions issues du christianisme se tiennent mutuellement en respect, mais il en est de même des grandes religions orientales. L'islamisme seul fait des progrès notables parmi les peuplades encore imbues de l'animisme primitif, et pour lesquelles il représente un évident progrès. Quant aux missionnaires chrétiens, ils n'ont jamais pu faire beaucoup de prosélytes, ni parmi les Musulmans, ni parmi les Boudhistes, ni parmi les Hindous. L'Hindou qui est arrivé à s'assimiler la science européenne en viendra nécessairement à douter du caractère révélé de sa religion nationale, mais il ne sera pas pour cela porté à croire que la révélation chrétienne soit plus vraie; il cessera d'être proprement religieux pour devenir libre-penseur. Tous les peuples en arrivent là, les principales grandes religions en sont venues à posséder une valeur approximativement égale comme symboles de l'inconnaissable, et l'on n'éprouve plus le besoin de passer de l'une dans l'autre : l'humanité, en général, n'aime pas le changement pour le changement. De plus, les missionnaires eux-mêmes manquent aujourd'hui de foi dans leur religion; ils n'ont que l'enthousiasme sans le talent ou le talent sans l'enthousiasme, et l'on peut prévoir un moment où l'esprit de prosélytisme, qui a fait jusqu'ici la puissance des religions, les abandonnera. Peu de gens pourraient s'écrier comme ce jésuite incrédule et missionnaire : « Ah ! vous n'avez pas idée du plaisir qu'on goûte à persuader aux hommes ce qu'on ne croit pas soi-même. » Là où manque la foi absolue, s'attachant jusqu'aux moindres détails du dogme, manque la force essentielle de tout prosélytisme, celle de la sincérité. Un jour l'évêque Colenso, au Natal, fut interrogé par ses néophytes sur l'Ancien Testament ; après l'avoir poussé de questions en questions, on finit par lui demander sa parole d'honneur que tout cela était vrai. Pris d'un scrupule, l'évêque tomba dans une réflexion profonde, étudia la question, lut Strauss et les exégètes allemands, enfin publia un livre où il considère comme des mythes les histoires bibliques. A cet exemple célèbre de Colenso chez les Cafres, il faut ajouter ceux de M. Francis Newman en Syrie, du Rév. Adams dans l'Inde, d'autres encore moins connus. Pour combattre avec efficacité des religions aussi bien constituées que celle de l'Inde, par exemple, nos missionnaires seraient forcés de s'instruire sérieusement dans l'histoire des religions; mais le jour où ils étudient ainsi sincèrement les religions comparées, avec l'intention de convertir autrui, ils ne tardent pas à se convertir eux-mêmes, ou du moins à rejeter toute croyance en une révélation spéciale [1]. Concluons que les grandes religions, principalement les religions « universalistes », arrivées aujourd'hui à la plénitude de leur développement, se balancent et se limitent l'une l'autre. Dans ces vastes corps en équilibre, la vie ne se révèle plus guère qu'intérieurement, par la formation de centres nouveaux d'activité qui se détachent du noyau primitif, comme il arrive pour le protestantisme scindé chaque jour en sectes plus nombreuses et pour l'hindouisme même, de telle sorte que le signe de la vie pour ces religions est précisément le commencement de la désagrégation. L'avenir, au lieu de nous promettre une unité religieuse, semble donc au contraire devoir produire une diversité toujours croissante, un partage en groupes toujours plus nombreux et plus indépendants, une individualisation toujours plus grande.

On a cru trouver dans la multiplicité toujours croissante des sectes, par exemple des sectes protestantes, dans les efforts courageux de certains disciples de Comte ou de Spencer, dans la naissance du mormonisme en Amérique ou du brahmaïsme aux Indes, des symptômes d'une fermentation religieuse analogue à celle qui agitait le monde au temps des Antonins, et pouvant aboutir comme elle à une rénovation. « Tout dans la nature a d'humbles commencements, et nul ne peut dire aujourd'hui si la mission inconsciente des pêcheurs et des publicains groupés, il y a dix-huit siècles, sur les bords du lac Tibériade, autour d'un doux et mystique idéaliste, n'écherra pas demain à telle association de spirites prophétisant dans un repli des Montagnes-Rocheuses, à tel conventicule

---

1. V. M. Goblet d'Alviella, *L'évolution religieuse*. Le prosélytisme religieux des anglo-saxons en est arrivé déjà au point de se contredire, de se paralyser lui-même. La société théosophique des États-Unis a envoyé en 1879, dans les Indes, des missionnaires ou plutôt des *contre-missionnaires*, qui s'étaient assigné pour but « de prêcher la majesté et la gloire de toutes les anciennes religions, ainsi que de prémunir l'Hindou, le Cingalais, le Parsi, contre la substitution d'une foi nouvelle aux enseignements des Védas, du Tri-Pitâka et du Zend Avesta. » Dans l'Inde et dans l'île de Ceylan, ces contre-missionnaires ont ramené à leur foi primitive des milliers d'indigènes convertis par des missionnaires chrétiens.

d'illuminés faisant du socialisme dans une arrière-boutique de Londres, à telle bande d'ascètes méditant comme les Esséniens d'autrefois sur les misères de ce monde, dans quelque jungle de l'Hindoustan. Peut-être leur suffirait-il de trouver sur le chemin de Damas un autre Paul qui les lance dans les voies du siècle[1]. » — Elles sont bien superficielles ces analogies qu'on veut établir entre notre siècle et celui des Antonins, entre le siècle qui, dans son ensemble, est le plus incrédule de tous, et celui qui s'est montré le plus crédule à l'égard de toutes les religions, celle d'Isis et de Mithra comme celle de Jésus, celle du serpent parlant comme celle du Christ incarné dans le sein d'une vierge. On oublie que, depuis dix-huit cents ans, une chose nouvelle s'est produite dans l'histoire de l'humanité, la science; celle-ci n'est plus compatible avec les révélations surnaturelles et avec les miracles qui fondent les religions.

Nous objectera-t-on qu'il se fait cependant encore des miracles? — Sans doute, un ou deux illustres en un siècle! Ce qu'il y a d'étonnant, ce n'est pas qu'il se fasse encore des miracles, c'est que, avec des millions de croyants encore convaincus, avec des milliers de femmes et d'enfants nécessairement exaltés, il s'en fasse si peu. Chaque jour devrait avoir son miracle bien et dûment constaté, et malheureusement ces miracles quotidiens ne se produisent plus guère que dans les hôpitaux de fous ou d'hystériques. Tandis que là des savants incrédules les provoquent et les publient, ailleurs les vrais croyants en ont presque peur, les évitent ou les taisent. Si un roi défendit autrefois à Dieu de faire des miracles, le pape en est presque venu au même point aujourd'hui : ils sont un objet de doute et de défiance plutôt que d'édification. Chez les nations protestantes orthodoxes, il ne se fait plus aujourd'hui de miracles; dans l'enseignement, les théologiens éclairés n'insistent même plus sur les récits merveilleux de la première tradition chrétienne : ils les considèrent comme pouvant affaiblir l'autorité des Écritures plutôt que la renforcer. Ajoutons que, pour fonder une religion nouvelle ou produire une rénovation des religions anciennes, un miracle ou deux seraient impuissants; ils pourraient plutôt se retourner contre la religion et la détruire. Il faut une série de miracles, il faut une sorte d'atmosphère merveilleuse dans laquelle soient plongés et

---

1. *L'évolution religieuse contemporaine*, par M. Goblet d'Alviella, page 411.

transfigurés tous les objets ; il faut une auréole mystique n'entourant pas seulement la tête du prophète, mais rejaillissant sur les croyants qui l'environnent. En d'autres termes, il faut que le Messie entre dès sa vie dans la légende, et cela sans supercherie aucune, ni de sa part, ni de ceux qui l'entourent et respirent sa divinité. Par malheur, de nos jours, les hommes extraordinaires tombent immédiatement dans le domaine de l'histoire, qui précise tout, appuie sur tout, marque en gros caractères lourds les traits fins et subtils de la légende, toujours prête à s'arranger en arabesques ou en figures fantastiques. Aujourd'hui la légende d'un Napoléon, qu'il avait travaillé lui-même à tramer fallacieusement, qu'il avait soutenue avec toutes les ressources du pouvoir despotique et de la force brutale, n'a pas duré trente ans en Europe ; elle existe encore en Orient, transfigurée. L'histoire se saisit des personnalités, les rapetisse en un jour. Si Jésus avait existé de notre temps, on publierait même ses lettres. Comment croire à la divinité de quelqu'un dont on a lu la correspondance ? D'ailleurs les moindres faits d'une existence intéressante sont contrôlés ; l'état civil permet de reconstituer les dates importantes, l'emploi des années, des jours. Quelquefois une simple contravention de police, comme il est arrivé dans la vie du père de Shakspeare, peut servir à fixer une date ; or, la vie d'un prophète ne saurait manquer de contraventions de police, puisque chez nous les rassemblements sont interdits. Notre existence aujourd'hui est tellement resserrée et étreinte par les réalités, tellement disciplinée, qu'il est bien difficile au merveilleux de s'y introduire ou d'y rester longtemps : nous nous agitons à l'intérieur de petites cases numérotées et étiquetées, où le moindre dérangement éclate aux yeux ; nous sommes enrégimentés et, comme les soldats dans la caserne, nous devons chaque soir répondre à l'appel de notre nom, sans pouvoir nous absenter de la société humaine, nous retirer dans notre personnalité, échapper au grand œil social. Nous ressemblons encore à ces abeilles dont les ruches avaient été couvertes de verre et dont la vie était ainsi devenue transparente : on les voyait travailler, on les voyait construire, on les voyait faire leur miel ; et le miel le plus doux, ce miel même dont les anciens nourrissaient Jupiter enfant, perd tout merveilleux pour celui qui l'a vu élaborer par les pattes patientes des ouvrières.

Concluons que nous sommes bien loin du temps où Pascal disait encore : « Les miracles montrent Dieu et sont un éclair. » Nous n'avons plus cet éclair. La science tient déjà toute prête l'explication du nouveau miracle sur lequel on essaierait un jour de fonder la nouvelle religion de l'avenir.

Un élément de grande fécondité religieuse, le génie poétique et métaphysique, s'en va aussi de la religion, cela est incontestable. Lisez les récits des derniers miracles, celui de Lourdes, par exemple : la petite fille ôtant ses bas pour passer un ruisseau, les paroles de la Vierge, la vision répétée comme un spectacle devant des témoins qui ne voient rien, tout cela est trivial ou insignifiant; comme nous sommes loin de la Vie des Saints, de l'Évangile, des grandes légendes hindoues! Les pauvres d'esprit peuvent voir Dieu ou la Vierge; ce n'est pas eux qui les font voir; ce n'est pas eux qui fondent ou ressuscitent les religions : il faut que le génie ait passé par là, et le génie, qui souffle où il veut, souffle aujourd'hui ailleurs. Si la Bible et l'Évangile n'étaient pas des poèmes sublimes, ils n'auraient pas conquis le monde. Ce sont, au point de vue purement esthétique, des épopées bien supérieures à l'Iliade. Quelle odyssée vaut celle de Jésus? Les Grecs et les Romains raffinés furent quelque temps avant de comprendre cette poésie simple et pourtant si colorée : ce ne fut qu'à la longue qu'ils en vinrent à admirer le style même de l'Écriture. Saint Jérôme, transporté en rêve aux pieds du souverain juge, entendait une voix menaçante lui crier : « Tu n'es qu'un Cicéronien; » après ce rêve, saint Jérome s'appliqua mieux à comprendre les beautés de la Bible et de l'Évangile, et finit par les préférer même aux périodes balancées du grand orateur latin. Il avait raison : le *Sermon sur la montagne*, malgré quelques incohérences (en partie du fait des disciples), est plus *éloquent* que le plus beau discours de Cicéron, et les invectives contre les Pharisiens (authentiques ou non) valent mieux que les apostrophes à Catilina. C'est, selon nous, tout à fait à tort que M. Havet se demande, en parlant de l'Évangile, comment « une grande révolution a pu naître de cette *littérature médiocre.* » Il y a quelque chose de tout nouveau dans la littérature évangélique, et qui ne se retrouve ni chez les Grecs ni dans l'Ancien Testament, c'est le sentiment de la tendresse; il y a aussi un procédé nouveau de style, l'onction, qui vaut bien le lyrisme des prophètes; c'est une morale populaire, à la fois profonde et naïve comme l'instinct, et où chaque parole nous fait vibrer jusqu'au cœur. Le « succès littéraire » de l'Évangile a été un succès pleinement mérité. Le peuple hébreu, qui ne compte pas un homme de science, a eu évidemment une succession de poètes sobres, puissants ou attendris, comme il ne s'en est rencontré chez aucun autre peuple, et c'est ce qui explique en grande partie la fortune des religions hébraïques. La poésie, comme l'espérance, est une sœur de la foi, et elle lui est plus nécessaire encore, car on peut se passer de l'attrait lointain de l'espérance quand on a le charme présent de l'illusion.

Pour fonder une grande religion, il a fallu et il faudra toujours des hommes de génie, comme l'a été Jésus ou, pour prendre un type plus *historique*, saint Paul. Or le génie des grands fondateurs de religions a besoin de réaliser deux conditions essentielles. Il faut qu'il soit absolument sincère : nous ne vivons plus au temps où la religion semblait une œuvre d'imposture; il faut en outre qu'il soit pour ainsi dire dupe de lui-même, dupe de ses inspirations, de ses illuminations intérieures, disposé à y voir quelque chose de surhumain, à se sentir soi-même dieu, tout au moins désigné spécialement par Dieu. Cette seconde condition a été facilement réalisée aux temps anciens où, dans l'ignorance des phénomènes psychologiques et physiologiques, non seulement les Jésus, mais de purs philosophes, les Socrate, les Plotin et tant d'autres, crurent sentir en eux le surnaturel, prirent au sérieux leurs visions ou leurs extases, et, ne pouvant s'expliquer leur génie tout entier à eux-mêmes, crurent à une communication mystérieuse ou miraculeuse avec Dieu. Ranger purement et simplement ces grands hommes dans la classe des fous serait absurde; c'étaient des inconscients cherchant à expliquer les phénomènes qui se passaient en eux et en donnant, après tout, l'explication la plus plausible pour l'époque. Aujourd'hui, avec les connaissances scientifiques que nous possédons et que possède nécessairement tout homme arrivé à un certain niveau intellectuel, des inspirés comme Moïse ou Jésus seraient forcés, pour ainsi dire, d'opter entre ces deux partis : ne voir dans leur inspiration que l'élan naturel du génie, ne parler qu'en leur nom propre, ne prétendre rien révéler, rien prophétiser, être enfin des philosophes; ou bien se laisser tromper par leur exaltation, l'objectiver, la personnifier et devenir réellement des fous. A notre époque, ceux qui ne sont pas capables de nommer la force agissant en eux, de la déclarer naturelle et humaine, qui se laissent emporter trop loin par elle et ne peuvent plus rester maîtres d'eux-mêmes, ceux-là sont définitivement classés parmi les aliénés ; les prophètes trop dupes d'eux-mêmes sont mis à Charenton. Nous faisons ainsi des distinctions qu'on ne pouvait pas faire autrefois et que ne pouvaient faire eux-mêmes les grands promoteurs d'idées religieuses : ils étaient soulevés par le mouvement qu'ils provoquaient, divinisés par le dieu qu'ils apportaient aux hommes. Le génie est susceptible de s'instruire comme la sottise ; il porte aujourd'hui comme elle la marque des connaissances nouvelles acquises par l'humanité. On peut prévoir un temps, et ce temps est probablement déjà venu pour l'Europe, où les prophètes mêmes, les apôtres et les messies manqueront aux hommes. C'est une grande profession qui meurt. « Qui de nous, qui de nous va devenir un dieu ? » — Non seulement personne ne le peut plus, mais personne ne le veut : la science a tué le surnaturel jusque dans notre conscience même, jusque dans nos extases les plus intérieures ; nos visions ne peuvent plus être pour nous des apparitions, mais de simples hallucinations, et le jour où elles seraient assez fortes pour nous tromper nous-mêmes, nous deviendrions impuissants à tromper autrui, notre folie éclaterait et souvent même serait justiciable des lois humaines. Entre l'homme de génie et le fou il n'y a plus ce moyen terme, l'homme inspiré, le révélateur, le messie, le dieu.

Ajoutons que le milieu favorable à l'action des hommes inspirés manque aujourd'hui et manquera de plus en plus. L'intensité des phénomènes d'émotion religieuse chez un peuple, intensité qui va parfois jusqu'au fanatisme, tient beaucoup à son ignorance même et au niveau où se traîne sa vie ordinaire. Lorsque tout d'un coup les problèmes de l'origine, de la destinée, du pourquoi des choses, viennent se dresser devant son intelligence, il éprouve des terreurs profondes, des extases, un tressaillement de toute sa sensibilité, qui tient à ce que l'état philosophique et métaphysique vers lequel il se trouve entraîné constitue en lui une véritable révolution. Lorsque le niveau intellectuel moyen de la vie se sera élevé, l'émotion métaphysique perdra ce qu'elle a de troublant et de révolutionnaire, précisément parce qu'elle aura pénétré d'une manière régulière l'étendue de l'existence humaine. Des jouissances plus calmes et d'un ordre plus haut se répandront alors sur toute la vie au lieu de s'abattre sur un court instant de sa durée ; celui qui passe son existence au bord de l'Océan n'en a plus peur, ou tout au moins n'éprouve plus l'émotion violente de celui qui n'a jamais vu une tempête. Si nous n'avions jamais regardé le ciel étoilé, il nous épouvanterait comme un abîme le premier jour où nous porterions la tête en haut ; aujourd'hui sa vue est plutôt pour nous un calmant, un moyen d'élever l'âme sans secousse. Pour apaiser les violences du sentiment religieux il suffit donc, après l'avoir purifié, de le laisser pénétrer toute notre existence, de faire qu'il nous soit toujours présent, de nous accoutumer à l'infini.

Une dernière condition serait indispensable au succès d'une religion nouvelle : il faudrait qu'elle fût vraiment nouvelle, qu'elle apportât une *idée* à l'esprit humain. Parmi les misérables tentatives religieuses qui se sont produites de nos jours d'un bout du monde à l'autre, rien d'original n'a surgi. En Amérique, une religion d'apparence nouvelle, le mormonisme, s'est propagée avec quelque succès ; elle est, parmi les tentatives religieuses modernes, la seule qui se soit enveloppée du cortège des prophéties et des révélations miraculeuses, indispensable à une véritable religion dogmatique ; elle a, elle aussi, son livre et sa Bible, et même elle compte dans sa légende une prosaïque histoire de lunettes merveilleuses destinées à la lecture du livre. Le dieu mormon, plus instruit que celui de la Bible, a aujourd'hui des notions d'optique. Mais, pour qui va au fond des doctrines mormones, elles ne sont qu'un retour aux idées et aux mœurs juives : tout, dans cette religion, est une répétition, une copie de légendes et de croyances surannées, auxquelles rien n'a été ajouté que de trivial ; elle est à notre époque un anachronisme. Elle semble déjà arrivée d'ailleurs à la limite de son développement : le nombre de ses adhérents n'augmente plus. Le brahmaïsme hindou, lui, est un spiritualisme éclectique et mystique sans une seule idée vraiment neuve. Le comtisme, qui ne prend de la religion que les rites, est un essai pour maintenir la vie dans un corps dont on a arraché le cœur. Les spirites sont ou des charlatans ou des empiriques qui constatent, sans les expliquer scientifiquement, certains phénomènes encore mal connus du système nerveux : le charlatanisme n'a jamais rien fondé de durable dans le domaine religieux. Comparer le mormonisme américain ou le spiritisme au christianisme naissant, c'est s'exposer à faire sourire en rapprochant des choses sans commune mesure. Si humbles qu'aient été les commencements du christianisme, il ne faut pas se laisser duper par des illusions historiques, ni croire qu'il ait dû son triomphe à de simples coïncidences d'événements heureux, que le monde par exemple, selon une hypothèse de M. Renan, eût pu très facilement devenir mythriaste. Les disciples d'un certain Chrestus, mentionnés pour la première fois par Suétone, avaient, pour étayer leurs croyances encore vagues, deux épopées incomparables au point de vue poétique, la Bible et les Évangiles ; ils apportaient au monde une morale admirable jusque dans ses erreurs et originale surtout pour la foule ; ils lui apportaient, en outre, une grande idée métaphysique, celle de la résurrection, qui, combinée avec les idées des philosophes, devait nécessairement donner naissance à la doctrine de l'immortalité personnelle. Le christianisme devait donc vaincre ; il devait trouver son saint Paul ; la Bible et les Évangiles étaient des œuvres trop belles pour rester oubliées ou sans action. On n'a pas un seul exemple, dans l'histoire, d'un grand chef-d'œuvre à la fois littéraire et philosophique qui soit passé tout à fait inaperçu, sans exercer d'influence sur la marche de l'humanité. Toute œuvre qui possède une assez large mesure de beau ou de bien est sûre de l'avenir.

C'est par les masses et par le peuple que les mouvements religieux ont commencé jadis ; or une religion nouvelle ne pourrait nous venir aujourd'hui ni de la masse ignorante des peuples orientaux, ni des basses classes de notre société. Dans les civilisations antiques, les mêmes superstitions naïves unissaient toutes les classes sociales. Marc-Aurèle se voyait forcé de présider en grande pompe une cérémonie en l'honneur du serpent d'Alexandre d'Abonotique, qui avait des fidèles jusque dans son entourage. Aujourd'hui, un évêque d'Australie a pu refuser d'organiser des prières pour la pluie, en déclarant que les phénomènes atmosphériques étaient réglés par des lois naturelles inflexibles, et en engageant ses fidèles, s'ils voulaient un remède contre la sécheresse, à améliorer leur système d'irrigation. Ces deux petits faits marquent toute la différence des temps. Le terme méprisant de Barbares, sous lequel les Grecs et les Romains désignaient tous les autres peuples, n'était rien moins qu'exact, puisqu'en somme les Hébreux et les Hindous avaient une religion plus profonde que la leur, et même une littérature à certains égards supérieure. La civilisation grecque et romaine est un des rares exemples historiques qui prouvent que la religion n'est pas nécessairement la mesure du développement intellectuel des peuples. Les Grecs l'emportaient principalement par les arts et par les sciences naissantes, encore inconscientes de leur force; mais la supériorité qu'ils s'attribuaient sur tous les autres points était une pure illusion, provenant de leur ignorance. Au contraire, la supériorité que nous nous attribuons de nos jours, nous la justifions par notre savoir : nous connaissons mieux aujourd'hui la religion de la plupart des peuples orientaux qu'ils ne la connaissent eux-mêmes; aussi avons-nous quelque droit d'apprécier ces religions, de les admirer et de les critiquer tout ensemble, droit que ne possédaient nullement les anciens. La distinction entre les savants et les ignorants reste aujourd'hui la seule ligne de démarcation vraiment sérieuse pour les classes comme pour les peuples. Cette ligne est désormais impossible à franchir pour une religion, car toute religion complète implique une conception générale du monde, et la naïve conception du monde que se forme en tout pays un homme du peuple ne pourra jamais s'imposer de vive force à un esprit cultivé. Nous ne voyons donc pas comment des « couches profondes » de l'humanité pourrait germer et sortir encore une grande religion.

On peut d'ailleurs démontrer presque *a priori* l'impossibilité de trouver rien de nouveau dans le domaine proprement *religieux* et mythique. On n'imaginera rien de plus attrayant, comme mythe métaphysique, que le souverain bonheur obtenu dès cette vie par le *nirvâna* bouddhiste, ou obtenu dans l'autre par l'*immortalité* chrétienne. En ces deux conceptions, l'imagination métaphysique de l'humanité a réalisé pour toujours son chef-d'œuvre, comme l'imagination plastique a réalisé le sien dans la statuaire grecque. On peut demander autre chose dans un autre ordre d'idées, on peut exiger des hypothèses moins naïves, plus voisines de la rude vérité; mais on ne peut pas espérer qu'aucune de ces hypothèses séduise en un jour l'humanité, passe sur le monde comme la traînée lumineuse d'un éclair, apparaisse enfin avec les caractères d'une révélation. La foule ne reconnaît jamais d'autre révélation que celle qui lui annonce quelque chose d'heureux, un « salut » dans ce monde ou dans l'autre; pour être un prophète écouté, une condition essentielle est d'être un prophète de bon augure. Nous croyons donc la métaphysique religieuse, après les deux immenses efforts du bouddhisme et du christianisme, — le mahométisme n'est qu'une vulgarisation sans grande valeur, — réduite désormais à la stérilité ou à la répétition. Autant se multiplient les hypothèses sévères et vraiment philosophiques qu'on peut tirer aujourd'hui de la généralisation même des sciences, autant sont condamnées à l'uniformité et à la banalité ces hypothèses enfantines qui résolvaient d'un seul coup, et d'une manière toute consolante, la question des destinées humaines ou cosmiques. Il faut sortir des conditions où s'est placé jusqu'ici l'esprit religieux pour trouver quelque chose de neuf en métaphysique ; il faut dépasser toute idée assez primitive pour être encore à la portée d'un hottentot ; il faut, pour cela même, ne plus poursuivre l'universel, le *catholique*, dans la sphère de la spéculation.

Même situation en morale. Peut-on, en fait de morale exaltée et entraînante, aller plus loin que le christianisme et le bouddhisme, qui prêchent tous deux l'altruisme exclusif, l'abnégation absolue ? On ne pourrait que revenir dans une certaine mesure en arrière, modérer certains élans exagérés de dévouement dans le vide, accommoder à la réalité, mitiger ou pondérer cette morale mystique. Mais, avec une telle tâche, un nouveau Messie serait impuissant : on n'entraîne pas d'un coup l'humanité par des paroles simplement sensées, représentant le devoir dans sa froideur, l'humble et terne devoir de la vie de chaque jour. L'honnête bon sens n'est pas contagieux à la façon de ces exaltations religieuses qui courent sur les hommes et passent. Le sentiment moral peut avec le temps s'infiltrer dans chacun de nous, gagner de proche en proche, monter comme une onde, mais si lentement que nous ne le sentons même pas. Les perfectionnements les plus *durables* sont souvent les plus *inconscients*. Il est difficile, par un simple élan de foi, de monter brusquement plusieurs degrés dans l'échelle des êtres. Le vrai perfectionnement moral est parfois juste le contraire de ces entraînements d'héroïsme qui tombent ensuite. La « passion du bien, » en devenant victorieuse, cesse d'être une passion : il faut qu'elle se mêle à notre nature, à notre tempérament normal, à cette « chair » même que maudissent les mystiques ; il faut que l'homme devienne bon, pour ainsi dire, de la racine des cheveux à la plante des pieds. Aussi le bouddhisme et le christianisme, sur beaucoup de points, ont-ils abouti à des avortements. Si les premiers apôtres qui ont prêché ces religions revenaient parmi nous, par combien de côtés ils retrouveraient l'humanité encore la même à travers des milliers d'années ! Il s'est sans doute produit un progrès *intellectuel*, qui a fixé un certain nombre d'*idées* morales, mais ce progrès intellectuel, très complexe, n'est pas tout entier du fait des religions : il ne s'était pas produit encore dans le petit nombre de cœurs simples groupés autour de la « parole nouvelle » en qui les apôtres, pourtant, purent déjà voir se réaliser plus ou moins leur idéal *religieux* et *moral*. Ces primitives vertus, toutes religieuses et non scientifiques, en s'étendant à l'humanité, se sont nécessairement corrompues : une morale d'abnégation exaltée ne peut réussir qu'auprès d'un petit groupe, d'une famille, d'un couvent séquestré artificiellement du reste du monde ; elle échoue nécessairement quand elle s'adresse et s'étend à l'humanité entière. Celle-ci est un milieu trop large et trop mouvant, où certaines semences ne peuvent s'implanter et fructifier : on ne sème pas sur la mer. Recommencer aujourd'hui les épopées religieuses du christianisme et du bouddhisme, ce serait aboutir à un échec, car ce serait toujours vouloir développer à l'extrême le cœur humain avant d'avoir développé proportionnellement son cerveau. Cette culture aboutissant à un manque d'équilibre, à une sorte de monstruosité naturelle dans la floraison, peut réussir pleinement sur des individus, mais non sur des races. C'est pourquoi le chercheur qui, aujourd'hui, ajoute la plus petite parcelle de vérité à la masse des connaissances scientifiques ou philosophiques déjà acquises, peut faire une œuvre beaucoup moins brillante, mais parfois plus définitive que l'œuvre purement religieuse d'un Messie. Il est de ceux qui construiront, non pas en trois jours, mais dans la lenteur des âges, l'édifice sacré qu'on ne détruira plus.

La conséquence la plus essentielle de toute religion positive, le culte, n'est pas moins difficile que le dogme à concilier avec l'esprit des sociétés futures. Le fond du culte, nous l'avons vu, c'est le rite, produit de l'habitude et de la tradition. Or, on l'a dit avec raison, l'une des marques caractéristiques de l'esprit novateur et de la supériorité intellectuelle, c'est le pouvoir de *dissocier* les associations d'idées, de ne pas se sentir entraîné par les courants d'idées établies, de ne pas contracter du premier coup des habitudes invincibles de pensée, de ne pas avoir en quelque sorte l'intelligence *ritualiste*. Si tel est un des grands signes de supériorité chez l'individu, il en sera de même chez les peuples. Le progrès dans l'humanité se marque par le degré où est arrivée la faculté de dissociation. Alors l'instinct du nouveau n'est plus contrebalancé par l'instinct du rite; la curiosité peut être poussée jusqu'au bout sans avoir ce caractère de bouleversement et d'impiété novatrice qu'elle présente aux yeux des peuples primitifs. L'importance du rite dans la vie matérielle et religieuse d'un peuple indique la part prédominante, chez ce peuple, des associations inconscientes et obscures; son cerveau est comme pris et enveloppé dans un réseau de fils opaques enchevêtrés, tissu impénétrable à la lumière et à la conscience. Au contraire le progrès de la conscience et de la réflexion, qui se manifeste chez les peuples modernes, est accompagné de l'affaiblissement graduel des coutumes établies, des habitudes inconscientes, de la discipline redoutable du fait acquis. Il y a là souvent un certain danger au point de vue pratique, parce que la réflexion, déjà assez forte pour dissoudre l'habitude, ne l'est pas toujours assez pour combattre la passion du moment : sa puissance intellectuelle de *dissociation* n'est pas encore égale à sa force morale de *domination* et de *direction*. Mais quels que soient, au point de vue moral ou social, les inconvénients de ces progrès de la réflexion, il reste certain que, au point de vue religieux, ils amèneront tôt ou tard la disparition du caractère sacré des rites, des cérémonies religieuses, de tout le côté mécanique du culte. Dans l'entourage des dieux comme dans celui des rois, l'étiquette est destinée à disparaître. Tout ce qui est un office cessera d'être un devoir, et le rôle du prêtre en sera gravement altéré. L'idéal lointain vers lequel nous marchons serait même la disparition du prêtre, qui est comme le rite personnifié et dont le dieu aujourd'hui vieilli, ne demeurant plus guère que par la puissance énorme du fait, n'est sous certains rapports que la déification de l'habitude. Vainement des hommes qui croient encore avoir une religion, — des pasteurs allemands, anglais ou américains, des déistes hindous, — font les plus grands efforts pour se débarrasser de la révélation et du dogme, pour réduire leur foi à des croyances personnelles et progressives, mais accompagnées encore d'un rituel. Ce rituel n'est qu'une superfétation, une habitude presque superstitieuse conservée mécaniquement et destinée à disparaître.

Le mouvement qui, dans certains pays, porte la religion à abandonner ses dogmes et ses rites, est en réalité un mouvement de désagrégation, non de reconstitution. Les croyances humaines, telles qu'elles se reconstitueront un jour, ne porteront nullement la marque des religions dogmatiques et ritualistes : elles seront simplement philosophiques. Dans certains milieux, il est vrai, tout système philosophique tend à prendre la forme pratique et sentimentale d'un système de croyances ou d'espérances. C'est ainsi que les idées de Kant et de Schelling, passant en Amérique, ont aussitôt donné naissance au *transcendantalisme* d'Emerson et de Parker; c'est ainsi que la philosophie de l'évolution de Spencer y a produit plus tard la religion du *Cosmisme*, représentée par MM. Fiske, Potter, Savage. Mais toutes ces prétendues religions ne sont que la projection, l'ombre mouvante abaissée dans le domaine du sentiment et de l'action par les spéculations du domaine intellectuel. Il ne suffit pas d'avoir le même avis sur quelque point de métaphysique ou de sociologie, puis de se réunir dix ou cent dans un théâtre ou un temple, pour fonder ainsi, avec une religion nouvelle, un culte nouveau. A la plupart de ces prétendues religions, qui ne sont que des philosophies et quelquefois des philosophies faussées, on peut appliquer ce mot de Mark Pattison, qu'on interrogeait sur ce qu'il avait vu à la chapelle des comtistes de Londres : « Trois personnes, et pas de Dieu. »

Les défauts de ces cultes de formation moderne apparaissent plus sensibles qu'ailleurs dans le *sécularisme*, qui a eu son heure de succès en Angleterre. C'est une religion purement athée et utilitaire, ayant conservé le plus possible le rituel de l'Église anglicane. Cette contradiction entre le vide du fond et la prétention de la forme aboutit parfois à des conséquences risibles, à une véritable parodie[1].

---

1. Voici, par exemple, les versets par lesquels les sécularistes ont remplacé l'*Ite missa est* :

> Portez-vous bien, chers amis ! adieu, adieu,
> Réjouissez-vous d'une façon sociable ;
> Alors le bonheur résidera avec vous :
> Portez-vous bien, chers amis, adieu, adieu.
> Portez-vous bien, chers amis, adieu, adieu.
> Souvenez-nous de cette nuit ;

Chez nous, les Comtistes ont tenté un effort pour conserver le rite sans les croyances métaphysiques. Autant la doctrine comtiste du fétichisme renferme de vérité quand on s'en sert pour caractériser les religions primitives, autant elle est insuffisante au point de vue des religions actuelles. C'est que nos religions sont passées graduellement de la physique à la métaphysique : leurs fétiches sont aujourd'hui des symboles de la Cause suprême ou de la Fin suprême. Or le positivisme ne peut nous offrir aucun symbole de ce genre : son « Grand Fétiche » est un pur *fétiche*, bon pour les peuples primitifs. L' « Humanité » ne satisfait pleinement ni l'idée de causalité ni l'idée de finalité. Au point de vue de la causalité, elle est un simple chaînon dans la grande série des phénomènes ; au point de vue de la finalité, elle constitue une fin inexacte pratiquement et insuffisante théoriquement ; elle est pratiquement inexacte, parce que la presque totalité de nos actions se rapportent à tel ou tel petit groupe humain, non à l'humanité entière ; elle est théoriquement insuffisante, parce que l'humanité nous apparaît comme peu de chose dans le grand Tout : sa vie est un point dans l'espace, un instant dans la durée ; elle constitue un idéal borné, et en somme, à regarder de haut, il est aussi vain de voir une race se prendre elle-même pour fin suprême qu'un individu. On ne contemple pas éternellement son propre nombril, et surtout on ne l'adore pas. L'amour de l'humanité, qui est la plus grande des vertus, ne saurait devenir « fétichisme » que par une absurdité. On ne peut pas espérer former une religion en alliant simplement la science positive et le sentiment aveugle : le fétichisme auquel on revient ainsi est une religion de sauvage qu'on vient proposer précisément aux hommes les plus civilisés. D'ailleurs, ce n'est pas le pur sentiment affectif que nous croyons destiné à subsister dans l'avenir sous des formes multiples et à remplacer les religions ; c'est le sentiment en tant qu'il est excité par des symboles métaphysiques, en tant qu'il accompagne des spéculations

> Nous comptons en faire autant pour vous :
> Portez-vous bien, chers amis, adieu, adieu.
>
> Portez-vous bien, chers amis, adieu, adieu,
> Jusqu'à ce que nous nous réunissions de nouveau ;
> Gardez en vue le système social,
> Portez-vous bien, chers amis, adieu, adieu.

de la pensée. La métaphysique religieuse peut être une illusion involontaire, une erreur, un rêve; mais le fétichisme sans métaphysique est bien pire : c'est une illusion voulue, une erreur cherchée, un rêve qu'on fait tout éveillé. Auguste Comte semble croire, pourtant, que nous aurons toujours besoin d'adresser notre culte au moins à une personnification imaginaire de l'humanité, à un grand Être, à un grand Fétiche : ce serait faire du fétichisme une sorte de catégorie d'un nouveau genre, s'imposant à l'esprit humain comme les catégories kantiennes. Le fétichisme ne s'est jamais imposé à nous de cette manière : au point de vue intellectuel, il s'appuie sur des raisonnements dont on peut démontrer la fausseté; au point de vue sensible, sur des sentiments déviés de leur direction normale et qu'on peut y ramener. Si parfois l'amour s'adresse à des personnifications, à des fétiches, c'est seulement à défaut de personnes réelles, d'individus vivants : — telle nous semble être, en sa plus simple formule, la loi qui amènera graduellement la disparition de tout culte fétichiste. Il s'agit de trouver des dieux en chair et en os, vivant et respirant avec nous, — non pas des créations poétiques comme ceux d'Homère, mais des réalités visibles. Il s'agit d'apercevoir le ciel dans les âmes humaines, la providence dans la science, la bonté au fond même de toute vie. Il faut non pas projeter nos idées et nos représentations subjectives en dehors de ce monde et les aimer d'un amour stérile, mais aimer d'un amour actif tous les êtres de ce monde, en tant qu'ils sont capables de concevoir et de réaliser les mêmes idées que nous. De même que l'amour de la patrie tend à disparaître en tant qu'amour d'une abstraction et se résout dans une sympathie générale pour tous nos concitoyens, de même l'amour de Dieu se dispersera sur la terre entière, se fragmentera entre tous les êtres. Connaître des choses vivantes, c'est les aimer : ainsi la science, en tant qu'elle s'applique à la vie, se confond, croyons-nous, avec le sentiment constitutif des religions les plus hautes, avec l'amour.

Une autre religion de l'humanité ou « religion de l'éthique » a été fondée récemment à New-York par le fils d'un rabbin américain, M. Félix Adler; mais ce dernier, plus conséquent qu'Auguste Comte, s'est résolu à trancher au vif dans les rites religieux comme dans les dogmes. Il a supprimé presque toutes les cérémonies, tout catéchisme, tout livre saint. Sa métaphysique, inspirée par

Kant plutôt que par Comte, n'affirme cependant rien à l'endroit des notions de Dieu et de l'immortalité ; il admet seulement l'existence du noumène inconnaissable, d'une « Réalité ultime qui gît derrière toutes les apparences et d'où sort l'harmonie du monde. » — « Alors que la divergence des croyances continue à s'accentuer, il semble nécessaire, dit M. Adler, de placer la loi morale là où elle ne peut être discutée, dans la *pratique*. Les hommes se sont si longtemps disputés sur l'auteur de la loi, que la loi même est restée dans l'ombre. Notre mouvement est un appel à la conscience, un cri pour plus de justice, une exhortation à plus de devoirs. »

Le premier but que les associations réformatrices doivent poursuivre, selon M. Adler, c'est de réformer leurs membres. Aussi s'est-il hâté de fonder : 1° une école du dimanche où l'on enseigne la morale, l'histoire des cultes les plus importants et quelque peu de philosophie de la religion ; 2° un Kindergarten public, organisé d'après la méthode Frœbel ; 3° une école ouvrière où les enfants sont admis à partir de trois ans jusqu'à neuf[1].

M. Adler a vu se grouper autour de lui d'abord des Juifs, ensuite bon nombre de personnes sans distinction de race, qui restent d'ailleurs entièrement libres dans leurs croyances personnelles, unies seulement par la bonne volonté et l'ardent désir de « régénérer l'humanité. » Tous les dimanches, les fidèles se réunissent pour entendre une conférence, puis se dispersent ; les membres seuls s'assemblent pour délibérer au sujet des œuvres fondées par l'association. Cette religion « à l'américaine », toute pratique, est acceptable pour le philosophe ; au fond ce n'est plus qu'une vaste société de tempérance complétée par une société de secours mutuels. On ne peut lui reprocher que d'avoir un caractère un peu trop positif et terre à terre, mais c'est certainement un des types possibles entre lesquels se partagera et se dispersera un jour la religion.

Certains partisans de la rénovation religieuse placent leur dernier espoir dans le socialisme. Les idées socialistes

---

1. Les élèves trop indigents sont habillés et nourris ; l'instruction y est gratuite ; cette école compte aujourd'hui deux cent cinquante élèves, après avoir commencé avec huit : un musée industriel y est attaché. Ajoutons que chaque jour des visiteuses (*district nurses*) s'en vont soigner les malades des quartiers pauvres de New-York.

doivent, selon eux, renouveler la religion de l'avenir et lui donner une vitalité jusqu'alors inconnue. — Cette conception paraît au premier abord originale, mais en réalité elle n'est qu'un retour en arrière. Les grandes religions à portée universelle, le bouddhisme, le christianisme, ont été socialistes à leurs débuts, elles ont prêché le partage des biens et la pauvreté pour tous ; c'est une des raisons pour lesquelles elles se sont propagées avec tant de rapidité parmi le peuple. En réalité, dès qu'à la période de propagande a succédé la période d'établissement, ces religions ont fait tous leurs efforts pour devenir individualistes, fût-ce au prix de contradictions : elles n'ont plus promis l'égalité que dans le ciel ou dans le nirvâna.

S'ensuit-il que nous croyions les idées socialistes sans aucun avenir ; et d'autre part ne peut-on concevoir un certain mysticisme s'alliant au socialisme, lui empruntant et lui communiquant de la force ? — Un socialisme mystique n'est nullement irréalisable dans certaines conditions et, loin de faire obstacle à la libre-pensée religieuse, il pourra en être une des manifestations les plus importantes. Mais ce qui a rendu jusqu'ici le socialisme impraticable et utopique, c'est qu'il a voulu s'appliquer à la société tout entière, non à tel ou tel petit groupe social. Il a voulu être socialisme d'État, de même que toute religion rêve de devenir religion d'État. L'avenir des systèmes socialistes et des doctrines religieuses, c'est au contraire de s'adresser à de petits groupes, non à des masses confuses, de provoquer des associations très variées et multiples au sein du grand corps social. Comme le reconnaissent ses partisans les plus convaincus, le socialisme exige de ses membres, pour sa réalisation, une certaine moyenne de vertu qu'on peut rencontrer chez quelques centaines d'hommes, non chez plusieurs millions. Il cherche à établir une providence humaine, qui ferait très mal les affaires d'un monde, mais peut encore veiller assez bien sur quelques maisons. Le socialisme veut plus ou moins faire un sort à chaque individu, fixer les destinées, donner à chacun une somme de bonheur moyen en lui assignant une petite case de la ruche sociale. C'est un fonctionnarisme idéal, et tout le monde n'est pas né pour être fonctionnaire ; c'est la vie prévue, assurée, sans mésaventures et aussi sans grandes espérances, sans le haut et le bas de la bascule sociale, — existence quelque peu utilitaire et uniforme, tirée au cordeau comme les planches d'un potager, impuissante à satisfaire les désirs ambitieux qui s'agitent chez beaucoup d'entre nous. Le socialisme, soutenu aujourd'hui par les révoltés, aurait besoin au contraire, pour sa réalisation, des gens les plus paisibles du monde, les plus conservateurs, les plus bourgeois ; il ne donnera jamais un aliment suffisant à cet amour du risque qui est si vif en certains cœurs, qui porte à jouer le tout pour le tout, — toute la misère contre toute la fortune, — et qui est un des facteurs essentiels du progrès humain.

On fait tous les jours des essais de socialisme pratique : c'est l'association phalanstérienne de M. Godin en France, ce sont les associations des disciples de Cabet en Amérique ; ce sont d'autres d'un caractère plus purement religieux, comme celle des quakers, des shakers, etc., et enfin les sociétés de production, de consommation, de crédit. Toutes ces tentatives franchement ou indirectement socialistes n'ont jamais réussi qu'à condition que leurs promoteurs n'aient pas trop voulu faire grand, englober trop de gens dans leur petit groupe ; ils reconnaissent tous aujourd'hui qu'ils sont forcés de maintenir à l'écart certaines incapacités intellectuelles ou morales. Le socialisme ne se réalise qu'avec une petite société triée sur le volet. Même les théoriciens qui, se contentant d'associer l'ouvrier aux bénéfices du patron, y voyaient la panacée universelle, reconnaissent aujourd'hui que la participation aux bénéfices constitue un remède pour beaucoup, non pour tous, que tous les ouvriers ne sont pas assez patients ni laborieux pour se plier aux conditions très simples que réclame la participation. Ces hommes impropres à la vie d'association, ces individualités résistantes, on se borne à les mettre aujourd'hui hors de la petite société qu'on a formée ; on serait forcé de les mettre hors la loi et d'en faire des parias si cette petite société enveloppait le monde. Le socialisme se détruirait lui-même en voulant s'universaliser.

Toute découverte scientifique passe nécessairement par trois périodes distinctes : la période de pure théorie, la période d'application en petit dans les laboratoires, la période d'application en grand dans l'industrie. Aussi arrive-t-il à tout moment qu'une idée se trouve arrêtée dans la sphère de la théorie sans pouvoir passer dans la pratique, ou bien que, réalisée en petit dans le monde artificiel du laboratoire, elle avorte quand il s'agit d'une réalisation en grand dans l'industrie. S'il en est ainsi de toutes les idées scientifiques, de toute invention portant sur la matière inerte que nous pouvons librement pétrir, à plus forte raison en est-il ainsi des idées sociales, des expériences sur la matière humaine, si variable, si hétérogène, si résistante. Les socialistes n'en sont le plus souvent encore qu'à la théorie. — une théorie très vague et très contradictoire; quand il s'agira pour eux de passer à la pratique, il faudra bien distinguer entre l'application en petit dans un milieu choisi, fait exprès, et l'application en grand dans l'État. L'État qui, séduit par quelque belle théorie socialiste, serait par impossible entraîné à vouloir la réaliser lui-même sur de grandes proportions, se ruinerait nécessairement. Les expériences sociales, encore une fois, ne peuvent pas être tentées directement par l'État, même si elles s'appaient sur des idées religieuses, et surtout peut-être si elles s'y appuient. Les expériences de ce genre ne peuvent être qu'observées par l'État, suivies avec intérêt par lui; on peut même admettre que, dans certains cas, l'État a le droit d'encourager les plus intéressantes d'entre elles, de les subventionner, comme il fait pour des entreprises industrielles. Nous sommes persuadé que, dans l'avenir, se produiront des manifestations très diverses du socialisme, comme d'ailleurs de l'esprit religieux. Il doit y avoir des conceptions variées de l'ordre social, toutes également réalisables avec des tempéraments différents et des climats différents. La société humaine, qui aujourd'hui, en dehors des couvents, — groupements artificiels d'individus de même sexe, — présente un type assez uniforme, pourra offrir plus tard, grâce à une entière liberté d'association et au progrès de l'initiative individuelle, une grande variété de types. Le socialisme librement appliqué ne fondera pas une religion, mais il pourra fonder un grand nombre d'associations dominées par des idées métaphysiques ou morales que les associés auront adoptées en commun. Il contribuera ainsi à cette multiplicité, à cette diversité de croyances qui n'exclut pas, mais appelle, au contraire, leur libre groupement.

L'avenir laissera donc de plus en plus à la pensée humaine la liberté de prendre toutes les directions où elle pourra s'engager sans violer le droit d'autrui. Quel est l'idéal social le plus élevé? Est-ce purement et simplement la pratique des vertus nécessaires, ou encore une moralité à demi-inconsciente, une innocence bénigne, composée à la fois d'ignorance et d'habitude? Nous trouvons ce type social réalisé dans certaines contrées de l'Orient, converties au bouddhisme, où la population est si douce que des années se passent sans qu'un homicide soit signalé; et cependant ces contrées ne nous paraissent nullement réaliser notre idéal. Faut-il qu'à cette sorte de moralité moyenne s'ajoute une satisfaction moyenne des principaux désirs humains, l'aisance économique, le bonheur pratique à la portée de tous? Cela encore ne nous suffit pas, car nous voyons sans trop d'envie ce bonheur villageois réalisé dans de petits coins de la Suisse, du Portugal, dans des pays privilégiés comme Costa-Rica, où la misère est presque inconnue. Que nous faut-il donc? Les artistes rêvent une vie vouée tout entière à l'art, au beau, ennemie de la vertu terre à terre et pratique; cet idéal a été réalisé à la Renaissance : on y a vu une éclosion extraordinaire de tous les instincts esthétiques coïncidant avec une assez grande dépravation morale, et nous ne désirons nullement revenir à cette époque. Est-ce donc le règne de la science qui est l'idéal moderne? Nous aurions alors une société de Fausts blasés, qui ne serait peut-être pas beaucoup plus enviable que tous les autres types sociaux. Non, un idéal social complet ne peut consister ni dans la moralité nue, ni dans le simple bien-être économique, ni dans l'art seul, ni dans la science seule : il faut tout cela réuni, et l'idéal le plus haut sera le plus large, le plus universel. Idéal, c'est progrès, et le progrès ne peut pas se faire dans une seule direction à la fois : qui n'avance que sur un point ne tarde pas à reculer. La lumière ne triomphe que par rayonnement, en envahissant l'ombre dans tous les sens à la fois. Aussi ne pourrait-on démontrer l'excellence d'une religion en prouvant qu'elle favorise l'essor de l'activité humaine dans une direction unique, par exemple celle de la moralité ou de l'art. Moraliser l'homme, comme a pu le faire le christianisme ou le bouddhisme, ce n'est pas encore tout; exciter son imagination esthétique, comme le faisait le paganisme, ce n'est pas tout non plus. Il faut pousser en avant non une des facultés humaines, mais l'homme tout entier; et une seule religion en est incapable. Il faut que chacun de nous se fasse la sienne. Il n'est point mauvais que celui qui veut se composer une vie semblable à celle du prêtre soit chrétien et même quaker; il n'est point mauvais que l'artiste soit païen. Ce qui est certain, c'est que pas une des divinités créées successivement par l'esprit humain ne peut lui suflire aujourd'hui ; il a besoin de toutes à la fois, et encore de quelque chose par delà, car sa pensée a devancé ses dieux.

Sous les voûtes sonnantes des vieilles cathédrales retentissent tant d'échos et de voix diverses, qu'on a dû parfois tendre au travers de la nef un immense filet pour arrêter au passage les ondes sonores et pour permettre à la voix du prêtre d'arriver seule à l'oreille des fidèles. Ce filet, invisible d'en bas, qui isole la parole sacrée et refuse à toute autre la sonorité, il est tendu non seulement au travers des nefs des cathédrales, mais au cœur même des vrais croyants. C'est ce léger et invisible filet qu'il nous faut tout d'abord déchirer, afin que nulle voix sortant du monde ne soit interceptée avant d'arriver jusqu'aux hommes : la vraie « parole sacrée » n'est pas une parole solitaire, c'est la symphonie de toutes les voix résonnant ensemble sous la voûte du ciel.

Je causais un jour avec M. Renan de l'affaiblissement graduel de la parole religieuse, de ce silence où est tombé le Verbe divin qui jadis emplissait seul le monde ; aujourd'hui, c'est le Verbe de la nature et de l'humanité, c'est la pensée et le sentiment absolument libres qui se substituent aux oracles, aux révélations surnaturelles, à toute la dogmatique religieuse. M. Renan, avec cette ouverture d'esprit qui lui est habituelle et qui est faite d'ailleurs de beaucoup de scepticisme, ne tarda pas à abonder dans mon sens : « Oui, c'est bien cela, disait-il, l'irréligion est le but vers lequel nous marchons. Après tout, pourquoi l'humanité ne se passerait-elle pas de dogmes ? La spéculation remplacera la religion. Déjà, chez les peuples les plus avancés, les dogmes se désagrègent, un travail intérieur brise, éparpille ces incrustations de la pensée. En France, nous sommes déjà, pour la plupart, des irréligieux ; un homme du peuple ne croit guère plus que le savant : il a son petit fonds d'idées à lui, plus ou moins naïves ou profondes, sur lesquelles il vit sans avoir besoin de s'adresser au prêtre. En Allemagne, le travail de décomposition des dogmes est aussi très avancé. En Angleterre, il commence, mais il va vite. Le christianisme semble partout avoir pour aboutissant naturel la libre pensée. Le bouddhisme et l'hindouisme, de même : dans les Indes, la plupart des hommes intelligents sont libres penseurs ; en Chine, il n'y a pas de religion d'État. Oui, ce sera long, mais la religion s'en ira, et on peut déjà, pour l'Europe, se figurer le temps où elle ne sera plus... Il y a bien un point noir, c'est l'islam; oh! ces Turcs, quelles têtes étroites, rebelles au libre raisonnement, ennemies de tout ce qui n'est pas l'équilibre parfait de la foi littérale! Comment faire entendre raison à ces gens-là?... Enfin, s'ils ne veulent pas nous suivre, on se passera d'eux, voilà tout. Oui, je crois qu'il faudra se passer des Turcs. » — Nous ajouterons que si, parmi les chrétiens et les bouddhistes, quelques-uns devaient se montrer aussi résistants que les Turcs, on saurait aussi se passer d'eux. Ceux qui dans l'humanité pensent, voient et marchent, ont toujours à traîner derrière eux la longue queue de ceux qui ne savent ni voir ni penser, et qui ne veulent pas marcher. Le progrès se fait pourtant. Tous les jours les adeptes convaincus des diverses religions positives et dogmatiques comptent moins parmi les membres vraiment actifs de l'espèce humaine : n'en demandons point davantage. Ceux qui ne comptent pas pour le progrès, dès maintenant n'existent pour ainsi dire plus : ils disparaîtront tout à fait un jour. L'exercice de la pensée devient plus que jamais une condition d'existence ; le rôle prépondérant des religions dans la vie passée de l'humanité s'explique par ce fait, qu'elles étaient presque alors le seul moyen pour l'homme de mettre en œuvre son activité intellectuelle et morale ; elles étaient comme le « débouché » unique de toutes les tendances élevées de notre être. A cette époque, en dehors de la religion, rien que des préoccupations grossières et matérielles ; pas de milieu entre le rêve et la réalité la plus terre à terre. Aujourd'hui ce milieu est trouvé : on peut être un penseur sans avoir besoin de rêver, on peut même être un rêveur sans avoir besoin de croire. La science et l'art sont nés et nous ouvrent leurs domaines aux perspectives infinies, où chacun peut dépenser, sans le gaspiller en pure perte, son excédent d'activité. La science permet le désintéressement de la recherche sans tolérer les égarements de l'imagination, elle donne l'enthousiasme sans le délire : elle a une beauté à elle, faite de vérité.

II. — L'ANOMIE RELIGIEUSE ET LA SUBSTITUTION DU DOUTE A LA FOI

I. — Nous avons ailleurs proposé comme idéal moral ce que nous avons appelé l'*anomie* morale, l'absence de règle apodictique, fixe et universelle[1]. Nous croyons plus fermement encore que l'idéal de toute religion doit être de tendre vers l'*anomie religieuse*, vers l'affranchissement de l'individu, vers la rédemption de sa pensée, plus précieuse que celle de sa vie, vers la suppression de toute foi dogmatique sous quelque forme qu'elle se dissimule. Au lieu d'accepter des dogmes tout faits, nous devons être nous-mêmes les ouvriers de nos croyances. La foi serait sans doute, quoi qu'en dise Montaigne, un oreiller bien plus commode à la paresse que celui du doute. C'est pour beaucoup un véritable nid de la pensée où l'on se blottit à l'abri, où l'on cache sa tête sous une aile protectrice, dans une obscurité tiède et douce; c'est même un nid préparé d'avance, comme ceux qu'on vend pour les oiseaux domestiques, faits de main d'homme et placés déjà dans une cage. Nous croyons cependant que, dans l'avenir, l'homme prendra de plus en plus l'horreur des abris construits d'avance et des cages trop bien closes. Si quelqu'un de nous éprouve le besoin d'un nid où poser son espérance, il le construira lui-même brin par brin, dans la liberté de l'air, le quittant quand il en est las pour le refaire à chaque printemps, à chaque renouveau de sa pensée.

L'absence de religion, l'anomie religieuse sera-t-elle le scepticisme? — Depuis la disparition des Pyrrhon et des Œnésidème, le scepticisme n'est plus qu'un mot qui sert à englober les doctrines les plus diverses. Les sceptiques grecs aimaient à s'appeler les chercheurs, Ζητητικοί; c'est le nom qui convient à tout philosophe, qui définit même le philosophe par opposition au croyant. Mais comme on abuse du terme de sceptique, au sens moderne et négatif! Si vous n'appartenez à aucun système

---

[1]. Voir notre *Esquisse d'une morale sans obligation ni sanction*.

nettement défini, vous voilà rangé aussitôt au nombre des sceptiques. Pourtant, rien de plus éloigné du scepticisme superficiel qu'un esprit synthétique qui, précisément parce qu'il embrasse un horizon assez large, refuse de se cantonner dans un point de vue étroit, dans une clairière de cent pieds carrés ou dans un petit vallon entre deux montagnes. Vous n'êtes pas assez dogmatique, dit-on parfois au philosophe; à quel système appartenez-vous? dans quelle classe des insectes pensants faut-il vous ranger? sur quel carton de notre collection faut-il vous piquer de compagnie? Un lecteur éprouvera toujours le besoin d'interroger un auteur au moyen d'un certain nombre de formules convenues : — Que pensez-vous sur tel problème, sur tel autre? Vous n'êtes pas spiritualiste, vous êtes donc matérialiste? Vous n'êtes pas optimiste, alors vous êtes pessimiste? Il faut répondre par un oui ou un non tout court, comme dans les plébiscites. — Eh! ce que je pense a peu d'importance, même pour moi, mon point de vue n'est pas le centre de la cité intellectuelle. Ce que je cherche à connaître, à deviner en moi comme en vous-même, c'est la pensée humaine dans ce qu'elle a de plus complexe, de plus varié, de plus ouvert. Si je m'examine moi-même, ce n'est pas en tant que je suis moi, mais en tant que je trouve en moi quelque chose de commun avec tous les hommes; si je regarde ma bulle de savon, c'est pour y découvrir un rayon du soleil; c'est pour en sortir et non pour y borner ma vue. D'ailleurs ceux-là seuls ont des idées absolument fixes, tranchées et satisfaites de leurs propres limites, qui précisément n'ont pas d'idées personnelles. Révélation, intuition, religion, en général affirmation catégorique et exclusive, telles sont les notions ennemies de la pensée moderne, qui ne peut se concevoir elle-même que comme toujours progressive et toujours élargie. Il y a deux sortes d'hommes, les uns qui s'en tiennent toujours à la surface des choses, les autres qui cherchent le fond; il y a les esprits superficiels et les esprits sérieux. En France, presque tous les hommes que nous désignons sous le nom de *sceptiques* ou de *blasés* sont simplement des superficiels tâchant de se donner un air profond. Ce sont aussi, souvent, des épicuriens pratiques. Il y aura à jamais des gens prêts à dire comme certain héros de Balzac : Trouver toujours bon feu, bonne table, n'avoir rien à chercher ici-bas, voilà l'existence! L'attente du vivre et du couvert est le seul avenir de la journée. Et il y en aura d'autres pour qui la vie sera de chercher infatigablement.

Le nombre des « sceptiques » ne s'accroîtra pas nécessairement par la disparition de la religion. Le scepticisme qui n'est que légèreté et ignorance tient précisément aux mêmes causes que les préjugés religieux, à l'absence d'une éducation philosophique solide et d'une discipline mentale. Quant aux intelligences vraiment sérieuses, elles sont de deux sortes : les unes positives, les autres spéculatives. Un esprit trop positif, trop terre à terre, s'il se généralisait à l'excès dans la société humaine, pourrait devenir une menace d'abaissement; mais ce n'est pas la religion qui l'empêche de se développer : voyez l'Amérique. Le véritable moyen de tempérer l'esprit positif, c'est de cultiver le sentiment du beau et l'amour des arts. Quant aux esprits spéculatifs, ils sont l'avenir de l'humanité; mais la spéculation, loin d'avoir besoin du dogme, naît plutôt de son affaiblissement : pour se poser des interrogations sur les questions les plus hautes, il ne faut pas avoir d'avance dans le dogme des réponses toutes faites. La disparition des religions positives ne fera donc que donner plus d'essor à la libre spéculation métaphysique et scientifique. L'esprit spéculatif est tout ensemble le contraire de l'esprit de foi et le contraire de l'esprit de négation absolue. Un chercheur peut parfois se défier de ses forces, se plaindre de son impuissance, mais il ne renoncera jamais, en face de la vérité lointaine. Les esprits vraiment forts ne seront jamais des découragés ni des dégoûtés, des Mérimée ou des Beyle. Il y a dans la production active de l'esprit, dans la spéculation toujours mouvante, quelque chose qui dépasse tout ensemble et la foi et le doute pur, comme il y a dans le génie quelque chose qui dépasse à la fois l'admiration un peu niaise de la foule et la critique dédaigneuse des prétendus connaisseurs. Les esprits trop critiques et les esprits trop crédules ne sont que des impuissants. Il est bon de sentir sa faiblesse, mais de temps en temps seulement; il faut promener ses regards sur les limites de l'intelligence humaine, mais ne pas les y arrêter à jamais : on pourrait se paralyser soi-même. « L'homme, a dit Gœthe, doit croire avec fermeté que l'incompréhensible deviendra compréhensible; sans cela il cesserait de scruter. » Malgré le nombre d'idées qui entrent et sortent au hasard des têtes humaines, qui montent et tombent sur notre horizon, qui brillent et s'éteignent, il y a cependant en tout esprit une part d'éternité. Dans certaines nuits d'automne se produisent au ciel de véritables pluies d'aérolithes : on voit, par centaines à la fois, ces petits astres se détacher du zénith, comme les flocons d'une neige lumineuse; il semble que la voûte même du ciel éclate, que rien ne soutient plus les mondes en train de s'effondrer sur la terre, que toutes les étoiles vont descendre à la fois et laisser une nuit sans tache au firmament devenu opaque : mais bientôt le tourbillon d'astres passe, ces lueurs d'une seconde s'éteignent, et alors, toujours à leur place sur la grande voûte bleue, on voit reparaître la clarté sereine des étoiles fixes : tout ce désordre se passait bien au-dessous d'elles et n'a point troublé l'éclat tranquille de leurs rayons, l'incessant appel de leur lumière. L'homme répondra toujours à ces appels : devant le ciel ouvert et l'interrogation posée dans la nuit par les grands astres, on ne se sent las et faible que quand on ferme lâchement les yeux. L'humanité ne perdra rien de sa force intellectuelle à voir, par la disparition de la foi religieuse, l'horizon s'agrandir autour d'elle et les points lumineux se multiplier dans l'immensité. Le vrai génie est spéculatif, et dans quelque milieu qu'on le place, il spéculera toujours; il a spéculé jusqu'ici en dépit de ses croyances, il spéculera encore mieux en dépit de ses doutes, parce que telle est sa nature.

Et il ne faut pas craindre que cette puissance spéculative de l'esprit humain, en s'augmentant, paralyse sa puissance pratique. Les intelligences assez larges, tout en regardant le monde de plus haut, ne cessent pas de le voir tel qu'il est et de comprendre la vie humaine telle qu'elle doit être. Il faut savoir être avec conviction un homme, un patriote, un « tellurien, » comme disait Amiel avec quelque mépris : cette fonction, considérée en soi, peut paraître mesquine dans l'ensemble des choses, mais un esprit droit ne la remplira pas avec moins de conscience parce qu'il en voit les limites et l'importance restreinte. Rien n'est en vain, à plus forte raison nul être n'est en vain : les petites fonctions ont leur nécessité comme les grandes. Un homme d'esprit, s'il était portefaix ou balayeur public, ne devrait-il pas s'appliquer même à cette profession peu relevée et balayer par devoir comme d'autres se dévouent? Faire bien ce que l'on a à faire est le premier des dévouements, quoi qu'il en soit le plus humble. Une fourmi de génie n'en doit pas apporter à la fourmilière un vermisseau de moins, même si elle voit l'univers au delà de sa fourmilière et l'éternité au delà de l'instant qui passe.

II. — Si la suppression du dogme religieux n'aboutit pas au scepticisme, sa vraie et première conséquence n'en est pas moins le doute, et nous croyons que le sentiment moderne du doute est bien supérieur à la foi antique en un dogme. La foi religieuse se distingue des croyances philosophiques par une différence de conscience, de réflexion sur soi. Si l'homme qui a sa foi n'est pas tout à fait aveugle, du moins n'aperçoit-il qu'un point de l'horizon intellectuel ; il a mis son cœur quelque part, et le reste du monde n'existe pas pour lui ; il reviendra toujours au coin choisi, à ce nid de sa pensée et de son espérance dont nous parlions tout à l'heure ; il y reviendra comme le pigeon lâché retourne à son pigeonnier et ne distingue que lui dans l'immense espace. Le fanatisme marque un degré d'inconscience de plus dans la foi. Au contraire, plus la conscience fait de progrès au sein de l'humanité, plus la foi religieuse se fond dans la croyance philosophique ; les deux sentiments ne se distinguent plus que par une différence d'acuité dans le doute, qui tient elle-même à un degré de netteté dans la vision des choses et de leurs faces multiples. A mesure que la conscience croît, elle manifeste ici comme partout son influence destructive sur l'instinct : tout ce qu'il y avait d'instinctif, de primitif, de naïf dans la foi disparaît ; en même temps s'en va ce qu'il y avait de fort, ce qui en faisait une puissance si redoutable installée dans le cœur humain. La vraie force revient à la raison consciente d'elle-même, consciente des problèmes, de leur complexité, de leurs difficultés ; c'est la substitution de la lumière à la chaleur obscure comme principe moteur.

La foi, nous l'avons vu, consiste à affirmer des choses non susceptibles de vérification objective avec la même force subjective que si elles pouvaient se vérifier, à rendre dans les consciences l'incertain dynamiquement égal ou même supérieur au certain. L'idéal du philosophe, au contraire, serait une correspondance parfaite entre le *degré de probabilité* des choses et le *degré de l'affirmation* intérieure. Il faudrait que notre conscience reproduisît exactement notre science avec ses démonstrations et ses hésitations tout ensemble. Si une intelligence primitive ne peut se résoudre à rester en suspens, si elle a besoin d'affirmer, une intelligence plus parfaite se reconnaît à ce qu'elle peut douter de ce qui est sujet à doute. La crédulité est le mal originel de l'intelligence.

Appelons donc certitude ce qui est certitude, croyance plausible ou probable ce qui est possibilité ou probabilité. Quand on s'occupe d'un point précis de fait, on peut en venir à dire positivement : c'est là ce qui est, c'est là ce que l'avenir affirmera sur ce point ; mais, quand il s'agit de *croyances* et de croyances *métaphysiques,* il est absurde de dire : je crois telle chose, donc c'est le dogme que vous devez tous adopter. La base positive des inductions métaphysiques que tente l'esprit humain est encore trop inégale et trop fragile pour ne pas permettre à la ligne des hypothèses un écartement qui va grandissant dans les sphères obscures de l'inconnu ; aucune de nos percées vers l'infini ne peut être encore parallèle à l'autre ; nos pensées aujourd'hui montent dans tous les sens et se perdent comme des fusées capricieuses sans pouvoir se rencontrer dans les cieux. Le philosophe ne peut que constater jusqu'à nouvel ordre cet écartement des lignes tracées par l'hypothèse humaine, sans essayer de le nier.

Maintenant, un problème se pose devant le philosophe même comme devant tous les hommes : celui de l'*action*. Il faut bien adopter une ligne unique pour la conduite au milieu de cet écart des lignes qui caractérise la spéculation humaine ; laissant la pensée philosophique poursuivre ses courbes et ses méandres par-dessus nos têtes, nous devons choisir sur terre un petit chemin sûr. Parfois on est forcé, pour agir, de se comporter avec des choses douteuses comme si elles étaient *certaines.* Un tel choix n'est cependant qu'un moyen inférieur et exceptionnel de prendre parti entre les hypothèses dont on n'a pas le temps ou le pouvoir de mesurer exactement la réalité. On tranche ses doutes, mais c'est là un pur expédient pratique, un coup d'épée dans les nœuds gordiens de la vie dont on ne peut faire une règle de pensée. La foi, qui met sur un pied d'égalité le certain et l'incertain, l'évident et le douteux, ne doit être qu'un état d'esprit provisoire ayant pour but de permettre l'action. Aussi ne doit-on pas, pour ainsi dire, croire une fois pour toutes, donner à jamais son adhésion. La foi ne doit jamais être que le pis aller du savoir, un pis aller tout provisoire. Aussitôt que l'action n'est plus nécessaire, il faut revenir au libre examen, à tous les scrupules, à toutes les précautions de la science. Kant a renversé violemment l'ordre des choses quand il a fait prédominer en morale la foi sur le raisonnement, prédominer la raison pratique, dont les commandements peuvent n'être que l'entraînement d'une habitude acquise, sur la raison vraiment critique et scientifique. Sa philosophie morale consiste à ériger le parti pris en règle, tandis qu'au contraire on ne doit prendre un parti qu'en dernière analyse, se demander toujours si le parti choisi était bien le meilleur, enfin, autant que possible, n'accorder aux diverses représentations de notre pensée qu'une puissance pratique exactement proportionnelle à leur probabilité dans l'état actuel de notre savoir. Les alternatives n'existent pas en dehors de nous : elles n'existent pas pour celui qui sait ; l'idéal moral n'est pas de les multiplier, de faire du saut périlleux la démarche habituelle de la pensée. Il n'y a pas de *commandement catégorique* ni de *credo* religieux pour le voyageur perdu sous des cieux inconnus, et ce n'est pas la foi qui le sauvera, mais l'action constamment contrôlée par l'esprit de doute et de critique.

Le doute n'est pas, au fond, aussi opposé qu'on pourrait le croire au sentiment religieux le plus élevé : c'est une évolution de ce sentiment même. Le doute, en effet, n'est que la conscience que notre pensée n'est pas l'absolu et ne peut le saisir, ni directement, ni indirectement ; à ce point de vue, le doute est le plus religieux des actes de la pensée humaine. L'athéisme même est souvent moins irréligieux que l'affirmation du dieu imparfait et contradictoire des religions. Douter de Dieu est encore une forme du sentiment du divin. D'ailleurs, la constante recherche que le doute provoque n'exclut pas nécessairement l'autel élevé au « dieu inconnu, » mais elle exclut toute religion déterminée, tout autel qui porte un nom, tout culte qui a ses rites. Dans les cimetières du Tyrol, chaque tombe porte un petit bénitier de marbre que remplit l'eau du ciel et où viennent boire les hirondelles du clocher : plus sacrée et plus bénie cent fois est cette eau claire venue d'en haut que celle qui dort inutile dans le noir bénitier de l'église et sur laquelle a passé la main du prêtre. Pourquoi la religion met-elle pour ainsi dire sous le séquestre, pourquoi retire-t-elle de la circulation éternelle tout ce qu'elle touche, même une goutte d'eau? Cela seul est vraiment sacré qui est consacré à tous, qui passe de main en main, qui sert sans cesse, qui s'use même et se perd dans le service universel. Point de maisons fermées, de temples fermés, d'âmes fermées; point de vies cloîtrées et murées, de cœurs étouffés ou éteints; mais la vie à ciel ouvert et à cœur ouvert, sous l'air libre, sous l'incessante bénédiction du soleil et des nuées.

On accuse souvent le philosophe d'orgueil parce qu'il rejette la foi; pourtant c'est le père de notre philosophie, c'est Socrate qui a dit le premier : je ne sais qu'une chose, que je ne sais rien. C'est précisément parce que le philosophe sait combien de choses il ignore, qu'il ne peut pas affirmer au hasard et qu'il est réduit sur bien des points à rester dans le doute, dans l'attente anxieuse, à respecter la semence de vérité qui ne doit fleurir que dans l'avenir lointain. Affirmer ce qu'on ne sait pas de science certaine, c'est une sorte de cas de conscience. Au point de vue individuel comme au point de vue social, le doute semble, dans certains cas, un véritable devoir; — le doute ou, si l'on aime mieux, l'ignorance méthodique, l'humilité, l'abnégation de la pensée. Là où le philosophe ignore, il est moralement forcé de dire aux autres et de se dire à lui-même : j'ignore, je doute, j'espère, rien de plus.

Le sentiment le plus original et l'un des plus profondément moraux de notre siècle, — du siècle de la science, — c'est précisément ce sentiment de doute sincère par lequel on considère tout acte de foi comme une chose sérieuse, qu'on ne saurait accomplir à la légère, un engagement plus grave que tous ces engagements humains qu'on hésite tant à prendre : c'est la signature dont parlait le moyen âge, qu'on trace avec une goutte de son sang et qui vous enchaîne pour l'éternité. Au moment de la mort surtout, à cette heure où les religions disent à l'homme : abandonne-toi un instant, laisse-toi aller à la force de l'exemple, de l'habitude, au désir d'affirmer même là où tu ne sais pas, à la peur enfin, et tu seras sauvé, — à cette heure où l'acte de foi aveugle est la suprême faiblesse et la suprême lâcheté, le doute est assurément la position la plus haute et la plus courageuse que puisse prendre la pensée humaine : c'est la lutte jusqu'au bout, sans capitulation; c'est la mort debout, en présence du problème non résolu, mais indéfiniment regardé en face.

III. — SUBSTITUTION DES HYPOTHÈSES MÉTAPHYSIQUES AUX DOGMES

Là où cesse la science positive, il y a encore place pour l'hypothèse et pour cette autre science, dite métaphysique, qui a pour but d'évaluer les probabilités comparatives des hypothèses : savoir, supposer, raisonner dans tous les sens en partant de ce qu'on a supposé, *chercher* enfin, — ces mots paraissent rendre tout l'esprit moderne : nous n'avons plus besoin du dogme. La religion, qui n'était à l'origine qu'une science naïve, a fini par devenir l'ennemie même de la science ; à l'avenir, il faudra qu'elle se fonde, si elle le peut, dans la science elle-même ou dans l'hypothèse vraiment scientifique, je veux dire celle qui ne se donne que comme hypothèse, se déclare elle-même provisoire, mesure son utilité à l'étendue de l'explication qu'elle fournit et n'aspire qu'à disparaître pour faire place à une hypothèse plus large. Mieux vaut la science ou la recherche que l'adoration immobile. Ce qui seul est éternel dans les religions, c'est la tendance qui les a produites, le désir d'expliquer, d'induire, de tout relier en nous et autour de nous ; c'est l'activité infatigable de l'esprit, qui ne peut s'arrêter devant le fait brut, qui se projette en toutes choses, d'abord troublé, incohérent, comme il fut jadis, puis clair, coordonné et harmonieux, comme est la science d'aujourd'hui. Ce qui est respectable dans les religions, c'est donc précisément le germe de cet esprit d'investigation scientifique et métaphysique qui tend aujourd'hui à les renverser l'une après l'autre.

Le sentiment religieux proprement dit ne doit pas se confondre avec ce qu'on pourrait appeler l'instinct métaphysique : il en est profondément distinct. Il est appelé à se dissoudre avec l'extension de la science, tandis que l'autre pourra se transformer de toutes les façons sans disparaître. L'instinct de la spéculation libre répond d'abord à un sentiment indestructible, celui des bornes de la connaissance positive : il est comme la résonance en nous de l'immortel mystère des choses. Il répond en outre à une autre tendance invincible de l'esprit, le besoin de l'idéal, le besoin de dépasser la nature visible et tangible, non seulement par l'intelligence, mais par le cœur. L'âme humaine, comme les hirondelles, a les ailes trop longues pour voler tout près de terre : elle est faite pour les grands coups d'ailes, les élans faciles et puissants dans le plein ciel. Il faut seulement qu'elle se soulève une fois du sol ; souvent elle ne le peut : ses longues ailes battent en vain la terre sans pouvoir la chasser et se souillent de boue. Quelle force la saisira et la lancera dans les cieux? Le désir même de ces espaces inconnus, le désir de l'idéal infini et incertain. La nature, telle que nous la font connaître les sciences positives, est sans doute la seule divinité parfaitement incontestable, elle est le *deus certus* (c'est ainsi que l'empereur Aurélien appelait le soleil) ; mais cette certitude même est une condition d'infériorité : la lumière du soleil n'est pas la plus brillante lumière, le réel ne saurait être pour la pensée humaine définitivement divin. Le dieu idéal est donc nécessairement aussi le *deus incertus*, le dieu problématique, peut-être mensonger.

Grâce à ce double sentiment des bornes de notre science et de l'infinité de notre idéal, il est inadmissible que l'homme renonce jamais aux grands problèmes sur l'origine et sur la fin des choses : l'enfant peut bien pour un instant, dit Spencer, en se cachant la tête sous sa couverture, échapper à la conscience des ténèbres qui l'environnent ; mais cette conscience, bien que rendue moins vive, subsiste néanmoins, et l'imagination continue nécessairement à s'occuper de ce qui est placé au delà des limites de la perception. Le progrès de la pensée humaine a porté encore moins sur les réponses aux problèmes que sur l'art de formuler les problèmes eux-mêmes : les énigmes ne nous sont plus posées dans les mêmes termes naïfs qu'elles l'étaient pour les premiers hommes. C'est là l'une des preuves de l'agrandissement de l'esprit humain ; par malheur, la réponse est toujours aussi difficile que tentante. Nous ne tenons jusqu'ici aucune explication, mais une simple transposition du grand mystère, reporté plus loin et plus haut, de telle sorte que, comme l'a dit encore Spencer, « tout côté mystérieux enlevé à l'ancienne interprétation de l'univers est ajouté à la nouvelle interprétation. » Spencer, on le sait, a comparé quelque part le savoir humain à une sphère lumineuse perdue dans un infini d'obscurité ; plus la sphère va grandissant, plus elle multiplie ses points de contact avec la nuit, de telle sorte que la science, en augmentant, ne ferait qu'élargir l'abîme de notre ignorance.

Il ne faudrait pourtant pas tomber à ce sujet dans l'exagération. L'univers est infini sans doute, et conséquemment la *matière* de la science humaine est infinie ; néanmoins, l'univers est dominé par un certain nombre de lois simples dont nous pouvons nous rendre compte de mieux en mieux. Plusieurs vies d'hommes seraient nécessaires pour connaître dans leur complexité toutes les branches des épopées védiques, mais nous pouvons cependant, dès aujourd'hui, saisir les idées maîtresses, les principes qui les dominent ; rien n'empêche qu'il en soit ainsi un jour pour l'épopée de l'univers. Nous pourrons même en venir à délimiter les points précis sur lesquels porte notre ignorance, à marquer dans les chaînes des phénomènes entrecroisés à l'infini les anneaux qui sont pour nous hors de prise. On ne peut donc pas dire que notre ignorance aille grandissant avec notre science même, mais on peut considérer comme très probable que notre science sentira toujours quelque chose lui échapper et en viendra à déterminer de plus en plus nettement, quoique d'une manière toute négative, la nature de ce quelque chose. L'infinité de l'« inconnaissable » même n'est en somme qu'une hypothèse. Nous nous accordons peut-être trop à nous-mêmes en croyant à quelque chose d'infini en nous, fût-ce notre ignorance. Peut-être la sphère de notre savoir est-elle, comme notre globe terrestre, enveloppée seulement d'une bande assez étroite de nuages, d'obscurité et d'ignorance ; peut-être n'y a-t-il pas de « fond » des choses, de même qu'il n'est pas de fond et de soutien à notre terre ; peut-être tout se réduit-il à une gravitation de phénomènes. L'inconnu est une atmosphère où nous vivons, mais il ne s'étend peut-être pas plus à l'infini que l'atmosphère terrestre, et on ne peut pas plus faire de la conscience de l'infini inconnaissable le soutien de nos connaissances qu'on ne peut supposer notre globe porté pour ainsi dire par son atmosphère, suspendu à ses nuages [1].

Inconnaissable ou non, infini ou fini, l'*inconnu* sera toujours l'objet des hypothèses métaphysiques. Admettre ainsi la perpétuité de ces hypothèses, est-ce admettre l'éternité des religions ? Il faut s'entendre sur les termes. Spencer définit la pensée religieuse « celle qui s'occupe

---

1. La notion même de l'inconnaissable a été vivement discutée en Angleterre et en France. Voir, sur ce point, le travail de M. Paulhan dans la *Revue philosophique*, t. VI, p. 279.

de ce qui est au delà de la sphère des sens; » mais tel est précisément le propre de la pensée philosophique : c'est donc la philosophie en son entier, non pas seulement la religion, qui se trouve englobée par la définition de Spencer. Bien plus, c'est en un sens la science même, car la science, s'occupant de *tout* ce qui tombe sous la perception ou le raisonnement, cherche par cela même à fixer la limite où leur pouvoir s'arrête : elle touche ainsi indirectement à la sphère de l'« inconnaissable », sinon pour la pénétrer, du moins pour la délimiter, ce qui est déjà une sorte de connaissance négative. Le *savoir* est essentiellement *critique* et doit se critiquer lui-même. Qu'il faille admettre l'éternité de la philosophie et de la science, cela ne nous semble pas douteux; mais qu'on en doive conclure, comme Spencer, la pérennité de la religion avec tout ce qu'on entend d'habitude par ce mot, rien de moins prouvé.

Pour Spencer, l'inconnaissable même n'est pas absolument négatif. Au milieu des mystères qui deviennent d'autant plus mystérieux qu'on y réfléchit davantage, il restera toujours, dit-il, une *certitude absolue* pour l'homme, « c'est qu'il se trouve en présence d'une énergie infinie et éternelle, source de toutes choses. » — Cette formule de la certitude humaine est bien contestable. D'abord le savant admet plutôt une *infinité d'énergies* qu'une *énergie infinie* : ce qui substituerait au *monisme* une sorte d'atomisme mécanique, une division à l'infini de la force. De plus, la religion ne saurait se borner à affirmer l'existence d'une énergie ou d'une infinité d'énergies éternelles. Elle a besoin d'admettre un rapport quelconque entre ces énergies et la moralité humaine, entre la direction de ces énergies et la tendance qui nous porte à faire le bien. Or, un rapport de ce genre est tout ce qu'il y a de plus sujet à doute dans l'évolutionnisme. Nous croyons qu'il faut, sur ce point, faire des hypothèses et le plus d'hypothèses possible; mais, loin d'offrir un caractère de certitude, ces hypothèses offriraient plutôt, au point de vue de la science pure, un caractère d'improbabilité. La moralité humaine, si on ne la considère que *scientifiquement*, est une question d'espèce, non une question concernant l'univers. Ce qui distingue des dieux les forces naturelles admises par la science moderne, c'est précisément qu'elles sont indifférentes à notre moralité. Rien de certainement divin ne nous est apparu dans le monde, malgré l'admiration croissante que nous éprouvons pour la complexité de ses phénomènes, pour la solidarité qui existe entre eux, pour la vie latente ou active qui anime toutes choses. La science ne nous montre point un univers qui travaillerait spontanément à la réalisation de ce que nous appelons le bien : pour réaliser ce bien, c'est nous qui devrons plier le monde à notre volonté. Il s'agit de rendre esclaves ces dieux que nous avons commencé par adorer; il s'agit de substituer au « règne de Dieu » le règne de l'homme.

La prétendue conciliation de la science et de la religion ne se fait donc, chez Spencer, qu'à la faveur de l'ambiguïté des termes. Les partisans des religions n'en ont pas moins recueilli précieusement ces apparentes concessions pour en faire un argument en faveur de la perpétuité des dogmes. « Comment les dogmes finissent », Jouffroy nous l'avait dit; récemment, un de ses successeurs à la Sorbonne essayait de montrer « comment les dogmes renaissent », et il s'appuyait, suivant l'exemple de Spencer, sur le sens ambigu des mots. Ces « dogmes », ce sont pour M. Caro les principaux points de doctrine du spiritualisme traditionnel — comme si on pouvait donner le nom de dogmes à des hypothèses philosophiques, fût-ce même à des hypothèses éternelles! Il ne s'agit d'ailleurs que de s'entendre; si on appelle dogmes les problèmes toujours renaissants avec leurs solutions toujours hypothétiques, alors les dogmes renaissent et renaîtront toujours : *multa renascentur quæ jam cecidere, cadentque...* Mais si on raisonne, comme le doit un philosophe, sur des termes d'un sens précis, comment appeler *dogmes* les libres constructions de la métaphysique? Voici Héraclite l'évolutionniste, voici Platon le contemplateur des idées, puis vient Aristote suspendant sa pensée à la pensée de la pensée; Descartes qui cherche dans le doute le fondement d'une vérité plus inébranlable, Leibniz s'efforçant de se faire le miroir de l'univers, Spinoza perdu dans la substance infinie, Kant faisant tourner le monde autour de la pensée et la pensée autour de la loi morale; où sont les dogmes, dans ces grands poèmes de la métaphysique? Non, ce ne sont pas là des dogmes, mais des systèmes marqués de l'individualité du génie, quoique renfermant en eux quelque chose de l'éternelle philosophie, de la *perennis philosophia* de Leibniz. Chaque système, comme tel, est précisément un moyen de démontrer l'insuffisance de l'idée maîtresse qui le domine et la nécessité pour l'esprit humain de dépasser cette idée. Systématiser, en effet, c'est, en tirant d'un groupe d'idées tout ce qu'elles contiennent, montrer ce qu'on n'en peut faire sortir, montrer qu'elles ne peuvent être adéquates à la pensée tout entière. Construire, c'est prouver le poids même des pierres dont on se sert, l'impossibilité de les soulever jusqu'au ciel. Il faut construire des systèmes pour un certain nombre d'années, comme l'architecte construit pour trois ou quatre siècles quelque admirable édifice ; puis on peut soi-même, l'œuvre accomplie, marquer les points par où elle craquera d'abord, les colonnes qui céderont les premières, le commencement de l'écroulement final. Toute chute rationnelle force à la résignation, donne dans une certaine mesure la consolation. Ce qui est *utile* est nécessairement *transitoire*, car l'utilité se déplace; c'est ainsi que l'utilité d'un système est la démonstration même de son caractère mortel. Ἀνάγκη στῆναι, dit le dogme ; ἀνάγκη μὴ στῆναι, dit le philosophe. Les systèmes meurent, et à plus forte raison les dogmes; ce qui reste, ce sont les sentiments et les idées. Tous les arrangements se dérangent, toutes les délimitations et toutes les définitions se brisent un jour ou l'autre, toutes les constructions tombent en poussière ; ce qui est éternel, c'est cette poussière même des doctrines, toujours prête à rentrer dans un moule nouveau, dans une forme provisoire, toujours vivante et qui, loin de recevoir la vie de ces formes fugitives où elle passe, la leur donne. Les pensées humaines vivent non par leurs contours, mais par leur fond. Pour les comprendre il faut les saisir non dans leur immobilité, au sein d'un système particulier, mais dans leur mouvement, à travers la succession des doctrines les plus diverses.

Ainsi que la spéculation même et l'hypothèse, le sentiment philosophique et métaphysique qui y correspond est éternel, mais il est aussi éternellement changeant. A notre époque, il est déjà bien loin de la « *certitude intime* » du dogme, de la foi confiante et reposée. Si l'indépendance de l'esprit et la libre spéculation ont leur douceur, leur attrait, leur ivresse même, elles ont aussi leur trouble et leur inquiétude. Il faut se résoudre aujourd'hui à souffrir davantage par notre pensée, comme d'ailleurs nous jouissons davantage par elle ; car la vie de l'esprit, comme celle du corps, est faite d'une balance entre la peine et le plaisir. La haute émotion métaphysique, comme la haute émotion esthétique, n'est jamais pure de toute tristesse[1]. Un jour viendra où, dans tous les cœurs, des cordes graves et même douloureuses s'éveilleront, demanderont parfois à vibrer, comme elles vibraient jadis aux cœurs privilégiés des Héraclite et des Jérémie. Le sentiment métaphysique ne peut pas ne pas avoir quelque chose de triste, comme le sublime que nous nous sentons incapables de jamais embrasser, comme le doute même, comme le mal intellectuel, le mal moral, le mal sensible toujours mêlés à toutes nos joies et dont ce doute est un retentissement dans notre conscience. A ce point de vue, on peut dire qu'il y a une part de souffrance en toute philosophie profonde comme en toute profonde religion.

Un jour que j'étais assis à ma table de travail, mon amie est venue à moi tout inquiète : « Quel front triste ! Qu'as-tu donc ? Des larmes, mon Dieu ! T'ai-je fait de la peine ? — Eh non, m'en fais-tu jamais ? Je pleure d'une pensée, tout simplement, oui, d'une pensée en l'air, abstraite, d'une pensée sur le monde, sur le sort des choses et des êtres. N'y a-t-il pas dans l'univers assez de misère pour justifier une larme qui semble sans objet, comme assez de joie pour expliquer un sourire qui semble naître de rien ? » Tout homme peut pleurer ou sourire ainsi, non sur lui, ni même sur les siens, mais sur le grand Tout où il vit, et c'est le propre de l'homme que cette solidarité consciente où il se trouve avec tous les êtres, cette douleur ou cette joie impersonnelle qu'il est capable d'éprouver. Cette faculté de s'impersonnaliser pour ainsi dire est ce qui restera de plus durable dans les religions et les philosophies, car c'est par là qu'elles sont le plus intérieures. Sympathiser avec la nature entière, en chercher le secret, vouloir contribuer à son amélioration, sortir ainsi de son égoïsme pour vivre de la vie universelle, voilà ce que l'homme fera toujours par cela seul qu'il est homme, qu'il pense et qu'il sent.

Les religions peuvent donc passer sans que l'esprit et le sentiment métaphysiques en soient le moins du monde altérés. Quand les Hébreux allaient vers la terre promise, ils sentaient Dieu avec eux; Dieu avait parlé et avait dit : c'est là-bas; le soir une nuée de feu s'allumait et marchait devant eux. Maintenant la lueur céleste s'est éteinte, nous ne

---

1. Voir nos *Problèmes de l'esthétique contemporaine*, 1re partie.

sommes pas bien sûrs d'avoir Dieu sur nos têtes, nous ne possédons d'autre lumière que notre intelligence, et, avec cette simple lueur, il faut se diriger dans la nuit. Si encore nous étions sûrs qu'il y a une terre promise, que d'autres que nous y arriveront, que le désert aboutira à quelque chose ! Mais non, cette certitude même nous est enlevée : nous cherchons un nouveau monde et nous ne pouvons affirmer qu'il existe ; nul n'y est allé, nul n'en est revenu ; il nous faut le découvrir avant de nous y reposer. Et pourtant nous avancerons toujours, poussés par un infatigable espoir.

CHAPITRE II

L'ASSOCIATION. — CE QUI SUBSISTERA DES RELIGIONS DANS LA VIE SOCIALE

Caractère *social* des religions, communions religieuses, églises. — Type idéal de l'association libre. — Ses diverses formes.

I. L'Association des intelligences. Comment cette association conservera un des éléments les plus précieux des religions. — Sociétés d'études scientifiques, philosophiques, religieuses. Écueils à éviter. — De la vulgarisation des idées scientifiques et de la « *conversion* » des esprits à la science.

II. L'Association des volontés et le prosélytisme moral. Évolution par laquelle la religion tend, dès maintenant, chez les âmes les plus hautes, à se fondre avec la charité. — La *pitié* et la *charité* survivront aux dogmes. — Rôle de l'*enthousiasme* dans le prosélytisme moral.— Nécessité de l'*espérance* pour soutenir l'enthousiasme. — Possibilité de propager les idées morales, 1° sans les *mythes* et les dogmes religieux ; 2° sans les idées de *sanction* religieuse. — Le *héros criminel et heureux* imaginé par Baudelaire ; critique de cette conception. — Le culte du souvenir et des morts.

III. L'Association des sensibilités. — Culte de l'art et de la nature. — L'*art* et la *poésie* se détacheront des religions et leur pourront survivre. Nécessité de développer le *sentiment esthétique* et le *culte de l'art* à mesure que s'affaiblit le sentiment religieux. *Poésie, éloquence, musique ;* leur rôle dans l'avenir. — Substitution finale de l'*art* au *rite*. — *Culte de la nature.* Que le sentiment de la nature fut à l'origine un élément essentiel du sentiment religieux. Supériorité du culte de la nature sur celui de l'art humain. La nature, vrai temple de l'avenir.

L'idée pratique la plus durable qu'on trouve au fond de l'esprit religieux, comme au fond des tentatives de réforme sociale, est l'idée d'association. A l'origine, nous l'avons vu, la religion est essentiellement sociologique, par sa conception de la « société des dieux et des hommes. » Ce qui subsistera des diverses religions dans l'irréligion future, c'est cette idée que le suprême idéal de l'humanité, et même de la nature, consiste dans l'établissement de rapports sociaux toujours plus étroits entre les êtres. Les religions ont donc eu raison de s'appeler elles-mêmes des *associations* et des *églises* (c'est-à-dire des assemblées). C'est par la force des associations, soit secrètes, soit ouvertes, que les grandes religions juive et chrétienne ont envahi le monde. Le christianisme a même abouti, dans l'ordre moral et social, à la notion de l'*église universelle*, d'abord *militante,* puis *triomphante* et unie dans l'amour. Seulement, par une étrange aberration, au lieu de considérer l'universalité comme un idéal, limite inaccessible d'une évolution indéfinie, on a présenté la *catholicité* comme déjà réalisée dans un système de dogmes qu'il n'y aurait plus qu'à faire connaître et, au besoin, à imposer. Ce contresens a été la perte des religions dogmatiques, et il subsiste encore même dans les religions qui changent les dogmes en symboles, car il y a encore moins de symbole *universel* que de dogme universel. La seule chose universelle doit être précisément l'entière liberté donnée aux individus de se représenter à leur manière l'éternelle énigme et de s'associer avec ceux qui partagent les mêmes conceptions hypothétiques.

L'association, entravée jusqu'ici par les lois, l'ignorance, les préjugés, les difficultés des communications, qui sont une difficulté de rapprochement, etc., n'a guère commencé qu'en ce siècle à montrer toute sa puissance. Il viendra sans doute un jour où des associations de toute sorte couvriront le globe, où tout, pour ainsi dire, se fera par association, où dans le grand corps social des groupes sans nombre de l'aspect le plus divers se formeront, se dissoudront avec une égale facilité, circuleront sans entraver en rien la circulation générale. Le type dont toute association doit chercher à se rapprocher, c'est celui qui unirait à la fois l'idéal du socialisme et l'idéal de l'individualisme, c'est-à-dire celui qui donnerait à l'individu le plus de sécurité dans le présent et dans l'avenir tout en lui donnant aussi le plus de liberté. Dès maintenant toute assurance est une association de ce genre; d'une part, elle fait protéger l'individu par une immense force sociale mise en commun; d'autre part, elle n'exige de l'individu qu'un minimum de contribution, elle le laisse libre d'entrer ou de sortir à son gré de l'association, le protège enfin sans rien imposer.

Le tort des religions et aussi des systèmes socialistes, nous l'avons déjà remarqué, c'est de s'être figuré jusqu'ici l'individu comme présentant un type moral et intellectuel unique. Les êtres humains ne sont, ni au dedans ni au dehors, des figures de cire copiées sur le même patron; la psychologie et la physiologie des peuples, — sciences encore embryonnaires, — nous montreront un jour toute la diversité qui existe dans les races humaines et qui, par des phénomènes d'atavisme sans nombre, ramène brusquement l'hétérogénéité au sein même des types les plus corrects. Le sentiment religieux, métaphysique et moral, doit prendre un jour toutes les formes, provoquer tous les groupements sociaux, se faire individualiste pour les uns, socialiste pour les autres, afin que les différents genres d'esprits puissent se rapprocher et se classer, — sous la seule condition de garder toute leur indépendance, de n'altérer en rien la liberté de leurs croyances par l'action de les mettre en commun. Plus on est uni, plus on doit être indépendant ; il faut tout partager sans pourtant rien aliéner : les consciences peuvent se faire transparentes l'une pour l'autre sans rien perdre de l'aisance de leurs mouvements. L'avenir, en un mot, est à l'association, pourvu que ce soit des libertés qui s'associent, et pour augmenter leur liberté, non pour en rien sacrifier.

Si, de ces principes généraux, nous passons à des applications particulières, nous trouvons trois formes essentielles de libre association qui devront survivre aux religions : celle des intelligences, celle des volontés, celle des sensibilités.

I. — ASSOCIATION DES INTELLIGENCES

La libre association des pensées individuelles permettra leur groupement toujours provisoire en des croyances variées et variables, qu'elles regarderont elles-mêmes comme l'expression hypothétique et en tous cas inadéquate de la vérité. Il y a des divisions et des subdivisions dans le monde de la pensée semblables aux divisions géographiques de notre terre; ces divisions s'expliquent par la répartition même du travail : chacun a une tâche distincte à remplir, un objet distinct auquel il doit appliquer son intelligence. Or, tous les travailleurs unis dans un même effort de pensée et tournés vers un même point de l'horizon intellectuel tendent naturellement à se rapprocher; toute coopération tend à devenir union et association. Nous avons tous une patrie intellectuelle, comme une patrie terrestre; dans celle-là comme dans celle-ci nous sentons des concitoyens, des frères, vers lesquels nous pousse une sympathie naturelle. Cette sympathie s'explique par une conscience vague de la solidarité des intelligences humaines, qui ne peuvent se désintéresser l'une de l'autre, qui aiment à partager la vérité ou l'erreur comme le plaisir ou la souffrance : il est bon de les voir ainsi se rapprocher, se rejoindre, s'harmoniser, pourvu qu'elles ne se prennent pas elles-mêmes dans une sorte d'engrenage, et que leur solidarité soit une condition de progrès, non d'arrêt et d'immobilité. Les hommes se plairont toujours à mettre en commun et à partager leurs idées, comme les disciples de Socrate apportaient ensemble et partageaient leurs repas dans la petite maison remplie par l'amitié; on est rapproché par ce qu'on sait, suppose ou préjuge, comme par ce qu'on aime. Le rayonnement de notre cœur doit d'abord chercher ceux qui sont plus près de nous, ceux qui sont nos voisins par leur pensée et leurs travaux. Le travail ne façonne pas seulement les objets, il façonne aussi à la longue le travailleur : une même occupation poursuivie avec le même amour finit par donner à la longue le même cœur. Le travail, de quelque ordre qu'il soit, constitue donc un des liens les plus forts entre les hommes. Aussi de nos jours les associations se forment-elles entre les savants ou les chercheurs comme entre les travailleurs des mêmes corps de métier. Nous avons des sociétés d'études scientifiques, médicales, biologiques, etc.; nous avons des sociétés d'études littéraires et philologiques, d'études philosophiques, psychologiques ou morales, d'études économiques ou sociales, enfin d'études religieuses. Ces sociétés sont de vraies églises, mais des églises pour le libre travail, non pour le repos dans une foi convenue; elles iront se multipliant par la spécification même de chacune de ces études. De telles associations entre travailleurs sont le type dont se rapprochera sans doute dans l'avenir toute association, y compris celles d'un caractère religieux. La communauté de recherches, qui crée une fraternité semblable à la communauté de foi, est souvent supérieure et plus féconde. Un jour sans doute les plus hautes associations religieuses ne seront que des associations d'*études* religieuses ou métaphysiques. Ainsi se réconcilieront les éléments les meilleurs de l'individualisme et du socialisme. Le caractère impondérable et extensible à l'infini de la science, la possibilité qu'elle nous donne d'ajouter la valeur de tous à notre valeur personnelle sans pourtant en rien détourner, font de l'acquisition des connaissances le type de l'appropriation parfaite, qui satisfait tout à la fois l'individu et la société.

Il y a toutefois ici un écueil à éviter. Il faut se défier de la force que les opinions, surtout les opinions morales, sociales et métaphysiques, semblent prendre lorsqu'elles sont réunies en faisceau, comme les sarments de la fable; cette force de résistance qu'elles gagnent n'augmente en rien leur valeur intrinsèque, — de même que chaque sarment reste individuellement aussi fragile, même au sein du faisceau qui résiste à la main la plus vigoureuse. Novalis disait : « Ma croyance a gagné un prix infini à mes yeux, du moment que j'ai vu qu'une autre personne commençait à la partager. » — C'est là une constatation psychologique fort juste, mais c'est au fond la constatation d'une illusion dangereuse et contre laquelle il faut se prémunir; car, dans un certain entraînement de passion, il est plus facile de se tromper à deux, il est plus facile même de se tromper quand on est mille, que quand on est un. La science a ses enthousiastes, mais elle a aussi ses fanatiques; elle aurait au besoin ses intolérants et ses violents. Heureusement, elle porte son remède avec elle : agrandissez la science, et elle devient le principe même de toute tolérance, car la science la plus grande est celle qui connait le mieux ses limites.

Tandis que les esprits distingués s'associeront ainsi pour mettre en commun leurs travaux et leurs spéculations, les hommes dont la vie est tournée plutôt du côté du travail manuel s'associeront aussi pour mettre en commun leurs croyances plus ou moins vagues, plus ou moins irréfléchies, mais d'où le surnaturel sera exclu toujours davantage à mesure que l'instruction scientifique se répandra dans le peuple. Ces croyances, qui seront surtout métaphysiques chez certains peuples, pourront être chez d'autres, comme dans les nations latines, surtout sociales et morales. Toutes les associations offriront les types les plus divers, selon les opinions mêmes qui auront présidé à leur formation; elles se ressembleront pourtant par ce trait commun, qu'elles excluront progressivement tout dogme, toute révélation. En outre, ces associations de croyants auront pour commun idéal de se rapprocher des associations de chercheurs et de savants dont nous venons de parler. Les personnes instruites qui se trouveront à la tête de ces sortes de communions auront pour tâche d'y vulgariser les résultats des recherches scientifiques ou métaphysiques entreprises dans les sociétés plus élevées. Il n'y aura pas de temple qui ne soit ainsi formé de plusieurs temples superposés, comme les nefs superposées de certaines églises anciennes; et le plus haut de ces temples, celui d'où descendra la parole la plus inspirée, sera bâti à ciel ouvert et habité non par des fidèles, mais au contraire par des infidèles à toute vérité bornée, par des esprits toujours en quête d'un savoir plus étendu et plus sûr : *ad lucem per lucem*.

Un des effets principaux de l'association des intelligences ainsi pratiquée, sera la diffusion et la propagation des idées scientifiques dans le peuple. Si on considère les religions comme une vulgarisation des premières théories scientifiques humaines, on peut croire que le plus sûr moyen d'en combattre les erreurs et d'en conserver les bons côtés sera la vulgarisation des théories vraies de la science moderne. Vulgariser, c'est en un sens « convertir, » mais c'est convertir à des vérités hors de doute; c'est une des tâches les plus capables de tenter un philanthrope : on est sûr que le vrai ne fera pas de mal quand on le répand sans l'abaisser. Une parole vraiment bonne, un livre vraiment bon sont souvent meilleurs qu'une bonne action : ils portent plus loin, et si quelquefois un acte imprudent d'héroïsme a pu être funeste, une parole allant au cœur ne le fut jamais. De nos jours on trouve déjà des livres à l'usage des enfants et du peuple qui sont de véritables chefs-d'œuvre, et qui mettent à leur portée les plus hautes idées de la morale et de certaines sciences, sans les défigurer en rien; ces livres sont des espèces de catéchismes moraux ou scientifiques bien supérieurs aux catéchismes religieux. On peut être assuré qu'il se produira un jour, pour les grandes théories cosmologiques ou métaphysiques, des livres de ce genre, résumant dans un langage à la portée de tous et sous de vives images les faits acquis ou les hypothèses probables. La vulgarisation, venant de plus en plus s'interposer entre la haute science et l'ignorance populaire, remplacera ainsi les religions, qui sont elles-mêmes un ensemble de notions exotériques, une représentation symbolique et grossière d'un savoir profond autrefois, aujourd'hui naïf. La science moderne, pour progresser, a besoin de se populariser ainsi ; elle avance en s'élargissant toujours, comme les grands fleuves ; bien plus, sans cet élargissement continu, elle n'avancerait pas.

Un des grands avantages de la science, c'est qu'elle utilise jusqu'aux demi-talents et aux esprits les plus modestes, — ce que l'art ne peut pas faire. Un poète médiocre est bien souvent un être absolument inutile, un zéro dans l'univers ; au contraire, un esprit très ordinaire, qui apportera un perfectionnement presque insignifiant dans l'enroulement des fils d'une bobine électrique ou dans l'engrenage d'une machine à vapeur, aura rendu un réel service : il aura fait son œuvre ici-bas, il aura payé son tribut, justifié sa place au soleil. Tandis que l'art ne souffre pas la médiocrité, la science peut s'appuyer sur elle ; chez tous elle peut rencontrer des collaborateurs. Par cela même, la science trouve en elle une force de propagation que l'art ne possède pas toujours au même degré, que les religions seules ont eue à ce point. L'art peut rester très facilement aristocratique ; la science, elle, ne dédaigne rien, ramasse toutes les observations, rassemble et multiplie toutes les forces intellectuelles. Comme les grandes religions bouddhique et chrétienne, elle est égalitaire, elle a besoin des foules, elle a besoin de s'appeler légion. Sans doute un petit nombre de génies dominateurs sont toujours nécessaires pour mener le travail, embrasser l'ensemble des matériaux apportés, les distribuer, s'élever aux inductions imprévues. Mais ces génies, trop isolés, seraient impuissants. Il faut que chaque homme apporte sa pierre, un peu au hasard, et que toutes ces pierres se tassent lentement sous l'effort de leur propre poids, pour que l'œuvre sortie de cette collaboration de l'humanité entière devienne vraiment inébranlable. Les digues bâties à pierres perdues sont les plus solides de toutes. Quand on marche sur ces digues, on sent la mer passer et frémir non seulement autour de soi, mais sous ses pieds mêmes ; on entend le grondement vain de l'eau qui se joue autour de chaque bloc non taillé ni cimenté sans pouvoir en arracher un seul, et qui baigne tout sans rien détruire. Telles sont dans l'esprit humain les constructions de la science, bâties avec de petits faits amassés au hasard, que les générations ont jetés en désordre les uns sur les autres, et qui pourtant finissent par se tenir si solidement que nul effort de l'imagination ne peut plus les disjoindre : le rêve se joue désormais autour de ces réalités emboîtées l'une dans l'autre, sans pouvoir les entamer. L'esprit humain, malgré son va-et-vient éternel, sent alors en lui quelque chose de solide, que les vagues des flux et des reflux peuvent pénétrer, non emporter.

II. — L'ASSOCIATION DES VOLONTÉS ET LE PROSÉLYTISME MORAL

Un deuxième élément survivra aux religions. Comme les intelligences affranchies du dogme, les volontés continueront à s'associer librement en vue des souffrances humaines à soulager, des vices et des erreurs à guérir, des idées morales à répandre. Cette association a, comme celle des intelligences, son principe dans la conscience de la solidarité et de la fraternité humaine, mais, bien entendu, il ne s'agit plus de la fraternité fondée sur des idées superstitieuses ou antiphilosophiques, sur la communauté d'origine, sur l'existence d'un même père terrestre ou même céleste ; il s'agit d'une fraternité rationnelle et morale fondée sur l'identité de nature et de tendance. Le vrai philosophe ne doit pas dire seulement : rien de ce qui est humain ne m'est étranger, mais : rien de ce qui vit, souffre et pense ne m'est étranger. Le cœur se retrouve partout où il entend battre un cœur comme lui, jusque dans l'être le plus infime, à plus forte raison dans l'être égal ou supérieur. Un poète de l'Inde, dit la légende, vit tomber à ses pieds un oiseau blessé, se débattant contre la mort ; le cœur du poète, soulevé en sanglots de pitié, imita les palpitations de la créature mourante : c'est cette plainte mesurée et modulée, c'est ce rythme de la douleur qui fut l'origine des vers ; comme la poésie, la religion a aussi son origine la plus haute et sa plus belle manifestation dans la pitié. L'amour des hommes les uns pour les autres n'a pas besoin d'être précédé par l'accord complet des esprits ; c'est cet amour même qui arrivera à produire un accord relatif : aimez-vous l'un l'autre, et vous vous comprendrez ; quand vous vous serez bien compris, vous serez déjà plus près de vous entendre. Une lumière jaillit de l'union des cœurs.

L'universelle sympathie est le sentiment qui devra se développer le plus dans les sociétés futures. Dès aujourd'hui, par une évolution absolument inévitable, la religion chez les âmes les plus hautes a fini par se fondre avec la charité. Encore dures et stériles chez les peuples primitifs où elles ne sont qu'un recueil de formules de propitiation, les religions ont fini, en se pénétrant de morale, par devenir l'une des sources essentielles de la tendresse humaine. Le bouddhisme et le christianisme se sont trouvés à la tête des principales œuvres de charité que l'homme ait entreprises. Condamnées fatalement, au bout d'un laps de temps plus ou moins long, à la stérilité intellectuelle, ces religions ont eu le génie du cœur. Les Vincent de Paul ont peu à peu remplacé les saint Augustin ou les saint Athanase, non sans profit pour l'humanité. Cette évolution ira s'accentuant sans doute. Aujourd'hui, par exemple, où si peu d'œuvres intellectuelles d'un vrai talent se sont produites dans la sphère théologique [1], beaucoup d'œuvres pratiques ont été conçues et exécutées par des prêtres. Un jour viendra sans doute où toute souffrance personnelle, réagissant sur les sentiments sympathiques, fera naître un désir de soulager la souffrance d'autrui. La douleur physique produit en général un besoin d'agitation physique : de même que des lois esthétiques viennent rythmer cette agitation, transforment les gestes désordonnés en mouvements réguliers, les cris en chants de douleur [2], de même, dans la souffrance morale, une loi plus complexe, intervenant de nouveau, peut diriger vers autrui l'instinct qui nous pousse à agir pour oublier de souffrir ; alors toute souffrance pourra devenir, chez celui même qui l'éprouve, une source de pitié à l'égard des souffrances d'autrui, tout malheur personnel sera un principe de charité.

Comme le sentiment artistique, le plus haut sentiment religieux doit être fécond ; il doit porter à l'action. Religion, si l'on en croit saint Paul lui-même, veut dire charité, amour ; or, il n'y a pas de charité sinon envers quelqu'un, et l'amour véritablement riche ne peut pas s'épuiser dans la contemplation et l'extase mystique, qui scienti-

---

1. Pas une seule en France.
2. Voir nos *Problèmes d'esthétique*, l. III.

fiquement ne sont pour lui qu'une déviation et comme un avortement. L'amour véritable doit se tourner à agir. Ainsi s'efface l'antique opposition de la foi et des œuvres : il n'y a pas de foi puissante sans les œuvres, pas plus qu'il n'y a de vrai génie stérile ou de vraie beauté inféconde. Si Jésus préférait Marie, immobile à ses pieds, à Marthe s'agitant dans la maison, c'est que sans doute il pressentait dans la première un trésor d'énergie morale se réservant en quelque sorte pour les grands dévouements : cette réserve n'était qu'une attente, elle ressemblait au silence que gardent les amours sincères, silence qui en dit plus que toutes les paroles.

La charité sera toujours le point où viendront se confondre la spéculation théorique la plus risquée et l'action pratique la plus sûre. S'identifier par la pensée et le cœur avec autrui, c'est *spéculer* au plus beau sens du mot : c'est risquer le tout pour le tout. Ce grand risque, l'homme voudra toujours le courir. Il y est poussé par les plus vivaces penchants de sa nature. Gœthe disait qu'un homme n'est vraiment digne de ce nom que quand il a « fait un enfant, bâti une maison et planté un arbre. » Cette parole, sous une forme un peu triviale, exprime très bien ce sentiment de fécondité inhérent à tout être, ce besoin de donner ou de développer la vie, de *fonder* quelque chose : l'être qui n'obéit pas à cette force est un déclassé, il souffre un jour ou l'autre, et il meurt tout entier. Heureusement, l'égoïsme absolu est moins fréquent qu'on ne le croit ; vivre uniquement pour soi est plutôt une sorte d'utopie se résumant dans cette formule naïve : « tous pour moi, moi pour personne. » Les plus humbles d'entre nous, dès qu'ils ont entrepris une œuvre, ne se possèdent plus eux-mêmes : ils ne tardent pas à appartenir tout entiers à l'œuvre commencée, à une idée, et à une idée plus ou moins impersonnelle ; ils sont tirés malgré eux par elle, comme la fourmi roulant sous le brin de paille qu'elle a saisi une fois et qui l'entraîne jusque dans des fondrières sans pouvoir lui faire lâcher prise.

Le promoteur de toutes les entreprises, petites ou grandes, de presque toutes les œuvres humaines, c'est l'enthousiame, qui a joué un rôle si important dans les religions. L'enthousiasme suppose la croyance en la réalisation possible de l'idéal, croyance active, qui se manifeste par l'effort. Le possible n'a le plus souvent qu'une démonstration, son passage au réel; on ne peut donc le prouver qu'en lui ôtant son caractère distinctif, le *pas encore*. Aussi les esprits trop positifs, trop amis des preuves de fait, ont-ils cette infirmité de ne pouvoir bien comprendre tout le possible; les analystes distinguent trop exactement ce qui est de ce qui n'est pas pour pouvoir pressentir et aider la transformation constante de l'un dans l'autre. Il y a sans doute un point de jonction entre le présent et l'avenir, mais ce point de jonction est difficilement saisissable pour l'intelligence pure: il est partout et nulle part; ou, pour mieux dire, ce n'est pas un point inerte, mais un point en mouvement, une *direction*, conséquemment une volonté poursuivant un but. Le monde est aux enthousiastes, qui mêlent de propos délibéré le *pas encore* et le *déjà*, traitant l'avenir comme s'il était présent; aux esprits synthétiques qui dans un même embrassement confondent l'idéal et le réel; aux volontaires qui savent brusquer la réalité, briser ses contours rigides, en faire sortir cet inconnu qu'un esprit froid et hésitant pourrait appeler avec une égale vraisemblance le possible ou l'impossible. Ce sont les prophètes et les messies de la science. L'enthousiasme est nécessaire à l'homme, il est le génie des foules, et, chez les individus, c'est lui qui produit la fécondité même du génie.

L'enthousiasme est fait d'espérance, et pour espérer, il faut avoir un cœur viril, il faut du courage. On a dit: le courage du désespoir; il faudrait dire: le courage de l'espoir. L'espérance vient se confondre avec la vraie et active charité. Si, au fond de la boîte de Pandore, est restée sans s'envoler la patiente Espérance, ce n'est pas qu'elle ait perdu ses ailes et qu'elle ne puisse, abandonnant la terre et les hommes, s'enfuir librement en plein ciel; c'est qu'elle est avant tout pitié, charité, dévouement; c'est qu'espérer, c'est aimer, et qu'aimer, c'est savoir attendre auprès de ceux qui souffrent.

Sur la boîte de Pandore entr'ouverte où est restée ainsi l'espérance amie, prête à tous les dévouements pour les hommes et pour l'avènement de l'idéal humain, il faut écrire comme sur le coffret du *Marchand de Venise* qui contenait l'image de la bien-aimée: « Qui me choisit, doit hasarder tout ce qu'il a. »

L'objet de l'enthousiasme varie d'âge en âge : il s'est attaché à la religion, il peut aussi s'attacher aux doctrines et aux découvertes scientifiques, il peut surtout s'attacher aux croyances morales et sociales. De là cette nouvelle conséquence, que l'esprit même de *prosélytisme*, qui semble si particulier aux religions, ne disparaîtra en aucune manière avec elles : il se transformera seulement. Chez tout homme sincère et enthousiaste, ayant à dépenser une surabondance d'énergie morale, on trouve l'étoffe d'un missionnaire, d'un propagateur d'idées et de croyances. Après la joie de posséder une vérité ou un système qui semble la vérité, ce qui sera toujours le plus doux au cœur humain, c'est de répandre cette vérité, de la faire parler et agir par nous, de l'exhaler comme notre souffle même, de la respirer et de l'inspirer tout ensemble. Il n'y a pas seulement douze apôtres dans l'histoire de l'humanité ; on compte encore aujourd'hui et on comptera dans l'avenir autant d'apôtres que de cœurs restés jeunes, forts et aimants. Il n'existe pas d'idée dans notre cerveau qui n'ait un caractère social, fraternel, une force d'expression et de vibration par delà le moi. L'ardeur à propager les idées aura donc, dans la société future, une importance aussi grande que l'ardeur à les découvrir. Le prosélytisme tout moral prendra pour but de communiquer à autrui l'enthousiasme du bien et du vrai, de relever le niveau des cœurs dans la société entière, principalement chez le peuple.

Ici on nous fera peut-être plus d'une objection ; on nous signalera la difficulté de rendre populaire, indépendamment des religions, un enseignement de la morale conforme aux idées scientifiques de notre temps. Un professeur de la Sorbonne me soutenait un jour que, dans ce temps de crise des doctrines, tout enseignement un peu systématique de la morale, au lieu de la consolider, risque d'en altérer les fondements chez les jeunes esprits. Pas de théories, car elles aboutissent au scepticisme ; pas de préceptes absolus, car ils sont faux ; il ne reste à enseigner que des faits, de l'histoire : on ne trompe pas et on ne se trompe pas soi-même en alléguant un fait. En somme, plus d'enseignement proprement dit de la morale.

Nous croyons au contraire que, de toutes les théories si diverses sur les principes de la morale, on peut déjà tirer un certain fonds d'idées commun, en faire un objet d'enseignement et de propagation populaire. Toutes les théories morales, même les plus sceptiques ou les plus égoïstes à leur point de départ, ont abouti à constater ce fait que l'individu ne peut pas vivre uniquement de soi et pour soi, que l'égoïsme est un rétrécissement de la sphère de notre activité, qui finit par appauvrir et altérer cette activité même. On ne vit pleinement qu'en vivant pour beaucoup d'autres. Nos actions sont comme une ombre que nous projetons sur l'univers; pour raccourcir cette ombre et la ramener vers nous, il faut diminuer notre taille; aussi le meilleur moyen pour se faire grand, c'est de se faire généreux, tandis que tout égoïsme a pour conséquence ou pour principe une petitesse intérieure. L'idée et le sentiment qui est au fond de toute morale humaine, c'est toujours le sentiment de la générosité; généreux et philantropiques deviennent eux-mêmes, pour qui les regarde sous un certain angle, les systèmes d'Épicure et de Bentham. C'est cet esprit de générosité inhérent à toute morale qu'un moraliste peut et doit toujours s'efforcer de dégager, de faire pénétrer dans l'esprit de ses auditeurs. Que reste-t-il des longues années d'enseignement auxquelles a été vouée notre jeunesse? Des formes abstraites? des idées plus ou moins scolastiques inculquées à grand peine? Non, tout cela se fond, se disperse; ce qui subsiste, ce sont des sentiments. De l'enseignement de l'histoire se dégage un certain culte du passé et de nos traditions nationales, qui est utile, mais qui peut devenir dangereux s'il est poussé trop loin; de l'enseignement de la philosophie, une certaine ouverture d'esprit, une curiosité pour la recherche des causes, un amour de l'hypothèse, une tolérance à l'égard des doctrines opposées à la nôtre; et que doit-il rester d'un enseignement bien suivi de la morale? Avant tout une générosité du cœur qui fait que, — sans nous oublier nous-mêmes, — du moins nous ne nous soucions plus uniquement de nous. Tous les autres enseignements élargissent l'esprit, celui-ci doit élargir le cœur. Il ne faut donc pas avoir peur de la diversité des systèmes moraux, parce qu'en somme ils n'ont pas trouvé de vérité psychologique et physiologique plus certaine, de fait plus vérifiable que l'amour, principe de tout altruisme, et qu'ils en viennent nécessairement à placer l'être humain dans cette alternative: se dessécher ou s'ouvrir. Les actions exclusivement égoïstes sont des fruits pourrissant sur l'arbre plutôt que de nourrir. L'égoïsme, c'est l'éternelle illusion de l'avarice, prise de peur à la pensée d'ouvrir la main, ne se rendant pas compte de la fécondité du crédit mutuel, de l'augmentation des richesses par leur circulation. En morale comme en économie politique, il est nécessaire que quelque chose de nous circule dans la société, que nous mêlions un peu de notre être propre et de notre vie à celle de l'humanité entière. Les moralistes ont eu tort peut-être de trop parler de sacrifice : on peut contester que la vertu soit, en son fond le plus secret, un sacrifice au sens rigoureux du mot ; mais on ne peut nier qu'elle soit fécondité morale, élargissement du moi, générosité. Et ce sentiment de générosité par lequel, quand on va au fond de soi, on y retrouve l'humanité et l'univers, c'est ce sentiment-là qui fait la base solide de toutes les grandes religions, comme il fait celle de tous les systèmes de morale ; c'est pour cela qu'on peut sans danger, en se plaçant à ce centre de perspective, montrer la diversité des croyances humaines sur le bien moral et sur l'idéal divin : une idée maîtresse domine toujours cette variété, l'idée de l'amour. Être généreux de pensée et d'action, c'est avoir le sens de toutes les grandes conceptions humaines sur la morale et la religion.

D'ailleurs, est-il besoin du secours d'idées mythiques et mystiques pour comprendre la société humaine et ses nécessités, parmi lesquelles se trouve la nécessité même du désintéressement? Plus l'être humain deviendra conscient, plus il aura conscience de la nécessité, de la rationalité inhérente à la fonction qu'il accomplit dans la société humaine, plus il se verra et se comprendra lui-même dans son rôle d'être social. Un fonctionnaire sans reproche est toujours prêt à risquer sa vie pour accomplir la fonction qui lui est dévolue, fût-ce la simple fonction de garde champêtre, de douanier, de cantonnier, d'employé de chemin de fer ou de télégraphe ; celui-là serait inférieur à ces très humbles employés qui ne se sentirait pas capable de braver lui aussi la mort à un moment donné. On peut se juger soi-même et juger son idéal en se posant cette question : pour quelle idée, pour quelle personne serais-je prêt à risquer ma vie ? — Celui qui ne peut pas répondre à une telle interrogation a le cœur vulgaire et vide ; il est incapable de rien sentir et de rien faire de grand dans la vie, puisqu'il est incapable de dépasser son individualité ; il est impuissant et stérile, traînant son moi égoïste comme la tortue sa carapace. Au contraire, celui qui a présente à l'esprit la pensée de la mort en vue de son idéal, cherche à maintenir cet idéal à la hauteur de ce sacrifice possible ; il puise dans ce risque suprême une tension constante, une infatigable énergie de la volonté. Le seul moyen d'être grand dans la vie, c'est d'avoir la conscience qu'on ne reculera pas devant la mort. Et ce courage devant la mort n'est pas le privilège des religions : il est en germe dans toute volonté intelligente et aimante, il est en germe dans ce sentiment même de l'universel que nous donnent la science et la philosophie ; il commence à se montrer dans ces élans spontanés du cœur, dans ces inspirations de l'être moral semblables à celles du poète, que l'art et la morale cherchent à faire naître plus fréquemment en nous. Indépendamment de toute conception religieuse, la moralité a ce privilège d'être une des poésies les plus hautes de ce monde, dont elle est une des plus vivantes réalités. Cette poésie, au lieu d'être purement contemplative, est en action et en mouvement ; mais le sentiment du beau n'en demeure pas moins un des éléments les plus durables du sentiment moral : la vie vertueuse, les Grecs le disaient déjà, c'est la vie belle et bonne tout ensemble. La vertu est le plus profond des arts, celui dans lequel l'artiste se façonne lui-même. Dans les vieilles stalles en chêne des chœurs d'église, amoureusement sculptées aux âges de foi, le même bois représente souvent sur une de ses faces la vie d'un saint, sur l'autre une suite de rosaces et de fleurs, de telle sorte que chaque geste du saint figuré d'un côté devient de l'autre un pétale ou une corolle : ses dévouements ou son martyre se transforment en un lys ou une rose. Agir et fleurir tout ensemble, souffrir en s'épanouissant, unir en soi la réalité du bien et la beauté de l'idéal, tel est le double but de la vie ; et nous aussi, comme les vieux saints de bois, nous devons nous sculpter nous-mêmes sur deux faces.

On nous objectera encore que la propagation et l'enseignement des idées morales, s'ils deviennent indépendants des religions, manqueront d'un dernier élément qui a sur les esprits religieux une puissance souveraine : l'idée de sanction après la mort, ou tout au moins la certitude de cette sanction. A quoi on peut répondre que le plus pur du sentiment moral est précisément de faire le bien pour le bien même. Et si on réplique que c'est un idéal chimérique, étant si élevé, nous répondrons à notre tour que la force de l'idéal, pour se réaliser, deviendra d'autant plus grande dans les sociétés futures que cet idéal sera placé plus haut[1]. On croit que les idées les plus élevées sont les moins faciles à propager dans les masses : c'est une erreur que l'avenir démentira sans doute de plus en plus. Tout dépend du talent de celui qui répand ces sentiments et ces idées : le génie de Jésus et des Évangélistes a plus fait pour propager la moralité sur la terre, en exprimant sous une forme populaire et sublime tout ensemble les plus hautes idées morales, qu'en menaçant les hommes de la vengeance divine et des flammes de la gehenne. Dans cette parole : « Aimez-vous les uns les autres ; à ce signe tous connaîtront que vous êtes mes disciples, si vous avez de l'amour les uns pour les autres », dans ce précepte admirable et éternel il y a plus de force pratique inépuisable que dans ces autres apostrophes dont nous sourions aujourd'hui : « Vous serez jetés dans le feu... Il y aura des pleurs et des grincements de dents. » Déjà, dans le passé même, c'est sous la protection des sentiments les plus élevés que se sont produites les plus grandes révolutions religieuses ; ces sentiments resteront dans l'avenir, dépouillés des idées superstitieuses auxquelles ils furent longtemps associés. La religion a pu faire par milliers des martyrs courant gaiement aux supplices ; c'est une tâche sans doute plus difficile encore, mais après tout non moins réalisable, de faire des millions de simples honnêtes gens. La moralité ne perdra pas de sa force pratique en se montrant de plus en plus ce qu'elle est, c'est-à-dire le but le plus haut que puisse se poser l'homme : la vraie idée de la moralité se confond avec la charité, et la charité véritable ne va pas sans un désintéressement absolu, qui n'attend une récompense ni des hommes ni de Dieu. La reconnaissance ne doit jamais entrer dans les attentes de la vie, dans les espérances par lesquelles on escompte l'avenir : ce serait d'ailleurs un bien mauvais calcul. Il faut prendre la reconnaissance quand elle vient, comme par surcroît, en être surpris et réjoui comme d'un véritable bienfait. Il est même bon et il est raisonnable de ne jamais faire le bien qu'en s'attendant à l'ingratitude. Et de même il faut se résigner à ne pas recevoir après la mort un prix de sa bonté. L'enseignement moral le plus pratique est celui qui s'adresse aux sentiments les plus généreux.

Pour soutenir la nécessité de l'idée de sanction dans l'enseignement et dans la propagation de la morale, on nous a

---

1. Voir notre *Esquisse d'une morale*, p. 236 et 237.

présenté un jour l'argument suivant, exprimé sous une forme vive et anecdotique. Baudelaire, dit-on, vers les derniers temps de sa vie intellectuelle, avait tracé le canevas d'un grand drame destiné à étonner les partisans de la morale « bourgeoise ». Le héros de ce drame, dépouillant tous les préjugés vulgaires, commettait l'un après l'autre, et avec un égal succès, les forfaits réputés les plus épouvantables, tuait son père, déshonorait son frère, violait sa sœur et sa mère, trahissait son pays ; enfin, son œuvre accomplie, en possession de la fortune et de l'estime publique, on le voyait, retiré dans quelque beau site sous un doux climat, s'écrier le plus tranquillement du monde : « Maintenant jouissons en paix du fruit de nos crimes. » — Quelle réponse, me disait-on, ferez-vous à cet homme et à ceux qui seraient tentés de l'imiter, si vous n'avez pas les menaces de la religion et la perspective des peines futures ? comment troublerez-vous les jouissances que le criminel se promet ?

Recherchons d'abord quelles peuvent être ces jouissances si désirables. Le héros de Baudelaire est naturellement incapable d'éprouver les plaisirs de la famille et du foyer : pour qui a tué son père, avoir un fils n'offre rien de bien désirable. Il est incapable également d'éprouver l'amour de la science pour la science, car l'homme qui aurait pu aimer la science pour elle-même y aurait trouvé assez d'apaisement pour perdre toute chance de devenir un grand criminel. Goûtera-t-il de bien vives jouissances esthétiques ? La délicatesse morale et la délicatesse esthétique se touchent en général d'assez près : il est peu probable que l'être incapable de remords, et à qui échappent ainsi toutes les nuances de la vie morale, soit apte à saisir les nuances du beau, à éprouver dans toutes ses variétés et ses vivacités l'émotion esthétique[1]. La capacité d'une sincère admiration pour le beau correspond toujours à la possibilité de fortes répulsions pour le laid, et la répulsion pour le laid ne va guère sans une répulsion semblable pour la laideur morale. Il est vrai que Byron a inventé des héros sataniques accomplissant les crimes les plus noirs sans rien perdre de leur élégance, de leurs belles façons, de leur haute éducation de grands seigneurs ; mais de tels héros, en supposant qu'ils puissent exister dans la réalité, sont extrêmement malheureux ; ils

---

1. Voir nos *Problèmes de l'esthétique contemporaine*, 1re partie.

ont, d'après Byron lui-même et ses disciples, des remords raffinés, qui n'en sont pas moins cuisants, le dégoût de la vie, la misanthropie; ils ne peuvent comprendre que l'art pessimiste, qui n'a d'autre effet que de retourner le couteau dans leur plaie : leurs jouissances esthétiques se transforment alors en véritables déchirements. Si l'on quitte le byronisme pour s'en tenir à la réalité connue, on peut douter qu'un vrai criminel puisse goûter des plaisirs esthétiques beaucoup plus relevés que ceux d'un garçon boucher ayant reçu quelque instruction. Ses jouissances tourneront donc dans le cercle banal du vin, du jeu et des belles; mais il ne pourra même pas s'enivrer de bon cœur, car on parle dans l'ivresse ; s'il est prudent, il jouera peu, car il se ruinerait; restent donc les femmes, qui sont en effet la consolation habituelle des scélérats. De tout temps c'est dans les mauvais lieux que la police est allée chercher les criminels le lendemain de leur crime. Eh bien, en vérité, nous ne voyons aucune raison, si ce n'est des raisons de police et de défense sociale, pour enlever à des misérables les jouissances restreintes qui leur restent dans l'existence. Ce serait faire beaucoup d'honneur au héros de Baudelaire que de vouloir lui donner l'immortalité pour lui faire payer le plus cher possible dans l'autre vie les quelques baisers qu'il a pu acheter dans celle-ci avec son or ensanglanté. Nous n'avons à lui souhaiter aucune souffrance. Celle qu'on désirerait qu'il pût éprouver, c'est celle du remords, mais le remords est un signe de supériorité. Les vrais criminels, les criminels de tempérament, ceux qui sont atteints de ce qu'on appelle la folie morale, ignorent absolument le remords parce qu'ils sont parfaitement *adaptés* au crime; ils sont faits pour le milieu *amoral* où ils vivent, et ils s'y trouvent à l'aise, ils n'éprouvent pas le désir d'en changer. Pour sentir qu'une porte est basse, il faut être de grande taille. Si lady Macbeth avait eu la main assez rude et l'œil assez myope, elle n'aurait jamais désiré ôter de sa main la tache de sang. En général, pour souffrir, il faut toujours dépasser plus ou moins son milieu. Le criminel qui éprouve des remords est donc moins écarté du type humain que celui qui n'en n'éprouve pas. Le premier peut redevenir homme avec certains efforts; le second, ignorant même la ligne de démarcation qui le sépare de l'humanité, est incapable de la franchir; il est muré dans son crime; c'est une brute ou un fou.

— Mais, objectera-t-on, si cette brute ou ce fou dont vous

parlez n'a sur la tête aucune menace divine, sa situation ne deviendra-t-elle pas enviable pour beaucoup de gens, qui travailleront à détruire en eux les instincts moraux et humains pour se placer précisément dans la position de cet homme? — Nous ne croyons pas que la foi à la sanction religieuse apporte un grand changement à l'aspect qu'un tel être, malade moralement, présente pour tout être sain. Le crime ne peut offrir pour l'homme qu'un seul attrait, celui de la richesse qu'il a chance de se procurer. Mais la richesse, quelque prix qu'elle ait aux yeux populaires, n'est pourtant pas sans commune mesure avec tout le reste. Proposez à un pauvre de le rendre millionnaire en lui donnant la goutte, il refusera s'il a l'ombre de raison. Proposez-lui d'être riche sous la condition d'être bancal ou bossu, il refusera probablement aussi, surtout s'il est jeune; toutes les femmes refuseraient. La difficulté qu'on éprouve à recruter certains états, même bien rétribués, comme celui de bourreau, montre encore qu'aux yeux du bon sens populaire l'argent n'est pas tout. S'il était tout, nulle menace religieuse ne pourrait empêcher l'assaut universel donné aux richesses[1]. Je connais des femmes et aussi des hommes qui refuseraient une fortune s'il fallait l'acquérir dans l'état de boucher, — tant sont fortes certaines répugnances, même purement sentimentales et esthétiques. L'horreur morale du crime, plus puissante dans la généralité des cœurs que toute autre répugnance, nous écartera donc toujours des criminels, quelles que soient les perspectives de l'au-delà de la vie.

Cette horreur ne sera que plus forte lorsque, au sentiment habituel de haine, de colère et de vengeance que nous cause la présence d'un criminel, se sera substitué par degré le sentiment de la pitié, — de cette pitié que nous éprouvons pour les êtres inférieurs ou mal venus, pour les monstruosités inconscientes de la nature. On peut parfois se prendre à envier le sort de celui qu'on hait; mais on ne peut souhaiter d'être à la place du misérable qui vous fait

---

1. M. de Molinari a calculé les chances de mort auxquelles on s'expose en exerçant régulièrement le métier d'assassin et certaines professions dangereuses comme celle de mineur. Il est arrivé aux résultats suivants : un assassin court moins de risques de mort qu'un mineur : « une compagnie d'assurance qui assurerait des assassins et des ouvriers mineurs, pourrait demander aux premiers une prime inférieure à celle qu'elle serait obligée d'exiger des seconds. » V. dans notre *Esquisse d'une morale* le chapitre sur *le risque et la lutte*, l. IV.

pitié. La haine, pour qui sait l'approfondir, renferme encore quelque centre caché d'attraction et d'envie ; mais il n'est pas, pour arrêter le désir, de barrière morale plus haute et plus définitive que la pitié.

Le seul élément respectable et durable dans l'idée de sanction, ce n'est ni la notion de peine ni celle de récompense, c'est la conception du bien idéal comme devant avoir une force suffisante de réalisation pour s'imposer à la nature, envahir le monde entier : il nous semblerait bon que l'homme juste et doux eût un jour le dernier mot dans l'univers. Mais ce règne du bien que l'humanité rêve n'a pas besoin, pour s'établir, des procédés de la royauté humaine. Le sentiment moral peut se considérer lui-même comme devant être la grande force et le grand ressort de l'univers ; cette ambition de la moralité à envahir progressivement la nature, par l'intermédiaire de l'humanité, est ce qu'il y a de plus élevé dans le domaine philosophique ; c'est aussi ce qu'il y a de plus propre à entretenir l'esprit de prosélytisme. Nul mythe n'est ici nécessaire pour exciter l'ardeur du bien et le sentiment de l'universelle fraternité. Ce qui est grand et beau se suffit à soi-même, porte en soi sa lumière et sa flamme.

Quelles que soient les croyances que les hommes partageront un jour sur l'existence après cette vie et les conditions qui rendent possible le triomphe final du bien, il est une dernière idée morale et sociale qui sera toujours facile à conserver et à propager parmi eux, parce qu'elle est le fond de toutes les religions sans être vraiment attachée à un dogme religieux : c'est le culte du souvenir, la vénération et l'amour des ancêtres, le respect de la mort et des morts. Loin de diminuer nécessairement avec la religion, le respect des morts pourra s'accroître encore, parce que le sentiment métaphysique de l'inconnu de la mort ira croissant. L'esprit démocratique lui-même porte les foules à une admiration inquiète devant le perpétuel nivellement de la mort, qui passe sans cesse sur l'humanité, arrête également tout excès de misère ou de bonheur, nous prend tous et nous jette pêle-mêle dans le grand abîme, au bord duquel, si attentive que l'oreille se penche, elle n'a jamais entendu remonter de bruit de chute.

Les Grecs, le peuple qu'on s'accorde à nous montrer comme le moins religieux des peuples antiques, était celui qui vénérait le mieux ses morts. La cité le plus irréligieuse des temps modernes, Paris, est celle où la fête des morts est le plus solennelle, où le peuple entier se lève pour la célébrer : c'est aussi celle où nous voyons le « gavroche » le plus railleur se découvrir pourtant devant la mort qui passe, saluer sur son chemin l'image visible de l'éternelle énigme. Le respect des morts, qui relie les générations l'une à l'autre et reforme les rangs brisés, qui donne l'immortalité la plus certaine, celle du souvenir et de l'exemple, n'a pas de raison pour disparaître dans le morcellement des religions. La Fête-Dieu peut s'oublier ; la fête des morts durera autant que l'humanité même.

III. — L'ASSOCIATION DES SENSIBILITÉS — CULTE DE L'ART ET DE LA NATURE

I. — La troisième idée qui survivra aux religions, et qu'elles n'ont encore qu'imparfaitement réalisée jusqu'ici, c'est la libre association des sensibilités en vue d'éprouver en commun une émotion esthétique d'un genre élevé et moralisateur ; voilà ce qui restera du cérémonial des divers cultes. La part de l'art déjà existante dans toute religion s'en dégagera ; elle deviendra indépendante de toute tradition, de tout symbolisme pris trop au sérieux et conséquemment voisin de la superstition. La science, la métaphysique, la morale, chacune par son côté, aboutissent à la poésie et, par cela même, à quelque chose d'analogue au sentiment religieux.

La pure *abstraction*, par laquelle le savant pourrait échapper au sentiment, est un état d'esprit instable et passager : il y a dans l'abstraction quelque chose de fictif, puisque dans la réalité il n'existe rien d'abstrait ; aussi ne vaut-elle que comme méthode : son but est d'arriver à saisir un des côtés de la réalité pour embrasser ensuite la réalité entière. Tout résultat général auquel elle arrive tôt ou tard peut devenir objet de sentiment. « Les progrès de la science, dit M. Spencer, ont été de tout temps accompagnés d'un progrès correspondant dans la faculté d'admirer. » Cette faculté ne peut que se développer à l'avenir, quand l'homme arrivera à une conception moins fragmentaire et vraiment synthétique de l'univers. L'admiration est un des résidus du sentiment religieux, une fois dépouillé de tout ce qu'il a de factice et de transitoire. L'homme s'étonnera toujours et contemplera, quoique peut-être un moment doive venir où il ne s'agenouillera plus. Le génie de l'artiste, même quand il s'inspire des grandes idées philosophiques ou cosmologiques, demeure tout différent du génie proprement religieux, qui a pour caractère distinctif d'être dogmatique. Quel peuple plus poète et moins religieux que les Grecs? La poésie, comme la métaphysique, consiste dans des constructions de l'imagination et de la pensée qui peuvent se varier à l'infini, qui tendent à envahir tout le champ du possible ouvert à l'esprit. La religion dogmatique, au contraire, restreint plus ou moins la fécondité de l'imagination ou de la pensée philosophique : elle ne va pas, sans une certaine pauvreté de l'esprit qui s'en tient à telle ou telle conception une fois donnée, toujours la même, et n'en veut plus sortir, fatigué de créer. L'hypothèse métaphysique sans le dogme, avec sa variété et sa liberté, ne peut manquer d'être féconde dans le domaine même de l'art : elle ne reste jamais dans l'abstrait, elle produit un sentiment correspondant, un sentiment proprement poétique, qui n'est pas l'assurance naïve de la foi, mais qui est la transformation du monde réel sous l'influence de la pensée concevant l'idéal. Pour le philosophe comme pour le poète, toutes les surfaces que saisit la science, toutes les formes de ce monde, sous le doigt qui les touche, sonnent non pas le vide, mais pour ainsi dire l'intériorité de la vie : elles ressemblent à ces marbres d'Italie dont les vibrations sont musicales, comme leurs formes sont harmonieuses. Il y a une harmonie du dedans qui peut coexister avec celle des surfaces; la science nous montre les lois du dehors, la philosophie et la poésie nous mettent en sympathie avec la vie intérieure. S'il est impossible de nier, avec les idéalistes purs, qu'il y ait de l'objectif dans le monde que nous nous représentons, on ne peut dire où il commence et où le subjectif finit. Il existe entre le Naghiri et le Yarkand une peuplade presque inconnue appelée Hunza, dont la langue présente ce caractère qu'il est impossible de séparer du substantif l'idée de la personne humaine : on ne peut par exemple exprimer isolément l'idée de *cheval*; il faut dire *mon* cheval, ou *ton* cheval, ou *son* cheval. Avec une langue plus parfaite que celle de cette peuplade sauvage, nous sommes comme elle dans l'absolue impossibilité d'abstraire la personnalité humaine des choses, surtout quand il s'agit non plus des menus objets extérieurs, mais de la représentation de l'ensemble du cosmos. Il n'existe pas *un* monde isolément, mais le vôtre, mais le mien, mais le monde humain. L'homme est si étroitement mêlé à sa conception de l'univers, qu'il est impossible de savoir ce qui resterait, nous ôtés, de notre univers, et ce qui resterait de nous si on nous isolait du monde. Aussi le métaphysicien et le poète aboutissent-ils tous les deux à l'animation universelle, à la projection de l'homme en toutes choses. Au plus haut point de leur essor, la poésie et la philosophie viendront se confondre ; la métaphysique est une sorte de poésie de l'esprit, comme la poésie est une sorte de métaphysique des sens et du cœur. Les deux nous font concevoir le monde d'après ce que nous trouvons en nous-mêmes, et après tout, puisque nous sommes le produit du monde, il doit y avoir dans le grand tout quelque chose de ce qui est en nous. Pour aller au fond des choses, il faut descendre au fond de sa pensée. La poésie est une chose légère et ailée, a dit Platon : il voulait parler surtout de la poésie du poète, celle des mots sonores et harmonieux; mais la poésie du métaphysicien, celle des idées profondes et des causes cachées, celle-là aussi a des ailes, et ce n'est pas seulement pour se jouer à l'entour des choses, pour glisser comme l'oiseau de l'air à la surface du sol ou à celle des eaux. Elle doit être comme ces oiseaux plongeurs qui, au lieu de se jouer à fleur d'eau, s'enfoncent dans la nappe limpide, puis, au risque d'être asphyxiés, marchent sur le fond opaque et dur qu'ils fouillent à coup de bec; tout d'un coup on les voit ressortir de l'eau en secouant leurs plumes, et on ne sait d'où ils viennent : souvent leurs coups de bec sont perdus, parfois cependant ils rapportent quelque graine profonde; ils sont les seuls êtres qui se servent ainsi de leurs ailes non seulement pour glisser et effleurer, mais pour pénétrer et pour chercher le fond. Le dernier mot de l'art des poètes comme de celui des penseurs, ce serait d'arriver à saisir sous le flot mouvant et les ondulations des choses le secret de la nature, qui est aussi le secret de l'esprit.

II. — Plus les religions dogmatiques s'affaiblissent, plus il faut que l'art se fortifie et s'élève. L'être humain a besoin d'une certaine dose de distraction et même, comme dit Pascal, de « divertissement ». Celui qui est tout à fait réduit à la bestialité, comme tel ouvrier anglais ou allemand, ne connaît qu'une distraction au monde : manger et boire, boire surtout. On sait en effet que bien des ouvriers anglais ne vont ni au théâtre ni au temple, ne lisent pas, ne connaissent même pas les jouissances du *home :* la taverne et le gin remplacent également pour eux l'art, la famille et la religion. L'opium joue le même rôle en Chine. Ceux qui ne savent pas se divertir s'abrutissent ; cela encore est un changement pour eux, une variété dans la monotonie des jours, une solution de continuité dans la chaîne des misères. Il faut de temps en temps oublier : un ancien disait même qu'il aimerait mieux la science d'oublier que celle de se souvenir. Pour oublier, l'homme le plus grossier n'a que le sommeil de l'ivresse[1]. A un degré plus élevé, on trouve l'art et l'adoration. Ce sont les deux formes de l'oubli les plus légères et les plus suaves.

La somme d'activité dépensée par l'homme dans la sphère religieuse ou esthétique peut apparaître au premier moment comme inutile et parfois nuisible ; mais il faut songer que l'humanité a toujours un surplus d'activité à dépenser d'une manière ou d'une autre : or, la prière et les exercices de piété, en tant qu'*exercices* et occupations, sont un des passe-temps les moins nuisibles, une des dépenses les moins vaines de l'activité. La prière a été jusqu'ici l'art des pauvres, comme l'église a été leur théâtre. Sans doute l'art et la prière ne peuvent faire à eux seuls le fond de la vie. Les mystiques se sont imaginé que c'était la vie pratique qui était le divertissement, et que le seul fond sérieux des choses était la contemplation religieuse. Ils prenaient ainsi l'envers même de la vérité. Les préoccupations de l'art ou de la métaphysique doivent dominer la vie humaine, non l'absorber. La religion surtout, avec ses mythes, renferme une trop grande part d'illusion et de chimère pour qu'on puisse vivre d'elle : c'est une nuée colorée et rayonnante qui flotte sur une cîme par dessus nos têtes ; si nous voulons monter jusqu'à elle, y entrer et nous y mouvoir, nous nous apercevons qu'elle est vide, qu'elle est intérieurement sombre : c'est un nuage lourd et glacé comme tous les autres, doré seulement d'en bas par l'illusion du regard.

---

1. Tous les peuples malheureux, esclaves ou exilés, boivent. Les Irlandais et les Polonais sont, d'après des statistiques, les populations les plus ivrognes de l'Europe.

La poésie des religions peut survivre à leur dogmatique : comme articles de foi, leurs idées sont aujourd'hui des anachronismes ; comme conceptions pratiques et philosophiques, elles sont en partie impérissables, à l'égal de toute œuvre d'art. « Qui voudra, dit Lange, réfuter une messe de Palestrina ou accuser d'erreur la madone de Raphaël ? » Les religions ont inspiré tout un cycle d'œuvres littéraires et artistiques, ces œuvres leur survivront, du moins en partie : elles seront ce qui les justifiera le mieux un jour. Que nous reste-t-il des croisades aujourd'hui ? Parmi les meilleures choses qu'elles nous ont données, il faut compter quelques fleurs rapportées des pays lointains et propagées chez nous, — comme les roses de Damas, — des couleurs et des parfums qui ont survécu à la grande chevauchée de l'Europe contre l'Asie, au heurt d'idées et de passions éteintes aujourd'hui pour jamais.

Les prêtres, à certains points de vue, sont des artistes populaires ; seulement le véritable artiste doit se modifier avec le temps, comprendre les œuvres nouvelles, ne pas répéter indéfiniment le même thème musical ou poétique. Le côté faible de l'esthétique religieuse, c'est qu'elle ne connaît qu'un nombre restreint de drames ou de mystères qu'elle répète sans se lasser depuis des siècles. Elle devra un jour changer son répertoire. Qu'on se réunisse pour éprouver en commun une émotion à la fois esthétique et sérieuse, pour voir ou entendre quelque chose de beau, rien de mieux ; mais que cette émotion soit indéfiniment la même et que toute représentation ne soit qu'une répétition, c'est ce qui devient inadmissible. Le rite est inconciliable avec le double but que l'art se propose : variété et progrès dans l'expression des sentiments, variété et progrès dans les sentiments eux-mêmes. Il faudra donc tôt ou tard que l'art rudimentaire du rituel fasse place à des arts véritables et progressifs, par la même loi qui a fait que l'architecture instinctive et éternellement la même des oiseaux ou des insectes est devenue chez l'homme une architecture infiniment variée, qui a produit et produit encore les chefs-d'œuvre les plus divers, depuis Notre-Dame de Paris jusqu'à l'Alhambra.

En général, les hommes se réunissent pour *écouter*. La *conférence* ou le *sermon*, les *chants*, telle est la partie qui semble devoir subsister la dernière dans le culte religieux. Elle se retrouvera probablement, plus ou moins tranformée, dans les associations de l'avenir comme dans celles du passé. Un point prendra une importance croissante dans toute parole adressée au peuple : c'est le côté instructif; on ne doit parler au peuple que pour lui apprendre quelque chose. Or, il y a trois sortes d'instruction : l'instruction scientifique, l'instruction littéraire, l'instruction morale ou métaphysique. La première devra être donnée dans une proportion toujours croissante non seulement à l'école, mais dans tout lieu où se réunissent les adultes. Les deux autres sortes d'instruction pourraient être données simultanément par le moyen de lectures bien choisies. Ce qu'il y a de plus intéressant dans beaucoup de sermons ou de conférences, ce sont les textes et les citations apportés par le prédicateur. Le choix de ces textes, la manière dont ils sont expliqués, mis à la portée de la foule, c'est là ce qui fait la valeur du sermon; en d'autres termes, ce dernier est d'autant meilleur qu'il est plus simplement la *lecture sentie et expliquée* d'une des belles pages des bibles humaines. Déjà en Allemagne, en Angleterre, aux Indes, les prédicateurs de certaines sectes très libérales prennent indifféremment le texte de leurs sermons dans tous les livres sacrés de l'humanité. On peut concevoir une époque plus libérale encore où ces textes seraient empruntés non seulement aux poètes des anciens âges, mais aux génies incontestés de tous les temps; il se trouvera des lecteurs et des commentateurs populaires pour toutes les grandes œuvres humaines. La plus complète expression du sentiment dit religieux, en dehors des vastes épopées hindoues ou juives, se rencontre après tout dans les chefs-d'œuvre profanes, depuis Platon et Marc-Aurèle jusqu'à l'hymne au devoir de Kant, depuis les drames d'Eschyle jusqu'à l'*Hamlet* de Shakspeare, au *Polyeucte* de Corneille ou aux *Contemplations* de V. Hugo.

Les « prophètes religieux », comme les prêtres, seront remplacés par les grandes individualités de tous les ordres de la pensée humaine, de la poésie, de la métaphysique et de la science. Chacun de nous pourra parmi eux se choisir son prophète, préférer le génie qui s'adapte le mieux à son intelligence personnelle et peut le mieux lui servir d'intermédiaire avec l'éternelle vérité. Chacun de nous n'en restera pas moins son propre prêtre[1].

---

1. « Le prophétisme n'est pas mort, il s'est épanoui et il se perpétue sous d'autres noms. La réforme religieuse et la spiritualité religieuse, l'émanci-

Outre la poésie et l'éloquence, l'art le plus religieux, c'est-à-dire le plus capable d'engendrer des émotions *communes* et *sympathiques* d'un genre élevé, a été et sera la musique. Wagner n'avait pas absolument tort d'y voir la religion de l'avenir ou tout au moins le culte de l'avenir. Nous ne parlons pas seulement de la musique instrumentale, mais encore et surtout de la musique vocale, de ces chœurs qu'on rencontre si souvent en Allemagne, où viennent s'unir tant de voix en un même chant, où elles se rythment sur la même mesure, réglées et emportées toutes ensemble par le génie. Ainsi comprise, la musique est vraiment religieuse et sociale [1].

Au reste, il n'est presque pas d'art qui ne soit conciliable avec la gravité du sentiment religieux, car tout art, par ses parties les plus hautes, non moins que la poésie et la musique, éveille la pensée contemplative et philosophique. On peut donc croire avec Strauss que la religion se laissera envahir graduellement par l'art, se fondra peu à peu avec lui. Dès maintenant, il y a des différences de genre plutôt que des oppositions entre l'art profane et l'art que nous appelons sacré. Ces différences subsisteront toujours : il est évident qu'un *pas redoublé*, par exemple, ne peut jamais être le symbole d'une idée vraiment profonde sur la nature, l'humanité ou l'infini. L'esthétique religieuse continuera donc d'exclure certaines formes inférieures de l'art tout en devenant toujours plus large et plus tolérante.

L'art, pour remplacer la religion, devra accomplir un

---

pation des autorités oppressives, la guerre aux institutions corruptrices, la poésie religieuse, la philosophie de l'histoire, etc., sont, à divers titres, ses représentants dans le monde moderne. C'est le vieux tronc qui s'est déployé en branches. » (M. Albert Réville, p. 229, *Prolégomènes de l'Histoire des religions*.

1. Actuellement la musique fait partie du culte; mais de deux choses l'une : ou elle est faite par les fidèles, et elle est assez mauvaise, vu l'ignorance musicale de la plupart d'entre eux ; ou elle est faite en dehors des fidèles, et elle aurait alors plus de chances d'être bonne, mais elle est en général assez mal choisie. Il est probable qu'un jour l'éducation musicale se répandra infiniment plus qu'aujourd'hui. Il ne serait pas plus difficile, et il serait plus utile d'apprendre aux enfants les éléments de la musique que de leur apprendre le mystère de l'incarnation. — De plus, en prenant la musique dite religieuse non pas seulement dans le répertoire trop étroit des œuvres sacrées, mais dans tous les maîtres classiques, on serait assuré d'entendre de belle musique, de style et de mouvements variés, capable de plaire à tous ceux chez qui le goût esthétique est développé.

certain nombre de progrès nécessaires, non seulement dans ses formes, mais dans ses moyens extérieurs de manifestation. Remarquons combien les représentations de l'église ou du temple sont mieux organisées au point de vue hygiénique que celles des arts. Point ou peu de veillées, des édifices immenses où l'on respire largement, où la température est à peu près constante; enfin un exercice esthétique qui est une réparation, au lieu d'être une dépense. Comparez à cela les salles de concert, les théâtres, où l'on s'entasse sous des lustres trop brillants, où l'on s'enfièvre, où l'on se dépense de cent façons, d'où l'on sort fatigué, affaibli physiquement et cependant excité, poursuivi par des images sensuelles. Les architectes des églises entendaient infiniment mieux l'hygiène que ceux de nos théâtres. En voulant enfermer le ciel sous leurs voûtes immenses, ils ont deviné vaguement qu'il fallait, pour la poitrine des hommes comme pour leur cœur, de l'air, et encore de l'air. Chez les Grecs, là où l'art était une véritable religion, on ne connaissait que les théâtres en plein jour et en plein air, où le corps pouvait véritablement se reposer, pendant que l'esprit se laissait emporter aux fantaisies de l'art.

Comme l'art profane actuel doit subir quelques transformations pour satisfaire pleinement les tendances d'une nature saine et bien équilibrée, l'art religieux devra, pour se survivre en ses plus hautes tendances, se dépouiller des éléments qui semblent précisément le constituer aujourd'hui, le *merveilleux* du fond et le *convenu* de la forme. Tout art, nous l'avons vu, a longtemps eu besoin du merveilleux pour captiver les hommes : le grand art aujourd'hui cesse d'y faire appel. D'un autre côté, tout art a commencé aussi par le convenu, le conventionnel, le cérémonial, et s'en affranchit par degrés. On peut même établir cette loi générale : plus les arts deviennent parfaits, plus ils deviennent expressifs, c'est-à-dire plus ils cherchent à traduire au dehors le sentiment; d'autre part, plus ils sont expressifs et traduisent le sentiment qu'ils veulent exprimer, plus ils excluent le convenu et le pompeux. Toute expression qui serait une traduction amplifiée et exagérée de l'émotion est supprimée. L'artiste, vis-à-vis de l'émotion intérieure, se trouve dans la même position que le traducteur d'une grande œuvre : sa traduction semblera aujourd'hui d'autant plus parfaite qu'elle serrera le texte de plus près, qu'elle sera pour ainsi dire juxtalinéaire ; il n'en était pas ainsi autrefois, où tout traducteur se croyait obligé d'être un amplificateur. Si, dans l'art véritable il existe de *grands* moyens pour rendre et inspirer l'émotion, il n'y en a pas de *gros*. L'orateur, de nos jours, fait un emploi beaucoup moindre du geste, l'acteur sur le théâtre ne se montre plus grandi par le cothurne, le vers va se rapprochant du langage ordinaire, la musique s'affranchit de toutes les règles trop conventionnelles du contrepoint. Ce qui est vrai pour les arts les plus divers l'est aussi pour l'esthétique religieuse, qui se débarrassera de tous les ornements factices et de toutes les cérémonies vaines du rite. L'expression esthétique d'un sentiment profond, pour être vraie et durable, doit être profonde comme lui, voisine de l'être intérieur, murmurée encore plus qu'articulée. Ce qui rend éternels tels ou tels vers des grands poètes, c'est leur simplicité : plus un art se surcharge de matière, plus il est sûr de périr, comme l'architecture du style jésuite, si ridicule aujourd'hui avec ses dorures et ses fausses richesses. Les cérémonies proprement dites sont destinées à se simplifier toujours davantage dans les associations religieuses ou morales. Un jour viendra sans doute où elles n'auront lieu que pour célébrer les trois grands événements de la vie humaine : la naissance, le mariage et la mort ; peut-être même disparaîtront-elles tout à fait, l'émotion devenant trop profonde et trop intérieure pour être traduite d'une manière extérieure par le moindre rite, par le moindre culte convenu et réglé d'avance.

> Une larme en dit plus que vous n'en pourriez dire.

Dans les cimetières, on reconnaît aujourd'hui les tombes des familles les plus distinguées à ce qu'elles sont plus simples, moins chargées d'ornements convenus. Une seule dalle de marbre sous un arbuste en fleurs, c'est assez pour produire sur celui qui passe une impression plus vive que toutes les croix, les lampes qui brûlent, les images de saints, les colifichets enfantins, les inscriptions ridicules qui ornent tant de tombeaux. Il ne faut pas trop prêter un langage aux énigmes éternelles; elles parlent d'elles-mêmes, sans qu'on ait besoin d'enfler leur voix. Le silence des cieux étoilés fait plus d'impression qu'une parole, et l'instruction religieuse la plus haute ne doit avoir qu'un but : enseigner aux hommes à écouter ce silence. La méditation, qui est après tout recommandée par toute religion, renferme implicitement la négation de tout rite.

III. — Le sentiment de la nature fut, à l'origine, un des éléments importants du sentiment religieux. Ce n'était pas simplement la solitude que les ascètes de l'Inde allaient chercher dans les vallées de l'Himalaya, ni saint Antoine dans la Thébaïde, ni saint Bruno à la Grande-Chartreuse. Ils éprouvaient tous le besoin mal défini d'allier à la monotonie de la contemplation intérieure l'admiration d'une nature vraiment belle ; de remplir le vide de l'extase par des sensations puissantes et bien coordonnées. En eux, à leur insu, il y avait souvent un poète endormi, un peintre aux mains impuissantes, un astronome à l'œil curieux des espaces : tous ces sentiments divers venaient se fondre dans le sentiment religieux, le profane se mêlait au divin, et ils ne rapportaient qu'à Dieu seul l'émotion intense éveillée en eux par les symphonies des forêts ou le rayonnement des aurores sur les cimes. Aujourd'hui le sentiment esthétique s'est dissocié du sentiment religieux. Si toute émotion esthétique très élevée a un caractère contemplatif et philosophique, elle n'en reste pas moins étrangère à toute religion donnée : nul tabernacle ne peut contenir le ciel ; elle est étrangère même à la notion définie et anthropomorphique d'un Dieu personnel. Nous ne croyons plus contempler et sentir la personnalité de Dieu en contemplant et en sentant la nature : l'artiste a définitivement supplanté le solitaire. La force du sentiment théologique en a été affaiblie d'autant, la force du sentiment de la nature a plutôt grandi encore.

Ce sentiment, si puissant déjà chez beaucoup d'hommes de nos jours, on doit travailler à le généraliser davantage. Comme toutes les facultés esthétiques, le goût de la nature a besoin d'être cultivé, développé par une éducation mieux entendue. Il ne se rencontre pas toujours de prime abord ni chez le paysan à l'esprit engourdi, où l'habitude mécanique et inconsciente a émoussé l'émotion, ni chez le citadin, où des habitudes contraires ont amené des goûts contraires : un vrai Parisien de race et d'éducation n'aimera guère la campagne qu'en passant, pour une heure ou deux, — comme il aime le bois de Boulogne. Il éprouvera difficilement un vrai sentiment d'admiration pour un paysage, comme il en éprouverait peut-être pour une œuvre d'art, pour un tableau enfermé dans un cadre d'or : son œil n'est pas fait aux dimensions de la nature.

De tous les sentiments esthétiques, le sentiment de la nature a l'avantage d'être celui qui, poussé même à l'excès, ne dérange pas l'équilibre des facultés mentales et de la santé physique. C'est le seul qui soit absolument d'accord avec l'hygiène. On peut tuer quelqu'un en lui inculquant un amour exagéré du théâtre, de la musique, etc. ; on ne peut que fortifier et équilibrer son organisme par l'amour de la nature. — De l'air, de la lumière ! Je ne sais si les Grecs n'avaient pas raison de philosopher en plein air, dans les jardins et sous les arbres. Un rayon de soleil fait quelquefois mieux comprendre le monde qu'une méditation éternelle dans un cabinet gris devant des livres ouverts[1].

Comparez les émotions esthétiques de la nature à celles de l'art humain, et vous sentirez bientôt leur supériorité. L'art, même le grand art, même celui qui semble le plus près de la vérité, ne peut jamais être qu'une représentation très infidèle du monde réel, parce qu'il est forcé de choisir dans ce monde, de glisser sur tout ce qui fait la trame uniforme de la vie pour mettre en relief tout ce qui est extrême, tout ce qui peut produire soit les larmes, soit le rire. La vie en elle-même et prise en moyenne n'est ni ridicule ni tragique; la vie telle qu'elle apparaît dans l'œuvre d'art est généralement l'un ou l'autre. C'est que l'œuvre d'art a un but auquel elle subordonne même la vérité : l'intérêt; tandis que la vie a son but en elle-même. De là ce caractère pessimiste de l'art, surtout de l'art mo-

---

1. Auprès de toute salle de bibliothèque devrait se trouver un jardin où, dans les beaux jours, on pourrait lire et écrire en plein air. Pour le travailleur du corps, par exemple l'ouvrier des usines, le délassement doit être le repos au grand air — et au besoin le travail intellectuel au grand air. — Pour le travailleur d'esprit, le vrai délassement est un exercice du corps à l'air et à la lumière. Pour les enfants, pas un jour de congé qui ne dût être passé à la campagne. Les veillées, les « sauteries d'enfants, dans un lieu fermé, même les représentations théâtrales de l'après-midi du dimanche sont, hygiéniquement parlant, des absurdités. Tous les internats, en outre, devraient être établis en dehors des villes et, autant que possible, sur des hauteurs : s'il existait en France, comme en Allemagne, par exemple, de grands collèges en pleine campagne, à proximité des forêts, ou mieux encore dans les altitudes du Dauphiné ou des Pyrénées, la mode finirait par les adopter comme le lieu d'éducation obligatoire pour les enfants de la classe aisée. Ainsi on pourrait combattre la dégénérescence de la bourgeoisie, beaucoup plus rapide en France qu'ailleurs, parce que la coutume de restreindre le nombre des enfants y entrave la sélection naturelle.

derne, qu'on a remarqué tant de fois : plus l'artiste sera habile et connaîtra les procédés de son art, plus il sera porté à chercher les côtés douloureux ou risibles de la vie; par cela même qu'il veut produire la pitié ou l'éclat de rire, l'existence sera à ses yeux un drame ou une comédie. Vivre trop exclusivement dans le monde de l'art, c'est donc toujours vivre dans un milieu factice, comme quelqu'un qui passerait son existence dans un théâtre. Le plus beau poème, la plus belle œuvre d'art a toujours des *coulisses* dont il faut se défier. Les jeux de l'imagination se font le plus souvent avec des dés pipés. L'art humain, pour qui s'en nourrit trop exclusivement, a donc quelque chose d'un peu malsain, d'un peu déséquilibré. La plus grande esthétique est encore celle de la nature, toujours sincère, et qui se montre toujours telle qu'elle est, sans cette tromperie qu'on appelle la parure. Aussi croyons-nous qu'une plus haute culture esthétique amènera un sentiment toujours plus vif de la nature, et c'est surtout dans la contemplation du *cosmos* que pourront pleinement coïncider le sentiment esthétique et le sentiment religieux épuré. L'émotion que donne un paysage, un coucher de soleil, une ouverture sur la mer bleue, une montagne blanche toute droite, ou même ce simple morceau de ciel que tout coin de terre a sur lui, est absolument pure, saine, sans rien de heurté, de trop navrant ni de trop immodérément gai. Devant la nature, l'émotion esthétique rafraîchit et délasse au lieu de fatiguer, le sourire des choses n'a jamais rien qui ressemble à une grimace ; il pénètre jusqu'à l'âme comme la lumière jusqu'au fond des yeux, et si la nature a ses tristesses, il s'y mêle toujours quelque chose d'infini qui élargit le cœur. Pour qui sent assez profondément l'immensité toujours présente à la nature et enveloppant toute chose comme le ciel, il est impossible de ne pas puiser dans ce sentiment une sorte de sérénité stoïque.

CHAPITRE III

PRINCIPALES HYPOTHÈSES MÉTAPHYSIQUES QUI REMPLACERONT LES DOGMES

LE THÉISME

I. — *Introduction.* — Du progrès dans les hypothèses métaphysiques. — Comment ces hypothèses iront sans cesse se diversifiant dans le détail et se rapprochant sur les points essentiels. — Importance qu'y prendra l'élément moral. — Que la part de la conscience réfléchie ne diminuera pas, quoi qu'en dise M. Spencer, dans la moralité humaine. — Groupes synthétiques où viendront se ranger les divers systèmes métaphysiques.

II. Le théisme. — 1° Sort probable de l'idée de *création*. — L'auteur du monde peut-il être conçu comme un premier *moteur*. Éternité du mouvement. — L'auteur du monde peut-il être conçu comme proprement *créateur*. Illusion de l'idée de *néant*. — Critique de l'idée de création au point de vue moral. Le problème du mal et la responsabilité du créateur. Hypothèses qu'on a proposées pour sauver l'optimisme. Hypothèse d'un Dieu créant des *spontanéités*, des *libertés*, des « ouvriers » et non des « œuvres. » Part persistante du déterminisme réciproque et caractère illusoire de la spontanéité primitive. — Hypothèse de l'*épreuve*, son immoralité. — Hypothèse de la *chute*, son impossibilité. Dieu changé en tentateur. Lucifer et Dieu. — 2° Sort probable de l'idée de *providence*. — Hypothèses qu'on pourrait tenter pour expliquer la *providence spéciale* et les *miracles*. Leur insuffisance. — Hypothèse d'une *providence non omnipotente*, proposée par Stuart Mill. Critique de cette hypothèse. — Le Dieu-Humanité des disciples de Comte. — La religion ne doit pas seulement être *humaine*, mais *cosmique*. Ce que deviendra dans l'avenir l'idée philosophique de Dieu. — La *Religion dans les limites de la raison* proposée par les néo-Kantiens. Transformation finale de l'idée du *Divin* et de l'idée de *Providence*. — La providence humaine et l'existence progressive du divin dans le monde.

I. — INTRODUCTION
DU PROGRÈS DANS LES HYPOTHÈSES MÉTAPHYSIQUES

Si l'humanité, cherchant une explication plausible du monde, se trouve en présence d'un grand nombre d'hypothèses entre lesquelles elle exercera de plus en plus sa libre faculté de choix, ce n'est pas à dire que ces hypothèses doivent rester pour nous l'objet de la même bienveillante neutralité, qu'elles soient équivalentes à nos yeux et ne pèsent pas plus l'une que l'autre pour la pensée humaine. Loin de là : nous croyons que, parmi les hypothèses métaphysiques, un triage s'est fait déjà et se continuera à l'avenir. Un progrès croissant s'accomplit dans notre représentation de l'inconnaissable à mesure que s'éclaire pour nous la sphère du connaissable. La morale elle-même, si différente selon les contrées, tend à se rapprocher d'un type unique et à devenir identique pour tous les peuples civilisés ; on en peut dire autant de toute la partie pratique des religions : les rites vont se simplifiant de jour en jour, les dogmes aussi ; les hypothèses métaphysiques feront de même. Par le progrès de la pensée humaine, on en viendra à mieux connaître les directions dans lesquelles il faut aller pour se rapprocher de la vérité. Nous regardons comme certain, par exemple, qu'on renoncera bientôt, si on ne l'a déjà fait, à concevoir l'idéal sous le type du Dieu jaloux et méchant de la Bible.

L'angle des regards humains dirigés vers les diverses figures de l'idéal ira diminuant de plus en plus ; mais, à mesure que les intelligences seront ainsi moins divergentes, elles deviendront plus pénétrantes. Alors se produira cette conséquence inattendue, que les hypothèses sur le monde et ses destinées, pour être plus voisines les unes des autres, n'en resteront pas moins nombreuses ni moins variées. La pensée humaine pourra même devenir plus personnelle, plus originale et nuancée, tout en devenant moins contradictoire d'un homme à l'autre. A mesure qu'on entreverra mieux la vérité, les points de vue, au lieu de rester uniformes, acquerront plus de diversité dans le détail et plus de beauté dans l'ensemble. L'approche de la certitude augmente la grandeur et la probabilité des hypothèses sans en diminuer le nombre. L'astronomie par exemple, en approfondissant la voûte du ciel, a produit ce double résultat d'accroître la somme des vérités connues sur les corps célestes et de multiplier en même temps le nombre des hypothèses possibles induites de ces vérités mêmes ; le savoir le plus certain peut être ainsi le plus fécond en vues de toute sorte, même incertaines. A mesure que la pensée pénètre plus avant, elle voit les choses, en même temps, se diversifier dans leurs aspects et s'unifier dans leurs lois. Ce soir, de Sermione, la presqu'île chère à Catulle, je voyais sur la surface du lac de Garde briller autant d'étoiles que j'en pouvais apercevoir au plus profond des cieux :

chaque étoile réflétée sur le lac n'était, en réalité, que le miroitement d'une goutte d'eau voisine de ma main ; chacune des lueurs du ciel était un monde séparé de moi par un infini ; les étoiles du ciel et celles du lac étaient pourtant les mêmes pour mon regard : ce que saisit le moins l'œil humain, c'est la distance réelle des choses et la profondeur vraie de l'univers. Pourtant la science corrige le regard, mesure les distances, creuse toujours davantage la voûte de la sphère céleste ; distinguant les objets de leurs reflets, elle marque à la fois la place du rayon dans l'eau et son origine dans les cieux. Peut-être un jour, au ciel de la pensée indéfiniment élargi, entreverra-t-elle le foyer primitif et lointain, le noyau central d'où sort toute lumière, et dont nous ne saisissons encore que des rayons brisés sur des surfaces, des reflets renvoyés par les objets les plus proches de nous, des scintillements fuyants sur un miroir qui tremble.

Depuis les Stoïciens et Kant il s'est produit une sorte d'orientation nouvelle de toutes les hypothèses métaphysiques. Ce qui constitue aujourd'hui le plus grand attrait de ces hypothèses, c'est qu'elles tentent de donner un sens moral au monde, d'imprimer à l'évolution universelle une direction qui soit conforme à celle de notre conscience d'êtres sociaux et aimants. L'histoire future des religions se résume dans cette loi, que les dogmes religieux, transformés d'abord en simples conjectures métaphysiques, réduits plus tard à un certain nombre d'hypothèses définies entre lesquelles chaque individu fera un choix toujours plus raisonné, en viendront enfin à porter principalement sur le problème moral : la métaphysique religieuse finira par être surtout une morale transcendante, une sociologie idéale embrassant tous les êtres qui constituent l'univers. — Et cette sociologie ne sera plus fondée sur des inductions *physiques*, comme celle des premières religions, ou *ontologiques*, comme celle des premières métaphysiques, mais sur des inductions tirées de la conscience morale. Toutes les antiques notions de l'animisme, du théisme, du panthéisme, seront dominées par ce que l'on pourrait appeler le *moralisme*.

Les solutions diverses qu'on peut donner du problème moral étendu ainsi au monde passionneront toujours davantage la pensée spéculative de l'homme, mais elles pourront ne pas préoccuper au même degré sa pensée pratique ;

un jour sans doute elles n'auront plus l'influence extraordinaire qu'ont eue souvent les croyances religieuses sur la conduite des anciens hommes. Grâce au progrès social, l'agent moral éprouvera de moins en moins le besoin, pour se soutenir dans les sacrifices qu'exige la vie droite, de faire appel aux hypothèses métaphysiques, de s'appuyer sur l'incertain. La morale positive se suffira de plus en plus dans le cours ordinaire de la vie. La générosité du cœur aura moins besoin des élans aventureux de l'intelligence ; elle les produira plutôt sans en dépendre. La haute spéculation métaphysique tendra à devenir, comme les constructions esthétiques, un objet de luxe ; on l'aimera pour elle-même et pour l'élévation générale qu'elle donne à l'esprit beaucoup plus qu'en tant qu'elle pourrait guider notre conduite dans telle ou telle voie précise et particulière ; nous serons en quête de la destinée du monde indépendamment de la nôtre propre, et la pure curiosité de l'intelligence se risquant dans l'inconnu remplacera l'intérêt direct du *moi*.

Nous ne croyons pourtant pas, avec M. Spencer, que la part de la conscience réfléchie dans la conduite humaine doive aller toujours diminuant, que l'homme en vienne à faire le bien par un instinct aveugle, à se jeter au feu ou à l'eau pour sauver autrui presque aussi inconsciemment que déjà nous saluons un ami dans la rue. Selon toute probabilité au contraire, l'homme deviendra de plus en plus un être réfléchi, philosophique, et cette réflexion qu'il applique déjà à toutes choses, il ne pourra manquer de l'appliquer aux principes directeurs de sa conduite. Faut-il craindre ici que l'influence dissolvante exercée d'habitude par la réflexion sur les instincts naturels puisse sérieusement empêcher les progrès croissants de l'instinct social ? Non. L'intelligence ne paralyse un instinct que quand elle va dans un autre sens que lui, quand elle ne réussit pas à le justifier, ou quand elle peut le remplacer avec avantage [1]. Or la pensée spéculative trouvera toujours une justification de l'instinct social dans les lois de l'univers ; même au point de vue purement scientifique et positif, nous l'avons montré ailleurs, la manifestation la plus extraordinaire de l'instinct social, le dévouement, rentre cependant par un côté dans les lois générales de la vie et

---

1. Voir sur ce point nos *Problèmes d'esthétique*, p. 139 (De l'antagonisme entre l'esprit scientifique et l'instinct).

perd le caractère anormal qu'on est parfois porté à lui attribuer : le péril affronté pour soi ou pour autrui n'est pas une pure négation du moi et de la vie personnelle, c'est cette vie même portée jusqu'au sublime par le sentiment du *danger*, du *risque*, sentiment que la sélection a développé et rendu très puissant dans les espèces supérieures : s'exposer au danger présente quelque chose de normal chez un individu bien constitué moralement. Le sublime, en morale comme en esthétique, a les mêmes racines que le beau [1]. L'instinct de la spéculation ne viendra donc pas altérer l'instinct social; il pourra plutôt fortifier dans l'homme le désintéressement, par cette raison que la spéculation est l'acte le plus désintéressé de la vie mentale. D'une manière générale, la conscience réfléchie est toujours plus désintéressée que l'acte irréfléchi, qui a son type dans l'acte réflexe; elle est moins directement utile à la vie élémentaire. Aussi, parallèlement au développement de la conscience et de l'intelligence spéculative, se produit toujours un développement de notre activité morale : plus un être est vraiment intelligent, plus il est actif; or, plus il est actif, moins il se suffit à lui-même et plus il a besoin d'agir pour autrui. Les êtres antisociaux sont presque toujours des oisifs d'esprit et de corps, des paresseux incapables d'un travail suivi du cerveau ou des membres. L'activité de l'intelligence ne peut donc que fortifier ainsi indirectement les instincts moraux : la pensée rend sociable.

Quoique, par les progrès de l'analyse, la complication des grandes hypothèses métaphysiques ou morales dans leurs détails doive aller croissant, il est cependant possible, dès aujourd'hui, de prévoir quels sont les principaux groupes synthétiques où viendront se ranger et se classer les systèmes divers.

Notre livre n'est pas un traité de métaphysique: on n'attend donc pas de nous une exposition doctrinale de ces systèmes; mais leur esprit caractéristique, qui a été aussi l'esprit des diverses religions, voilà ce qui nous intéresse, voilà ce qui fait pour nous leur valeur. C'est cet esprit, à la fois spéculatif et pratique, conséquemment religieux au vrai sens du mot, qu'il importe de mettre en

---

1. *Esquisse d'une morale sans obligation*, p. 215.

évidence, et cela sans aucune préoccupation dogmatique comme sans préoccupation polémique. La sincérité absolue, la sincérité impersonnelle pour ainsi dire et sans passion est le premier devoir du philosophe. Arranger le monde selon ses préférences personnelles, — par exemple ne chercher que les hypothèses les plus « consolantes, » non les plus probables, — ce serait ressembler à un commerçant qui, examinant son grand livre, n'alignerait que les chiffres avantageux et ne s'appliquerait à faire que de consolantes additions. La plus stricte probité est de rigueur pour qui examine le grand livre de la vie : le philosophe ne doit rien cacher ici aux autres ni à lui-même. Nous essaierons donc de faire voir quels sont, à notre avis, les divers aspects sous lesquels se montre aujourd'hui le *connaissable* en son ensemble, conséquemment aussi l'*inconnaissable*, ou, si l'on préfère, le grand inconnu. Nous ne pourrons que sympathiser tour à tour avec les sentiments qui ont inspiré les principaux systèmes métaphysiques, sans cependant nous faire illusion sur ce qu'ils ont d'erroné ou d'incomplet. Dans une église de Vérone, des sentences sacrées sont inscrites sur les dalles de marbre où l'on marche ; elles se suivent, se complètent l'une l'autre et, obscures d'abord, elles prennent un sens et s'éclairent à mesure qu'on avance sous les hautes voûtes : ainsi en est-il dans la vie, où toutes les croyances religieuses ou philosophiques au milieu desquelles nous marchons et respirons nous semblent d'abord énigmatiques et mystérieuses ; nous les foulons quelquefois aux pieds sans les comprendre ; à mesure que nous avançons, nous en saisissons mieux le sens caché, les naïvetés et les profondeurs. Chaque pas dans la vie est une perspective qui s'ouvre pour nous dans le cœur de l'humanité : vivre, c'est comprendre, et comprendre, ce n'est pas seulement tolérer, mais aimer. Cet amour, d'ailleurs, n'exclut ni la clairvoyance, ni l'effort pour améliorer et transformer : au contraire, l'amour vraiment actif doit être avant tout un désir de transformation et de progrès. Aimer un être, une croyance, c'est chercher à les élever.

II. — LE THÉISME

La plupart des gens ne voient guère d'alternative possible qu'entre telle et telle religion bien déterminée et l'athéisme résolu. C'est une étrange inconséquence. La pensée religieuse se manifeste de cent façons, pourquoi la libre-pensée se restreindrait-elle à une seule conception des choses? J'ai connu une foule de libres-penseurs qui croyaient plus sincèrement à l'existence de Dieu, à l'immortalité de l'âme et aux principes dits spiritualistes que beaucoup de prétendus dévots. Avaient-ils raison? Voltaire, par exemple, qui affirmait l'existence de Dieu après un lever de soleil, n'était-il pas un peu naïf et porté à prendre une émotion pour une évidence? Peu importe; ce que nous voulons faire ressortir en ce moment, c'est que la foi au prêtre n'est nullement liée à la foi en Dieu et que la première peut même, en disparaissant, donner tout d'abord plus de force à la seconde en lui donnant plus d'élévation. Aussi n'est-ce pas une seule doctrine philosophique qu'on doit opposer à l'ensemble des religions : ce sont toutes les doctrines philosophiques, toutes les hypothèses discutables. Nous disons à l'individu : pèse et choisis. Et parmi ces hypothèses, nous laissons la place qui lui est due à celle même dont les religions modernes sont l'expression symbolique, le théisme. Si l'*anomie* religieuse que nous proposons pour idéal est la suppression de toute *révélation* extérieure, elle n'exclut pas pour cela ceux qui croient avoir l'*intuition* intérieure et personnelle du divin. Il y aura place même pour les mystiques dans l'individualisme religieux de l'avenir. Il suffit toutefois de suivre le mouvement philosophique moderne pour voir que l'*intuitionnisme*, en métaphysique comme en morale, perd chaque jour du terrain. Le progrès des idées amènera le triomphe graduel de l'induction scientifique sur la prétendue *intuition* naturelle, de la *probabilité* sur la *foi*. La révélation intérieure disparaîtra comme la révélation extérieure pour laisser place, par degrés, au raisonnement. Les dogmes du théisme se dissoudront comme tout dogme; mais l'esprit théiste pourra subsister dans ce qu'il a de plus pur.

I. Examinons d'abord le sort probable du dogme d'un dieu *créateur*, qui se trouve actuellement au sommet des grandes religions juive, chrétienne et islamite. La méthode de la science suit la « loi d'économie ; » la nature économise les forces, la science économise de plus en plus les idées. La première économie à faire ne sera-t-elle point précisément celle de l'idée de création? — L'auteur du monde peut d'abord être conçu comme moteur universel. Mais les idées de cause motrice ou de premier moteur renferment au fond des contradictions, dont se dégage de plus en plus la philosophie moderne ; car ces idées supposent comme état primitif le repos. Or le repos n'est pas plus primitif et absolu que le néant. Rien n'est en repos, rien n'a jamais été en repos. L'atome d'air qui semble le plus immobile parcourt dans ses vibrations, selon Clausius, 447 mètres par seconde, en un espace de 95 millionièmes de millimètre, et reçoit pendant ce temps 4 milliards 700 millions de chocs. L'atome vibrant d'hydrogène parcourt en une seconde 1844 mètres. Le repos est donc une illusion humaine sur laquelle s'appuie cette autre illusion d'un premier moteur divin. Éternellement le mouvement a agité les molécules de la substance primitive, plus tard groupées en sphères, et ces sphères se sont mises d'elles-mêmes à tourner dans l'éther, sans avoir jamais eu besoin d'être poussées, selon le symbole égyptien, par le scarabée sacré roulant sa boule féconde, image de l'univers. Là où, comme le remarque Strauss, le grand Newton avait besoin d'invoquer la « chiquenaude divine, » là où Buffon avait recours à l'hypothèse d'une comète venant accrocher la sphère primitive, pour en détacher ces fragments qui sont la terre et les planètes, nous n'avons plus à invoquer que la fixité des lois naturelles. Depuis Descartes, Kant et Laplace, nous possédons des explications approximatives de la formation des astres, tour à tour produits par le tourbillonnement de la matière, puis dissous par lui, naissant pour être, comme disait Kant, « dévorés par l'abîme de l'éternité. » Une même cause, la résistance de l'éther, explique à la fois l'agglomération en noyaux de la matière nébuleuse, puis le ralentissement de la sphère ainsi formée, sa chute sur un centre voisin d'attraction, son embrasement, et enfin, de nouveau, sa résurrection sous d'autres formes.

D'autre part, depuis les progrès de la physiologie et de

l'histoire naturelle, le monde inorganique et le monde organique se sont tellement rapprochés, qu'une explication vraiment complète du premier nous donnerait sans doute le mot du second. Il n'y a plus aujourd'hui d'abîme entre la vie et ce qui la soutient, entre ce qui palpite et ce qui va palpiter. Si nos laboratoires ne peuvent nous faire prendre sur le fait la génération spontanée, c'est qu'ils ne sont pas comparables à celui de la nature, qu'ils ne disposent pas des mêmes moyens, que les êtres prétendus primitifs qu'on veut leur faire produire ne le sont pas : les savants qui ont tenté de telles expériences ressemblaient à des darwiniens convaincus qui essaieraient de transformer en huit jours des anthropoïdes en hommes. Il y a, dans la nature, des convergences de forces infinies sur un point déterminé que ne peut réaliser aucun laboratoire. En outre, le temps est un facteur nécessaire de l'évolution des choses, que nous sommes toujours portés à négliger : ce qui est naturel est lent. Pour trouver la vie organique en voie de formation, il faut donc reculer dans le lointain des temps, comme pour trouver un astre encore à l'état de dispersion il faut sortir de notre système solaire.

Si Dieu n'est pas un moteur nécessaire, est-il le nécessaire créateur de l'être même des choses? — Une cause créatrice semble de plus en plus, aux esprits modernes, inutile pour expliquer le monde, car l'être n'a pas besoin d'explication ; c'est plutôt le néant qui aurait besoin d'être expliqué. Néant, mort, repos, — idées toutes relatives et dérivées : il n'y a de mort que par rapport à la vie, et cette mort même n'est qu'un état provisoire, un intervalle entre deux métamorphoses. Il n'existe pas un *punctum mortuum*, un seul point vraiment mort dans l'univers. C'est donc par un pur artifice de la pensée que les religions ont transporté à l'origine des choses l'anéantissement, la mort, — cette conséquence lointaine de la vie, — pour faire ensuite intervenir une puissance créatrice : leur « création » est une résurrection suivant une mort fictive.

Ce n'est pas l'être qui sort du néant, c'est le néant qui est un simple aspect de l'être, ou plutôt une illusion de la pensée. Aussi renoncera-t-on toujours davantage à l'idée de création, qui sera remplacée par celle de variation et d'évolution. Les divers mondes ne sont que des variantes éternelles du même thème. Le *tat twam asi* des Hindous tend à devenir une vérité scientifique. L'unité substantielle du monde et la solidarité de tous les êtres arrivera sans doute à une démonstration de plus en plus évidente.

On peut donc considérer comme prouvé, depuis Kant, que la création est une hypothèse indémontrable et même inconcevable ; mais Kant ne s'est pas demandé si ce dogme biblique ne tendra pas à nous paraître de plus en plus immoral, ce qui, d'après la doctrine même de Kant, suffirait pour le faire rejeter dans l'avenir. Le doute qui avait tourmenté déjà quelques penseurs de l'antiquité se répand et augmente de nos jours : un créateur est un être en qui toutes choses ont leur raison et leur cause, conséquemment à qui vient aboutir toute responsabilité suprême et dernière. Il assume ainsi sur sa tête le poids de tout ce qu'il y a de mal dans l'univers. A mesure que l'idée d'une puissance infinie, d'une *Liberté* suprême devient inséparable de l'idée de Dieu, Dieu perd toute excuse, car l'absolu ne dépend de rien, il n'est solidaire de rien, et, au contraire, tout dépend de lui, a en lui sa raison. Toute culpabilité remonte ainsi jusqu'à lui : son œuvre, dans la série multiple de ses effets, n'apparaît plus à la pensée moderne que comme une seule action, et cette action est susceptible, au même titre que toute autre, d'être appréciée au point de vue moral ; elle permet de juger son auteur, le monde devient pour nous le jugement de Dieu. Or, comme le mal et l'immoralité, avec le progrès même du sens moral, deviennent plus choquants dans l'univers, il semble de plus en plus qu'admettre un « créateur » du monde, c'est, pour ainsi dire, centraliser tout ce mal en un foyer unique, concentrer toute cette immoralité dans un seul être et justifier le paradoxe : « Dieu, c'est le mal. » Admettre un créateur, c'est, en un mot, faire disparaître du monde tout le mal pour le faire rentrer en Dieu comme en sa source primordiale ; c'est absoudre l'homme et l'univers pour accuser leur libre auteur.

Il est quelque chose de pire encore que de placer ainsi la source de tout mal dans une liberté créatrice, c'est, pour innocenter le créateur, de nier le mal même et de déclarer ce monde le meilleur des mondes possibles. Tel est le parti auquel se sont arrêtés Leibniz et tous les théologiens. Les religions sont contraintes à se transformer en une apologie de l'univers, en une admiration du plan divin ; elles tiennent en réserve des excuses pour l'existence de l'injustice et travaillent inconsciemment à fausser le sens moral de l'homme, afin de dégager la responsabilité de Dieu.

On a essayé bien des hypothèses pour sauver l'optimisme dans une certaine mesure, pour excuser le créateur sans compromettre le sens moral et l'instinct du progrès. On s'est efforcé de montrer dans le mal physique (la souffrance), dans le mal intellectuel (l'erreur ou le doute), une condition *sine qua non* du bien *moral*; ce qui les justifierait. Le mal moral resterait ainsi le seul mal véritable, et comme précisément ce mal est constitué par la mauvaise volonté de l'homme, c'est donc à l'homme seul qu'en reviendrait la responsabilité. Selon cette hypothèse, il n'y aurait de mauvais dans l'univers que le méchant, c'est-à-dire celui qui s'est fait seul ce qu'il est. Et encore le mal moral lui-même pourrait être considéré comme une condition suprême du bien moral, ce dernier supposant un choix, une alternative tranchée par la volonté, une double voie toujours ouverte. Tout le mal de l'univers serait ainsi compensé par la moralité, toute la souffrance par la vertu, toutes les erreurs par l'affirmation pratique du bien, toutes les fautes par la bonne volonté. Le monde lui-même ne serait qu'un moyen pour produire la moralité, et, dans son apparente imperfection, il serait le meilleur possible parce qu'il servirait à produire ce qu'il y a de meilleur.

Le monde, a-t-on dit, ne peut pas être absolu de tout point, car alors il serait Dieu; il faut toujours qu'il *reçoive* quelque chose; mais, moins il reçoit, plus il *agit* par lui-même, se développe par lui-même, et plus il se rapproche de l'*absolu*; de telle sorte que sa pauvreté même fait sa grandeur, en lui permettant de se donner la véritable richesse, celle qu'on n'emprunte pas à autrui, mais que soi-même on conquiert. Tout se transfigure donc, selon cette hypothèse: chaque misère devient un mérite. Dieu a voulu créer le monde le plus « spontané » possible, c'est-à-dire, au fond, *créer* le moins possible, remettre tout à l'initiative des êtres. *Laissez faire*, telle est la devise de Dieu, comme de tout bon gouvernement. Un résultat moindre, mais obtenu par la spontanéité, est supérieur à un résultat plus grand obtenu par l'artifice. « L'art divin », a dit un philosophe en commentant les plus hautes pensées de Platon, « est infiniment supérieur à l'art humain; il crée des individus ayant leur fin en eux-mêmes et chez lesquels le fond projette la forme. Ces individus ne sont plus, comme le croyait Leibniz, des *automates*... La vraie perfection est la perfection autonome... Si Dieu n'était qu'un *démiurge*, on pourrait et on devrait l'accuser d'être un ouvrier maladroit. Ne voit-on pas dans le monde des combinaisons malheureuses, des essais infructueux, des ébauches inachevées, des fins mal atteintes? Les adversaires de la Providence auront alors beau jeu... Mais ces ébauches sont celles que font les êtres eux-mêmes; elles ne sont pas l'œuvre de Dieu, mais celles des forces et des âmes individuelles. En un mot, Dieu n'est pas un ouvrier qui fait des *œuvres;* c'est un ouvrier qui crée des *ouvriers*[1]. » Cette formule résume d'une manière frappante ce qu'on pourrait appeler l'optimisme transformé. La nouvelle hypothèse ne s'efforce plus de nier le mal : au contraire, elle est la première à le mettre en évidence; seulement, en faisant du mal une conséquence de la « spontanéité, » elle s'efforce d'en faire une sorte de matière et de support du bien même. L'ébauche la plus informe devient respectable quand on sait qu'un chef-d'œuvre en peut sortir et qu'il ne peut sortir que d'elle.

L'hypothèse en question est certainement celle qui, dans le théisme, pourra encore longtemps paraître la plus plausible. Pourtant, elle donne lieu à bien des difficultés. D'abord, elle admet comme évidente la supériorité de ce qui est spontané sur ce qui ne l'est pas, de ce qui *se fait* sur ce qui *est fait*. Soit, mais en quoi les êtres du monde ont-ils une *existence* spontanée, en quoi est-ce que j'existe spontanément, moi? Ne suis-je pas l'*œuvre* d'une foule de causes? Je suis né et me maintiens par l'accord d'une multitude de volontés minuscules, cellulaires ou atomiques. Serais-je amoindri si j'étais provenu directement d'une *seule* volonté, la volonté divine? J'ai toujours en dehors de moi des antécédents, des causes, et ma vraie cause n'est pas en moi : que m'importe alors si ces causes sont placées dans l'univers même ou par delà? Que le monde soit l'œuvre plus ou moins harmonieuse de spontanéités aveugles ou l'œuvre d'une volonté intelligente, cela n'ôte ni n'ajoute à la valeur de chaque individu, produit de ce monde. Mes ancêtres me sont indifférents, du moment où je puis être à moi seul mon propre ancêtre. La statue de Pygmalion ira-t-elle reprocher au sculpteur de l'avoir faite belle du premier coup et, à lui seul, définitivement façonnée pour l'existence? Pourvu qu'elle vive et soit heureuse, peu lui importe la manière dont cette vie lui a été donnée. Derrière

---

1. A. Fouillée, *Philosophie de Platon*, t. II, p. 639. — Voir aussi M. Secrétan, *Philosophie de la liberté*, et Vallier, l'*Intention morale*.

elle est l'obscurité, devant elle la vie ouverte et la lumière : c'est devant elle qu'elle regardera.

Dans l'hypothèse néo-platonicienne transformée, l'organisation des individus finit toujours par être, en dernière analyse, l'œuvre d'un déterminisme réciproque ; dans l'hypothèse ordinaire, elle est l'œuvre d'une volonté déterminante absolue ; mais le caractère absolu ou relatif du principe déterminant ne change rien à la nature de la détermination même. Le monde *actuel* n'est pas plus passif s'il provient directement de la cause première que s'il en provient indirectement, par l'intermédiaire d'une multitude de causes secondes, même si ces causes ont présenté individuellement le caractère de la spontanéité. Après tout, puisqu'il faut toujours être solidaire de quelqu'un, mieux vaudrait la solidarité avec la seule perfection divine qu'avec tout le « péché » des créatures.

Il y a pourtant dans la notion platonicienne et aristotélique de spontanéité primitive quelque chose de *profond* et de plausible, mais qui aboutit précisément au contraire de la création. En effet, pour pousser jusqu'au bout l'hypothèse de la spontanéité d'existence, il faut diminuer le premier fonds d'existence jusqu'à en faire une substance absolument nue, dépourvue de toute qualification ; mais alors on arrive à la puissance pure d'Aristote, à l'être pur de Hegel, identique au non-être. Le chef-d'œuvre de la spontanéité, ce sera de se créer tout entier soi-même sans créateur. Si une telle spontanéité est possible, alors on n'a plus besoin de Dieu : il est plus simple de dire que le *devenir* est sorti de l'identité même de l'être avec le non-être, ou plutôt que le devenir est par lui-même éternel. Dieu, c'est ce devenir même des choses, et le théisme se change ainsi en athéisme ou en panthéisme.

En résumé, le créateur, n'ayant pu créer des substances nues et toutes virtuelles, a dû créer des êtres doués de quelque qualité actuelle ; mais alors ce sont toujours des œuvres, non des ouvriers, au moins sous ce rapport. De plus, une fois créée telle substance avec telles qualités, il en résulte *nécessairement* tels et tels effets : les qualités sont des déterminations qui déterminent à leur tour d'autres déterminations. Voilà donc le présent gros de l'avenir. Il existe toujours des « œuvres » développant ce que renfermait fatalement leur germe.

M. Secrétan nous dira que Dieu a simplement créé des *libertés*, non des substances ; mais il faut avouer que ces libertés sont plongées dans un milieu de déterminisme qui leur laisse bien peu d'action. Dès lors, pourquoi ne nous a-t-il pas créés plus libres, et plus libres encore, et aussi libres que lui? — Nous aurions été des dieux. — Eh bien, tant mieux; il ne saurait y avoir trop de dieux : nous ne voyons pas pourquoi Dieu serait réduit à être *un*, « comme si le nombre était une loi plus puissante que lui[1]. » En se multipliant, nous ne voyons pas pourquoi le créateur serait contraint de rabaisser, de diminuer lui-même cette vie divine qu'il a voulu partager; nous ne voyons pas pourquoi la fécondité de Dieu ne pourrait être qu'une dégénération.

En tous cas, nous devrions avoir, à défaut d'autres attributs, le maximum de liberté possible : en admettant que nous ne puissions être libres à l'égal de Dieu, notre liberté ne devrait différer de la sienne que par un *minimum*. Ce minimum, pouvant toujours être diminué, devrait être plus petit que toute *différence* donnée, que toute quantité donnée; il devrait être un infiniment petit, pratiquement égal à zéro. Nous en sommes loin, et, si Dieu nous a donné la liberté, il s'en est montré bien avare.

A vrai dire, c'est par abus de langage qu'on suppose en nous une liberté ressemblant à cette liberté idéale qu'on place en Dieu et à laquelle on attribue un prix infini. La liberté que les religions nous laissent, c'est le *libre-arbitre*, le pouvoir de faire mal ou bien, pouvoir dont l'idée, évidemment, ne convient pas à Dieu. Sans entrer dans l'examen de ce que serait un tel pouvoir et de ce qu'il vaudrait moralement, on peut toujours se demander pourquoi notre libre-arbitre se trouve au milieu de conditions si défavorables, si propres à le faire défaillir. La seule réponse est la théorie classique de l'*épreuve*. L'épreuve, comme explication du monde, revient à supposer un père exposant ses enfants, pour éprouver leur vertu, à toutes les tentations du vice et du crime, et sachant d'avance que ses enfants succomberont. C'est là une conjecture moralement inadmissible, une conception digne de ces temps lointains où le cœur des pères était plus dur qu'aujourd'hui. De plus, on ne peut guère *éprouver* que des êtres vraiment conscients, car c'est à eux seuls qu'on peut proposer une alternative morale. Or la conscience réfléchie tient si peu de place dans l'univers! Pourquoi donc et en vertu de quelle épreuve les minéraux et

---

1. M. Fouillée l'a fort bien montré dans ses *Systèmes de morale contemporains*, où il répond lui-même partiellement à l'hypothèse qu'il avait proposée en passant dans son commentaire de Platon.

les végétaux sont-ils retenus dans le sommeil ou le malaise sourd du non-être, les animaux déchirés par la souffrance du vivre et du mourir, sans même pouvoir tirer comme nous de ces souffrances une excitation de la volonté morale, une amélioration quelconque?

La suprême ressource du christianisme et de la plupart des religions, c'est l'idée de « chute ». Mais cette explication du mal par une défaillance primitive revient à expliquer le mal par le mal même; il faut qu'antérieurement à la chute il y ait déjà quelque chose de mauvais dans le prétendu libre-arbitre lui-même, ou autour de lui, pour qu'il puisse faillir : une faute n'est jamais primitive. On ne tombe pas quand il n'y a pas de pierres sur la route, qu'on a les jambes bien faites et qu'on marche sous l'œil de Dieu. Il ne saurait y avoir de péché sans tentation, et nous revenons ainsi à cette idée que Dieu a été le premier tentateur; c'est Dieu même qui déchoit alors moralement dans la chute de ses créatures, par lui voulue. Pour expliquer la faute primitive, racine de toutes les autres, la faute de Lucifer, les théologiens, au lieu d'une tentation par les sens, ont eu l'idée d'une tentation de l'intelligence même : c'est seulement par orgueil que pèchent les anges, et c'est du plus profond d'eux-mêmes que vient ainsi leur faute. Mais l'orgueil, cette faute de l'intelligence, ne tient en réalité qu'à sa courte vue; la science la plus complète et la plus haute n'est-elle pas celle qui voit le mieux ses limites? L'orgueil est donc donné pour ainsi dire avec l'étroitesse même du savoir : l'orgueil des anges ne peut provenir que de Dieu. On ne veut et on ne fait le mal qu'en vertu de *raisons*, mais il n'y a pas de raisons contre la *raison* même. Si, suivant les partisans du libre-arbitre, l'intelligence humaine peut, dans des mouvements d'orgueil et de perversité intérieure, se créer, se susciter à elle-même des motifs de faire le mal, elle ne le peut du moins que là où son savoir est borné, ambigu, incertain : on n'hésite pratiquement que là où il n'y a pas d'absolue évidence intellectuelle; on ne peut pas faillir dans la lumière et contre la lumière. Un Lucifer était donc par sa nature même impeccable. La volonté du mal ne naît que de l'opposition qu'une intelligence imparfaite croit saisir par erreur, dans un monde hypothétiquement parfait, entre son bien et celui de tous. Mais, si Dieu et son œuvre sont bien réellement parfaits, une telle antinomie entre le bien individuel et le bien universel, — qui apparaît déjà aux plus hautes intelligences humaines comme n'étant sans doute que provisoire, — apparaîtra bien mieux encore comme telle à l'archange de l'intelligence même, au « porte-lumière » de la pensée. Savoir, c'est participer en quelque sorte à la conscience de la Vérité suprême, à la conscience divine ; avoir toute la science, ce serait concentrer en soi tous les reflets de la conscience même de Dieu : comment, de tout ce divin, le satanique pourrait-il sortir?

Aujourd'hui, lorsqu'une faute est commise parmi les hommes sans qu'on puisse en rendre responsable ni l'éducation, ni le milieu moral, ni une tentation trop violente pour la chair humaine, les savants remontent dans les générations antécédentes du coupable et y cherchent l'explication de cette anomalie, convaincus qu'ils sont d'être en présence d'un cas d'atavisme. Le premier-né de Dieu ne pouvait faillir pour cette raison. Alors que le monde était jeune, beau et bon, une première faute devenait chose plus étonnante que ce monde lui-même ; c'était une véritable création. Satan, comme inventeur, devenait supérieur à Dieu : son *fiat nox* moral dépassait le *fiat lux* en génie et en puissance créatrice. Encore une fois, toute explication religieuse du mal aboutit, en fin de compte, à placer son origine en Dieu même ou en un être plus puissant que Dieu : dans les deux cas elle rabaisse également le créateur. C'est la raison principale qui compromet de plus en plus, pour tous les esprits philosophiques, l'idée de création proprement dite.

II. — La seconde notion du théisme est celle de providence, laquelle peut être ou générale ou spéciale. À la providence spéciale et gouvernant du dehors nous avons vu se rattacher la doctrine du miracle. Voici le seul moyen par lequel on pourrait tenter de défendre ces deux notions aujourd'hui si vieillies. Concevez, à la manière de Pascal, deux mondes, le monde physique, puis, par-dessus, le monde « moral », l'enveloppant et le pénétrant par endroits. Les points où le monde moral pénètre, les points d'intersection pour ainsi dire, ce sont les miracles. Ils ne sont des dérogations aux lois de la nature qu'en tant qu'ils affirment des lois supérieures.—Mais, répondrons-nous, les lois prétendues supérieures seront toujours contradictoires sur quelques points avec celles de la nature, — sur les points mêmes où le miracle se produit. On ne peut supposer, par exemple, qu'un saint précipité du haut d'un rocher résiste à la loi de la pesanteur et remonte vers le ciel sans une contradiction manifeste avec les lois naturelles, sans une destruction de ces lois. De plus une loi *morale* est telle précisément en tant qu'elle diffère du réseau des lois naturelles et ne peut intervenir au milieu d'elles. Une loi naturelle seule peut suspendre d'une manière apparente l'action d'une loi naturelle.

Quelques-uns ont cru supprimer le miracle en supposant une action de la Providence non sur le monde matériel, mais sur la pensée humaine; en imaginant des suggestions, des inspirations d'en haut, des idées providentielles; mais la science contemporaine a établi une telle connexité entre la pensée et le mouvement, qu'il est impossible de ne pas voir dans toute action exercée sur la pensée une action exercée sur le monde matériel. On ne peut même pas changer ainsi la forme du miracle et immatérialiser la Providence pour la sauver : l'intervention spéciale de la Providence doit être matérielle ou ne pas être.

Il y avait donc une certaine logique dans la vieille conception des miracles, du surnaturel et de la Providence spéciale. Les religions ne s'y sont pas trompées : elles ont senti que, le jour où la Providence serait par trop exclusivement universelle, la religion s'absorberait dans la métaphysique, et c'est en effet ce résultat qui se produira dans l'avenir. Les religions ne s'en sont jamais tenues à l'idée de providence générale, et il est certain que, si la providence purement générale peut suffire à la raison abstraite d'un Malebranche, à son goût pour l'ordre, pour la symétrie et la loi, en revanche une telle conception n'est guère satisfaisante pour le cœur de l'homme, pour son sentiment de justice, pour le désir qu'il a, en se donnant un dieu, de trouver du moins en ce dieu un défenseur et un bienfaiteur. Le bienfait perd de son prix pour le genre humain en devenant trop indirect, et d'autre part l'humanité ne comprend guère une justice toute générale, traitant l'individu comme un moyen par rapport au tout, le sacrifiant au besoin, du moins pour un temps : la charité comme la justice lui semblent devoir être individuelles et spéciales. La providence *universelle* l'est tellement qu'on n'en trouve plus trace dans le détail, surtout dans le mal particulier et dans toutes les souffrances particulières dont se compose la réalité de la vie. Le dieu de Malebranche, incapable de montrer individuellement à aucun de nous sa bienveillance effective, se trouve paralysé par sa grandeur même, comme Louis XIV ; il devient le seul être qui ne puisse se mouvoir sans briser une loi naturelle et qui, conséquemment, soit condamné à un éternel repos ; la moindre de ses interventions étant un miracle, il ne peut user des voies et moyens qu'emploient les autres êtres sans faire preuve d'impuissance et sans déroger : ce Dieu est réduit, pour rester Dieu, ou à demeurer inerte, ou à contredire notre intelligence. Il cesse par cela même de nous paraître aimable, à moins qu'on ne prétende l'aimer précisément pour ce qu'il ne peut pas faire, pour la bonne volonté qu'il ne peut pas nous témoigner, pour les prières qu'il ne peut exaucer. La pitié, tel est le seul sentiment que pourrait exciter en nous un être assez bon pour ne vouloir que le bien et assez impuissant ou assez inactif pour laisser faire tout le mal qui se fait au monde. Nulle misère humaine ne serait comparable à cette misère divine. La souffrance suprême devrait être éprouvée par un Dieu qui, ayant seul la pleine conscience de sa propre infinité, sentirait seul pleinement la réelle distance qui sépare de lui le monde créé : c'est ce Dieu qui, par une vision claire et profonde, pourrait seul aller jusqu'au fond de l'abîme du mal ; c'est lui qui devrait en avoir le vertige éternel.

Ce qu'il y a de plus inacceptable dans la notion traditionnelle de la providence, c'est son caractère d'*omnipotence*. D'une part, l'omnipotence divine est en contradiction avec l'existence du mal ; d'autre part, elle aboutit logiquement à la possibilité d'une intervention surnaturelle en ce monde, intervention qui devrait être spéciale et non pas seulement générale pour être vraiment bienfaisante. Afin d'échapper à ces inconvénients de l'idée de providence, Stuart Mill a supposé un Être supérieur et divin qui cependant n'aurait pas la toute-puissance. Cet être serait le principe du bien agissant dans l'univers selon des lois naturelles, mais entravé, retardé en son action par ces lois elles-mêmes, qui apportent la souffrance et la mort. Un tel être admis, la religion sera sauvée, semble-t-il, et la morale affermie : la vertu devient alors une sorte de coopération avec ce grand Être inconnu, qui lutte comme nous contre le mal ; l'homme de bien acquiert le sentiment qu' « il aide Dieu. » — Ajoutons que Dieu l'aide aussi dans la mesure de ce qu'il peut faire.

L'idée de providence ainsi amendée devient sans doute plus admissible, plus conciliable avec le monde réel et imparfait que nous avons sous les yeux. Seulement, il faut bien l'avouer, cet amendement équivaut presque à une suppression pure et simple. En effet, la providence réduite à n'être ainsi qu'une des forces en jeu dans la nature, qui y amènent le triomphe plus ou moins partiel et provisoire du bien, ne se distingue guère de l'évolution même, de la sélection, de toute autre grande loi bienfaisante de l'univers ou des espèces. Personnifier de telles lois est scientifiquement inutile ; est-ce pratiquement très utile ? D'autre part supposer, à côté de ces lois, un être qui les regarde agir, mais en somme ne peut rien en dehors d'elles, c'est revenir à la conception des dieux paresseux. La première condition d'existence pour un dieu, c'est de servir à quelque chose : un dieu *non omnipotent* ressemble bien vite à un dieu *impotent*. Le monde actuel marque la limite extrême du pouvoir de ce dieu, et à un certain moment de l'évolution, les forces indifférentes de la nature, liguées contre le principe du bien, peuvent réussir à le paralyser entièrement.

Le dieu non omnipotent est-il éternel? S'il ne l'est pas, nous ne voyons pas en quoi il est très supérieur à l'homme, auquel il ne parvient même pas à révéler clairement son pouvoir, tant ce pouvoir est peu de chose. Si ce Dieu est éternel et éternellement présent à toutes choses, alors son impuissance grandit et devient radicale. On pouvait encore, après tout, se féliciter qu'une éternité aveugle et indifférente eût rencontré par hasard, au milieu de toutes les combinaisons possibles, celle qui a produit notre monde actuel ; mais un dieu qui poursuit le bien en toute conscience depuis l'éternité démontre son incapacité complète, s'il n'aboutit à rien de mieux qu'à cet avortement de l'idéal qui est notre univers. Le jugement que nous devons porter sur le monde et sur la vie est tout entier subordonné à la question de savoir qui a fait le monde, qui a fait la vie : si le monde s'est constitué tout seul, dans le grand hasard de l'infini, il pourra nous apparaître, ce pauvre monde, comme ayant pourtant encore sa beauté, comme un premier gage d'espérance ; mais, s'il est l'œuvre d'une volonté présente à toutes choses et persistant dans ses desseins depuis l'éternité, on peut trouver que cette volonté n'a pas eu un grand pouvoir à son service, que l'importance de la victoire n'est pas en proportion avec la durée de la lutte, qu'un tel dieu n'est point un appui solide et que son existence est en somme assez indifférente à l'avenir de l'univers. Est-il plus puissant que l'humanité, est-il même aussi puissant? Son éternité n'est que la preuve d'une inaction volontaire ou forcée; loin de l'élever, elle le rabaisse aux yeux de ses fidèles. Sur la surface de la terre bien des insectes sont probablement nés avant l'homme; à travers l'ambre diaphane des terrains tertiaires on aperçoit le petit corselet des mélipones figé depuis cinq cent mille ans : ces lointains devanciers de l'homme en sont-ils à ses yeux plus vénérables?

Stuart Mill, disciple d'Auguste Comte, avait une arrière-pensée en nous parlant de cette providence non omnipotente, conçue sur le type de la volonté humaine; il songeait que pour beaucoup d'hommes éclairés un tel être, travaillant au bien dans la mesure restreinte de ses forces, se confondrait avec l'Humanité prise en son ensemble. L'Humanité est en effet, suivant la pensée de Comte, un grand être, divin par ses aspirations, auquel on peut en toute vérité de cœur rendre hommage, surtout si on fait abstraction de ces individus parasites qui n'ont pas coopéré à l'œuvre commune et que le progrès consiste précisément à exclure toujours davantage de la société. La religion devient alors, suivant la définition de Comte, l'état d'unité spirituelle résultant de la convergence de toutes nos pensées, de toutes nos actions vers le service de l'Humanité. C'est, disait Stuart Mill, une religion *réelle*, qui pourrait, mieux qu'une autre, résister aux attaques des sceptiques et reprendre la tâche des anciens cultes. Dans cette doctrine, la providence n'est autre que l'Humanité veillant sur son propre berceau. — Cette providence confondue avec la volonté humaine peut être assurément acceptée par tous les philosophes; elle marque, nous le verrons plus tard, le dernier point auquel on puisse amener la notion du Dieu-Providence, le point où cette notion ne se distingue plus de la moralité humaine. Le précepte : aime les hommes en Dieu est alors retourné et devient celui-ci : aime Dieu dans les hommes. Pour un philosophe, qui identifie Dieu et l'idéal, les deux préceptes sont également vrais et beaux. N'avons-nous pas montré nous-même comment le sentiment religieux tend à se confondre, dans son évolution, avec le respect et l'amour de l'humanité, comment la foi religieuse tend à devenir une foi morale, et finalement une simple, mais active espérance dans le triomphe du bien moral?

Les idées de Stuart Mill et de Comte sont donc à l'abri

de la critique quand on les prend dans leur sens général et élevé, presque métaphorique; mais, si on veut les prendre à la lettre et constituer un culte pour le nouveau Dieu-Humanité, quoi de plus mesquin et de plus puéril? Précisément parce qu'on réalise la providence dans l'humanité, il faut supprimer le culte dont cette providence était jadis l'objet, les cérémonies, les invocations, les adorations, qui ne sont plus qu'un paganisme manifeste et ridicule. Oui, il y a une sorte de providence présente en tout organisme, et aussi à l'organisme social, qui n'est autre que l'équilibre des lois de la vie; oui, le *tout* d'un organisme est vraiment admirable, et l'on comprend qu'un membre d'un organisme vivant, lorsqu'il est doué de conscience, puisse admirer le tout auquel il appartient; mais comment en fera-t-il un objet de culte? Je comprends que les cellules qui me constituent s'intéressent beaucoup à la conservation de ce que j'appelle mon *moi*, s'aident l'une l'autre, et par là m'aident moi-même, mais qu'elles m'adorent moi-même, je ne le comprends plus. Autre chose est l'amour de l'humanité, autre chose l'idolâtrie de l'homme, la « sociolâtrie », selon le terme d'Auguste Comte. Disons mieux, l'amour vraiment sincère et éclairé de l'humanité est le contraire même de cette idolâtrie; il serait par elle compromis et corrompu. Le « culte de l'Humanité » ressemble à l'antique et naïf culte de la famille, des dieux lares, du foyer, du charbon sacré dormant sous la cendre amoncelée où on le conservait. Pour conserver aujourd'hui le respect et l'amour, il n'est plus bon de les envelopper de toutes ces superstitions; ils se communiquent mieux d'un cœur à l'autre, comme la flamme vive à ciel ouvert. La religion positiviste, loin d'être un pas en avant, serait un retour en arrière, vers des croyances superstitieuses qui se sont évanouies d'elles-mêmes, parce qu'elles étaient devenues inutiles, conséquemment nuisibles.

Selon nous, la religion doit être non seulement *humaine*, mais *cosmique*. Et c'est en effet ce qui aura lieu par la force des choses, ou plutôt par la force de la réflexion humaine. Le théisme sera obligé, pour subsister, de se renfermer dans l'affirmation la plus vague possible d'un principe analogue à l'*esprit* comme mystérieuse origine du monde et de son développement. Ce principe aura pour caractère essentiel de ne pas être vraiment séparé du monde, ni opposé à son déterminisme. Les idées de création et de providence tendront à se résoudre de plus en plus dans quelque action spontanée essentielle à tous les êtres, surtout aux êtres doués de conscience. La religion s'est changée peu à peu en une métaphysique de finalité immanente, où il ne subsiste plus que cette proposition très générale : — Le monde a un sens et une « fin interne [1] »; le monde est « une société d'êtres » qui peuvent arriver à découvrir en eux un même « ressort moral [2] ». — Dieu est le terme humain par lequel nous désignons ce qui rend *possible* le mouvement du monde vers un état de paix, de concorde, d'harmonie. Et comme le possible, pour l'intelligence humaine, paraît se fonder sur le réel [3], la croyance à la *possibilité* d'un monde meilleur devient la croyance à *quelque chose de divin qui est immanent au monde*.

Entre le théisme le plus idéaliste et ce qu'on nomme l'athéisme, il n'existera plus un jour qu'une distance qui peut aller diminuant à l'infini. Beaucoup d'athées sont déjà, malgré le tranchant des mots, d'accord avec les théistes, parfois « ivres de Dieu. » Quand on ne s'entend pas sur l'existence actuelle de Dieu, on a toujours comme ressource son *existence progressive*, le devenir de Dieu, la réalisation de l'idéal, la descente graduelle et incessante du Christ sur la terre et les mondes. Le pressentiment du progrès vient se confondre avec le sentiment même de la présence actuelle du divin : on croit sentir l'idéal prendre vie et palpiter près de soi. On est comme l'artiste qui contemple intérieurement l'œuvre projetée avec tant d'amour et avec une telle puissance de regard, qu'il la voit surgir devant ses yeux : sur la toile encore incolore se lève la forme rêvée, et elle est plus belle peut-être qu'elle ne sera jamais.

Quand les idées se sont suffisamment subtilisées et élargies, elles en viennent à mépriser le mot. Comment répondre en termes catégoriques à des interrogations comme celle de la Marguerite de *Faust*? « Il y a peut-être bien longtemps que tu n'es allé à la messe... Crois-tu en Dieu? » — « Ma bien aimée, répond Faust, qui oserait affirmer qu'il y a un Dieu?... — Ainsi tu n'y crois pas?... — Qui osera dire qu'il ne croit pas, s'il écoute la voix de son cœur?... Quand un sentiment de tendresse et de bonheur

---

1. Voir Kant, *Critique du jugement*.
2. Voir M. A. Fouillée, les *Systèmes de morale contemporains*.
3. Voir Aristote, *Métaphysique*, et, en opposition, la *Logique* de Hegel.

aura rempli ton âme, prononce des mots au hasard, je n'en ai point à te prescrire. Qu'importe que tu dises : bonheur! cœur! amour! Dieu! le sentiment est tout, le mot est vain. » Le philosophe déiste qui fait si bon marché des mots semble à la foule superficielle n'être qu'un sceptique hypocrite; d'autre part, l'athée trop cassant a l'étroitesse d'un sectaire. Ce qui est certain, c'est que le nom de Dieu a été associé tantôt aux plus grandes conceptions humaines, tantôt aux plus barbares : l'hypothèse théiste ne pourra subsister dans l'avenir que si on consent enfin à la dépouiller de tout ce qu'elle a éveillé si souvent d'idées puériles ou grossières.

C'est vers ce but que tend aujourd'hui le théisme des esprits les plus larges, en particulier ce que l'on appelle avec Kant « la religion dans les limites de la raison » et qui mérite un examen spécial.

La religion néo-kantienne élève d'abord l'idée du bien moral au-dessus de tout, comme principe directeur de la volonté raisonnable. De là les néo-kantiens déduisent la « liberté morale » comme condition du bien : car le bien n'est autre chose, selon eux, que la liberté s'apparaissant à elle-même en sa pureté intelligible et dominant le moi sensible ou « phénoménal. » La liberté, pour être ainsi conçue, est placée dans une sphère supérieure à celle des phénomènes, qui est essentiellement le domaine de la nécessité et du déterminisme. Aussi, en approfondissant la notion de la liberté absolue et intemporelle, les Kantiens finissent-ils par y découvrir celle d'éternité; c'est en prenant conscience de cette idée que je puis dire avec Spinoza : « Je sens, j'éprouve que je suis éternel. » L'éternité elle-même se confond avec la divinité : l'Éternel, n'est-ce pas toujours ce que les peuples ont adoré? Je sens donc Dieu au fond de mon être, il se révèle à moi par l'idéal moral. Maintenant, ce Dieu que nous révèle notre conscience, est-ce nous-même en notre pureté, est-ce chacun de nous, et faut-il croire alors que le fond des choses est, comme on l'a dit, une « république des libertés, » qu'il y a par cela même autant de dieux que d'individus, que nous sommes tous des dieux? Ou bien la multiplicité des individus et des personnalités n'est-elle qu'une apparence, la liberté est-elle *une* au fond des choses? Le théisme pourra choisir entre ces deux hypothèses, entre une sorte de polythéisme métaphysique et moral ou une sorte de monothéisme; il pourra ensuite imaginer à son gré les rapports qui s'établissent entre la liberté absolue et le monde des phénomènes. Mais la croyance à l'idéal moral n'impliquera rigoureusement rien de plus que la croyance dans quelque chose d'éternel et de divin, comme ressort du mouvement universel; on ne pourra la pousser plus loin, on sera impuissant à en faire sortir telle religion déterminée plutôt que telle autre. Dans ces limites restreintes, elle pourra cependant fournir un dernier aliment au sentiment moral et religieux. La forme la plus acceptable des doctrines théistes sera sans doute quelque philosophie morale conçue dans le sens des Kantiens. Seulement, le Kantisme est demeuré trop attaché à l'idée de devoir proprement dit, d'obligation et d'*impératif* catégorique. Il est encore une religion de la *loi*, comme le judaïsme. Au lieu de la loi, on se contentera sans doute, dans l'avenir, d'élever au-dessus de toutes choses un *idéal* conçu comme exerçant sur notre pensée et sur notre volonté l'attrait le plus haut que puisse exercer ce qu'on a appelé une « idée-force[1]. »

Dès lors, la croyance au divin ne sera plus une adoration passive, mais une action. De même, la croyance à la providence ne sera plus une justification du monde actuel et de ses maux au nom de l'intention divine, mais un effort pour y introduire, par une intervention humaine, plus de justice et plus de bien. Nous avons vu que l'idée de la providence était fondée, pour les anciens peuples, sur la conception d'une finalité *extérieure* imposée aux choses, d'un but secret et transcendant auquel les ferait servir une volonté inconnue. Avec une telle idée, l'homme était sans cesse arrêté dans son action, puisqu'il se considérait comme incapable de détourner les choses de leur fin : le monde lui semblait organisé d'une façon définitive, sans autre appel que la prière et le miracle; autour de lui, tout lui apparaissait comme sacré. L'inviolabilité de la nature était tout ensemble, on s'en souvient, un principe et une conséquence de l'idée de providence ainsi entendue. Aussi avons-nous vu que la science fut longtemps tenue pour sacrilège. Quelle surprise et quel scandale de la voir intervenir au milieu de ce monde, brouillant tout, changeant la direction de toutes les forces, transformant en humbles fonctionnaires de l'homme tous ces êtres divins! De nos jours, au contraire, la science est de plus en plus en honneur. Depuis un siècle, la nature est bouleversée autour de nous; la longue attente de l'humanité se change en une fièvre d'action : chacun veut mettre la

1. Voir la critique du Kantisme dans les *Systèmes de morale contemporains*, par M. Alfred Fouillée.

main sur un rouage du mécanisme universel et contribuer pour sa part à modifier la direction de l'ensemble ; chacun veut imposer une fin aux choses, chacun veut devenir, autant qu'il est en lui, providence.

De même que l'individu se sent de plus en plus citoyen de l'État, il se sent de plus en plus citoyen de l'univers, solidaire de tout ce qui s'y passe, cause et effet à l'égard de tous les phénomènes. Il reconnaît qu'il ne peut se désintéresser de rien, que partout autour de lui il peut exercer une action, si minime qu'elle soit, laisser sa marque aux choses. Il constate avec étonnement la puissance de sa volonté intelligente. A mesure que sa raison établit un lien entre les phénomènes, elle les relie par là à lui-même ; il ne se sent plus isolé dans l'univers. Puisque, suivant une pensée célèbre, le centre du monde est dans chaque être, il s'ensuit que, si ce centre était assez conscient de lui-même, s'il voyait aboutir à lui tous les rayons de la sphère infinie et s'entrecroiser en son sein toutes les chaînes des phénomènes, il verrait aussi le champ de sa volonté s'étendre à l'infini, il s'apercevrait que par un côté ou par un autre il a action sur toutes choses : chaque être se sentirait devenir une providence universelle.

Si l'homme n'en est pas là, c'est pourtant vers cet idéal que la marche de l'humanité nous emporte. Une part du gouvernement de la nature est entre nos mains ; une part de la responsabilité des événements qui se passent dans l'univers retombe sur nous. Tandis qu'à l'origine l'homme ne vit guère que l'état de « dépendance » où il se trouvait par rapport au monde, état que les religions antiques symbolisèrent, il constate à présent que, par une réciprocité naturelle, le monde à son tour dépend de lui. La substitution de la providence humaine à l'action omniprésente de la providence divine, apparaît, à ce nouveau point de vue, comme l'une des formules les plus exactes du progrès. La croissante indépendance de l'homme en face des choses aura ainsi comme conséquence une indépendance intérieure croissante, une liberté toujours grandissante d'esprit et de pensée.

L'idée vulgaire de providence spéciale et extérieure, qui, nous l'avons vu, tient de si près à celle d'assujettissement, l'idée même plus raffinée d'une providence transcendante et lointaine, assignant à chaque être sa place déterminée dans le tout, pourra donc s'affaiblir sans que nous y perdions énormément. Un jour nous nous apercevrons que nous sommes plus forts quand nous restons debout, libres et la main dans la main, que lorsque nous nous agenouillons tête baissée, implorant le ciel impassible. Chez les anciens Germains, avant de pénétrer dans les forêts sacrées, le fidèle se faisait lier les mains, pour symboliser son esclavage en présence des dieux ; s'il avait le malheur de tomber le long du pèlerinage, il n'osait se relever, car c'eût été une injure que de se redresser ainsi devant eux ; il en était réduit à se rouler sur le sol, comme les reptiles, pour sortir du temple immense, du dôme de la forêt sacrée. A cette conception primitive de la servitude religieuse s'oppose déjà et s'opposera de plus en plus la conception moderne de l'homme libre devant son dieu, qui deviendra son idéal aimé, son œuvre pressentie, son rêve de progrès. Dès maintenant, le vrai sentiment du divin se reconnaît, à ce qu'il donne à l'homme la conscience de sa liberté et de sa dignité, non de son esclavage ; les vrais dieux sont ceux qui nous font le front plus haut dans la lutte pour la vie : adorer, ce n'est plus aujourd'hui se prosterner et ramper, c'est se redresser, c'est s'élever.

Pour emprunter un nouveau trait à la terre classique des symboles, à l'Inde, d'où nos ancêtres Germains ou Gaulois étaient sortis, la grande épopée du Ramayana nous parle d'un saint et sage anachorète qui réunissait en lui toute la vertu et la piété humaines. Un jour que, confiant dans la justice d'en haut, il invoquait Indra et le chœur des dieux, les dieux capricieux ne l'écoutèrent pas ; la prière partie de son cœur retomba des cieux sans avoir été entendue. L'homme très juste, voyant l'indifférence divine, fut pénétré d'indignation ; il réunit en lui toute la force qu'il avait « thésaurisée par ses sacrifices et ses renoncements » et, se sentant alors plus puissant que ses dieux, plus puissant qu'Indra lui-même, il se mit à commander aux cieux. A sa voix des astres nouveaux, brillant de leur propre lumière, surgirent dans l'immensité ; lui aussi il proférait le *fiat lux*, il refaisait le monde : sa bonté intérieure se changeait en providence créatrice. Ce n'était pas encore assez : il songea à créer des dieux nouveaux aussi, des dieux meilleurs. Indra tremblant se voit alors près de déchoir, car Celui même qui commande à l'air et aux cieux ne peut rien contre la « sainteté. » Indra le puissant se hâte donc de céder, de plier ; c'est lui qui dit à l'homme : « Que ta volonté soit faite. » Il laisse une place dans le ciel aux astres nouveaux qu'y avait créés le juste : leur lumière est comme l'éternel témoignage de la toute-puissance possédée par la Bonté, qui fait d'elle la divinité suprême et l'objet dernier de l'adoration des hommes.

CHAPITRE IV

PRINCIPALES HYPOTHÈSES MÉTAPHYSIQUES QUI REMPLACERONT LES DOGMES

(SUITE)

LE PANTHÉISME

I. — LE PANTHÉISME OPTIMISTE. — Transformation du théisme transcendant en théisme immanent et en panthéisme. — Dieu « désanthropomorphisé », selon MM. Fiske et Spencer. — Diverses formes du panthéisme. — Panthéisme intellectualiste et optimiste de Spinoza. — Objections. Fatalisme de Spinoza. — Forme *morale* qu'on pourrait donner au panthéisme, en y introduisant une idée de *finalité*. — Qualités et défauts du panthéisme. — Notion d'*unité* sur laquelle il repose; critique de cette notion; sa subjectivité possible.

II. — LE PANTHÉISME PESSIMISTE. — Interprétation pessimiste des religions en Allemagne. — 1° Causes des progrès du pessimisme à notre époque. — Progrès de la métaphysique panthéiste et de la science positive. Souffrances de la pensée et de la réflexion. Affinement de la sensibilité et de la sympathie. Dépression des volontés et sentiment d'impuissance, etc. — 2° Le pessimisme est-il guérissable. Ses remèdes possibles. — Le problème social et l'avenir social. — Illusions renfermées dans le pessimisme. Inexactitude de son calcul d s peines et plaisirs. Une page de Léopardi. — Critique des applications pratiques du pessimisme. Le *nirvâna*. Une expérience du nirvâna. — Le panthéisme pessimiste sera-t-il la religion de l'avenir.

A mesure que le théisme devient plus immanent, il laisse davantage dans le vague la personnalité de Dieu. C'est cette personnalité que le panthéisme en vient à nier ou à fondre avec l'univers. Selon M. Spencer et M. Fiske, au mouvement qui portait l'humanité à construire son Dieu avec des éléments humains succède un mouvement en sens contraire, qui l'entraîne à dépouiller son Dieu de tous les attributs humains, à le *désanthropomorphiser*. L'humanité lui enlève d'abord ses sentiments inférieurs, puis, plus tard, tout ce qui est analogue à la sensibilité humaine, les sentiments supérieurs étant encore trop grossiers. Le même travail s'accomplit pour ce qui concerne l'intelligence et la volonté. Chaque faculté humaine est tour à tour enlevée à la divinité, qui, avec toute limitation, semble perdre toute détermination saisissable pour l'intelligence : ce n'est plus qu'une insondable unité échappant aux formes de la pensée distincte. Le panthéisme s'accomode de cette notion de la divinité ainsi « désanthropomorphisée », indéterminée et indéterminable. Pourtant, dans les spéculations les plus naïves et les plus grossières de l'homme, dans l'anthropomorphisme et le fétichisme, il reste encore, selon M. Spencer, une part de vérité : c'est que le pouvoir qui se manifeste *dans* la conscience n'est qu'une forme différente du pouvoir mystérieux qui se manifeste *en dehors* de la conscience. « Quel est le dernier résultat auquel sont arrivées les sciences humaines, si ce n'est que la force inconnue qui existe en dehors de la conscience, sans être semblable à celle que la conscience nous révèle, doit être pourtant un simple mode de la même force, puisque chacune d'elles est capable d'engendrer l'autre ? » Par conséquent le résultat final de la spéculation commencée par l'homme primitif, « c'est que la puissance qui se manifeste dans l'univers matériel est la même puissance qui, en nous-mêmes, apparaît sous la forme de la conscience. »

Si le panthéisme en vient à nier la personnalité et l'individualité de Dieu, par compensation, il est porté à attribuer une sorte d'individualité au monde. En effet, grâce à la présence de Dieu en toutes ces parties, le monde se trouve devenir un véritable être vivant ayant son unité organique, sa loi d'évolution déterminée à l'avance comme celle de l'embryon. Ce qui caractérise le panthéisme, à ce nouveau point de vue, c'est donc l'importance qu'il attache à l'idée d'une unité substantielle du monde.

Mais, ainsi entendu, le panthéisme demeure une doctrine très flottante, susceptible des interprétations les plus diverses, selon la manière dont on se représente l'énergie universelle, l'unité omniprésente, surtout le ressort fondamental de son évolution, qui est nécessité pure selon les uns, finalité selon les autres. De plus la nécessité et la finalité universelle peuvent être conçues sous une double forme, optimiste ou pessimiste.

I. — LE PANTHÉISME OPTIMISTE

La première espèce de panthéisme, qui admet une substance se développant dans une infinité de modes par une nécessité étrangère à toute finalité, est le panthéisme purement intellectualiste et rationaliste de Spinoza. Cette doctrine nous montre dans le grand Tout la logique immanente qui préside à son développement. La vraie nature de l'homme, c'est la raison, puisque la raison est l'essence de l'homme. L'acte propre de la raison est de comprendre, et comprendre, c'est apercevoir la nécessité des choses. Cette nécessité est la Nature, ou, si l'on veut, c'est Dieu. « Nous ne tendons, par la *raison*, à rien autre chose qu'à comprendre ; et l'âme, *en tant qu'elle se sert de la raison*, ne juge utile pour elle que ce qui la conduit à comprendre. » Concevoir l'absolue nécessité de la nature éternelle, c'est concevoir ce qui, n'étant soumis qu'à sa propre loi, est libre ; c'est donc concevoir l'éternelle liberté. Par cela même, c'est participer à cette liberté, et s'identifier avec elle. La science de la nécessité ne fait donc qu'un avec la liberté. La pensée de l'homme s'identifie alors à la pensée divine et devient la conscience de l'éternité. Cette conscience, produisant la suprême joie, c'est l'amour de Dieu. L'idéal mystique des Hébreux et des Chrétiens semble se confondre avec les théories morales de l'antiquité, dans la vaste synthèse que propose Spinoza. L'intuition intellectuelle, c'est la nature ayant conscience de soi ; la liberté intellectuelle des Stoïciens, qui est la conscience même de la nécessité, c'est la nature se possédant elle-même ; l'extase mystique, enfin, par laquelle l'individualité s'absorbe dans l'être universel, c'est la nature rentrant en soi et retrouvant son existence éternelle sous ses modes passagers [1].

Ce que la philosophie morale et religieuse a toujours objecté et objectera toujours au panthéisme de Spinoza, considéré comme un substitut possible de la religion, c'est son fatalisme optimiste, où tout se fait par la nécessité

---

[1]. Voir le chapitre sur Spinoza dans notre *Morale d'Épicure*, p. 230.

mécanique et brutale des causes efficientes, sans aucune espèce de finalité interne, sans progrès véritable. Le déroulement des modes de la substance, même quand il est douleur, mort, vice, est divinisé. On se demande pourquoi cette existence prétendue *parfaite*, incapable de tout progrès réel, n'est pas de tout point immuable, et pourquoi cette éternelle agitation sans but au sein de la substance absolue.

A en croire M. Fiske, le spinozisme serait la seule doctrine à laquelle convînt le nom de panthéisme. C'est là une classification qui nous semble trop étroite. Tout théisme finaliste tend à devenir, lui aussi, panthéisme, quand il nie la transcendance et quand il admet une sorte d'unité organique du monde, qui est le *Deus vivus*, la *Natura naturans*, mais avec une loi de progrès supérieure aux lois nécessaires de la pure logique, de la mathématique, de la mécanique. L'exclusion de toute finalité immanente aux choses n'est donc pas indispensable au panthéisme. On peut même concevoir un panthéisme en quelque sorte moral, qui admettrait un sens moral du monde, tout au moins ce que M. Fiske lui-même appelle une tendance dramatique vers un dénouement moral. Dès lors, si c'est un Dieu qui se développe ainsi et « peine » dans l'univers, l'homme se croit, à tort ou à raison, plus rassuré sur le sort de son idéal moral. On sent un but vers lequel marcher, et dans l'ombre des choses on entend quelqu'un marcher avec soi ; on n'a plus peur de la vanité de toute existence, puisque, au contraire, toute existence est divinisée, sinon telle qu'elle est, du moins telle qu'elle tend à être et sera un jour dans le tout.

Ce système, selon ses partisans, serait une induction justifiée par la doctrine moderne de l'évolution. M. Fiske va jusqu'à dire que le darwinisme a remis dans le monde autant de *téléologie* qu'il en avait enlevé. Malheureusement rien n'est plus problématique qu'une telle interprétation de la science moderne. La science ne nous montre rien de divin dans l'univers, et l'évolution qui fait et défait sans cesse des mondes semblables les uns aux autres ne nous présente avec certitude aucune fin naturelle, consciente ou inconsciente. La fin, l'idéal pourrait donc fort bien, scientifiquement, n'être qu'une idée humaine ou du moins propre aux êtres doués de conscience réfléchie. Nulle induction d'ordre scientifique ne permet de prêter à l'univers comme tel, au grand Tout, une *conscience* de ce genre. C'est d'ailleurs une conséquence également très problématique que de se figurer l'univers comme un tout ayant une *unité* psychique et morale, puisque, pour la science, l'univers est un infini où nous ne voyons rien qui soit groupé autour d'un centre. Le monde est une force unique peut-être matériellement parlant, mais dans un état de dispersion morale et psychique. Tout ce qui est organisé, vivant, sentant, pensant, est fini, à notre connaissance, et l'équivalence des forces de l'univers, sur laquelle s'appuie la science, n'a rien de commun avec la centralisation de ces forces. C'est peut-être précisément parce qu'elles n'ont pas de direction d'ensemble qu'elles luttent l'une contre l'autre et se maintiennent l'une l'autre. Pour que l'univers se pensât dans sa *totalité*, qui sait s'il ne faudrait point qu'il se limitât, qu'il se donnât à lui-même un centre réel et peut-être, par cela même, une circonférence, qu'il arrêtât l'expansion éternelle de la matière et de la vie dans l'étendue sans bornes ?

Ce qui fait cependant que bon nombre d'esprits seront toujours tentés par le panthéisme, c'est précisément cette idée d'unité radicale sur laquelle il se fonde ; mais, quand on voudra déterminer cette unité, elle apparaîtra toujours tellement fuyante, qu'elle finira par se perdre dans l'indétermination du non-être hégélien. On se demandera alors si l'unité panthéistique ne serait pas, comme la finalité, une *idée* de notre esprit plutôt que le fond réel des choses. Le caractère un et défini que nous offre l'univers lui vient peut-être seulement de notre cerveau, où il se projette. Sur un mur, — le mur de la caverne de Platon, — projetez l'ombre d'objets confus et innombrables, d'atomes tourbillonnants, de nuées informes : tout cela prendra une figure, semblera même l'ombre fantastique de certaines constructions humaines ; vous reconnaîtrez des tours, des villes, des corps d'animaux, là où il n'y a que la masse obscure et infinie en profondeur d'êtres opaques interceptant la lumière de vos yeux. L'unité et la figure du monde peut n'être que l'ombre qu'il fait en nous. En dehors de nous il reste l'infini, qui, pour notre intelligence, ne peut jamais être que l'informe, car il est illimité, et nous ne pouvons le dessiner, lui fixer des contours. L'unité du monde, encore une fois, n'est pas faite ; elle ne se réalise peut-être que dans notre esprit, c'est par notre esprit seulement qu'elle peut passer dans les choses et dans les êtres. Le monde, l'humanité ne sont donc des touts qu'en tant que nous les pensons et que nous agissons sur eux, que nous les rapportons ainsi à notre action et à notre pensée comme centre.

En résumé, si le besoin d'unité semble donner raison au panthéisme et, en une certaine mesure, le justifier, ce besoin ne reçoit cependant qu'une satisfaction illusoire dans les deux formes principales du panthéisme, surtout la forme mécaniste. Ou l'unité primordiale et finie reste abstraite, indéterminée, ce qui en fait une pure notion subjective ; ou elle se détermine par des attributs qui sont tout aussi *humains* que ceux du dieu des théistes. La *volonté* dont parle Schopenhauer, c'est ou la volonté humaine, ou simplement la *force* (qui elle-même est humaine ou animale), ou le sentiment d'effort, ou enfin une pure abstraction. De même pour la Force éternelle que M. Spencer place à l'origine du monde ; ce sont là des conceptions plus pauvres, mais non pas plus nécessairement objectives que celle du Dieu-pensée, du Dieu-esprit, du Dieu-amour.

II. — LE PANTHÉISME PESSIMISTE.

Le panthéisme, après avoir commencé par l'optimisme de Spinoza, a fini par le pessimisme de Schopenhauer. C'est là sa forme la plus récente, qui d'ailleurs est elle-même fort ancienne. L'interprétation pessimiste des religions, avec la rédemption par la mort ou par le nirvâna, fait des progrès incessants, surtout en Allemagne. Pascal avait dit déjà : « De tout ce qui est sur la terre, le chrétien ne prend part qu'aux déplaisirs, non aux plaisirs. » L'Allemagne, après avoir ressuscité le bouddhisme avec Schopenhauer, de Hartmann, Bahnsen, est en train de nous donner une sorte d'édition pessimiste du christianisme, qui dépasse de beaucoup Pascal. On sait que sans le mal et le péché, il n'y aurait point de religion pour M. de Hartmann, et comme le mal est attaché à l'existence même, l'anéantissement de la vie est le seul salut possible. Bahnsen, dans sa philosophie du désespoir, aboutit à des conclusions analogues. Le représentant le plus intéressant de la nouvelle doctrine est Philipp Mainlaender, l'auteur de la philosophie de la Rédemption (*die philosophie der Erlösing*). Ce pessimiste était fils de parents d'une piété exaltée, petit-fils d'une mystique morte d'une fièvre nerveuse à trente-trois ans, frère d'un autre mystique qui, parti aux Indes, s'était converti au bouddhisme pour mourir bientôt après, épuisé par ses luttes intérieures; Philipp trouva lui-même son chemin de Damas dans la boutique d'un libraire de Naples, où il découvrit les écrits de Schopenhauer. Après avoir rédigé son système de philosophie pessimiste, il veilla à l'impression du premier volume et, le jour où il en reçut le premier exemplaire (31 mars 1876), il se pendit[1]. On ne pourra nier la force de la conviction chez ce pessimiste, ni la puissance d'attraction des idées abstraites lorsqu'elles s'implantent dans un cerveau préparé par l'hérédité et l'atmosphère morale. Pour Mainlaender, la philosophie doit un jour remplacer la religion, mais en l'interprétant dans son vrai sens, qui est pessimiste : Mainlaender se déclare hautement « chrétien », tout en prétendant fonder scientifiquement l'athéisme. La liberté du suicide est la nouvelle force d'attrait par laquelle on remplacera la belle illusion de l'immortalité; le salut par la mort remplacera le salut par la vie éternelle. L'arbre de la science deviendrait ainsi le figuier légendaire de Timon le Misanthrope, qui, à chaque matin nouveau, portait pendus à ses fortes branches ceux qui étaient venus chercher l'oubli du mal de vivre.

I. — Pour apprécier la valeur et la durée probable de ce sentiment pessimiste qu'on veut identifier de nos jours avec le sentiment religieux, il faut d'abord en rechercher les causes.

Diverses raisons ont amené cette transformation du panthéisme qui, après avoir divinisé le monde, rêve aujourd'hui son anéantissement et sa réabsorption dans l'unité originelle. La première cause est le progrès même de la métaphysique panthéiste. Après avoir adoré la nature comme l'œuvre d'une raison immanente, on a fini par y voir une œuvre de déraison, une chute de l'unité indéterminée et inconsciente dans la misère et le conflit des déterminations phénoménales, des consciences condam-

---

1. Voir dans la *Revue philosophique*, juin 1885, un article de M. Arréat sur Mainlaender.

nées à la douleur. Tout au moins la nature apparaît-elle comme indifférente. « La Force éternelle », dont on parle tant aujourd'hui, n'est pas plus rassurante pour nous et pour notre destinée que la Substance éternelle. A tort ou à raison l'instinct métaphysique, identique en son fond à l'instinct moral, ne réclame pas seulement un principe de vie présent à toutes choses : il poursuit encore un idéal de bonté et de sociabilité universelle.

J'étais dans la montagne, étendu sur l'herbe : un lézard est sorti d'un trou, a pris ma jambe immobile pour un rocher ; il y a grimpé sans façon pour s'y chauffer au soleil. Le petit être confiant était là, sur moi, jouissant de la même lumière, ne se doutant pas de la vie relativement puissante qui circulait sans bruit et amicalement sous lui. Et moi, je me mis à regarder la mousse et l'herbe sur lesquelles j'étais étendu, la terre brune, les grands rochers : ne ressemblais-je pas moi-même à l'humble lézard, et n'étais-je pas jouet de la même erreur? La vie sourde n'était-elle pas tout autour de moi, à mon insu? Ne palpitait-elle pas sous mes pieds? N'agitait-elle pas confusément le grand Tout? — Oui, mais qu'importe, si c'est au fond une vie aveugle, égoïste, où chaque atome ne travaille que pour soi? Petit lézard, pourquoi n'ai-je point comme toi sous le soleil un œil ami qui me regarde?

La seconde cause du pessimisme contemporain est le progrès rapide de la science positive avec les révélations que, coup sur coup, elle nous a apportées sur la nature. Le progrès se précipite tellement, de nos jours, que l'adaptation de l'intelligence à des idées toujours nouvelles devient pénible ; nous allons trop vite, nous perdons haleine comme le voyageur emporté sur un cheval fou, comme l'aéronaute balayé par le vent avec une vertigineuse vitesse. Le savoir produit ainsi à notre époque un sentiment de malaise, qui tient à un trouble de l'équilibre intérieur ; la science, si joyeuse à ses débuts, à la Renaissance, faisant son apparition au milieu des rires éclatants de Rabelais, devient maintenant presque triste. Nous ne sommes pas encore faits aux horizons infinis du monde nouveau qui nous est révélé et où nous nous trouvons perdus : de là la mélancolie de l'époque, mélodramatique et vide avec les Chateaubriand et les premiers enfants du siècle, sérieuse et réfléchie avec Léopardi, Schopenhauer et les pessimistes d'aujourd'hui. Dans l'Inde on distingue les brahmanes à un point noir qu'ils portent entre les deux yeux : ce point noir, nos savants, nos philosophes, nos artistes le portent aussi sur leur front éclairé par la lumière nouvelle.

Une troisième cause du pessimisme, qui résulte elle-même des précédentes, c'est la souffrance causée par le développement exagéré de la pensée à notre époque, par la place trop grande et finalement douloureuse qu'elle occupe dans l'organisme. Nous souffrons d'une sorte d'hypertrophie de l'intelligence. Tous ceux qui travaillent de la pensée, tous ceux qui méditent sur la vie et la mort, tous ceux qui philosophent finissent par éprouver cette souffrance. Et il en est de même des vrais *artistes*, qui passent leur vie à essayer la réalisation d'un idéal plus ou moins inaccessible. On est attiré à la fois de tous les côtés, par toutes les sciences, par tous les arts ; on voudrait se donner à tous, on est forcé de se retenir, de se partager. Il faut sentir son cerveau avide attirer à lui la sève de tout l'organisme, être forcé de le dompter, se résigner à végéter au lieu de vivre ! On ne s'y résigne pas, on aime mieux s'abandonner à la flamme intérieure qui consume. La pensée affaiblit graduellement, exagère le système nerveux, rend femme ; elle n'ôte pourtant rien à la volonté, qui reste virile, toujours tendue, inassouvie : de là des luttes longues, un malaise sans fin, une guerre de soi contre soi. Il faudrait choisir : avoir des muscles ou des nerfs, être homme ou femme ; le penseur, l'artiste n'est ni l'un ni l'autre. Ah ! si, en une seule fois et d'un seul effort immense, nous pouvions arracher de nous-mêmes et mettre au jour le monde de pensées ou de sentiments que nous portons, comme on le ferait avec joie, avec volupté, dût notre organisme tout entier se briser dans ce déchirement d'une création ! Mais non, il faut se donner par petites fractions, se répandre goutte à goutte, subir toutes les interruptions de la vie ; peu à peu l'organisme s'épuise dans cette lutte de l'idée avec le corps ; puis l'intelligence elle-même se trouble, pâlit, comme une lumière vivante et souffrante qui tremble à un vent toujours plus âpre, jusqu'à ce que l'esprit vaincu s'affaisse sur lui-même et que tout retombe dans l'ombre.

La pensée moderne n'est pas seulement plus clairvoyante du côté des choses extérieures et de la nature ; elle l'est aussi du côté du monde intérieur et de la conscience. Or, Stuart Mill soutenait que la réflexion sur soi et le progrès de l'analyse psychologique ont une force dissolvante, qui, avec la désillusion de la trop grande clarté, amènent la tristesse. On voit trop le jeu de ses propres ressorts et le fond de ses sentiments. Quelle intime contradiction que d'être assez philosophe ou assez poète pour se créer un monde à soi, pour embellir et illuminer toute réalité, et d'avoir cependant l'esprit d'analyse trop développé pour être le jouet de sa propre pensée! On bâtit d'aériens châteaux de cartes, et ensuite on souffle soi-même dessus. On est sans pitié pour son propre cœur, et on se demande parfois s'il ne vaudrait pas mieux ne point en avoir. Je suis trop transparent pour moi-même, je vois tous les ressorts cachés qui me font agir, et cela ajoute une souffrance à toutes les autres. Je n'ai pas assez de foi ni en la réalité objective ni en la rationalité de mes joies mêmes pour qu'elles puissent atteindre leur maximum.

En même temps que l'intelligence devient plus pénétrante et plus réfléchie par le progrès des connaissances de toute sorte, la sensibilité plus délicate s'exalte. La sympathie même, selon les pessimistes, ne peut devenir qu'un instrument de douleur en nous faisant souffrir davantage des souffrances d'autrui. Le retentissement en nous des peines humaines, toujours croissant par l'effet d'une sociabilité croissante, semble proportionnellement plus grand que celui des joies humaines. Les préoccupations sociales elles-mêmes, qui vont augmentant à notre époque, sont si loin d'être satisfaites, que les pessimistes se demandent si elles le seront jamais et si l'humanité, de plus en plus nombreuse dans le combat pour vivre, ne sera pas à la fois de plus en plus misérable et de plus en plus consciente de sa misère.

Enfin, une dernière cause du pessimisme est la dépression de la volonté qui accompagne l'exaltation même de l'intelligence et de la sensibilité. Le pessimisme est en quelque sorte la *suggestion métaphysique* engendrée par l'impuissance physique et morale. Toute conscience d'une impuissance produit une mésestime non seulement de soi, mais des choses mêmes, mésestime qui, chez certains esprits spéculatifs, ne peut manquer de se transformer en formules à priori. On dit que la souffrance aigrit ; la chose est plus vraie encore de l'impuissance. C'est ce que viennent de confirmer de récentes observations psycho-physiologiques[1]. Chez les aliénés comme chez les hypnotiques, les périodes de satisfaction et d'optimisme, qui sont aussi celles de bienveillance et d'aménité, coïncident avec une augmentation de puissance motrice mesurable au dynamo-

---

1. M. Ch. Féré, *Revue philosophique*, juillet 1886.

mètre ; au contraire, les périodes de mécontentement et de malveillance s'expliquent par un état de dépression de la volonté accompagné d'une atténuation de la force musculaire, qui tombe parfois de moitié. On peut dire avec M. Féré que les individus bien portants, « offrant une tension potentielle maxima, » sont sans cesse en mesure d'ajouter une partie d'eux-mêmes à tout ce qu'il s'agit d'apprécier ; les dégénérés, au contraire, les affaiblis, soit au point de vue physique, soit au point de vue psychique, sont toujours en déficit ; « ils ne peuvent qu'emprunter, et apprécient tout au-dessous de sa valeur. » Ajoutons que, étant ainsi impuissants à s'équilibrer avec l'univers, il leur semble, par une naturelle illusion d'optique, que c'est l'univers qui ne peut se mettre en équilibre avec leurs aspirations ; ils croient le dépasser quand c'est lui en réalité qui les dépasse.

Dans toutes les expériences sur le somnambulisme, l'impuissance engendre le dégoût ; le patient chez lequel on a provoqué l'impuissance de saisir un objet désiré, s'explique à lui-même cette impuissance en cherchant dans l'objet quelque caractère repoussant et méprisable. Toujours nous donnons des restrictions de notre volonté une explication objective, au lieu d'en chercher une explication subjective. Une fois lancés dans cette voie, les somnambules iraient certainement, s'ils en étaient capables, jusqu'à construire un système métaphysique pour rendre raison de leur état subjectif[1].

Le pessimisme est probablement ainsi, au début, un point de vue individuel dominé par le sentiment subjectif d'impuissance. Toutefois ce sentiment lui-même, on aurait

---

1. On persuade à une femme qu'elle ne peut prendre son fichu de laine posé sur le dossier d'un fauteuil ; elle a froid aux épaules, le désire, avance la main, puis, sentant l'obstacle subjectif qu'elle cherche à traduire en un langage objectif, elle déclare que le fichu est sale, d'une vilaine couleur, etc., finit même par en être épouvantée jusqu'à la terreur la plus violente. De même pour un autre sujet d'expériences, une femme à qui on a persuadé qu'elle ne pouvait tirer le bouton d'un tiroir ; elle touche le bouton, puis le lâche, en disant que c'est un glaçon et en frissonnant de tout son corps. — Ce n'est pas étonnant, dit-elle pour justifier rationnellement cette émotion répulsive, c'est du fer. — On lui présente alors un compas en fer ; elle essaye de le prendre, le lâche aussitôt. — Vous voyez, dit-elle, c'est aussi froid que le bouton ; je ne puis pas le tenir. — Ainsi l'explication objective d'un fait subjectif, une fois commencée, tend à se généraliser par la seule force de la logique, à envelopper tout l'ordre des phénomènes similaires, à devenir un système, au besoin un système cosmologique et métaphysique.

tort de le contester, a quelque chose d'universel ; la conscience des limites de la puissance humaine ne peut manquer de s'accroître, comme la conscience de l'ignorance humaine, par les progrès mêmes de notre science et de notre pouvoir. Le pessimisme n'est donc pas pure folie, pure vanité ; ou, s'il est folie, cette folie est naturelle ; elle se rencontre parfois transitoirement dans certains efforts aveugles de la nature même. A certaines heures, la nature paraît insensée, paraît vouloir des folies, quoique la force de la logique, identique au fond à la force des choses, ait toujours en elle le dernier mot comme elle doit l'avoir aussi, sans doute, dans l'esprit humain.

En résumé, dans ce siècle de crise, de ruine religieuse, morale, sociale, de réflexion et d'analyse dissolvante, les raisons de souffrir abondent et finissent par sembler des motifs de désespérer. Chaque progrès nouveau de l'intelligence ou de la sensibilité, nous l'avons vu, paraît créer des douleurs nouvelles. Le désir de savoir surtout, le plus dangereux peut-être de tous les désirs humains parce que c'est celui dont l'objet est le plus réellement infini, devient aujourd'hui insatiable, s'attache non seulement à des individus isolés, mais à des peuples entiers ; c'est lui qui est avant tout le « mal du siècle ». Ce mal du siècle, grandissant toujours, devient pour le philosophe le mal même de l'humanité : c'est dans le cerveau de l'homme qu'il a son siège, c'est de la tête que l'humanité souffre. Comme nous sommes loin de cette naïveté des peuples primitifs qui, si on leur demande où est le siège de la pensée, montrent au hasard le ventre ou la poitrine! Nous, nous savons bien que c'est avec la tête que nous pensons, car c'est de là que nous souffrons, c'est là que nous hante le tourment de l'inconnu, c'est là que nous portons la blessure sacrée de l'idéal, c'est là que nous nous sentons poursuivis et sans cesse ressaisis par la pensée ailée et dévorante. Parfois, dans les montagnes de la Tartarie, on voit passer un animal étrange fuyant à perdre haleine sous le brouillard du matin. Il a les grands yeux d'une antilope, des yeux démesurés éperdus d'angoisse, mais, tandis qu'il galope et de son pied frappe le sol tremblant comme son cœur, on voit s'agiter des deux côtés de sa tête deux ailes immenses qui semblent le soulever dans chacun de leurs battements. Il s'enfonce dans les sinuosités des vallées, laissant des traces rouges sur les rochers durs ; tout d'un coup il tombe : alors on voit les deux ailes géantes se détacher de son corps, et un aigle qui s'était abattu sur son front et lui dévorait lentement la cervelle, s'envole rassasié vers les cieux.

II. — **Le pessimisme est-il guérissable?** — Le sentiment du mal a, croyons-nous, sa part légitime dans le sentiment métaphysique ou religieux; mais est-ce une raison pour en faire non plus la partie, mais le tout de la métaphysique et de la religion? Tel est le problème.

M. de Hartmann s'est efforcé de retrouver un fond pessimiste sous toutes les religions; c'est trop juger l'humanité d'après nous-mêmes et notre époque. Soutenir ainsi que la religion est fondée sur un pessimisme radical, c'est comme si on voulait prétendre que la médecine a pour principe non la curabilité, mais l'incurabilité des maladies. Dans le pessimisme de Schopenhauer, comme dans l'optimisme de Spinoza, il y a sans doute une part de vérité qui sera indestructible, mais ce pessimisme dépasse de beaucoup toute affirmation et même toute probabilité scientifique. Si le monde n'a pour la science rien de divin, il n'a non plus rien de diabolique; il n'y a pas plus lieu de maudire que d'adorer la nature extérieure. Intérieurement, les causes de souffrance que nous avons analysées ne sont que provisoires. Le savoir humain, qui accable actuellement le cerveau, peut, en s'organisant mieux, comme il l'est déjà dans certaines têtes bien équilibrées, produire un jour un sentiment de bien-être et de vie plus large. Il y a toute une science nouvelle à créer, celle de l'hygiène intellectuelle pour les peuples, de la thérapeutique intellectuelle pour les individus. Cette science, une fois créée, pourra empêcher ou guérir la dépression mentale, consécutive à une excitation exagérée, qui semble la formule physiologique du pessimisme et que la Grèce pensante n'a guère connue.

D'ailleurs le désir de savoir, qui est, nous l'avons vu, parmi les causes les plus profondes du mal du siècle, peut devenir, à un autre point de vue, la source la plus inaltérable peut-être, le plus sûr allégement de bien des maux humains. Certes, il est parmi nous des déshérités, physiquement ou mentalement infirmes, qui peuvent dire : « J'ai souffert dans toutes mes joies; » le *nescio quid amari* est venu pour eux dès les premières gouttes de toute volupté; pas un sourire qui, pour eux, n'ait été un peu mouillé, pas un baiser qui n'ait été douloureux. Et cependant même cette existence peut avoir sa douceur, lorsqu'elle est sans révolte, entièrement acceptée comme une chose rationnelle : ce qui corrige l'amertume, c'est la transparence aux regards, la pureté, — que possèdent à un si haut point les flots de la mer. En s'étendant, en s'élevant, en s'appaisant de plus en plus, le savoir peut rendre un jour à l'âme quelque chose de cette sérénité qui appartient à toute lumière et à tout regard lumineux. C'est là ce qu'il y avait de vrai dans le calme intellectuel de Spinoza : si son optimisme objectif est insoutenable, il y avait plus de vérité en son optimisme subjectif, en cette conscience de la paix intérieure trouvée dans l'extension même de l'intelligence et dans l'harmonie des pensées.

Quant à la réflexion de la conscience sur elle-même, où les pessimistes voient une force dissolvante de toutes nos joies, elle ne dissout vraiment que les joies irrationnelles et, par compensation, elle dissout aussi les peines déraisonnables. Le vrai résiste à l'analyse : c'est à nous de chercher dans le vrai non seulement le beau, mais aussi le bon. Il existe, à tout prendre, autant de vérité solide et résistante dans l'amour éclairé de la famille, dans celui même de la patrie, dans celui de l'humanité, que dans tel fait scientifique le plus positif, dans telle loi physique comme celle de la gravitation et de l'attraction. Le grand remède à l'*analyse* poussée à l'extrême, comme elle a existé chez certains esprits du genre d'Amiel, toujours en contemplation de leur moi, c'est de s'oublier un peu, d'agrandir leur horizon, surtout d'agir. L'action est, de sa nature, une *synthèse* réalisée, une décision prise qui résout ou tranche un ensemble de points. Elle les tranche sans doute provisoirement, mais l'homme doit se rappeler qu'il vit dans le provisoire, non dans l'éternel ; que, d'ailleurs, ce qu'il y a de plus éternel dans cet univers, c'est peut-être l'action même, le mouvement, la vibration de l'atome et l'ondulation qui traverse le grand Tout. Celui qui agit n'a pas le temps de s'apitoyer sur son cher moi ni de disséquer ses sentiments. Les autres formes de l'oubli sont involontaires et parfois en dehors de notre pouvoir, mais il est une chose qu'on peut toujours oublier, c'est soi. Le remède à toutes les souffrances du cerveau moderne est dans l'élargissement du cœur.

On nous dit que le cœur même souffre de la sympathie et de la pitié toujours croissantes : le problème du bonheur individuel, par l'effet de la solidarité toujours plus grande, est dominé plus que jamais aujourd'hui par le problème du bonheur social. Ce ne sont plus seulement nos douleurs présentes et personnelles, mais celles des autres, mais celles de la société, mais celles de l'humanité à venir qui deviennent pour nous un sujet de trouble. — Soit ; on peut discuter à perte de vue sur l'avenir ; nous n'avons pas le miroir magique où Macbeth voyait passer avec un serrement de cœur la file des générations futures, et nous ne pouvons lire d'avance le bonheur ou la misère sur le visage de nos fils. Dans le miroir de l'avenir humain c'est notre propre image que nous regardons, et nous sommes portés, en cette image de nous-mêmes, à faire comme les poètes, qui aiment à grandir leurs douleurs. Le problème social qui nous tourmente est infiniment complexe ; cependant nous croyons que les optimistes ont autant et plus de droit à l'envisager avec tranquillité que les pessimistes à le déclarer insoluble, alors surtout qu'il n'est posé d'une manière un peu moins obscure à la conscience humaine que depuis environ un demi-siècle.

Le problème social se divise en deux questions distinctes, l'une relative au conflit des intérêts, l'autre au conflit des volontés ennemies. Nous croyons que le côté économique du problème social sera résolu le jour où l'accroissement simultané de la crise sociale et de la connaissance scientifique aura amené les classes aisées à cette conviction, qu'elles risquent de tout perdre en voulant tout garder, et les classes inférieures à cette conviction correspondante, qu'elles perdraient tout en voulant tout prendre, qu'elles verraient se fondre entre leurs mains les richesses convoitées, qu'en partageant à l'excès le capital on le stérilise, comme on tue un germe en le divisant. Le socialisme a son remède dans la science, — alors même que l'instruction contribuerait au contraire pendant un temps à répandre le socialisme. De l'intensité même de la crise sortira l'apaisement. C'est au moment précis où les intérêts sont le plus parfaitement conscients de leurs réelles oppositions qu'ils sont le plus près d'arriver à un compromis : la guerre n'est jamais que le résultat d'une science incomplète sur la valeur comparative des forces et des intérêts en présence ; on se bat faute de calculer, mais les coups de canon ne sont eux-mêmes que des chiffres en mouvement, de tonnantes équations.

Le conflit des intérêts, une fois apaisé par le compromis

des intelligences, se terminera par l'union progressive des volontés. La solution la plus complète de la « question sociale » se trouve dans la sociabilité même de l'homme. Les aspérités des intérêts s'adouciront nécessairement par l'incontestable progrès de la sympathie sociale et des « sentiments altruistes. »

Si la sympathie, l'amour, le travail en commun, la jouissance en commun, semblent parfois augmenter les peines, ils peuvent encore mieux décupler les joies. Les peines, nous le savons de reste, en se partageant s'allègent. La sympathie par elle-même est un plaisir. Les poètes le savent, et surtout les poètes dramatiques ; la pitié, fût-elle accompagnée d'une vive représentation de la souffrance d'autrui, reste douce encore en ce qu'elle fait aimer : — Cet être souffre, donc je l'aime. — Or, l'amour renferme des joies infinies ; il multiplie largement le prix de la vie individuelle à ses propres yeux, en lui donnant une valeur sociale, qui est en même temps la vraie valeur religieuse. L'homme, a dit le poète anglais Wordsworth :

> Vit d'admiration, d'espérance et d'amour ;

mais celui qui a l'admiration et l'amour aura toujours par surcroît l'espérance ; celui qui aime et admire aura cette légèreté du cœur qui fait qu'on marche sans sentir la fatigue, qu'on sourit en marchant et que toutes les visions du chemin semblent vous sourire. L'amour et l'admiration sont donc les grands remèdes de la désespérance : aimez, et vous voudrez vivre. Quelle que soit la valeur de la vie pour la sensibilité, savoir, agir, et principalement agir pour autrui, constitueront toujours des raisons de vivre. Or, on peut dire que c'est surtout pour les raisons de vivre qu'il faut tenir à la vie.

Le pessimisme ne veut voir dans la vie que le côté sensitif ; il y a aussi le côté actif et intellectuel : outre l'agréable, il y a le grand, le beau, le généreux. Même au seul point de vue des joies et des peines, le pessimisme se fonde sur des calculs aussi contestables que pourrait l'être « l'arithmétique des plaisirs » dans Bentham. Nous croyons l'avoir montré ailleurs[1], le bonheur et le malheur sont des constructions mentales faites après coup,

---

1. *Esquisse d'une morale sans obligation ni sanction*, p. 89.

et dans lesquelles une foule d'erreurs d'optique entrent en jeu. D'abord, dans la désillusion même de nos pessimistes, il y a une illusion dont ils n'ont pas vu les causes. Léopardi a trouvé, on s'en souvient, un ingénieux argument empirique en faveur du pessimisme, dans son *Dialogue d'un marchand d'almanachs et d'un passant :* « Almanachs ! Almanachs nouveaux ! Calendriers nouveaux ! — Des Almanachs pour l'année nouvelle? — Oui, Monsieur. — Croyez-vous qu'elle sera heureuse, cette année nouvelle ? — Oh ! oui, illustrissime, bien sûr. — Comme l'année passée? — Beaucoup, beaucoup plus. — Comme l'autre ? — Bien plus, illustrissime. — Comme celle d'avant? Ne vous plairait-il pas que l'année nouvelle fût comme n'importe laquelle de ces dernières années? — Non, Monsieur, il ne me plairait pas. — Combien d'années nouvelles se sont écoulées depuis que vous vendez des almanachs? — Il va y avoir vingt ans, illustrissime. — A laquelle de ces vingt années voudriez-vous que ressemblât l'année qui vient? — Moi? je ne sais pas. — Ne vous souvenez-vous d'aucune année en particulier qui vous ait paru heureuse? — Non, en vérité, illustrissime. — Et cependant la vie est une belle chose, n'est-il pas vrai? — On sait cela. — Ne consentiriez-vous pas à revivre ces vingt ans, et même tout le temps qui s'est écoulé depuis votre naissance? — Eh ! mon cher Monsieur, plût à Dieu que cela se pût ! — Mais, si vous aviez à revivre la vie que vous avez vécue, avec tous ses plaisirs et toutes ses peines, ni plus, ni moins? — Je ne voudrais pas. — Et quelle autre vie voudriez-vous revivre? La mienne, celle d'un prince ou celle d'un autre? Ne croyez-vous pas que moi, le prince ou un autre, nous répondrions comme vous, et qu'ayant à recommencer la même vie, personne n'y consentirait? — Je le crois... — Chacun est d'avis que la somme du mal a été, pour lui, plus grande que celle du bien;..... mais l'année prochaine le sort commencera à nous mieux traiter tous deux, et tous les autres avec nous; ce sera le commencement de la vie heureuse.... — Almanachs! almanachs nouveaux [1] ! »

Certes, beaucoup d'entre nous répondraient au poète de la même manière que le vendeur d'almanachs, se soucieraient peu de recommencer leur vie; mais on ne peut pas conclure de là, avec Léopardi, que notre vie passée, prise

---

[1]. Dialogue cité par M. Caro dans le *Pessimisme*.

en masse, ait été plus malheureuse qu'heureuse. Il s'ensuit seulement une chose, c'est qu'elle nous est maintenant *connue* et, comme telle, a perdu la plus grande partie de son charme esthétique ; elle vaut réellement beaucoup moins qu'elle ne valait. L'homme, en effet, n'est pas un être purement sensitif, il n'a pas de plaisirs aveugles, pour ainsi dire ; il ne jouit pas seulement, il connaît qu'il jouit, il connaît ce dont il jouit, et chacune de ses sensations vient augmenter son petit trésor de science. Ce trésor une fois formé, il désire toujours l'augmenter, mais on comprend qu'il ne se soucie guère de contempler et de palper indéfiniment les richesses déjà acquises. Il existe donc dans notre vie passée tout un côté par lequel elle est réellement ternie, déflorée. C'est à peine s'il s'y trouve un petit nombre d'heures assez riches, assez pleines, pour que nous n'ayons pu les épuiser tout entières par la conscience et pour qu'il nous plaise encore d'y revenir, d'y appuyer, d'en faire sortir de nouveau tout ce qu'elles contiennent de joie intense. Pour toutes les autres heures de l'existence, le principal charme a été de les mesurer du regard, de les comparer entre elles, d'exercer sur elles notre intelligence et notre activité, puis de passer légèrement au travers. Une fois écoulées, elle ne valent plus la peine que la conscience s'y arrête, elles sont comme ces paysages que le voyageur ne se retourne pas pour regarder. Si donc, chez l'homme, le désir satisfait perd une grande partie de son charme et se réveille avec quelque peine dans des circonstances identiquement pareilles, cela tient en partie aux lois mêmes du désir, mais cela tient aussi à la supériorité de l'être humain, pour qui le plaisir désiré doit toujours offrir quelque chose de nouveau à l'intelligence. Il existe en tout désir une sorte de curiosité esthétique et philosophique qui ne trouve plus d'objet dans le passé. La nouveauté, cette fleur des choses, ne peut pas être cueillie deux fois sur la même branche.

— Mais, nous répondra Léopardi, ce charme de la nouveauté, qu'est-ce encore, sinon une illusion nouvelle ? car tout ici-bas est toujours sensiblement le même, et l'avenir, qui n'est qu'une répétition du passé, doit logiquement nous dégoûter comme lui. — Formules abstraites et inductions précipitées, qui ne résistent ni au raisonnement ni à l'expérience. Quoi qu'en aient dit les poètes pessimistes, rien n'est jamais le même, ni dans la vie humaine, ni dans l'univers, et il y a toujours quelque chose de nouveau sous le soleil, fût-ce la pousse verte d'un arbre, l'aile effarouchée d'un oiseau glissant à l'horizon ou la couleur changeante d'un nuage. Il n'y a pas deux aurores qui soient les mêmes. Les contes de fées nous parlent de merveilleux livres d'images qu'on pouvait feuilleter à jamais sans se lasser, car chaque image fuyait sous le doigt même qui tournait la page, remplacée aussitôt par une nouvelle. L'univers est un livre de ce genre, si changeant aux regards, que, lorsqu'on veut revenir à la page contemplée, elle est déjà tout autre; et nous-mêmes aussi, nous sommes autres, et, pour celui qui sait approfondir ses sensations et ses pensées, chacune de ses visions du monde a toujours la fraîcheur de la jeunesse.

Le signe distinctif d'une intelligence vraiment humaine, vraiment supérieure, c'est de s'intéresser à toutes les choses de l'Univers, conséquemment à toutes les différences de ces choses. Quand on regarde de loin et d'un œil distrait, quand on regarde sans voir, on n'aperçoit ici-bas que des ressemblances; quand on regarde avec attention, avec affectuosité l'Univers, on y découvre des différences sans nombre; l'intelligence et l'activité toujours en éveil y trouvent partout de quoi se satisfaire. Aimer un être ou un monde, c'est à chaque instant apercevoir en lui quelque chose de nouveau.

Quand donc les pessimistes croient voir une illusion dans le charme de l'avenir, on peut leur retourner ce reproche; c'est eux qui se laissent duper par leurs yeux et qui, contemplant le monde d'un regard trop distrait, — de trop loin, pour ainsi dire, — ne le voient pas tel qu'il est et ne l'aiment pas faute de le comprendre. Si l'on pouvait, de quelque aérolithe qui passe, regarder la chaîne des Alpes, le Righi et le Faulhorn, le mont Blanc et le mont Rose paraîtraient des montagnes toutes semblables, des points indifférents sur l'écorce terrestre. Cependant, quel est le voyageur naïf qui les confondra et qui se vantera d'avoir tout vu dans les Alpes parce qu'il est monté sur le Righi? La vie, elle aussi, est comme une ascension perpétuelle où il est bien difficile de s'écrier : J'ai tout vu, parce qu'on a gravi un premier sommet. De l'enfance à la vieillesse l'horizon peut toujours s'élargir, toujours se différencier, toujours se renouveler. La nature ne semble se copier que pour un regard superficiel. Chacune de ses œuvres est originale comme celle du génie. Au point de vue esthétique et intellectuel, le découragement est donc un aveuglement, involontaire ou volontaire. Si les poètes ont parfois souhaité d'oublier leurs sensations passées trop douloureuses et la partie la plus concrète de leur vie, il n'est pas un vrai savant qui ait jamais exprimé le désir d'oublier ce qu'il savait, de faire le vide dans son intelligence, de rejeter cette science humaine si lentement acquise, — à moins que ce ne fût pour le plaisir raffiné de la rapprendre de nouveau, de refaire à soi seul le travail des générations. Sous tous les désirs humains, encore une fois, existe toujours cette « soif de vérité » qui est un des éléments essentiels du sentiment religieux; et tous les autres désirs pourraient être fatigués ou rassasiés, que celui-là subsisterait encore : on peut être las même de la vie sans être las de la science. Celui qui a été le plus durement blessé par l'existence peut encore l'accepter pour cette clarté de l'intelligence qu'elle lui apporte même au prix de la douleur, comme le soldat dont les paupières ont été brûlées dans la bataille les soulève pourtant, déchirées et palpitantes, pour laisser passer un rayon de lumière, et pour suivre de l'œil le combat qui se continue autour de lui.

En somme, l'analyse de la sensibilité, sur laquelle s'appuie surtout le pessimisme, est superficielle par bien des côtés. Le mot même de pessimisme est inexact, car il n'y a rien au monde de *pire*, de *pejus* ou de *pessimum;* seulement il y a du mauvais, il faut le reconnaître : cette reconnaissance est à la fois la conséquence et la condition de tout progrès, de tout pouvoir conscient et de tout savoir.

Plus contestables encore sont les règles pratiques que le pessimisme prétend tirer de ses principes pour la direction de la volonté. Étant donnée la misère de l'existence, on sait en effet le remède qu'il nous propose, le nouveau « salut religieux » que les bouddhistes modernes prétendent apporter au monde. Cette nouveauté, plus vieille que Çakia-Mouni lui-même, est une des plus antiques idées orientales; elle séduit aujourd'hui les occidentaux, après les avoir attirés plus d'une fois (car on pourrait en retrouver la trace chez les néo-platoniciens et les mystiques chrétiens). C'est la conception du *nirvâna*. Couper tous les liens qui nous attachent au monde extérieur, élaguer toutes les jeunes pousses des désirs nouveaux, et croire qu'élaguer ainsi, c'est délivrer; pratiquer une sorte de complète circoncision intérieure, se replier sur soi et croire qu'on pénètre alors dans l'intimité du Tout (les mystiques disaient de Dieu); ouvrir au fond de soi un abîme, sentir le vertige du vide et croire néanmoins que ce vide est la plénitude suprême, Πλήρωμα, — telle a toujours été une des grandes tentations de l'homme, de même qu'on vient de très loin au bord des grands précipices rien que pour s'y pencher, pour en sentir l'indéfinissable attrait. La notion panthéiste ou moniste du *nirvâna* échappe à toute critique, précisément parce qu'elle est une unité vide de tout contenu précis. Au point de vue physiologique et naturaliste on ne peut dire qu'une chose, c'est que le *nirvâna* correspond à cette période de repos et de relâchement qui suit toujours toute période de tension, d'effort. Il faut prendre haleine dans l'éternelle marche en avant qui constitue la vie phénoménale; il est bon de sentir parfois la lassitude, il est bon aussi de comprendre le peu de prix et la vanité relative de tout ce qu'on a obtenu jusqu'alors; mais c'est à la condition que cette intelligence de la vanité de notre passé soit un aiguillon nouveau pour l'avenir. S'en tenir à cette lassitude d'être et d'agir, et croire que l'existence la plus profonde est aussi la plus dépouillée, la plus froide, la plus inerte, c'est là une défaillance qui équivaut à une défaite dans la lutte pour la vie. Le nirvâna aboutit en fait à l'anéantissement de l'individu et de la race; les vaincus de la vie seraient-ils donc précisément les vainqueurs des misères de la vie?

Il serait curieux de faire l'expérience pratique du nirvâna. Nous connaissons quelqu'un qui a poussé cette expérience des antiques religions aussi loin que le pouvait un esprit européen, aux tendances scientifiques. Pratiquant l'ascétisme jusqu'à renoncer à tout aliment varié, excluant de sa nourriture la viande, — comme le fit M. Spencer pendant quelque temps, — le vin même, tout ragoût, tout excitant du palais, il en vint à diminuer autant qu'on peut le faire ce désir même qui subsiste le dernier dans l'être, le désir des aliments, le frisson et l'éveil de tout être affamé à la vue d'un mets appétissant, l'attente agréable du repas, — ce moment qui, a-t-on dit, constitue pour tant de gens l'avenir de la journée. Notre expérimentateur avait remplacé les longs repas par l'ingestion de quelques tasses de lait non assaisonné. Ayant ainsi effacé en lui presque toutes les jouissances du goût et des sens les plus grossiers, ayant renoncé à l'action, au moins en ce qu'elle a de matériel, il chercha un dédommagement dans les jouissances de la méditation abstraite ou de la contemplation esthétique. Il entra dans une période qui n'était pas encore le rêve, mais qui n'était pourtant déjà p   la vie réelle, aux contours nettement dessinés et arrêtés. Ce qui en effet donne son relief et son dessin à la vie de chaque jour, ce qui fait époque pour nous dans l'existence, c'est la succession de nos désirs et de nos plaisirs. On n'a pas idée quel vague peut introduire dans l'existence la simple suppression de quelques centaines de repas. Par des coupures analogues dans tous les autres ordres de plaisirs et de désirs sensibles, on en vient à donner à toute sa vie quelque chose d'éthéré qui n'est pas sans charme, quoique sans saveur et sans couleur. Tout l'univers recule par degrés dans une sorte de lointain, car il est composé de choses que vous ne touchez plus d'une main aussi forte, que vous ne tâtez plus aussi grossièrement, et qui en conséquence vous touchent moins, vous laissent plus indifférent ; vous entrez vivant dans ce nuage où les dieux s'enveloppaient parfois, et vous ne sentez plus aussi fermement la terre sous vos pieds. Mais vous vous apercevez bientôt que, pour n'être plus sur la terre ferme, vous n'en êtes pas plus près du ciel ; si vous avez gardé le pouvoir de vous observer exactement vous-même, ce qui vous frappera le plus, c'est l'affaiblissement de votre pensée, précisément alors que vous la croyiez plus dégagée par l'affranchissement de tous les soucis matériels. Ne se reposant plus sur aucune réalité aux contours solides, elle devient par cela même plus incapable d'abstraction : la pensée vit de contrastes, comme tout notre être, et c'est lui donner de la force, loin de lui en ôter, que de la détourner par instants des objets qui semblaient lui être le plus naturels. En voulant purifier trop sa pensée et la sublimiser, on lui ôte sa précision ; la méditation se fond en un rêve, et le rêve peut devenir facilement cette extase où les mystiques se perdent dans l'ἓν καὶ πᾶν, mais où un esprit habitué à la possession de soi ne peut rester longtemps sans en sentir le vide. Alors une révolte se fait ; on commence à comprendre que la pensée la plus abstraite a encore besoin, pour acquérir ses meilleurs instants de lucidité et d'attention, d'être comme fouettée par le désir. Nous conseillons cette expérience pratique du nirvâna à ceux qui en parlent par ouï-dire, sans avoir jamais pratiqué bien longtemps le renoncement entier, absolu. Le seul danger à craindre, c'est que ce renoncement ne produise trop vite un certain abêtissement ; c'est qu'on ne perde la pleine conscience de soi et qu'on ne soit saisi par le vertige avant de l'avoir bien mesuré des yeux, et d'avoir bien vu qu'il n'y a rien au fond. Dans la montagne, les meilleurs sentiers sont ceux qu'a tracés le pas lourd et sûr des ânes et des mulets. « Suivez le chemin des ânes », nous disent les guides. Il en va souvent ainsi dans la vie : c'est le gros bon sens des foules qui ouvre la voie ; il faut le suivre bon gré mal gré, et les philosophes eux-mêmes ne s'en trouvent pas plus mal, de suivre le chemin des ânes.

L'absorption dans la substance infinie, le renoncement au vouloir-vivre, la sainteté inactive restera la forme dernière et l'expression la plus achevée de toutes les *illusions* humaines ; c'est le complet zéro retrouvé sous toutes les quantités plus ou moins négligeables de la vie. Si tout est vanité, rien de plus vain après tout que cette conscience même de la vanité totale, poussée à ses dernières limites ; si l'action est vaine, le repos est plus vain encore, si la vie est vaine, la mort l'est plus encore. La sainteté même ne vaut que par la charité, c'est-à-dire en somme par ce qui relie l'individu à tous les autres, par ce qui le rend de nouveau esclave du désir et du plaisir, — au moins de ceux des autres, sinon des siens propres. Il faut toujours servir quelqu'un, entrer soi-même dans des liens, fût-ce ceux de la chair. Il faut avoir une chaîne, quitte à la soulever, à la porter en avant, à entraîner les autres avec soi. On ne peut pas constituer pour soi-même un but suffisant, un centre d'action et de gravitation ; on ne s'affranchit pas parce qu'on se replie sur soi, qu'on forme ainsi un cercle idéal comme le serpent enroulé, ou qu'on regarde éternellement son « nombril », selon le précepte hindou ; rien ne ressemble plus à la servitude que la liberté immobile et arrêtée en soi. La sainteté trop parfaite des mystiques, des bouddhistes, des pessimistes, est de l'égoïsme subtilisé, et la seule vertu vraiment bonne au monde est la générosité, qui ne craint pas de prendre un point d'appui sur la poussière du sol pour marcher plus sûrement vers autrui.

Nous ne croyons donc pas, avec Schopenhauer et M. de Hartmann, que le panthéisme pessimiste puisse être la religion de l'avenir. On ne persuadera pas à la vie de ne plus vouloir vivre, à la vitesse acquise par le mouvement même de se changer tout à coup en immobilité. Nous l'avons dit ailleurs, c'est une même raison qui rend l'existence possible et qui la rend désirable : si la somme des peines emportait la balance dans une espèce vivante, cette espèce s'éteindrait par l'affaissement consécutif de la vitalité. Les peuples occidentaux, ou pour mieux dire les peuples *actifs*, à qui appartient l'avenir, ne se convertiront jamais aux idées pessimistes; celui qui agit sent sa force, celui qui se sent fort est heureux. Même en Orient, le pessimisme des grandes religions n'est que superficiel quand il s'adresse à la foule, et il n'a pas laissé dans la vie populaire de trace très profonde; les maximes banales sur les maux de l'existence et sur la résignation nécessaire aboutissent, en fait, à un *far niente* approprié aux mœurs de l'Orient. D'autre part, quand il s'adresse aux penseurs, le pessimisme n'est que provisoire, il leur montre aussitôt le remède dans le nirvâna; mais cette panacée-là, nous n'y croyons plus, et le salut par la négation ou par la destruction violente de l'existence ne peut tenter longtemps le bon sens moderne. Comment attribuer à l'homme le pouvoir d'écraser l'œuf sacré d'où est sortie la vie avec ses invincibles illusions, et d'où elle ressortira toujours, quoi que fassent les ascètes, quoi que fassent les partisans du suicide individuel ou, comme M. de Hartmann, du « suicide cosmique? » Il serait peut-être moins difficile encore de créer que d'anéantir, de faire Dieu que de le tuer.

CHAPITRE V

PRINCIPALES HYPOTHÈSES MÉTAPHYSIQUES QUI REMPLACERONT LES DOGMES

(SUITE)

NATURALISME IDÉALISTE, MATÉRIALISTE, MONISTE

I. — Naturalisme idéaliste. — Diverses formes de l'idéalisme. — Forme subjective. — Forme objective. Toute existence ramenée à un mode d'existence mentale. — Valeur de l'idéalisme pour le sentiment religieux. — Forme la plus plausible du naturalisme idéaliste d'après un philosophe contemporain : possibilité d'un progrès universel fondée sur la spontanéité radicale des êtres et sur l' « idée de liberté. » Conciliation du déterminisme et de l'idée de liberté. — L'idéalisme moral comme substitut possible du sentiment religieux, qui devient le sentiment de la dépendance de l'univers par rapport à la « volonté du bien. »

II. — Naturalisme matérialiste. — Difficulté de définir le matérialisme absolu. — La matière, l'atome. Les atomes tourbillons. — L'hydrogène. — Nécessité d'élargir le matérialisme en introduisant dans l'élément primordial la *vie* et le germe de la *pensée*. — Dernière notion qui envahit le matérialisme : idée d'*infini* en grandeur et en petitesse.

III. Le naturalisme moniste et la destinée des mondes. — Évolution des systèmes contemporains vers le *monisme*. — En quel sens vraiment scientifique on peut prendre ce système. — Le monde conçu comme un seul et même *devenir*, une seule et même *vie*. — Les deux formules scientifiques de la vie. Que le progrès consiste en la fusion graduelle de ces deux formules l'une dans l'autre. — Comment la *moralité* et la *religiosité* sortent naturellement de la vie, sans qu'il soit besoin de faire appel à une *finalité* primordiale. — Espérances métaphysiques et morales qu'on peut fonder sur le *monisme* scientifique, relativement à la destinée des mondes et de l'humanité. — Faits qui paraissent s'opposer à ces espérances. — Idée décourageante de la *dissolution*, qui semble liée à celle de l'*évolution*. Ce lien est-il absolument nécessaire et démontré ? — Ressources diverses de la nature pour perpétuer les combinaisons les mieux réussies. Rôle de l'intelligence, du nombre, du temps et de l'espace. — Le calcul des probabilités. — L'éternité *a parte post* est-elle une raison de découragement ou d'espérance. — Existence probable d'êtres *pensants* dans les autres mondes : nos frères planétaires. — Possibilité d'êtres supérieurs à l'homme. Ce que la science peut conserver de l'idée religieuse des « dieux. » — Hypothèse d'une conscience inter-cosmique et d'une « société universelle. »

IV. — La destinée de l'homme et l'hypothèse de l'immortalité dans le natura-

LISME MONISTE. — Deux conceptions possibles de l'immortalité. — L'existence *éternelle* ou *intemporelle*, et la *continuation de la vie* sous une forme supérieure.

I. Hypothèse de la *vie éternelle*. Sa place dans les religions antiques, chez les platoniciens, chez Spinoza, Kant et Schopenhauer. — La vie éternelle laisse-t-elle subsister l'individualité. — Distinction de Schopenhauer et de plusieurs autres philosophes entre l'*individualité* et la *personnalité*. — Caractère *transcendant* et *problématique* de la vie éternelle. — Tendance aristocratique de cette même idée. Hypothèse de l'*immortalité conditionnelle* à laquelle elle aboutit chez certains théologiens. — Critique de l'immortalité conditionnelle. Incompatibilité de cette notion avec celle de bonté divine. — II. Hypothèse d'une *continuation de la vie* et de son *évolution sous une forme supérieure*. — Recherche de ce dont la théorie évolutionniste permet d'espérer l'immortalité. — Immortalité des *œuvres* et des *actions*. Vrai sens dans lequel on peut la concevoir. — Son rapport avec les lois de l'hérédité, de l'atavisme, de la sélection naturelle. — Immortalité de l'*individu*. Objections de la *science*. Protestation de l'*amour* contre l'anéantissement de la personne. Antinomie qui en résulte. — III. — Opposition moderne de l'idée de *fonction* à l'idée de *substance simple*, où l'ancienne philosophie cherchait la preuve de l'immortalité. — Théorie péripatéticienne de Wundt et des philosophes contemporains sur la nature de l'esprit. — L'immortalité serait une continuation de *fonction* et se fonderait non sur la *simplicité*, mais sur la *complexité* supérieure de la *conscience*. — La *complexité* entraîne-t-elle nécessairement l'*instabilité*. — Les trois stades de l'évolution sociale. — Analogie de la *conscience* avec une *société*. Caractère *collectif* de la conscience individuelle. — Rêve d'une immortalité *progressive*, produit dernier de l'évolution et de la sélection naturelle. — 1° La conscience, pour être composée et complexe, n'est pas nécessairement vouée à la dissolution : il peut se former des composés indissolubles dans l'ordre mental comme dans l'ordre physique. — 2° Rapport mutuel des consciences ; leur fusion possible en une conscience supérieure. — Ce que la psychologie contemporaine peut admettre du rêve religieux de la « pénétration des âmes. » — Évolution possible du *souvenir* et son identification avec la réalité même. La *palingénésie* par l'*amour*. — Caractère problématique de ces conceptions et de toute conception relative au fond de l'*existence*, de la *conscience*, et au rapport de la conscience avec l'existence. — IV. — Comment ceux qui, dans l'état actuel de l'évolution, n'admettent pas l'immortalité individuelle, doivent envisager la mort. — Le stoïcisme antique et le stoïcisme moderne. — La mort prévue et consciente : ce qu'elle a de triste et ce qu'elle a de grand. — Le *moi* s'élargissant assez, par la pensée philosophique et le désintéressement scientifique, pour comprendre, approuver même dans une certaine mesure son propre évanouissement.

Le naturalisme consiste à croire que la nature, avec les êtres qui la composent, épuise toute l'existence. Mais, même à ce point de vue, il reste toujours à savoir ce qui constitue le fond de l'être et ce qui, parmi les diverses formes d'existence à nous connues, est le plus voisin de ce fond. La nature est-elle matière, est-elle pensée, est-elle l'unité des deux ? Le problème relatif à l' « essence » de l'être, quoique descendu dans le domaine immanent de la nature, n'en subsiste donc pas moins.

La théorie qui semble dominer aujourd'hui, c'est celle des deux *aspects* irréductibles l'un à l'autre, l'intérieur et l'extérieur, des deux faits *sui generis*, le fait de conscience et le mouvement. Nous aurions, selon le mot de M. Taine[1], deux « textes » du livre éternel, au lieu d'un seul. Il s'agit

---

1. Même doctrine chez M. Ribot.

de savoir lequel est le texte primitif et sacré. Les uns choisissent celui qui nous est fourni par la seule conscience, les autres celui que déchiffre à grand'peine la science objective. De là deux directions opposées dans toute spéculation non seulement psychologique, mais métaphysique : l'une est tournée vers le dedans, l'autre vers le dehors, l'une idéaliste, l'autre matérialiste. Mais on peut et on doit concevoir quelque unité des deux aspects : notre pensée, devant deux lignes convergentes, ne peut consentir à ne pas les prolonger jusqu'à un sommet d'angle. Il y a donc en somme trois formes du naturalisme : idéaliste, matérialiste, moniste. Ce sont là, selon nous, les vrais systèmes fondamentaux et immanents, dont le théisme, l'athéisme et le panthéisme ne sont que des dérivés transcendants.

I. — NATURALISME IDÉALISTE

Si on prend les mots de *pensée* et d'*idée* en ce sens large que préféraient les Descartes et les Spinoza, et qui désignait toute la vie mentale, tout le contenu possible de la conscience, on peut appeler *idéalisme* le système qui ramène la réalité à la pensée, à l'existence psychique, si bien qu'être, c'est être pensé ou penser, être senti ou sentir, être voulu ou vouloir, être l'objet d'un effort ou le sujet d'un effort.

Il est clair que l'idéalisme est un des systèmes où le sentiment religieux pourra trouver une satisfaction, puisque ce sentiment rentre dans l'instinct métaphysique, et que l'instinct métaphysique sera toujours porté à retrouver en toutes choses l'esprit, la pensée, le mental, le moral. Le fond du théisme, ce par quoi il vaut, c'est ce que nous avons déjà appelé le *moralisme*, c'est-à-dire la croyance que la vraie force est de nature mentale et morale. Dieu n'est qu'une représentation de cette force conçue comme transcendante. Le panthéisme, de son côté, après avoir divinisé et subtilisé l'univers, après l'avoir pour ainsi dire fondu en Dieu, tend à prendre la forme d'un naturalisme idéaliste, lequel fait rentrer le dieu même ainsi conçu dans la pensée qui le conçoit, lui dénie toute existence autre que dans la pensée, par la pensée, pour la pensée. Selon la comparaison hindoue, c'est ainsi que l'araignée, après avoir elle-même tiré de soi sa toile et l'avoir projetée en cercle autour d'elle, la retire et, la dévorant, la fait disparaître en elle-même, avec tous les rayons ou reflets diaprés qu'elle retenait dans sa trame et qui en faisaient un monde en raccourci. La pensée, elle aussi, peut tour à tour tirer de soi un monde et un dieu, pour les absorber ensuite.

Mais comment se représenter la pensée centrale d'où tout part et où tout revient? Est-elle individuelle ou impersonnelle? — Il y a d'abord un idéalisme tout subjectif et, comme disent les Anglais « égoïstique »; c'est celui que M. Huxley définit dans sa *Vie de Hume*. « En dépit de toute démonstration contraire, dit-il, la collection des perceptions qui constituent notre conscience pourrait n'être qu'une fantasmagorie qui, engendrée et coordonnée par le moi, déroulerait ses scènes successives sur le fond du néant. » M. Spencer répond que, si l'univers n'était ainsi qu'une projection de nos sensations subjectives, l'évolution serait un rêve; mais l'évolution peut se formuler aussi bien en termes idéalistes qu'en termes réalistes : un rêve bien lié vaudrait d'ailleurs la réalité même. L'idéalisme subjectif et « égoïstique » est donc difficile à réfuter logiquement. Malgré cela, il aura toujours peu d'adhérents, car cette simplification apparente du monde est en réalité une complication. Pour pouvoir faire rentrer tout entier dans les têtes pensantes le monde des phénomènes, il faut supposer une concordance de tromperies entre toutes nos impressions et entre les impressions de tous les autres êtres humains, chose beaucoup plus difficile à concevoir que la simple projection d'un monde objectif en nous. Le mental est d'ailleurs toujours plus complexe que le matériel; si donc l'on veut isoler le mental, le réduire à lui-même, il faudra, pour se rendre compte de l'illusion d'optique qui crée le monde, un déploiement d'ingéniosité assez vain et beaucoup plus grand que pour faire de ce monde une simple perception. Enfin le moindre *effort*, avec la résistance qu'il rencontre, est la réfutation de l'idéalisme égoïstique, ou, comme disent encore les Anglais, du *solipsisme*. Dans la « résistance », en effet, coïncident et la *sensation* subjective et la *perception* d'une réalité objective. Si l'on peut encore considérer comme subjectif l'ordre d'après lequel nous combinons ou superposons les sensations de résistance pour former l'étendue et ses diverses dimensions, il est bien difficile d'admettre que les matériaux de cette construction soient comme suspendus en l'air. Pour expliquer la résistance, il faut absolument sortir du moi, car, même dans les cas où la résistance tactile paraît se ramener à une hallucination, la cause de cette hallucination s'explique toujours par quelque résistance organique, par quelque frottement des rouages intérieurs. L'erreur du fou qui voit une force étrangère prendre figure et se dresser devant ses yeux n'est pas de considérer cette force comme existant en dehors de lui, mais bien de la placer à l'extrémité de ses nerfs tactiles, tandis qu'elle est dans son cerveau même, au point où ses nerfs viennent se rattacher aux centres cérébraux; il a toujours raison de sentir un ennemi, mais il ne le sent pas là où il est.

Il faut donc bien se résoudre à admettre tout ensemble des microcosmes, le mien, le vôtre, et un macrocosme, le mien, le vôtre. Ce qui est vrai, c'est qu'il s'établit entre le grand monde et chaque petit monde pensant une communication incessante, par laquelle tout ce qui se passe dans l'un vient retentir dans l'autre. Comme nous vivons dans l'univers, l'univers vit en nous. Ce n'est pas une métaphore. Si on pouvait lire dans le cerveau d'un enfant de nos écoles, on y verrait déjà gravée l'image plus ou moins fidèle de toutes les merveilles de notre monde : cieux, mers, montagnes, villes, etc.; on y apercevrait le germe de tous les sentiments élevés, de toutes les connaissances complexes qu'une tête humaine peut contenir. Ce serait bien autre chose s'il s'agissait d'un grand homme, d'un penseur ou d'un poète : dans son vaste cerveau on retrouverait tout le monde visible ou invisible, avec ses faits et ses lois, on y retrouverait toute l'humanité en ce qu'elle a de meilleur, comme on aperçoit dans les verres des télescopes l'image agrandie des astres lointains. A qui saurait lire ainsi les traces laissées dans l'organisme par les sensations et les idées il suffirait, si notre terre disparaissait un jour, de quelques cerveaux humains bien choisis pour la reconstruire, pour en retracer l'image et en raconter l'histoire.

L'humanité agissante et pratique sera toujours « réaliste, » en ce sens qu'elle admettra toujours que le monde a une existence indépendamment de la pensée individuelle. Nous n'insisterons donc pas davantage sur l'idéalisme subjectif, qui a plus d'importance pour la curiosité métaphysique que pour le sentiment religieux.

Il n'en est pas de même de la seconde forme d'idéalisme, c'est-à-dire de l'idéalisme objectif.

Là, toute existence matérielle est ramenée à un mode d'existence mentale : l'être est identifié, soit avec la loi idéale qui préside au développement de cet être, soit avec le fond réel de nos consciences, de nos sensations, de nos désirs. « Le monde, a dit Émerson, est de l'esprit précipité ».

Cette hypothèse est certainement une de celles qui peuvent le mieux servir de substitut au théisme, si le théisme disparaît jamais de la métaphysique religieuse. Mais, selon nous, la grande objection qu'on peut faire à l'idéalisme ainsi entendu est la suivante : — Sert-il beaucoup d'objectiver l'esprit, si on ne change rien par là à l'existence du mal, que Platon identifiait à la matière? On a beau transformer toute évolution en une évolution mentale, on ne la hâte pas pour cela. On transporte seulement au dedans de l'esprit les obstacles mystérieux qu'il croyait rencontrer dans une matière extérieure : on spiritualise donc le mal même. Après avoir identifié les choses qui évoluent avec la loi intelligible et intellectuelle qui préside à cette évolution, il reste toujours à expliquer pourquoi cette loi est sur tant de points mauvaise, pourquoi l'intelligence essentielle aux choses présente tant de contradictions et de défaillances.

Malgré cette objection, qui ne recevra peut-être jamais de complète réponse, il est certain que l'idéalisme nous laisse plus d'espérance morale et sociale que les autres systèmes. A la *pensée*, comme à une suprême ressource, peut se rattacher encore, malgré le mal et la douleur, ce désir de progrès et de « salut » qui fait le fond de la spéculation religieuse. Toutefois, pour donner à cette doctrine une forme plus acceptable, il ne faudra pas seulement entendre par pensée l'intelligence, il faudra entendre aussi le sentiment, le désir, le vouloir. Et de fait, à l'idéalisme purement intellectualiste d'autrefois nous voyons succéder, de nos jours, un idéalisme fondé surtout sur la volonté comme principe des choses[1]. La sensibilité universellement répandue est la conséquence de la volonté universellement présente, et l'intelligence proprement dite, du moins en tant que *représentation*, est plus « superficielle » que le

---

1. Voir Schelling, Schopenhauer, Lotze, Wundt, Secrétan, et, chez nous, MM. Ravaisson, A. Fouillée, Lachelier, et. dans une certaine mesure, M. Renouvier.

sentir et le vouloir [1]. Ces trois formes diverses et toujours unies de la vie mentale [2] sont les grandes forces sur lesquelles le sentiment moral et religieux pourra toujours chercher un point d'appui.

Dans la question du mal, l'idéalisme ainsi entendu constitue une des solutions les plus capables de tenter la pensée. L'optimisme étant insoutenable, comme nous l'avons vu, et le pessimisme étant une exagération, l'hypothèse métaphysique et religieuse la plus plausible de nos jours serait la conception d'un « *progrès* possible dans le monde grâce à une *spontanéité* radicale des êtres [3] ». Dans cette hypothèse, la volonté, avec sa tendance au développement le plus grand et le plus universel possible, serait la puissance primitive par excellence, le fond de l'homme et de l'univers. L'*idée* de liberté, chez l'homme, serait la conscience de cette puissance progressive, immanente à tous les êtres, et cette idée deviendrait le ressort de notre vie morale. L'idée de liberté, au sein même du déterminisme, « produit une direction nouvelle » : elle devient un motif nouveau parmi les motifs, un mobile nouveau parmi les mobiles; « elle se réalise en se concevant et en se désirant. » Grâce à l'intermédiaire de cette idée, la réalité enveloppe une puissance de liberté progressive, c'est-à-dire « d'union constante avec le tout, et d'affranchissement moral. » — « Au début, guerre universelle des forces, fatalité brutale, mêlée infinie des êtres s'entrechoquant sans se connaître, par une sorte de malentendu et d'aveuglement; puis organisation progressive, qui permet le dégagement des consciences, et par cela même des volontés : union progressive des êtres se reconnaissant peu à peu pour frères. La mauvaise volonté serait transitoire et naîtrait, soit des nécessités mécaniques, soit de l'ignorance intellectuelle; la bonne volonté, au contraire, serait permanente, radicale, normale, et viendrait du fond même de l'être. La dégager en soi, ce serait s'affranchir du passager et de l'individuel au profit du permanent et de l'universel. Ce serait devenir vraiment libre et, par cela même, ce serait devenir aimant [4]. »

Dans le naturalisme idéaliste ainsi fondé sur l' « idée de liberté, » il n'y aurait plus opposition absolue entre la liberté

1. Voir Schopenhauer, Horwicz, et, chez nous, M. Fouillée.
2. Voir Wundt, *Psychologie physiologique*.
3. Alfred Fouillée, *la Liberté et le Déterminisme*, 2ᵉ édition, p. 353, 354, 356.
4. *Ibid.*

progressive et le déterminisme au milieu duquel elle progresse : ce seraient les deux aspects d'une même évolution. Qu'est-ce que le déterminisme qui nous enveloppe? Il se réduit à une série d'actions des autres êtres sur nous et de réactions de nous sur les autres êtres ; mais qu'est-ce que ces actions et ces réactions sans nombre, si ce n'est le signe du développement des activités intérieures? Et maintenant, quel est le fond de l'activité dans l'univers, si ce n'est une puissance débordante, ennemie de toute limite, de toute entrave, en un mot, une liberté se faisant? Ainsi, selon cette doctrine, quand on pénètre assez loin, quand on brise, pour ainsi dire, la surface des choses, on voit la liberté créant le déterminisme, se confondant, s'unifiant avec lui[1]. La nécessité n'est, en quelque sorte, que l' « armure des libertés ; » elle naît de leurs rapports mutuels, de leurs points de contact. On ne peut pas comprendre de libertés sans un déterminisme qui en dérive; car être libre, c'est pouvoir, c'est agir et réagir; agir et réagir, c'est déterminer et être déterminé. D'autre part, on ne peut comprendre de déterminisme, c'est-à-dire d'action réciproque, sans quelque action interne, sans quelque volonté qui doit être en soi spontanée et tend à être libre. A ce point de vue, on pourrait dire, sans contradiction, que le déterminisme *enveloppe* le monde, et que la volonté le *constitue*.

Si l'action des volontés l'une sur l'autre dans le monde est encore le plus souvent brutale, c'est qu'elles sont encore à demi-inconscientes des puissances qu'elles portent en elles-mêmes ; la conscience, en se développant au dedans d'elles, les unira, transformera leurs chocs en un concours. Pour éviter de se heurter à des obstacles infranchissables, la volonté a encore moins besoin de projeter la lumière autour d'elle que de s'éclairer intérieurement, de regarder en soi. Comme il n'y a rien dans l'univers d'étranger à la volonté, il n'y a rien non plus d'étranger à l'idéal que toute volonté se propose. Il est probable qu'avec la vie, il y a partout de la conscience à un degré infinitésimal : or, partout où il y a conscience, il peut y avoir désir. La devise de la nature, comme l'a dit un poète contemporain, c'est : « j'aspire. » L'idéal humain n'est peut-être que la formule consciente de cette aspiration commune à l'univers entier. Si cela était vrai, il s'ensuivrait que la liberté

---

1. A. Fouillée, *la Liberté et le Déterminisme*, 2ᵉ édition.

idéale est le terme de l'évolution des choses et que la volonté qui y tend en est le principe[1].

On a objecté à cet évolutionisme idéaliste que, « si le progrès a un but et des principes, l'évolution n'en a pas[2]. » — Mais la doctrine en question a précisément pour objet de donner un « but » et des principes à l'évolution, d'étendre le « progrès » au monde entier. On a encore objecté à cette hypothèse d'un naturalisme en quelque sorte *panthéliste*, selon lequel tout est volonté (θέλες), que, « si on place de la liberté partout, cela revient à n'en mettre nulle part[3]. » Cette objection n'est pas exacte, car il faudrait dire alors, dans la sphère économique, qu'en augmentant le bien-être de tous on n'augmente celui de personne, ou qu'en appauvrissant tout le monde également, on enrichirait tout le monde. Autre chose est d'universaliser une notion, autre chose de la supprimer. On ne peut plus séparer aujourd'hui la conception du monde de celle de l'homme, elles sont solidaires. Mettez-vous, par exemple, un libre arbitre indifférent dans l'homme, Épicure aura alors raison de mettre l'indéterminisme au fond de toutes choses[4]. De même, supposez-vous qu'il existe dans l'homme une « bonne volonté radicale, très distincte du libre arbitre, mais qui n'en constitue pas moins une sorte de liberté morale en voie de formation[5] »; on devra alors retrouver le germe de cette volonté dans le monde entier, sous une forme plus ou moins inconsciente. Pour que réellement l'esprit humain enfante quelque chose, il faut que tout l'univers soit comme lui en travail. Les partisans de la « bonne volonté » comme fond de la moralité humaine sont donc logiques en la plaçant, plus ou moins dégradée, dans la nature entière, chez tous les êtres où point déjà l'intelligence ; et, en même temps que la bonne volonté, il faudra imaginer dans ces êtres un obscur commencement de responsabilité, de mérite ou de démérite implicite, revenir enfin à la

---

1. « La catégorie de l'existence réelle ne semble point convenir à l'idée de la liberté ; celle-ci ne peut être conçue par nous, en sa perfection, que sous la catégorie de *l'idéal*, en son imperfection, que sous celle du *devenir* ». A. Fouillée, *la Liberté et le Déterminisme*, conclusion.
2. M. Franck, *Essais de critique philosophique.*
3. M. Franck, *Ibid.*
4. C'est ce que nous croyons avoir montré, dès 1873, dans notre livre sur *Épicure.* — Voir aussi notre *Morale anglaise*, 2ᵉ partie, p. 385-386 de la 2ᵉ édition.
5. A. Fouillée, *la Liberté et le Dterminisme*, 2ᵉ édition.

théorie hindoue, bien interprétée, selon laquelle tous les degrés de la nature sont au fond des degrés dans la moralité.

Hypotheses fingo, c'est la devise de la métaphysique. L'idéalisme moral, tel que nous venons de le résumer d'après un auteur contemporain, n'est assurément qu'une hypothèse, et une hypothèse contestable; mais c'est pourtant, semble-t-il, la forme de naturalisme idéaliste la moins incompatible avec la théorie de l'évolution et avec les faits de l'histoire naturelle ou de l'histoire humaine[1]. De plus, elle est un des meilleurs refuges du sentiment religieux dégagé de ses formes mystiques, comme de sa transcendance, et ramené dans les sphères de la nature. L'activité inconnue qui est au fond de la nature même en étant venue à produire dans l'homme la conscience et le désir réfléchi du mieux, il y a là un motif d'espérer, un motif de croire que le mot de l'énigme des choses n'est pas, au point de vue métaphysique et moral : « Il n'y a rien. »

Nous avons plusieurs fois cité la définition de la religion donnée par Schleiermacher : sentiment de notre absolue dépendance par rapport à l'univers et à son principe. Quand le sentiment religieux se transforme en idéalisme moral, il tend vers une formule qui, sous certains rapports, est l'inverse de la précédente : — sentiment de la dépendance de l'univers par rapport à la *volonté du bien* que nous constatons en nous et que nous supposons être ou pouvoir devenir le principe directeur de l'évolution universelle. La pensée de l'idéal moral et social, l'« idée de liberté », au lieu d'être dans l'univers un simple accident de surface, serait alors la révélation et la conscience progressive de ses lois les plus fondamentales, de son moteur le plus intime, de la vraie « essence des choses », la même chez tous les êtres à des degrés divers et en des combinaisons diverses. La nature entière est comme une ascension éternelle vers un idéal qu'elle conçoit de mieux en mieux, mais qui la domine toujours. Quand on monte sur un sommet pour contempler une chaîne de montagnes, on voit, à mesure qu'on s'élève, surgir et se ranger tout le long de l'horizon les cimes blanches de neige; debout, l'une à côté de l'autre,

---

1. Cette forme d'idéalisme est également compatible avec le monisme qui tend à dominer de nos jours; elle finit même par se confondre avec le monisme, notamment chez M. Fouillée. (Voir plus loin.)

éteincelantes sous leurs glaciers, elles montent en silence dans la lumière : il semble qu'un immense effort soulève ces masses énormes et les porte en haut, il semble que leur immobilité ne soit qu'apparente ; on croit se sentir emporté avec elles vers le zénith. Ainsi les héros de la légende indienne, quand ils sont fatigués de la vie et de la terre, réunissent leurs dernières forces, gravissent, la main dans la main, la haute montagne, l'Himalaya ; la montagne les porte dans la nue. Pour tous les anciens peuples, la montagne était la transition entre la terre et le ciel ; c'était là que les âmes, profitant de l'élan que la terre s'était imprimé à elle-même, prenaient plus librement leur essor : la montagne était une voie vers les cieux ouverte par la nature même. Peut-être y a-t-il quelque chose de profond dans ces idées naïves qui prêtent à la nature des aspirations plutôt humaines : n'existe-t-il pas en elle de grandes voies tracées, de grandes lignes, de grandes ébauches? Elle a fait tout cela sans le savoir, comme les blocs de pierre se sont soulevés lentement vers les étoiles sans savoir où ils allaient. A l'homme de mettre un sens à son œuvre, de se servir de ses efforts, d'employer les siècles passés comme des matériaux sur lesquels s'élèvera l'avenir : en gravissant la nature, il aura gravi le ciel.

II. — NATURALISME MATÉRIALISTE

Pour bien juger l'idéalisme, il faut lui opposer son contraire, le matérialisme.

Nous ne dirons que quelques mots du matérialisme pur, parce qu'il est le système le plus éloigné de la pensée même qui a produit les religions et les métaphysiques. Le matérialisme absolu n'est du reste pas facile à définir, parce que le mot même de matière est un des plus vagues qui existent. Si on veut se représenter les derniers éléments de la matière indépendamment de toute pensée, de toute conscience, de toute vie plus ou moins parente de la nôtre, on poursuit évidemment une chimère ; on aboutit à l'indétermination pure de la matière platonicienne, aristotélique, hégélienne, *dyade indéfinie*, *virtualité*, identité de *l'être* et du *non-être*. Aussi les matérialistes sont-ils obligés de donner un nom déterminé et matériel à la force simple et primitive dont le monde entier n'est pour eux qu'une évolution. Si toute matière, par exemple, suivant les théories les plus récentes, se réduit à l'hydrogène, le matérialisme posera l'hydrogène comme constituant une sorte d'unité matérielle ou substantielle du monde. La variété n'aurait lieu que dans les formes de l'élément primitif, hydrogène ou, si l'on préfère, préhydrogène.

Il faut bien avouer que cette conception est quelque peu naïve et *nominale :* le nom matériel ou chimique n'exprimera jamais que le dehors, les propriétés extérieures de l'élément primordial. L'atome d'hydrogène est probablement déjà un composé d'une complexité extrême, un monde formé de mondes en gravitation. L'idée même de l'atome indivisible et insécable est philosophiquement enfantine. Thomson et Helmholtz ont montré que nos atomes sont des tourbillons, et ils ont réalisé expérimentalement des tourbillons analogues formés de fumée (par exemple, la fumée de chlorhydrate d'ammoniaque). Chaque « anneau-tourbillon » est toujours composé des mêmes particules ; on ne peut en séparer une seule des autres : il a ainsi une individualité fixe. Qu'on essaie de couper les anneaux-tourbillons, ils fuiront devant la lame ou s'infléchiront autour d'elle, sans se laisser entamer : ils sont insécables. Ils peuvent se contracter, se dilater, se pénétrer en partie l'un l'autre, se déformer, mais jamais se dissoudre. Et de là certains savants ont conclu : « Nous avons donc une preuve matérielle de l'existence des atomes. » Oui, à condition d'entendre par atome quelque chose d'aussi peu simple, d'aussi peu primordial, d'aussi énorme relativement qu'une nébuleuse. Les atomes sont « insécables » comme une nébuleuse est insécable pour un couteau, et l'atome d'hydrogène offre à peu près la même « simplicité » que notre système solaire. Expliquer tout par l'hydrogène, c'est un peu comme si on expliquait l'origine du monde en supposant donnés le soleil et ses planètes. On ne peut faire sortir de l'hydrogène le monde actuel qu'à la condition de mettre dans les prétendus atomes d'hydrogène autre chose que ce que les physiciens et les chimistes en connaissent, du point de vue extérieur où ils se placent. Le matérialisme a donc besoin d'élargir son principe pour le rendre fécond : « Élargissez, » comme dirait Diderot, votre athéisme et votre matérialisme.

Une fois élargi, le matérialisme devra tout d'abord attribuer au moins la vie à l'élément universel, au lieu d'en faire ce qu'on nomme une matière brute. « Chaque génération de physiciens, écrit M. Spencer, découvre, dans la matière appelée brute, des forces à l'existence desquelles les plus savants physiciens n'auraient pas cru quelques années auparavant. » Quand nous voyons des corps solides, malgré leur apparente inertie, sensibles à l'action de forces dont le nombre est infini; quand le spectroscope nous prouve que des molécules terrestres se meuvent en harmonie avec des molécules placées dans les étoiles ; quand nous nous voyons forcés d'inférer que des vibrations innombrables traversent l'espace dans toutes les directions et l'agitent, la conception qui s'impose à nous, « ce n'est point celle d'un univers composé de matière morte, c'est plutôt celle d'un univers partout vivant : vivant dans le sens général du mot, si ce n'est dans le sens restreint [1]. » La vie est une notion plus humaine peut-être, plus subjective, mais, après tout, plus complète et plus concrète que celles de mouvement et de force ; car nous ne pouvons espérer trouver le vrai trop loin du subjectif, puisque le subjectif est la forme nécessaire que doit prendre en nous la vérité.

La seconde amélioration dont le matérialisme a besoin pour pouvoir satisfaire le sentiment métaphysique, c'est, avec la vie, de placer dans l'élément primordial au moins un germe du « psychique. » Seulement, cette matière primitive étant une force capable et de vivre et finalement de penser, ce n'est plus là ce qu'on entend vulgairement et même scientifiquement par matière, encore bien moins par hydrogène. Le pur matérialiste, palpant la sphère du monde et s'en tenant à l'impression la plus grossière, celle du tact, s'écrie : tout est matière ; mais la matière même se résout bientôt, pour lui, dans la force, et la force n'est qu'une forme primitive de la vie. Le matérialisme devient donc en quelque sorte animiste et, devant la sphère roulante du monde, il est obligé de dire : elle vit. Alors intervient un troisième personnage, qui, comme Galilée, la frappe du pied à son tour : — Oui, elle est force, elle est action, elle est vie ; et pourtant elle est encore autre chose, puisqu'elle pense en moi et se pense par moi. *E pur si pensa!*

Nous voilà donc obligés à faire de nouveau sa part au naturalisme idéaliste. Le matérialisme, d'ailleurs, rentre

---

1. M. Spencer a lui-même un peu oublié la chose dans plusieurs de ses constructions trop exclusivement *mécanistes*.

assez facilement dans l'idéalisme ; c'est ce qu'ont bien montré Lange et, chez nous, M. Taine. Le matérialisme pur, en effet, aboutit à un mécanisme tout abstrait, qui lui-même vient se fondre dans les lois de la logique et de la pensée. Quant au fond de ce mécanisme, — atomes et mouvements, — il se résout en un ensemble de sensations tactiles et visuelles affaiblies, subtilisées, raréfiées, et prises ensuite comme expression de la réalité ultime. Ce prétendu fond de la réalité objective n'est que le dernier résidu de nos sensations les plus essentielles. Le matérialiste croit faire de la science positive ; il fait, lui aussi, tout comme l'idéaliste, de la poésie métaphysique ; seulement ses poëmes, avec leurs constructions imaginatives, sont écrits en langue d'atomes et de mouvements, au lieu d'être écrits en langue d'idées. Les symboles qu'il choisit sont plus voisins du terre-à-terre et de la réalité visible, ils ont plus de portée et plus de généralité ; mais ce sont toujours des symboles. Ce sont, en quelque sorte, des métaphores où les termes scientifiques perdent leur sens positif pour prendre un sens métaphysique, transportés qu'ils sont dans un domaine que n'atteint pas l'expérience. Ceux de nos savants qui spéculent ainsi sur la nature des choses sont des Lucrèce qui s'ignorent.

Une dernière notion qui finit par envahir le matérialisme même, c'est celle qui fut toujours particulièrement propre à satisfaire les aspirations métaphysiques et religieuses de l'homme : la notion d'infinité, soit en petitesse, soit en grandeur. Nos savants s'ingénient à compter les molécules d'une goutte d'eau ; ils nous disent qu'un cube d'eau d'un millième de millimètre contient 228 millions de molécules ; ils nous disent qu'une tête d'épingle renferme un nombre d'atomes représenté par le cube de 20 millions, et que, si on en détachait chaque seconde un milliard à la fois, il faudrait, pour compter les millions, continuer l'opération pendant 253 678 ans. Mais toutes ces évaluations sont des jeux d'arithmétique qui font illusion sur la réalité : ces nombres si *gros* en apparence ne sont rien, et c'est à l'infini, sans doute, qu'un grain de poussière nous fournirait des particules à compter.

L'argument contre la notion d'infini en petitesse ou en grandeur, tiré de l'impossibilité logique d'un nombre infini, n'est pas décisif[1] ; car il repose sur cette pétition de

---

1. Voir les arguments de M. Renouvier et les réponses de M. Lotze et de M. Fouillée dans la *Revue philosophique*.

principe que tout est *nombrable* dans l'univers, c'est-à-dire saisissable d'une manière précise et pouvant s'enfermer dans les cadres d'une intelligence comme la nôtre. La logique veut, au contraire, que la division ou la multiplication restent toujours possibles dans un milieu toujours homogène, comme l'espace, le temps et la quantité, et que, par conséquent, elles aillent toujours plus loin que *tel* nombre donné. Si le matérialisme, qui se dit « purement scientifique », n'admet pas que la nature *fournisse* autant que la pensée conçoit, s'il nie le parallélisme de la pensée et de la nature, il nie par cela même la rationalité de la nature, qui est précisément le principe sur lequel repose toute philosophie ayant la prétention d'être « purement scientifique. » Ceux qui rejettent l'infini aboutissent, en effet, à supposer une sorte de contradiction entre l'activité de la pensée humaine, qui ne peut s'arrêter à aucun point déterminé, et la nature, qui s'arrêterait *sans raison* à un point déterminé du temps et de l'espace. On peut dire que la notion d'infini s'impose au matérialisme ; or elle est une de ces antinomies nécessaires devant lesquelles aboutit l'intelligence par son exercice même : c'est précisément en nombrant que l'intelligence arrive à se représenter l'innombrable, c'est en épuisant toute quantité donnée qu'elle arrive à se représenter l'inexhaustible, c'est en connaissant toujours davantage qu'elle arrive devant l'inconnaissable : toutes ces idées expriment le point où nous sentons que notre intelligence commence à faiblir, et au delà duquel la vision s'obscurcit, se trahit elle-même. Sous la matière que la pensée conçoit et sous la pensée qui se conçoit, il y a un infini qui les déborde toutes les deux et qui semble le plus profond de la matière même. Ce n'est pas sans raison que les anciens appelaient précisément la matière, conçue en soi et indépendamment de ses formes, l'infini, ἄπειρον. Le matérialisme nous laisse ainsi, comme les autres systèmes, en présence de ce « mystère dernier » que toutes les religions ont symbolisé dans leurs mythes, que la métaphysique sera toujours obligée de reconnaître et la poésie d'exprimer par des images.

Sur le bord de la mer est une grande montagne toute droite, lancée en l'air comme une flèche : les flots viennent blanchir à ses pieds. Le matin, quand le premier rayon de soleil tombe sur les vieux rochers, ils tressaillent, une voix s'échappe des pierres grises, qui se mêle à celle des vagues bleues : la montagne et la mer causent ensemble. La mer dit : « Depuis un million d'années que je le réflète en vain dans mes vagues mouvantes, le ciel est toujours aussi loin de moi, aussi immobile. » Et la montagne dit : — « Depuis un million d'années que je suis montée vers lui, il est toujours aussi haut. » Un jour, un rayon de soleil tomba si souriant sur le front de la montagne, que celle-ci voulut l'interroger sur ce ciel lointain d'où il venait. Le rayon allait répondre; mais le front de la montagne le réfléchit brusquement vers la mer, et un flot qui scintillait le renvoya vers le ciel, d'où il venait. Le rayon est encore en route à travers l'infini, vers cette nébuleuse de Maïa, dans les Pléiades, qui est restée si longtemps invisible, — ou plus loin encore; — et il n'a pas répondu.

III. — LE NATURALISME MONISTE — LA DESTINÉE DES MONDES

Ce nom d'infini, ἄπειρον, donné par les anciens à la matière, les modernes l'ont donné à l'esprit. C'est que les deux aspects, matériel et spirituel, recouvrent sans doute la même unité. La synthèse des deux aspects est le naturalisme moniste.

I. — Nous n'avons pas à faire ici l'appréciation théorique du monisme comme système métaphysique. Constatons seulement que toutes les doctrines tendent aujourd'hui vers ce système. Le matérialisme n'est plus autre chose qu'un monisme mécaniste, où la loi fondamentale est conçue comme épuisée et traduite tout entière par les termes mathématiques. L'idéalisme est également un monisme où la loi essentielle est conçue comme mentale, soit qu'on la cherche plutôt dans le domaine de l'intelligence, soit qu'on la cherche dans celui de la volonté. Sous cette dernière forme, le monisme a de nombreux représentants en Allemagne et en Angleterre. En France, il a été soutenu par M. Taine. Nous venons de voir qu'il est aussi soutenu actuellement, sous une autre forme, par M. Fouillée, qui y voit la conciliation du naturalisme et de l'idéalisme, et qui y verrait aussi, sans doute, une conciliation possible entre l'essentiel du panthéisme et l'essentiel du théisme[1]. Selon nous, il faut maintenir la balance, plus que ne le font les philosophes précédemment cités, entre les aspects matériel et mental de l'existence, entre la science objective et le savoir subjectif de la conscience. Le monisme ne désigne donc pour nous qu'une hypothèse unifiant les données les plus positives de la science, qui sont inséparables de celles de la conscience même. L'unité fondamentale que désigne le terme de monisme n'est pas pour nous la *substance* une de Spinoza, l'*unité* absolue des Alexandrins, ni la *force* inconnaissable de Spencer, encore moins une *cause finale* préalablement existante comme dans Aristote. Nous n'affirmons pas non plus une unité de *figure* et de *forme* qu'offrirait l'univers. Nous nous contentons d'admettre, par une hypothèse d'un caractère scientifique en même temps que métaphysique, l'homogénéité de tous les êtres, l'identité de *nature*, la parenté constitutive. Le vrai monisme, selon nous, n'est ni transcendant ni mystique, il est immanent et naturaliste. Le monde est *un seul et même devenir*; il n'y a pas deux natures d'existence ni deux évolutions, mais une seule, dont l'histoire est l'histoire même de l'univers.

Au lieu de chercher à fondre la matière dans l'esprit ou l'esprit dans la matière, nous prenons les deux réunis en cette synthèse que la science même, étrangère à tout parti pris moral ou religieux, est forcée de reconnaître : la *vie*. La science étend chaque jour davantage le domaine de la vie, et il n'existe plus de point de démarcation fixe entre le monde organique et le monde inorganique. Nous ne savons pas si le fond de la vie est « volonté », s'il est « idée », s'il est « pensée », s'il est « sensation », quoique avec la sensation nous approchions sans doute davantage du point central ; il nous semble seulement probable que la conscience, qui est tout pour nous, doit être encore quelque chose dans le dernier des êtres, et qu'il n'y a pas dans l'univers d'être pour ainsi dire entièrement *abstrait de soi*. Mais, si on laisse les hypothèses, ce que nous pouvons affirmer en toute sûreté de cause, c'est que la vie, par son évolution même, tend à engendrer la conscience ; le progrès de la vie se confond avec le progrès même de la conscience, où le mouvement se saisit comme sensation. Au dedans

---

1. V. chapitre précédent.

de nous, tout se ramène, pour le psychologue, à la sensation et au désir, même les formes intellectuelles du temps et de l'espace [1]; au dehors de nous, tout se ramène, pour le physicien, à des mouvements; *sentir* et *se mouvoir*, voilà donc les deux formules qui semblent exprimer l'univers intérieur et extérieur, le concave et le convexe des choses; mais *sentir qu'on se meut*, voilà la formule exprimant la vie consciente de soi, encore si peu fréquente dans le grand Tout, qui pourtant s'y dégage et s'y organise de plus en plus. Le progrès même de la vie consiste dans cette fusion graduelle des deux formules en une seule. Vivre, c'est en fait évoluer vers la sensation et la pensée.

En même temps que la vie tend ainsi à prendre possession de soi par la *conscience*, elle cherche à se répandre par l'*action*, par une action toujours plus envahissante. Vie, c'est fécondité. Tandis que la vie la moins consciente n'aboutit qu'à l'épanouissement intérieur de la cellule solitaire, la vie la plus consciente se manifeste par la fécondité intellectuelle et morale. L'expansion, loin d'être ainsi contre la nature de la vie, est selon sa nature; elle est même la condition de la vie véritable, de même que, dans la génération, le besoin d'engendrer un autre individu fait que cet *autre* devient comme une condition de *nous-même*. C'est que la vie n'est pas seulement nutrition, elle est production, et l'égoïsme pur, au lieu d'être un agrandissement, serait une diminution et une mutilation de soi. Aussi l'individualité, par son accroissement même, tend-elle à devenir sociabilité et moralité [2]. C'est cette sociabilité qui, après avoir fait le fond de l'instinct moral, crée l'instinct religieux ou métaphysique, en ce qu'il a de plus profond et de plus durable. La spéculation métaphysique, comme l'action morale, se rattache ainsi à la source même de la vie. Vivre, c'est devenir un être conscient, moral, et, finalement, un être philosophique. La vie se traduit naturellement par l'action sous ses deux formes, qui se ramènent plus ou moins l'une à l'autre : l'action morale, et ce qu'on pourrait appeler l'action métaphysique, c'est-à-dire l'acte de la pensée reliant l'individu à l'univers.

Jusqu'à présent, nous n'avons fait appel à aucune idée de finalité. La moralité, selon nous, pas plus que l'instinct

---

1. Voir notre étude sur *l'idée de temps* (*Revue philosophique*, avril 1885).
2. Voir notre *Esquisse d'une morale*, p. 247 et suiv.

dit religieux, n'a son principe primordial dans la finalité ; elle est simplement à l'origine une fécondité plus ou moins aveugle, inconsciente ou mieux subconsciente. Cette fécondité, en prenant mieux conscience de soi, se règle, se rapporte à des objets de plus en plus rationnels : le *devoir* est un *pouvoir* qui arrive à la pleine conscience de soi et s'organise. De même que l'idée d'une fin préconçue n'a pas besoin de régler, dès le début, la marche de l'humanité, elle n'a pas besoin non plus de régler celle de la nature.

Avec ces données positives, il s'agit de savoir quel aspect prendra pour nous l'homme et le monde. Le naturalisme moniste laisse-t-il une place aux espérances sur lesquelles s'est toujours appuyé le sentiment moral et métaphysique, dans ses efforts pour faire de la pensée et de la bonne volonté autre chose que « vanité? »

Si on peut concevoir l'évolution comme ayant un but dès le commencement et étant providentielle en son ensemble — hypothèse métaphysique qui, malheureusement, ne s'appuie sur aucune induction scientifique —, on peut aussi la concevoir comme aboutissant à des êtres capables de se donner à eux-mêmes un but et d'aller vers ce but en entraînant après eux la nature. La sélection naturelle se changerait ainsi finalement en une sélection morale et, en quelque sorte, divine. C'est là sans doute une hypothèse encore bien hardie, mais qui est pourtant dans la direction des hypothèses scientifiques. Rien ne la contredit formellement dans l'état actuel des connaissances humaines. L'évolution, en effet, a pu et dû produire des espèces, des types supérieurs à notre humanité : il n'est pas probable que nous soyons le dernier échelon de la vie, de la pensée et de l'amour. Qui sait même si l'évolution ne pourra ou n'a pu déjà faire ce que les anciens appelaient des « dieux ? »

De cette manière peut se trouver conservé le fond le plus pur du sentiment religieux : sociabilité non seulement avec tous les êtres vivants et connus par l'expérience, mais encore avec des êtres de pensée et des puissances supérieures dont nous peuplons l'univers. Pourvu que ces êtres n'aient rien pour ainsi dire d'antiréel, pourvu qu'ils puissent se trouver réalisés quelque part, sinon dans le présent, du moins dans l'avenir, le sentiment religieux n'offre plus rien lui-même d'incompatible avec le sentiment scientifique. En même temps, il se confond tout à fait avec l'élan métaphysique et poétique. Le croyant se transforme en philosophe ou en poète, mais en poète qui vit son poème et qui rêve l'extension de sa bonne volonté propre à la société universelle des êtres réels ou possibles. La formule du sentiment moral et religieux que Feuerbach avait proposée : — réaction du désir humain sur l'univers, — peut alors se prendre en un sens supérieur : — Double désir et double espérance, 1° que la volonté *sociable* dont nous nous sentons animés personnellement se retrouve aussi, comme le fait supposer la biologie, dans tous les êtres placés au sommet de l'évolution universelle ; 2° que ces êtres, après avoir été ainsi portés en avant par l'évolution, réussissent un jour à la fixer, à arrêter en partie la dissolution, et qu'ils fixent par là même dans l'univers l'amour du bien social ou, pour mieux dire, l'amour même de l'universel.

Ainsi formulé, le sentiment religieux demeure ultra-scientifique, mais il n'est plus antiscientifique. Il suppose beaucoup, sans doute, en admettant une *direction possible* de l'évolution par les êtres arrivés au degré supérieur ; mais, après tout, comme nous ne pouvons affirmer avec certitude que cette direction n'existe pas ou ne pourra jamais exister, le sentiment moral et social nous excite à agir, dans notre sphère, de manière à produire, autant qu'il est en nous, cette direction supérieure de l'évolution universelle. Si, comme nous l'avons dit, la moralité est un phénomène de fécondité morale, on comprendra que tout être moral ait nécessairement les yeux tournés vers l'avenir, espère ne pas voir mourir son œuvre, veille au salut de ce quelque chose de soi qu'il a livré à autrui — son amour, — par lequel non seulement il s'est voué aux autres, mais a fait aussi les autres siens dans une certaine mesure, a pris des droits sur eux, les a conquis pour ainsi dire en se donnant à eux. En travaillant pour l'humanité, pour l'univers à qui elle est liée, j'acquiers des droits sur l'univers : il s'établit entre nous un rapport de dépendance réciproque. La plus haute conception de la morale et de la métaphysique est celle d'une sorte de ligue sacrée, en vue du bien, de tous les êtres supérieurs de la terre et même du monde.

II. — Maintenant, quels sont les faits scientifiques qui pourraient s'opposer à ces espérances sur la destinée des mondes et de l'humanité ?

L'idée décourageante par excellence dans la théorie de l'évolution, c'est celle de la dissolution, qui y semble d'abord invinciblement liée. Depuis Héraclite jusqu'à M. Spencer, les philosophes n'ont jamais séparé ces deux idées. Toute évolution n'aboutit-elle pas nécessairement à la dissolution? — L'expérience que nous avons des individus et des mondes semble en effet, jusqu'à présent, répondre par l'affirmative. Nous ne connaissons que des mondes qui ont fait ou feront naufrage. Quand le cadavre d'un marin a été jeté à la mer, les compagnons qui l'ont aimé relèvent le point exact de latitude et de longitude où son corps a disparu dans l'uniforme Océan : deux chiffres sur un feuillet de papier sont le seul vestige qui subsiste alors d'une vie humaine. On peut croire qu'un sort analogue est réservé au globe terrestre et à l'humanité entière : ils peuvent un jour sombrer dans l'espace et se dissoudre sous les ondes mouvantes de l'éther; à ce moment, si de quelque astre voisin et ami on nous a observés, on marquera le point de l'abîme céleste où notre globe a disparu, on relèvera l'ouverture de l'angle que formaient pour des yeux étrangers les rayons partis de notre terre, et cette mesure de l'angle de deux rayons éteints sera l'unique trace laissée par tous les efforts humains dans le monde de la pensée.

Néanmoins, le devoir de la science étant de ne jamais dépasser, pas plus dans ses négations que dans ses affirmations, ce qu'elle peut constater ou démontrer, il importe de ne pas étendre sans preuve à tout l'avenir ce que le passé seul a vérifié.

Jusqu'à présent il n'est pas d'individu, pas de groupe d'individus, pas de monde qui soit arrivé à une pleine *conscience* de soi, à une connaissance complète de sa vie et des lois de cette vie. Nous ne pouvons donc pas affirmer ni démontrer que la dissolution soit essentiellement et éternellement liée à l'évolution par la *loi* même de l'être : la loi des lois nous demeure x. Pour la saisir un jour, il faudrait un état de la pensée assez élevé pour se confondre avec cette loi même. On peut d'ailleurs rêver un pareil état : s'il est impossible de prouver son existence, il est encore plus impossible de prouver sa non-existence. Peut-être qu'un jour, si la pleine connaissance de soi, la pleine conscience était réalisée, elle produirait une puissance correspondante assez grande pour arrêter désormais le travail de dissolution à partir du point où elle serait arrivée à l'existence.

Les êtres qui sauraient, dans l'infinie complication des mouvements du monde, distinguer ceux qui favorisent son évolution de ceux qui tendent à le dissoudre, de tels êtres seraient peut-être capables de s'opposer aux mouvements de dissolution, et le salut définitif de certaines combinaisons supérieures serait assuré. Pour franchir la mer, il faut que l'aile d'un oiseau ait une certaine envergure; c'est une question de quelques brins de plume, son sort se joue sur ces plumes légères. Jusqu'à ce que leur aile ait été assez forte, les oiseaux de mer qui s'écartaient du rivage ont sombré l'un après l'autre. Un jour leur aile a grandi, et ils ont pu traverser l'Océan. Il faudrait aussi que grandît pour ainsi dire l'envergure des mondes, que s'élargît en eux la part de la conscience : peut-être alors se produirait-il des êtres capables de traverser l'éternité sans sombrer, peut-être l'évolution pourrait-elle être mise à l'abri d'un recul : pour la première fois dans la marche de l'univers un résultat définitif aurait été obtenu. Selon les symboles souvent profonds de la religion grecque, le Temps est le père des mondes. La force de l'évolution, que les modernes placent au-dessus de toute chose, c'est toujours l'antique Saturne, qui crée et dévore : lequel de ses enfants le trompera et le vaincra? quel Jupiter sera un jour assez fort pour enchaîner la force divine et terrible qui l'aura engendré lui-même? Pour ce nouveau-né de l'univers, pour ce dieu de lumière et d'intelligence, le problème serait de limiter l'éternelle et aveugle destruction sans arrêter la fécondité éternelle. Rien, après tout, ne peut nous faire affirmer scientifiquement qu'un tel problème soit, sur tous les points, à jamais insoluble.

La grande ressource de la nature, c'est le nombre, dont les combinaisons possibles sont elles-mêmes innombrables et constituent la mécanique éternelle. Les hasards de la mécanique et de la sélection, qui ont déjà produit tant de merveilles, peuvent en produire de supérieures encore. C'est là-dessus que les Héraclite, les Empédocle, les Démocrite, comme plus tard les Laplace, les Lamarck, les Darwin, ont fondé leur conception du jeu qui se joue dans la nature, et de tous les *sorts* divers qui sont en même temps des *destinées*. Il est sans doute dans la marche des mondes et dans leur histoire, — comme dans l'histoire des peuples, des croyances, des sciences, — un certain nombre de points où les voies se bifurquent, où la moindre poussée d'un côté ou de l'autre suffit à perdre ou à sauver l'effort accumulé des siècles. Nous avons dû franchir heureusement une infinité de carrefours de ce genre pour arriver à devenir l'humanité que nous sommes. A chaque carrefour nouveau que nous rencontrons, le risque se pose toujours devant nous, toujours tout entier. Certes, le nombre de fois qu'un soldat heureux a évité la mort ne fera pas dévier d'un millimètre la balle qui peut être tirée sur lui d'un instant à l'autre dans l'éternelle mêlée ; toutefois, si les risques auxquels on a échappé ne garantissent point l'avenir, les insuccès passés ne sont point non plus une preuve d'insuccès éternel.

L'objection la plus grave peut-être à l'espérance, — objection qui n'a pas été assez mise en lumière jusqu'ici et que M. Renan lui-même n'a pas soulevée dans les rêves trop optimistes de ses *Dialogues*, — c'est l'éternité *a parte post*, c'est le demi-avortement de l'effort universel qui n'a pu aboutir encore qu'à ce monde [1]. Néanmoins, s'il y a là une raison pour restreindre notre confiance dans l'avenir de l'univers, ce n'est pas un motif de désespérer. Des deux infinis de durée que nous avons derrière nous et devant nous, un seul s'est écoulé stérile, du moins en partie. Même en supposant l'avortement complet de l'œuvre humaine et de l'œuvre que poursuivent sans doute avec nous une infinité de frères extraterrestres, il restera toujours mathématiquement à l'univers au moins *une chance* sur *deux* de réussir : c'est assez pour que le pessimisme ne puisse jamais triompher dans l'esprit humain. Si les coups de dé qui, selon Platon, se jouent dans l'univers, n'ont produit encore que des mondes mortels et des civilisations bientôt fléchissantes, le calcul des probabilités démontre qu'on ne peut, même après une infinité de coups, prévoir le résultat du coup qui se joue en ce moment ou se jouera demain. L'avenir n'est pas entièrement déterminé par le passé *connu de nous*. L'avenir et le passé sont dans un rapport de réciprocité, et on ne peut connaître l'un absolument sans l'autre, ni conséquemment deviner l'un par l'autre.

Supposez une fleur épanouie à un point quelconque de l'espace infini, une fleur sacrée, celle de la pensée. Depuis l'éternité, des mains cherchent en tous sens dans l'espace obscur à saisir la fleur divine. Quelques-unes y ont touché par hasard, puis se sont égarées de nouveau, perdues dans la nuit. La fleur divine sera-t-elle jamais cueillie ? Pour-

---

1. Voir sur ce point nos *Vers d'un philosophe*, p. 198.

quoi non ? Toute négation, ici, n'est qu'une prévention née du découragement ; ce n'est pas l'expression d'une probabilité. Supposez encore un rayon franchissant l'espace en ligne droite sans y être réfléchi par aucun atome solide, aucune molécule d'air, et des yeux qui, dans l'éternelle obscurité, cherchent ce rayon sans pouvoir être avertis de son passage, tâchent de le découvrir au point précis où il perce l'espace. Le rayon va, s'enfonce dans l'infini, ne rencontre toujours rien, et cependant des yeux ouverts, une infinité d'yeux ardents le désirent et croient parfois sentir le frissonnement lumineux qui se propage autour de lui et accompagne sa percée victorieuse. Cette recherche sera-t-elle éternellement vaine ? — S'il n'y a pas de raison définitive et sans réplique pour affirmer, il y a encore moins de raison catégorique pour nier. Affaire de hasard, dira le savant ; de persévérance aussi et d'intelligence, dira le philosophe.

La possibilité même où nous nous trouvons aujourd'hui de nous poser de tels problèmes sur l'avenir des mondes, semble indiquer un rapprochement de fait par rapport à cet avenir : la pensée ne peut être en avant sur la réalité que jusqu'à un certain point ; la conception d'un idéal en présuppose la réalisation plus ou moins ébauchée. A l'âge tertiaire, nul animal ne spéculait sur la société universelle. Une conception vraie de l'idéal, si elle pouvait s'évaluer mathématiquement, représenterait sans doute un nombre énorme de chances favorables à sa réalisation ; so bien poser un problème, c'est commencer à le résoudre. Le calcul purement mathématique des probabilités extérieures n'exprime donc pas la réelle valeur des chances dans le domaine intellectuel et moral, parce qu'ici la possibilité, la probabilité, la force même de réalisation sont dans la pensée, qui est une concentration de chances intérieures et pour ainsi dire vivantes.

Outre l'infinité des nombres et l'éternité des temps, une nouvelle raison d'espérance est l'immensité même des espaces, qui ne nous permet pas de juger l'état à venir du monde uniquement sur notre système solaire et même stellaire. Sommes-nous les seuls êtres pensants dans l'univers ? — Nous avons déjà vu que, sans dépasser de beaucoup les données certaines de la science, on peut dès maintenant répondre non. Il se trouve très probablement une infinité d'astres éteints arrivés à peu près au même point de leur évolution que notre terre ; chacun de ces astres offre une composition physique et chimique sensiblement analogue à celle de la terre ; enfin ils ont dû passer par des phénomènes analogues de vaporisation et de condensation, d'incandescence et de refroidissement : il est donc probable que la vie organique s'y est produite sous une forme plus ou moins voisine de celle qu'elle a présentée à l'origine sur notre globe. En effet, l'homogénéité de matière inorganique, que l'analyse spectrale nous fait constater jusque dans les astres les plus reculés, permet de supposer, en vertu d'une induction qui n'est pas trop invraisemblable, une certaine similitude dans les types les plus fondamentaux de la vie organique. Des types analogues de minéralisation et de cristallisation ont dû aboutir à des types analogues d'organisation, quoique le nombre et la richesse des formes possibles augmente à mesure qu'on passe à des degrés plus complexes d'existence. Nous ne voyons pas trop pourquoi le protoplasma originaire aurait été, dans tel satellite de Sirius, infiniment différent de ce qu'il a été sur notre globe. Peut-être même les combinaisons de la vie sont-elles parfois retombées dans des sortes de décimales périodiques, reproduisant les mêmes formes et « nombres vivants », comme dirait Pythagore. Il semble difficile à la science actuelle de supposer la vie à tel degré déterminé de son évolution autre part que dans un organisme plus ou moins semblable à la cellule, de supposer la vie consciente de soi autrement que centralisée et se manifestant par des vibrations analogues à celles qui parcourent notre système nerveux : la vie consciente se ramène à une société de vivants, à une sorte de conscience sociale qui semble avoir besoin de se projeter dans un foyer pour arriver à l'individualité. La vie organique et consciente, ayant des conditions encore plus déterminées que celles de la vie inorganique, a dû être entraînée dans une évolution qui, malgré toute la différence des milieux, aura offert sans doute bien des analogies avec celle des espèces animales et humaines sur notre terre. Peut-être les lois les plus générales de Geoffroy Saint-Hilaire, sur la corrélation et le balancement des organes pourraient-elles se vérifier même chez les animaux qui se trouvent dans les satellites des lointaines étoiles de vingtième grandeur. Malgré l'imagination qu'a montrée la nature sur notre globe même dans la variété de ses flores et de ses faunes, on peut supposer que le génie de la vie sur notre terre offre des points de similitude avec le génie qui travaille sur les autres globes. Malgré l'intervention des différences de température, de lumière, d'attraction, d'électricité, les espèces sidérales, si différentes qu'elles soient des nôtres, ont dû être poussées par les éternelles nécessités de la vie dans le sens du développement sensitif et intellectuel, et, dans cette voie, elles ont dû aller tantôt plus loin que nous, tantôt moins loin. Remarquons d'ailleurs que, sur notre globe même, les types trop bizarres, trop monstrueux et produits par une sorte d'imagination apocalyptique, comme ceux qui sont nés à l'âge tertiaire, n'ont pu subsister : les espèces les plus vivaces ont été généralement les moins étranges, celles qui se rapprochaient mieux d'un type plus uniforme et plus esthétique. On peut donc admettre dans l'univers, sans trop d'invraisemblance, une infinité d'humanités analogues à la nôtre pour les facultés essentielles, quoique peut-être très différentes pour la forme des organes, et supérieures ou inférieures en intelligence. Ce sont nos frères planétaires. Peut-être quelques-uns d'entre eux sont-ils comme des dieux par rapport à nous ; c'est là, nous l'avons déjà dit, ce qui reste scientifiquement de possible ou de vrai dans les antiques conceptions qui peuplent les « cieux » d'êtres « divins »[1].

[1]. Pour comprendre les différences énormes qui, malgré les analogies, peuvent exister entre l'organisation des êtres planétaires ou stellaires et la nôtre, il faut se représenter la variété qui existe au sein même des espèces terrestres. Supposez les fourmis, qui nous offrent déjà un type de société si avancé (avec les trois états de pasteur, de laboureur et de guerrier), supposez-les continuant leur développement intellectuel, au lieu de s'arrêter à l'exercice mécanique de l'instinct ; il n'est pas impossible qu'elles arrivent à un point d'évolution mentale analogue, *mutatis mutandis*, à celui de telle société humaine, par exemple des Chinois, ces fourmis humaines. Qui sait si elles ne pourraient dominer le globe, en remplaçant la force individuelle par le nombre et l'intelligence? Ce serait une sorte de civilisation lilliputienne, destinée sans doute à exercer une moindre influence sur la marche des choses que celle d'êtres plus forts et doués d'une taille supérieure. Maintenant, pour passer d'un extrême à l'autre dans ce pays des rêves où se sont plu jadis Fontenelle, Diderot et Voltaire, supposons une humanité qui, au lieu de dériver des anthropoïdes, fût dérivée d'un des animaux qui sont, avec les singes, les plus intelligents de notre terre, de l'éléphant : la chose n'est pas scientifiquement impossible si on considère que la trompe de l'éléphant est, avec la main, un des organes de préhension les plus forts et même les plus délicats qui existent dans les espèces animales ; or, posséder un cerveau développé et un bon organe de préhension, ce sont là peut-être les conditions les meilleures pour vaincre dans la lutte pour la vie. On aurait donc pu voir réalisée sur notre terre même ou sur quelque astre lointain une civilisation géante, bien différente dans son aspect extérieur, sinon dans ses lois générales, de notre civilisation. Il faut nous familiariser avec cette pensée, si répu-

— Mais, a-t-on dit, si d'autres globes que le nôtre sont habités par des êtres intelligents et aimants, se nourrissant comme nous du « pain quotidien » de la science, ces êtres ne peuvent cependant être très notablement supérieurs à nous, car ils nous auraient donné déjà des signes visibles de leur existence. — Parler ainsi, c'est ne pas compter assez avec cette puissance terrible de l'espace, qui isole si bien les êtres et peut les emprisonner dans l'infini plus étroitement qu'entre les parois d'un cachot. On peut même se demander si des êtres dont l'intelligence serait relativement infinie et presque sans commune mesure avec la nôtre, mais qui seraient éloignés de nous par un espace également incommensurable, ne verraient pas leur puissance brisée par l'espace et incapable de s'étendre au delà de certaines distances. Notre témoignage, quand il s'agit de l'existence de tels êtres, n'a pas plus de valeur que celui d'une fleur de neige des régions polaires, d'une mousse de l'Himalaya ou d'une algue des profondeurs de l'océan Pacifique, qui déclareraient la terre vide d'êtres vraiment intelligents parce qu'ils n'ont jamais été cueillis par une main humaine. Si donc il existe quelque part des êtres véritablement dignes du nom de « dieux », ils sont probablement encore si éloignés de nous, qu'ils nous ignorent comme nous les ignorons. Ils réalisent peut-être notre idéal, et cependant cette réalisation de notre rêve restera toujours étrangère à nos générations.

guante à notre anthropomorphisme instinctif, que, si l'évolution générale de la vie obéit à des lois nécessaires, une simple série d'accidents et de circonstances favorables peut faire dominer telle espèce sur telle autre, et que l'ordre de dignité des espèces pourrait être interverti sans que la marche générale de l'évolution fût pour cela suspendue.

D'ailleurs, le développement de l'intelligence dans une planète tient sans doute beaucoup moins à la taille et au nombre des habitants qu'à la nature même de la vie organique qui y a pris naissance, et comme cette vie s'est constituée sous la dépendance étroite des phénomènes de chaleur, de lumière, d'électricité, et des modifications chimiques qu'ils produisent, ce sont ces phénomènes qui décident en quelque sorte de l'avenir intellectuel de la planète. Kant avait émis cette hypothèse que, dans un système astronomique, par exemple dans notre système solaire, la perfection intellectuelle et morale des habitants croît en raison de leur éloignement de l'astre central, et suit ainsi le refroidissement de la température ; mais c'est là encore une hypothèse beaucoup trop simpliste pour rendre compte de choses si complexes, où la température est bien loin d'être le seul élément. Ce qui reste probable d'après les lois de la vie à nous connues, c'est que la pensée ne doit pouvoir facilement se faire jour ni dans un brasier, ni dans un glacier, et que l'*inter utrumque* est, ici encore, une condition nécessaire du développement organique et intellectuel.

On admet aujourd'hui qu'à toute pensée correspond un mouvement. Supposez qu'une analyse plus délicate que l'analyse spectrale nous permît de fixer et de distinguer sur un spectre non seulement les vibrations de la lumière, mais les invisibles vibrations de la pensée qui peuvent agiter les mondes, nous serions peut-être surpris de voir, à mesure que décroît la trop vive lumière et la trop intense chaleur des astres incandescents, y éclore par degrés la conscience — les plus petits et les plus obscurs des astres étant les premiers à la produire, tandis que les plus éblouissants et les plus énormes, les Sirius et les Aldébaran, seront les derniers à ressentir ces vibrations plus subtiles, mais verront peut-être une éclosion plus considérable de force intellectuelle, une humanité de plus grandes proportions et en rapport avec leur énormité.

Qu'est-ce que l'espace connu de nous, depuis notre terre jusqu'aux dernières nébuleuses que saisissent les plus puissants télescopes, et aux trous noirs où l'œil se perd derrière ces dernières lueurs ? Tout cet univers n'est qu'un simple point par rapport à l'univers total, — en supposant qu'il y ait un « tout ». L'éternité pourrait donc être nécessaire au progrès pour traverser l'immensité, si on suppose au progrès (fût-il certain et immanquable) un point de départ unique, une sorte de terre sacrée et de peuple élu, du sein duquel il se répandrait sur l'infini. D'ailleurs, la science moderne ne peut guère admettre cette terre privilégiée : la Nature sans bornes ne peut avoir, comme Dieu, d'*élection* exclusive. Si la partie est gagnée quelque part, elle peut et doit l'être sur bien des points à la fois ; seulement l'ondulation du bien ne s'est pas encore répandue jusqu'à nous. La lumière intellectuelle va moins vite que celle du soleil et des étoiles ; et, cependant, que de temps il faut à un rayon de la Chèvre pour arriver jusqu'à notre terre !

Dans nos organismes inférieurs, la conscience ne paraît se propager d'une molécule vivante à une autre que lorsqu'il y a contiguïté de cellules dans l'espace ; néanmoins, d'après les plus récentes découvertes sur le système nerveux et sur la propagation de la pensée par suggestion mentale à d'assez grandes distances[1], il n'est pas contraire aux faits de supposer la possibilité d'une sorte de rayonnement de la conscience à travers l'étendue, au moyen d'ondulations d'une subtilité encore inconnue de

---

1. Voir *Revue philosophique*, 1886.

nous. Alors nous pourrions concevoir non plus des sociétés de consciences enfermées en un petit coin de l'espace, dans un organisme étroit qui est une prison, mais la victoire d'une conscience sociale sur l'espace; — victoire par laquelle l'idéal de sociabilité universelle, qui fait le fond de l'instinct religieux, finirait par devenir une réalité de fait. De même qu'un jour, par la communication plus étroite des consciences individuelles, pourra s'établir sur notre propre terre une sorte de conscience humaine, de même on pourrait sans absurdité rêver, dans l'infini des âges, la réalisation d'une conscience intercosmique.

« Dieu est patient parce qu'il est éternel », aiment à répéter les théologiens. Pour l'être qui est supposé posséder la toute-puissance, la patience à laisser triompher le mal serait un crime; mais cette parole, qui ne s'applique guère à Dieu, peut convenir mieux à l'être naturel qui conçoit son unité fondamentale avec le tout, qui prend la conscience de son éternité en se reliant par la pensée à l'espèce, puis à la vie dont l'espèce n'est qu'un accident, puis à l'évolution de ce globe où la vie consciente ne paraît d'abord elle-même qu'un accident, puis à l'évolution des vastes systèmes astronomiques dans lesquels notre globe n'est plus qu'un point : l'être pensant, l'homme peut être patient, parce que, en tant que membre de la nature, il est éternel.

IV. — LA DESTINÉE DE L'HOMME ET L'HYPOTHÈSE DE L'IMMORTALITÉ DANS LE NATURALISME MONISTE

Avec la destinée des mondes, ce qui nous intéresse le plus, c'est notre propre destinée. La religion est en majeure partie une méditation de la mort. Si nous ne devions pas mourir, il y aurait sans doute encore des superstitions parmi les hommes; il n'y aurait probablement pas de superstitions systématisées ni de religion. La masse humaine fait si peu de métaphysique! Il faut qu'un problème la heurte et la blesse pour attirer son attention; la mort est un de ces problèmes. La porte de la « vallée de Josaphat, » où s'en vont les morts, sera-t-elle ouverte sur les cieux comme un arc-en-ciel à la courbe faite de lumière et d'espérance, comme un joyeux arc de triomphe, ou bien sera-t-elle basse comme la porte du tombeau, et donnant sur l'ombre infinie ? Telle est la grande interrogation à laquelle toutes les religions ont essayé de fournir une réponse. « Le dernier ennemi qui sera vaincu, a dit saint Paul, c'est la mort; » peut-être aussi la mort est-elle le dernier secret qui sera pénétré par la pensée humaine. Les idées qui tendent à dominer dans la philosophie moderne semblent d'ailleurs se tourner contre la perpétuité de notre moi. L'idée d'évolution, principalement, enveloppe celle de mobilité et paraît aboutir à la dissolution des individus plus sûrement encore qu'à celle des mondes et des espèces. La forme individuelle et la forme spécifique ne semblent pas avoir plus de fixité l'une que l'autre. Sur les pans de muraille des catacombes on voit souvent, grossièrement dessinée, la colombe de l'arche portant le rameau vert, symbole de l'âme qui a abordé par delà l'océan à l'éternel rivage ; aujourd'hui le rivage recule à l'infini devant la pensée humaine, l'océan immense s'est rouvert : où cueillir, dans la nature sans fond et sans bornes, le rameau d'espérance ? La mort est un abîme encore plus grand que la vie.

Quand Platon arrivait devant ce problème de la destinée, il ne craignait pas de se lancer en plein dans les hypothèses philosophiques et même dans les mythes poétiques. Nous voudrions examiner quelles sont aujourd'hui les suppositions ou, si l'on veut, les rêves qu'on peut faire encore sur la destinée à venir en s'inspirant surtout de la philosophie dominante à notre époque, celle de l'évolution. Dans la conception actuelle de la nature, Platon trouverait-il encore quelque refuge pour ces « belles espérances » dont il faut, dit-il, « s'enchanter soi-même ? » En Allemagne et surtout en Angleterre, on se plaît à chercher ce qui peut subsister des antiques croyances religieuses dans nos hypothèses scientifiques et philosophiques, fût-ce sous la forme la plus problématique et la plus incertaine. Nous voudrions faire ici, à propos de l'immortalité, un travail analogue, aussi conjectural que peut l'être toute perspective sur le mystère des destinées. Est-il besoin de dire que nous ne prétendons nullement « démontrer » ni l'existence, ni même la probabilité *scientifique* d'une vie supérieure ? Notre dessein est plus modeste : c'est déjà beaucoup de faire voir que l'impossibilité d'une telle vie n'est pas encore prouvée et que, devant la science moderne, l'immortalité demeure toujours un problème : si ce problème n'a pas reçu de solution positive, il n'a pas reçu davantage, comme on le prétend parfois, une solution négative. En même temps, nous rechercherons quelles hypothèses hardies, aventureuses même, il faudrait faire aujourd'hui pour traduire et transposer en langage philosophique les symboles sacrés des religions sur la « destinée de l'âme. »

I. — Il y a deux conceptions possibles de la survivance au delà de la mort : celle de l'*existence éternelle*, celle de l'*immortalité* proprement dite ou continuation et évolution de la vie sous une forme supérieure. La première conception correspond surtout aux systèmes idéalistes sur le monde, que nous avons analysés précédemment, et qui, plaçant au fond même des choses une pensée éternelle, une pensée de la pensée, croient que l'homme peut, en s'identifiant avec elle, entrer du temps dans l'éternité. La pensée, qui ne semblait d'abord qu'une réverbération et une image des choses, se reconnaîtrait à la fin comme la réalité même dont tout le reste n'était qu'un reflet. Mais cette conception d'une existence éternelle n'est pas non plus incompatible avec la philosophie de l'évolution, car l'évolution dans le temps n'exclut pas un mode transcendant d'existence hors du temps. Seulement cette existence demeure essentiellement problématique : c'est le *Noumène* de Kant, l'*Inconnaissable* de Spencer. D'après cette hypothèse, la mort corporelle serait un simple moment de l'évolution physique, et le terme final proposé à tous les êtres serait leur fixation dans la conscience de l'éternité. Ce point de fixation, accessible à tout être pensant, ce serait seulement par la pensée la plus haute qu'on pourrait l'atteindre, par la pensée désintéressée, impersonnelle et universelle.

Tel est l'espoir qui a fait le fond des grandes religions et des métaphysiques idéalistes. Selon Platon, il n'y a de durable en nous que ce qui s'attache à l'éternel et à l'universel, « comme étant de même nature ». Le reste est emporté par le *devenir*, par la *génération* perpétuelle, c'est-à-dire par l'évolution. Une fleur est une amie pour nous ; pourtant elle ne tire sa couleur et son charme que d'un rayon de soleil; et d'autre part, ce rayon auquel devrait remonter notre affection est tout impersonnel : il crée la beauté et passe ; c'est dans le soleil qu'il faudrait aimer le rayon et la fleur. L'amour trop exclusif d'un être déterminé et borné renferme toujours quelque erreur, et c'est pour cela que cet amour est périssable : il nous fait nous arrêter à tel ou tel anneau dans la chaîne infinie des causes et des effets. C'est l'univers en son principe, c'est l'être universel qu'il faudrait aimer, si notre cœur était assez vaste, et cet amour seul, selon Platon, peut être éternel. L'éternité n'est-elle pas la forme même de l'existence dans le monde intelligible, dont le soleil est le Bien et dont les étoiles sont les idées? Les néo-platoniciens du christianisme, au-dessus du temps et de sa mobilité incessante, ont également rêvé quelque chose d'intemporel et d'immuable, qu'ils ont appelé la « vie éternelle » : *Quæ enim videntur temporalia sunt; quæ autem non videntur, æterna.* Spinoza a reproduit la même conception d'une existence reposant en sa plénitude sous la forme d'éternité, et qui n'exclut pas le développement perpétuel des modes toujours changeants. Kant, par son *Noumène*, a aussi désigné une existence intelligible, « intemporelle » et transcendante, superposée à l'évolution physique. « Le principe éternel de l'âme, dit à son tour Schelling, n'est pas éternel en ce sens que sa durée n'aurait ni commencement ni fin, mais en ce sens qu'il n'a aucun rapport avec le temps. » Schopenhauer, enfin, admet aussi une volonté intemporelle et éternelle, distincte du vouloir-vivre qui s'attache au cours du temps et à l'évolution de ses formes. — « Nous reconnaissons volontiers, dit Schopenhauer, que ce qui reste après l'abolition complète du vouloir n'est absolument rien pour ceux qui sont encore plein du vouloir-vivre. Mais pour ceux chez qui la volonté s'est niée, notre monde réel avec ses soleils et sa voie lactée, qu'est-il? — Rien. » C'est par ces paroles, on le sait, que se termine le livre de Schopenhauer. Nous nous retrouvons ainsi en présence du *nirvâna*, conçu non plus seulement comme un refuge contre la vie, mais comme un refuge contre la mort même : c'est la notion d'une existence sans lieu et sans temps, pour ainsi dire *utopique* et *uchronique*.

Maintenant, cette vie éternelle elle-même, que nous venons de supposer *problématiquement*, a-t-elle un caractère tout impersonnel, ou laisse-t-elle une place à la personnalité? — C'est à quoi on ne peut répondre avec certitude, puisque nous ignorons tout autant le fond de l'être individuel que celui de l'être universel, et conséquemment le degré de subsistance possible de l'individualité vraie dans l'universalité de l'être. Schopenhauer, cependant, essayant de rendre à la personne plus de réalité que Platon, a opposé le « principe d'individuation » à l'individualité naturelle où il prend forme. On peut se demander en effet si la vraie conscience, la vraie pensée, la vraie volonté ne débordent pas l'individualité, tout en conservant ce qu'il y a d'essentiel dans la personnalité même. L'individualité est toujours plus ou moins physique, mais peut-être ce qui fait l'individualité bornée ne fait-il pas la vraie personnalité, le vrai fond lumineux et actif de la conscience; peut-être la plus haute pensée ou volonté, tout en devenant universelle, reste-t-elle encore personnelle en un sens supérieur, comme le Νοῦς d'Anaxagore [1].

Que nous spéculions sur l'être individuel ou sur l'être universel, nous aboutissons toujours au même X transcendant. Toutefois ces spéculations ont une utilité : celle de nous rappeler les limites de notre connaissance positive. La croyance à une immortalité transcendante ne peut alors, selon les expressions de Fiske, « se définir que par le mode négatif, comme un refus de croire que ce monde soit *tout*. Le matérialiste soutient que, quand nous avons décrit l'univers entier des phénomènes, dont nous pouvons prendre connaissance dans les conditions de la vie actuelle, alors toute l'histoire est dite. Il me semble, au contraire,

---

1. « Au sein même de la personne, l'universalité augmente avec l'individualité, c'est-à-dire que, plus un être a d'existence pour lui, plus il devient participable pour autrui. L'incommunicabilité ou l'impénétrabilité n'est que le plus infime degré de l'existence : c'est l'existence naturelle, l'existence des forces encore aveugles et fatales, maintenues par leur lutte mutuelle et leur mutuel équilibre dans l'inertie et la torpeur... Plus un être se possède lui-même par l'intelligence, plus aussi il est capable de posséder les autres êtres par la pensée : l'être qui se connaît le mieux n'est-il pas aussi celui qui connaît le mieux les autres?... L'esprit, en tant qu'intelligent, doit être ouvert, pénétrable, participable et participant. Deux esprits, sans se confondre, peuvent, à mesure qu'ils sont plus parfaits, se pénétrer plus parfaitement l'un l'autre par la pensée. » (A. Fouillée, *Philosophie de Platon*, II, 714).

« Il faut, a dit également M. Janet, distinguer la personnalité et l'individualité. L'individualité se compose de toutes les circonstances extérieures qui distinguent un homme d'un autre homme, circonstances de temps, de lieux, d'organisation, etc... La personnalité a sa racine dans l'individualité, mais elle tend sans cesse à s'en dégager. L'individu se concentre en lui-même; la personnalité aspire au contraire à sortir d'elle-même. L'idéal de l'individualité, c'est l'égoïsme, le tout ramené à moi; l'idéal de la personnalité, c'est le dévouement, le moi s'identifiant avec le tout. La personnalité, au sens propre, c'est la *conscience de l'impersonnel* (*Morale*, 573). »

que tout n'est pas dit[1]. » — Du moins, ajouterons-nous, il est *possible* que tout ne soit pas dit. Mais, pour passer ici du possible au probable, il faudra toujours des raisons plus positives, soit de l'ordre moral, soit de l'ordre psychologique : les spéculations métaphysiques, à elles seules, laisseront toujours l'esprit devant un simple problème.

Les théories qui promettent la « vie éternelle, » dont nous venons de parler, se sont montrées dans l'histoire plus ou moins aristocratiques, portées à n'y admettre qu'un petit nombre d' « élus ». Dans le bouddhisme, le sage seul arrive à l'existence éternelle, tandis que les autres continuent de rouler dans le cercle des temps et dans l'illusion des phénomènes. Pour Spinoza, il n'y a d'éternel dans l'esprit que ce qu'il appelle la « connaissance du troisième genre », l'intuition intellectuelle et l' « amour intellectuel ». Cette connaissance n'appartient proprement qu'au vrai philosophe. L'intelligence de l'ignorant est toute passive et périssable : « Aussitôt que l'ignorant cesse de pâtir, dit Spinoza, il cesse d'être. » Gœthe inclinait de même à réserver la vie éternelle pour l'aristocratie des esprits.

Cette théorie d'inégalité n'est soutenable que tant qu'elle s'en tient à constater, comme un simple fait, la différence de progrès existant entre les êtres, ainsi que le petit nombre de ceux qui atteignent les sommets de la sagesse. Il n'en va plus de même quand on s'efforce d'ériger ce fait de l'inégalité naturelle ou morale en droit divin, et quand on suppose un Dieu créant et voulant cet ordre de choses. C'est pourtant ce que des théologiens modernes du christianisme ont soutenu, en essayant une interprétation nouvelle des textes sacrés. Selon eux, les bons seuls sont immortels ou, pour mieux dire, immortalisés par Dieu; la damnation des autres se transforme en un anéantissement complet, dont Dieu leur paraît innocenté. Il y a là, selon nous, une illusion métaphysique. L'hypothèse de l' « éternité conditionnelle » ne peut s'admettre concurremment avec l'existence d'un créateur; car, en ce cas, il est toujours impossible d'échapper à cette contradiction d'un être qui aurait créé pour anéantir, qui aurait choisi des êtres pour la mort complète parmi ceux mêmes qu'il a appelés à la vie. L'anéantissement n'est qu'un palliatif de la damnation : c'est la guillotine céleste substituée aux longues tortures

---

[1]. Fiske, *The destiny of man*, p. 113.

d'avant la Révolution. Nous ne sortons pas, dans cette hypothèse théologique, des vieilles idées sur la sanction divine qu'on retrouve au cœur de toutes les religions : c'est toujours le sacrifice d'Isaac sur la montagne ou celui de Jésus, c'est toujours Dieu immolant un de ses enfants pour sauver les autres. Dira-t-on que, dans l'hypothèse de l'immortalité conditionnelle, c'est l'être immoral qui aboutit *naturellement* à son propre suicide sans l'intervention de Dieu? — L'abandon à la passion et même au vice ne peut pas être assimilé au suicide, car, dans le suicide, on sait ce qu'on veut et on en est responsable, on se tue en voulant se tuer; au contraire, celui qui s'abandonne à la passion ne veut nullement mourir, mais vivre; si donc il arrivait à l'anéantissement, ce serait sans l'avoir prévu et voulu, par un coup de surprise, par une sorte de ruse divine, et la responsabilité de cet anéantissement retomberait toujours sur Dieu, non sur lui. D'ailleurs, comment comprendre qu'il existe entre deux individus de même nature une assez grande différence naturelle ou morale pour que l'un meure tout entier et que l'autre vive *in æternum?* On peut dire, en retournant un argument de la *République* de Platon, que, si le vice était un mal réellement mortel pour l'âme, il la tuerait dès cette vie; son influence destructive ne se ferait pas sentir seulement lors de cet accident étranger qui est la mort du corps.

Comme l'idée de l'immortalité conditionnelle est incompatible avec celle d'un Dieu créateur, omnipotent, omniscient et souverainement aimant, elle ne peut non plus se concilier avec celle d'une société des âmes, d'un royaume spirituel, d'où certains déshérités seraient exclus pour jamais. C'est une pure fiction de la haine que de supposer une âme absolument méchante et haïssable, qui n'aurait plus rien d'humain, encore moins de divin, conséquemment de digne de vivre. Ce serait transporter les castes de parias jusque dans la cité céleste. Il est contradictoire de nous commander la charité universelle, embrassant sans exception tous les hommes, et de vouloir en même temps nous faire consentir à l'anéantissement ou au *dam* de quelques-uns. Nous sommes tous trop solidaires, naturellement et moralement, pour que les uns puissent être entraînés dans la mort définitive sans que les autres s'arrêtent dans leur ascension éternelle : par l'amour de l'humanité, nous nous sommes liés les uns aux autres, comme ceux qui s'en vont sur la neige des sommets, et l'un de nous ne peut glisser sans qu'une secousse se propage à l'autre, n'arrache à la fois du sol toute la grappe humaine. *Nihil humani alienum;* un même cœur bat en nous tous, et s'il s'arrêtait pour toujours dans une poitrine humaine, on le verrait, dans le cœur même des prétendus immortels, cesser aussi de battre. Les meilleurs, ceux qui seraient prêts à recevoir le baptême de l'immortalité, feraient comme ce chef barbare et païen qui, près de laver ses péchés en se plongeant dans l'eau sacrée du baptistère, ayant son salut sous la main et le paradis devant les yeux, demanda tout à coup quel serait le sort de ses compagnons tombés avant lui, morts sans la foi, et s'il pourrait les retrouver dans le ciel. « Non, répondit le prêtre, ils seront parmi les misérables damnés, et toi parmi les bienheureux. » — « J'irai donc parmi les damnés, car je veux aller où sont mes compagnons d'armes. Adieu. » Et il tourna le dos au baptême sauveur.

L'hypothèse de l'immortalité conditionnelle ne peut donc se soutenir que si on élimine l'idée d'un Dieu créateur, celles de mérite absolu, de vertu, de charité universelle et infinie ; elle devient alors la croyance à une sorte de nécessité naturelle ou métaphysique qui atteint ou n'atteint pas les êtres selon leur degré de perfection, comme la pesanteur fait tomber certains corps et s'élever certains autres. Cette hypothèse est essentiellement antiprovidentielle et ne s'harmonise qu'avec les systèmes plus ou moins analogues au spinozisme.

En général, l'idée de vie éternelle étant tout à fait transcendante, on ne peut faire à ce sujet que des rêves plus ou moins mystiques. Quittons donc ce domaine pour nous rapprocher de la nature et de l'expérience. Au lieu de parler d'éternité, parlons de survivance et d'une immortalité non pas conditionnelle, mais *conditionnée* en fait par les lois même de la matière ou de l'esprit, et à laquelle d'ailleurs tous pourraient arriver un jour.

II. — Commençons par ce qui est le plus voisin de l'expérience positive et cherchons, dans ce domaine, ce dont la philosophie de l'évolution nous permet le mieux d'espérer l'immortalité. Il y a pour ainsi dire, dans la sphère de la conscience, des cercles concentriques qui vont se rapprochant de plus en plus du centre insondable : la personne. Passons en revue ces diverses manifestations de la personnalité pour voir si elles offriront quelque chose d'impérissable.

La sphère du moi la plus extérieure en quelque sorte et la plus observable, ce sont nos *œuvres* et nos *actions*. Quand il ne s'agit que d'œuvres toutes matérielles, comme une maison qu'on a construite, un tableau qu'on a peint, une statue qu'on a sculptée, on peut trouver qu'il y a trop de distance et une séparation trop grande entre l'ouvrier et l'œuvre : être immortel dans ses œuvres ressemble trop alors à une sorte d'illusion d'optique. Mais, s'il s'agit d'œuvres intellectuelles et surtout morales, il y a déjà un rapprochement entre l'effet et la cause d'où il est sorti. On comprend alors ce que peut renfermer de vrai cette doctrine de haute impersonnalité et d'entier désintéressement selon laquelle on *vit* là où on *agit*. Il y a ici mieux qu'une œuvre matérielle, il y a une action d'ordre intellectuel et moral. L'homme de bien est précisément celui qui veut avant tout vivre et revivre dans ses bonnes actions; le penseur, dans les pensées qu'il a léguées au patrimoine humain et qui continuent la sienne. Cette doctrine se retrouve au fond de presque toutes les grandes religions, et c'est celle qui peut le mieux subsister même dans le domaine purement scientifique. Selon les bouddhistes modernes de l'Inde, nos actions sont « l'âme de notre vie »; c'est cette âme qui reste après l'existence d'un jour, et la transmigration des âmes n'est que la transformation constante du bien dans le mieux, du mal dans un mal plus hideux : l'immortalité de notre âme est l'immortalité de notre action même, se mouvant à jamais dans le monde et le mouvant à son tour selon sa propre force ou, ce qui revient au même, selon sa propre valeur.

Les générations se succèdent à l'œuvre, se passent l'une à l'autre l'espérance. *Heri meum, tuum hodie*, hier fut à moi, je l'ai passé à faire du bien, — pas assez de bien· aujourd'hui est à toi : emploie-le tout entier, ne laisse perdre aucune de ces heures dont chacune, si elle meurt stérile, est comme une chance de réaliser l'idéal qui s'éteint entre les mains des hommes. Tu es maître d'aujourd'hui : tâche que demain soit à ton idéal, que demain soit toujours en avant sur aujourd'hui, que l'horizon sur lequel se lèvent les jours des hommes soit sans cesse plus lumineux et plus haut.

Suivons l'action dans ses effets, dans les mouvements où elle se prolonge, dans les traces qui sont comme les résidus de ces mouvements. Notre action va plus loin que notre savoir et étend à l'infini ses conséquences. Même au point de vue purement physique et physiologique, le bien pensé n'est pas perdu, le bien tenté n'est pas perdu, puisque la pensée, le désir façonnent les organes. L'idée même de ce qui est aujourd'hui une chimère implique un mouvement réel de notre cerveau ; elle est encore une « idée-force » qui contient son élément de vérité et d'influence. Nous héritons non seulement de ce que nos pères ont fait, mais de ce qu'ils n'ont pu faire, de leur œuvre inachevé, de leur effort en apparence inutile. Nous frémissons encore des dévouements et des sacrifices de nos ancêtres, des courages dépensés même en vain, comme nous sentons au printemps passer sur nos cœurs le souffle des printemps antédiluviens et les amours de l'âge tertiaire.

Puisque l'essor des générations présentes a été rendu possible par une série de chutes et d'avortements passés, ce passé même, ce passé ébauché et embryonnaire devient la garantie de notre avenir. Il est, dans le domaine moral comme dans le domaine physiologique, des fécondations encore mal expliquées. Parfois, longtemps après la mort de celui qui l'a aimée le premier, une femme met au monde un enfant qui ressemble à celui-là : c'est ainsi que l'humanité pourra enfanter l'avenir sur un type entrevu et chéri dans le passé, même quand le passé semblait enseveli pour toujours, si dans ce type il y avait quelque obscur élément de vérité et, par conséquent, de force impérissable. Ce qui a vraiment vécu une fois revivra donc, ce qui semble mourir ne fait que se préparer à renaître. La loi scientifique de l'atavisme devient ainsi un gage de résurrection. Concevoir et vouloir le mieux, tenter la belle entreprise de l'idéal, c'est y convier, c'est y entraîner toutes les générations qui viendront après nous. Nos plus hautes aspirations, qui semblent précisément les plus vaines, sont comme des ondes qui, ayant pu venir jusqu'à nous, iront plus loin que nous et peut-être, en se réunissant, en s'amplifiant, ébranleront le monde. Je suis bien sûr que ce que j'ai de meilleur en moi me survivra. Non, pas un de mes rêves peut-être ne sera perdu : d'autres les reprendront, les rêveront après moi, jusqu'à ce qu'ils s'achèvent un jour. C'est à force de vagues mourantes que la mer réussit à façonner sa grève, à dessiner le lit immense où elle se meut.

En définitive, dans la philosophie de l'évolution, vie et

mort sont des idées relatives et corrélatives : la vie en un sens est une mort, et la mort est encore le triomphe de la vie sur une de ses formes particulières. On ne pouvait voir et saisir le Protée de la fable sous une forme arrêtée que pendant le sommeil, image de la mort; ainsi en est-il de la nature : toute forme n'est pour elle qu'un sommeil, une mort passagère, un arrêt dans l'écoulement éternel et l'insaisissable fluidité de la vie. Le *devenir* est essentiellement informe, la *vie* est informe. Toute forme, tout individu, toute espèce ne marque donc qu'un engourdissement transitoire de la vie : nous ne comprenons et nous ne saisissons la nature que sous l'image de la mort. Et ce que nous appelons la mort, — la mienne ou la vôtre, — est encore un mouvement latent de la vie universelle, semblable à ces vibrations qui agitent le germe pendant des mois d'apparente inertie et préparent son évolution. La nature ne connaît pas d'autre loi qu'une germination éternelle. Un savant retournait entre ses doigts une poignée de blé trouvée dans le tombeau d'une momie égyptienne. — « Cinq mille ans sans voir le soleil! Pauvres grains de blé, vous voici devenus stériles comme la mort dont vous étiez les compagnons; jamais vous ne balancerez au vent du Nil la tige dont vous portez le germe desséché. — Jamais? Qu'en sais-tu? Que sais-tu de la vie? Que sais-tu de la mort. » — A tout hasard, pour tenter une expérience dans laquelle il n'espérait guère, le savant sema les grains sortis de la tombe. Et le blé des Pharaons, sentant enfin la chaleur du soleil avec la caresse de l'air et de la terre, s'amollit, se gonfla; des tiges vertes fendirent la terre d'Égypte et, jeunes comme la vie, se balancèrent sous le vent du Nil, au bord de l'onde inépuisable et sacrée.
— Pensée humaine, vie supérieure qui t'agites en nous comme sous l'écorce du blé tressaille le germe, amour, qui sembles t'endormir pour jamais sous la pierre du tombeau, n'aurez-vous point votre réveil et votre épanouissement dans quelque printemps inattendu, ne verrez-vous point l'éternité, qui semblait fermée pour vous et recouverte de ténèbres, s'illuminer et se rouvrir? La mort, après tout, qu'est-ce autre chose dans l'ensemble de l'univers qu'un degré moindre de la température vitale, un refroidissement plus ou moins passager? Elle ne peut être assez puissante pour flétrir à jamais le rajeunissement perpétuel de la vie, pour empêcher la propagation et la floraison à l'infini de la pensée et du désir.

III. — Oui, je survivrai dans le tout et je survivrai dans mes œuvres; mais cette immortalité scientifique de l'action et de la vie est-elle suffisante pour le sentiment religieux? Comme individu, qu'est-ce que la science, qu'est-ce que la philosophie de l'évolution peuvent me promettre ou me laisser espérer? De l'immortalité en quelque sorte extérieure et impersonnelle, pouvons-nous passer à l'immortalité intérieure et personnelle?

Assurément ce n'est point à la *science* que l'individualité peut demander des preuves de sa durée. La génération, aux yeux du savant, est comme une première négation de l'immortalité individuelle; l'instinct social qui ouvre notre cœur à des milliers d'autres êtres et le partage à l'infini, en est une seconde négation; l'instinct scientifique lui-même et l'instinct métaphysique, qui fait que nous nous intéressons au monde entier, à ses lois et à ses destinées, diminue encore, pour ainsi dire, notre raison d'être comme individus bornés. Notre pensée brise le moi où elle est enfermée, notre poitrine est trop étroite pour notre cœur. Oh! comme on apprend rapidement dans le travail de la pensée ou de l'art à se compter pour peu soi-même! Cette défiance de soi ne diminue en rien l'enthousiasme ni l'ardeur; elle y mêle seulement une sorte de virile tristesse, quelque chose de ce qu'éprouve le soldat qui se dit : « Je suis une simple unité dans la bataille, moins que cela, un cent-millième; si je disparaissais, le résultat de la lutte ne serait sans doute pas changé; pourtant je resterai et je lutterai. »

Toute individualité, au point de vue scientifique, est une sorte de patrie provisoire pour nous. Toute patrie, d'autre part, est une sorte de grand individu ayant sa conscience propre faite d'idées et de sentiments qu'on ne retrouve pas ailleurs. Aussi peut-on aimer sa patrie d'un amour plus grand et plus puissant qu'on n'aime tel ou tel individu. Cet amour ne nous empêche pas de comprendre que notre patrie ne sera pas immortelle comme nation, qu'elle aura sa période d'accroissement et de dissolution, que les obstacles qui séparent les peuples sont faits pour tomber ici et pour se relever là, que les nations sans cesse se défont, se refont et se mêlent. Pourquoi, lorsque nous aimons notre être individuel, ne consentons-nous pas à faire le même raisonnement et voudrions-nous le murer à jamais dans son individualité? quand une patrie meurt, pourquoi un homme ne pourrait-il pas mourir? Si c'est parfois deviner l'avenir que de s'écrier en tombant dans la bataille : *finis patriæ*, n'est-ce pas le deviner aussi sûrement que de s'écrier en face de sa propre dissolution : *finis individui?* Kosciuszko se serait-il reconnu à lui-même le droit de vivre, lorsqu'il sentait se disperser toutes ces idées et ces croyances communes qui avaient fait la Pologne dans l'histoire, se déchirer cette patrie dont l'idée l'avait toute sa vie soutenu et avait fait le plus profond de sa vie même?

Une jeune fille de ma famille, se sentant mourir et déjà rendue muette par la mort, demanda par gestes un morceau de papier sur lequel elle commença à écrire de sa main refroidie : « Je ne veux pas... » Brusquement la mort survint, brisant cette volonté qui cherchait à s'affirmer contre elle, avant même qu'elle eût pu trouver une formule : l'être pensant et l'expression même de sa pensée semblèrent anéantis du même coup; la protestation de l'enfant, inachevée comme sa vie même, se perdit comme elle. C'est qu'on ne peut pas vouloir contre la mort, c'est qu'il est inutile de se raidir dans la grande chute finale. La seule supériorité de l'homme dans la mort consiste au contraire à la comprendre et à pouvoir même l'accepter en ce qu'elle a de rationnel : le roseau pensant de Pascal non seulement peut, comme tout roseau, être contraint à plier, mais il peut volontairement s'incliner lui-même, respecter la loi qui le tue. Après la conscience de son pouvoir, un des plus hauts privilèges de l'homme, c'est de prendre conscience de son impuissance, au moins comme individu. De la disproportion même entre l'infini qui nous tue et ce rien que nous sommes, naît le sentiment d'une certaine grandeur en nous : nous aimons mieux être fracassés par une montagne que par un caillou ; à la guerre nous préférons succomber dans une lutte contre mille que contre un ; l'intelligence, en nous montrant pour ainsi dire l'immensité de notre impuissance, nous ôte le regret de notre défaite.

Vouloir éterniser l'individu, plus ou moins physique jusque dans son moral, c'est, aux yeux du savant, un dernier reste d'égoïsme. Selon lui, l'esprit humain doit accepter la perspective même de la mort individuelle par une sorte de dévouement intellectuel analogue à celui qui nous fait accepter la mort pour la patrie. Les savants modernes sont de ceux *qui n'ont pas d'espérance*, οἱ μὴ ἔχοντες ἐλπίδα, comme disait saint Paul : nous sommes *individuellement* trop peu selon la science pour vivre toujours *individuellement*.

Devons-nous donc consentir de gaieté de cœur au sacrifice du *moi*, mourir sans révolte pour la vie universelle ? — Tant qu'il s'agit de soi, on peut encore marcher légèrement au sacrifice. Mais la mort pour les autres, l'anéantissement pour ceux qu'on aime, voilà ce qui est inacceptable pour l'homme, être pensant et aimant par essence. Le stoïcisme scientifique ou philososophique a beau répondre avec Épictète qu'il est « naturel » qu'un vase, étant fragile, se brise, et qu'un homme, étant mortel, meure. — Oui, mais reste à savoir si ce qui est *naturel* et scientifique doit suffire, comme le prétendaient les stoïciens, à contenter ma raison, mon amour. De fait, en aimant véritablement une autre personne, ce n'est pas la chose fragile que je cherche à aimer, ce n'est pas seulement le « vase d'argile »; mais, dégageant l'intelligence et le cœur de cette argile dont Épictète ne veut point les séparer, je je m'attache à eux comme s'ils étaient impérissables : je corrige, je transfigure la nature même, je dépasse par ma pensée la brutalité de ses lois, et c'est peut-être là l'essence même de l'amour d'autrui. Si ensuite les lois de la nature, après avoir paru un moment suspendues et vaincues par la force de mon amour désintéressé, le brisent violemment, quoi d'étonnant à ce qu'il s'affirme encore contre elles et à ce que « je sois dans le trouble ? » Ce n'est pas seulement de la peine que j'éprouve alors, c'est de l'indignation, c'est le sentiment d'une sorte d'injustice de la nature. La sérénité des stoïques n'a vu dans toute douleur qu'une affection passive de la sensibilité ; mais la douleur morale, c'est aussi la volonté luttant contre la nature et, comme ils le disaient eux-mêmes, travaillant, « peinant » pour la redresser. C'est même à ce titre que la douleur est bonne : son rôle, ici-bas, est d'opposer sans cesse notre idéal moral et social à notre nature physique, et de forcer par ce contraste notre nature elle-même à se perfectionner : la douleur est le principe de toute évolution de la vie, et s'il existe quelque moyen de vaincre la mort, c'est peut-être à force de douleur que nous pourrons y parvenir. Nous avons donc raison de nous révolter contre la nature qui tue, si elle tue ce qu'il y a de meilleur moralement en nous et en autrui.

L'amour vrai ne devrait jamais s'exprimer dans la langue

du temps. Nous disons : j'aimais mon père de son vivant ; j'ai beaucoup aimé ma mère ou ma sœur. — Pourquoi ce langage, cette affection mise au passé ? Pourquoi ne pas dire toujours : j'aime mon père, j'aime ma mère ? L'amour ne veut-il pas et ne doit-il pas être un éternel présent ?

Comment dire à une mère qu'il n'y a rien de vraiment et définitivement vivant, de personnel, d'unique dans les grands yeux souriants et pourtant réfléchis de l'enfant qu'elle tient sur ses genoux ; que ce petit être qu'elle rêve bon, grand, en qui elle pressent tout un monde, est un simple accident de l'espèce ? Non, son enfant n'est pas semblable à ceux qui ont vécu, ni à ceux qui vivront : nul aura-t-il jamais ce même regard ? Tous les sourires qui passent successivement sur le visage des générations ne seront jamais un certain sourire qui illumine là, près de moi, le visage aimé. La nature entière n'a pas d'équivalent pour l'individu, qu'elle peut écraser, non remplacer. Ce n'est donc pas sans raison que l'amour refuse de consentir à cette substitution des vivants les uns aux autres qui constitue le mouvement même de la vie ; il ne peut accepter le tourbillonnement éternel de la poussière de l'être : il voudrait fixer la vie, arrêter le monde en sa marche. Et le monde ne s'arrête pas : l'avenir appelle sans cesse les générations, et cette puissante force d'attraction est aussi une force de dissolution. La nature n'engendre qu'avec ce qu'elle tue, et elle ne fait la joie des amours nouveaux qu'avec la douleur des amours brisés.

Cette protestation de l'amour contre la mort, contre la dissolution de l'individu, s'étend même aux êtres inférieurs à l'homme. Un chien, semble-t-il, n'a qu'une valeur vénale, et pourtant pourrai-je jamais racheter celui qui est mort les yeux dans mes yeux, me léchant une dernière fois la main ? Celui-là aussi m'aimait de toutes les forces de son pauvre être inférieur, et il eût voulu me retenir en s'en allant, et moi j'eusse voulu le retenir aussi, ne pas le sentir se fondre sous ma main. Tout être qui aime n'acquiert-il pas un titre à l'immortalité ? Oui, l'idéal de l'affection serait d'immortaliser tous les êtres, et même elle ne s'arrêterait pas là ; le poète qui sent tout ce qu'il y a d'individuel même dans une fleur, même dans le rayon de lumière qui la colore, même dans la goutte d'eau qui la désaltère, voudrait immortaliser la nature entière ; il voudrait l'éternité pour une goutte d'eau diaprée, pour l'arc-en-ciel d'une bulle de savon : est-ce que deux bulles seront jamais les mêmes dans la nature? Et tandis que le poète voudrait ainsi tout retenir, tout conserver, ne souffler sur aucun de ses rêves, enchaîner l'océan de la vie, le savant répond qu'il faut laisser couler le flot éternel, monter la grande marée grossie de nos larmes et de notre sang, laisser la liberté à l'être et au monde. Il est pour le savant quelque chose de plus sacré que l'amour individuel, c'est le flux, le reflux et le progrès de la vie.

Ainsi, dans la question de l'immortalité individuelle, deux grandes forces tirent en sens contraire la pensée humaine : la science, au nom de l'évolution naturelle, est portée à sacrifier partout l'individu ; l'amour, au nom d'une évolution supérieure, morale et sociale, voudrait le conserver tout entier. C'est l'une des plus inquiétantes antinomies qui se posent devant l'esprit du philosophe.

Doit-on accorder entièrement gain de cause à la science, ou bien faut-il croire qu'il y a quelque chose de véridique dans l'instinct social qui fait le fond de toute affection, comme il y a un pressentiment et une anticipation de vérité dans tous les autres grands instincts naturels? L'instinct social a ici d'autant plus de valeur aux yeux du philosophe qu'on tend aujourd'hui à considérer l'individu même comme une société, l'association comme une loi universelle de la nature. L'amour, qui est le plus haut degré de la force de cohésion dans l'univers, a peut-être raison de vouloir retenir quelque chose de l'association entre les individus. Son seul tort est d'exagérer ses prétentions ou de mal placer ses espérances. Après tout, il ne faut pas être trop exigeant ni demander trop à la nature. Un vrai philosophe doit savoir faire, même pour ceux qu'il aime, la part du feu de la vie. La mort est l'épreuve de la flamme qui ne purifie qu'en consumant. S'il reste de nous quelque chose, c'est déjà beaucoup, si ce quelque chose est ce qu'il y a de meilleur en nous, que peut-on demander davantage? On brise le vase, — ce vase dont parle Épictète, — d'argile ou de cristal : le parfum reste peut-être, s'élargit même dans l'air libre ; il s'y fond, mais il y subsiste.

La science qui semble le plus opposée à la conservation de l'individu, c'est surtout la *mathématique*, qui ne voit dans le monde que des chiffres toujours variables et transformables l'un dans l'autre, et qui joue trop avec des abstractions. Au contraire, la plus concrète peut-être des sciences, la *sociologie*, voit partout des « groupements » de réalités : elle ne peut donc faire aussi bon marché ni des rapports d'association, ni des termes eux-mêmes entre lesquels ils existent. Cherchons si, à ce point de vue supérieur d'une science plus complète et plus concrète, la conscience, principe de la personnalité vraie, exclut nécessairement et exclura toujours cette possibilité de durée indéfinie que toutes les grandes religions attribuent à l' « esprit. »

III. — L'ancienne métaphysique s'est trop préoccupée des questions de substance, se demandant si l' « âme » est faite d'une « substance » simple ou d'une substance composée. C'était se demander si l'esprit est fait d'une sorte de matière indivisible ou divisible ; c'était prendre pour base la représentation imaginative et, en quelque sorte, étendue des opérations mentales. C'est sur cette ontologie des substances simples qu'on fondait la « démonstration de l'immortalité. » La philosophie évolutioniste tend aujourd'hui à considérer en toutes choses non la substance, mais les *actions*, qui, physiquement, se traduisent en *mouvements*[1]. La conscience est une certaine action, accompagnée d'un certain ensemble de mouvements ; existât-elle en une substance, ce n'est pas la durée de cette substance qui nous intéresserait, mais celle de son action même, puisque c'est cette action qui constituerait vraiment notre conscience.

Wundt est un des philosophes contemporains qui ont le mieux montré, après Aristote, Hume, Berkeley, Kant et Schelling, ce qu'il y a d'illusoire à chercher sous la conscience une substance simple. C'est seulement l'expé-

---

1. « Celui qui dit qu'il ne peut *concevoir* aucune action sans un *substratum* avoue par là même que le *substratum* prétendu, que sa pensée conçoit, est un simple produit de son imagination : c'est sa propre pensée qu'il est forcé de supposer indéfiniment derrière les choses comme ayant une réalité propre. Par une pure illusion de l'imagination, après qu'on a dépouillé un objet des seuls attributs qu'il possède, on affirme que quelque chose subsiste encore, on ne sait quoi. » (Schelling, *Système de l'idéalisme transcendental*).

« Être, disait aussi Berkeley, c'est être ceci ou cela. Être simplement, sans rien de plus, ce n'est rien être ; c'est une simple *conception*, sinon même un mot vide de sens. » — « Berkeley voulait ainsi renverser l'hypothèse d'une substance placée hors de tout esprit comme un support, non perceptible par lui-même, des qualités perceptibles aux sens. » Félix Ravaisson, la *Philosophie en France*, 9. — Voir aussi M. Lachelier, *de l'Induction*.

rience interne, dit-il, c'est seulement la conscience même qui est pour nous « immédiatement *certaine* ». Or, ceci implique, ajoute-t-il, « que toutes ces substances auxquelles le spiritualisme attache et lie l'expérience interne ou externe sont ce qu'il y a de plus *incertain*, car elles ne nous sont données dans aucune expérience. Ce sont des fictions volontaires à l'aide desquelles on essaye d'expliquer la *connexion* des expériences ». La vraie explication de cette connexion doit être cherchée ailleurs, dans une *continuité de fonction*, et non dans une simplicité de substance. « Les effets consécutifs des états antérieurs se combinent avec ceux qui arrivent nouvellement : de cette manière peut prendre naissance une continuité aussi bien des états internes que des mouvements externes, continuité qui est la condition d'une conscience. » La liaison des états mentaux successifs manque dans les corps, quoiqu'ils doivent déjà envelopper le germe de l'action et de la sensation. Pour cette raison, Leibnitz n'avait pas tort de dire que les corps sont des « esprits momentanés » où tout est oublié immédiatement, où rien ne déborde du présent dans le passé et dans l'avenir; la vie consciente, au contraire, réalise à travers des éléments qui changent une continuité de fonctions mentales, une mémoire, une durée. Cette continuité n'est pas un résultat de la simplicité, mais au contraire de la complexité supérieure qui appartient aux fonctions mentales. « Par son côté physique, dit Wundt, comme par son côté psychique, le corps vivant est une unité; cette unité n'est pas fondée sur la simplicité, mais, au contraire, sur la composition très complexe. La conscience, avec ses états multiples et cependant unis étroitement, est pour notre conception interne une unité analogue à celle qu'est l'organisme corporel pour notre conception externe. La corrélation absolue entre le physique et le psychique suggère l'hypothèse suivante[1] : *Ce que nous appelons l'âme est l'être interne de la même unité que nous envisageons; extérieurement, comme étant le corps qui lui appartient.* Cette manière de concevoir le problème de la corrélation pousse inévitablement à supposer que l'être intellectuel est la réalité des choses, et que la propriété la plus essentielle de l'être est le développement, l'évolution. La conscience humaine est, pour nous, le sommet de cette évolution : elle

---

1. C'est l'hypothèse même du monisme.

constitue le point nodal dans le cours de la nature, où le monde se rappelle à soi-même. Ce n'est pas comme être simple, mais comme le produit évolué d'innombrables éléments, que l'âme humaine est, selon l'expression de Leibnitz, un « *miroir du monde*[1]. »

A ce point de vue moderne, qui, comme on le voit, est un développement du point de vue d'Aristote[2], la question de l'immortalité revient à savoir jusqu'où peut s'étendre la continuité des fonctions mentales, de l' « être intellectuel » qui est l'unité interne d'une multiplicité complexe se saisissant elle-même.

Remarquons d'abord que, dans l'ordre même des choses matérielles, nous avons des exemples de composés indissolubles. Les principaux atomes simples, nous l'avons vu, sont des composés de ce genre. L'atome d'hydrogène est déjà un tourbillon de petits mondes. Maintenant, n'y a-t-il d'indissoluble dans l'univers que les prétendus atomes, ces « individus » physiques, et ne peut-on supposer dans le domaine mental des individus plus dignes de ce nom, qui en leur complexité même trouveraient des raisons de durée ?

Selon les doctrines aujourd'hui dominantes dans la physiologie et dans la psychologie expérimentale, la conscience individuelle serait, comme nous l'avons dit, un composé où se fondent des consciences associées, celles des cellules formant l'organisme[3]. L'individu enveloppant ainsi une société, le problème de la mort revient à se demander s'il peut exister une association tout à la fois assez solide pour durer toujours, et assez subtile, assez flexible pour s'adapter au milieu toujours changeant de l'évolution universelle.

Ce problème, remarquons-le d'abord, est précisément

1. Wundt, *Psychologie*, tome II. Conclusion.
2. Voir M. Ravaisson, la *Métaphysique d'Aristote*, tome II, et *Rapport sur la Philosophie en France*.
3. « L'association ou le groupement est la loi générale de toute existence, organique ou inorganique. La société proprement dite n'est qu'un cas particulier, le plus complexe et le plus élevé, de cette loi universelle... Une *conscience* est plutôt un *nous* qu'un moi... Dans ses rapports avec d'autres consciences elle peut, sortant de ses limites idéales, s'unir avec elles et former ainsi une conscience plus compréhensive, plus une et plus durable, de qui elle reçoit et à qui elle communique la pensée, comme un astre emprunte et communique le mouvement au système auquel il appartient. » Espinas, des *Sociétés animales*, 128. — Voir aussi M. Fouillée, la *Science sociale contemporaine*, l. III.

celui que cherchent à résoudre les sociétés humaines. Au premier degré de l'évolution sociale, la solidité et la flexibilité d'adaptation ont été rarement unies : l'immuable Égypte, par exemple, n'a pas été très progressive. Au second degré, à mesure que la science avance et que, dans l'ordre pratique, la liberté grandit, la civilisation se montre tout ensemble plus solide et plus indéfiniment flexible. Un jour, quand la civilisation scientifique sera une fois maîtresse du globe, elle aura à son service une force plus sûre que les masses les plus compactes et en apparence les plus résistantes, elle sera plus inébranlable que les pyramides mêmes de Chéops. En même temps, une civilisation scientifique se montrera de plus en plus flexible, progressive, plus capable d'appropriation à tous les milieux. Ce sera la synthèse de la complexité et de la stabilité. Le caractère même de la pensée est d'être une faculté d'adaptation croissante, et plus l'être s'intellectualise, plus il augmente sa puissance d'appropriation. L'œil, plus intellectuel que le tact, fournit aussi un pouvoir d'adaptation à des milieux plus larges, plus profonds, plus divers. La pensée, allant encore plus loin que l'œil, se met en harmonie avec l'univers même, avec les vents et les étoiles de l'immensité comme avec les atomes de la goutte d'eau. Si la mémoire est un chef-d'œuvre de fixation intellectuelle, le raisonnement est un chef-d'œuvre de flexibilité, de mobilité et de progrès. Donc, qu'il s'agisse de l'individu ou des peuples, les plus intellectuels sont aussi ceux qui ont à la fois le plus de stabilité et le plus de malléabilité. Le problème social est de trouver la synthèse de ces deux choses. Le problème de l'immortalité est au fond identique à ce problème social ; seulement, il porte sur la conscience individuelle conçue comme une sorte de conscience collective. A ce point de vue, il est probable que, plus la conscience personnelle est parfaite, plus elle réalise à la fois une harmonie durable et une puissance de métamorphose indéfinie. Par conséquent, en admettant même ce que disaient les pythagoriciens, que la conscience est un nombre, une harmonie, un accord de voix, on peut encore se demander si certains accords ne deviendront pas assez parfaits pour retentir toujours, sans cesser pour cela de pouvoir toujours entrer comme éléments dans des harmonies plus complexes et plus riches. Il existerait des sons de lyre vibrant à l'infini sans perdre leur tonalité fondamentale sous la multiplicité de leurs variations. Il doit y avoir une évolution dans l'organisation des consciences comme il y en a une dans l'organisation des molécules et des cellules vivantes, et, là aussi, ce sont les combinaisons les plus vivaces, les plus durables et les plus flexibles tout ensemble, qui doivent l'emporter dans la lutte pour la vie.

La conscience est un ensemble d'association d'idées et conséquemment d'habitudes, groupées autour d'un centre ; or nous savons que l'habitude peut avoir une durée indéfinie. Pour la philosophie contemporaine, les propriétés des éléments matériels sont déjà des habitudes, des associations indissolubles. Une espèce végétale ou animale est une habitude, un type de groupement et de forme organique qui subsiste à travers les siècles. Il n'est pas prouvé que les habitudes d'ordre mental ne puissent par le progrès de l'évolution, arriver à une fixité et à une durée dont nous ne connaissons aujourd'hui aucun exemple. Il n'est pas prouvé que l'instabilité soit le caractère définitif et perpétuel des fonctions les plus élevées de la conscience. L'espérance philosophique de l'immortalité est fondée sur la croyance opposée, selon laquelle, au dernier stade de l'évolution, la lutte pour la vie deviendrait une lutte pour l'immortalité. La nature en viendrait alors, non à force de simplicité, mais à force de complexité savante, à réaliser une sorte d'immortalité progressive, produit dernier de la sélection. Les symboles religieux ne seraient que l'anticipation de cette période finale. « Des ailes, des ailes à travers la vie, des ailes par delà la mort, » dit Rückert ; mais l'oiseau n'apprend pas d'un seul coup à voler ; l'habitude héréditaire du vol a été acquise et fortifiée dans l'espèce en vue d'intérêts pratiques et de la lutte pour l'existence. De même, il faudrait concevoir la survivance non pas comme achevée et complète du premier coup, mais comme se perfectionnant par degrés, se rapprochant de plus en plus d'une vie entièrement, indéfiniment durable. D'autre part, il faudrait montrer que cette survivance constitue une supériorité non seulement pour l'individu, mais pour l'espèce même, au sein de laquelle l'individu cesserait de s'éteindre brusquement. Par là, elle pourrait être le produit dernier d'une sélection continue.

Considérons donc maintenant les consciences dans leur rapport mutuel et, pour ainsi dire, social. La psychologie contemporaine tend à admettre que des consciences différentes, ou, si l'on préfère, des agrégats différents d'états de conscience peuvent s'unir et même se pénétrer ; c'est quelque chose d'analogue à ce que les théologiens ont appelé la pénétration des âmes. Dès lors, il est permis de se demander si les consciences, en se pénétrant, ne pourront un jour se continuer l'une dans l'autre, se communiquer une durée nouvelle, au lieu de rester, selon le mot de Leibnitz, plus ou moins « momentanées », et si ce sera un avantage pour l'espèce humaine.

Dans les intuitions mystiques des religions on entrevoit parfois le pressentiment de vérités supérieures : saint Paul nous dit que les cieux et la terre passeront, que les prophéties passeront, que les langues passeront, qu'une seule chose ne passera point, la charité, l'amour. Pour interpréter philosophiquement cette haute doctrine religieuse, il faudrait admettre que le lien de l'amour mutuel, qui est le moins *simple* et le moins primitif de tous, sera cependant un jour le plus durable, le plus capable aussi de s'étendre et d'embrasser progressivement un nombre d'êtres toujours plus voisin de la totalité, de la « cité céleste. » C'est par ce que chacun aurait de meilleur, de plus désintéressé, de plus impersonnel et de plus aimant qu'il arriverait à pénétrer de son action la conscience d'autrui ; et ce désintéressement coïnciderait avec le désintéressement des autres, avec l'amour des autres pour lui : il y aurait ainsi fusion possible, il y aurait pénétration mutuelle si intense que, de même qu'on souffre à la poitrine d'autrui, on en viendrait à vivre dans le cœur même d'autrui. Certes, nous entrons ici dans le domaine des rêves, mais nous nous imposons comme règle que ces rêves, s'ils sont ultra-scientifiques, ne soient pas antiscientifiques.

Transportons-nous donc vers cette époque problématique, quoique non contradictoire pour l'esprit, où les consciences, arrivées toutes ensemble à un degré supérieur de complexité et d'unité interne, pourraient se pénétrer beaucoup plus intimement qu'aujourd'hui sans qu'aucune d'elles disparût par cette pénétration. Elles communiqueraient ainsi entre elles, comme dans le corps vivant les cellules sympathisent et contribuent chacune à former la conscience collective : « Tout est un, un est tout. » Au fait, on peut imaginer des moyens de communication et de sympathie beaucoup plus subtils et plus directs que ceux qui existent aujourd'hui entre les divers individus. La science du système nerveux et cérébral ne fait que commencer ; nous ne connaissons encore que les exaltations maladives de ce système, les sympathies et suggestions à distance de l'hypnotisme ; mais nous entrevoyons déjà tout un monde de phénomènes où, par l'intermédiaire de mouvements d'une formule encore inconnue, tend à se produire une communication de consciences, et même, quand les volontés mutuelles y consentent, une sorte d'absorption de personnalités l'une dans l'autre. Cette complète fusion des consciences, où d'ailleurs chacune pourrait garder sa nuance propre tout en se composant avec celle d'autrui, est ce que rêve et poursuit dès aujourd'hui l'amour, qui, étant lui-même une des grandes forces sociales, ne doit pas travailler en vain. Si l'on suppose que l'union des consciences individuelles va sans cesse en se rapprochant de cet idéal, la mort de l'individu rencontrera évidemment une résistance toujours plus grande de la part des autres consciences qui voudront le retenir. En fait, elles retiendront d'abord de lui un souvenir toujours plus vivace, toujours plus *vivant*, pour ainsi dire. Le souvenir, dans l'état actuel de notre humanité, n'est qu'une représentation absolument distincte de l'être qu'elle représente, comme une image qui resterait frissonnante dans l'éther en l'absence même de l'objet reflété. C'est qu'il y a encore absence de solidarité intime et de communication continue entre un individu et un autre. Mais on peut concevoir une image qui se distinguerait à peine de l'objet représenté, qui serait ce qu'il y a de lui en moi, qui serait comme l'action et le prolongement d'une autre conscience dans ma conscience. Ce serait comme une partie commune et un point de contact entre les deux *moi*. De même que, dans la génération, les deux facteurs arrivent à se combiner en un troisième terme, leur commun représentant, de même cette image animée et animante, au lieu de demeurer passive, serait une action entrant comme force composante dans la somme des forces collectives ; ce serait une unité dans ce tout complexe existant non seulement en soi, mais pour soi, qu'on nomme une conscience.

Dans cette hypothèse, le problème serait d'être tout à la fois assez aimant et assez aimé pour vivre et survivre en autrui. Le moule de l'individu, avec ses accidents extérieurs, sombrerait, disparaîtrait, comme celui d'une statue : le dieu intérieur revivrait en l'âme de ceux qu'il a aimés, qui l'ont aimé. Un rayon de soleil peut conserver pour un temps, sur un papier mort, les lignes mortes d'un visage ; l'art humain peut aller plus loin, donner à une œuvre les apparences les plus raffinées de la vie ; mais l'art ne peut encore animer sa Galatée. Il faudrait que l'amour y parvînt, il faudrait que celui qui s'en va et ceux qui restent s'aimassent tellement que les ombres projetées par eux dans la conscience universelle n'en fissent qu'une ; et alors, cette image désormais unique, l'amour l'animerait constamment de sa vie propre. L'amour ne fixe pas seulement des traces immobiles comme la lumière, il ne donne pas seulement les apparences de la vie, comme l'art ; il peut faire vivre en lui et par lui.

La désunion deviendrait donc impossible, comme dans ces atomes-tourbillons dont nous avons parlé plus haut, qui semblent ne former qu'un seul être parce que nulle force ne peut réussir à les couper : leur unité ne vient pas de leur simplicité, mais de leur inséparabilité. De même, dans l'ordre de la pensée, un infini viendrait aboutir à un faisceau vivant qu'on ne pourrait rompre, à un anneau lumineux qu'on ne pourrait ni diviser ni éteindre. L'atome, a-t-on dit, est « inviolable » ; la conscience finirait, elle aussi, par être inviolable de fait comme elle l'est de droit.

Le foyer secondaire de chaleur et de lumière vitale serait même devenu plus important que le foyer primitif, si bien qu'une sorte de substitution graduelle pourrait se faire de l'un à l'autre ; la mort ne serait que cette substitution, et de plus en plus elle s'accomplirait sans secousse. Nous nous sentirions entrer et monter dès cette vie dans l'immortalité de l'affection. Ce serait une sorte de création nouvelle. La moralité, la religion même n'est, selon nous, qu'un phénomène de fécondité morale ; l'immortalité serait la manifestation ultime de cette fécondité. Alors on verrait disparaître, dans une synthèse finale, cette opposition que le savant croit apercevoir aujourd'hui entre la génération de l'espèce et l'immortalité de l'individu. Si on ferme les yeux dans la mort, on les ferme aussi dans l'amour ; qui sait si l'amour ne pourra pas devenir fécond jusque par delà la mort ?

Le point de contact serait ainsi trouvé entre la vie et l'immortalité. A l'origine de l'évolution, dès que l'individu s'engloutissait dans la mort, tout était fini pour lui, l'oubli complet se faisait autour de cette conscience individuelle retombée à la nuit. Par le progrès moral et social, le souvenir augmente toujours tout ensemble d'intensité et de durée; l'image qui survit au mort ne s'efface que par degrés, meurt plus tardivement. Peut-être un jour le souvenir des êtres aimés, en augmentant de force, finira-t-il par se mêler à la vie et au sang des générations nouvelles, passant de l'une à l'autre, rentrant avec elles dans le courant éternel de l'existence consciente. Ce souvenir persistant de l'individu serait un accroissement de force pour l'espèce; car ceux qui se souviennent savent mieux aimer que ceux qui oublient, et ceux qui savent mieux aimer sont supérieurs au point de vue même de l'espèce. Il n'est donc pas impossible d'imaginer un triomphe graduel du souvenir par voie de sélection; on peut se figurer un jour où l'individu se serait lui-même si bien mis tout entier dans son image, comme l'artiste se mettrait dans une œuvre s'il pouvait créer une œuvre vivante, que la mort deviendrait presque indifférente, secondaire, moins qu'une absence: l'amour produirait la présence éternelle.

Dès maintenant il se rencontre parfois des individus si aimés qu'ils peuvent se demander si, en s'en allant, ils ne resteraient pas encore presque tout entiers dans ce qu'ils ont de meilleur, et si leur pauvre conscience, impuissante encore à briser tous les liens d'un organisme trop grossier, n'a pas réussi cependant, — tant elle a été aidée par l'amour de ceux qui les entourent, — à passer presque tout entière en eux : c'est en eux déjà qu'ils vivent vraiment, et de la place qu'ils occupent dans le monde, le petit coin auquel ils tiennent le plus et où ils voudraient rester toujours, c'est le petit coin qui leur est gardé dans deux ou trois cœurs aimants.

Ce phénomène de palingénésie mentale, d'abord isolé, irait s'étendant de plus en plus dans l'espèce humaine. L'immortalité serait une acquisition finale, faite par l'espèce au profit de tous ses membres. Toutes les consciences finiraient par participer à cette survivance au sein d'une conscience plus large. La fraternité envelopperait toutes les âmes et les rendrait plus transparentes l'une pour l'autre : l'idéal moral et religieux serait réalisé. On se retrouve toujours et on peut se contempler soi-même dans toute âme; seulement il ne suffit pas, pour cela, de se pencher du dehors sur elle; il faut, avec la perspicacité de l'amour, pénétrer jusqu'au fond, il faut se mettre tout entier dans son propre regard. C'est ainsi qu'on ne peut de la grève se mirer dans la mer; il faut entrer soi-même dans le flot mouvant et se laisser comme porter par lui pour s'y voir.

Ce sont là, à coup sûr, des spéculations dans un domaine qui, s'il ne sort pas de la *nature*, sort de notre expérience et de notre science actuelle. Mais la même raison qui frappe d'incertitude toutes ces hypothèses est aussi celle qui les rend et les rendra toujours possibles : notre ignorance irrémédiable du fond même de la conscience. Quelque découverte que la science puisse faire un jour sur la conscience et ses conditions, on n'arrivera jamais à en déterminer scientifiquement la nature intime, ni, conséquemment, la nature durable ou périssable. Qu'est-ce, psychologiquement et métaphysiquement, que l'*action* consciente et le *vouloir*? Qu'est-ce même que l'action qui paraît inconsciente, la force, la *causalité* efficace ? Nous ne le savons pas; nous sommes obligés de définir l'*action* interne et la force par le *mouvement* externe, qui n'en est pourtant que l'effet et la manifestation. Mais un philosophe restera toujours libre de nier que le *mouvement*, comme simple changement de relations dans l'espace, soit le tout de l'*action*, et qu'il n'y ait que des mouvements sans moteurs, des relations sans termes réels et agissants qui les produisent. Dès lors, comment savoir jusqu'à quel point la véritable *action* est *durable* en son principe radical, dans la force interne dont elle émane, dont le mouvement local est comme le signe visible, dont la conscience est l' « appréhension » intime et immédiate. Nous retenons toujours quelque chose de nous, dans l'action comme dans la parole ; peut-être pourrons-nous retenir quelque chose de nous, même dans le passage à travers cette vie. Il est possible que le fond de la conscience personnelle soit une puissance incapable de s'épuiser dans aucune action comme de tenir dans aucune forme.

En tout cas, il y a là et il y aura toujours là un mystère philosophique qui vient de ce que la conscience, la pensée est une chose *sui generis*, sans analogie, absolument inexplicable, dont le fond demeure à jamais inaccessible aux formules scientifiques, par conséquent à jamais ouvert aux hypothèses métaphysiques. De même que l'être est le grand genre suprême, *genus generalissimum*, enveloppant toutes les espèces de l'objectif, la conscience est le grand genre suprême enveloppant et contenant toutes les espèces du subjectif; on ne pourra donc jamais répondre entièrement à ces deux questions : — Qu'est-ce que l'*être ?* qu'est-ce que la *conscience ?* ni, par cela même, à cette troisième question qui présupposerait la solution des deux autres : la *conscience sera*-t-elle?

On lit sur un vieux cadran solaire d'un village du midi : *Sol non occidat !* — Que la lumière ne s'éteigne pas ! telle est bien la parole qui viendrait compléter le *fiat lux*. La lumière est la chose du monde qui devrait le moins nous trahir, avoir ses éclipses, ses défaillances ; elle aurait dû être créée « à toujours », εἰς ἀεί, jaillir des cieux pour l'éternité. Mais peut-être la lumière intellectuelle, plus puissante. la lumière de la conscience finira-t-elle par échapper à cette loi de destruction et d'obscurcissement qui vient partout contrebalancer la loi de création ; alors seulement le *fiat lux* sera pleinement accompli : *lux non occidat in æternum!*

IV. — Mais, nous dira-t-on, ceux qui ne se laissent pas prendre aux tentations de toutes ces belles et lointaines hypothèses sur l'au-delà de l'existence, ceux qui voient la mort dans toute sa brutalité, telle que nous la connaissons, et qui, comme vous-même peut-être, penchent vers la négative en l'état actuel de l'évolution, — quelle consolation, quel encouragement avez-vous pour eux au moment critique, que leur direz-vous sur le bord de l'anéantissement? — Rien de plus que les préceptes du stoïcisme antique, qui lui aussi ne croyait guère à l'immortalité individuelle : trois mots très simples et un peu durs : « Ne pas être lâche. » Autant le stoïcisme avait tort lorsque, devant la mort d'autrui, il ne comprenait pas la douleur de l'amour, condition de sa force même et de son progrès dans les sociétés humaines, lorsqu'il osait interdire l'attachement et ordonnait l'impassibilité; autant il avait raison quand, nous parlant de notre propre mort, il recommandait à l'homme de se mettre au-dessus d'elle. De consolation, point d'autre que de pouvoir se dire qu'on a bien vécu, qu'on a rempli sa tâche, et de songer que la vie continuera sans relâche après vous, peut-être un peu par vous; que tout ce que vous avez aimé vivra, que ce que vous avez pensé de meilleur se réalisera sans doute quelque part, que tout ce qu'il y avait d'impersonnel dans votre conscience, tout ce qui n'a fait que passer à travers vous, tout ce patrimoine immortel de l'humanité et de la nature que vous aviez reçu et qui était le meilleur de vous-même, tout cela vivra, durera, s'augmentera sans cesse, se communiquera de nouveau sans se perdre ; qu'il n'y a rien de moins dans le monde qu'un miroir brisé ; que l'éternelle continuité des choses reprend son cours, que vous n'*interrompez* rien. Acquérir la parfaite conscience de cette continuité de la vie, c'est par cela même réduire à sa valeur cette apparente discontinuité, la mort de l'individu, qui n'est peut-être que l'évanouissement d'une sorte d'illusion vivante. Donc, encore une fois, — au nom de la raison, qui comprend la mort et doit l'accepter comme tout ce qui est intelligible, — ne pas être lâche.

Le désespoir serait grotesque d'ailleurs, étant parfaitement inutile : les cris et les gémissements chez les espèces animales, — du moins ceux qui n'étaient pas purement réflexes, — ont eu pour but primitif d'éveiller l'attention ou la pitié, d'appeler au secours : c'est l'utilité qui explique l'existence et la propagation dans l'espèce du langage de la douleur ; mais comme il n'y a point de secours à attendre devant l'inexorable, ni de pitié devant ce qui est conforme au Tout et conforme à notre pensée elle-même, la résignation seule est de mise, et bien plus un certain consentement intérieur, et plus encore ce sourire détaché de l'intelligence qui comprend, observe, s'intéresse à tout, même au phénomène de sa propre extinction. On ne peut pas se désespérer définitivement de ce qui est beau dans l'ordre de la nature.

Si quelqu'un qui a déjà senti les « affres de la mort » se moque de notre prétendue assurance en face d'elle, nous lui répondrons que nous ne parlons pas nous-même en pur ignorant de la perspective du « moment suprême. » Nous avons eu l'occasion de voir plus d'une fois, et pour notre propre compte, la mort de très près, — moins souvent sans doute qu'un soldat ; mais nous avons eu plus le temps de la considérer tout à notre aise, et nous n'avons jamais eu à souhaiter que le voile d'une croyance irrationnelle vînt s'interposer entre elle et nous. Mieux vaut voir et savoir jusqu'au bout, ne pas descendre les yeux bandés les degrés de la vie. Il nous a semblé que le phénomène de la mort ne valait pas la peine d'une atténuation, d'un mensonge. Nous en avons eu plus d'un exemple sous les yeux. Nous avons vu notre grand père (qui, lui aussi, ne croyait guère à l'immortalité) frappé par des attaques successives d'apoplexie, plus fortes d'heure en heure ; il nous dit en souriant, dans les éclaircies du mal, qu'il n'avait qu'un regret en s'en allant : c'était de voir lui survivre tant de superstitions et le catholicisme garder précisément la force dans les mains (nous étions au moment où la France marchait au secours de la papauté). Remarquons-le, le progrès des sciences, surtout des sciences physiologiques et médicales, tend à multiplier aujourd'hui ces cas où la mort est prévue, où elle devient l'objet d'une attente presque sereine ; les esprits les moins stoïques se voient parfois entraînés vers un héroïsme qui, pour être en partie forcé, n'en a pas moins sa grandeur. Dans certaines maladies à longue période, comme la phtisie, le cancer, celui qui en est atteint, s'il possède quelques connaissances scientifiques, peut calculer les probabilités de vie qui lui restent, déterminer à quelques jours près le moment de sa mort : tel Bersot, que j'ai connu, tel encore Trousseau, bien d'autres. Se sachant condamné, se sentant une chose parmi les choses, c'est d'un œil pour ainsi dire impersonnel qu'on en vient alors à se regarder soi-même, à se sentir marcher vers l'inconnu.

Si cette mort, toute consciente d'elle-même, a son amertume, c'est pourtant celle qui séduirait peut-être le plus un pur philosophe, une intelligence souhaitant jusqu'au dernier moment n'avoir rien d'obscur dans sa vie, rien de non prévu et de non raisonné. D'ailleurs, la mort la plus fréquente surprend plutôt en pleine vie et dans l'ardeur de la lutte ; c'est une crise de quelques heures, comme celle qui a accompagné la naissance ; sa soudaineté même la rend moins redoutable à la majorité des hommes qui sont plus braves devant un danger plus court : on se débat jusqu'au bout contre ce dernier ennemi avec le même courage obstiné que contre tout autre. Au contraire, lorsque la mort vient à nous lentement, nous ôtant par degrés nos forces et prenant chaque jour quelque chose de nous, un autre phénomène assez consolant se produit.

C'est une loi de la nature que la diminution de l'être amène une diminution proportionnée dans tous les désirs, et qu'on aspire moins vivement à ce dont on se sent moins capable : la maladie et la vieillesse commencent toujours par déprécier plus ou moins à nos propres yeux les jouissances qu'elles nous ôtent, et qu'elles ont rendues amères avant de les rendre impossibles. La dernière jouissance, celle de l'existence nue pour ainsi dire, peut être aussi graduellement diminuée par l'approche de la mort. L'impuissance de vivre, lorsqu'on en a bien conscience, amène l'impuissance de vouloir vivre. Respirer seulement devient douloureux. On se sent soi-même se disperser, se fragmenter, tomber en une poussière d'êtres, et l'on n'a plus la force de se reprendre. L'intelligence commence du reste à sortir du pauvre moi meurtri, à pouvoir mieux s'objectiver, à mesurer du dehors notre peu de valeur, à comprendre que dans la nature la fleur fanée n'a plus le droit de vivre, que l'olive mûre, comme disait Marc-Aurèle, doit se détacher de l'arbre. Dans tout ce qui nous reste de sensation ou de pensée domine un seul sentiment, celui d'être las, très las. On voudrait apaiser, relâcher toute tension de la vie, s'étendre, se dissoudre. Oh! ne plus être debout! comme les mourants comprennent cette joie suprême et se sentent bien faits pour le repos du dernier lit humain, la terre! Ils n'envient même plus la file interminable des vivants qu'ils entrevoient dans un rêve se déroulant à l'infini et marchant sur ce sol où ils dormiront. Ils sont résignés à la solitude de la mort, à l'abandon. Ils sont comme le voyageur qui, pris du mal des terres vierges et des déserts, rongé de cette grande fièvre des pays chauds qui épuise avant de tuer, refuse un jour d'avancer, s'arrête tout à coup, se couche : il n'a plus le courage des horizons inconnus, il ne peut plus supporter toutes les petites secousses de la marche et de la vie, il demande lui-même à ses compagnons qu'ils le délaissent, qu'ils aillent sans lui au but lointain, et alors, allongé sur le sable, il contemple amicalement, sans une larme, sans un désir, avec le regard fixe de la fièvre, l'ondulante caravane de frères qui s'enfonce dans l'horizon démesuré, vers l'inconnu qu'il ne verra pas.

Assurément quelques-uns d'entre nous auront toujours de la peur et des frissons en face de la mort, ils prendront des mines désespérées et se tordront les mains. Il est des tempéraments sujets au vertige, qui ont l'horreur des abîmes, et qui voudraient éviter celui-là surtout à qui tous les chemins aboutissent. A ces hommes Montaigne conseillera de se jeter dans le trou noir « tête baissée », en aveugles; d'autres pourront les engager à regarder jusqu'au dernier moment, pour oublier le précipice, quelque petite fleur de montagne croissant à leurs pieds sur le bord; les plus forts contempleront tout l'espace et tout le ciel, rempliront leur cœur d'immensité, tâcheront de faire leur âme aussi large que l'abîme, s'efforceront de tuer d'avance en eux l'individu, et ils sentiront à peine la dernière secousse qui brise définitivement le moi. La mort d'ailleurs, pour le philosophe, cet ami de tout inconnu, offre encore l'attrait de quelque chose à connaître ; c'est, après la naissance, la nouveauté la plus mystérieuse de la vie individuelle. La mort a son secret, son énigme, et on garde le vague espoir qu'elle vous en dira le mot par une dernière ironie en vous broyant, que les mourants, suivant la croyance antique, devinent, et que leurs yeux ne se ferment que sous l'éblouissement d'un éclair. Notre dernière douleur reste aussi notre dernière curiosité.

FIN

TABLE DES MATIÈRES

Introduction.. 1

PREMIÈRE PARTIE
LA GENÈSE DES RELIGIONS DANS LES SOCIÉTÉS PRIMITIVES

Chapitre premier. — La physique religieuse...................... 1
Chapitre II. — La métaphysique religieuse...................... 53
Chapitre III. — La morale religieuse.......................... 82

DEUXIÈME PARTIE
DISSOLUTION DES RELIGIONS DANS LES SOCIÉTÉS ACTUELLES

Chapitre premier. — La foi dogmatique......................... 103
Chapitre II. — La foi symbolique et morale.................... 131
Chapitre III. — Dissolution de la morale religieuse........... 156
Chapitre IV. — La religion et l'irréligion chez le peuple..... 184
Chapitre V. — La religion et l'irréligion chez l'enfant....... 226
Chapitre VI. — La religion et l'irréligion chez la femme...... 247
Chapitre VII. — La religion et l'irréligion dans leurs rapports avec la fécondité et l'avenir des races.................... 266

TROISIÈME PARTIE
L'IRRÉLIGION DE L'AVENIR

Chapitre premier. — L'individualisme religieux................ 299
Chapitre II. — L'association. — Ce qui subsistera des religions dans la vie sociale.. 339
Chapitre III. — Principales hypothèses métaphysiques qui remplaceront les dogmes : le théisme................................ 371
Chapitre IV. — Principales hypothèses métaphysiques qui remplaceront les dogmes (suite) : le panthéisme optimiste et pessimiste 397
Chapitre V. — Principales hypothèses métaphysiques qui remplaceront les dogmes (suite) : naturalisme idéaliste, matérialiste et moniste.. 421

www.ingramcontent.com/pod-product-compliance
Lightning Source LLC
Chambersburg PA
CBHW071709230426
43670CB00008B/950